POLYGLOTT

SÜDAMERIKA

Unser Südamerika-Spezialist

Der Autor der Top50-Tipps, **Anton Jakob,** lebt als freier Autor und Produktmanager bei München. Seit mehr als 28 Jahren bereist er Südamerika, fünf Jahre lebte er in Peru. Er organisiert Studien- und Trekkingreisen nach Lateinamerika und führt regelmäßig Gruppen zwischen Mexiko und Feuerland, von der Osterinsel bis Manaus und durch die abwechslungsreiche Bergwelt der Anden. Er kennt sowohl den Kontinent als auch die Mentalität der Leute.

Zeichenerklärung

Gebietspläne

❶ ✸ ★	Sehenswürdigkeit
	Autobahn
	Schnellstraße
	Hauptstraße
	sonstige Straßen, Wege
	Eisenbahn
	Staatsgrenze
	Landesgrenze
	Nationalpark, Naturpark

Stadtpläne

❶ ✸ ★	Sehenswürdigkeit
	Autobahn
	Hauptstraße
	sonstige Straßen
	Fußgängerzone
	Fußwege
	sehenswerte Gebäude
	bebaute Fläche
	Grünfläche
	unbebaute Fläche
❶	Information
✉	Post
P	Parkplatz
Ⓢ Ⓜ Ⓤ	S-Bahn, Metro, U-Bahn

Autoren: Dick Barbour-Might (Paraguay); Ruth Bradley (Chile); Sue Branford (Die Schätze des Amazonas); Nick Caistor (Die ersten Völker; Die Eroberung durch die Europäer; Wege zur Unabhängigkeit; Südamerikas Weg ins 21. Jahrhundert; Kampf dem Drogenhandel); Mary Dempsey (Machu Picchu); Peter Frost (Kolumbianisches Gold); Mike Gonzalez (Kunst und Kunsthandwerk; Architektur); Jill Hedges (Uruguay; Argentinien; Die Falkland-Inseln); Huw Hennessy (Präkolumbische Kulturen; Der unwiderstehliche Reiz des Unbekannten); Elizabeth Kline (Venezuela); Patrick Knight (Brasilien); Jane Letham/Mark Thurber (Sport total; Ecuador; Gefiederte Galápagos-Schönheiten); Natalie Minnis (América del Sur; Der Norden: karibisch und andin; Bolivien; Der tropische Riese; Das südliche Quartett; Präkolumbische Kulturen; Der Titicacasee; Die Otavalo-Indianer; Die Mission der Jesuiten); Tony Perrotet (Der unentdeckte Kontinent; Eine Nacht in der Peña; Koka); Shannon Shiell (Musik und Tanz); Michael Smith (Weine mit Tradition); Tony Perrotet/Natalie Minnis (Rindfleisch und Rotwein; Die Gauchos); Patrick Symington (Guyana; Suriname; Französisch Guayana); David Welna (Karneval); Kathleen Wheaton (Ein Land, zwei Sprachen); Diana Zileri (Peru)

Übersetzerin: Ulrike Poyda (Essayteil; Guyana, Suriname, Französisch Guayana)
Lektorat: Julia Koch (Infoteil), Robert Möginger (Der unentdeckte Kontinent; América del Sur; Das südliche Quartett; Chile; Argentinien), Anke Munderloh (Peru), Dr. Jutta Schütz (Kolumbien, Venezuela), Dr. Andrea Reichel und Dr. Beatrix Müller (Ecuador, Brasilien, Paraguay, Uruguay), Katrin Vogel (Bolivien)
Laufende Bearbeitung: Anton Jakob
Autoren Top50: Anton Jakob (Tipps und Adressen), Jürgen Bergmann (Exkurse)
Karten und Pläne: Berndtson & Berndtson Productions GmbH (S. 144, 155, 180, 226/227, 232), Annette Buchhaupt (S. 90, 110/111, 128, 146, 174, 198, 200, 216, 260/261, 292, 324, Klappe hinten), Thomas Willmann (Klappe vorne, S.80)
Typographie: Ute Weber, Geretsried
Umschlag: APA Publications; Carmen Marchwinski, München

Alle Informationen stammen aus zuverlässigen Quellen und wurden sorgfältig geprüft. Für ihre Vollständigkeit und Richtigkeit können wir jedoch keine Haftung übernehmen.
Ergänzende Anregungen, für die wir dankbar sind, bitten wir zu richten an:
Apa Publications c/o Langenscheidt KG, Postfach 40 11 20, 80711 München. E-Mail: redaktion@polyglott.de

Polyglott im Internet:
www.polyglott.de
im Travel Channel unter www.travelchannel.de

Polyglott APA Guide Südamerika
Ausgabe 2006/2007

© Englische Ausgabe APA Publications GmbH & Co. Verlag KG Singapore Branch, Singapur
© Deutsche Ausgabe Langenscheidt KG, Berlin und München

Printed in Singapore
ISBN-13: 978-3-8268-1924-7
ISBN-10: 3-8268-1924-1

PT 06E5

Hintergrund

Gute Reise

TOP 50 **Übersicht** **353**

Infoteil-Übersicht **353**

Karten

Der unentdeckte Kontinent

Von Gabriel García Márquez stammt der Satz, den meisten Ausländern erscheine Südamerika wie ein »Macho mit Schnurrbart, Gitarre und Revolver«. Tatsächlich wurde der Subkontinent mehr als andere Erdteile – Afrika vielleicht ausgenommen – stets gründlich missverstanden. Vor allem Europäer verbinden mit Südamerika zunächst nur die urwüchsigen Landschaften zwischen Amazonasurwald, Anden-Gipfeln, Copacabana und endloser Pampa, wo heißblütige Menschen wahlweise in ewiger Siesta vor sich hin dösen, permanent Karneval feiern oder vielleicht gerade den nächsten Staatsstreich vorbereiten.

Aber wie überall ist auch in Lateinamerika die Realität vielschichtiger als jedes Klischee. Wer südamerikanischen Boden betritt, wird rasch seine gewohnten Vorstellungen und Wunschbilder revidieren müssen. Existiert das »echte« Südamerika überhaupt? Und wenn ja, wo? In den modernen Geschäftszentren der Mega-Metropolen São Paulo, Buenos Aires, Santiago oder Lima, wo eine neoliberale Wirtschaftspolitik für scheinbar grenzenloses Wachstum sorgt und wo fast täglich neue vollklimatisierte Shopping-Malls den Konsumhunger einer selbstbewussten urbanen Oberschicht stillen? Oder doch eher in den Barrios, den pittoresk heruntergekommenen Altstadtbezirken und den Slums am Rande der Ballungsräume, wo die Familien nur überleben, weil die Kinder nach der Schule zum Schuheputzen auf die Plaza gehen? So gegensätzlich wie diese Parallelwelten in den Großstädten sind oft die Regionen einzelner Länder. So scheinen die dicht bevölkerten Küsten Brasiliens oder Venezuelas von den Regenwäldern an Amazonas und Orinoco weiter entfernt zu sein als Berlin vom Ganges; nicht selten ist das Hinterland für die Städter nicht viel mehr als *monte y*

◀ **»El Tren a las Nubes«,**
in Nordargentinien,
passiert Brücken in Schwindel
erregender Höhe
◀◀ **Der Grey-Gletscher**
im chilenischen Nationalpark
Torres del Paine – Cataratas de
Iguaçú – Schilfboot auf dem
Titicacasee – Strandleben in Rio

culebra, »Busch und Schlange«. Dabei sind es gerade die Provinzstädte, die mit ihrer entspannten Stimmung in spanisch-kolonialen Gassen noch am ehesten das alte »Südamerika-Feeling« geben können.

Neben der stellenweise verblüffend modernen, stark an den USA orientierten Großstadt-Kultur bleibt aber besonders in den Andenländern Peru, Bolivien und Ecuador die alte, präkolumbische Lebens- und Denkweise präsent. Im kargen Hochland wird weiterhin mehr Quechua als Spanisch gesprochen und Pachamamá, die indianische Mutter Erde, wird ebenso innig verehrt wie die Jungfrau Maria. Zwei große autochthone Indianergruppen, die Guaraní in Paraguay und die Mapuche in Südchile, konnten gleichfalls Sprache und Kultur in die »Neue Welt« hinüberretten. An den Karibikküsten Kolumbiens, Venezuelas, den Guayanas sowie in Nordostbrasilien hat sich als Folge des kolonialen Sklavenhandels ein starkes afrikanisches Element erhalten. Der europäische Lebensstil setzte sich hingegen in den 500 Jahren seit Kolumbus vor allem im Süden durch: Argentinien, Chile und Uruguay wurden am stärksten von den Einwanderern geprägt; Buenos Aires erwarb sich dank seiner Gründerzeitarchitektur sogar den Ruf eines »lateinamerikanischen Paris«. Ohnehin ein Sonderfall ist das riesige Brasilien, das sich schon durch sein portugiesisches Erbe von den Nachbarländern deutlich abgrenzt.

Politisch gesehen haben sich die meisten Länder seit der Jahrtausendwende konsolidiert. Die schlimmsten Despoten sind abgetreten, einige wenige erhielten sogar die verdiente Strafe für ihre Verbrechen gegen die Menschlichkeit. Auch wenn in einigen Staaten Populisten und Demagogen noch immer leichtes Spiel haben und die jungen Demokratien sich schwer tun gegen alte Seilschaften und korrupte Beamte, ist doch der Fortschritt unverkennbar. Es bleibt zu hoffen, dass bald auch der soziale und wirtschaftliche Aufschwung für möglichst breite Schichten Einzug hält – zumal allen Ländern ein ungeheueres Potential für die Zukunft gemeinsam ist: Nicht nur ihr enormer Reichtum an natürlichen Ressourcen, sondern auch an einmaliger landschaftlicher Schönheit. ∎

Präkolumbische Kulturen

Die Besiedelung Südamerikas beginnt mit nomadischen Jägern und Sammlern, die den Zügen der Tiere nach Süden folgen. Seinen zivilisatorischen Höhepunkt erreicht der Subkontinent mit dem Inka-Reich kurz vor der Conquista.

Älteste Siedlungsspuren
Erstmals gelangten um 20 000 v. Chr. Völker von Asien über die gefrorene Beringstraße nach Amerika und durchstreifen als Jäger und Sammler den gesamten Raum bis zur Südspitze.

◄ Einer Raubkatze nachgebildetes Keramikgefäß der Chavín-Kultur, Peru um 900 v. Chr.

3000 v. Chr.–400 n. Chr.

Keramiken und Edelmetalle
Anhand von Funden in Kolumbien und Ecuaduor lassen sich die ersten Keramiken Südamerikas auf etwa 3000 v. Chr. datieren. Sie werden von Hand geformt und dienen meist als Gebrauchsgegenstände; später werden auch kunstvoll verzierter Schmuck und religiöse Kultobjekte gefertigt. Ausgrabungen in Zentralperu aus der Zeit um 2000 v. Chr. belegen, dass in

den Anden als erstes Metall Gold bearbeitet wird. Diese Praxis hält bald in Bolivien und danach in Ecuador sowie in Kolumbien Einzug. Exquisite Gold- und Silbergegenstände werden in riesigen Mengen hergestellt; sie sind symbolischer Schmuck der politisch-religiösen Führungskaste.

► Silberner Brustschild der Chibcha-Kultur, Kolumbien um 1200 v. Chr.

400 v. Chr.–1100 n. Chr.

Webkunst
Die ältesten in Peru gefundenen Stoffe stammen aus der Zeit um 8600 v. Chr. Um 400 v. Chr. breiten sich entlang der Küstenwüste im Süden Perus die Kulturvölker von Nasca und Paracas aus. Sie sind Meister der Webkunst und Töpferei. Viele ihrer Produkte, u. a. die unglaublich feinfädigen Stoffe, blieben als Grabbeigaben, konserviert durch das trockene Klima,

erhalten. Von den Nasca stammen die mysteriösen Linien im Wüstenboden, deren Ursprung die Archäologen immer noch vor Rätsel stellt – die Theorien reichen von einem riesigen astronomischen Kalender bis hin zu einem Landeplatz für Außerirdische.

◄ Mit Federn verziertes Baumwollgewebe der Paracas-Kultur, Peru um 1000 v. Chr.

1100–1569 n. Chr.

Entstehung des Inka-Reichs
Um 1100 n. Chr. Mythische Erscheinung des Manco Capac, des als Sonnengott verehrten göttlichen Führers des auserwählten Inka-Volkes. Der Inka-Staat wird »Tawantinsuy« genannt, das Reich der vier Regionen. Als »Nabel der Welt«

bildet Cusco seinen Mittelpunkt. Um 1430 n. Chr. besiegen die Inka die Chanca und dehnen ihren territorialen Einfluss weiter aus. Ihr riesiges Reich basiert auf militärischer Disziplin, einem weit verzweigten Straßennetz, Terrassenanbau, Bewässerungssystemen und Steinarchitektur.

◄ Quipu: Die Knotenschnüre dienten den Inka-Beamten zur Erfassung wichtiger Daten und Zahlen.

Erste Ansiedlungen

Höhlenfunde und Schichten mit Muschelschalen in Brasilien sowie Steinwerkzeuge in Peru verweisen auf eine erste Siedlungnahme um 17 000 bis 5000 v. Chr. Die zuverlässigsten Funde stammen aus Monte Verde (Chile); sie sind auf 12 500 v. Chr. zu datieren.

◀ Figurine eines religiösen Führers, Chavín-Kultur, Peru um 1200 v. Chr

Fischerei und Ackerbau

Zwischen 7500 und 4500 v. Chr. beginnen Andenvölker, Kartoffeln, Mais, Maniok und Süßkartoffeln anzubauen sowie Hunde und Kleinkamele zu domestizieren. Küstenstämme vom heutigen Ecuador bis nach Nordchile leben vom Fischreichtum des Humboldtstroms. Angelhaken werden aus Muschelschalensplittern, Knochen und Kaktusstacheln gefertigt.

Geordnete Gesellschaften

Ab ca. 2800 v. Chr. bilden sich in den Nord- und Zentralanden die ersten Gesellschaften. Zu den ältesten Kulturen zählen Chavín in Nordperu, Tiahuanaco am Titicacasee und San Agustín in Südkolumbien. Sie bauen gewaltige Kultstätten aus Stein, schaffen kunstvolle Keramiken, Stoffe sowie Kultgegenstände aus Gold, Silber und Edelsteinen. Die Bevölkerung lebt zu Hunderttausenden in einer Stadt und ist in komplexe soziale Hierarchien gegliedert. Zu dieser Zeit, wenn nicht sogar früher, erleben auch die Amazonasvölker ihre Blütezeit. Bereits 3000 v. Chr. sind Arawak-Indianer in einem Gebiet nahe dem heutigen Manaus (Brasilien) ansässig.

◀ Goldenes »Darien-Pectoral« aus Kolumbien (900–1200 v. Chr.). Die Figur mit Alligatorkopf stellt vermutlich eine Gottheit, einen Priester oder Medizinmann dar.

Machtausdehnung

Die in der Wüste lebenden Moche errichten zwischen 100 und 800 ein Reich, das fast den gesamten Norden Perus umfasst. Ihr militärischer und wirtschaftlicher Einfluss wird durch Straßen und Bewässerungssysteme verstärkt.

◀ Grabmaske aus Gold, Lambayeque-Kultur, Peru, 1100–1400

Diese übernehmen später die Inka. Vorrangig sind die Moche jedoch begnadete Handwerker. Keramiken und Schmuck aus Gold, Silber und Edelsteinen zeugen von noch nie dagewesener Qualität und Kunstfertigkeit. Um 700 verschwindet die Moche-Kultur. Zwischen 600 und 1000 schließt sich das religiöse Volk der Tiahuanaco mit den kämpferischen Huari des Hochlandes zusammen.

Aufstieg und Untergang

Um 1400 erlebt das Inka-Reich einen rasanten Aufstieg – zuerst unter Pachacutec, später unter dessen Sohn Topa Inca. Um 1466 besiegen die Inka das Königreich Chimú (Nordperu).

◀ Goldornament der Sinu-Kultur, Kolumbien 1100–1600

1532 erreichen die spanischen Konquistadoren Peru; ein Jahr später wird der Inka-Kaiser Atahualpa hingerichtet. 1572 töten die Spanier den letzten Inka, Túpac Amaru. Damit ist die Conquista abgeschlossen.

◀ Naive Darstellung der Bekehrung der Amazonas-Indianer durch Missionare

Die ersten Völker

Wann genau Südamerika erstmals besiedelt wurde, bleibt ein Geheimnis. Vermutlich gelangten nomadische Gruppen während der letzten Eiszeit vor etwa 40 000 Jahren von Asien über die damals gefrorene Beringstraße nach Amerika. Ausgrabungen verweisen auf eine Besiedlung der Südspitze um 9000 v. Chr. Pfeilspitzen und Knochen von Faultieren, Mammuts und anderen heute ausgestorbenen Tierarten lassen auf eine

Jäger- und Sammlertätigkeit schließen, über soziale Strukturen sind kaum Aussagen möglich.

Im Laufe der Jahrtausende vollzog sich ein Übergang vom Nomadentum zur sesshaften Dorfgemeinschaft, die von Viehzucht und Ackerbau lebte. Funde belegen eine Besiedlung der Küsten, des Andenhochlands sowie des tropischen Amazonasbeckens. Die frühen Siedler pflanzten offensichtlich Bohnen und Pfefferschoten und setzten domestizierte Hunde für die Jagd von Kleinwild ein. Mais wurde vermutlich ab 3000 v. Chr. von Peru bis Argentinien angebaut. Einige Hochlandvölker begannen auch Lamas und andere Kleinkamele als Haustiere zu halten. Die ersten Töpferfunde stammen aus der Zeit um 1000 v. Chr.

Die ersten Gesellschaften

Durch das sesshafte, vom saisonalen Ackerbau geprägte Leben nahm die Bevölkerung zu. Es entstanden Gemeinschaften mit komplexeren Strukturen und Autoritäten wie Häuptlingen, Priestern oder Medizinmännern. Einige der frühesten Funde – sie reichen 2000 Jahre zurück – stammen aus **La Tolita** in Ecuador. Eine weitaus bedeutendere Rolle scheint allerdings **San Agustín** in Südkolumbien gespielt zu haben. Grabbeigaben und kunstvolle Skulpturen verweisen dort auf eine vielschichtige Gesellschaftsstruktur mit religiösen Zeremonien und aufwändigen Bestattungsriten.

Diese kleinen Dorfgemeinschaften entwickelten sich über die Jahrhunderte hinweg zu wichtigen regionalen Siedlungszentren, deren Kultstätten viel Aufschluss über das damalige Leben liefern. Bei manchen Völkern wie z. B. den **Taironas** in den nordöstlichen Hochebenen Kolumbiens drängten sich in einer Siedlung vermutlich bis zu 250 000 Menschen. Zu diesem Zeitpunkt bestanden die Hauptgebäude bereits aus Stein. Gold, Smaragde und andere Edelsteine wurden als Schmuck wie auch zum Handel verwendet.

Die großen Bauwerke

In Peru wie auch im Andenhochland Boliviens ist eine erste Besiedlung um 5000 v. Chr. belegt. Ab 2000 v. Chr. wurden monumentale Bauwerke errichtet – **Caral** in Nordperu –, in den Siedlungen lebten bis zu 1500 Menschen. Eines der bedeu-

Mythos Eldorado

Von einem der frühesten kolumbianischen Kulturvölker, den **Chibcha**, stammt die wohl berühmteste Legende Südamerikas: Eldorado. Die Chibcha waren in zwei Königreiche geteilt. Beide verehrten den Sonnengott und brachten ihm Menschenopfer dar. Die Sage von einem goldenen Mann – »el dorado« – entstand aufgrund eines Ritus, bei dem die Chibcha zur Einsetzung eines neuen Häuptlings goldene Statuen in einen See warfen und den Anführer mit Goldstaub bedeckten, der bei einem zeremoniellen Bad im See abgewaschen wurde.

tendsten Zentren entstand um 1000 v. Chr. in **Chavín de Huantar** an der Ostseite der Anden (nahe Huaraz) auf etwa 3200 m Höhe. Das eindrucksvollste Bauwerk ist eine mit Lehmziegel gemauerte Anlage, bekannt als **El Castillo.** Sie diente religiösen Kulten. Der Niedergang der für ihre kunstvollen Töpfergegenstände und Steinstelen berühmten Chavín-Kultur wird auf 200 v. Chr. datiert.

Die Zeitenwende brachte an der Nordküste den Aufstieg der peruanischen **Moche-Kultur,** die zwischen 200 und 700 ihre Blütezeit erlebte. Die Moche waren Meister der Steinmetzkunst. Ihre prachtvollen Gefäße schildern Einzelheiten ihres

che dazu, ihre Siedlung zu verlassen. Die **Chimú-**Kultur in **Chan Chan** (s. S. 166) setzte den Ausbau dieser Küstensiedlungen später fort.

Zur Zeit der Moche breitete sich im Süden Perus die **Nasca-Kultur** (s. S. 151) aus, berühmt für die rätselhaften Linien im Wüstenboden. Aus der Vogelperspektive ergeben diese Tierfiguren (Kolibri, Affen, Fische), vom Boden aus erscheinen sie dagegen völlig willkürlich. Um die Größe und Komplexität dieser Formen ranken sich verschiedenste Deutungen, u. a. die Theorie von außerirdischen Besuchern. Über letztere lächelt man inzwischen, dennoch gibt es bis heute keine Er-

Alltags, von Gewalt und Erotik bis hin zu medizinischen Behandlungen. Außerdem stellten die Moche Gegenstände und Schmuck aus Gold, Silber und Kupfer her. Ihr imposantes Siedlungszentrum in **Moche** wird von zwei mächtigen Pyramiden beherrscht – **Huaca del Sol** und **Huaca de la Luna** (Sonnen- und Mondtempel) –, die um einen zentralen Platz errichtet wurden. Um 500 n. Chr. zwangen vermutlich Naturkatastrophen die Mo-

◀ **Präkolumbisches Schmuckstück im Goldmuseum von Bogotá, Kolumbien**
▲ **Das Sonnentor von Tiahuanaco in Bolivien**

klärung dafür, warum ein Bauernvolk soviel Zeit für die Riesengraphiken aufgebracht haben sollte.

Am Titicacasee im Norden Boliviens lebten die **Wankarani,** die sich vom Fischfang ernährten, Lamas hielten und Kartoffeln anbauten. Aus diesem Volk bildete sich die faszinierende **Tiahuanaco-**Gesellschaft (s. S. 181) heraus. Ihr Hauptzentrum **Pukara** liegt auf 3800 m Höhe in den Anden. Vermutlich hatte die Stadt, die von einer gewaltigen Kultstätte beherrscht wird, etwa 40 000 Einwohner. Die Tiahuanaco gelten als eines der ersten Völker Südamerikas, das zur Errichtung großer Gebäude Stein verwendete. Vor etwa 1200 Jahren reichte ihr Einfluss bis in die Atacama-Wüste in Chile.

Das Inka-Reich

Das letzte und eindrucksvollste Kulturvolk des andinen Altiplano bildeten die **Inka,** deren Machtausdehnung von Cusco, im heutigen Peru, ausging. Das Volk der Inka entstand erst um 1400 n. Chr. unter dem halbmythischen Herrscher Viracocha. Dessen Sohn Yupanqui besiegte 1438 die Tiahuanaco am Titicacasee, und Yupanquis Sohn Topa wiederum bezwang später die Chimú im Norden. Damit hatten die Inka innerhalb von zwei Generationen die bei-

chasquis
→ In Abständen von 5 km hatten die Inka Meldeläufer an den Straßen stationiert. Wurde ein Befehl erlassen, überbrachte ein »chasqui« die Nachricht jeweils zum nächsten Meldeläufer usw.

Verwaltungsapparat. Ermöglicht durch ein ausgeklügeltes, 30 000 km langes Straßennetz, von dem ein Großteil noch heute existiert, stellten Läuferstafetten die Nachrichtenübermittlung sicher. Das **Quechua** wurde zur Reichssprache erklärt. Selbst die Söhne besiegter Herrscher mussten sie lernen. Von einer Inka-Schrift ist nichts überliefert, dagegen wurden sog. *quipus* (s. S. 23) verwendet.

den wichtigsten Andenreiche erobert. In der Folgezeit dehnten sie ihre Herrschaft nordwärts bis in das heutige Ecuador aus, wo Huayna Capac Quito als zweite Hauptstadt gründete. 1525 erstreckte sich das Inka-Reich über 4000 km vom Norden Ecuadors bis ins Zentrum Chiles. Man nannte es **Tawantinsuyu.**

An der Spitze der Inka-Hierarchie stand der Inka-Kaiser – Sapay Inka, der seine Herkunft vom Sonnengott Inti ableitete. Der Kaiser war mit seiner Schwester vermählt, besaß aber zahlreiche Nebenfrauen. Ihm untergeordnet war ein komplizierter religiöser und administrativer

Tawantinsuyu
→ Im inkaischen »Reich der vier Regionen« lebten nach Schätzungen der Historiker 6–12 Mio. Menschen, ein Drittel der damaligen Bevölkerung Südamerikas.

Die Kultstätten in Machu Picchu, Cusco und anderswo geben Zeugnis von der meisterhaften Inka-Baukunst, berühmt für die Verwendung schwerer Granitblöcke, die so behauen wurden, dass sie ohne Mörtel spaltenlos zusammengefügt werden konnten.

Sterbende Völker

Die Zahl der Einwohner Südamerikas vor Ankunft der Europäer wird auf 5 bis 50 Millionen geschätzt. Die indianischen Völker wurden in den letzten 500 Jahren entweder dem

quipus – die Knotenschnüre

Eines der ältesten Buchhaltungs- und Nachrichtensysteme, die Knoten-»Schrift« der Inka, war höchst komplex und zugleich überall hin leicht mitzunehmen. Es bestand aus einer Hauptschnur, an der verschiedenfarbige Nebenschnüre befestigt waren. Die Knoten daran hatten je nach Stärke und Position auf der Schnur eine bestimmte Bedeutung und ermöglichten dadurch die Erfassung einer Vielzahl von Informationen, wofür es eigene Beamten gab.

bis Ende des 19. Jhs. zu wahren. In Argentinien wurden die Indianer der Pampa im sog. Wüstenkrieg von 1860 bis 1870 unterworfen. Kleineren Stämmen, die so lebten wie ihre Vorfahren schon Jahrtausende zuvor, gelang es, an den fernen Küsten Patagoniens und Feuerlands zu überleben.

Die Europäer begegneten den Eingeborenen mit Verachtung. In ihren Augen waren sie primitive Wilde, deren Unterschied zu den Zivilisierten, wie es Charles Darwin in seinem Tagebuch notierte, größer sei als zwischen wilden und domestizierten Tieren. Mit dieser Einstellung wurden sogar noch im 20. Jh. Indianer im Süden gejagt

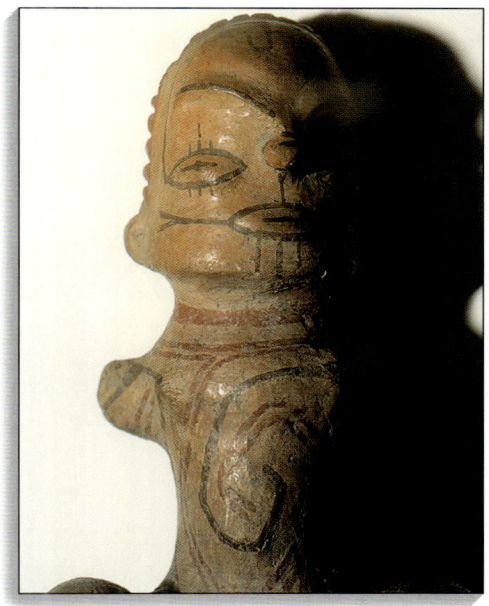

von den europäischen Mächten aufgezwungenen Herrschaftssystem einverleibt oder sahen sich verfolgt. Um 1530 wurde das bedeutende Inka-Reich von Francisco Pizarro in einem Handstreich mit nur 150 Mann erobert (s. S. 26). Im Süden des Kontinents vermochte das chilenische Volk der Mapuche dem Einfluss der Eroberer noch am längsten standzuhalten und seine Unabhängigkeit

und ausgelöscht. Ignoranz und Intoleranz bedrohten nach wie vor Überlebende der Urvölker Südamerikas von Ecuador bis nach Brasilien und Venezuela. Lediglich in den nordöstl. Amazonasgebieten können Stämme, die nie Kontakt zur Außenwelt hatten, ungestört weiter existieren.

Die Nachfahren der Inka und sonstiger andiner Bergstämme, die Mapuche in Südchile, die Tairona sowie weitere Stammesgruppen in Kolumbien und Ecuador, leben heute in einem europäisch-lateinamerikanischen Bevölkerungsmix. Dennoch sind sie vielfach Randgruppen der Gesellschaft, die allerdings in einem wachsenden Bewusstsein für angestammte Traditionen ihre Identität in Religion und Gesellschaft zu wahren suchen. ■

◄ **Kostbarkeit im Goldmuseum von Bogotá, Kolumbien**
▲ **Eine »Mamacona«, die Inka-Figur einer »auserwählten Frau«**
▲▲ **Marajó-Figürchen aus dem Amazonasgebiet Brasiliens**

Verlorene Reiche, grandiose Schätze

Wie gestaltete sich das Leben in Südamerika vor der Ankunft der Europäer? Darüber wird bis heute gerätselt. Mangels schriftlicher Überlieferungen müssen wir uns mit den Grabungsfunden begnügen, die einen kleinen, aber faszinierenden Einblick in die unglaubliche Vielfalt von Völkern erlauben, die zu verschiedenen Zeiten an verschiedenen Orten blüten und wieder verschwanden. Die Zentralanden und ihr westliches Vorland sind die ergiebigste Fundgrube präkolumbischer Zeugnisse – zum einen, weil das trockene Küstenklima die antiken Schätze besser konservierte als der feuchte Amazonasregenwald, aber zum anderen auch, weil dieser Teil der Anden, insbesondere das Gebiet des heutigen Peru, bereits lange vor der Inka-Kultur handwerkliches Zentrum verschiedenster fortgeschrittener Zivilisationen war. Manche der damaligen Gesellschaften finden im Volkstum lokaler Dorfgemeinschaften ihre Fortführung, andere dagegen – wie z. B. das mysteriöse Volk von San Agustín in Kolumbien, von dem die berühmten Steinstelen stammen – scheinen spurlos verschwunden zu sein.

Ein kulturelles Mosaik

Es ist fast unmöglich, die Namen all der verschiedenen vorspanischen Völker zu behalten. Die meisten wurden nach dem Ort benannt, an dem die Archäologen Artefakte fanden und diese nach Art, Ort und Zeit einordneten. Ihre Komplexität mag verwirrend sein. Wer sich jedoch die Zeit nimmt, die ausgezeichneten Museen und Ausgrabungsstätten von Chile bis Kolumbien zu besichtigen, für den fügen sich die Mosaiksteinchen zu einem aufschlussreichen Bild einer faszinierenden Zivilisationsgeschichte zusammen, die von Aufstieg und Untergang, von Siegen und Besiegtwerden und von einem regen Austausch der Waren, technischen Know-hows und erstaunlichen Ideen berichtet.

▶ Goldenes Zeitalter.
Metallverarbeitung war in Südamerika lange vor den Inka bekannt, wie diese Chimú-Grabmaske beweist (Lambayeque-Tal, Peru).

▲ San Agustín
Über das mysteriöse Volk, das in Kolumbien 500 Steinstatuen errichtete, ist nur wenig bekannt.

▶ Dschungelleben
Die Regenwälder des Amazonasgebietes ernähren seit Jahrtausenden hoch stehende Kulturvölker.

◀ Unverwüstlich
ist dieser herrliche Webgürtel eines Huari-Künstlers aus Peru – er ist 1500 Jahre alt!

Meisterliche Kunst der Moche

Die Moche-Kultur erlebte ab der Zeitenwende eine jahrhundertelange Blüte. Die in der Nähe der heutigen Stadt Trujillo in Nordperu siedelnden Moche waren Meister des Kunsthandwerks und beeinflusst vom Hochlandvolk der Chavín. Qualität und Quantität ihres handwerklichen Schaffens – von den Adobepyramiden bis zu exquisitem Goldschmuck – sind unübertroffen. Das erst 1987 freigelegte Grab des »Herrschers von Sipán« zählt zu den bedeutendsten Funden in den Anden. Tausende getöpferter Vasen und Krüge schildern mit bemerkenswerten Details das Alltagsleben des Moche-Volkes vor 2000 Jahren. Wunderschön gewebte bunte Stoffe legen Zeugnis von ihrer Textilkunst ab.

◄ Machu Picchu
Die bedeutende Inka-Kultstätte ist nur eine der Ehrfurcht gebietenden Festungen der Anden an kaum zugänglichen Orten.

▼ Das Sonnentor
Die präinkaische Tempelanlage Tiahuanaco am Titicacasee in Bolivien besticht durch ihre kunstvollen Reliefarbeiten.

◄ Inka-»Hut« aus Chile
In der späten Inka-Ära waren Gewebe aus Vicuña-Wolle den Herrschern vorbehalten.

► Göttlicher Mais
Diese Steinskulptur in der Form eines Maiskolbens diente wohl als eine Art Ernte-Talisman.

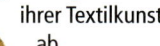

Die Eroberung durch die Europäer

Ende des 15. Jhs. erkundete Christoph Kolumbus die Küsten Mittel- und Südamerikas. Wenig später sollte sein Landsmann Amerigo Vespucci dem neuen Kontinent seinen Namen verleihen. Beide Seefahrer segelten im Dienst der spanischen Krone. Ihre Entdeckung löste eine Welle europäischer Expeditionen in die Neue Welt aus.

Die meisten trieb die Gier nach Gold auf den fernen Kontinent. 1531 begab sich Francisco Pizarro

auf die Suche nach dem sagenhaften Schatz der Inka. Ihr Reich erstreckte sich von Quito (Ecuador) bis in das heutige Peru, Bolivien und bis Nordchile. Mit nur 150 Mann eroberte der Haudegen in knapp zwei Jahren das Riesenreich. Maßgebend für diesen Erfolg waren die unbarmherzige Entschlossenheit der Invasoren sowie die technische Unterlegenheit der Inka. Zudem war das kulturell hoch stehende Reich nach jahrelanger straffer Organisation genau zu diesem Zeitpunkt durch interne Machtkämpfe schwer angeschlagen.

Der Niedergang des Inka-Reichs

Der Inka-Kaiser Tupac-Yupanqui hatte nach Unterwerfung der Cañari im Süden die prunkvolle Stadt Tomebamba (heute Cuenca) gegründet. Sein Sohn Huayna Capac heiratete die Tochter des Königs von Duchicela, um die Königreiche zu vereinen.

Huayna Capac wiederum hätte gerne seinen Sohn Atahualpa als Nachfolger gesehen, doch rechtmäßiger Thronerbe war dessen Halbbruder Huascar, der sowohl mütterlicher- als auch väterlicherseits direkter Inka-Abstammung war. Huascar bestieg 1527 den Thron in Cusco und teilte erstmals das Reich in die Herrschaftsbereiche von Quito und Cusco. Im nachfolgenden Bürgerkrieg siegte Atahualpa; er tötete seinen Bruder und gründete die neue Hauptstadt Cajamarca im nördlichen Teil Perus. Doch die inneren Machtkämpfe hatten nicht nur die Infrastruktur, sondern auch den bis dahin so starken inneren Zusammenhalt der Inka empfindlich geschwächt.

Die Spanier erreichten Cajamarca 1532. Als Atahualpa mit mehreren Tausend Gefolgsmännern – viele von ihnen waren unbewaffnet – den großen Platz betrat, auf dem ein Treffen vereinbart worden war, forderte ihn ein spanischer Priester auf, sich zum Christentum zu bekehren und die Souveränität des spanischen Königs Karls V. anzuerkennen. Atahualpa weigerte sich. Pizarro und seine Männer legten daraufhin den Inka einen Hinterhalt. Auf Seiten der Spanier wurde nur Pizarro verwundet, als er Atahualpa überwältigte, dagegen fanden Hunderte von Inka den Tod.

Pizarro nahm Atahualpa gefangen und erpresste für ihn als Lösegeld soviel Gold, wie in einen Raum passte. Trotzdem wurde der Inka nicht freigelassen. Während seiner Gefangenschaft lernte Atahualpa Spanisch lesen und schreiben sowie Schach spielen. Nach neun Monaten ließen ihn die Spanier wegen angeblichen Hochverrats hinrichten. Ab 1533 herrschten sie über das Inka-Reich.

1535 wurde Lima gegründet, das sich zu einem florierenden, aber auch von Glaubenseiferern geprägten Zentrum entwickelte, was ihm den Spitznamen »südamerikanisches Rom« einbrachte. Kirchen und Klöster schossen wie Pilze aus dem Boden, ein Gebäude protziger als das andere. Nonnen, Bischöfe, Priester und Mönche strömten in Scharen nach Lima, und mit ihnen kam der Terror der Inquisition, der zwischen 1570 und 1761 in Peru seinen grausamen Höhepunkt erreichte.

Lima diente mehrere Jahrhunderte lang als Sitz der spanischen Kolonialverwaltung. Als letzte Fluchtburg der Inka fiel 1572 mit der Enthauptung von Túpac Amaru Vilcabamba.

Nordwärts stieß Gonzalo Jiménez de Quesada in das Gebiet des heutigen Kolumbien vor. Mühelos unterwarf er die Königreiche der Chibcha; 1538 wurde Santa Fé de Bogotá gegründet.

Die Geburt Brasiliens

Schon bald erkundeten die Europäer die ganze südamerikanische Atlantikküste und drangen in das Orinoko- und Amazonasdelta vor. Die Landbe-

holz das wichtigste Exportgut dar, Siedler kamen jedoch nur vereinzelt, da die Portugiesen lieber Handel trieben, als sich niederzulassen. Das Land wurde in Kapitanate eingeteilt und lehnsherrliche Rechte an Personen adeliger Herkunft verliehen. Einige von ihnen, z. B. Martim Afonso, führten die Viehzucht ein und legten Zuckerrohrplantagen an, auf denen sie zuerst versklavte Indianer, dann von Afrika eingeschleppte Sklaven arbeiten ließen.

Die neuen Städte des Südens

Tief im Süden suchten die Europäer immer noch einen Seeweg von Europa nach Asien. Zwischen

setzungen lösten einen Konflikt zwischen der spanischen und portugiesischen Krone aus, der 1494 mit dem Vertrag von Tordesillas beigelegt wurde. Dieser verlieh Portugal das Besitzrecht über das Land östlich der Amazonasmündung, also das gesamte brasilianische Küstengebiet. 1500 hisste Pedro Alvares Cabral in Brasilien die portugiesische Flagge. Jahrelang stellte das rot färbende Brasil-

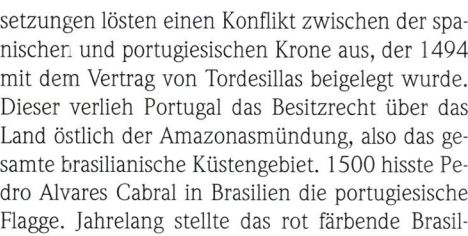

◄ Die Indianer litten unter dem kolonialen Arbeitsdienst
▲ Die Begegnung von Pizarro und Atahualpa in Cajamarca

1519 und 1522 umrundete Fernão Magalhaes (Fernando Magellan) mit seiner Flotte Kap Hoorn, segelte in den Pazifischen Ozean hinaus und landete als erster Europäer im westlichen Patagonien und in Chile. Seefahrer wie Antonio Pigafetta erzählten unglaubliche Geschichten von seltsamen Lebewesen – Riesen, Männern, die ihren Kopf unter dem Arm trügen, oder Menschen mit Schweineschwänzen –, und schürten damit die Gerüchte um die Neue Welt.

Andere Konquistadoren bemächtigten sich der La-Plata-Gebiete. Pedro de Mendoza gründete 1536 Buenos Aires und ein Jahr später Asunción de Paraguay. Doch die spanischen Siedler konnten sich nicht lange in Buenos Aires halten. Erst 1580 sollten sich Kolonisten aus Asunción erneut am Südufer des Río de la Plata niederlassen. Diesmal mit Erfolg.

Auf der Pazifikseite drang Pedro de Valdivia vom Inka-Gebiet aus südwärts in das heutige Chile vor und gründete 1541 die Hauptstadt Santiago. Schon die Inka waren zu ihrer Zeit nicht weiter als zum Fluss Bío Bío gekommen, und auch Valdivia scheiterte am erbitterten Widerstand der furchtlosen Araukaner-Krieger. Diese nahmen ihn 1554 gefangen, fesselten ihn an einen Baum und köpften ihn. Laut Legende sollen sie anschließend sein Herz gegessen haben.

Der Ackerbau wurde ausgedehnt. Die spanischen Kolonisten erhielten großzügigen Grundbesitz einschließlich der Menschen, die auf dem Land lebten, als Arbeitskraft. Es entstand eine Art Leibeigenen-System, die *encomienda*. Die Indianer mussten Steuern in Form von Naturalien abführen und erhielten für ihre Fronarbeit auf den Plantagen kein Entgelt.

Das eigentliche Machtzentrum der Kolonialherren lag jedoch in den immer größer werdenden Städten. Hier hatte die spanische Obrigkeit ihren Ursprung, und hier folgte die katholische Kirche den Fußstapfen der Eroberer. Der Großteil Süd-

Der Süden (Patagonien) gehörte den Araukanern (heute auch Mapuche genannt) sowie anderen Indianern bis weit ins 19. Jh. Sie stellten eine Kavallerie mit 10 000 Mann auf und lernten mit Feuerwaffen und Kanonen umzugehen.

Eine wahre Goldgrube

Die erste Eroberungswelle in Südamerika dauerte nur zwei Generationen. Danach, bis Anfang des 19. Jhs., wandten sich die spanischen und portugiesischen Machthaber der Verwaltung ihrer riesigen Kolonialreiche zu. Die Wirtschaft basierte auf dem Abbau der Bodenschätze – zuerst Gold, dann Silber, das Mitte des 16. Jhs. zum wichtigsten Exportgut Südamerikas werden sollte.

Der Fluch Europas

Die von den Europäern eingeschleppten Krankheiten richteten unter den einheimischen Völkern eine größere Katastrophe an als jede Waffengewalt. Pocken, Cholera, Syphilis, Masern und Malaria ließen die indianische Bevölkerung in einigen Gebieten um 95 Prozent schrumpfen. Die mit den afrikanischen Sklaven auf den Kontinent gekommenen Seuchen dezimierten die Indígena-Bevölkerung abermals, was wiederum eine verstärkte »Einfuhr« der kräftigeren schwarzen Sklaven zur Folge hatte.

amerikas wurde zum Vizekönigreich erhoben – mit Lima als Hauptstadt und Callao als Hafen. Mit dieser Maßnahme versuchten die Spanier ein Handelsmonopol in ihren südamerikanischen Kolonien zu errichten. Die Bewohner durften ihre Erzeugnisse nur nach Spanien verkaufen bzw. Produkte ausschließlich vom Mutterland einführen. Zur Verwaltung der Territorien wurde in der südspanischen Stadt Sevilla der »Königliche Rat für Indien« eingesetzt. Jahr um Jahr transportierten Schiffe die Reichtümer Südamerikas nach Europa, was bald die Gelüste englischer, holländischer und französischer Freibeuter weckte.

Eine neue Gesellschaft

Im 16./17. Jh. waren die Spanier damit beschäftigt, ihre Kolonialmacht zu festigen. Die Spitze der sozialen Hierarchie bildete in jedem Land eine kleine Zahl spanischer Verwaltungsbeamter und Geistlicher. Unter ihnen standen die *criollos,* Weiße, die in der Neuen Welt geboren waren, aber deren Eltern spanischer Herkunft waren. Den am schnellsten wachsenden Bevölkerungsanteil stellten die *mestizos,* die Mischlinge (s. r.).

Viele Indígenas blieben von der spanischen Gesellschaft ausgeschlossen oder wurden zum Frondienst gezwungen. Da sie den Bedarf an Arbeitskräften nicht deckten, ließen die Europäer zusätzlich afrikanische Sklaven herbeischaffen. Die meisten von ihnen wurden an der Karibikküste Venezuelas und Kolumbiens sowie an der Küste Perus eingesetzt. Am stärksten prägten die schwarzen Leibeigenen jedoch langfristig das soziale Bild in Brasilien. Die Zahl der aus Westafrika und Angola ins Land gebrachten Schwarzen wuchs proportional zu den brasilianischen Zuckerrohrplantagen und erreichte im 18. Jh. die Rekordzahl von einer Million.

Als später die Nachfrage nach Zucker sank, konnten die Einbußen durch die Gold- und Diamantenvorkommen in Minas Gerais wieder ausgeglichen werden. Diese bescherten der brasilianischen Wirtschaft erneut einen Aufschwung. Rio de Janeiro gewann als Handelshafen zunehmende Bedeutung. Auch die Ernennung zur Hauptstadt

◀ **Pukara, die letzte Inka-Festung in Chile**
▶ **Pedro de Valdivia wurde nach seinem Einmarsch ins Mapucheland getötet**

Mestizos

Die »mestizos« der Frühzeit stammten meist von einem spanischen Vater und einer indianischen Mutter ab, da sich unter den europäischen Siedlern kaum Frauen befanden. Einer der Eroberer Chiles, Francisco de Aguirre, bekannte stolz, mindestens 50 Mischlingskinder gezeugt zu haben. Er rechtfertigte sich, dass der Dienst, den er Gott damit erwiesen habe, größer sei als die Sünde des Beischlafs.

1763 und der lukrative Kaffeeanbau im Hinterland stärkten seinen Einfluss.

Brasiliens steigende Wirtschaftsmacht belastete das Verhältnis zu Portugal. Die brasilianischen Kaufleute lehnten sich gegen das Handelsmonopol auf, während lokale Politiker nach mehr Selbstverwaltung trachteten.

Eine ähnliche Situation entstand in den spanischen Kolonien. Der Großteil des nach Spanien verschifften Reichtums hatte zur Finanzierung der Kriege in Europa gedient, doch Ende des 18. Jhs. sahen sich die Spanier als Industrie- und Kolonialmacht von Frankreich wie auch von England überrundet. Im 19. Jh. sollten sie durch die Kriege in Europa ganz Hispanoamerika verlieren. ∎

Wege zur Unabhängigkeit

Napoleons Einmarsch in Spanien im Jahr 1808 wirkte sich in ganz Hispanoamerika aus. Die *criollos* nutzten Spaniens Schwäche, um sich von den Fesseln der Herrschaft zu lösen. Bereits Jahrzehnte vorher waren die republikanischen Ideen der Revolutionen in Nordamerika und Frankreich begeistert in Südamerika aufgenommen worden, das endlich freien Handel treiben und seine eigenen Staatsführer wählen wollte.

knüpft. Als die spanische Kolonialverwaltung (mit Sitz in Lima) den Hafen von Buenos Aires schloss, damit der Handel (und die Steuereintreibung) nur noch über Lima laufen konnte, war davon auch Paraguay betroffen. Der wachsende Einfluss von Buenos Aires führte den Statthaltern von Asunción ihre eigene zunehmende Bedeutungslosigkeit vor Augen. Um sich gegen die Abhängigkeit von Argentinien zu wehren, schlossen sie sich der Re-

Aufstände im Süden

Im 18. Jh. war Buenos Aires, die heutige Hauptstadt **Argentiniens**, ein florierendes Schmugglerzentrum, über das Waren – abseits der offiziellen Wege über Lima oder Panama – nach Südamerika gelangten. Mit der Gründung des Vizekönigreichs La Plata 1776 und der Lockerung der Handelsbeschränkungen stieg Buenos Aires' Bedeutung. 1806 scheiterten britische Versuche, die Stadt zu erobern, am Widerstand der Bewohner. Dieser Sieg gab den *porteños* (Einwohner von Buenos Aires) Selbstvertrauen in ihre Regierungsfähigkeit.

Die Geschicke von Asunción, später zur Hauptstadt **Paraguays** erhoben, waren durch den Río de la Plata eng mit denen von Buenos Aires ver-

volution von Buenos Aires 1810 nicht an, sondern erhoben sich selbst erfolgreich gegen die spanische Herrschaft. Am 14. Mai 1811 rief eine Militärjunta mit Fulgencio Yegros an der Spitze die Unabhängigkeit Paraguays aus.

Montevideo, das später die Kapitale **Uruguays** werden sollte, geriet 1807 kurz in britische Hände. Später versuchten Spanien und Buenos Aires, dem Schmuggel einen Riegel vorzuschieben und kleine Landbesitzer von den *estancias* zu vertreiben, was den Unmut in der Region anheizte.

1811 rebellierten revolutionäre Kräfte unter Führung des Kreolen José Gervasio Artigas gegen die spanische Obrigkeit in Montevideo. Sie forderten eine Verteilung des Reichtums an die Armen einschließlich der Indianer und befreiten Sklaven. Mit Unterstützung aus Buenos Aires gelang es den Aufständischen, die spanischen Statthalter zu vertreiben. Aber Artigas und eine wachsende Zahl von *orientales* hatten nicht vor, die alte Kolonialmacht durch eine Obrigkeit in Buenos Aires zu ersetzen. 1815 gelang es Artigas, die *porteños* zu verjagen und seine Autorität durchzusetzen.

> ***Orientales***
> → nannte man zur Zeit der Unabhängigkeitskämpfe die Bewohner des heutigen Uruguay.

Damit die revolutionären Ideen nicht auch noch auf Brasilien übergriffen, marschierten 1816 portugiesische Truppen in Uruguay ein. Unterstützt von Angehörigen der Oberschicht, die Artigas die Beschlagnahmung ihrer Länder nachtrugen, vermochten sie 1820 die junge uruguayische Führung zu schlagen. Nach Ausrufung der brasilianischen Unabhängigkeit 1822 blieb Uruguay somit in brasilianischen Händen. Viele *orientales* sahen jedoch bald ihre Erwartungen enttäuscht, und so erhob sich 1825 unter den legendären »33 Orientales« ein Aufstand, der am 25. August 1825 mit Uruguays Unabhängigkeit endete.

England trat in Uruguays Unabhängigkeitskampf als Vermittler für eine friedliche Lösung auf. Aus eigenen Handelsinteressen wollte es unbedingt vermeiden, dass der Río de la Plata, einer der Haupthandelswege ins Innere Südamerika, von Argentinien allein kontrolliert oder von Brasilien unterbrochen würde.

Die Unabhängigkeitskriege

Der Zusammenbruch der spanischen Monarchie nach dem Einmarsch Napoleons in Madrid hatte den *criollos* eindrücklich vor Augen geführt, dass die spanische Macht durchaus verwundbar war.

1810 hatten sich in zahlreichen Gebieten Hispanoamerikas bereits autonome Regierungen oder Juntas gebildet. Als Spanien diese Bewegungen zu zerschlagen versuchte, kam es zum Ausbruch der eigentlichen Unabhängigkeitskriege. Im Süden wurden sie von General José de San Martín, einem gebürtigen Spanier, angeführt. Er erkämpfte den Abzug der Spanier aus Argentinien und führ-

◀ **Frühe Abbildung von Punta Arenas, Chile**
▶ **General Simón Bolívar, »El Libertador«**

te 1817 sein Heer in einem organisatorischen Kraftakt über die Anden, um den Chilenen in ihrem Kampf beizustehen. **Chile** hatte 1811 trotz des spanischen Handelsmonopols seine Häfen neutralen Ländern geöffnet. Doch die Royalisten hatten bald wieder Oberhand gewonnen und die chilenischen Rebellen ins benachbarte Argentinien verbannt. Viele von ihnen kehrten nun mit San Martín nach Chile zurück, und diesmal vermochten sie die spanische Herrschaft endgültig zu stürzen.

Im nördlichen Teil Südamerikas kämpfte El Libertador (»Der Befreier«) – Simón Bolívar – für die Unabhängigkeit des Kontinents. In seiner Heimat Venezuela vertrieb er die spanischen Loyalisten und ernannte sich zum Diktator. Sein Befreiungszug begann vielversprechend; 1813 gewann er sechs Schlachten gegen die Königstreuen, doch nach der Niederlage Napoleons 1815 und der Wiederherstellung der spanischen Monarchie in Europa setzte ein erbitterter Kampf um die Kolonien ein. Bolívar musste nach Haiti und Jamaika fliehen. Seine Briefe aus dem Exil sollten die fundamentale Ideologie des Freiheitskampfes begründen. Drei Jahre später stand er auf dem Festland mit einem Heer aus Venezolanern und britischen

Veteranen aus den napoleonischen Kriegen wieder zum Angriff bereit. Die Schlacht bei Boyacá im Norden Kolumbiens vom 17. August 1819 besiegelte das Ende der Royalisten. Kurz darauf zog Bolívar triumphierend in Santa Fé de Bogotá ein.

Als Sitz der Kolonialverwaltung schien **Peru** die letzte und standhafteste Bastion Spaniens. San Martíns Truppen kämpften sich Stück für Stück vom Süden her vor, Bolívars Männer marschierten von Norden ein. So konnte letztendlich 1821 in Lima die Unabhängigkeit erklärt werden. Allerdings blieben Teile des Landes noch bis 1824 unter spanischer Herrschaft.

Desillusioniert verbrachte der todkranke Bolívar seine letzten Tage im kolumbianischen Santa Marta. Sein hartes Urteil: »Lateinamerika ist nicht regierbar. Wir Revolutionäre haben das Meer gepflügt.« Eine ähnliche Enttäuschung erfuhr San Martín in Argentinien. Die neue Politikergeneration hatte offenbar keinen Platz für einen unbequemen General. Er kehrte schließlich dem Vaterland den Rücken und verbrachte seinen Lebensabend in Frankreich. Erst Jahre später erfuhren die Freiheitshelden ihre angemessene Ehre. Überall in Lateinamerika erinnern heute Statuen, Straßennamen und sogar Währungen an ihre Taten.

Nachdem Bolívar dank der Siege von General Antonio José de Sucre in Peru das Land endgültig vom spanischen Regime befreit hatte, wurden die Provinzen von »Oberperu« zu einer Republik ausgerufen, die zu Ehren des Freiheitshelden den Namen **Bolivien** annahm. Diese desorganisierten Gebiete vom Amazonas bis zur eisigen Sierra, die wahrlich nichts miteinander gemein hatten, mussten fortan als Nation miteinander auskommen.

Die Jahre unmittelbar nach der Unabhängigkeit gestalteten sich schwieriger als der Kampf selbst. Bolívars Traum war es, alle Staaten in einem **Gran Colombia** vereint zu sehen, doch binnen eines Jahrzehnts waren bereits **Ecuador** und **Venezuela** abtrünnig geworden.

Aufstieg der Diktatoren

Nach der Entlassung in die Unabhängigkeit herrschten in den jungen Republiken jahrzehntelang bürgerkriegsähnliche Zustände. Der Machtkampf wurde in der Regel zwischen zwei Gruppen ausgetragen: den Vertretern des Landadels, den Konservativen, die eine Art lockeren Föderalismus befürworteten, und den politischen Kräften der Städte, den Liberalen, die mehr nach außen orientiert waren und eine starke zentrale Kontrolle über die Nation anstrebten. Fast immer ebnete dieser Machtkampf den Weg für einen Diktator, dessen totalitäres Regime jegliche Demokratisierung im Keim erstickte. So hatte sich Lateinamerika vom spanischen Joch befreit, nur um sich Mitte des 19. Jhs. unter einer viel schlimmeren hausgemachten Tyrannei wiederzufinden.

Brasilien: Unabhängigkeit ohne Krieg

Auch vor Portugal machten Napoleons Truppen nicht Halt. 1808 floh der portugiesische König Dom João mit seinem gesamten Hofstaat nach Brasilien, das vorübergehend zum Vizekönigreich erhoben wurde, bis der König 1821 nach Portugal zurückreiste und seinem Sohn Dom Pedro I. die Regierungsgeschäfte in Brasilien überließ. Als Peter 1822 nach Portugal zurückkehren sollte, stellte er sich auf die Seite der Freiheitskämpfer und

Sklavenhandel, wobei die Sklavenarbeit selbst im Lande noch anhielt. In Brasilien hatten damals die Großgrundbesitzer des Nordens das Sagen. Diese ließen auf ihren Plantagen Heerscharen von Sklaven für sich schuften, ohne sich um effiziente Bewirtschaftung und sozialen Fortschritt zu scheren. Pedro II. förderte deshalb bewusst die europäische Besiedelung im Süden. Diese neue Bevölkerungsgruppe ließ sich am Rio Grande do Sul nieder und machte São Paulo zum wirtschaftlichen Gegenpol in Konkurrenz zu Rio de Janeiro. Zwischen den beiden Machtgruppen kam es zunehmend zu Spannungen. Im Mittelpunkt der Debatte um Bra-

tauschte mit dem Ausruf »Unabhängigkeit oder Tod!« die königlichen Insignien gegen die neuen Nationalfarben Gelb und Grün ein.

Anfang des 19. Jhs. bestand die brasilianische Gesellschaft aus rund einer Million europäischer Abkömmlinge, den einheimischen Indianern und etwa zwei Millionen schwarzen Sklaven. 1847 bestieg Pedro II. den Thron und verbot 1850 den

◀ **Die Llanero-Lanzenreiter der venezolanischen Unabhängigkeitskriege**
▲ **Viele befreite Sklaven wurden in die brasilianische Armee gedrängt**

siliens Zukunft stand die Sklaverei. 1888 stimmte das Parlament für ihre Abschaffung, womit Brasilien als letztes Land der westlichen Hemisphäre der Sklaverei ein Ende setzte. Der bereits schwelende Konflikt innerhalb der brasilianischen Gesellschaft brach nun offen aus. Im Jahr darauf wurde Pedro II. gestürzt und eine konstitutionelle Republik gegründet. Wie in vielen Nachbarländern war das neue parlamentarische Regime schwach – verglichen mit der eigentlichen Macht des Militärs, sodass es letzterem meist gelang, die politischen Probleme auf seine Art zu lösen.

Die Freiheitskämpfe waren vorüber, doch der Machtkampf in den jungen lateinamerikanischen Staaten hatte gerade erst begonnen. ■

Südamerikas Weg ins 21. Jahrhundert

Ende des 19. Jhs. hatte Südamerika alle seine spanischen Fesseln gesprengt, Macht und Einfluss blieben jedoch in den Händen einer privilegierten Minderheit. Das Land gehörte weitgehend Großgrundbesitzern, die Veränderungen des Status quo ablehnten. Die Wirtschaft war stark exportorientiert; zu den Hauptausfuhrgütern zählten Kaffee (Brasilien, Kolumbien), Weizen und Rindfleisch (Argentinien), Kupfer (Chile) und später Erdöl

Ende des 19. Jhs. galten die zehn südamerikanischen Republiken als etabliert. Doch der Machtkampf hatte in den Staatsgebilden gerade erst begonnen und drängte die globalen Ereignisse des darauffolgenden Jahrhunderts in den Hintergrund. So wirkte Südamerika in den vergangenen hundert Jahren nur am Rande am Weltgeschehen mit. Die beiden Weltkriege gingen quasi spurlos an ihm vorüber. Dagegen fanden die rivalisierenden

(Venezuela). Den Regierungen erschien es einfacher, Exportzölle zu erheben und Importware zu kaufen denn die heimische Industrie zu fördern.

Trotz dieser neuen Abhängigkeit fanden die südamerikanischen Staaten rasch zu einem starken Identitätsbewusstsein. Kriege zwischen den Staaten festigten die nationalen Grenzen, wirkten sich allerdings verheerend auf Bevölkerung und Wirtschaft aus.

Im Süden besetzten Argentinien und Chile ganz Patagonien; die indianischen Völker wurden in Reservate gepfercht oder ausgerottet. Der dank moderner Technologie mögliche Export von gefrorenem Rindfleisch nach Europa förderte eine extensive Viehwirtschaft.

Ideologien der Alten Welt in Südamerika Widerhall. Die Militärdiktaturen schöpften oft aus dem faschistischen Gedankengut Spaniens oder Italiens, während marxistische Guerillagruppen nach revolutionärem Wandel trachteten.

Eine urbane Gesellschaft

Die politischen Umwälzungen waren die Reaktion auf die sozialen Herausforderungen und Spannungen innerhalb der südamerikanischen Gesellschaft. Die Bevölkerungszahl, 1900 noch mit rund 40 Millionen beziffert, beträgt heute fast das Zehnfache. Innerhalb relativ kurzer Zeit ist Südamerika zu einem Kontinent geworden, auf dem mehr als Zwei Drittel der Bevölkerung in Städten leben. Die Gewinne wurden lieber im Ausland angelegt, als sinnvoll im eigenen Land investiert, und die Regierungen unternahmen kaum etwas gegen die Armut der Landbevölkerung, was wiederum die Landflucht beschleunigte.

Reich und Arm

Das 20. Jh. kennzeichnet ein überproportionales Anwachsen der mittleren und unteren Gesellschaftsschichten. **Argentiniens** boomende Rindfleischindustrie sowie die Landnahme in Patagonien ließen den Bedarf an Arbeitskräften in die Höhe schnellen. Dies löste 1880 eine enorme

falschem Namen sogar noch mehr Land. Die europäischen Arbeiter erhielten zwar kleine Parzellen, doch durften sie diese nur drei oder fünf Jahre bewirtschaften, und dann hieß es weiterziehen.

Im Gegensatz zu Nordamerika mit seinen Millionen Klein- und Kleinstbetrieben lag Argentinien fest in den Händen von rund 200 eng verbandelten Familien, die man schlicht »die Oligarchie« nannte. Die Immigranten suchten folglich Arbeit in der Stadt, was die Bevölkerung von Buenos Aires von 750 000 (Anfang 1900) auf über zwei Millionen (1930) explodieren ließ.

europäische Einwanderungswelle aus, die als weltweit größte Immigration in die Geschichte einging. Die Wanderarbeiter – meist Bauern aus Italien oder Spanien – waren in der Regel völlig mittellos und ohne Chance, am steigenden Wohlstand teilzuhaben. Die Großgrundbesitzer, nicht gewillt, von ihren riesigen Ländereien auch nur einen Bruchteil abzugeben, erschlichen sich unter

In einer Zeit ökonomischer Expansion orientierten sich die vermögenden Schichten an Europa und ignorierten die sozialen Ungerechtigkeiten und wachsenden Protestbewegungen ihres engeren Umfelds. In den 30er Jahren kam mit dem Wirtschaftskollaps eine Zeit der politischen Instabilität und Militärgewalt, geprägt vom typischen Schulterschluss zwischen Armee und konservativen Kräften, die jegliche politische Reform oder Erneuerung im Keim erstickten.

Auch **Brasilien** bot wiederholt einen idealen Nährboden für Militärdiktaturen. Zu Beginn des 20. Jhs. fußte sein Wohlstand hauptsächlich auf der Ausfuhr von Kautschuk und Kaffee. Doch mit der Kautschukkonkurrenz aus Malaysia und dem

◀ **Chilenische Minenarbeiter**
im nördlichen Teil der Wüste
▲ **Die Peróns zeigen sich**
auf dem Balkon der Casa Rosada
in Buenos Aires

Verfall der Weltmarktpreise für Kaffee geriet die Wirtschaft des Landes ins Wanken. Vor diesem Hintergrund hatte Getúlio Vargas leichtes Spiel, mit Rückendeckung des Militärs die schwache Zivilregierung zu stürzen. Der »Vater des Volkes« verstand es mit seiner populistischen Rhetorik, die armen Arbeiter und Bauern für sich zu gewinnen, und führte progewerkschaftliche Gesetze ein. In seiner 15-jährigen Amtszeit schuf Vargas einen starken Staat und förderte die Industrie nach dem Vorbild Mussolinis.

Nach Vargas' Sturz folgte eine lange Zeit demokratischer Regierungsführung. Die Leistungskurve

stellt hier wohl das krasseste Beispiel dar: Mit seinen Silberminen finanzierte Spanien seine Kriege in Europa (s. S. 173). Den Gewinn aus der blühenden Zinnförderung steckten ein paar Unternehmer ein, die ihn meist irgendwo im Ausland verjubelten. So zählt Bolivien heute zu den ärmsten Staaten der Welt.

Ecuador erging es nicht viel besser: Von seiner regen Außenhandel mit Bananen, Kaffee, Kakao und Panama-Hüten profitierten lediglich ein paar Hundert *criollos* bzw. ausländische Unternehmen, die den Handel kontrollierten. Seit Jahrzehnten ist Ecuador zudem weltweit der größte

der Wirtschaft wie auch die Bevölkerungszahl schnellten in die Höhe – und fanden Ende der 50er Jahre ihren gebührenden Ausdruck in der neuen Hauptstadt Brasília (s. S. 239). Doch mit der wachsenden Zahl ländlicher Besitzloser und den zusehends militanten politischen Gruppierungen in den Großstädten braute sich eine Gefahr der Destabilisierung zusammen – diese Befürchtung schien zumindest das Militär zu hegen, als es 1964 erneut die Staatsgewalt an sich riss.

Ressourcen in ausländischen Händen

Viele südamerikanische Staaten mussten ohnmächtig zusehen, wie der von ihnen erzeugte Wohlstand ins Ausland abwanderte. **Bolivien**

Bananenexporteur, doch bis in die 60er Jahre befand sich die gesamte Früchteproduktion in der Hand der amerikanischen United Fruit Company. Vor dem Aufschwung der noch jungen Erdölindustrie erzielte das Land fast seine gesamten Deviseneinkünfte mit Bananen. Dass es dennoch nie aus seiner Armut herauskam, geht u. a. auf das Konto der Kapitalflucht.

Auch für **Kolumbien** stellten der Bananen- und Kaffee-Export die Hauptpfeiler der Wirtschaft dar. Hier teilten sich den lukrativen Kuchen ausländische Firmen wie die United Fruit Company und eine Handvoll kolumbianischer Großgrundbesitzer. Mit dem Bevölkerungswachstum griff die Armut um sich. Die sozialen Spannungen verschärften sich und mündeten 1948 in eine Eskalation der Gewalt. Es folgten Jahre des Terrors und der Bürgerkriege (s. S. 91).

Auch im Nachbarland **Venezuela** brodelte es – trotz der Entdeckung riesiger Ölvorkommen, die dem Staat später, wenngleich nicht ohne Kampf, großen Wohlstand bescheren sollten. 1917 stieß man im Maracaibo-Becken erstmals auf Erdöl. Seinerzeit stand an der Spitze des Staates der Diktator Juan Vincente Gomez, der ungeniert einen Großteil des neuen Reichtums für sich abschöpfte und Vetternwirtschaft betrieb. Von den Erlösen aus dem »schwarzen Gold« floss nur ein

konservative Grundbesitzer das Ruder übernahmen. Schließlich betrat ein starker Mann die politische Bühne: Oberst Pérez Jiménez. Er setzte eine Reihe sozialpolitischer Maßnahmen durch, führte z. B. das Gewerkschaftsrecht ein und finanzierte mit einem Teil der Öleinkünfte Straßen- und Wohnungsbauprojekte.

Doch abermals keimte der Widerstand gegen das totalitäre Militärregime. Nach Aufständen, die mehr als 600 Menschenleben forderten, musste Jiménez 1958 abtreten. Die folgenden Wahlen leiteten eine bis heute ungebrochene parlamentarische Regierung ein.

Bruchteil an das Gros der venezolanischen Bevölkerung, die verarmt auf dem Lande lebte und zunehmend dem verlockenden Ruf der Hauptstadt Caracas folgte.

Der Tod des Diktators im Jahr 1935 führte zu Krawallen und Streiks, bis Armeeoffiziere und

◄ **Der brasilianische Präsident Juscelino Kubitschek bei der Einweihung von Brasília im Jahr 1960**
▲ **Während des Putsches von 1973 wurde La Moneda in der chilenischen Hauptstadt Santiago bombardiert**

Territoriale Konflikte

Nordamerika wurde nur von einem einzigen schweren Bürgerkrieg heimgesucht, während in Südamerika ständige Grenzstreitigkeiten die Staaten schwächten. Manche Kriege dienten lediglich der Förderung des Nationalstolzes, wie der sinnlose Konflikt Chiles unter Diktator Diego Portales mit Bolivien und Peru (1836–39). Noch vor Ende des Krieges wurde Portales ermordet.

Der »Salpeterkrieg« von 1879–83 dagegen hatte weitreichende Konsequenzen. Die verbündeten **Peru** und **Bolivien** verloren Teile ihres Territoriums mit den Salpetervorkommen an Chile, Bolivien mit Antofagasta auch seinen einzigen Zugang zum Pazifik. 1903 annektierte Brasilien ein kautschukreiches Gebiet im bolivianischen Amazonasbecken.

Aber Kriege konnten auch die Sieger teuer zu stehen kommen. Im Chaco-Krieg von 1932 erhielt **Paraguay** von Bolivien den Großteil des an Erdöl reichen Chaco boreal, nur ausgerechnet auf seiner Seite wurde kein einziger Tropfen Erdöl gefördert, während in Bolivien die Ölquellen weiter sprudelten. Der Krieg hatte beide Staaten wirtschaftlich wie auch demographisch völlig ausgeblutet.

Spannungen entzweien bis heute Peru und **Ecuador** aufgrund eines Konflikts von 1942, als Peru die Dschungelregion El Oro im Süden Ecuadors

beanspruchte. Diese Region ist reich an Bodenschätzen und Erdöl, zudem gedeiht dort Ecuadors bester Kaffee. 1995 kam es während drei Monaten erneut zu blutigen Auseinandersetzungen mit katastrophalen Folgen für die ecuadorianische Wirtschaft.

Turbulente 1970er Jahre

Paradoxerweise vermochten sich in den 70er Jahren ausgerechnet in den politisch und wirtschaftlich gefestigten Ländern die rigorosesten Militärdiktaturen durchzusetzten. **Uruguay** blickt auf die längste demokratische Tradition und den ältesten Wohlfahrtsstaat der Welt zurück; dennoch waren die 50er und 60er Jahre geprägt von wirtschaftlichen Einbrüchen, sozialen Spannungen und aufkei-

menden Guerillabewegungen. 1973 folgten nach einem Militärputsch zwölf Jahre Diktatur, die als Synonym für Repression und Folter standen (s. S. 313).

Im 19. Jh. entwickelte sich **Chile,** damals der politisch stabilste Staat in der Region, zu einer Wirtschaftsmacht. Seine Ressourcen blieben allerdings in ausländischer Hand und die Kluft zwischen Arm und Reich unverändert groß. 1970 übernahm die sozialistische Partei unter Salvador Allende die Regierung, wurde jedoch 1973 durch einen Staatsstreich von General Augusto Pinochet gestürzt. Pinochet blieb 17 Jahre an der Macht. Er kehrte unter Einsatz brutaler Gewalt nicht nur den politischen Kurs des Landes um, sondern führte die freie Marktwirtschaft ein, die seither in fast allen südamerikanischen Staaten etabliert ist.

Somit hatte sich der Kreis geschlossen. Die Wirtschaft lebte wiederum vom Export, wobei neben den traditionellen Gütern neue Produkte den Handel bestimmten. Die lokalen Märkte öffneten sich ausländischer Importware mit dem Ergebnis, dass die heimischen Firmen entweder bankrott gingen oder von großen ausländischen Konzernen aufgekauft wurden. Auf diese Weise wurde zwar die Wirtschaftskraft erhöht, gleichzeit stieg aber auch die Arbeitslosenquote dramatisch an.

Neue Herausforderungen

Am Anfang des 21. Jhs. sind Südamerikas Erwartungen an eine Integration der Region in die Weltwirtschaft groß, womit Bolívars panamerikanische Vision in Erfüllung ginge. 2003 versuchte der neue linksgerichtete Präsident Brasiliens, Luíz Inácio »Lula« da Silva, dem regionalen Wirtschaftsbund MERCOSUR, der die Nachbarn Argentinien, Uruguay und Paraguay einschließt, neue Impulse zu verleihen. Leider führen chronische Armut und Unterbeschäftigung zu massiven Unruhen in vielen Ländern, und es bedarf hoher Anstrengungen seitens der Regierungen, um die immense Kluft zwischen Arm und Reich zu schließen und den Lebensstandard von Stadt und Land einander anzugleichen. Vor allem aber muss die Jugend, die immerhin fast 40 Prozent der südamerikanischen Gesamtbevölkerung ausmacht, mehr Chancen auf Bildung und höheren Lebensstandard erhalten. ■

◀ Alberto Fujimori, Perus Präsident von 1990 bis 2000, floh wegen Bestechungsvorwürfen in sein Geburtsland Japan

Kampf dem Drogenhandel

Charakteristisch für die Märkte in Bolivien sind die riesigen Säcke mit Kokablättern. Als Aufguss regulieren die grünen Blätter die Verdauung; gekaut helfen sie als Aufputschmittel gegen Kälte, Höhenkrankheit und Hunger (s. S. 188). Für die Indianer spielte Koka eine wichtige Rolle in der traditionellen Heilkunde sowie für rituelle Zeremonien.

Doch seit der sprunghaften Zunahme des Drogenexports in den 60er Jahren stellen Drogenkonsum und -handel die Region vor ein ernstes Problem. Die Kokablätter werden an geheimen Orten zu einer Paste als Rohstoff für die Kokainherstellung verarbeitet (gekaut wirken sie weit weniger stark als das Kokain-Pulver, für das Unmengen von Kokablättern benötigt werden).

In den 70er Jahren führte der Kampf um die Kontrolle des Kokainhandels zu einer Eskalation der Gewalt. Kolumbianische Drogenbarone in Städten wie Medellín und Cali scheffelten Milliardenvermögen, und wehe dem, der sich in ihr Revier wagte oder das Gesetz zu verteidigen suchte. Durch Drogenkartelle hielt man die Preise hoch und rivalisierende Anbieter außen vor. So wurde der Drogenhandel bald zur Hauptstütze des kolumbianischen Exports.

Als in den USA die Probleme mit dem Konsum illegaler Rauschmittel wuchsen, entwickelten sich die Koka produzierenden Andenländer zum Schauplatz des nordamerikanischen Drogenkrieges. Die Regierungen wurden aufgefordert, das Problem »an der Wurzel anzugreifen«, d. h. die Kokapflanzungen zu vernichten. Außerdem sollten Polizei und Armee bei der Fahndung nach illegalen Drogenhändlern mit der amerikanischen Drug Enforcement Administration kooperieren und überführte Dealer an die USA ausliefern.

Diese Situation entfachte Ende der 80er Jahre in Kolumbien einen regelrechten Bürgerkrieg. Drogenbarone wie Pablo Escobar drohten mit öffentlichen Anschlägen, sollte man versuchen, sie zu verhaften. Der Krieg, den er mit seinen Männern gegen den Staat führte, kostete Hunderte von Polizisten das Leben. Escobar selbst wurde nach seiner Flucht aus dem Gefängnis erschossen. Damit war die Macht der Medellín- und Cali-Kartelle zwar gebrochen, das Problem an sich jedoch nicht beseitigt. Neue Drogenbosse erschienen in der Szene; der illegale Handel verlagerte sich in die Nachbarländer Brasili-en, Ecuador und Mexiko, welches direkt an den Hauptabnehmer USA grenzt.

Selbst heute ist in Südamerika der Drogenhandel allgegenwärtig, obgleich meist nur indirekt: Mit Drogengeldern wurden Banken, Hotels und Wolkenkratzer gebaut sowie Staatsbeamte bestochen. Kolumbiens Präsident Ernesto Samer (1994–1998) konnte nie ganz den Verdacht von sich abschütteln, sein Wahlerfolg sei den Spenden der Drogenbosse zuzuschreiben (s. S. 92 f.). Von schlecht bezahlten

Grenz- und Zollbeamten über Polizisten und Soldaten bis hin zu einflussreichen Politikern und hochrangigen Offizieren – sie alle hielten ihre Hand auf.

Südamerika versucht Anklagen von internationaler Seite von sich zu weisen, denn noch werden Drogen vorwiegend in den Industrieländern konsumiert. Und in Kolumbien »legitimiert« die Guerillabewegung ihre Verwicklung in den Drogenhandel als Mittel zum Kampf gegen den Kapitalismus. Dabei übersieht man, dass immer mehr südamerikanische Jugendliche der Sucht nach Crack, Kokain und anderen harten Drogen verfallen. ■

▲ Kokablätter aus den Anden

Kontinent der vielen Gesichter

Seit der Zeit, als Kolumbus im Glauben, Ostindien erreicht zu haben, an der Küste der heutigen Bahamas landete, werden alle Ureinwohner Amerikas und der Karibischen Inseln als »Indianer« in einen Topf geworfen. Dennoch verwirrt heute die Vielzahl der Volksgruppen. Sie ist nicht allein Indiz für den ethnischen Reichtum des Kontinents, sondern sie unterstreicht auch die Bedeutung der Abstammung: Ein *mestizo* – in Brasilien *mameluco* genannt – hat indianische und weiße Eltern. In einem *mulatto* fließt afrikanisches und europäisches, in einem *cafuso* (Brasilien) indianisches und afrikanisches Blut.

Die Geschichte des lateinamerikanischen Potpourris ist komplex. In den letzten 500 Jahren wurde Südamerika von einer Einwanderungswelle nach der anderen überrollt, nationale Grenzen entstanden erst im Laufe des 19. und 20. Jhs. und sorgen selbst heute noch für Konfliktstoff. Für die Siedler galt es, sich eine völlig neue Identität zu suchen. Volksgruppen aus verschiedensten Erdteilen und Kulturkreisen prallten aufeinander und verschmolzen. In Südamerika wunderte sich niemand über die japanischen Vorfahren des peruanischen oder die syrischen Wurzeln des argentinischen Ex-Präsidenten. Und doch verbirgt sich unter dieser multikulturellen Oberfläche ein dichtes Geflecht sozialer und ethnischer Hierarchien.

Die Neuankömmlinge

Nach der Ankunft der Europäer im 16. Jh. änderte sich das ethnische Bild Südamerikas drastisch. Die Siedler waren vorwiegend Männer aus Spanien (bzw. Portugal im Fall Brasiliens), die Indianerinnen heirateten oder auch Beziehungen zu Sklavinnen aus Afrika unterhielten. Nach der Abschaffung der Sklaverei in Brasilien 1888 wurde die europäische Besiedelung aktiv gefördert – auch im Nachbarland Argentinien. Die meisten Zuwanderer stammten zunächst aus Spanien und Italien, in einer zweiten Welle siedelten Deutsche, Osteuropäer, Syrer, Libanesen, Japaner und Chinesen.

Die Bewohner der Andenländer – Peru, Kolumbien, Ecuador, Bolivien und Chile – sind in der Mehrzahl Mestizen. Dennoch haben diese Staaten die höchsten Anteile reinrassiger Indianer, einerseits da bereits zum Zeitpunkt der Conquista diese Gebiete dicht besiedelt waren und andererer-

seits die indigenen Kulturen der Südens und des Flachlands großenteils ausgerottet wurden.

Der afrikanische Einfluss ist überwiegend im Norden Brasiliens sowie in Teilen Kolumbiens, Venezuelas und der Guyana-Länder sichtbar. In Chile stellen Weiße rund 20 % der Gesamtbevölkerung.

Guyana, Suriname und Französisch Guayana fallen durch einen besonders spritzigen Bevölkerungscocktail auf. Diese Länder dienten den drei Weltmächten – den Niederlanden (Suriname), Großbritannien (Guyana) und Frankreich (Franz. Guayana) – als Agraraußenposten: Für die Plantagenarbeit wurden afrikanische Sklaven ins Land geholt, von denen viele in den Dschungel

◀ **Quechua-Indianerin**
▶ **Mädchen aus**
Santiago de Chile
◀◀ **Quechua-Indianer bei**
einem Hochzeitsfest
nahe Cusco, Peru – Carajás-Junge
aus dem Amazonasgebiet

flüchteten und dort in »Buschneger«-Gesellschaften ihre afrikanischen Traditionen pflegten. Nach Ende der Sklaverei kamen Vertragsarbeiter aus anderen Ländern dieser Imperien, was den heutigen bunten Mix aus Asiaten, Indianern, Afrikanern, portugiesischen Mulatten und Europäern erklärt.

Neue Gemeinschaften

Die Buschneger sind nicht die einzige Volksgruppe, die dank der geographischen Weitläufigkeit des Kontinents ihren eigenen Le-

Sprachenschatz
→ In Südamerika gibt es sage und schreibe mindestens 82 verschiedene Indianersprachen und -dialekte.

bensstil fortzusetzen vermochte. Dies gelang auch einer Reihe kleiner, eigenständiger Gemeinschaften wie etwa den tief religiösen Mennoniten (s. S. 274). Und wundern Sie sich nicht über den Anblick von Lederhosen unweit der venezolanischen Karibikküste oder von Schweizer Chalets und Bernhardinern in Patagonien – sie sind ein Vermächtnis der Einwanderer, die sich entweder in ihrem Heimatland eingeengt fühlten oder einfach nur ein neues Leben in einem anderen Land beginnen wollten.

Die ethnische Vielfalt spiegelt sich zudem in den Sprachen wider. Zwar dominiert in Südamerika heute unbestritten das Spanische, und in Brasilien ist nach wie vor Portugiesisch Amtssprache,

doch ansonsten herrscht ein nahezu babylonisches Sprachengewirr. In den Andengebieten hört man vorwiegend Indianeridiome. In Bolivien gibt es gleich drei Amtssprachen: Spanisch, Quechua und Aymara. In Peru wird offiziell Spanisch und seit 1975 außerdem Quechua gesprochen. In Paraguay gilt zwar Spanisch als Amtssprache, doch das Gros der Bevölkerung bevorzugt Guaraní. Guyana, Suriname und Französisch Guayana übernahmen die Sprache ihrer Kolonialmächte.

Ethnische Hierarchien

In vielen Gegenden wurden die Volksgruppen derart gründlich durchgemischt, dass ein unerwartet homogenes Bevölkerungsbild entstand. So heben sich in Chile, Bolivien und Peru nicht nur die »bleichgesichtigen« Touristen von der Bevölkerung ab, sondern ebenso besonders dunkelhäutige Menschen, die man meist *moreno* oder *negrito* nennt.

Hautfarbe und ethnische Abstammung haben in zahlreichen südamerikanischen Staaten einen starken Einfluss auf den gesellschaftlichen Status. Die besseren Jobs (in Büros, eleganten Kaufhäusern, in den Medien) sind vorwiegend an Hellhäutige vergeben, während in Kneipen, Restaurants und Überlandbussen dunkle und negride Gesichter dominieren. Auf den Feldern oder Märkten arbeiten in der Regel Indianer – vor allem in der Andenregion.

Ein Großteil der Einheimischen hat bis heute ungebrochen – oft gegen härtesten Widerstand – an Traditionen und Bräuchen festgehalten. Sogar mit der Todesstrafe musste rechnen, wer sich in der Kolonialzeit der Missionierung widersetzte. Dies erklärt, warum die südamerikanischen Länder überwiegend katholisch sind. Allerdings leben die alten Kulte verschleiert in christlichen Festen und Verehrungszeremonien fort, mancherorts formten sich Mischreligionen wie etwa *Macumba* in Brasilien (s. S. 246).

In den Jahren nach der Conquista wurden viele Indígena-Kulturen gezwungen, sich den neuen gesellschaftlichen Strukturen anzupassen, so nicht Krankheiten und Gewalt sie bereits ausgelöscht hatten. Und obwohl sich im 19. Jh. mit der Staatenbildung auch ein nationales Bewusstsein gegen die europäische Beherrschung wehrte, gilt in den meisten südamerikanischen Ländern das indianische Erbe als Stigma. Zugleich wehren sich die Indianer gegen die Bezeichnung *indio,* die oft mit dumm gleichgesetzt wird, und wollen *indígenas,* wörtlich »Eingeborene«, genannt werden

Vor allem in städtischen Gebieten sehen sich die meisten Bewohner lieber als Weiße denn als Mestizen. Typisch ist die Antwort der lokalen Reiseführer in Peru oder Bolivien auf die häufige Frage der von der Geschichte der Inka oder Aymara beeindruckten Touristen: »Stammen Sie etwa auch von den Inka ab?« – »Oh, nein! Meine

Kultur noch bleibt. In einer durch die Eingriffe des technologischen Zeitalters besonders verwundbaren Umgebung sind ihre Lebensweisen einem kontinuierlichen Wandel und Anpassungsprozess unterworfen.

In manchen Gebieten machten sich die Ureinwohner den steigenden Tourismus zunutze, der ihnen zu bescheidenen Einkünften verhilft und zugleich den Weiterbestand ihrer Lebensweise garantiert. Was von manchen als Schaffung »indianischer Themenparks« angeprangert wird, ist gewiss eine Alternative, die die betroffenen Stämme davor bewahrt, in Vergessenheit zu geraten.

Eltern waren Spanier – das Kind meiner Schwester ist übrigens genauso weiß wie Ihres!«

Bedrohte Lebensweisen

In den Städten mag der sozioökonomische Druck durchaus so stark sein, dass die Bewohner lieber ihre indianische Herkunft verleugnen, doch für viele Amazonasstämme sind gerade ihre Traditionen und ihr geschichtliches Erbe das einzige, was ihnen im Kampf ums Überleben als eigenständige

◀ **Junger Peruaner aus der Sierra**
▲ **Nicht nur in Brasilien**
handeln Kinder

Der brasilianische Holocaust
1639 schrieb der spanische Jesuit Cristóbal de Acuña, die Indianersiedlungen des Amazonas lägen so eng beieinander, dass die eine noch in Sicht sei, wenn die andere bereits auftauche. Dies sollte nicht von Dauer sein. Die Kolonisten brüsteten sich im 17. Jh. damit, zwei Millionen Amazonasindianer niedergemetzelt zu haben. Zum Zeitpunkt der Conquista hatte Brasilien etwa zweieinhalb bis sechs Millionen Indianer gezählt. Heute sind es allenfalls knapp 200 000, und die Zahl der Indianerstämme sank allein im 20. Jh. vermutlich um ein Drittel.

Andere einheimische Völker, wie z. B. die Mapuche in Südchile, versuchten ihr Überleben über politische Aktionen zu sichern und erreichten Gesetzte, die ihr seit Jahrhunderten angestammtes Land für multinationale Firmen und Bodenspekulation unantastbar machen. Doch in einigen Fällen ebneten sie den Guerillabewegungen den Weg – insbesondere in Peru; dort terrorisierte der *Sendero Luminoso* jahrelang Indígenas und Touristen gleichermaßen. Noch im Dezember 1996 sorgte die Guerillagruppe Tupac Amaru mit der Besetzung der Residenz des japanischen Botschafters in Lima weltweit für Schlagzeilen.

Rollenwandel für die Frauen

In Südamerika gehen heute immer mehr Frauen einem Beruf nach. Allerdings bleibt ihr Status vielfach angefochten, da auf diesem überwiegend katholischen Kontinent Kinder nach wie vor das zentrale Thema der Familie bilden. In einigen Ländern sind die TV-Stellenanzeigen sogar in die Rubrik *chicos* (Männer) und *chicas* (Frauen) unterteilt. Allein reisenden Frauen kann es passieren, dass sie bei öffentlichen Anlässen vom Personal einfach ignoriert werden – nicht etwa aus Unhöflichkeit, sondern vielmehr, weil man erwartet, dass der Mann alles in die Hand nimmt! Im Hotel

Die Yanomami

Der in Venezuela und im Norden Brasiliens lebende Stamm der Yanomami, deren Name übersetzt »Kinder des Mondes« bedeutet, blieb bis in die 70er Jahre von der Zivilisation unentdeckt. Doch dann begannen Holz- und Bergwerksgesellschaften Breschen in die Regenwälder des Roraima-Gebietes zu schlagen. Später folgten die Goldgräber. Nachdem 1993 20 Yanomami von »garimpeiros« (Bergleuten in den Goldminen) brutal ermordet worden waren, gelang es den Yanomami, ihre Not an die Öffentlichkeit zu tragen. Doch internationale Bemühungen zum Schutz der Menschen fruchteten auf politisch-wirtschaftlicher Ebene bislang kaum. Erschwerend kommt hinzu, dass Anfang des Jahres 1998 die anhaltende Dürre katastrophale Waldbrände auslöste, die im Amazonasregenwald ein Gebiet von der Größe Belgiens vernichteten.

Soziale Hierarchien

Trotz des zunehmenden Einflusses des Mittelstandes, der sich in seinen sozialen und moralischen Mustern an den USA orientiert – Miami ist das große Traumziel, die amerikanischen Seifenopern unverrückbarer Standard im TV-Unterhaltungsprogramm –, bleiben in zahlreichen südamerikanischen Ländern die alten sozialen Hierarchien unverändert bestehen. Weder Revolutionen noch Staatsstreiche vermochten an der Machtposition einer Handvoll alteingesessener Familien zu rütteln. Dieses Klassendenken leitet sich meist vom früheren Leibeigenensystem *(encomienda)* ab, das in Ecuador übrigens noch bis 1971 offiziell Bestand hatte.

können Frauen ohne Begleiter durchaus hochgezogene Augenbrauen und unmissverständliche Anträge ernten.

Wie in Europa und Amerika bedarf es auch hier einiger Vorreiterinnen, bis die über Generationen hinweg aufgebauten Klischeevorstellungen durchbrochen werden.

Dann wird es in Südamerika vielleicht noch mehr Businessfrauen geben, wobei die berufstätige Frau an sich nichts Neues ist. Hier gilt es als ganz natürlich, Mutterrolle und Ganztagsarbeit zu kombinieren – solange es sich um einen »achtbaren Frauenberuf« handelt, sprich Feldarbeit oder Gastronomie, wo die Kinder einfach mit dabei sind.

Kontinent der Jugend

In allen Gesellschaftsschichten Südamerikas scheint sich das Hauptaugenmerk auf die Kinder zu richten. Die Familien sind kinderreich, Verhütung ist meist verpönt, und Frauen bekommen ihre Kinder in der Regel früher als in Europa oder in den USA.

Während Touristen das oft bis spät in die Nacht andauernde Kindergeschrei mitunter wundern kann, stören sich die Südamerikaner nicht im Geringsten an der lauten Ausgelassenheit ihrer Zöglinge. Oft stimmen die Erwachsenen sogar selbst mit ein. Am besten, man regt sich nicht darüber

Ausschlusses ihrer Eltern. Menschen innerhalb und außerhalb Südamerikas haben sich hart dafür eingesetzt, um diesen Missstand öffentlich anzuprangern und Abhilfe zu schaffen. Doch für viele Kinder armer Familien bleibt das Leben in Südamerika ein Kampf ums nackte Überleben.

Musik und Tanz sind die Bühne, die alle Gesellschaftsschichten in Schwung hält. Jung bleiben heißt hier nicht, sich liften zu lassen, sondern Feste zu feiern, Nächte durchzutanzen. Jung sein bedeutet, sich ständig zu verlieben, was meist schnell für Kindernachschub sorgt. Man achte nur darauf, wie oft in den südamerikanischen Liedern

auf, macht einfach mit und verschiebt sein Ruhebedürfnis auf die nächste Siesta. Oder man besorgt sich Oropax!

Angesichts des hohen Stellenwertes der Kinder in Südamerika erscheint die Not der verwaisten bzw. ausgesetzten Straßenkinder in Großstädten wie Rio de Janeiro oder Bogotá umso schockierender. Sie tragen die Folgen des gesellschaftlichen

der Begriff »mi corazón« (»mein Herz«) vorkommt. Die lateinamerikanischen Männer mögen als »Machos« gelten, aber auf diesem so gefühlsbetonten Kontinent ist das Macho-Image im Grunde nur eine Fassade, hinter der sich pure Leidenschaft für Liebe verbirgt.

Spaß, Vergnügen und Liebe stehen in Südamerika an erster Stelle des Gefühlslebens und setzen sich über religiöse, ethnische, politische und soziale Grenzen hinweg. Von jedem wird erwartet, sich zumindest gelegentlich der leichten Seite des Lebens hinzugeben. Der soziokulturelle Hintergrund spielt dabei keine Rolle. Musik, Tanz, Lebenslust – dies ist ein gemeinsames Band, das die so heterogene Bevölkerung sichtbar eint. ∎

◄ **Häuptlingsfamilie vom Stamm der Colorados aus dem Westen Ecuadors**
▲ **Venezolanischer Bauer**
▲▲ **Guajira-Frau aus Venezuela**

Der unwiderstehliche Reiz des Unbekannten

Die ersten spanischen und portugiesischen Entdeckungsreisenden waren primär damit beschäftigt, Länge und Breite des neuen Kontinents kartografisch zu erfassen. 1520 umsegelte der berühmte Seefahrer

Fernando Magellan die Welt und gab der stürmischen Meerespassage am Südzipfel des heutigen Chile seinen Namen. Zur gleichen Zeit brachen die Konquistadoren Gonzalo Pizarro und Francisco de Orellana vom östlichen Andenvorland zu Expeditionen in den Amazonasregenwald auf, um das legendäre El Dorado zu finden. Auf viel Gold sollten sie zwar nie stoßen, dafür durchquerten aber Orellana und seine Männer als erste Europäer Südamerika: In einer abenteuerlichen Floßfahrt über Nebenflüsse des Amazonas und diesen wasserreichsten Strom der Welt selbst hatten sie den Atlantik erreicht.

▲ **Überlebensrationen**
Humboldt und Bonpland mussten sich von Kakaobohnen und Flusswasser ernähren, nachdem Feuchtigkeit und Insekten ihre Vorräte verdorben hatten.

Wissenschaftliche Expeditionen

Im 18. Jh. flammte unter dem Einfluss der europäischen Aufklärung neues wissenschaftliches Interesse an der noch unbekannten Fauna und Flora Südamerikas auf. Einer der renommiertesten Naturwissenschaftler war der Berliner Botaniker, Chemiker, Astronom und Mineraloge Alexander von Humboldt. (1769–1859). Zusammen mit dem französischen Botaniker Aime Bonpland startete er 1799 zu einer Expedition nach Venezuela und Ecuador. Die beiden durchstreiften das Orinoco- und Amazonasgebiet und erstellten detaillierte Listen von Pflanzen und Tieren, die zur Herausgabe des Südamerika-Reiseberichts »Voyage aux régions équinoxiales du Nouveau Continent« führten, in dem Humboldt die verschiedenen Ökosysteme darlegt.

▶ **Meerechsen**
Bei seinem Aufenthalt auf den Galápagos-Inseln studierte Charles Darwin diese einzigartigen Reptilien, deren Atmungssystem sich an das Leben im Wasser angepasst hatte.

▲ **Charles Darwin**
Studien auf den Galápagos-Inseln im Jahr 1835 brachten ihn zur Entwicklung seiner umstrittenen Evolutionstheorie.

▶ Pionier

Der französische Seefahrer,
Mathematiker und Soldat
Comte Louis Antoine de
Bougainville (18. Jh.) lieh
nicht nur seinen Namen
einer Pflanze, er kolonisier-
te auch als erster die Falk-
landinseln für Frankreich.

Später erlangte Bougain-
ville Ruhm als erster französischer Weltumsegler.

▲ ▼ Expeditionen

Trotz der widrigen Bedin-
gungen, mit denen die Forscher zu kämpfen hatten –
sie mussten vielfach Angriffe wilder Tiere und sogar
von Kannibalen befürchten
– wurden ihre Expeditionen
meist gut dokumentiert.

Die Veröffentlichungen
erfreuten sich früh eines
breiten Leserpublikums..

1906 reiste der britische
Armeeoffizier Colonel
Percy H. Fawcett nach
Südamerika, um Bolivien
und Brasilien bei der Fest-
legung der Urwaldgrenzen
zu unterstützen.
Fawcetts eigener Plan war
jedoch, das sagenumwo-
bene Atlantis zu finden.
Die einzigen Hinweise, die
er besaß, waren ein portugiesisches Dokument aus
dem 18. Jh. und ein stei-
nernes, angeblich brasilianisches Götzenbild, das
ein Medium als einen
Gegenstand aus Atlantis
identifiziert hatte.
Seine zweite Expedition im
Jahr 1925 unternahm Faw-
cett mit seinem Sohn Jack
und einem Mann namens
Raleigh Rimell. Alle drei
kamen nie zurück. Doch
damit endet die Geschich-
te nicht. Erzählungen von
Fawcetts Suche nach At-
lantis lockten über die Jahre weitere Forscher an.
Viele berichteten von Weißen, die mit Indianern im
Urwald lebten, nur gelang
es keinem, sie aufzuspüren.
Fawcetts Geheimnis und
Ruhm leben fort. Vermut-
lich ist er die Person, von
der sich Steven Spielberg
zu dem Film »Indiana
Jones« inspirieren ließ.

Musik und Tanz

Drei Dinge braucht der Reisende für eine günstige Busfahrt in Südamerika: Geduld, gutes Sitzfleisch und unempfindliche Ohren. Der Fahrer hält alle paar Meter an, um jemanden zusteigen zu lassen, wechselt aus dem Fenster ein paar Worte mit einem Bekannten oder springt schnell für eine kurze Besorgung hinaus. Dann führt er Ihnen seine DJ-Künste vor. Mit Schwung geht es nun bei ohrenbetäubenden Folkloreklängen über Stock und Stein. Der Fahrer trommelt und singt begeistert mit; was macht es schon, wenn er dabei kurz von der Straße abkommt?

Musik ist in Lateinamerika so wichtig wie Essen. Ja, Musik ist Nahrung für die Seele. Die lateinamerikanische Volksmusik verkörpert nicht nur Leidenschaft, Gefühle, Glück, Schmerz und Nostalgie, sondern sie ist auch Ausdruck einer wechselvollen Geschichte. Im 17. und 18. Jh. beflügelte sie den Sklavenwiderstand und die Unabhängigkeitskämpfe, in der lateinamerikanischen Gesellschaft von heute dient sie den sozial Schwachen als Ventil, durch das der Druck existenzieller Probleme ausgeglichen wird.

Tanzen – ein Recht für alle

Durch Tanzen rettet man sich vorübergehend aus dem Chaos des Alltags. Durch Tanzen zeigt man seine Freude, dass morgen bereits wieder Freitag ist. Es ist ein Grundrecht, das zu jeder Tageszeit bei jeder Gelegenheit frei ausgeübt werden darf. Eine erfrischende Abwechslung zu den Ländern der Nordhalbkugel, wo das Tanzen ein Privileg der Jugend und Schönheit und aus dem Alltag so gut wie verschwunden ist.

Die Entwicklung der Musik- und Tanzformen in Südamerika lässt sich nur unter Berücksichtigung der demographischen Umwälzungen der vergangenen 500 Jahre begreifen. Die reiche Vielfalt der lateinamerikanischen Musik gibt Aufschluss über die jahrhundertelang präsente Viel-

zahl kolonisierender und kolonisierter Elemente. Afrika, das indianische Südamerika, Europa, die USA – sie alle hatten bei der Gestaltung dieses faszinierenden Landes und seiner Musik ihre Hand im Spiel.

Die südamerikanische Musik entstand auf einem Boden der Gewalt und Lieblosigkeit; sie war die Ausdrucksform versklavter Indianer und Afrikaner, europäischer Zuwanderer und kolonia-

ler Machthaber. Diese frühen Bewohner – meist Tausende von Seemeilen von ihrem Vaterland entfernt – brachten ihre eigenen Lieder und Tänze mit, die ihnen halfen, in dieser neuen Welt voller Ungewissheit die Erinnerung an die Heimat, an ihre Wurzeln, wachzuhalten. Ihre ethnischen Bräuche wurden in einen Schmelztiegel geworfen. Manche gingen dadurch verloren, andere erfuhren eine Bereicherung.

Dieser kulturelle Überlebenskampf schuf regionale und nationale Musikstile, die unterschiedliche Kolonialerfahrungen und -entwicklungen reflektieren. Warum der Tango nach Argentinien, die Samba nach Brasilien und die Cumbia nach Kolumbien gehört, ist also historisch begründet.

◄ **Brasilianischer Karneval in seiner vollen Pracht**

▶ **»La Marinera«, ein traditioneller Tanz in Trujillo, Peru**

Eine feurige Mischung

Die wohl internationalste Musikform Lateinamerikas ist die **Salsa.** Hinter diesem Begriff steckt eigentlich ein Marketing-Trick der amerikanischen Medienindustrie, die Ende der 60er Jahre die verschiedenen lateinamerikanischen Musikstile – Son, Mambo, Guaracha etc. – unter dem Oberbegriff »Salsa« zusammenfasste, um sie in einer »konsumgerechten« Verpackung anzubieten.

Salsa bedeutet wörtlich »(scharfe) Sauce«. Musiker riefen diesen Begriff ihrem applaudierenden Publikum zu, um es anzuheizen. Hitzig geht es auch bei der Diskussion über den Ursprung der

Charakteristisch sind auch die Zurufe, etwa Salz oder Pfeffer, mit denen Spieler bzw. Sänger ihren Einsatz erhalten. Am »*Azúcar!*« (Zucker) erkennt man etwa die Salsa-Königin Celia Cruz.

Die moderne Son- bzw. Salsa-Version Kolumbiens, Venezuelas und Mittelamerikas wird von Piano, Bass und Blechbläsern unterstützt. Die kubanische *Charanga* ersetzt das Blech durch Violinen und Flöten, doch die Struktur ist ähnlich. In Kuba ist das Hauptelement die Improvisation, die, erschwert durch die salsatypische Arhythmik, schon dem routiniertesten Musiker zum Verhängnis wurde! Selbst der berühmte Dizzy Gillespie muss-

Salsa zu, was man angesichts der Nivellierung dieser musikalischen Formenvielfalt nicht verübeln kann. Noch am unvoreingenommensten erscheint die These, bei der Salsa handle es sich um die Jazz-Rock-Version des kubanischen Volkstanzes **Son.**

Im Son sind afrikanische Rhythmen mit spanischer Melodik vermengt. Zu den typischen Instrumenten zählen Trommeln, *Maracas, Tres* und *Claves* (s. S. 59). Charakteristisch für den Son sind die Synkopierung, die metrisch diffizile Polyrhythmik, unterstützt durch Claves und *Campana,* sowie der Off-Beat (Piano, Bass und Blech). Das ist gut zu wissen, damit Sie Ihrem Tanzpartner bzw. Ihrer Tanzpartnerin nicht zu Unrecht vorwerfen, ständig aus dem Takt zu fallen!

te einmal beim freien Improvisieren mit Kubanern das Handtuch werfen – mit dem inzwischen viel zitierten Ausruf: »Wo ist denn der Takt?«

Der Salsa-Tanz erscheint trügerisch leicht, doch mit seinen Wechseln zwischen regelmäßigen und gegenläufigen Bewegungen ist er genauso kompliziert und unberechenbar wie die Musik selbst. Er ist lasziv, sinnlich, dynamisch, aber zugleich keck und leidenschaftlich. Lassen Sie sich von den »affig« wirkenden schnellen Schritten nicht abschrecken, denn der Rhythmus ist größtenteils in festen Schrittfolgen vorgegeben. Allein das Zuschauen macht schon Spaß, wenn man sieht, wie die Paare, den Kopf stolz im Nacken, umherwirbeln oder im Wiegeschritt verschmelzen.

Überschäumende Lebenslust

Der **Merengue** gelangte über die Dominikanische Republik nach Südamerika. Der Name leitet sich wohl vom französischen Schaumgebäck aus Eischnee und Zucker (»meringue«) ab. So aufregend knisternd wie das Gebäck ist auch der Tanz. Der Merengue begann im 18. Jh. in Frankreich als höfischer Tanz und wurde unter dominikanischem Einfluss mit afrikanischen Elementen vermengt. Im 20. Jahrhundert gab er bei so manchem Protestmarsch gegen ausländische Intervention den Takt vor und diente als Vehikel, um soziale Mißstände anzuprangern.

von Anfang an richtig los, lässt das Adrenalin hochschnellen; man muss einfach mittanzen. Die Texte sind ironisch, zweideutig, sozialkritisch oder alltagsbezogen. Dominikanische Starinterpreten wie Juan Luis Guerra oder Wilfredo Vargas begeistern das Publikum mit ihrer Kreativität und unbarmherzigen Sozialkritik jedesmal von neuem.

Als Tanz ist der Merengue leichter zu erlernen als die Salsa. Der Grundschritt ist extrem einfach: Mit dem linken Fuß zur Seite gerutscht, den rechten nachgezogen – das war's im Prinzip schon! Etwas schwieriger wird die richtige, gewissermaßen gegenläufige Hüftbewegung. Wie die Salsa, so ist

Der mitreißende Rhythmus ähnelt dem hämmernden »Bumm, Bumm« der Disko- und Rockmusik. Die traditionelle Instrumentierung besteht aus Gitarre, Guira (s. S. 59), Trommel und Marimba (afrikanisches Tasteninstrument) bzw. Akkordeon. Der Takt ist flott, lebhaft, wirkt manchmal durch plötzliche Wechsel chaotisch. Merengue ist nicht so gefühlsbetont wie die Salsa. Er legt gleich

auch der Merengue ein Paartanz – noch dazu ein höchst erotischer: Je enger, desto heißer!

In neueren Arrangements wird der Merengue mit amerikanischen Modeströmungen wie Rap, Hiphop oder Techno kombiniert, was bei der Latino-Jugend der amerikanischen *barrios* (Armenviertel) gut ankommt. Für sie ist der »Hiphop-Merengue« der lateinamerikanische Ausdruck der afroamerikanischen »Brüderschaft«. Der neuartige Sound wurde erstmals von der dominikanischen Jugendband »Proyecto Uno« eingeführt. Durch den variablen Rhythmus und die einfachen Tanzschritte hat diese Merengue-Version in vielen lateinamerikanischen Gruppen in den USA und im andinen Südamerika die Salsa verdrängt.

◄ **Heiße Rhythmen bestimmen das Nachtleben von Caracas, Venezuela**
▲ **Saitenklänge in Porlamar auf der Isla de Margarita, Venezuela**

Ein Tanz für liebeskranke Männer

Der **Tango** ist eng mit Argentinien verknüpft (s. S. 330). Viele halten ihn für den laszivsten und sinnlichsten lateinamerikanischen Tanz. Er entstand im 19. Jh. in den Arbeiterslums von Buenos Aires, wo »liebeskranke« Zuwanderer, weiblicher Gesellschaft beraubt, die Intimität zwischen Mann und Frau im tänzerischen Ausdruck rekonstruierten. Der Tanz war also ursprünglich ein reiner Männertanz. Ein Mann übernahm den Damenpart, während der andere den forschen Freier mimte. Die »feine« Gesellschaft rümpfte über den Tango mit seinen anrüchigen Hüft- und

Sambamanie

Typisch für Brasilien ist der **Samba.** Ursprünglich ein afrikanischer Bauchtanz, wird er 1875, anlässlich der Straßenfeste in Bahia, im Nordosten Brasiliens, in der Chronik erstmals erwähnt. Inzwischen gibt es unzählige Samba-Formen: Samba als Turniertanz, Karnevalstanz, Pagode (eine in São Paulo getanzte langsamere Version) – die Liste ließe sich beliebig fortsetzen. Der Tanz ist weltweit populär und hat die *bossa nova* nachhaltig beeinflusst.

Wie Samba im brasilianischen Karneval getanzt wird, ist von Stadt zu Stadt unterschiedlich. Der

Fußbewegungen zunächst die Nase und tat ihn als vulgär und moralisch verwerflich ab. Es sollte tatsächlich noch lange dauern, bis der Tango »salonfähig« wurde. Internationale Anerkennung erhielt er eigentlich erst nach seinem sensationellen Erfolg in den verrauchten Tanzsälen in Frankreich vor dem Ersten Weltkrieg.

Heute sichern die Touristen in den Cafés und Nachtklubs von Argentinien, insbesondere von Buenos Aires, das Überleben des Tangos. Doch Anklang findet er inzwischen weltweit – nicht zuletzt durch Al Pacinos Tanzszene im Film »Der Duft der Frauen« und den festen Platz, den der Tango mittlerweile in den internationalen Tanzwettbewerben hat.

richtige Name der in den 30er Jahren eingeführten Karnevalsversion lautet *samba enredo*. Mit ihr assoziiert man komplizierte Schrittfolgen, erotische Hüftschwünge und rasantes Tempo.

Brasiliens größte Show

Der **Karneval** gelangte Ende des 17. Jhs. mit den Portugiesen nach Brasilien und war ursprünglich ein Fest, bei dem man sich gegenseitig mit Mehl und Wasserbomben bewarf (s. S. 236). Musik und Tanz verweisen auf afrikanische Wurzeln. Der Karneval ist zweifelsohne eines der größten Aushängeschilder der brasilianischen Volkskultur. Er verknüpft das Fest mit Show, Kunst mit Folklore, denn jeder kann auf seine Art mitmachen.

Bereits ab Weihnachten und dem Yemanjá-Neujahrsfest steigt die Aufregung. Im Vorfeld des Karnevals hängt eine eigenartige Hysterie in der Luft, als würde jeden Augenblick ein Sturm hereinbrechen. Der Beobachter wird von einer Welle ansteckender Vorfreude regelrecht weggespült, bevor er dann vier Tage und Nächte in ein schallendes Klangmeer eintaucht. Ein wahrer Konditionstest, der taub, erschöpft und schwindlig macht, ob man nun aktiv daran teilnimmt oder ihn passiv über sich ergehen lässt, weil man bei diesem Lärm nicht schlafen kann.

Der Karneval in **Rio de Janeiro** unterscheidet sich von den anderen durch seine Bühne – das eigens dafür erbaute Sambadrom – und seine Samba-Schulen mit jeweils bis zu 4000 Teilnehmern, die alle Karnevalsmeister werden wollen. Der dröhnende Lärm im Sambadrom stammt von den Percussion-Gruppen *(baterias)* und klingt wie Platzregen, der auf ein Blechdach trommelt. Spärlich bekleidete Frauen tanzen ausgelassen zum Rhythmus der Trommeln, und ein Chor von Hunderten von Stimmen antwortet dem Samba-Rufer.

Im übrigen Land begnügt man sich mit einer riesigen Straßenparty. In den letzten Jahren gewann der Karneval von **Bahia** im Nordosten Brasiliens an Popularität. Bei diesem gigantischen Straßenfest ziehen die Menschen durch die verwinkelten Pflasterstraßen, vorne weg die *trios electricos* – Festwagen, aus deren Lautsprecherboxen Samba-, Axé- und Frêvo-Klänge dröhnen und alles zum Erzittern bringen. Überall riecht es nach *acarajé* – eine Art Kloß aus Mais und Shrimps, der von Baiana-Frauen in traditionellen weißen Spitzenkleidern serviert wird.

Bahia ist nicht nur die Heimat des brasilianischen Autors Jorge Amado und der internationalen Musikgruppe »Olodum1«, deren Trommlerheer schon Michael Jackson und lateinamerikanische Musikstars wie Daniela Mercury oder Caetano Veloso begleitete. Sie gilt auch als die brasilianische Bastion des Afrikanismus. Hier sind der **Candomblé** sowie die **Capoeira**, eine afrikanische Mischform aus Tanz und Kampfsport, zu Hause. Außerdem ist Bahia das Zentrum der brasilianischen Musikavantgarde, die sich bei ihren Innova-

◀ **Tango – ein Tanz verkörpert Leidenschaft**
▶ **Süße Nächte in Rio …**

tionen gerne auf ihre afrikanischen Wurzeln besinnt. Viele Modetänze entstehen zuerst im Nordosten, bevor sie in die übrigen Landesteile weiter wandern.

Elegische Panflötenmusik

In eine ganz andere Welt gehört die elegische Panflötenmusik – **Peña** – der Anden (Ecuador, Bolivien, Peru). Die typische instrumentale Besetzung besteht aus Trommeln, Rasseln, Flöten, Panflöten und dem berühmten *charango* (zehnsaitige Gitarre, manchmal aus dem Panzer eines Gürteltiers). Peña ist eine Mischung aus präkolumbischer und

spanischer Instrumentalmusik, zu der ursprünglich nicht gesungen wurde. Dies hat sich aber inzwischen geändert. Jetzt wird die Musik von Balladen auf Quechua, Aymara und Spanisch begleitet. Diese klagenden und doch auch rauen Lieder erzählen von Alltagsbegebenheiten, Liebesabenteuern und Späßen der ländlichen Indianervölker.

Auf die Musik lässt sich auch tanzen. Dabei wird hauptsächlich mit den Füßen gestampft. Die Andenmusik ist sehr eindringlich. Sie geht unter die Haut und lässt das Herz höher schlagen. Der Klang kann frenetisch werden, von einer langsamen Ballade zu einem immer schnelleren und wilderen Duell der Instrumente übergehen, die Tonhöhe steigt, die Füße fangen automatisch an, im

Takt mitzuklopfen. In dieser indigenen Volksmusik vermochte die vom Auslöschen bedrohte Geschichte lokaler Gruppen zu überleben. Musik ist in gewissem Sinn letzter Zufluchtsort der Kultur.

Lieder des Kampfes

Die traditionelle Musik wurde von den Diktatoren als Propagandamittel verwendet, diente jedoch auch als Vehikel für sozialen Aufstand und Protest. Die Bewegung **Nueva Cancíon** (»Neues Lied«), die sich in den 60er und 70er Jahren in Chile formierte, wählte sie als Kampfansage gegen das totalitäre Regime. Zu den führenden Mitgliedern

Um ein abschreckendes Exempel zu statuieren, ließ er Chiles berühmtesten Sänger, Victor Jara, bei einem Konzert im Fußballstadion von Santiago verhaften. Für seinen »staatsfeindlichen Akt« büßte Jara mit gebrochenen Fingern und schließlich mit dem Tod.

Ein in Chile sehr populärer Tanz ist die **Cueca.** Sie begann als Pantomime, die das scheue Ausweichen der Frau und die neckischen Annäherungsversuche des Mannes darstellen sollte. Der Tanz verlangt große Beherrschtheit, denn zwischen dem Paar darf zunächst keinerlei körperlicher Kontakt bestehen. Erst beim *vacunao,* das

dieser Bewegung gehörte die Interpretin und Dichterin Violeta Parra, deren Verdienste im eigenen Land erst nach ihrem Selbstmord 1967 gewürdigt wurden. *Nueva Cancíon* wollte auf den Kampf und das Leiden der unter den Diktaturen der 70er und 80er Jahre verfolgten Chilenen aufmerksam machen. Ihr kubanischen Pendant, *Nueva Trova,* brachte zwei der anerkanntesten lateinamerikanischen Musiker, Sylvio Rodríguez und Pablo Milanes, hervor. Milanes kehrte vor kurzem erstmals wieder nach Chile zurück, nachdem er geschworen hatte, unter Pinochet nie mehr seinen Fuß dorthin zu setzen.

General Pinochet war sich bewusst, welche Gefahr *Nueva Cancíon* für sein Regime darstellte.

heißt, wenn der Mann die Frau mit einem leichten Schwung bzw. Stoß aus der Hüfte »in Besitz nimmt«, ist die Berührung erlaubt.

Eine tragische und mahnende Rolle hatte die Cueca, als Frauen mit ihr gegen das massenweise Verschwinden ihrer Söhne und Männer unter Pinochets Regime in den 70er und 80er Jahren protestierten. Die Cueca wurde somit zum tänzerischen Ausdruck von Wut und Kummer. Die Frauen tanzten sie allein, ihre Partner waren ja nicht bei ihnen, verschwunden, unbekannt verschollen. Mit seinem Song »They Dance Alone« machte der britische Popsänger Sting die Welt auf das unsägliche Leid dieser Mütter und Ehefrauen aufmerksam.

Die Panflöten der Anden

Die Panflöte reicht mindestens 2000 Jahre zurück. Die Ecuadorianer nannten sie »rondador«, nach dem Nachtwächter, der im kolonialen Ecuador bei seinen Rundgängen dieses Instrument spielte. Ein typischer »rondador« besteht aus verschieden langen und breiten Zucker- bzw. Bambusrohren, die in einer langen Reihe zusammengebunden sind. Aufgrund der unterschiedlichen Längen und Durchmesser lassen sich unterschiedliche Töne erzeugen. Die in Peru und Bolivien verbreitete Panflöte, »zampoña«, besitzt im Vergleich zum »rondador« eine andere Tonlage und besteht gewöhnlich aus zwei mit Schnüren aneinandergebundenen Röhren, die sie tiefer und »zittriger« klingen lassen.

Ländliche Tänze

Aufmunternde Töne schlägt dagegen wieder die schwungvolle **Cumbia** an. Dieser beliebte Volkstanz aus der Küstenregion Kolumbiens zeichnet sich durch einen anschwellenden, regelmäßigen Rhythmus mit gleichmäßiger Bassbegleitung und Blechbläsern aus. Die Cumbia ist ein ritueller, erotischer Tanz. Der Mann macht eine Ausholbewegung, als wolle er sich mit einer Machete einen Weg durchs Dickicht schlagen. Die Frau rafft mit der einen Hand ihre Röcke hoch und hält in der anderen eine Kerze, um den Mann zu führen.

Zwischen Cumbia und **Vallenato** (s. S. 102) besteht ein enger Zusammenhang, denn beide stammen aus demselben Gebiet. Vallenato-Troubadoure zogen von Dorf zu Dorf und überbrachten dabei die neuesten Klatsch- und Tratschgeschichten. Sie besangen hemmungslos lokale Skandale und Intrigen und schilderten damit Stück für Stück das Leben der abgeschiedenen Dorfgemeinden. Kein Besucher wurde von den sensationshungrigen Dorfbewohnern sehnlichster erwartet. Das war allerdings vor dem Zeitalter des Telefons! In den letzten Jahren verzeichnet der Vallenato

◀ **Kolumbianischer Volkstanz: die »Cumbia«**
▶ **Die Sängerin Violeta Parra wird oft als »Mutter« der chilenischen Nueva-Canción-Bewegung bezeichnet**

ein auflebendes Interesse – eingeleitet durch die moderne Vallenato-Version von Carlos Vives. Dieser trat in einer kolumbianischen TV-Seifenoper als naiver *campesino* auf, der den akkordeonspielenden Teufel in einem musikalischen Wettbewerb besiegen sollte. Das Schicksal eines Dorfes liegt in seinen Händen. Zunächst sieht es für Vives nicht gut aus. Der Zuschauer bangt um ihn und das Dorf. Doch dann gelingt ihm auf dem Akkordeon der entscheidende Klang und damit der Sieg gegen Luzifer. Die Zukunft des Dorfes und die des Vallenato ist gerettet. Wie so oft in Südamerika wird mit Musik wieder einmal alles erobert! ■

VIOLETA PARRA (CHILE)

Kleines ABC der Instrumente

Campana: Glocke (»Kuhglocke«), die mit einem Holzstab gespielt wird.
Charango: kleine Gitarre, manchmal mit dem Panzer eines Gürteltiers als Klangkörper.
Claves: zwei zylindrische Hartholzstäbe, die gegeneinander geschlagen werden.
Guira: metallisches Instrument, dessen Klang durch einen »Schaber« erzeugt wird.
Maracas: Handrasseln aus Kürbissen, Kokosnüssen, Holz oder Rohleder, gefüllt mit Bohnen.
Tres: kubanische Gitarre mit drei Saitenpaaren.

Kunst und Kunsthandwerk

Fast fünf Jahrhunderte lang sahen sich die Lateinamerikaner durch die Augen anderer. 1492 eroberten die Spanier einen Kontinent, von dessen Existenz sie bis dahin nichts wussten. Binnen weniger Jahre hatten sie die 30 Millionen Ureinwohner unterjocht und ihre Kultur ausradiert. Auf die 20 %, die nicht getötet oder assimiliert wurden, blickte die weiße Gesellschaft verächtlich als »Wilde« herab.

Seit den berühmten Conquista-Stichen des flämischen Künstlers Theodore de Bry wurden die Indianervölker und die afrikanischen Sklaven nur selten auf Bildern festgehalten. Sie tauchten höchstens als exotische Randfiguren in den Landschaftsgemälden europäischer Reisender auf, die die Neue Welt in der postkolonialen Ära zu dokumentieren suchten. Dazu gehören Künstler wie Jean-Baptiste Debret in Brasilien oder Camilo Fernández in Kolumbien (seine Aquarelle sind in der Biblioteca Nacional in Bogotá ausgestellt).

Seltener stößt man auf Wandmalereien anonymer indianischer Künstler. Nichtsdestotrotz lebt die indianische wie auch afrikanische Kunst in der Folklore weiter, wovon Figuren aus Pappmaché, bemalte Kürbisflaschen und bunte Webereien zeugen. In gewisser Weise repräsentiert das moderne Kunsthandwerk eine Kontinuität mit der Vergangenheit, obwohl es sich äußerlich verändert hat.

Rückbesinnung auf die eigene Kultur

Erst Mitte des 19. Jhs. begannen sich die lateinamerikanischen Maler für ihre eigene Welt zu interessieren. José Correira de Lima verewigte zum ersten Mal die schwarze Bevölkerung Brasiliens (seine Bilder hängen im Museu de Belas Artas in São Paulo). Der Peruaner Pancho Fierro dokumentierte die Indianer und Mestizen auf Limas Straßen (Museo de Arte de Lima). Im Museo Nacional de Artes Plásticas in Montevideo, Uruguay, erzählen die Werke des Malers Juan Manuel von der Welt der Savannen und Steppen, wo die Gauchos lebten. Aus einer wesentlich späteren Zeit stammen die einfühlsamen, sehr plastischen Bilder von Pedro Figari, die das Leben in Armut in einer ähnlichen Welt schildern.

Der Wandel war unausweichlich und erfolgte vehement Anfang des 20. Jhs. Selbst nach 100 Jahren politischer Unabhängigkeit war die Fremdbeherrschung immer noch präsent. Jedes Trachten nach wahrer Freiheit bedeutete für den Künstler

◀ **Uralte Szenen werden in moderner Kunst festgehalten**
▶ **»Shigras«, Säcke, werden von Hand gefertigt (Ecuador)**

Echos der Vergangenheit

Das zeitgenössische Kunsthandwerk und Brauchtum der Andengebiete hat eindeutig präkolumbische Wurzeln. Beim Studium lokaler Handwerkstraditionen gewannen Archäologen in der Gegenwart interessante Aufschlüsse über die Artefakte der frühen Kulturvölker. In Nordperu werden im Alltag immer noch Tonwaren verwendet, die denen der vorinkaischen Moche-Kultur verblüffend ähnlich sind. 2000 Jahre alte Keramiken zeigen außerdem Webstühle, deren Technik nach wie vor in Peru gebräuchlich ist.

eine Rückbesinnung auf Lateinamerikas authentische Traditionen. Ironischerweise handelt es sich bei den neuen Kulturnationalisten oft um Künstler, die sich zuerst in Europa umgesehen und den Avantgarde-Strömungen angeschlossen hatten. Zurück in Lateinamerika, wurden sie mit einer radikalen Wirklichkeit konfrontiert. Aus diesem kulturellen Zusammenprall entfalteten sich Lateinamerikas moderne Kunstrichtungen.

Die wiederentdeckte Vergangenheit

1910 bis 1920 prägten sozialpolitische Unruhen und nationalistische Bestrebungen den lateiname-

Werke, das kräftige Farben mit geometrischen Figuren in einer primitiven Landschaft kombiniert. Es hängt im Museo de Arte Contemporáneo der Universität von São Paulo. Emilio de Cavalcanti und Cândido Portinari begannen, das einfache Volk Brasiliens in Kupferstichen, Holzschnitten und Radierungen zu porträtieren.

Europäische Einflüsse

Joaquín Torres García kehrte 1932 von Europa und den USA in sein Heimatland Uruguay zurück und begann, seine eigene Version des Konstruktivismus zu kreieren. Die 1945 in Buenos Aires

rikanischen Alltag. Jedes Land begann seine Vergangenheit auszugraben. Hiram Binghams »Wiederentdeckung« von Machu Picchu 1911 in Peru war nur ein Wegweiser dessen, was noch kommen sollte. 1910 strahlte die mexikanische Revolution auf den gesamten Kontinent aus, beeinflusste die Studenten, die daraufhin eine die lateinamerikanische Gegenwart reflektierende Kunst und Bildung forderten.

Die berühmte Ausstellung *Semana de Arte Moderna* 1922 in São Paulo kündigte diese neue Richtung von Musik, Literatur und Kunst an. Am repräsentativsten für diesen innovativen Schöpfungsdrang ist Tarsila de Amarals weltbekanntes Bild »Central Railway of Brazil«, wie vieler ihrer

gegründete Madi-Künstlergruppe führte diese Gestaltungsform in eine völlig neue Richtung.

Die klare Farbsetzung in den Werken Armando Reveróns ist ein offenes Bekenntnis zu Manet und den Postimpressionisten auf der Suche nach der perfekten Wiedergabe von Licht und Farbe. Die mutige innovative Schaffenskraft seiner Maler verschaffte Venezuela internationale Anerkennung. In der Hauptstadt Caracas war der Architekt Carlos Raul Villanueva mit dem Bau einer neuen Universität beauftragt. Er rief junge vielversprechende Künstler auf, an der Gestaltung neuer, modernistischer Räume mitzuwirken (s. S. 69). Diesem Aufruf folgten begeistert Künstler wie Alejandro Otero, Jesús Rafael Soto und Carlos Cruz Diez, dessen verwirrendes optisches Spiel mit Licht, Bewegung und geometrischen Formen an der Zentraluniversität in Caracas im Original zu bewundern ist.

Die brasilianischen Vertreter einer neuen »Art Concret« wie Lygia Pape, Lygia Clark und Helio Oiticica erforschten Raum und Farbe in verschiedenen Dimensionen in den Museen und Straßen von Río, wo sich ein Großteil ihrer Werke noch befindet. Die farbgewaltigen, geheimnisvoll und bedrohlich wirkenden Gärten und Landschaften des Chilenen Roberto Matta verweisen auf Elemente des europäischen Surrealismus.

nismo der bildenden Künste, beeinflusste eine ganze Generation bolivianischer und ecuadorianischer Künstler. Manche hielten ihm jedoch einen übertriebenen sozialistischen Realismus vor, der sich stark an die mexikanischen Muralisten anlehnte.

Eine jüngere Künstlergeneration lenkte diesen rohen Realismus in andere Richtungen – vor allem der umstrittene ecuadorianische Maler Oswaldo Guayasamín, der ihn zu einer Art primitiver Abstraktion umformte. Seine Ölgemälde (vor allem in Museen in Quito) erwecken den Eindruck, als wolle er allein durch die physische Geste des

Die Indígena-Bewegung

Dennoch hat sich auch die abstrakte Malerei Lateinamerikas mit der Vergangenheit – dem »unsichtbaren« Südamerika – auseinandergesetzt. Die *Indígena*-Bewegung, die Ende der 20er Jahre in Peru, Ecuador und Bolivien entstand, widmete den Indianervölkern alle ihre künstlerischen Ausdrucksformen – Musik, Literatur, Bildhauerei und Malerei. José Sabogal, der Altmeister des *Indige-*

Malens die darin enthaltene Emotion vermitteln. Neider werfen dem ungemein populären und kommerziell erfolgreichen Künstler vor, mit seiner Malerei die Vision des Südens aus der Sicht der Großstädter zu unterstützen.

Kunst als Spötterin der Selbstgefälligkeit

Mit seinen bitterbösen Karikaturen einer plumpen, selbstgefälligen lateinamerikanischen Bourgeoisie erntete der Kolumbianer Fernando Botero sowohl Erfolg als auch Anfeindung durch manche nachtragende »Opfer«.

Die Radikalisierung des politischen Lebens in Chile zwischen 1968 und 1973 führte zu einer Kunstrichtung, die in den monumentalen Aus-

◄ **Feder geschmückte Masken aus Terra Nova (nahe Manaus, Brasilien)**
▲ **Peruanischer Holzschnitzer**

drucksformen von Wandmalerei und -mosaik neue Mittel zur Durchsetzung politischer Ziele sah. Begründer dieser neuen Strömung des *Muralismo* war die »Brigada Ramona Parra«, benannt nach einer jungen Kunststudentin, die bei einer Demonstration ums Leben kam.

Dieser Impuls führte andernorts die Kunst zu Skulptur und Performance: Kunst als eine Art öffentliches Statement, angefangen von den »airmail paintings« des Chilenen Eugenio Dittborn, die zu Ausstellungen in die ganze Welt versandt werden, bis hin zu den provokativen, hochpolitischen Collagen des Argentiniers Antonio Berni.

Treffpunkt zwischen Kunst und Handwerk

Andere Strömungen verlagerten die Kunst aus dem Atelier, um wieder an eine völlig andere, populäre – d. h. bunte, naive, leidenschaftliche – Tradition anzuknüpfen. Vertreter dieser Richtung findet man in Brasilien und in Chile (Luis Herrera Guevara).

Hier traf Kunst mit Handwerk zusammen. Nach dem chilenischen Militärputsch 1973 begannen beispielsweise Frauen, *aripillerás* – Patchwork-Arbeiten – auf traditionelle Art zu fertigen, um damit symbolisch Freiheit, Schmerz und Suche nach Vermissten zum Ausdruck zu bringen. Dieses Handwerk hat sich über die Zeit weiter entwickelt und ähnelt vielfach kaum mehr der ursprünglichen Form im präkolumbischen Südamerika oder Afrika. Doch es bleibt ureigenstes Besitztum der Ärmsten in der Gesellschaft.

Meist wurden Gebrauchsgegenstände gefertigt: herrlich gewobene Umhänge, die *ruanas* in Ecuador, Pullover aus Lama- oder Alpaka-Wolle in Peru sowie wollene Ponchos, Hüte und Handschuhe überall in den Anden. Sie sind sowohl funktionell als auch ästhetisch. Oft trug der steigende Tourismus zu einem Wiederaufleben traditioneller heimischer Handwerkszweige bei, wie z. B. im ecuadorianischen Otavalo (s. S. 202), doch mit Sicherheit hat er sie auch verändert.

Überall in Peru kann man handgefertigte Tonfiguren mit riesigen Händen und Füßen kaufen – ihre Gesichter sind allerdings die der Hochlandvölker. Die bemalten Bambusstiele oder ausgehöhlten Kokosnüsse sind Zeugen authentischen Kunsthandwerks, die sich natürlich ideal als Souvenirartikel verkaufen lassen.

In den größten Straßenmärkten Lateinamerikas wie z. B. in Huancayo, Peru, werden auf Decken neben Plastikware und veralteten Elektronikgeräten zierliche Ausschneidefiguren oder subtil gearbeitete Töpferware feilgeboten. Diese Koexistenz von radikal unterschiedlichen Lebensstilen und Herstellungsverfahren reflektiert exakt die widersprüchliche Wirklichkeit Südamerikas. ■

Hände weg!

Gute Reproduktionen von Paracas-Arbeiten oder Inka-Goldschmuck findet man überall. Streng verboten ist allerdings in den meisten Staaten die Ausfuhr authentischer Artefakte. Nachdem schon so viel davon in Europa und Nordamerika gehortet wurde, will man die Touristen daran hindern, die Vergangenheit noch mehr zu plündern. Wer in flagranti erwischt wird, muss mit saftigen Geldstrafen rechnen. Illegal und zugleich verantwortungslos ist der Kauf von Andenken, in denen Teile (z. B. Federn) einer geschützten Tierart verarbeitet sind.

◀ »Mutterschaft«,
Holzschnitzerei von R. P. Athyde
im Ceará-Museum
von Fortaleza, Brasilien
▶ Wandteppiche auf
dem Markt von Otavalo, Ecuador

Architektur

Wer auch immer die legendären Inka-Zentren Cusco und Machu Picchu oder die faszinierende Tempel-Festung Sacsayhuamán in Peru erbaute, hat Unvergängliches geschaffen. Selbst die Konquistadoren verwendeten noch die Steine der Inka-Festungsmauern für ihre Häuser.

Von noch älteren Siedlungen zeugt die Ruinenstätte Chan Chan in der Küstenebene. Während die Ureinwohner des heutigen Argentinien, Chile und Brasilien keine architektonischen Zeugnisse hinterließen, da sie als Sammler und Jäger keine Machtambitionen hegten, galt Cusco für die Inka als Nabel der Welt und wurde architektonisch entsprechend gestaltet: An einem großen doppelten Platz trafen sich vier Hauptstraßen, die sternförmig in die verwaltungstechnisch getrennten Gebiete führten und so das Reich der vier Regionen (Tawantinsuyu, s. S. 22) symbolisierten.

Der spanische Einfluss

Die Konquistadoren brachten ihre eigenen Werte, religiösen und künstlerischen Ausdrucksformen mit. Sie zerstörten die vorhandenen Bauwerke, um sie als Steinbruch für ihre eigenen Kathedralen zu verwenden, oder errichteten ihre Häuser einfach auf den alten Inka-Fundamenten. Das urbane Konzept behielten sie dagegen bei, da es auch in Spanien üblich war, die Städte in einem gitterförmigen Straßenraster um einen großen zentralen Platz zu bauen.

Über drei Jahrhunderte lang verrieten die verschiedenen Baustile in Lateinamerika spanische Prägung. Zuerst dominierte der so genannte *Platereskenstil*. Später folgte barocker Überschwang mit reich vergoldeter Ornamentik, in der sich das koloniale Selbstbewußtsein widerspiegelte. Verglichen mit den ersten Kolonialbauten in Mexiko erscheinen die Kirchen in Quito außen eher nüchtern. Dafür überraschen sie meist mit prunkvollen Innenräumen, farbig ausgemalten Kuppeln und üppigen Goldornamenten. Hufeisenförmige Bögen, Stuck- und Holzschmuck sowie geometrische Muster zeugen vom Einfluss des spanisch-arabischen *Mudéjar-Stils*. Diese europäischen Stilelemente finden sich insbesondere in den spätbarocken Bauwerken Lateinamerikas wieder.

Der Einfluss des indianischen Südamerika

In Bolivien hinterließen indigene Baumeister ihre Handschrift in der Kathedrale von Sucre und den Kirchen San Lorenzo in Potosí sowie San Francisco in La Paz. Indianische Bildhauer verewigten sich in dem für Arequipa, Peru, typischen weißen Vulkanstein. Ihre Stilmerkmale sind kräftige Farben sowie in den Stein geritzte Tiere, Pflanzen und dunkelhäutige Gesichter. Ein Beispiel dafür ist

Meister der Steinmetzkunst

Den Inka war der Stein heilig – »huaca«. An Hunderten von Stätten lassen sich ihre meisterhaften, mörtellosen Mauerarbeiten sowie die perfekte Bearbeitung einzelner Steine bewundern. Berühmtes Beispiel hierfür ist der zwölfeckige Stein in Cusco oder das »Intihuatana« in Machu Picchu. Die Inka verstanden sich bereits auf erdbebensicheres Bauen. Jahrhundertelang widerstanden die Mauern des Inka-Sonnentempels Qorincancha in Cusco besser den Erdbeben als die später auf seinen Ruinen errichtete Kolonialkirche Santo Domingo!

die Fassade der alten Jesuiten-Universität auf dem zentralen Platz in Cusco. In Brasilien, wo der »importierte« Baustil mangels lokaler Architektur auf keinerlei Gegenwehr stieß, eintwickelte sich der *Kolonialbarock,* der in den Fassaden von Pernambuco oder den Kirchen San Francisco da Penitência in Recife und Bahia zum Tragen kommt. Herausragender Vertreter dieser Stilrichtung war der Bildhauer und Architekt Aleijadinho, der der Baukunst in ganz Ouro Preto seinen charakteristischen Stempel aufdrückte. Die Prophetenstatuen in Congonhas do Campo (s. S. 242) stellen ein besonders anschauliches Beispiel seines Wirkens dar.

Ihre neue Unabhängigkeit nutzten die lateinamerikanischen Staatsführer alsbald, um sich Anregungen aus anderen Ländern Europas zu holen. Das 19. Jh. war geprägt von imitierter Grandeur. Man kopierte die Prachtstraßen und Paläste Frankreichs und Londons wie auch deren Hang zum Neoklassizismus. Typisches Beispiel dafür ist der Präsidentenpalast La Moneda in Santiago de Chile, der 1973 beim Staatsstreich gegen Salvador Allende zerstört wurde.

In Buenos Aires benutzte die neureiche Bourgeoisie des späten 19. Jhs. die Architektur zur Betonung ihrer europäischen Wurzeln. *La Alameda*

Blick nach Europa

Ebenso prägten Landschaft und Geographie die Architektur. Neugranada (wie die Andenrepubliken unter den Spaniern hießen) lag in einem Erdbebengebiet. Besonders Lima war davon betroffen. Der Palacio Torre-Tagle (das heutige Außenministerium Perus) zählt neben einigen kleineren Altstadtgebäuden zu den wenigen Kolonialbauten, die den Erdstößen standhielten.

◀ **Wunderwerk der Inka-architektur: Machu Picchu in Peru**
▲ **Der berühmte 12-eckige Stein am Inca-Roca Palast in Cusco**

hieß meist ihre Version der Champs-Elysées. In Lima wurden für den Bau neuer Prachtstraßen die alten Stadtmauern abgerissen. Heute hingegen wohnen die Wohlhabenden bevorzugt in pompösen Villen in den Randbezirken.

Außerhalb der sorgfältig geplanten Metropolen erscheint die Architektur improvisierter und flüchtiger. Ende des 19. Jhs. entstanden die ersten Barackensiedlungen der Einwanderer. Im 20. Jh. schossen diese Elendsviertel um die blühenden Großstädte wie Pilze aus dem Boden (*callampa,* der südamerikanische Name für Barackenviertel, bedeutet wortwörtlich: Pilz). Ein Extrembeispiel stellen die sich an den Hügeln hinaufziehenden *Favelas* in Rio de Janeiro dar (s. S. 231).

Leuchtfeuer des technologischen Zeitalters

Die letzten 70 Jahre des 20. Jhs. machten Lateinamerika – insbesondere Brasilien und Venezuela – zum Zentrum der architektonischen Avantgarde. Die Architekten, die die moderne Revolution in **Brasilien** ins Rollen gebracht hatten, steckten voller Anregungen, die sie auf ihren Reisen durch Europa erhalten hatten. Zwei namhafte Baumeister hatten sie bei der Planung ihrer hypermodernen Städte besonders beeinflusst: der Schweizer Le Corbusier und Ludwig Mies van der Rohe. Neue urbane Lebensräume mit kühnster utilitaristischer Architektur. 1937 von einem Planungsteam fertiggestellt, zu dem u. a. Lúcio Costa und Oscar Niemeyer gehörten, bildet es das Herz eines vollständig urbanen Idealstaates. Nicht nur Gebäude, nein ganze Städte sollten wie leistungsfähige Apparate gebaut werden – mit klaren Linien, offenen, flexiblen Räumen in Landschaften, wie sie der brasilianische Landschaftsarchitekt Roberto Burle Marx entwarf. Beispiele dafür sind die Hochhausblöcke an der Copacabana in Rio. Portinaris Kirche São Francisco de Assis in Pampulha symbolisiert die Einheit zwischen Plastik und konstruktivistischer Architektur.

ristischer Architektur sollten Südamerika ins 21. Jh. katapultieren. Le Corbusiers »Vortragsreise« durch Argentinien und Brasilien elektrisierte förmlich die lokalen Städteplaner, die es kaum erwarten konnten, seine Ideen umzusetzen. Brasiliens Revolution von 1930, mit der junge Armeeoffiziere Modernisierung und Industrialisierung auf allen Ebenen durchzusetzen suchten, bot dazu die Gelegenheit. Architekt Gregorio Warchavchik gab die Richtung an: Die Architektur sollte funktional und geometrisch sein und den Baumaterialien und Strukturen einer neuen urbanen und industriellen Welt Rechnung tragen.

Der Bau des Erziehungsministeriums in Rio de Janeiro setzte den Eckstein für die moderne Architektur.

In der Ende der 50er Jahre erbauten Hauptstadt Brasília (s. S. 240) verwirklichten die modernen Baumeister ihre ehrgeizigsten Ambitionen. Hier treffen Architektur und Plastik besonders anschaulich aufeinander. Architekt Oscar Niemeyer entwarf eine Stadt, die eine eigene Lebensart schaffen sollte. In nur zehn Jahren erfasste die brasilianische Bewegung die gesamte Welt der Architektur, wovon z. B. die Ausstellung »Brazil Builds« im New Yorker Museum of Modern Art von 1943 zeugte.

Moderne Ikonen

Vom Ausland weniger bemerkt, aber in ihrer Bedeutung genauso dramatisch, war die von Carlos

Raul Villanueva angeführte Bewegung in **Venezuela** – insbesondere in Caracas. Villanuevas erste Großprojekte – die in den 40er Jahren fertig gestellten Arbeiterviertel El Silencio (»Das Schweigen«) und El Paraiso (»Das Paradies«) – symbolisieren einen utopischen und optimistischen Modernismus. Wie in Brasilien sollten die Sozialwohnungsbauprojekte einen systematischen, reibungslosen Übergang zum Städtewachstum ermöglichen. Die beiden wichtigsten Baustoffe, Beton und Glas, waren zwar nicht in Südamerika beheimatet, dafür aber billig und leicht verfügbar. Auch Villanueva betrachtete die Architektur als

zen und Bäume symbolisch in Beton und Metall dargestellt werden.

In **Argentinien,** wo der neoklassizistische Stil etwas länger anhielt, verkörpert das Teatro Colón (s. S. 331) sowohl den Zenith als auch das Ausklingen dieser Bewegung. Die nächste Generation von Architekten, die in den Beginn der argentinischen Industrialisierung fiel, war für den Modernismus genauso aufgeschlossen wie ihre Vorgänger. Saubere, klare Linien und offene Räume kennzeichnen das Werk von Architekten wie Amancio Williams. Das Haus, das er für seinen Bruder, den Komponisten Alberto, in Mar del Pla-

Treffpunkt der räumlichen und bildenden Künste. Die neue Universidad Central, deren Bau Anfang der 50er Jahre in Angriff genommen wurde, drückt das Selbstvertrauen eines jungen Erdölstaates aus. In gewisser Hinsicht schuf Villanueva mehr als nur Gebäude. Er ließ eine ganze Landschaft entstehen, in der natürliche Linien, Pflan-

ta entwarf, ist Ausdruck purer Funktionalität bar jeglichen künstlerischen Anspruchs. In Chile zeigen die langen Flachbauten von Emilio Duhart und Alberto Piwonka, wie die gleichen Ideen im erdbebengefährdeten Tal von Santiago umgesetzt werden können.

In den 80er und 90er Jahren konzentrierten sich die architektonischen Neuerungsbestrebungen auf gewerbliche Bauten. Banken und multinationale Konzerne hatten den Staat als Hauptauftraggeber für ein experimentelles Schaffen abgelöst. Infolgedessen sahen sich Architekten und Städteplaner zumindest für kurze Zeit großenteils von der Sozialverantwortung entbunden, die noch die Arbeit ihrer Vorgänger geprägt hatte. ■

◀ **Kolonialhäuser in Quito, Ecuador**
▲ **Denkmal für die Arbeiter, die Brasília erbauten**
▶ **Die Casa Natal, die Geburtsstätte Bolívars in Venezuela**

Sport total

Südamerika ist ein Paradies für Outdoor-Fans. Die Anden, die längste Bergkette der Welt, haben alles, was ein Sportlerherz höher schlagen lässt: schneebedeckte Gipfel für konditionsstarke Bergsteiger, Trekking, Reiten, Mountainbiking, Weltklasse-Kajak und River Rafting.

Im Amazonasbecken erstreckt sich über Tausende von Kilometern dichter Regenwald, der zu einer Dschungeltour per Einbaum einlädt. An den Küstenstränden ist Wellenreiten angesagt, und die nördlichen Pazifik- und Karibikriffe warten mit fantastischen Tauchrevieren auf. Adrenalin steigernde Sportarten wie Snowboardfahren, Paragliding oder Bungee Jumping sind im Vormarsch. Aber Vorsicht: Im Abenteuerreisegeschäft tummeln sich viele unseriöse Anbieter.

Nationalparks

Nahuel Huapi, der erste Nationalpark Südamerikas, entstand 1903 in Argentinien. Seither wurden auf dem ganzen Kontinent weitere 200 Gebiete zum Schutz der Wildnis ausgewiesen. Durch verbesserte Verkehrswege und Infrastrukturen wird auch der Zugang immer leichter. Insbesondere in Chile und Argentinien, wurden in den Parks Wanderwege angelegt und Besucherzentren eingerichtet.

Das peruanische Cusco mit seinem berühmten Inka-Trail nach Machu Picchu ist das Mekka der Bergbegeisterten. Die umliegenden Hochregionen eignen sich ebenso vortrefflich für Mountainbike-Touren. Eine beliebte Route führt zu den steilen Inka-Terrassen und Salzpfannen bei Moray. Das *Valle Sagrado,* das Heilige Tal, lässt sich sogar per Floß auf dem Río Urubamba, per Pferd oder im Gleitschirm über den Klippen erkunden.

Weiter südlich lockt von Oktober bis April die spektakuläre Wildnis der Hochgebirgs- und Küstenlandschaft Südchiles. Pucón ist ein guter Ausgangspunkt für Wanderungen, Klettertouren, Riverrafting, Mountainbike- und Reitausflüge in die

◄ **Bergsteiger am
Mount Fitzroy**
► **Der Urubamba in Peru lädt
zu Rafting-Touren ein**

Nationalparks Huerquehue und Villarrica. Noch weiter südlich erstreckt sich der atemberaubende Nationalpark Torres del Paine (s. S. 300).

Bergsteigen

Die Sechstausender der Anden ziehen alljährlich Bergsteiger aus aller Welt an. Akklimatisierung, adäquate Ausrüstung und Vorbereitung sind zwingend. Der höchste Gipfel Südamerikas ist der

Aconcagua (6962 m) in Argentinien. Von Juni bis September wimmelt es in der nordperuanischen Ortschaft Huaraz von Bergsteigern, die zum Aufstieg zu einem der zahlreichen Gletschergipfel der Cordillera Blanca rüsten. Mit seinen 6768 m ist der Huascarán Spitzenreiter. In seine Steilhänge wagen sich ab und an auch tollkühne Snowboarder. Einsteiger bekommen auf den Vulkanen Ecuadors einen Vorgeschmack von Höhenluft.

Skifahren

Das höchste Skigebiet der Welt liegt auf 5260 m auf dem Chacaltaya bei La Paz, Bolivien (s. Top 10 Aktiv, S. 365). Es wurde bereits in den 1930er Jahren erschlossen und ist über die älteste Seil-

Südamerikas zugänglich. Inzwischen finden moderne Skigebiete in Chile und Argentinien (Las Leñas) steigenden Zulauf. Doch auch im Valle Nevado oder in Portillo bei Santiago kommen anspruchsvolle Skifahrer auf ihre Kosten. Die beste Zeit ist Juni bis Oktober.

Radfahren

Jedes Jahr strampeln ein paar hart gesottene Radfahrer den gesamten Andenkamm entlang bis nach Feuerland am Südzipfel des Kontinents. Es wird meist empfohlen, von der Panamericana aus einen Umweg über Cajamarca oder die Cordillera

ben, in der Ferne raucht ein Vulkan, links und rechts fallen die Steilwände Hunderte von Metern ab. Der Wildwasserfluss Bío Bío in Mittelchile zählt mit seinen spektakulären Schluchten und Wasserfällen sowie den Mapuche-Siedlungen zu den erlebnisreichsten Flüssen der Anden.

Paragliding

In Rio de Janeiro kann man sich im Tandem-Gleitschirm über Regenwald und Wolkenkratzer treiben lassen, bevor man am Strand Pepino in São Conrado wieder festen Boden unter den Füßen erhält. Zum Paragliding laden darüber hinaus die

Blanca in Nordperu zu machen – wegen der vielen herrlichen Ausblicke und um dem Verkehr zu entgehen. Etwas weniger Sattelfeste werden Tagesausflüge an die Küste über die Flanken des noch tätigen Vulkans Cotopaxi oder in Ecuador Touren in Richtung des Amazonas begeistern.

Rafting und Kajakfahren

Anfänger finden schnell Spaß in den ungefährlichen Stromschnellen des Río Napo bei Tena in Ecuador (Schwierigkeitsstufe III). Erfahrene Rafter können ihre Geschicklichkeit auf dem Río Colca durch den »Everest der Fluss-Cañons« in Südperu beweisen. Er soll doppelt so tief sein wie der Grand Canyon: Kondore lassen sich im Wind trei-

Küstenklippen von Miraflores/Lima ein. Das Gleitschirmfieber hat auch Mérida in Venezuela, und Tucumán in Argentinien, erfasst.

Beach- und Wassersportarten

Die wilden *buggeiros* (Buggy-Fahrer) sorgen für eine unvergessliche Fahrt über die Strände und Sanddünen Brasiliens. Das knatternde Motorgeräusch schreckt zwar Sonnenanbeter auf, doch der Spaß, sich auf den Dünen um die eigene Achse zu drehen und in wilden Manövern der hereinkommenden Flut auszuweichen, ist groß. Die Hochburgen für diese Freizeitbeschäftigung sind die Strände von Natal (Brasilien). Ein ganz anderes Vergnügen bieten die hohen Sanddünen in der

Wüste Huacachina bei Ica in Südperu. Man braucht nur ein Brett (preisgünstig zu mieten), um den Sand hinunterzugleiten, und kräftige Oberschenkel, um die Dünen wieder hochzustapfen.

Wellenreiten

Der Humboldtstrom sorgt an der südamerikanischen Westküste für eine konstante Brandung. Orte wie Montañita in Ecuador und Huanchaco in Nordperu wurden zu beliebten Surf-Spots für Wellenreiter aus aller Welt. Puerto Chicama in der Küstenwüste Nordperus, ist besonders berühmt für seine langen Wellen.

oder im Nationalpark Morrocoy an der Küste Venezuelas.

Dschungeltouren

Eine Einbaumfahrt auf den Amazonas-Nebenflüssen ist weitaus aufregender als auf dem breiten Amazonas selbst, dessen Ufer endlos weit voneinander entfernt sind. Ausflüge ins Naturreservat Cuyabeno in Ecuador oder in den Nationalpark Manú in Südperu bieten Dschungelabenteuer pur – angefangen von selbst gefangenen Piranhas zum Abendessen bis hin zu Wanderungen durch sumpfige Mangrovenwälder. ■

Schnorcheln und Tauchen

Auf den Galápagos-Inseln können Sie sich in Gesellschaft von Hammerhaien, Seesternen, Robben und Pinguinen im Wasser tummeln, auch Tauchen ist möglich. Die Palmenstrände der Karibik laden ebenfalls in eine faszinierende Unterwasserwelt ein, so bei den Koralleninseln Los Roques

◀ Entlang des Ariau-Flusses (Brasilien) lassen sich seltene Vogelarten beobachten
▲ Nach einem anstrengenden Trekking-Tag wird das Nachtlager in einem Andental aufgeschlagen

South American Explorers Club

Der South American Explorers Club ist eine wertvolle Informationsquelle für alle, die Abenteuerreisen planen. Die Außenstellen in Lima und Cusco, Peru, und in Quito, Ecuador, bieten umfangreiche Information, basierend auf den Erfahrungen der Mitglieder, und verkaufen außerdem Bücher und Reiseführer.
Der Jahresbeitrag beträgt 40 US-$. – SAEC-Hauptniederlassung in den USA: 126 Indian Creek Road, Ithaca, NY 14850, Tel. (001-607) 277-0488, Fax 277-6122, www.samexplo.org.

Südamerika

0   500 km

Karibisches Meer

N

PAZIFISCHER OZEAN

ATLANTISCHER OZEAN

Äquator

Barranquilla
Maracaibo
Caracas
Isla de Margarita
TRINIDAD UND TOBAGO
Trinidad
Cartagena
PANAMA
Montería
Barquisimeto
Valencia
Puerto la Cruz
Panamá
Cúcuta
San Cristóbal
LLANOS
El Tigre
Ciudad Guayana
Georgetown
Medellín
Bucaramanga
VENEZUELA
GUYANA
Paramaribo
Puerto Ayacucho
SURINAME
FRZ. GUYANA
Cayenne
Bogotá
Cali
KOLUMBIEN
Boa Vista
Esmeraldas
Pasto
Macapá
Bragança
Äquator
Quito
ECUADOR
AMAZONAS-
Manaus
Río Amazonas
Santarém
Belém
São Luís
Parnaíba
Chimborazo 6310
Cuenca
BECKEN
Marabá
Imperatriz
Teresina
Mossoró
Guayaquil
Iquitos
Loja
Araguaína
Picos
João Pessoa
Natal
Piura
Cajamarca
Cruzeiro do Sul
Pôrto Velho
Petrolina
Caruaru
Chiclayo
Huascarán 6768
Río Branco
Ariquemes
BRASILIEN
Recife
Trujillo
Pucallpa
Ji-Paraná
Feira de Santana
Maceió
Chimbote
Huánuco
PERÚ
Guajará-Mirim
Riberalta
PLANALTO BRASILEIRO
Bom Jesus da Lapa
Aracaju
Callao
Huancayo
Trinidad
Cuiabá
Brasília
Salvador
Lima
Ayacucho
Cusco
BOLIVIEN
Goiânia
Montes Claros
Ilhéus
Ica
Juliaca
La Paz
Cochabamba
Cáceres
Uberlândia
Belo Horizonte
Governador Valadares
Galápagos
Äquator
Arequipa
ALTIPLANO
Oruro
Sucre
Santa Cruz
Pantanal
Corumbá
Campo Grande
São José do Rio Prêto
Vitória
Tacna
Arica
GRAN CHACO
Londrina
Campos
Iquique
Tarija
PARAGUAY
Foz do Iguaçu
Rio de Janeiro
Calama
Asunción
Curitiba
São Paulo
Antofagasta
Salta
San Miguel de Tucumán
Resistencia
Passo Fundo
Florianópolis
Copiapó
La Rioja
Santiago del Estero
Santa Maria
Porto Alegre
La Serena
San Juan
Córdoba
Salto
Aconcagua 6960
Mendoza
Santa Fé
URUGUAY
Valparaíso
Rosario
Santiago
San Luis
Buenos Aires
Punta del Este
Montevideo
Talca
San Rafael
PAMPA
Concepción
ARGENTINIEN
Mar del Plata
Temuco
Bahía Blanca
Osorno
San Carlos de Bariloche
Puerto Montt
Isla Grande de Chiloé
Trelew
PATAGONIEN
Falkland-Inseln Islas Malvinas (GB)
Perito Moreno
El Calafate
Río Gallegos
Puerto Natales
Isla Grande de Tierra del Fuego (Feuerland)
South Georgia Island (GB)
Punta Arenas
Ushuaia
Kap Hoorn

CHILE

PUNA

ATACAMA

ANDEN

80

América del Sur

Wann, wie und wohin genau nach Südamerika?
Eine sorgfältige Reiseplanung ist angesichts der enormen Distanzen auf
dem Subkontinent Pflicht.

Südamerika: Das sind 7500 Kilometer von Kolumbien bis Feuerland, 5000 Kilometer von Quito nach Recife, insgesamt fast 18 Millionen Quadratkilometer Landfläche. Allein Brasilien ist rund vierundzwanzigmal größer als Deutschland. Für den eiligen Konsum im Last-Minute-Stil ist dieser maßlose Erdteil nicht geeignet. Wer nur wenig Zeit mitbringt, beschränkt sich besser auf ein Land oder auf eine Urlaubsart, etwa eine Amazonas-Kreuzfahrt, Trekking auf dem Inka-Trail oder die Estancia-Tour durch Patagonien. Die Pauschal-Rundreisen nach dem Muster »Südamerika in 21 Tagen« können ein amüsanter Einstieg sein, versprechen aber letztlich nie mehr als einen oberflächlichen Blick auf die Postkarten-Panoramen von Machu Picchu bis Copacabana – außerdem verbrächte man bei einer solchen Tour de Force fast mehr Zeit im Flugzeug als auf dem Boden.

Um die Entscheidung für ein Reiseziel etwas zu erleichtern, präsentiert dieses Buch Südamerika in vier Hauptkapiteln, die nach Ländern gegliedert sind. Unsere Reise beginnt im Norden mit **Kolumbien, Venezuela** und den **Guayanas.** Kolumbien und Venezuela teilen sich entlang der tropisch-heißen Karibikküste einige der schönsten Strände der Neuen Welt; aus den Städten stammen die temperamentvollen Rhythmen von Salsa, Cumbia und Vallenato. Im Hinterland schließen sich dichte Regenwälder, Tafelberge und die tierreichen Ebenen der Llanos an.

Im folgenden Kapitel nähern wir uns dem indianischen Herzen Südamerikas:

In den Andenstaaten **Bolivien, Ecuador** und **Peru** stößt der Reisende nicht nur auf das kulturelle Erbe der präkolumbischen Hochkulturen, sondern auch auf die grandiosen Landschaften des Anden-Altiplano. Ein besonderes Traumziel für Naturliebhaber ist dabei das kleine Ecuador mit seinen schneebedeckten Vulkanen und der einmaligen Tierwelt der Galápagos-Inseln.

Östlich der Anden liegt **Brasilien,** das beinahe die Hälfte Südamerikas einnimmt und alleine deshalb ein Kapitel für sich verdient. Ohnehin scheint zwischen Manaus und Rio de Janeiro alles eine Nummer größer als anderswo zu sein: Die Regenwälder, die Städte, die Leidenschaft für Musik, Tanz und Fußball, der Karneval.

Den Endpunkt der Reise bildet der Cono Sur, der »Südkegel« Südamerikas mit **Argentinien, Chile, Paraguay** und **Uruguay.** Hier erwarten die Touristen neben europäisch geprägten Städten grandiose Landschaften bis zum Horizont: weites Gaucho-Land und riesige Haciendas, die höchsten Gipfel Amerikas, Seen und Ströme, subtropische Savanne und die größten Eisfelder jenseits der Polkappen im menschenleeren Patagonien.

Wer als Individualtourist unterwegs ist, sollte Geduld und Flexibilität mitbringen. Schon so manche minutiös geplante Tour durch Urwald, Altiplano oder Pampa nahm kurzfristig wegen eines fehlenden Ersatzteils am Jeep, unbefahrbarer Pisten, gestrichener Flüge oder einfach nur wegen eines plötzlichen Unlustgefühls einer verantwortlichen Autoritätsperson eine völlig neue Wendung. Aber das gehört zum Alltag Südamerika, und man tut gut daran, solchen Widrigkeiten mit einem Lächeln zu begegnen. Schließlich muss man ja nicht unbedingt in kürzester Zeit überall gewesen sein. ∎

◀◀ **Moreno-Gletscher in Argentinien – Regenwald im Amazonasgebiet – Potosí, Bolivien**

Der Norden: karibisch und andin

**Tropisch heiße Palmenstrände, ein lässiger Lebensstil
und ein vibrierendes Nachtleben kennzeichnen Südamerikas Karibikküste.
Doch das Rückgrat des Küstengürtels besteht aus zerklüfteten,
hohen Gebirgen, in denen man selbst in der Äquatorzone Abkühlung findet,
während tropischer Regenwald die südlichen Regionen überzieht.**

Die Menschen im Hochland sind in der Mehrzahl *mestizos:* Mischlinge aus Europäern und Indianern (diese Fehlbezeichnung existiert, seit der Seefahrer Christoph Kolumbus im Jahre 1492 dachte, er hätte Indien erreicht). An den Küsten leben viele Schwarze und Mulatten, die Nachkommen der Sklaven, die über den Atlantik aus Afrika herübergebracht wurden. In Guyana, Suriname und Französisch Guayana hat sich das afrikanische Erbe in faszinierenden Siedlungen im Inland erhalten, deren Bewohner noch die traditionelle Lebensweise ihrer Vorfahren pflegen. In diesen Regionen sowie in Venezuela gibt es zudem indianische Urwaldgemeinschaften, von denen manche bis in die 60er Jahre nicht bekannt waren.

Kolumbien im Nordwesten haftet aufgrund des Drogenhandels, der Guerrilla-Aktivitäten und der Gewalt in den Städten ein schlechten Ruf an, aber weite Landesteile sind für Besucher sicher. Das Land wird als Touristenziel immer beliebter, nicht zuletzt wegen seiner freundlichen Bevölkerung, der faszinierenden Tanzkultur und atemberaubender Landschaften. Kolumbien besitzt außerdem herausragende historische Sehenswürdigkeiten, darunter die Ruinen der Kultstätte von **San Agustín,** die spanische Festungsstadt **Cartagena** und das beste Goldmuseum des Kontinents in der Hauptstadt **Bogotá.**

Eine moderne Wolkenkratzer-City ist **Caracas,** die Kapitale **Venezuelas,** die ebenfalls interessante Museen vorweisen kann. Die Erdölrepublik lockt mit wundervollen karibischen Stränden, davon eine ganze Reihe rund um die populäre Ferieninsel **Isla de Margarita,** die den Beinamen »Perle der Karibik« trägt.

Venezuela ist aber nicht zuletzt ein Magnet für Naturliebhaber, bietet das Land abseits der Küsten doch wahrhaft spektakuläre Szenerien mit einem faszinierenden Wildleben. Besonders malerisch ist die Hochgebirgslandschaft im Zentrum rund um **Mérida** und **Trujillo,** wo die Anden beginnen: ein Dorado für Bergsteiger, Wanderer und andere Bergsportler. Das schwer zugängliche **Hochland von Guayana,** wo sich der **Salto del Angel,** der höchste Wasserfall der Welt, von einem Hochplateau herabstürzt, ist geprägt durch bizarre Felsenformationen, goldfarbene Savanne und dichten Dschungel.

Im Osten von Venezuela liegen drei kleinere und touristisch kaum erschlossene Länder – **Guyana,** früher Britisch Guayana, **Suriname,** ehemals Niederländisch Guayana, und **Französisch Guayana,** seit 1946 ein französisches Übersee-Département. Diese dünn besiedelten Länder ziehen vor allem Besucher an, die die immensen Regenwälder erkunden wollen, in denen sich ethnische Gruppen mit einer völlig dem Dschungel angepassten Lebensweise erhalten haben.

Insgesamt repräsentieren die Bewohner der Länder des südamerikanischen Nordens alle fünf Kontinente, dienten sie doch in ihrer Geschichte als Siedlungsvorposten verschiedener Kolonialreiche. ■

◀ **Traumhafte
Morgenstimmung an einem venezolanischen Strand
◀ ◀ Schon die Malereien
machen Laune in dem
kleinen Lokal an der Karibikküste**

Kolumbien

Seite 90

Obwohl es einst als El Dorado enttäuschte und heute als Zentrum des Drogenanbaus gilt, ist Kolumbien ein wunderschönes, gastfreundliches Land, das enorme landschaftliche und kulturelle Kontraste bietet.

Kolumbien hat ein abschreckendes Image als weltweit führender Kokain-Produzent und als Nation, in der politische Unruhen und Gewalt zur Tagesordnung gehören. Das ist jedoch nur ein Teil der Realität dieses Landes, in dem alte Mythen und modernes Leben zu einer großen kulturellen Vielfalt verschmelzen.

Die Kolonisierung Kolumbiens wurde durch die Legende vom Goldreich »El Dorado«, das seinen Entdeckern ungeahnten Reichtum bescheren sollte, vorangetrieben. Noch heute wird in Kolumbien nach Gold und Smaragden gegraben. Und unter der Oberfläche der Moderne ist das architektonische und gesellschaftliche Erbe der spanischen Kolonialzeit vielerorts sichtbar, wie auch einige der präkolumbischen Kulturen ihre Spuren hinterließen.

Der viertgrößte Staat Südamerikas hat sowohl eine Pazifik- wie eine Karibikküste. Im Süden breiten sich die Regenwälder des Amazonas aus. Drei Kordilleren der Anden erstrecken sich von der Südgrenze mit Ecuador nach Norden hin. Die Bevölkerung besteht überwiegend aus Mestizen, daneben gibt es eine beträchtliche afro-karibische Gruppe an den Küsten und rund um Cali sowie mehr als 50 indianische Ethnien. Die Mehrheit der 44 Millionen Einwohner lebt im Zentralen Hochland: in der Hauptstadt Santa Fé de Bogotá und in den beiden modernen Städten Medellín und Cali.

Zwischen den Kordilleren liegen die fruchtbaren Täler der Flüsse Cauca und Magdalena. Im Osten dehnen sich weithin unbewohnte Steppen, Los Llanos genannt, bis zum Orinoco-Becken aus. Die nördliche Sierra Nevada von Santa Marta ist das höchste Küstengebirge der Welt. An klaren Tagen kann man von den Karibikstränden aus Schneeberge sehen.

Bogotá ist das kulturelle Zentrum des Landes, doch hat jede Region eine eigene kulturelle Identität entwickelt, die sich in vielen Aspekten des täglichen Lebens spiegelt. Musikalisch reicht die Palette von den sentimentalen Melodien der Andenbewohner, meist begleitet von Saiteninstrumenten, bis zu den Akkordeon-Rhythmen der karibischen *cumbias*. Fußball ist Volkssport Nr. 1 in Kolumbien, doch auch der Radsport wurde durch einige Erfolge bei der Tour de France populär.

Die Wirtschaft basiert auf dem Export von Kaffee, Erdöl, Smaragden, Schnittblumen, Bananen, Kohle und kleinen Mengen von Gold.

◀ **Die Kathedrale von Bogotá an der Plaza Bolívar**
▶ **Die Puerta del Reloj, Cartagena**
◀◀ **Bogotá bei Nacht**

Turbulente Geschichte

Kolumbien hat eine bewegte politische Vergangenheit. Das 19. Jh. war geprägt von 50 Aufständen und acht Bürgerkriegen. Grausam forderte der »Tausend-Tage-Krieg«, der 1899 begann, 130 000 Menschenleben. Doch hat dieser Blutzoll keinen nennenswerten Wandel gebracht. Die Regierung blieb in den Händen einer Minderheit von Kreolen (in Kolumbien geborenen Weißen), die den Bedürfnissen der Bevölkerungsmehrheit von Mestizen, Mulatten, Schwarzen und Indianern wenig Beachtung schenkte.

Gleichzeitig nutzten die USA das Chaos, um separatistische Bestrebungen in Panama zu schüren. Bald danach begann der Bau des Panamakanals. Theodore Roosevelt, seinerzeit Präsident der USA, rühmte sich bei der Verleihung des Friedensnobelpreises: »Ich nahm die Kanalzone und ließ den Kongress debattieren.« Erst 1921 akzeptierte die kolumbianische Regierung widerwillig den Verlust.

Die US-amerikanische United Fruit Company legte riesige Bananenplantagen entlang der Küste an, zahlte den Arbeitern Hungerlöhne und beendete 1928 einen Streik, indem sie die Armee mit Maschinengewehren aufmarschieren ließ.

Gewalt – lange alltäglich

1948 kam es zum schlimmsten Blutbad in der Geschichte Kolumbiens, das als *La Violencia* (die Gewalt) in die Geschichte einging. Als ein beliebter liberaler Politiker namens Jorge Eliécer Gaitán, der sich für politischen Wandel einsetzte, in Bogotá niedergeschossen wurde, brach sich die angehäufte Frustration Bahn. Die Massen stürmten auf die Straßen, Fensterscheiben wurden zertrümmert, Häuser und Geschäfte in Brand gesetzt. Diesem *Bogotazo* folgte ein brutaler Bürgerkrieg auf dem Land. Mindestens 300 000 Menschen verloren dabei ihr Leben.

Um 1953 begannen bewaffnete Bauerngruppen, eine Revolutionsphilosophie zu entwickeln. Liberale und Konservative schlossen sich in ihrer Furcht vor einem Vormarsch des Kommunismus zu einer Nationalen Front zusammen und beschlossen 1957, in den folgenden 16 Jahren die Macht zu teilen. Wieder waren dieselben Politiker an der Regierung und blockierten einen wirklichen Wandel.

Versuche einer demokratischen Öffnung zu Beginn der 1980er Jahre schlugen fehl, als die Guerilla-Gruppe M-19 den Justizpalast in Bogotá besetzte. Dabei starben über 100 Menschen, darunter elf Richter des Obersten Gerichtshofs.

Drogenwirtschaft

Virgilio Barcos Präsidentschaft öffnete den Weg zu demokratischen Wahlen, doch nun hatte man gegen eine neue Macht zu kämpfen – das Drogenkartell von Medellín unter der Regie von Pablo Escobar, das 80 % des Welthandels mit Kokain kontrollierte und starken Einfluss auf Wirtschaft und Politik Kolumbiens ausübte.

Seite 90

Lesetipp
Zu den populärsten Kolumbianern zählt der Schriftsteller und Nobelpreisträger **Gabriel García Márquez,** dessen Erzählstil dem »magischen Realismus« verpflichtet ist. Sein berühmtestes Werk ist der Roman »Hundert Jahre Einsamkeit«. Neben ihm haben auch weniger bekannte Autoren wie **Alvaro Mutis** der kolumbianischen Literatur zu Weltrang verholfen.

▶ **Der »Bogotazo« von 1948**

Stadtpanorama
Die beste Aussicht auf Bogotá hat man vom Gipfel des **Cerro de Montserrate**, den man mit Seil- oder Zahnradbahn erreicht. Die Bogotanos pilgern gerne an Sonntagen auf den Gipfel, wo neben der Statue des »El Señor Caído« ein Vergnügungspark eingerichtet wurde.

Am Fuß des Montserrate ist die **Quinta de Bolívar** einen Besuch wert. Das schöne Kolonialhaus mit Garten, das einmal Simón Bolívar gehörte ist jetzt ein Museum über das Leben des Freiheitshelden.

Escobar starb 1993 in einem Kugelhagel, und die Drogenbosse von Cali übernahmen einen Großteil des teuflischen Geschäfts. In den folgenden zwei Jahren konnten die staatlichen Autoritäten einige Erfolge verbuchen. Als der Schatzmeister des Cali-Kartells sich jedoch der amerikanischen Drogenbehörde stellte und mit seinen Aussagen einen Korruptionsskandal aufdeckte, in den die Regierung verwickelt sein sollte, kam es zur Staatskrise. Angeblich wurde Präsident Sampers Wahlkampagne von 1994 mit Drogengeldern in Höhe von 6 Millionen US-$ unterstützt. Samper selbst konnte nichts nachgewiesen werden, zwei seiner Top-Minister allerdings gingen ins Gefängnis.

Die Beziehungen zu den USA waren schwer beschädigt. Das Land fiel in eine

> *Pablo Escobar*
> → Der Boss des Medellín-Drogenkartells hatte Ende der 80er Jahre ein geschätztes Vermögen von 3 Milliarden US-$ und stand damit an 14. Stelle in der Liste der reichsten Männer der Welt.

Rezession, die mit hoher Arbeitslosigkeit einherging. In dieser Situation liefern sich linksgerichtete Guerillabewegungen bis heute erbitterte Schlachten mit den nationalen Sicherheitskräften und so genannten Selbstverteidigungsgruppen *(Paramilitares)* von Großgrundbesitzern, Minengesellschaften und Drogenbossen.

Die Präsidentschaftswahlen im Mai 2002 gewann der unabhängige, aber rechtslastige Alvaro Uribe überlegen. Es gelang ihm nach langen Diskussionen im Parlament, die Verfassung zu ändern, damit er im Mai 2006 erneut kandidieren darf. Aufgrund der anhaltenden Gewalt und der bürgerkriegsähnlichen Zustände in vielen Landesteilen, verdoppelte sich die Zahl der Flüchtlinge innerhalb Kolumbiens in vier Jahren auf zwei Millionen.

Entführungen von Ausländern und Gewaltakte sind vermehrt auch in den Städten an der Tagesordnung, deshalb sollte man vor einer Reise beim deutschen Auswärtigen Amt in Berlin die aktuelle Situation erfragen. Wer dieses faszinierende und gastfreundliche Land besucht, ist beeindruckt von seiner kreativen Energie und landschaftlichen Schönheit.

Bogotá _____

Inmitten der Anden auf 2642 m gelegen und meist wolkenverhüllt und smoggeplagt, ist **Bogotá ❶** der Ort, an dem Kolumbiens Widersprüche deutlich aufeinander prallen. Die Metropole ist in den letzten 50 Jahren um das 20-fache gewachsen. Wie Zwiebelschalen haben sich die historischen Schichten um den Kern der Stadt gelegt, in dem man noch auf spanische Kolonialhäuser mit blumengeschmückten Innenhöfen und Denkmäler aus der Zeit der Vizekönige trifft. Es folgen vornehme Residenzen im englischen Herrenhausstil, die von Regierungspalästen überragt werden. Und auf diese blicken

◄ Traditioneller Tanz in einem Nachtklub in Bogotá

wiederum Wolkenkratzer aus blitzendem Stahl und Glas. Die äußere dicke Schale der Stadt bilden die ausufernden Slums.

Die *bogotanos* werden von der Küstenbevölkerung für verschlossen und reserviert gehalten. Gabriel García Márquez beschrieb Bogotá einmal als »eine düstere Stadt, in deren gespenstischen Nächten die Kutschen der Vizekönige noch immer durch die gepflasterten Straßen rattern«. Doch dieses Image hat die Hauptstädter nie gekümmert, denn sie selbst halten sich für intellektuell und kosmopolitisch.

Was spielt sich nicht alles ab in Bogotás chaotischen Avenidas. Hier gibt es luxuriöse Restaurants, Kinderbanden, Edelsteinhändler, Bauern in Ponchos und endlose Verkehrsstaus.

Doch vor allem ist Bogotás City das kulturelle Zentrum mit Theatern, Universitäten, Museen, Avantgarde-Galerien und Straßen voller Buchläden. Dieser kreative Mix hat Bogotá den Ruf »Athen Südamerikas« eingebracht.

Im Westen der Stadt liegt der sehenswerte **Jardín Botánico José Celestino Mutis,** der botanische Garten Kolumbiens, der die ganzePracht und Vielfalt der einheimischen Flora zeigt.

Das Stadtzentrum

Ein guter Ausgangspunkt für die Erkundung Bogotás ist das Herz der Altstadt, die **Plaza de Bolívar.** Drei spanische Eroberer, die aus verschiedenen Himmelsrichtungen kamen, trafen sich hier 1538, um im fruchtbaren Gebiet der Muisca-Indianer eine Stadt zu gründen, die spätere Hauptstadt des Vizekönigreichs Neugranada.

In der Mitte des Platzes steht natürlich ein **Denkmal** für den Unabhängigkeitshelden **Simón Bolívar.** Im Süden erhebt sich das **Capitolio Nacional,** Sitz des kolumbianischen Kongresses. Dahinter liegt der **Präsidentenpalast (Palacio de Nariño),** der während des *Bogotazo* (s. S. 91) 1948 geplündert wurde. Jeden Tag um 17 Uhr kann man hier die Wachablösung sehen.

Seite
90

▲ **Wandmalerei in den Grabkammern von Tierradentro (s. S. 99)**
▼ **Hotel in Villa de Avila (nahe Bogotá)**

Kolumbianisches Gold

Das strengstens bewachte Museo del Oro (Goldmuseum) mitten in Bogotá ist einzigartig auf der ganzen Welt. Seine Sammlung schimmernder Armbänder, Ohrringe, Masken, Statuen und Ringe besteht aus über 29 000 Stücken. Sie stammen aus Werkstätten präkolumbischer Zeit und zeugen alle von meisterhafter Technik, die selbst moderne Juweliere erstaunt.

Das Goldmuseum in Lima hat im Vergleich dazu weit weniger zu bieten, was hauptsächlich der Ungeduld der goldgierigen spanischen Eroberer zuzuschreiben ist, die lieber das südlich gelegene Inka-Reich plünderten, als tief unter kolumbianischer Erde nach Schmuckstücken längst vergessener Völker zu suchen. Die großartigen Kunstwerke der Inka und anderer peruanischer Kulturen wurden in Goldbarren eingeschmolzen und nach Spanien verschifft, während die Juwelen der kolumbianischen

◀ Muisca-Indianer verwandeln ihren König in »El Dorado«, den Vergoldeten

Kulturen erst später durch Archäologen und leider auch durch emsige »guaqueros« (Grabräuber) entdeckt wurden.

Die Tradition der Metallbearbeitung entwickelte sich in Mittel- und Südamerika bereits ab der Mitte des zweiten Jahrtausends v. Chr. bis zur Ankunft der Europäer. Die Goldschmiede des alten Kolumbien beherrschten alle damals üblichen Techniken der Neuen Welt, und jede der geografisch isolierten Kulturen entwickelte ihren eigenen, unverwechselbaren Stil.

Selbst mit einfachen Methoden wie der Hammertechnik entstanden raffinierte Objekte. Einige kolumbianische Kulturen entwickelten Schmelztechniken und wussten das Gold mit Legierungen zu härten. Derlei Techniken wurden perfektioniert, um Goldblätter zu komplexeren Figuren zu verbinden; wahrscheinlich wurde der Einsatz von Wachsformen, die sich bei Kontakt mit der Legierung auflösen, in Kolumbien entwickelt.

Die präkolumbischen Kulturen verwendeten Gold als Schmuck und für religiöse Riten. Sie schätzten seine leichte Formbarkeit und den beständigen Glanz. Es war gesellschaftlich genau festgelegt, wer das wertvolle Metall tragen durfte und wer nicht. Daneben wurde es in manchen Gegenden auch als Handelsobjekt verwendet.

Das Museo del Oro, das von der Staatsbank betrieben wird, liegt im Zentrum der Hauptstadt am Parque Santander (Di–So geöffnet). Eine der großartigsten Kostbarkeiten ist ein winziges Boot der Muisca. Es zeigt ein Ritual, bei dem Gold als Opfer an die Götter in den Guatavita-See geworfen wurde, während sich der Häuptling selbst vergoldete, was zum »El-Dorado«-Mythos führte. Highlight des Museums ist der Tresorraum im Obergeschoss. Nur jeweils 20 Besucher dürfen ihn betreten und stehen zunächst im Dunkeln, bis das Licht angeht und 12 000 Exponate in blendendem Glanz erstrahlen. Indianische Flötenmusik geleitet in eine geheimnisvolle, vergangene Welt. ■

An der Westseite der Plaza steht die **Kathedrale,** die, 1565 begonnen, zwei Jahrhunderte später durch ein Erdbeben zerstört und erst nach der Unabhängigkeit Kolumbiens im klassizistischen Stil fertig gestellt wurde. Daneben liegen die **Capilla del Sagrario** und das prächtige **Teatro Colón,** das man nur während der Vorstellungen besichtigen kann.

Koloniales Candelaria

Nur wenige Schritte entfernt liegt Bogotás Kolonialviertel: **La Candelaria.** Die einstöckigen, weiß getünchten Häuser mit roten Ziegeldächern ziehen sich von der Innenstadt aus einen Hügel hinauf.

Wie alle südamerikanischen Städte aus der Kolonialzeit besitzt Bogotá einige Schätze religiöser Kunst. Die **Iglesia de Santa Clara** aus dem 17. Jh. (C. 9/Carrera 8) hat einen prächtigen Innenraum mit Werken von Gregorio Vásquez de Arce y Ceballos, dem berühmtesten einheimischen Maler seiner Zeit. Weniger bekannt ist, dass die Kirche wegen der Entführung mehrerer Novizinnen in Verruf kam. Der Maler selbst war daran beteiligt und musste einige Zeit ins Gefängnis.

Auf dem Rückweg in die City lohnt es sich, in der Avenida 19 einen Blick in die Auslagen der vielen Buchläden zu werfen. Kolumbien ist nach Argentinien Südamerikas bedeutendster Buchexporteur. In der Nähe (Calle 18A/Carrera 1) befindet sich der Campus der **Anden-Universität,** die auf dem ganzen Sub-Kontinent den allerbesten Ruf genießt.

Das berühmteste Museum Bogotás ist das **Museo del Oro** (s. S. 94). Ebenfalls einen Besuch wert ist das **Museo Nacional,** das in einem ehemaligen Gefängnis untergebracht ist. Das Gebäude hatte der Brite Thomas Reed Anfang des 19. Jhs. so entworfen, dass jede der 200 Zellen von einer Stelle aus überwacht werden konnte. Daher der Name *Panóptico.* Der bis 1946 als Gefängnis genutzte Bau wurde sorgfältig restauriert, und heute präsentiert jeder Korridor eine andere Episode aus der kolumbianischen Geschichte. Das Untergeschoss ist der Kunst gewidmet.

Eine Kathedrale aus Salz

Empfehlenswert ist ein Halbtagesausflug in den Norden. Auf einer Schnellstraße durch eine grüne ländliche Gegend, ehemals Siedlungsgebiet der Muisca, gelangt man in 2 Std. zu der berühmten **Kathedrale von Zipaquirá,** die ganz in Salz gehauen ist. Jahrhundertelang hatten die Indianer die Salzminen betrieben, bis die Spanier sie übernahmen. Um 1920 war eine derart große Höhle ausgegraben, dass der Banco de la República beschloss, darin eine Kathedrale einzurichten. Der Raum ist 25 m hoch und fasst bis zu 10 000 Menschen. Das Bergwerk ist nach wie vor in Betrieb und könnte angeblich die ganze Welt noch 100 Jahre mit Salz versorgen.

Medellíns neuer Frühling

400 km nordwestlich von Bogotá liegt Medellín ❷, die zweitgrößte Stadt Kolumbiens und Hauptstadt der Provinz Antio-

Seite 90

Orientierung
In **Bogotá** fällt das unregelmäßige Schachbrettmuster der Straßen auf: Die **calles** verlaufen in Ost-West- und die **carreras** in Nord-Süd-Richtung.

Grüne Pretiosen
Einen Eindruck vom florierenden **Smaragdgeschäft** bekommt man an der Ecke Avenida Jiménez und Carrera 7. In Kolumbien werden 60 % des Weltvorkommens an Smaragden gefördert.

▶ **Der Altar der Salz-Kathedrale von Zipaquirá. Die umher m- lich wirkenden schwarzen Wände bestehen zu 75 Prozent aus Salz – eine schnelle Geschmacksprobe beweist es**

Medellíns Blumenfestival Mitte August ist eines der farbenprächtigsten Ereignisse im Land.

Warnung
Die Strecke von Santa Fé de Antioquia nach **Turbo** ❸ in der Bananenanbauregion **Urabá** sollte man meiden, denn die Region war Schauplatz brutaler Gewalttätigkeiten.

▼ **Heimkehr vom Markt,**
San Agustín
▶ **Monolith eines Dämonen der San Agustín-Kultur**
▶ ▶ **San Agustín**

quia. In den letzten Jahren hat sie sich sehr bemüht, ihr Negativimage als Weltmetropole von Mord und Totschlag und Sitz des mächtigsten Drogenkartells des Landes abzustreifen. Die Drogenmafia wurde weitgehend zerschlagen und die von ihr ausgehende Gewalt eingedämmt. Medellín sonnt sich nun wieder in seinem Ruf als »Stadt des ewigen Frühlings«, der auf das Klima anspielt. Heißblütigkeit sagt man der Bevölkerung nach. Hier wird alles mit Leidenschaft betrieben, sei es der Beruf, das Essen oder das Vergnügen.

Am besten erkundet man die Stadt mit Hilfe der Metro, die zum großen Teil oberirdisch fährt. Allzuviel Kolonialarchitektur darf man hier nicht erwarten – Medellín ist vor allem eine moderne Stadt, interessant seine rote Backsteinkathedrale am **Parque Bolívar.** Eine ständige Ausstellung von Werken des bekanntesten kolumbianischen Bildhauers und Künstlers, **Fernando Botero,** ist im **Parque San Antonio** (C. 46/Carrera 46) zu sehen.

Zona Cafetera

In den Berghängen südlich von Medellín erstreckt sich das Hauptanbaugebiet für Kolumbiens wichtigstes Exportgut, die *zona cafetera.* Zentrum der Kaffeezone ist **Manizales** ❹ (270 km von Medellín), gegründet Mitte des 19. Jhs. durch Bauern aus Antioquia auf der Suche nach Agrarland. Großbrände und Erdbeben zu Beginn des 20. Jhs. hinterließen schwere Schäden, doch die mächtige, neogotische Kathedrale blieb stehen. Die Straßen steigen steile Hügel hinauf, so dass ein Rundgang gute Kondition erfordert.

Von Manizales gelangt man über das Dorf **La Enea** zum **Nationalpark Los Nevados,** einem Paradies für Wanderer (unbedingt vor Ort Infos über Begehbarkeit der Routen einholen!). Höchster Berg ist der Vulkan **Nevado del Ruiz** (5400 m), der 1985 ausbrach und die Stadt Armero auf der anderen Seite der Kordillere von der Landkarte löschte.

Auf der Strecke von Manizales nach Bogotá passiert man **Honda** ❺, eine malerische Kolonialstadt am Río Magdalena. Südlich davon liegt die rasch expandierende Industriestadt **Ibagué** ❻, die sich aber ein sympathisches Flair bewahrt hat.

Cali im Salsa-Fieber

Im Westen von Ibagué steigt die Straße zur Cordillera Central steil an. Auf der Passhöhe, die meist in Nebel gehüllt ist, kann eisige Kälte herrschen. Die Panamericana führt dann hinab in das fruchtbare Tal des Río Cauca, wo Zucker, Reis und Baumwolle angebaut werden: wichtige Einnahmequelle für Cali ❼.

Kolumbiens drittgrößte Stadt wurde 1536 gegründet, blieb aber ziemlich unbedeutend bis Anfang des 20. Jhs. Mit der Ankunft der Eisenbahn und dem Wachstum der Zuckerindustrie ist die Stadt dann explosionsartig gewachsen. Heute ist sie das wichtigste Handelszentrum im Süd-

osten Kolumbiens, was sich in der modernen Architektur und den hohen Bürotürmen in der City widerspiegelt. Es gibt einige reizvolle Kolonialkirchen wie **San Francisco** (Cra. 6/C 10) und **La Merced** (Cra. 4/C. 7) sowie La Ermita, eine neogotische Kirche aus den 30er Jahren, Lieblingsmotiv auf Ansichtskarten.

Nördlich der Innenstadt wurde die Kirche **San Antonio** Mitte des 18. Jhs. auf einem Hügel, der **Colina de San Antonio,** erbaut. Von hier aus hat man einen schönen Überblick auf die Stadt. Auf dem Hauptplatz, dem **Parque Caicedo,** gewährt das grüne Blätterdach hoher Palmen angenehmen Schatten während der feuchten Hitze des Tages.

Am Abend, wenn frischer Wind Abkühlung bringt, erwacht die City zu quirligem Leben (s. S. 98), und ihre vielen Tanzklubs hört man schon von weitem. Überaus turbulent geht es Freitagnacht zu. Wer Kondition hat, kann im Vorort **Juanchito** bis in den Morgen tanzen.

Seite
90

Kolonialer Charme Nordwestlich von Medellín liegt, in eine Hügellandschaft eingebettet, **Santa Fé de Antioquia.** Zweistöckige Häuser mit bunten Balkonen säumen das wunderbar erhaltene Kolonialstädtchen. An Wochenenden kommen viele Besucher vom Land. »Chivas« bringen sie ins Zentrum: offene Busse mit fantasievollen Bemalungen, die oft von bekannten heimischen Künstlern stammen.

**Flotter
Hüftschwung**
Cali ist berühmt für
sein Nachtleben, vor
allem für seine
Salsa-Szene. Ein
großes Festival findet
zwischen Weih-
nachten und Neujahr
statt – mit Stier-
kämpfen, Schönheits-
wettbewerben und
spontanen
Salsa-Parties.

Geruhsamer ist ein Ausflug zu einer
der Haciendas im Norden der Stadt. Besonders reizvoll ist **El Paraíso** mit einem
wundervollen kolonialen Herrenhaus
(Museum, Mo geschl.), in dem der Autor
Jorge Isaacs »María« schrieb, ein beliebtes
Werk des romantischen Realismus.

In der Nähe liegt die Hacienda **Piede-
chinche** mit einer Zuckerraffinerie und
einem Zuckermuseum (Mo geschl.). Ausflüge zu den Haciendas
organisieren Reisebüros.

120 km trennen Cali
vom Pazifikhafen **Bue-
naventura** ❽. Die Stadt
wirkt zwar herunterge-
kommen, aber sie ist die
Heimat einiger der bes-
ten Salsa-Musiker Ko-
lumbiens, und abends ist
einiges los. Von hier aus
kann man mit Motorbooten zu den
schwarzen Stränden der Fischerorte **Juan-
chaco** und **Ladrilleros** fahren.

Popayán
→ In Popayán lebten einige
der reichsten Adelsfamilien
Kolumbiens, und die Stadt
ist stolz darauf, dass sie elf
kolumbianische Präsidenten
hervorgebracht hat.

Naturschönheiten und archäologische Schätze

Popayán ❾ wurde 1536 nach einem bru-
talen Vernichtungskrieg gegen die einheimischen Pubenza-Indianer gegründet.
Während der Kolonialzeit kam die Stadt
zu Wohlstand aufgrund ihrer Lage an der
Straße zwischen Lima, Quito und Cartagena. Schwere Schäden richtete ein Be-
ben 1983 an den schö-
nen alten Häuser an,
doch wurden sie sorgfäl-
tig wiederhergestellt. Besonders gelungen ist die
Restaurierung der **Ka-
thedrale** am **Parque
Caldas**. Weitere sehens-
werte Kirchen sind **La
Encarnación** (C. 5/Cra.
5), **San Agustín** (C. 7/
Cra. 6) und **Santo Domingo** (Cra. 5/C. 4).
Außerdem sind Popayáns Osterprozessionen landesweit bekannt.

Silvia, ein kleines Dorf in den Bergen nördlich von Popayán, ist Heimat der kulturell eigenständigen Guambiano-Indianer, die dienstags auf den Markt kommen, um ihre Waren zu verkaufen.

In der Nähe von **San Andrés de Pisimbalá** liegt die bedeutende Ausgrabungsstätte von **Tierradentro,** bekannt für ihre prähispanischen Grabkammern, von denen einige mit Wandmalereien (s. S. 93) ausgestattet sind. Über die Kultur, die die Grabstätten baute, ist wenig bekannt. Die Steinskulpturen sollen aus späterer Zeit stammen, wahrscheinlich aus derselben Epoche wie jene von San Agustín.

Rätselhafte Figuren

Das kleine Dorf **San Agustín** ⑩ wurde berühmt für seine Steinfiguren, geheimnisvolle Überbleibsel einer untergegangenen Kultur, die in einer der bedeutendsten archäologischen Stätten Südamerikas zu bestaunen sind. Der Nieselregen, der hier neun Monate im Jahr niedergeht, bringt eine üppige Vegetation hervor und weicht die Straßen des einfachen Dorfes auf. Wenn er aufhört, erstrahlen die Häuser in grellem Weiß, doch es herrscht eine drückende Luftfeuchtigkeit.

Die **Skulpturen** von San Agustín geben den Archäologen seit langem Rätsel auf. Etwa 500 Figuren sind im **Magdalena-Tal** gefunden worden: Einige ähneln maskierten Ungeheuern, andere stellen Adler, Jaguare oder Frösche dar. Niemand weiß, wer sie geschaffen hat und zu welchem Zweck. Wissenschaftler können die Kultur, die sie hervorbrachte, ungefähr zwischen dem 6. und 12. Jh. ansiedeln. Einige Experten halten sie für älter, andere datieren sie später und behaupten, sie sei von den Inka unterdrückt worden, da dies der nördlichste Teil ihres Reiches war.

Zu Fuß erreicht man den **Bosque de los Estatuas** mit mehr als 35 Figuren und den **Alto de los Idolos,** dessen größte Statue 7 m hoch ist. Auch vier *mesitas,* alte Grabhügel mit Statuen und Totentempeln, befinden sich in der Nähe. Abenteuerlich ist ein Besuch der Statuen im Landesinneren, die man nur zu Pferd erreichen kann, weil die Wege oft schlammig und beschwerlich sind. Allerdings führen sie durch eine spektakuläre Landschaft.

Wiege der Freiheit

Nördlich von Bogotá verläuft die zerklüftete östliche Kordillere rund 1000 km bis zur Industriestadt **Bucaramanga** ⑪, bekannt für eine spezielle Delikatesse – die *hormiga culona,* eine essbare Ameisenart. Vor der Ankunft der Spanier war dieses Gebiet großenteils von Muisca-Indianern bewohnt. Es gibt nur noch wenige Zeugnisse ihrer Kultur, aber die wilde Gebirgslandschaft ist für sich faszinierend.

Die erste größere Stadt nördlich von Bogotá ist **Tunja** ⑫. An der Stelle der von den Spaniern gegründeten Stadt gab es bereits viel früher eine Siedlung. Ein Denkmal und eine Brücke erinnern an die Schlacht von Boyacá, die im Süden der Stadt ausgetragen wurde und die Ent-

Seite 90

Tiere wie im Zoo
Von Popayán aus führt eine Nebenstraße ostwärts zum **Puracé-Nationalpark,** einem wunderschönen Gebiet mit Vulkanen, Seen, Wasserfällen, Thermalquellen und vielfältiger Fauna, u. a. Brillenbären, Kondore und Tapire. Der Artenreichtum ist durch die großen Höhenunterschiede zwischen 2500 und 4800 m bedingt. Touristische Einrichtungen gibt es in **Pilimbalá.**

◀ **Cali: Drogengeld wird häufig in Bauprojekten gewaschen**
▶ **Kreativer Verkauf von Lottoscheinen in Cali**

Tunja feiert gerne
Im August findet auf dem Hauptplatz von Tunja ein Drachen- und im Dezember ein Lichterfest statt.

Mühsamer Weg zu den Smaragden
Von Chiquinquirá können die Smaragd-minen-Städte **Muzo** und **Coscues** erreicht werden. Allerdings kann die Fahrt auf der nicht asphaltierten Straße in der Regenzeit mühsam werden.

▼ **Typisches Dorf der Nariño-Region in Südwest-Kolumbien**

scheidung im Kampf um die Unabhängigkeit brachte. Simón Bolívar nannte Tunja »Wiege und Werkstatt der Freiheit«. Wie bedeutend es während der Kolonialzeit war, zeigt die große Anzahl der Kirchen, die in jener Epoche gebaut wurden; wer Interesse an religiöser Kunst hat, sollte sie besichtigen. Die **Kathedrale** birgt einige Gemälde von Gregorio Vásquez. Ebenso sehenswert sind die zwischen den Calles 19 und 20 stehenden Kirchen **Santo Domingo** (Cra. 9) mit reichem Schnitzdekor sowie **Santa Clara** (Cra. 7) mit ihrem Kloster aus dem 16. Jh.

Tunja ist ein guter Ausgangspunkt, um die kleinen Dörfer und Städtchen im Boyacá-Hochland zu erkunden. Besonders populär ist **Villa de Leyva,** das mit seinen Kopfstein-gepflasterten Straßen, an denen sich weißgetünchte Häusern mit roten Ziegeldächern aufreihen, unter Denkmalschutz gestellt wurde. Mittelpunkt der Stadt ist der großzügige Hauptplatz mit einem Museum, das dem Werk

des bekannten Maler und Bildhauers Luis Alberto Acuña gewidmet ist (Mi–So). Der Ort ist in der Geschichte verwurzelt. Antonio Nariño, ein Intellektueller und Politiker, der die Unabhängigkeitsbewegung Ende des 18. Jhs. anführte, lebte in einem Haus an der Ecke Carrera 9/Calle 10 und übersetzte hier Thomas Jeffersons Erklärung der Menschenrechte. – Weitere bemerkenswerte Gebäude sind das **Karmeliterkloster** und seine Kirche an der Plazuela del Carmen. Zum speziellen Flair dieser Stadt gehört ihre beschauliche Atmosphäre, vor allem unter der Woche.

Von Villa de Leyva fahren Busse und Sammeltaxis *(colectivos)* zu Städten wie **Ráquira,** bekannt für seine Töpferei, und **Chiquinquirá** (s. links), wohin von überall her Wallfahrer zu einem Madonnenbild von Alonso de Narváez pilgern, das wohl Kolumbiens ältestes Gemälde ist.

Von Tunja aus führt eine kurvenreiche Straße 460 km in nordöstlicher Richtung zur Grenze mit Venezuela bei **Cúcuta.**

Die Szenerie entlang der Strecke ist atemberaubend, und man kommt durch weiße Städtchen wie **Málaga** ⓭, bevor **Pamplona** erreicht wird, Sitz einer der ältesten Universitäten Lateinamerikas.

Die wichtigste Landstraße von Tunja ⓬ aus führt in den Norden nach **Santander,** einer Provinz mit vielen alten Kolonialstädten, von denen **San Gil, Barichara** und **Socorro** besondere Beachtung verdienen. Hier brach 1781 die erste Revolte gegen die Spanier aus. An dieses Ereignis wird in der **Casa de Cultura** (tgl. geöffnet) erinnert, die in einem kolonialen Herrenhaus an der Calle Real neben der Backsteinkathedrale eingerichtet wurde.

Die Karibikküste

Kommt man aus Bogotá zur karibischen Küste, so hat man plötzlich das Gefühl, in einer anderen Welt zu sein. Man könnte denken, es handle sich um zwei verschiedene Länder: das eine kühl und verschlossen, das andere tropisch und sinnlich. Ein Tor zur Küste und vielen Attraktionen des Nordens ist **Santa Marta** ⓮, die reizvolle Hauptstadt der Provinz Magdalena. Sie wurde 1525 von den Spaniern gegründet, doch sind wenige koloniale Relikte in dem beliebten, modernen Ferienort erhalten.

Die Besucher kommen hierher, um am **Rodadero-Strand** (er gilt als bester Strand Kolumbiens) in der Sonne zu liegen, die Promenade entlang zuschlendern, dabei mit Salsa-Rhythmen bombardiert zu werden. Oder sie lassen sich in einer der Bars nieder, um die Sicht über die Bucht bis zur Felseninsel **El Morro** zu genießen.

Santa Marta ist auch ein günstiger Ausgangspunkt zum **Tairona-Nationalpark.** Dieses unberührte Dschungelgebiet, einst Heimat der Tairona-Indianer, liegt am Fuß der **Sierra Nevada de Santa Marta,** die in die Karibische See geradezu hineinzustürzen scheint. Das nahe **Santuario de Flora y Fauna Los Flamencos** ist ein Naturschutzgebiet voll rosafarbener Flamingos.

Seite 90

▲ **Viehhirte aus Blüten beim Blumenfestival, Medellín**
▼ **Lichtermeer im Pueblito Paisa mitten in Medellín**

Vallenato-Könige
Ende April steht **Valledupar** im Mittelpunkt des Interesses der Nation während des Festivals »Leyenda del Vallenato«. Fünf Tage kämpfen die besten Akkordeonspieler Kolumbiens um den Titel »König des Vallenato«, eines populären Musikstils, der hier entstand. Das Fest wird feuchtfröhlich mit Rum und großen Mengen an »aguardiente« (Schnaps) gefeiert.

Von Santa Marta aus kann man auch **La Ciudad Perdida** erreichen, die Verlorene Stadt der Tairona, die erst 1975 entdeckt wurde. Ihre Entdeckung gilt als wichtigste des 20. Jhs. in Südamerika und bestätigt, dass die Tairona nicht nur hervorragende Kunsthandwerker waren, sondern auch eine der größten Städte des Kontinents – größer als Machu Picchu in Peru – erbaut hatten. Sie verfügte über breite Boulevards und Straßenverbindungen. Die Stadt wurde von Grabräubern, den *huaqueros,* im Dschungel der Sierra Nevada gefunden. Sie nannten das Gebiet *Infierno Verde* (grüne Hölle) und stritten sich um ihre Funde, bis die Regierung einschritt. Heute kann man mit dem Hubschrauber in 20 Minuten oder zu Fuß in drei Tagen dorthin gelangen. Da es keine Aufzeichnungen gibt, können die Archäologen nur schätzen, wann die Stadt erbaut wurde – vermutlich im 13. Jh. – und welche Katastrophe dazu führte, dass ihre Bewohner spurlos verschwanden.

Das Land des García Márquez

Das Image Südamerikas ist in hohem Maße durch die karibische Küste Kolumbiens geprägt – dank der Werke des Literaturnobelpreisträgers Gabriel García Márquez. Seine Romane haben Leben und Geschichte der Region bewahrt. Man kann seine Geburtsstadt **Aracataca** besuchen (im Buch »Hundert Jahre Einsamkeit« heißt sie Macondo), um einen Eindruck vom Küstenleben zu gewinnen. Stündlich fahren Busse von Santa Marta ⓮ aus dorthin. Aracataca hat eine Plaza mit einem Bolívar-Denkmal, einen alten Kirchturm, mehrere schäbige Billardhallen und ein paar leere Restaurants. In einer Nebenstraße verborgen liegt ein bescheidenes Gebäude, das ein Schild als **Museo GGM** ausweist: In einem Garten mit Hühnern steht das weißgestrichene Holzhaus, in dem García Márquez 1928 geboren wurde.

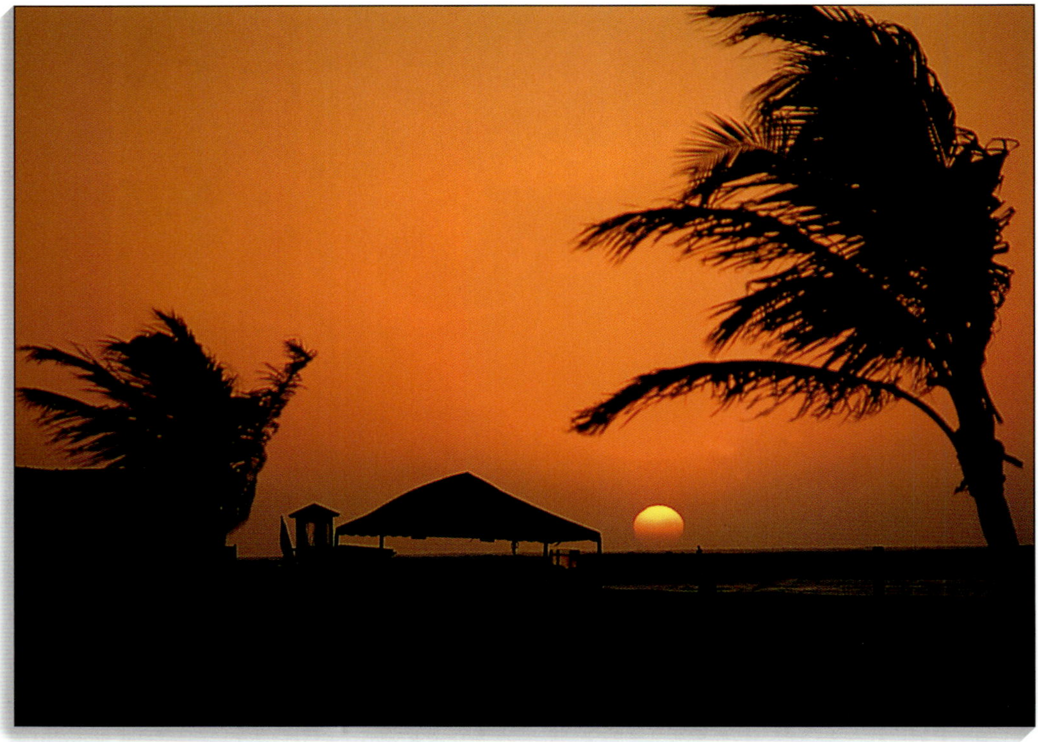

▼ **Abend an der Karibikküste**

Einige Fahrstunden südlich von Aracataca liegt die Stadt **Valledupar** ⑮, bekannt für das Musikfestival im April (s. S. 102). Obwohl bereits Mitte des 16. Jhs. gegründet, besitzt sie nur wenige Zeugnisse ihrer kolonialen Vergangenheit außer dem Hauptplatz, wo die Leute während der brütenden Mittagshitze im Schatten eines riesigen Mangobaums sitzen.

Cartagena de Indias

Unter den südamerikanischen Schmuckstücken aus der Kolonialzeit ist das zum UNESCO-Weltkulturerbe zählende **Cartagena de Indias** ⑯ vielleicht das romantischste und zugleich unbekannteste. An der tropischen Karibikküste gelegen, durchdrungen von Hitze und Musik, ist diese Festungsstadt der Spanier ein lebendiges Museum. Wenn man durch die Straßen schlendert, erscheinen vor dem inneren Auge Bilder von blutrünstigen Piraten, von Galeonen voller Goldbarren und Degenduellen unter Palmen.

Nach der Gründung 1533 durch die ersten skorbutkranken Eroberer blühte die Stadt rasch zum wichtigsten Kolonialhafen der Karibik auf, Tor zum gesamten südamerikanischen Reich. Doch in dem Maße, wie sich der von den Indianern geraubte Reichtum in den Galeonen stapelte, um ins spanische Cádiz verschifft zu werden, wurde die Stadt zur Zielscheibe von Piraten und Abenteurern.

Im 16. Jh. wurde Cartagena nicht weniger als fünf Mal von Piraten erstürmt, so auch durch den englischen Seebären Sir Francis Drake. Bald danach beschloss die spanische Krone, in Cartagena so starke Befestigungsanlagen zu bauen, um den Hafen uneinnehmbar zu machen. Jahrzehntelang wurden steinerne Schutzwälle und Wehranlagen mit Zinnen gebaut, wie man sie in Amerika noch nicht gesehen hatte. Die Piratenüberfälle nahmen zwar kein Ende, hatten jedoch nicht mehr den gleichen Erfolg: Cartagena war sogar in der Lage, mehrere aufeinanderfolgende Belagerungen durch Engländer und Franzosen zu überstehen.

Durch die Altstadt

Wenn man vom Flughafen nach Cartagena kommt, führt eine Autobahn am Marbella-Strand entlang zu **Las Murallas,** der Stadtmauer um das historische Zentrum. Intakt sind noch kleine Forts, wo mit Kanonen und anderen Verteidigungswaffen Angriffe vom Meer her abgewehrt wurden. Das Kolonialviertel von Cartagena ist nur ein kleiner Teil der heutigen Metropole, doch gibt es genügend historische Überreste, für deren Besichtigung man sich mehrere Tage Zeit lassen sollte.

An der Plaza Bolívar befindet sich der **Palacio de la Inquisición,** eines von Cartagenas schönsten Gebäuden mit barockem Portal. Sein Museum ruft die entsetzlichen Vorgänge der Inquisitionszeit in Erinnerung, während der zwölf Menschen einem *autodafé* unterzogen und bei lebendigem Leib auf der Plaza verbrannt wurden. Als Cartagena sich unabhängig erklärte, war der Palast einer der ersten Orte, den die wütende Menge plünderte.

Seite 90

Kulinarisches
Preiswerte Fisch- und Meeresfrüchte-Gerichte bekommt man in der **Avenida Venezuela,** wo kleine »ostrerías« köstliche Krabben- und Austerncocktails servieren.
Für das schickere **Nachtleben** ist der Strandvorort **Bocagrande** zu empfehlen, der per Taxi in wenigen Minuten zu erreichen ist. Die Restaurants und Tanzlokale dort sind die besten der Stadt.

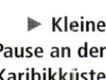

▶ **Kleine Pause an der Karibikküste**

Neben der Plaza Bolívar steht die wehrhafte **Kathedrale** der Stadt. Drei Blocks weiter südlich liegt die **Plaza de la Aduana,** einst Paradeplatz für Truppen, auf der heute ein Denkmal für Christoph Kolumbus steht.

Lohnenswert ist ein Besuch des **Museo de Arte Moderno** im früheren königlichen Zollhaus. Danach sollte man unter der **Puerta del Reloj** hindurchspazieren, die früher die befestigte Innenstadt über eine Zugbrücke mit dem ärmeren Stadtteil Getsemaní verband.

Wenn man an der Stadtmauer entlang nach Süden geht, kommt man direkt zum **Kloster San Pedro Claver** mit seiner Kirche, benannt nach einem spanischen Jesuiten (1580–1654), der sich sein

> ### Seeräuber der Queen
> → Sir Francis Drake überfiel Cartagena im Jahr 1586 und presste den Einwohnern ein Lösegeld von 10 Mio. Pesos ab. Das Geld wurde für Queen Elizabeth I nach England verschifft, zusammen mit ausgestopften Krokodilen, die in den nahen Sümpfen mit Kanonenkugeln erlegt worden waren.

ganzes Leben lang um die schwarzen Sklaven kümmerte. Als »Sklave der Sklaven« bespöttelt, war er der erste Kirchenmann der Neuen Welt, der in Rom vom Papst heilig gesprochen wurde. Heute ist das Kloster samt seinen mit Blumen geschmückten Arkadenhöfen ein Hort der Stille und Beschaulichkeit.

Es gibt in Cartagena viele weitere sehenswerte Kolonialhäuser, Kirchen und Denkmäler. Die **Casa de la Candelaria** etwa war einst ein Adelssitz und ist jetzt Restaurant.

Entlang der Stadtmauern gelangt man zu den **Bóvedas,** vor zwei Jahrhunderten als Verlies mit 15 m dicken Mauern erbaut. Heute findet man dort Geschäfte für Andenken und eine Bar.

▲ **Die Satteldecke wird geflickt, Provinz Antioquia**
▼ **Festung von San Fernando, Cartagena**

Steinbarrieren

Um ihr Gold bestmöglich abzusichern, bauten die Spanier noch gewaltigere Anlagen in strategischen Positionen. Vom San-Lorenzo-Hügel aus wird das uneinnehmbare **Castillo de San Felipe de Barajas** sichtbar. Aus massiven Felsblöcken wurde ein kompliziertes System von Geschützen, Tunneln und Verstecken angelegt. Die Tunnel, die man besichtigen kann, waren so gebaut, dass jedes Geräusch ein Echo hervorrief und die Wachen vor nahenden Feinden warnte. Die Aussicht über die Altstadt ist von hier aus besonders schön.

Am Eingang zur Bucht von Cartagena liegt das **Fuerte de San Fernando.** Das Fort kann nur mit dem Schiff erreicht werden. Es war durch eine lange Kette mit einem anderen Vorposten verbunden, was Überraschungsangriffe verhindern sollte. Viele Filme wurden in den gut erhaltenen Innenräumen gedreht.

Auf dem hinter der Stadt aufragenden Berg liegt der **Convento de la Popa.** Die Augustiner bauten 1607 auf dem Gipfel eine Holzkapelle, die bald durch ein Kloster ersetzt wurde, das das Bild der Schutzpatronin von Cartagena, der *Virgen de la Candelaria,* beherbergt.

Nahe der *Puerta del Reloj* kommt man zum Hafen. An der **Muelle de los Pegasos** kann man sich einen tropischen Fruchtsaft pressen lassen und dem Kommen und Gehen der Schiffe und Boote zuschauen. Von der Mole legen die Ausflugsschiffe zu den idyllischen **Islas del Rosario ⓱** ab. Der Archipel, der zu einem Korallenriff gehört, wurde zum **Nationalpark Corales del Rosario** erklärt.

Rund um Cartagena ▬▬▬

Wenn man in nordöstlicher Richtung die Küste entlangfährt, gelangt man zur Hafenstadt **Barranquilla ⓲**, die für ihren turbulenten Karneval berühmt ist. Sie liegt am Westufer des Río Magdalena, noch 18 km von seiner Mündung entfernt, und ist mit mehr als einer Million Einwohnern die viertgrößte Stadt Kolumbiens.

Mompós, 240 km südlich von Cartagena auf einer Insel im Magdalena-Fluss gelegen, wurde 1995 von der UNESCO zum Weltkulturerbe erklärt. Im 18. Jh. hat der Río Magdalena seinen Verlauf geändert und Mompós vom Festland getrennt. Der Ort erlebte seine Blüte während der Kolonialzeit, als der Fluss die wichtigste Verbindung zwischen dem Landesinneren und der Nordküste darstellte. Und aus dieser Zeit sind einige der schönsten Beispiele kolumbianischer Kolonialarchitektur erhalten. Herausragend ist die gelbe Kirche **Santa Barbara** mit ihrem achteckigen maurischen Turm. Die **Casa de Cultura** (geschl. 12–14 Uhr) liegt neben der **Kirche San Agustín,** wo sich große Menschenmengen während der eindrucksvollen Osterprozessionen versammeln.

Busse und Barkassen starten von hier ins Landesinnere zur heißen Stadt **El Banco ⓳**, die trotz oder wegen ihres Verfalls romantischen Charme besitzt. ■

Seite **90**

TOP 50 Seite 369

Hoch her geht es im Juni in **El Banco** zum **Festival de la Cumbia.** Die Cumbia, die wahrscheinlich aus Panamá stammt, ist ein stark von der Musik der Schwarzen beeinflusster Tanz für mehrere Paare, wobei die Männer einen äußeren und die Frauen einen inneren Kreis bilden. Aufgespielt wird mit Flöten und Trommeln.

► **Spanischer Tunnel in der San-Fernando-Festung, Cartagena**

Venezuela

Seite
110

Als Land an der Karibik, das zudem in den Binnenregionen großartige Naturschätze besitzt, hat Venezuela sowohl Strandliebhabern wie abenteuerlustigen Reisenden eine Menge zu bieten.

Verschwenderischer Reichtum

Fast 3000 km karibische Küste machen Venezuela zum Strandparadies mit ausgezeichneten Segelrevieren und Tauchgründen. Die Attraktionen des Landesinnern reichen von den schneebedeckten Anden bis hin zu weiten Ebenen mit verstreuten Gutshöfen, von abgelegenen Dorfidyllen bis zu modernen Metropolen. Venezuela besitzt faszinierende Naturschönheiten wie seinen undurchdringlichen tropischen Regenwald, die Guayana-Region, in der noch immer Gold und Smaragde gefunden werden, sowie die berühmte Gran Sabana, ein Paradies für Botanikliebhaber.

Venezuelas jüngste Geschichte wurde vom Erdöl bestimmt. Die Entdeckung des »Schwarzen Goldes« im Jahr 1917 machte das bis dahin arme Land plötzlich zum reichsten Staat Lateinamerikas. Ein Boom brach aus, der sechs Jahrzehnte anhielt. In dieser Zeit wurde die Landwirtschaft vernachlässigt, und auch die Entwicklung der Industrie stagnierte, da Importe mühelos mit Petrodollars bezahlt werden konnten. Der Verfall der Ölpreise zu Beginn der 1980er Jahre kulminierte in jenem berüchtigten »Schwarzen Freitag«, dem 18. Februar 1983. Der venezolanische Bolívar verlor damals drastisch an Wert und Wechselkurs-Kontrollen wurden eingeführt.

Das Ausmaß der Krise war allerdings noch kaum zu spüren, bis Carlos Andrés Pérez 1989 – nach seiner populären Präsidentschaft von 1974–1979 zum zweitenmal Staatschef wurde. Seine eiserne Sparpolitik führte noch im selben Jahr zu zwei blutigen Aufständen, die von den Regierungstruppen niedergeschlagen wurden. Pérez überlebte zwei Putschversuche der Militärs 1992, aber 1993 wurde er wegen

Veruntreuung von Staatsgeldern angeklagt und abgesetzt.

1994 kam Altpräsident Rafael Caldera (1969–1974) erneut an die Macht. Er sah sich konfrontiert mit steigenden Auslandsschulden, dem Zusammenbruch von 17 Banken, einer massiven Kapitalflucht und einem allgemeinen Vertrauensschwund in der Bevölkerung. Der Wert des Bolívars sank ins Bodenlose, die Inflation betrug 1996 erstmals über 100 %.

Zu Hoffnungsträgern für Millionen wurde bei den Präsidentschaftswahlen 1998 Ex-Oberstleutnant Hugo Chávez. Er gewann die Wahlen, indem er eine Erhöhung der Löhne und ein »neues Vene-

◄ **Parque Central, Caracas**
► **»In der Ruhe liegt die Kraft«** (Ciudad Bolívar)
◄◄ **La Llovizna im Hochland von Guayana**

zuela« ohne Korruption und Filz versprach. Der Autokrat Chavez rief die »Bolivarische Revolution« aus, im November 2000 wurde ein Gesetz mit umfangreichen Sondervollmachten für den Präsidenten verabschiedet. Chavez versucht neben der Opposition auch die Gewerkschaften und Unternehmerverbände zu entmachten sowie die regierungskritische Presse auszuschalten. Im April 2002 entmachtete ein Putsch Chavez lediglich für 48 Stunden, danach lähmten Generalstreiks das öffentliche Leben, die Erdölproduktion ging auf ein Sechstel zurück. Im August 2004 kam es nach monatelangem politischem Ringen zum Referendum zur Absetzung des Präsidenten. Ergebnis: mit einer Rekordwahlbeteiligung wird Chavez im Amt bestätigt.

Im Januar 2005 erließ Chavez ein Dekret zu einer umfassenden Landreform, mit der über 100 000 Bauern brachliegendes Land zugeteilt werden soll. Nur 5% der Venezolaner besitzen über 80% der Ländereien. Neuestes Großprojekt des Präsidenten: eine 7000 km lange Gaspipeline für 20 Mrd. US $ quer durch den Subkontinent soll Brasilien und Argentinien mit Erdgas versorgen.

Caracas – Moderne Metropole mit zwei Gesichtern

Das Erste, was die meisten Besucher vom Land zu sehen bekommen, ist **El Litoral** – der Küstenstreifen mit dem internationalen Flughafen Simón Bolívar und Inlandsflughäfen. Venezuelas Hauptstadt **Caracas** ❶ liegt 27 km landeinwärts hinter den Küstenbergen in 1000 m Höhe. Es gibt zwar einige Hotels am Meer zwischen **Macuto** und **Caraballeda,** ca. 30 bis 45 Minuten östlich, aber touristisch ist dieses Gebiet eher eine Durchgangszone.

Die Berge des **Nationalparks El Avila** bilden einen dramatischen Hintergrund für Caracas. Doch der erste Anblick ist erschreckend: Die Hänge rund um die Metropole sind übersät mit Tausenden provisorisch zusammengezimmerter *ranchos* (Hütten), bewohnt von armen Leuten, die vom Land in die Stadt gekommen sind, um ihr Glück zu machen. Das Zentrum des Tals und die besseren Wohnviertel im Osten und Süden zei-

El Metro
Die beste Art der Fortbewegung in Caracas ist per U-Bahn (Metro). Um Geld zu sparen, sollte man gleich ein Hin- und Rückfahrticket (»ida y vuelta«) für ein bestimmtes Ziel oder eine Zehnerkarte (»multi abono«) zum ermäßigten Preis kaufen. Mit einem »Integrado«-Ticket kann man die Metro mit Busfahrten kombinieren.

▼ **Hüte und bunte Hängematten in Ciudad Bolívar**

gen das ganz andere Gesicht der Stadt: modern, dynamisch, wohlhabend.

Das alte Zentrum

Caracas, rund 5 Mio. Einwohner hat heute die *Zona Metropolitana,* wurde 1567 von Diego de Losada gegründet. Die **Plaza Bolívar** mit dem Reiterstandbild für Simón Bolívar, den »Befreier« von der Kolonialherrschaft, ist das Herz des historischen Zentrums. In ihrem Umkreis stehen architektonische Glanzstücke wie das **Capitolio,** das neoklassizistische Kongressgebäude aus dem 19. Jh. mit seiner goldenen glänzenden Kuppel, und die gedrungene **Kathedrale,** deren Bau bereits im 16. Jh. begonnen wurde. Ihr größter Schatz ist der üppig vergoldete Hauptaltar sowie das Gemälde der »Auferstehung

Caraqueños
→ werden die Bewohner der venezolanischen Hauptstadt genannt. Unter ihren Landsleuten der Provinz gelten sie landläufig als »prepotente«, als hochnäsig und vorlaut.

Christi« von Peter Paul Rubens, weiter wertvolle Objekte religiöser Kunst zeig das angeschlossene **Museo Sacro.**

Die **Casa Natal,** das Geburtshaus vo Simón Bolívar, ist heute Museum. De Historienmaler Tito Salas gestaltete di Räume mit Szenen aus dem Leben Bol vars. Das benachbarte **Museo Bolívarian** besitzt vor allem Erinne rungsstücke an seine m litärischen Erfolge.

Der **Concejo Muni** cipal (Rathaus; gebau 1905) an der Südseit der Plaza war die Wieg von Venezuelas Strebe nach Unabhängigkei Sehenswert ist hier da **Museo Criollo:** Die M niaturen von Raúl Santa na lassen zusammen mit den Gemälde des Impressionisten Emilio Boggio de Alltag der Venezolaner um die Jahrhur dertwende anschaulich werden.

Seite 110

Die **Casa Amarilla** (das »Gelbe Haus«) n der Westseite des Platzes, früher Ge-ingnis und Präsidentenresidenz, beher-ergt heute das Außenministerium. An er Nordwestecke hat die Verwaltung des Distrito Federal *(Gobernación)* ihren Sitz Galerie im Erdgeschoss).

Die Kolonialkirche **San Francisco,** ei-en Block weiter südlich, zeigt heute eine eoklassizistische Fassade, hinter der sich in barocker Innenraum mit kostbaren ltaraufsätzen verbirgt.

Einige Blocks nördlich der Kathedrale tößt man auf das klassizistische Mauso-eum des **Panteón Nacional,** in dem mehr ls 130 Helden der Nation, darunter Si-ón Bolívar, ihre letzte Ruhe fanden.

Empfehlenswert ist eine Taxifahrt zur **Quinta de Anauco,** einem Museum für Kolonialkunst im Stadtteil San Bernardino. Das ehemalige Landhaus von 1797 – inmit-en eines prächtigen Gartens – wurde sorg-iltig restauriert und mit Kunstwerken nd Möbeln jener Epoche ausgestattet.

Das moderne Finanzzentrum

Im *Centro* spiegeln sich architektoni-sche Relikte der Kolonialzeit in den Glas- und Stahlfassaden von Wolkenkratzern, in denen die Manager der Finanz- und Geschäftswelt sowie die politische Elite die Welt bewegen. Shopping ist ein Ver-gnügen im neunstöckigen Goldzentrum **La Francia** gegenüber der Plaza Bolívar oder in den kleinen Schuh-, Bekleidungs- und Juwelierläden, die sich östlich der Plaza bis zur Metro-Station **La Hoyada** aufreihen.

Der Stadtteil *Chuao* ist stolz auf eines der größten Einkaufszentren ganz Süd-amerikas, das riesige **Centro Ciudad Comercial Tamanaco (C.C.C.T.).**

Gegenüber erhebt sich das elegante Bürogebäude **Cubo Negro** (Schwarzer Würfel), eines der Aufsehen erregenden Beispiele zeitgenössischer Architektur in der City mit einer kinetischen Skulptur des international bekannten venezolani-schen Künstlers Jesús Soto.

▼ **Abkühlung im Park Los Caobos in Caracas**
▼▼ **Alt und neu liegen in Caracas eng beieinander**

Parque Central
Im 52. Stock des östlichen der Zwillingstürme kann man eine spektakuläre 360°-Aussicht auf Cararcas genießen.

▲ **Koloniale Fassade in Coro**
▼ **Die Bahía Cata im Henri-Pittier-Nationalpark**

Mit der Metro zur Kunst

Der Verkehr und der Parkplatzmangel sind Dauerprobleme der Stadt, doch mit der schnellen, sauberen und preisgünstigen Metro erreicht man in wenigen Minuten alle Attraktionen der Innenstadt. Langsamer, aber mit mehr Ausblick, bewegt man sich in den eher schmuddeligen Bussen. Es gibt keinen Mangel an Taxis, die ebenfalls preiswert sind, doch sprechen die Fahrer selten englisch, sodass man ein paar Brocken Spanisch beherrschen oder sich die Zieladresse aufschreiben lassen sollte.

In wenigen Minuten erreicht man die Station **Bellas Artes** östlich des Centro. Von hier gelangt man zum **Parque Central** einen Block weiter südlich. Dieses gewaltige Stadterneuerungsprojekt umfasst zwei imposante, 53 Stockwerke hohe Zwillingstürme, sieben 44-stöckige Apartmentblocks sowie das exzellente **Museo de Arte Contemporáneo de Caracas Sofía Imber** mit einem Skulpturengarten.

Es gibt im Park auch ein hervorragendes interaktives Museum für Kinder, das **Museo de los Niños,** sowie **das Museo Teclado** mit einer Sammlung interessanter Tasteninstrumente, die sicherlich die Künstler der hier stattfindenden Konzerte inspirieren. Weitere Attraktionen sind das naturwissenschaftliche **Museo de Ciencias Naturales** und das **Museo de Bellas Artes** mit internationaler zeitgenössischer Kunst.

Die **Galería de Arte Nacional,** die venezolanische Künstler präsentiert, ist an Wochenenden umgeben von Ständen heimischer Kunsthandwerker. Dahinter erstreckt sich der ausgedehnte **Park Los Caobos** mit seinen Mahagonibäumen.

Die Metro-Stadtrundfahrt sollte man bis zur **Plaza Venezuela** fortsetzen und von dort aus in östlicher Richtung entlang der »Gran Avenida« **Sábana Grande** nach **Chacaíto** laufen. Der breite Fußgängerboulevard ist gesäumt von Läden, Cafés und Schachtischen, an denen Büroange-

Seite
110

tellte gerne ihre Mittagspause verbringen. Abends wird der Boulevard indes zum Revier für Prostituierte und Transvestiten.

Anschließend sollte man an der Metrostation **Parque del Este** aussteigen, um den 81 ha großen Ostpark zu erkunden, der vom brasilianischen Landschaftsarchitekten Roberto Burle Marx entworfen wurde und ein Planetarium, einen Mini-zoo und einen künstlichen See umfasst. Am Ufer liegt eine Nachbildung von Columbus' »Santa María« verankert. Die berühmte Karavelle war das Flaggschiff einer ersten bahnbrechenden Entdeckungsreise. Das **Museo de Transporte** an der Ostseite des Parks ist auf einem Fußgängerübergang über die Stadtautobahn zu erreichen.

Einen Besuch lohnt auch der **Jardín Botánico** zwei Blocks südlich der **Plaza Venezuela** mit seinen weitläufigen Gartenanlagen, einem Arboretum und Skulpturen einheimischer Künstler. Oder man nimmt die Linie 2 der Metro vom Capitolio zum **Zoológico,** um den 486 ha großen **Caricuao-Zoo** zu besuchen, der ohne Käfige auskommt.

Die größte Konzentration an Toprestaurants findet man im Einkaufsviertel **Las Mercedes,** vor allem im gleichnamigen Shopping Center. **La Candelaria,** östlich vom Centro, ist dagegen ein stark spanisch geprägtes Viertel mit traditionellen Restaurants.

Im Westen von Caracas

Colonia Tovar, etwa eine Fahrstunde von Caracas entfernt, ist ein Bergdorf auf 1890 m Höhe, das 1843 von deutschen Einwanderern aus dem Schwarzwald gegründet wurde. Sie haben ihr Fachwerk, ihre alemannische Sprache und kulturelle Traditionen sowie ihre deftige Küche mitgebracht und pflegen diese Importe bis heute. An den Wochenenden schieben sich Caraqueños durch die engen Straßen, die dann von Souvenirständen gesäumt werden. Die deutschtümelnde Enklave hat zahlreiche gemütliche Hotels.

Maracay ❷, in eineinhalb Stunden Fahrt über die Autobahn von der Hauptstadt aus zu erreichen, ist das Tor zum **Parque Nacional Henri Pittier.** Venezuelas ältestes Naturschutzgebiet (seit 1937), benannt nach seinem Schweizer Gründer, ist ein Vogelparadies mit über 500 Arten, doch lohnt alleine die grandiose landschaftliche Szenerie mit Bambushainen und Nebelwäldern einen Besuch.

Der Parkzugang über **El Limón** führt zum wundervollen Palmenstrand der **Bahía de Cata.** Kurz vor dem Nationalpark kommt man nach **Ocumare de la Costa,** das verschiedene Unterkünfte bietet. Hinter **Cata** liegt der bei Surfern beliebte Strand von **Cuyagua.**

Über Las Delicias erreicht man das malerische Kolonialdorf **Choroní** und den Fischerhafen **Puerto Colombia** einige Kilometer weiter, in dem zahlreiche *posadas* (Gästehäuser) zum Übernachten einladen. Der breite Palmenstrand des Dorfes erstreckt sich etwa einen Kilometer öst-

▶ Guajiro-Frau beim Marktbesuch nördlich von Maracaibo

»Klein-Venedig«
Bootsfahrten über die **Laguna de Sinamaica** (ca. 65 km nördlich von Maracaibo) starten im Hafen von Puerto Cuervito. Veneciola, »Klein-Venedig«, hatte Amerigo Vespucci 1499 die Pfahlbau-Siedlungen (»palafitos«) der Paraujanos genannt. Allerdings sind es nur bescheidene Hüttendörfer.

▼ **Bohrtürme auf dem Maracaibo-See**

lich. Die Fischer bringen die Gäste des Ortes gerne in ihren Booten zu den beliebten Stränden von **Chuao** und **Cepe.**

Von Venezuelas Industriemetropole **Valencia** ❸ aus kann man in nördlicher Richtung übers Kordillerengebirge an die Küste fahren und passiert dabei das Thermalbad **Las Trincheras.** Von hier aus biegt man nach Osten ab und gelangt nach **Puerto Cabello,** Venezuelas wichtigstem Hafen, dessen koloniale Altstadt liebevoll restauriert wurde. Von der hübschen Uferpromenade aus blickt man auf das Castillo Libertador, ein imposantes Fort von 1732. **Fortín Solano,** Venezuelas letzte koloniale Befestigung, die 1770 fertig gestellt wurde, erhebt sich auf einem Berg im Hintergrund.

Nur 40 Minuten dauert die Fahrt bis **Tucacas** am Rand des **Parque Nacional Morrocoy.** Alternativ gelangt man in den Park über **Chichiriviche,** was den Vorteil hat, dass man dabei durch das **Cuare-Wildreservat** kommt, in dem rote Ibisse

und 20 000 Flamingos zu Hause sind. De Nationalpark ist auch beliebt wegen se ner weißen Sandstände und vorgelage ten *cayos,* kleinen Koralleninseln.

Die Küstenautobahn durchquert wü tenhafte Ebenen in Richtung **Coro** ❹, da von der UNESCO wegen seiner Konze tration herausragender Kolonialarchite tur zum Weltkulturerbe erklärt wurde. S henswert ist das Diözesanmuseum m sakraler Kunst. Ein Abstecher zur wine umtosten Halbinsel **Paraguaná** füh durch die turmhohen Wanderdünen de **Parque Nacional Los Médanos de Co** nach **Adicora,** einem Windsurfer-Par dies. Die Kolonialhäuser zeigen den ho ländischen Einfluss der nahen Antillenir seln **Curaçao** und **Aruba.**

Quelle des Wohlstands

Im »Freistaat« Zulia, der westlichsten R gion des Landes, liegt der **Lago de Mara caibo,** der größte See Südamerikas un iner der kostbarsten der Welt, denn hier lagern der größte Teil der gewaltigen Erdölreserven und etwa 40 % der Gasreserven Venezuelas.

Eindrucksvoll ist die Einfahrt nach **Maracaibo ❺**, der zweitgrößten Stadt des Landes, über den **Puente Rafael Urdaneta,** die längste Spannbetonbrücke der Welt. Als Zentrum der venezolanischen Petroindustrie präsentiert sich die Stadt mit breiten Boulevards und Hochhäusern im Geschäftszentrum sowie eleganten Wohnvierteln. Fremd wirken dazwischen Guajiro- und Paraujano-Indianer, deren Heimat die Pfahldörfer in der nahen **Lagune von Sinamaica** (s. S. 116) sind.

Am parkähnlichen Platz **Paseo de las Ciencias** stehen die koloniale **Kathedrale** und die **Casa de Capitulación,** in der von den Spaniern die Kapitulation unterzeichnet wurde (Regionalmuseum). In der **Basílica de Nuestra Señora de la Chiquinquirá** wird die Schutzpatronin Zulias (»La Chinita«) verehrt.

Die **Calle Carabobo** (oder Calle 94) ist eine malerische Straße mit farbenfrohen Häusern, in die vor allem Läden und Restaurants eingezogen sind. Das frühere Marktgebäude dient als Museum für Volkskunst: **Centro de Arte Lia Bermúdez.**

Ein preiswerter Bootsshuttle verkehrt zwischen El Moján und dem Fort aus der Kolonialzeit, daneben liegt der weitläufige Strand der **Insel San Carlos.**

Wo die Anden aufsteigen

Die Andenprovinzen Táchira, Mérida und Trujillo sind die malerischsten Regionen des Landes – atemberaubende Landschaften mit einer farbenprächtigen Flora um Gletscherseen und hübsche Bergdörfer. In den Rasthäusern an den Landstraßen kann man geräucherte Forelle oder Käse auf *arepas* (s. r.) genießen und dazu einen warmen »Andenpunsch«, *ponche andino,* oder indianischen Reisschnaps, *chicha andina,* probieren.

Seite 110

»arepas« werden in den Andenregionen nicht wie sonst in Venezuela mit Maismehl, sondern mit Weizenmehl gebacken.

▼ **Das nationale Observatorium bei Apartados, im Bundesstaat Mérida**

Wenn man die Anden-Autobahn *(Carretera Transandina)* von der Küste über **Barquisimeto** ❻ nimmt, erreicht man die Andenregion von **Guanare** ❼ aus. Hier kann man den eindrucksvollen **Templo Votivo Nacional de la Virgen de Coromoto** besichtigen, eine Kirche, die 1996 vom Papst geweiht und Venezuelas Nationalheiliger gewidmet wurde.

Eine andere Strecke führt über **Boconó** durch Kaffeeplantagen; schließlich kann man sich auch von **Barinas** aus über **Santo Domingo** den Kordilleren nähern. Die Abgelegenheit dieser Gegend machte die Kirche zum Zentrum des gesellschaftlichen Lebens der *andinos,* und noch immer erlebt man hier viele religiöse Feste und folkloristische Prozessionen.

Der **Aguila-Pass** (4007 m) ist der höchste des Landes in einer botanisch interessanten Bergregion *(páramo).* In der Nähe von **Apartaderos** ❽ wurde das **Observatorio Astronómico Nacional del Llano del Hato** errichtet, durch dessen

vier gigantische Teleskope die Wissenschaftler in den Weltraum blicken.

Landschaftlich überaus reizvoll ist die Fahrt durch das Hochtal **Valle de Santo Domingo** in den **Parque Nacional Sierra Nevada.** Die meisten Wanderwege beginnen an der **Laguna Mucubají,** dem größten der über 200 Gletscherseen rund um Mérida, und in **Mucuy Alto.** Eine Touristenattraktion ist **Los Aleros,** die Kopie eines traditionellen Andendorfes nördlich der Stadt Mérida (mit Kunsthandwerk und Musikvorführungen).

Mérida ❾ liegt in Sichtweite der schneebedeckten Sierra Nevada – höchster Gipfel ist der Pico Bolívar (5007 m) auf einer Höhe von 1639 m und genießt das ganze Jahr über ein frühlingshaftes Klima. *Posadas* (Gästehäuser) rund um die Plaza Las Heroinas (bei der Seilbahn-Talstation) sind Treffpunkt für diejenigen, die im Gebirge wandern, bergsteigen, Mountainbike fahren oder Gleitschirm fliegen wollen. Hier kann man auch die

▲ **Korbladen am Straßenrand in den Anden**
▼ **Plaza Bolívar, Mérida**

htsprechenden Ausrüstungen ausleihen, ergführer und Geländewagenfahrer bieen ihre Dienste an.

Der **Teleférico,** die höchste Bergbahn er Welt, fährt in vier Etappen auf den **ico Espejo** (4765 m). Zeitweise verkehrt allerdings nur bis zur dritten Station, as man vor Ort rechtzeitig in Erfahrung ringen sollte.

Die Stadt hat viele Parkanlagen, daunter **Los Chorros de Milla** mit einem Iinizoo, hübschen Gärten und den Kasaden des Río Milla. Im **Parque Beetoven** klimpert eine kuriose Spieluhr zu der vollen Stunde die »Ode an die Freue«. Eine Attraktion ist auch der **Parque a Isla,** wo von hohen Bäumen die in den nden beheimatete Aufsitzerpflanze *bara de palo* wie silbriges Lametta von den weigen herunterhängt.

An der zentralen **Plaza Bolívar** steht ie **Kathedrale,** deren lange Bauzeit von 803 bis 1960 im kunterbunten Stilmix berdeutlich wird.

Das heiße Tiefland

Das Tiefland der weiten *llanos* – besonders im Staat **Apure** – übt eine ganz eigene Faszination aus. Die *Hatos,* riesige Rinderfarmen mit Tausenden von Hektar Land, die dort arbeitenden *llaneros* (Cowboys), Moriche-Palmen und ein unglaublicher Wildreichtum bestimmen das Bild. Zu einigen *hatos* führen gut befahrbare Straßen, entweder über **San Fernando de Apure** ❿ von Osten oder über **Ciudad Nutrias** von Westen her; viele der Viehfarmen sind nur mit Kleinflugzeugen, Booten oder Geländewagen zu erreichen.

Die Sonnenküste im Osten

Die paradiesische Inselgruppe des **Nationalparks Los Roques** liegt nur 35 Flugminuten von Caracas entfernt, allerdings sind Tages- und Mehrtagestouren sehr teuer. Der Archipel bietet wundervolle,

Seite 110

Saison für Los Llanos
Die Trockenzeit (Mitte Nov. bis April) ist die beste Zeit, um Los Llanos, das Orinoco-Tiefland, zu besuchen. Dann konzentriert sich das Wildleben um die spärlichen Wasserlöcher.

▼ **Verlockende Inselwelt im Nationalpark Los Roques**

aber schattenlose Sandstrände, ausgezeichnete Tauchgründe an Korallenriffen und Angelmöglichkeiten.

Beliebt ist die **Ruta del Sol** an der Festlandsküste zwischen Puerto la Cruz und Cumaná, doch sollte man diese Strecke während der Karnevalszeit, an Ostern und so genannten *puentes* (verlängerten Wochenenden) möglichst meiden, um nicht im Verkehr stecken zu bleiben. Zwar fahren die meisten Besucher direkt nach Barcelona und Puerto La Cruz, doch liegen auch wundervolle Strände am Weg, etwa an der **Laguna de Unare** (über Boca de Uchire) und bei **Puerto Píritu.**

Barcelona, die beschauliche Hauptstadt des Bundesstaates Anzoátegui, besitzt einige historische Straßenzüge mit kolonialzeitlicher Architektur. Sehenswert ist das **Museo de Tradiciones.**

Ein Kontrastprogramm folgt auf der Weiterfahrt in östlicher Richtung: Man passiert die riesige Ferienanlage **Complejo Turístico El Morro** und erreicht dann die moderne Hafenstadt **Puerto l. Cruz ⓫**. Hier pulsiert das Leben an de Uferpromenade Paseo Colón. Der Stadt strand ist nicht besonders sauber, doc an seinem Ostende legen Boote einer Fi schergenossenschaft ab, die zu den Insel des nahen **Parque Nacional Mochima** fahren: ein herrliches Tauch- und Schnor chelrevier.

Weitere populäre Strände wie die **Play Colorada** und **Arapito** liegen am We nach **Cumaná ⓬**, der ältesten, von de Spaniern bereits 1521 auf dem südamer kanischen Festland gegründeten Stadt.

Eine Fähre verkehrt zur **Península d Araya ⓭**, die von Salzlagunen geprägt ist In Araya stehen die Reste einer spani schen Festung; auch hier gibt es schön Strände. Weitaus berühmter ist indes di tropische Palmenidylle der **Playa Medin** östlich von Río Caribe.

Einen Abstecher in südlicher Richtun lohnt die **Cueva del Guácharo** bei **Ca ripe ⓮**, die größte Tropfsteinhöhle Vene

▲ **Kirche La Asunción auf der Isla de Margarita**
▼ **Playa El Agua, Margarita**

Seite 110

zuelas, benannt nach ihren Bewohnern: Tausenden von Ölvögeln (*guárachos,* wiss.: Steatornis caripensis).

Isla de Margarita und die Perleninseln

Die Insel Margarita, die man in einer knappen Flugstunde vom Flughafen von Maiquetía aus oder in einer zweistündigen Fährüberfahrt von Puerto la Cruz erreicht, ist der Star der einst perlenreichen Inselgruppe, die den Bundesstaat Nueva Esparta bildet. Heute gilt die Isla de Margarita mit ihren weißen Sandstränden als »Perle der Karibik« für den Badetourismus. Hier sind alle Wassersportarten möglich, Windsurfer finden ideale Bedingungen an der **Playa El Yaque** ⓯ im Süden. Weitere Attraktionen sind historische Sehenswürdigkeiten, eine reiche Kunsthandwerkstradition, mehr als 2000 Duty-Free-Shops, eine breite Palette an Unterkünften und Restaurants sowie ein bewegtes Nachtleben.

Die ersten spanischen Siedler waren Glücksritter, die um 1500 von den Perlenfunden bei der **Insel Cubagua** angezogen wurden. Doch ihre Gier, die zur übermäßigen Ausbeutung der Austerngründe führte, ein zerstörerisches Seebeben und Piratenüberfälle führten zur Aufgabe der Siedlung vier Jahrzehnte später. Ihre Ruinen auf dieser nahezu unbewohnten Insel kann man bei einem Tagesausflug besichtigen, der in **Porlamar** ⓰, der größten Stadt auf Margarita, startet. Mit einer Fähre kann man auch zur **Insel Coche** übersetzen, deren touristische Entwicklung mit wenigen kleinen Ferienhotels noch in den Anfängen steckt.

Die meisten touristischen Unterkünfte auf Margarita wurden in der Nähe der beliebtesten Strände erbaut: im Norden von Porlamar etwa an der **Playa Guacuco** ⓱.

Einige Kilometer weiter erstreckt sich die zauberhafte, von Kokospalmen gesäumte **Playa El Agua** ⓲; Schwimmer sollten allerdings auf gefährliche Meeresströmungen achten. Die Strände setzen sich fort in Richtung **Manzanillo** ⓳, dem nördlichsten Ort der Insel, und von dort entlang der Westküste.

Die Inselhauptstadt **La Asunción** ⓴ im Inland ist kleiner und beschaulicher als Porlamar. Zu den Sehenswürdigkeiten des alten Stadtkerns gehören die Kathedrale (16. Jh.), das historische **Museo de Nueva Cádiz** und die Kolonialfestung **Castillo de Santa Rosa**. 10 km nordöstlich liegt **Pampatar** ㉑, das ebenfalls einige Kolonialbauten zu bieten hat, darunter eine hübsche Kirche und ein Fort.

Das Städtchen **Juangriego** ㉒ an der Nordwestküste, bekannt für seine prächtigen Sonnenuntergänge, lockt mit einem ruhigen Strand und Kunsthandwerksorten in der Umgebung: Keramik wird in **La Vecinidad** und **El Cercado** hergestellt; in **Pedrogonzález** werden Körbe geflochten; **Tacarigua** ist spezialisiert auf Hängematten und **San Juan** fertigt Strohhüte; in **Tacuantar** bietet das Kunstgewerbezentrum **Taller de Arte Así con las Manos – Tierra, Agua y Fuego** reiche Auswahl.

▶ Verkaufsstand am Straßenrand der »Ruta del Sol« östlich von Caracas

Im Gegensatz zur belebten Osthälfte Margaritas ist die raue **Macanao-Halbinsel** im Westen nur dünn besiedelt. Über den schmalen Landstreifen, der beide Teile verbindet, erstreckt sich der **Parque Nacional La Restinga.** Bootsführer schippern Badetouristen auf Kanälen durch die Mangrovenwälder zu dem spektakulären Strand an der Meerseite der Lagune.

Naturabenteuer in der Guayana-Region

Die ausgedehnte Guayana-Region im Süden des Landes umfasst die Bundesstaaten Delta Amacuro, Bolívar und Amazonas. Das touristische Potential des weit verzweigten **Orinoco-Deltas** wird erst seit wenigen Jahren erschlossen. Von rustikalen Camps aus kann man die vielfältige Fauna beobachten und die Warao-Indianer (ihr Name bedeutet »Kanu-Menschen«) besuchen.

▲ **Ein Obelisk auf dem Gipfel des Roraima Tepuy markiert das Dreiländereck Venezuela, Guyana und Brasilien**
◀ **Wasser liebende Flora auf Roraima Tepuy**

Bolívar, Venezuelas größter Bundesstaat, ist ein an Gold, Diamanten und anderen Bodenschätzen reiches Gebiet. **Ciudad Guayana** ㉓ wurde erst 1961 am Zusammenfluss von Río Orinoco und Río Caroní gegründet. Hier werden die enormen Erzvorkommen des nahen Cerro Bolívar verhüttet und verschifft. Zu den Touristenattraktionen zählt der **Parque Cachamay** mit seinen Wasserfällen.

Eine Fahrstunde westlich liegt **Ciudad Bolívar** ㉔, das auf eine längere Geschichte zurückblickt. Die 1764 am Orinoco als strategisch bedeutendes Flusshandelszentrum gegründete Stadt diente Simón Bolívar als Operationsbasis im Unabhängigkeitskampf. Die wohlhabende Vergangenheit der Stadt spiegelt sich wider in eindrucksvollen Bauten wie der kolonialen **Kathedrale,** dem **Museo Correo del Orinoco,** dem **Museo Etnográfico de Guayana** (einst das Gefängnis), der **Casa del Congreso de Angostura** und dem **Museo Manuel Piar.**

Besuchenswert sind auch die **Quinta San Isidro,** eine ehemalige Kaffeehacienda, in der Bolívar oft zu Gast war, sowie das **Museo Soto,** das Venezuelas renommiertem modernen Künstler Jesús Rafael Soto gewidmet ist. Er wurde in Ciudad Bolívar geboren. Kühn schwingt sich **El Puente de Angostura,** eine 1,6 km lange Hängebrücke, als einzige feste Uferverbindung des Flusses über den Orinoco.

Die erst 1991 fertig gestellte Straßenverbindung zwischen Ciudad Guayana und **Santa Elena de Uairén** an der brasilianischen Grenze passiert den 30 000 km² großen **Parque Nacional Canaima** und führt über die berühmte trockene Hochebene der Gran Sabana.

Canaima ㉕ in der Nordwestecke des Nationalparks ist nur aus der Luft zu erreichen. Von hier aus starten in der Regenzeit (Mai–Nov.) mehrtägige Exkursionen zum **Salto Angel,** dem mit 980 m höchsten Wasserfall der Erde. Er wurde nach dem amerikanischen Buschpiloten Jimmy Angel benannt, der ihn 1935 entdeckt haben soll. Wenn es das Wetter erlaubt, kann man das Naturschauspiel vom

Flugzeug aus bewundern. Einzigartig sind die *tepuis,* uralte Tafelberge, die sich aus der Savannenlandschaft oder dem Urwald erheben und endemische Tier- und Pflanzenarten aufweisen. Die berühmtesten sind: **Roraima,** der in Sir Arthur Conan Doyles Roman *Lost World* eine Rolle spielt, sowie **Auyantepui,** der größte im Nationalpark; er nimmt eine Fläche von 700 km² ein.

Tropische Wildnis

Während eines Fluges über den Bundesstaat Amazonas ist weit und breit nur tropischer Regenwald zu sehen, allenfalls unterbrochen von mäandernden Flussläufen oder vereinzelten Rodungsinseln mit indianischen Siedlungen. Obwohl dieses Gebiet größer ist als Portugal, die Niederlande und Dänemark zusammen, leben hier nur 45 000 Menschen.

Lediglich im Umkreis der Hauptstadt **Puerto Ayacucho** ❷⑤ gibt es asphaltierte Straßen. Von einigen Touristencamps aus kann man inzwischen dieses faszinierende Gebiet erkunden. Individualreisende erreichen Puerto Ayacucho per Auto oder Bus von Caracas über Caicara del Orinoco in etwa 10 Stunden. Die Fahrt führt durch eine Landschaft, die von riesigen, abgerundeten Sandsteinformationen *(lajas)* und von Siedlungen der Panare- und Guahibo-Indianer geprägt ist. Das **Ethnologische Museum** von Puerto Ayacucho informiert ausführlich über die indianische Bevölkerung.

In der Nähe gibt es Dörfer der Piaroa und Guahibo. Auch die natürliche Wasserrutsche **Tobogán de la Selva** und die indianischen Felszeichnungen am **Cerro Pintado** sind einen Ausflug wert.

Kostspieliger sind Exkursionen per Boot oder Flugzeug nach **Autana,** dem heiligen Berg der Piaroa, oder zu den Yanomami-Indianern im Grenzgebiet zu Brasilien, die versuchen, ihre traditionelle Lebensweise im Regenwald zu bewahren (s. S. 48). ∎

Seite
110

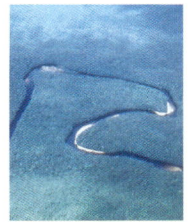

▲ **Der Fluss Caroní nahe dem Salto Angel**
▼ **Salto Angel, der höchste Wasserfall der Welt**

123

Guyana

Seite 128

»Land der vielen Wasser« nannten die Indianer das Land, und in der Tat bestimmen drei mächtige Flüsse – Essequibo, Demerara und Berbice – das Leben in diesem exotischen Staat im nördlichen Südamerika. Sie bilden die Hauptverkehrsadern in den Regenwald, das Bergland und in die Savannen im Landesinnern, die ebenfalls von vielen Wasserläufen durchzogen sind.

Exotisch herb

Im 17. Jh. von den Niederländern kolonisiert, kam das heutige Guyana 1814 in britischen Besitz und blieb bis zu seiner Unabhängigkeit 1966 eine Kronkolonie. Seine Bevölkerung stammt hauptsächlich von afrikanischen Sklaven und indischen Landarbeitern ab. Für die Arbeit auf den Zucker-, Kaffee- und Baumwollplantagen hatten die Grundherren auch Chinesen und Portugiesen angeworben. Der Anteil der Indianer liegt lediglich bei 6 %.

Aufgrund seiner Kolonialgeschichte ist Guyana das einzige englischsprachige, wenngleich in Kultur und Lebensweise unverkennbar karibische Land Südamerikas. Allerdings besitzt es weder Palmenstrände noch glasklares Wasser. Der schmale Küstenstreifen besteht vielmehr aus Schwemmland und Flussdeltas, in denen auch die Hauptanbaugebiete mit den Hafenstädten **New Amsterdam** und **Charity** liegen. 90 % der 770 000 Einwohner des ohnehin dünn besiedelten Landes, das größer ist als England, leben an der Küste.

Georgetown

Die unterhalb des Meeresspiegels liegende Hauptstadt Georgetown ❶ am Ostufer des Demarara ist in einem gleichmäßigen Straßengitter angelegt. Kolonialgebäude aus tropischem Hartholz säumen die breiten Avenuen. Von der Skyline heben sich die mächtige anglikanische Kathedrale **St George's** sowie der markante Turm des riesigen **Stabroek Market** ab. In seinem Warenangebot spiegelt sich die ganze ethnische Vielfalt Guyanas wider.

Der **Georgetown Cricket Club,** in dem internationale Wettkämpfe ausgetragen werden, sowie die **Pan-Yards,** wo Steelbands für den jährlichen Karneval proben, demonstrieren die karibische Identität Guyanas. Georgetown bietet auch komfortable, moderne Hotels sowie ein aktives Nachtleben.

Hohe Wälder, gigantische Wasserfälle

Die Hauptattraktion, die **Kaieteur Falls,** sind ein wahrer Superlativ: Nirgendwo

Stabroek Market, Georgetown
In seinen Markthallen gibt es schlichtweg alles, von frischem Gemüse bis hin zu Goldschmuck.

◄ **Dem Abgrund gefährlich nahe: Kaieteur Falls, Guyana**
► **Sonnenschutz à la Guyana**
◄◄ **»Victoria regia« auf dem Rupununi-Fluss in Guyana. Die Blätter der Seerosenart können bis zu zwei Meter Durchmesser erreichen**

Kaieteur Falls
Am bequemsten sind sie mit Leichtflugzeugen von Georgetown aus in ca. 90 Min. zu erreichen. Bevor das Flugzeug zur Landung auf einer kurzen Piste mitten im Dschungel ansetzt, zeigt sich das spektakuläre Naturschauspiel der Fälle in seiner ganzen Größe.

sonst stürzt das Wasser in einer Etappe tiefer als hier – 226 m. Es gibt mehrere Zugangsmöglichkeiten. Entweder fährt man bis zur Bauxitminenstadt **Linden ❷** und schlägt sich von dort zu Fuß durch den Regenwald bis zum Potaro weiter, wo es dann vier Tage lang im Boot gegen den Strom kämpfen heißt. Oder man fährt bis nach **Kangaruma ❸**, was allerdings nur zu bestimmten Jahreszeiten möglich ist.

Auf dem Flug zu den Wasserfällen blickt man auf eine unendliche, von glitzernden Wasserfäden durchzogene Waldfläche. Ab und an erkennt man winzige Siedlungen an den Flüssen, wo Gold- oder Diamantsucher nach ihrem Glück schürfen. Ein knapp 2 km langer Dschungelpfad führt zu den Wasserfällen. Je näher man kommt, umso lauter wird das Dröhnen und Rauschen. Der Aussichtspunkt ist nur wenige Meter von den Wasserfällen entfernt. Pro Sekunde schwallen zigtausend Liter schwarzes Wasser über den Rand und stürzen wie in Zeitlupe in die

Tiefe, wo ihre Farbe zuerst in Kupfergold dann in Gelb und schließlich in ein wild schäumendes Weiß übergeht.

Eine halbe Flugstunde entfernt donner in den **Orinduik Falls** der Ireng über Stu fen und Terrassen in eine Felsenge hinab die die Grenze zwischen Guyana und Bra silien darstellt. Die Orinduik-Fälle bieter zwar nicht das gleiche, ungebändigte Schauspiel der Elementarkräfte wie die Kaieteur-Fälle, mit ihrem überwältigen den Blick auf das grüne, sanfte Hügelland der Pakaraimae Hills sind sie aber zwei felsohne einen Abstecher wert.

Dschungelidylle

Der Aufenthalt in einer Dschungel-Lodge wird von der aufblühenden Touristikindustrie Guyanas als ein Muss vermarktet. Als komfortabelste und originellste Anlage gilt **Timberhead,** das von Georgetown aus über den Wasserweg zu erreichen ist; nach einer flotten Fahrt über den breiten,

Seite 128

räunlichen Demerara, tuckert das Boot gemächlich durch den schlammigen Kanuni Creek. Die Ufer säumt das Dickicht der Mangrovenwurzeln, große, prachtvolle blaue Schmetterlinge (Blue Morphos) gaukeln durch die Luft, zwischen den Blättern ist gelegentlich ein kurzer Blick auf Papageien und Tukane zu erhaschen, und durch die Baumwipfel hört man Affenherden jagen. Dschungelbewohner wie Jaguare, Tigerkatzen, Pumas und verwilderte Schweine bekommt man leider nur überaus selten zu Gesicht.

Weiter südlich, am oberen Flusslauf des **Rupununi,** geht der tropische Regenwald abrupt in eine von einer Bergkette gesäumte Savannenlandschaft über. Auf den Grasflächen sieht man die *vaqueros* (Cowboys) das Vieh zusammentreiben.

Ein Flug über den Regenwald nach **Lethem ❹** an der brasilianischen Grenze bringt Sie direkt in das Herz dieser Region. Nach einer Jeepfahrt durch die Savanne gelangt man zur **Dadanawa Ranch.**

Von hier aus bieten sich Reitausflüge ins Bergland an. Verbringen Sie nach einem Abendessen am Lagerfeuer die Nacht unter freiem Himmel. Die Gegend ist für Vogel- und Naturliebhaber ein wahres Paradies. Besonders passionierte quartieren sich am besten im **Rock View Eco-Tourism Resort** in **Annai ❺** ein. In dieser Gegend, wo die Savanne auf die **Pakaraima Mountains** trifft, leben seltene Tiere wie Harpyien und Riesenotter.

Angesichts des schier endlosen Regenwalds Guyanas kann man sich leicht vorstellen, dass es Dschungelbewohner gibt, die noch nie Kontakt zur Außenwelt hatten. So wurden etwa die im Stromgebiet zwischen Essequibo und Amazonas als Jäger und Sammler lebenden **Wai-Wai-Indianer** erst in den 60er Jahren bekannt. Damit der Einfluss auf ihre Kultur so gering wie möglich bleibt, sind nur wenige Expeditionen in ihr Gebiet gestattet, und jeder potentielle Teilnehmer muss sich vorher einer Befragung unterziehen. ■

◀ **Eine sog. Schildkröten-Petroglyphe**
▲ **In rustikalen Urwald-Lodges übernachtet man einfach aber bequem**
▼ **Orinduik Falls – Grenze zu Brasilien**

Seite
128

Suriname

Im Frieden von Breda 1667 überließen die Engländer Suriname den Niederländern im Tausch gegen Neu-Amsterdam (New York). Aus letzterem wurde Jahrhunderte später die wohl berühmteste Stadt der Welt und aus ersterem eines der unbekanntesten Länder der Erde. Noch heute spötteln die Surinamer, die Niederländer hätten damals den besseren Deal gemacht.

Ethnisch bunt

Suriname ging aus der ehemaligen Kolonie Niederländisch Guayana hervor. An seiner Küste siedelten sich 1613 zunächst englische und holländische Kaufleute an, später folgten Juden aus Holland, Italien und Brasilien. Für die Arbeit auf den Zucker- und Baumwollplantagen wurden schwarze Sklaven aus Westafrika ins Land gebracht. Nach dem Einfuhrverbot für Sklaven 1818 und dem endgültigen Verbot der Sklaverei 1863 heuerten die Grundbesitzer Landarbeiter aus Indien

◄ In Paramaribo finden sich Gebetsstätten unterschiedlicher Religionen, hier die islamische Moschee, die in derselben Straße wie die Synagoge und die katholische Kathedrale steht

und Ostasien an. Fügt man diesem Bevölkerungsmix noch die ansässigen Indianer sowie die Afrikaner, brasilianischen Juden und Europäer hinzu, erhält man einen der buntesten ethnischen Cocktails der Welt.

Suriname wurde von den Niederlanden 1975 in die Unabhängigkeit entlassen. Seither erleben die Beziehungen beider Länder ein permanentes Wechselbad. Der Tiefpunkt wurde 1982 erreicht, als Militärdiktator Oberst Desi Bouterse, 15 Oppositionsführer hinrichten ließ. Dies führte zur Einstellung der finanziellen Unterstützung sowie zum Abbruch der diplomatischen Beziehungen, die erst nach der Rückkehr zur Demokratie fünf Jahre später wieder aufgenommen wurden. In der Zwischenzeit erfolgte eine Massenauswanderung in die Niederlande, die die Bevölkerung massiv dezimierte. Heute liegt die Einwohnerzahl Surinames nur bei knapp 490 000. Amtssprache ist Niederländisch; Sranan Tongo, ein an das Englische angelehnter kreolischer Dialekt, wird weithin als Lingua franca verwendet.

Verschlafene Kapitale

Wie in den beiden anderen Guyana-Ländern leben rund 90 % der Bevölkerung in der Niederung am Atlantik. Die Hauptstadt **Paramaribo** ❻ am Westufer des Suriname ist ein ruhiges Städtchen mit Holzhäusern aus der Kolonialzeit, deren Glanz und Farbe sichtbar schwindet. Beim Schlendern über die verschlafenen Plätze mit den Statuen von Simón Bolívar und Mahatma Gandhi (um eigene Helden und Größen ist es schlecht bestellt) kann man nur schwer die gewaltsamen Ausschreitungen der 80er Jahre nachvollziehen.

Seit langem befindet sich die aus Holz erbaute **St. Peter & Paul Cathedral** in Renovierung. Das **Museum** im ehemaligen **Fort Zeelandia** ist recht bescheiden, bunter geht es auf dem **Central Market** zu.

Ein beliebter Tagesausflug führt per Fähre über den Suriname zum niederländischen Fort **Nieuw Amsterdam.** Von dort aus geht es an der Küste weiter gen Osten, durch die frühere jüdische Siedlung **Jodensavanne** ❼ und die Bauxit-Minenstadt **Moengo.** Die Straße endet in **Albina** ❽, einem blühenden Grenzstädtchen zu Französisch-Guayana am Ufer des Grenzflusses Marowijne. Eine andere Straße folgt von Paramaribo westwärts und führt durch das Dorf **Totness**, dessen Name auf eine schottische Siedlung zurückgeht. Die einzige weitere Siedlung an dieser Straße vor der Grenzstadt zu Guayana **Nieuw Nickerie** ❾ an der Mündung des Corantin ist das Reisanbauzentrum **Wageningen.**

Tief in den Dschungel

Willkürlich wurden einst die Grenzen entlang der mächtigen Flüsse durch den Regenwald gezogen, der weite Teile Surinames bedeckt. Im Rahmen der von der Regierung finanzierten Initiative »Operation Grasshopper« wurden mitten im tiefsten Dschungel kurze Start- und Landebahnen freigeschlagen. Neben drei von ihnen hat die Organisation *Movement for Eco-Tourism in Suriname* (METS – gehört zu Suriname Airways) einfache Hüttendörfer gebaut, in denen Touristen einen Einblick in das Dschungelleben erhalten.

Zwei dieser Lodges befinden sich auf Inseln im **Gran Rio** mitten im Saramaccan-Gebiet. Die Saramaccans, ein Buschnegerstamm, sind Nachfahren afrikanischer Sklaven, die während der Aufstände in den Plantagen entkommen konnten. Sie sprechen eine Mischsprache aus westafrikanischen Dialekten, versetzt mit englischen, niederländischen und portugiesischen Begriffen, die sie auf den Plantagen gelernt hatten. Ihre Tänze und die animistische Religion stehen in der Tradition Westafrikas. Andere Lebensgewohnhei-

ten, die das Überleben im Urwald sichern, wurden von den Indianern übernommen.

Ausflüge in dieses Gebiet beginnen mit einem Flug zum **Kayana Airstrip.** Ein motorisierter Einbaum bringt die Touristen zu der an unpassierbaren Stromschnellen gelegenen **Awarradam Lodge.** Hier ist es drückend schwül. Größere Tiere sind selten zu sichten, ein häufiger Anblick dagegen bis zu 1,80 m lange Amazonas-Krokodile, die man auf der Kanufahrt nach **Kavalu Island,** gegenüber dem Buschnegerdorf **Asidonopo,** faul am Ufer liegen sieht. Im Dorf werden die Reisenden gewöhnlich vom »Kapiteni« begrüßt und den übrigen Dorfbewohnern vorgestellt.

Palumeu befindet sich neben einem Indianerdorf weiter landeinwärts am Tapanahony, einem Nebenfluss des Marowijne. Diese (dritte) Lodge hat mit Abstand die schönste Lage mit einem herrlichen Blick auf den Fluss. Die Indianer sind jedoch scheuer und die Kommunikation gestaltet sich mitunter recht schwierig. ■

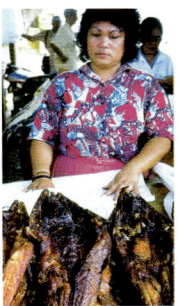

Märkte in Paramaribo sind ein Genuss für die Augen und den Gaumen, sei es der **Fischmarkt** (Bild oben) oder der **Central Market,** den der Duft von Früchten und indischen Gewürzen umfängt.

▶ **»Öffentlicher Nahverkehr«** auf dem Suriname-Fluss

Seite
128

Französisch Guayana

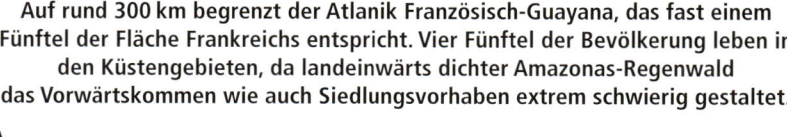

Auf rund 300 km begrenzt der Atlanik Französisch-Guayana, das fast einem Fünftel der Fläche Frankreichs entspricht. Vier Fünftel der Bevölkerung leben in den Küstengebieten, da landeinwärts dichter Amazonas-Regenwald das Vorwärtskommen wie auch Siedlungsvorhaben extrem schwierig gestaltet.

Alte Petroglyphen nahe dem Dorf Kaw zeugen von einer jahrtausendealten Besiedelung, wobei jedoch die ethnographische Landschaft erst durch die europäische Kolonisierung Anfang des 17. Jhs. eine radikale Veränderung erfuhr.

Südamerika à la française

▼ Die Teufelsinsel und ihre Sträflingskolonie verewigte Henri Charrière in seinem (verfilmten) Roman »Papillon«.

Nach wechselnden Besitzverhältnissen kam das Gebiet 1816 endgültig in französische Hand. Afrikanische Sklaven wurden zur Arbeit auf den Plantagen importiert und nach der Abschaffung der Sklaverei von Lohnarbeitern aus anderen Teilen des französischen Reiches, vor allem aus Indochina, ersetzt. Nach einem kurzen Goldrausch Mitte des 18. Jhs. machte sich das Gebiet einen traurigen Namen als brutale Sträflingskolonie. Der jüdische Armeeoffizier Alfred Dreyfus, dessen Inhaftierung wegen Hochverrats in den 90er Jahren des 18. Jhs. für politischen Wirbel sorgte, wurde auf der berüchtigten Teufelsinsel festgehalten.

Französisch Guayana erlangte 1946 den Status eines Überseedépartements. In den 60er Jahren entstanden in Kourou das französische Raumforschungszentrum sowie eine Raketenabschussbasis. Dies förderte zwar den lokalen Arbeitsmarkt sowie die Stadtentwicklung, doch das übrige Land leidet nach wie vor unter Arbeitslosigkeit und wirtschaftlicher Stagnation. Die Bevölkerung setzt sich aus Afrikanern, Europäern, Kreolen, Chinesen und Vietnamesen zusammen. Im Regenwald leben einige Indianerstämme, und am Maroni haben sich Buschneger *(Noir Marrons)* angesiedelt, die die Traditionen ihrer afrikanischen Vorfahren, vermischt mit indianischen Einflüssen, pflegen.

Erde, Luft und Wasser

Die Hauptstadt **Cayenne** ❿ wartet mit interessanten Kolonialgebäuden auf, gilt aber als relativ teure Stadt. Im **Musée Départemental** sind historische und archäologische Artefakte ausgestellt, die u. a. das Leben in den Sträflingskolonien dokumentieren. Es gibt einen Gemüse- und Blumenmarkt, und mittwochs, freitags sowie samstags findet ein Fischmarkt statt.

In **Kourou** ⓫, 55 km nordöstlich von Cayenne, spielt sich alles rund um das **Raumforschungszentrum** ab. Im **Raumfahrtmuseum** (Mo–Fr, Sa nachm.) wird erklärt, wie die Ariane-Raketen abgeschossen werden, wie Europas teuerster Satellit von hier im März 2000 in den Weltraum befördert wurde. Die Neustadt, in der vorwiegend Franzosen aus dem Mutterland wohnen, unterscheidet sich deutlich von dem traditionelleren alten Ort an der Kourou-Mündung. Von hier aus fahren Boote zu den drei **Îles du Salut** ⓬ 17 km nördlich. Die berüchtigte **Île du Diable,** die »Teufelsinsel«, ist nicht zugänglich, doch auf der **Île Royale** kann man übernachten.

Das Deportationslager **St Laurent du Maroni** ⓭, 250 km nordöstl. von Cayenne, war das größte Gefängnis des Landes und steht heute zur Besichtigung offen. Am Ort gibt es zudem eine Rumbrennerei (Mo–Fr vorm.). Der Maroni lädt zu Einbaumfahrten ein. Etwa 40 km nördlich von St Laurent, an der Mündung von Maroni und Mana, liegt der Strand **Les Hattes**, ein Brutplatz der Lederschildkröten. Die Eier werden von April bis Juni abgelegt; die Jungtiere schlüpfen zwischen Juli und September. Neben Les Hattes wohnen Indianer in dem Dorf **Awala Yalimapo.**

Das Landesinnere ist für Naturliebhaber paradiesisch. Im Wald- und Mangrovensumpfgebiet **Kaw Marshes,** etwa 60 km südlich von Cayenne, tummeln sich unzählige Vogelarten, auch der seltene Mohrenkaiman lebt hier. In **Kaw** ⓮ selbst kann man ein Hausboot mieten.

In **Montsinéry,** 43 km südwestl. von Cayenne, führt ein Naturlehrpfad zur **Annamite Penal Colony,** wo einst deportierte Indochinesen gefangen gehalten wurden. Auf weiteren Wanderwegen begeistern Wasserfälle und Bäche, umgeben von einer vielfältigen Fauna und Flora.

Südlich von Cayenne leben laotische Hmong im Dorf **Cacao.** Dort kann man ihre typischen Gerichte kosten und kunsthandwerkliche Gegenstände kaufen. Die Goldgräberstadt **Saül** ⓯ sowie das Buschnegerdorf **Maripasoula** ⓰ sind populäre Ziele für Dschungelexpeditionen. ∎

»Pirogues«, Einbäume, sind ideal, um Flüsse im Landesinnern zu erkunden und dabei die tropische Natur hautnah zu erleben.

▲ Gemalte »Maluana«-Scheibe der Wayana
▶ Gruppenfoto auf der Place Leopoldo, Cayenne

Die Andenstaaten

Beim Anblick der zerklüfteten Gebirgslandschaft der Anden mag man kaum glauben, dass hier einige der höchstentwickelten Zivilisationen der Welt ihren Ursprung hatten. Ihr kulturelles Erbe erhielt sich bis in heutige Zeiten und fasziniert nicht zuletzt durch seine unvergleichliche Symbiose mit den Hinterlassenschaften der Kolonialzeit.

Drei Staaten teilen sich das Hochland der Anden: Peru, Ecuador und Bolivien. Jahrtausendelang blühten hier verschiedene Kulturen, bevor sie im 14. Jh. von den Inka erobert wurden. Doch ihr Imperium, das sich in seinen Glanzzeiten von Kolumbien bis Chile erstreckte, war nur von kurzer Dauer. 1532 landeten die Spanier an der Küste Perus und unterwarfen die Inka auf brutalste Weise. Die lang währende Unterdrückung der Bevölkerung hat zu einer Spaltung der Gesellschaft geführt, die noch spürbar ist: Während die meisten Indianer ihren traditionellen Lebensstil pflegen, orientieren sich die privilegierteren Mestizen und Weißen kulturell an Europa oder den USA.

Nirgendwo kommt dieser Gegensatz deutlicher zum Ausdruck als in **Peru,** dem Herzen des ehemaligen **Inka-Reichs.** An der Küste hat sich Lima zu einer modernen Hauptstadt entwickelt und in den Bergen zehrt die einstige Metropole der Inka, **Cusco,** von ihrer Vergangenheit. Diese beiden kulturellen Hochburgen sind perfekte Ausgangspunkte für die meisten anderen Sehenswürdigkeiten des Landes.

Outdoor-Freunde können sich auf dem **Inka-Trail** die Hauptattraktion Südamerikas erwandern: **Machu Picchu;** oder aber man genießt die Anfahrt per Zug von Cusco aus durch das Hochtal von Anta mit Zwischenstopp an der Festung Ollantaytambo. Im Süden lockt die koloniale Perle

Perus, **Arequipa,** wie auch die tiefste Schlucht der Erde, der **Cañón de Colca.** Wer sich für präkolumbische Kulturen interessiert, sollte einen Abstecher zu den rätselhaften **Nasca-Linien** oder den Ruinen der größten Lehmziegelstadt der Welt, **Chan Chan,** machen. Tausende kommen außerdem nach Peru, um in den Anden bergzusteigen oder das artenreiche Amazonasgebiet zu erkunden.

Der Titicacasee gehört bereits fast zur Hälfte zum Binnenstaat **Bolivien.** Im Zentrum seiner kargen Hochebene ein weiterer Superlativ: **La Paz,** das höher liegt als alle anderen Hauptstädte. Nicht weit davon fällt das Gebirge jäh in die grüne Hölle der subtropischen **Yungas** ab. Atemberaubend im wahrsten Sinne des Wortes ist schließlich die auf 4070 m gelegene Stadt **Potosí,** deren immense Silbervorkommen vom spanischen Reich ausgebeutet wurden.

Idealer Ausgangspunkt, um **Ecuador** kennen zu lernen, ist seine Hauptstadt **Quito,** ein weiteres prachtvolles Beispiel für die Architektur der Kolonialzeit. Nur einen Katzensprung von hier leben die für ihre Webkünste berühmten **Otavaleños,** deren Samstagsmarkt zu den Highlights in Südamerika gehört. Die umgebende Landschaft ist wie geschaffen für Ausflüge zu hübschen Lagunen und Naturreservaten. Eine kurze Reise von Quito gen Osten bringt die Besucher in den dunstigen Dschungel, den **Oriente,** und eine Fahrt in die entgegengesetzte Richtung endet an den Stränden der Pazifikküste. Etwa 1000 km im Meer liegen die **Galápagos-Inseln,** ein von Menschen kaum berührtes Paradies und zu Recht ganzer Stolz der Ecuadorianer. ∎

◀ **Die traditionelle Webkunst ist noch lebendig**
◀◀ **Präkolumbische Goldmaske – Lamas in den peruanischen Anden**

Peru

Seite 144

Karge Wüstenstriche, aufstrebende Gletscherriesen und dampfende Regenwälder – die landschaftliche Vielfalt Perus ist kaum zu überbieten. Aber nicht allein die Natur, sondern vor allem sein kulturelles Erbe machen den Andenstaat zu einem der meistbesuchten des Kontinents. Viele der präkolumbischen Stätten haben die blinde Zerstörungswut der Spanier überlebt, und die Nachfahren der Inka pflegen noch immer ihre traditionelle Lebensweise, die überall auf den quirligen Märkten und ausgelassenen Festen zu spüren ist.

Wiege des Inka-Reichs

Kein anderes Land in Südamerika – vielleicht sogar der ganzen Erde – weist ein so reiches archäologisches Erbe auf wie Peru. Die Ruinenstadt Machu Picchu oder die mystischen Nasca-Linien an der Küste sind nur zwei berühmte Beispiele einer langen Reihe von Sehenswürdigkeiten. Unzählige Museen mit Weltruf entführen ihre Besucher in die präkolumbische Welt Perus und beeindrucken mit Schätzen aus Gold, Silber und Edelsteinen. Von der Kolonialzeit zeugen die prachtvollen Paläste und Villen in Städten wie Cusco, Arequipa oder Trujillo. Die Hauptstadt Lima – einst die »Stadt der Könige« und Zentrum der spanischen Herrschaft in Südamerika – ist eine spannende Metropole voller Kontraste. Zwar wurden viele geschichtsträchtige Bauten Opfer von Erdbeben, Feuersbrünsten oder einer falschen Stadtplanung, doch die umfassenden Renovierungsarbeiten der letzten Jahre zeigen langsam Erfolg und lassen die Altstadt wieder in ihrer einstigen Pracht erstrahlen.

Aber Peru hat noch mehr zu bieten: An der 2500 km langen Küstenlinie zwischen Ecuador und Chile erstrecken sich wunderschöne Badestrände, und die hohen Wellen des Pazifiks ziehen Surfer aus aller Herren Länder an. Beinahe in Reichweite vom Meer erheben sich die schneebedeckten Anden mit unzähligen über 6000 m hohen Gipfeln – ein Eldorado für Bergsteiger und Wanderer. Der Gebirgsstock bildet gleichzeitig die Trennlinie zum Amazonasbecken, das etwa drei Fünftel des Landes einnimmt und mit seinen ursprünglichen Regenwaldgebieten nicht nur Ornithologen oder Botaniker in Staunen versetzt.

Peru ist sich seiner Schätze durchaus bewusst. Obwohl es allerorten an Geld mangelt, sind bereits drastische Schutzmaßnahmen umgesetzt worden – nicht zuletzt, um eine der wichtigsten Einnahmequellen, den Tourismus, anzukurbeln. Doch an diesem Geschäft verdient nur ein kleiner Teil. Die Mehrheit – insbesondere

◄ **Treffpunkt: Eingangsportal der Kathedrale von Lima**
► **Quechua-Mädchen**
◄◄ **Im Cañyón de Colca kann man mit ein bisschen Glück einen Kondor beobachten**

Peru

0   100 km

die indianischen Hochlandbewohner – lebt auch weiterhin am Rande des Existenzminimums. Die Bauern der Sierra schlagen sich mehr schlecht als recht durchs Leben, indem sie den schwer zu bewirtschaftenden Böden geringe Erträge abgewinnen. Während ihr größter Widersacher die häufigen Erdbeben sind, kämpfen die Menschen an der Küste entweder mit der Dürre oder aber mit regelmäßigen Überflutungen ihrer Felder, verursacht durch das Klimaphänomen *El Niño*.

Bis zum modernen Staat muss das Land noch einen weiten Weg gehen. Die anhaltende Armut infolge ungelöster sozialer und politischer Probleme hat ein gefährliches Pulverfass entstehen lassen, das in den blutigen Anschlägen terroristischer Organisationen gipfelte. Auch wenn sich die Lage in den letzten Jahren erheblich gebessert hat, scheint in manchen Gegenden noch immer eine Art von Anarchie zu regieren. Individualreisende sollten sich daher vor ihrer Abreise bei der Botschaft nach der aktuellen Situation erkundigen. Die typischen Touristengebiete hingegen sind ruhig und gefahrlos zu besuchen – allerdings sollte man v. a. auf Märkten und Bahnhöfen seine Besitztümer fest im Auge behalten. Aber lassen Sie sich ihren Urlaub dadurch nicht verderben – jährlich besuchen Tausende diesen einzigartigen Andenstaat und wissen nur in den höchsten Tönen darüber zu berichten.

Eine geteilte Nation

Am 28. Juli 1821 erklärte der argentinische General José de San Martín in Lima Perus Unabhängigkeit – der größte Teil des Landes aber verblieb auch weiterhin in den Händen der spanischen Krone. Erst 1824 konnten unter der Führung des venezolanischen Befreiungskämpfers Simón Bolívar die letzten royalistischen Truppen besiegt werden: Peru war frei.

Zunächst änderten sich die Lebensbedingungen der Peruaner nur wenig. Als jedoch Mitte des Jahrhunderts der General Mariscal Ramón Castilla an die Macht kam, wurde das Land von einer richtiggehenden Modernisierungswelle erfasst: Man versorgte die Haushalte Limas mit fließendem Wasser, installierte Straßenlaternen und baute die erste Eisenbahnverbindung von Lima an den Hafen nach Callao. Castilla schaffte die Sklaverei ab und setzte die Staatsverfassung von 1860 durch. Aber Rückschläge blieben nicht aus, etwa im Pazifischen Krieg mit Chile (1879–1883) um die Nitratvorkommen im Süden des Landes.

Trotz der stürmischen Ereignisse im 19. Jh. lebten die meisten nach wie vor in Verhältnissen, die sich von jenen des 17. Jhs. kaum unterschieden. Die zwei Welten Perus – die indianische des Hochlands und die europäische an der Küste – drifteten immer weiter auseinander.

Jahre der Unabhängigkeit

Der Konflikt zwischen den Kulturen tritt in Peru von allen südamerikanischen Nationen am stärksten zu Tage. Er hat den

Seite 144

▲ Türklopfer aus der Kolonialzeit
▶ Ara im peruanischen Amazonasgebiet

Terrorismus im Hochland genährt und ist gleichwohl die Ursache für das chaotische, erstaunlich kreative und energiegeladene Leben in Lima.

Nach der Unabhängigkeitserklärung Perus 1821 folgte eine lange Zeit des politischen Chaos. Die jeweiligen Machtinhaber gaben sich sozusagen die Klinke in die Hand – darunter eine ganze Reihe von Militärregierungen. Die wohl nachhaltigsten Auswirkungen auf das Land hatten die Maßnahmen des linksgerichteten Diktators General Juan Velasco Alvarado. Von 1968–1975 enteignete er die Großgrundbesitzer und führte umfangreiche Agrar-, Schul- und Gesundheitsreformen durch.

Neben den Diktatoren blickt Peru auf 30 gewählte Präsidenten zurück, allesamt Konservative, bis zum Sieg von Alan García 1985, der der Mitte-links-Partei APRA angehört. Unterstützt wurde er von der armen Bevölkerung, die seine Entscheidung begrüßte, die Auslandsschulden vergangener Regierungen nicht zu beglei-

chen. Aber nach zwei Jahren Wirtschaftswachstum unter García wurde die Nation Ende 1988 erneut in eine Krise zurückgeworfen. Auslöser waren die ausbleibenden Auslandsinvestitionen, die galoppierende Inflation sowie die politischen Intrigen der Links- und Rechtsextremisten. Mehr als einmal verdoppelten sich über Nacht die Preise für Lebensmittel und Benzin; die peruanische Währung verlor schnell an Wert. Tagelang standen die Menschen in der Passausgabe Schlange, um ihr Glück in Venezuela, Spanien oder den USA zu suchen.

Die politische Spaltung und sozialen Umwälzungen unter Garcías Präsidentschaft ebneten 1990 den Weg für einen unabhängigen Kandidaten japanischer Abstammung: Alberto Fujimori. Kaum an der Macht, löste er das Parlament auf, um durch die alleinige Kontrolle der Regierungsgewalt die Korruption im Land zu beenden – zunächst mit Erfolg. Sein unkonventionelles Vorgehen verhalf Peru zu

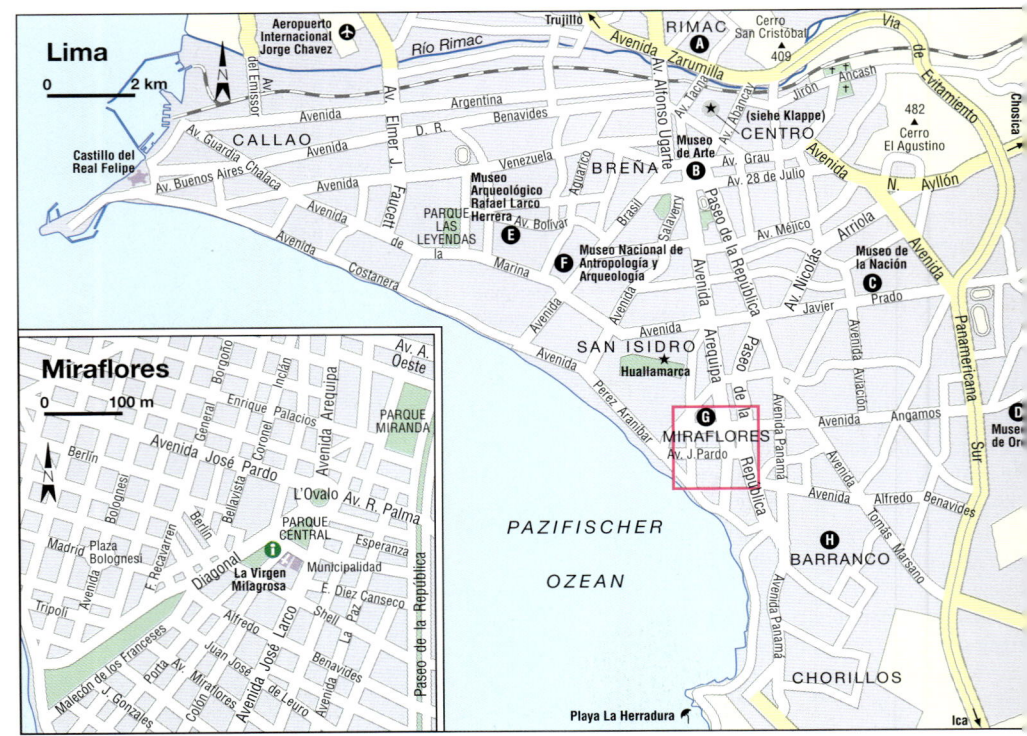

einem wirtschaftlichen Aufschwung. Den größten Sieg aber feierte Fujimori 1992 mit der Festnahme von Abimael Guzmán, dem Führer der maoistischen Guerillagruppe *Sendero Luminoso* (»Leuchtender Pfad«). Mit diesem Coup hatte man der Organisation den entscheidenden Schlag versetzt. Viele Menschen, die aus Angst vor dem Terror aus dem Hochland geflüchtet waren, konnten in ihre Heimat zurückkehren. Der Terrorismus schien besiegt, als die Gruppe *Túpac Amaru* am 17. 12. 1996 die Residenz des japanischen Botschafters in Lima besetzte und mehrere Hundert Menschen als Geiseln nahm. Erst vier Monate später konnte ein Spezialkommando in die Residenz eindringen und die Belagerung beenden – eine Geisel, zwei Soldaten und alle 14 Rebellen kamen dabei ums Leben.

> **Plaza de Armas**
> → Der »Platz der Waffen« ist das Zentrum vieler lateinamerikanischer Städte – früher bewahrte man hier die Gewehre der Soldaten auf.

Unter Missachtung der Verfassung trat Fujimori 2000 zur 3. Wiederwahl an und gewann unter massiven Vorwürfen von Wahlfälschung. Als im Fernsehen ein Video mit aktiver Bestechung durch seinen Geheimdienstchef Montesinos ausgestrahlt wurde, war seine Zeit um. Er floh nach Japan, wo er seither Asyl genießt. Nach einer Übergangsregierung unter Präsident Paniagua gewann Alejandro Toledo im Juni 2001 gegen Alan García die Präsidentschaftswahlen. Im Juni 2006 tritt García in einer Stichwahl um das Präsidentenamt gegen Ollanta Humala an.

Lima – »Stadt der Könige«

Unwirtlich erschien dem spanischen Eroberer Francisco Pizarro die Gegend, wo er am 18.1.1535 die Stadt Lima ❶ grün-

Seiten 144 146

An Werktagen findet um 11.45 Uhr die **Wachablösung** vor den Toren des Palacio de Gobierno statt. Sie wird von Soldaten des Husarenregiments aus Junín durchgeführt, die die blauroten Uniformen und Schmuckhelme aus der Zeit der Unabhängigkeitsbewegung tragen.

▼ **Wachwechsel auf der Plaza Mayor in Lima**

Seite 370 **TOP 50**

Eine kleine, aber feine Ausstellung präkolumbischer Kunst zeigt das **Museo del Banco Central de Reserva** (Di–So 10–13 Uhr) an der Ecke Lampa und Ucayali. Wo früher die Verwaltung der peruanischen Zentralbank untergebracht war, faszinieren heute Kunstgegenstände aus den Zeiten vor den Inka.

dete: Selten fiel Regen, Erdbeben waren an der Tagesordnung, im Winter war es grau und die Landschaft in Nebel gehüllt. Seine Soldaten aber hielten den Ort für ideal, um im Falle eines Indianeraufstands schnell über das Meer flüchten zu können. Damals ahnte noch keiner, dass an dieser Stelle das politische und militärische Zentrum der Neuen Welt entstehen würde. 40 Vizekönige hatten hier ihren Amtssitz, bevor Lima 1821 zur Hauptstadt des unabhängigen Peru erklärt wurde.

Schmuckes Zentrum

Auf der **Plaza Mayor** (ehemals Plaza de Armas) konzentrierte sich jahrhundertelang die Macht der neuen Kolonie. Auch heute noch ist dies einer der lebendigsten und attraktivsten Plätze Limas, der mit seinen Blumenbeeten, Parkbänken sowie dem Bronzebrunnen so einladend wirkt.

Auf dem Fundament des **Palacio de Gobierno** (Regierungspalast) an der Nordostseite der Plaza stand einst Pizarros

◄ **Aufreizend verhüllt trieben die »Tapadas« ein skandalöses Spiel**

Haus, in dem man ihn 1541 ermordet. Das erst 1938 fertig gestellte Gebäude i neoklassizistischem Stil kann gegen Vora meldung (mit Pass, Jr. Union 264) Mo–S gratis besichtigt werden. Die **Municipal dad** (Rathaus), ebenfalls an der Plaza gel gen, wurde im Kolonialstil 1944 errichte An Pracht steht es dem Regierungpala nicht nach, mit seinen Marmortreppe Kronleuchtern aus Kristall und vergoldete Spiegeln. Auch die Bibliothek muss ma gesehen haben: Die breiten Ledersess und riesigen Holztische des kleinen Raun verführen zu ein paar ruhigen Auge blicken, ganz unbehelligt vom Straße lärm. Die Wendeltreppe wurde aus eine einzigen Stück nicaraguanischem Zeder holz gedrechselt.

Gegenüber stellt der **Palacio del Arz bispo** (Erzbischöflicher Palast) den schön ten holzgeschnitzten Balkon der Stadt z Schau. Werfen Sie einen Blick in den hü schen Innenhof, bevor Sie sich der **Cat dral** (Mo–Fr 10–13, 14–17, Sa 10–16 Uh nebenan zuwenden, wo Pizarros sterb che Überreste aufbewahrt werden.

In der Nähe der Kathedrale findet sic ein Prachtexemplar weltlicher Koloni architektur: der **Palacio Torre Tagle,** de sen Fassade im Mudejarstil mit prach vollen Balkonen besticht. In dem 173 erbauten Palast residiert das Außenmini terium, deshalb ist eine Besichtigur nicht möglich. Einige Häuserblocks nor östlich stößt man auf das **Monasterio d San Francisco** (tgl. 9.30–17.30 Uhr), de sen Kirche als barockes Prunkstück unt den Gotteshäusern Limas gilt. Das Klost wurde nach den Erdbeben der letzten vi Jahrhunderte immer wieder liebevoll re tauriert und beeindruckt mit seinen i geometrischen Mudéjar-Stil ausgestatte Innenräumen. Neben einer interessante Sammlung religiöser Kunstgegenstände g hört die Bibliothek mit 25 000 ledergebu denen Bänden sowie 6000 Pergamente aus dem 15.–18. Jh. zu seinen Kostbarke ten. Am faszinierendsten aber sind die K takomben, die während der Kolonialher schaft den Stadtbewohnern als Friedh dienten.

Von Heiligen und Sündern

Hinter dem Regierungspalast liegt der
Bahnhof Desamparados, der erste Stahlbau der Stadt. Die Einzelteile kamen per
Schiff aus England und wurden 1908 in
Lima zusammengebaut. Früher starteten
hier die Züge zur Fahrt auf der höchsten
Eisenbahntrasse der Welt nach Huancayo.
Der Betrieb wurde 1996 eingestellt, Ausstellungen finden aber regelmäßig statt.

Läuft man von hier in nordwestlicher
Richtung am Río Rimac entlang, trifft man
bald auf eine romantische Steinbrücke,
die in einen von Limas ältesten Stadtbezirken, das Arbeiterviertel **Rimac ❹,** hinüberführt. In seinen Straßen flanierten
früher die *tapadas* (siehe unten). Bevorzugtes Terrain für ihre Koketterien war
die **Alameda de los Descalzos.** Die 1611
angelegte Promenade wird von italienischen Marmorstatuen gesäumt, welche
die 12 Monate darstellen. Durch hübsche
Grünanlagen führt sie zum **Convento de
los Descalzos** (»Kloster der Barfüßigen«).

Das ebenso wohlhabende wie religiöse
Lima ist die Heimat zweier großer Heiliger: Rosa de Lima und Martín de Porres.
Rosa, die mit 31 Jahren an Tuberkulose
starb, hatte schon zu Lebzeiten glühende
Anhänger. Sie wurde gerühmt, Tausende
geheilt und unzählige Wunder vollbracht
zu haben. Man sagt, sie habe Lima sogar
vor Piratenüberfällen bewahrt, die die
Stadt damals heimsuchten. Martín de Porres wurde erst nach seinem Tod bekannt.
Er lebte mit den Mönchen im **Monasterio
Santo Domingo** (Jr. Camaná, Mo–Sa
7–12.30 und 15.30–20, So 9–13 Uhr); als
Schwarzer war es ihm jedoch verwehrt,
Priester zu werden. Zu seinen Pflichten
gehörte die Hausmeisterei – er wird immer mit einem Besen in der Hand dargestellt. Beide Heilige liegen in dem öffentlich zugänglichen Kloster begraben.

Limas geschäftigster Platz ist die **Plaza
San Martín,** die mit der Plaza Mayor durch
die Fußgängerzone **Jirón de la Unión** verbunden ist, einst die eleganteste Einkaufs-

Seite 146

Einen einfachen, aber
typisch peruanischen
Mittagsimbiss bietet
das **Restaurant
Cordano** gegenüber
dem Bahnhof.

Skandalöse »Tapadas«

Für das 18. Jh. unerhört lasziv kleideten
sich die Mestizas der Oberschicht, die sog.
Tapadas – die »Verhüllten«. Bald entwickelte sich zwischen ihnen und den
Europäerinnen eine Rivalität. Während die
Spanierinnen ihre schmalen Taillen
schnürten und mit riesigen Fächern wedelten, betonten die Mestizas ihre breiteren Hüften und zeigten Arm. Ihre Gesichter aber verdeckten sie mit einem Schleier,
der nur ein Auge freiließ. »Diese Kleidung
verändert eine Frau so sehr (...), dass sie
unmöglich zu erkennen ist. Es sei denn,
sie ist sehr groß oder klein, lahm, buckelig
oder in anderer Weise auffällig«, schrieb
die französische Feministin Flora Tristan.
»Es erfordert sicherlich wenig Phantasie,
sich die Konsequenzen dieser altehrwürdigen Praxis auszumalen.« Sie reichten
vom verspielten Flirt bis zum sündigen
Abenteuer – manchmal sogar mit dem
eigenen, ahnungslosen Gatten.

▲ **Handwerker
mit
Goldschmuck
▶ Reich
geschmückte
koloniale
Fassade**

Im **Museo de la Inquisición y del Congreso,** Jr. Junin 548, Tel. 311 77 77, (Mo–So 9–17 Uhr), werden Ihnen Schauer über den Rücken jagen, wenn Sie in die Kellergewölbe hinuntersteigen, wo Menschen gefoltert wurden, bis sie zugaben, Gotteslästerer, Jude oder eine Hexe zu sein. Danach schleppte man sie auf die Plaza und peitschte sie aus oder verbrannte sie auf dem Scheiterhaufen.

▼ **Kolibri-Zeichnung in der Ebene von Nasca**

straße der Stadt. Wenige Hundert Meter südlich des Platzes zeigt das **Museo de Arte ⓫** (Do–Di 10–17 Uhr) eine sehenswerte Sammlung präkolumbischer und kolonialer Kunst.

Außerhalb des Zentrums

Einige von Limas interessantesten Museen, Geschäften und Restaurants finden sich in den Vororten, die von der Altstadt aus per Bus oder Taxi in kurzer Zeit zu erreichen sind. An der Avenida Javier Prado Este südöstlich des Zentrums liegt das **Museo de la Nación ⓬** (Nationalmuseum, Di–So 9–18 Uhr) mit faszinierenden Kunstgegenständen aus Zeiten vor den Inka bis hin zur peruanischen Kunst der Gegenwart. Eine ausgefallene Sammlung von Gold- und Silberartefakten aus der präkolumbischen Epoche hat dem **Museo de Oro ⓭** (Goldmuseum, tgl. 11.30–19 Uhr) im Vorort Monterrico Weltruhm eingebracht.

Südwestlich der Altstadt, in Pueblo Libre, lohnt ein Besuch des **Museo Rafael Larco Herrera ⓮** (Mo–So 9–18 Uhr). Das auf Keramiken der Moche spezialisierte Museum nennt auch ein paar amüsante Stücke erotischen Steinguts sein Eigen. Ein weiterer Anziehungspunkt in Pueblo Libre ist das **Museo Nacional de Arqueología, Antropología e Historia ⓯** (Di–Sa 9–17, So 9–16 Uhr) mit Keramiken und Textilien aller großen Kulturen Alt-Perus sowie Gemälden aus der Kolonialzeit.

Wer nach so viel Kultur ein Kontrastprogramm sucht, wird in **Miraflores ⓰** fündig. Auf dem Tummelplatz für die Sprösslinge der reichen Peruaner reiht sich ein Café und Restaurant ans andere. Das Viertel hat sich nicht nur zum Zentrum des Nachtlebens entwickelt, sondern lockt auch tagsüber zu einem ausgedehnten Bummel durch die zahlreichen Boutiquen und Kunsthandwerkerläden.

Im Süden schließt sich das romantische Künstlerviertel **Barranco ⓱** an, die Wiege des peruanischen Walzers. Hier haben sich die produktivsten Künstler, Dichter und

Seite
144

azzmusiker Perus niedergelassen. Über ie von Jasmin- und Hyazinthensträuchern esäumte **Puente de los Suspiros** (»Seufzerbrücke«), einen beliebten Treffpunkt für unge Pärchen, führt ein Weg zu einer Ausichtsplattform, die den Blick auf die geamte Bucht mit Limas Stränden freigibt.

Die wichtigste archäologische Stätte ahe Lima ist **Pachacamac** (31 km südl.). Bevor die Anlage unter den Inka zur Anetung des Sonnengottes genutzt wurde, atte sie große spirituelle Bedeutung und iente als eine Art Wallfahrtsort für Bewohner aus allen Teilen Perus.

Die mysteriösen Nasca-Linien

Vor 60 Jahren war die kleine Kolonialstadt Nasca ❷ ohne jede Bedeutung. Um sie on Lima aus zu erreichen, musste man ie trockenste Wüste der Welt durchqueen. Heute ist es gerade diese Wüste, die ausende von Menschen in das 30 000 Einwohner zählende, sonnengebleichte Kolonialstädtchen zieht und für die archäologische Welt zu einem der größten Geheimnisse in der Neuen Welt wurde.

Die Ebene nördlich von Nasca ist durchzogen von unzähligen, bis zu 300 m angen Linien, die aus der Luft betrachtet Tiere und geometrische Figuren darstelen. Vor etwa 2000 Jahren wurden sie in den ausgetrockneten Wüstenboden gekratzt und sind bis heute erhalten geblieben – dank des fehlenden Niederschlags und besonderer Winde, die die Ebene zwar säubern, aber keine Erde abtragen.

Lange Zeit hielt man die Zeichnungen für den Teil eines Kanalsystems aus der Zeit vor den Inka – eine Theorie, die der amerikanische Bewässerungsexperte Paul Kosok 1939 widerlegte. Zufällig überflog er die Ebene am Tag der Sommersonnenwende und bemerkte, dass die Bahn der Sonne parallel zu den Linien einer der Vogelskizzen verlief. Spontan bezeichnete der Wissenschaftler die Ebene als »größtes Astronomiebuch der Welt«.

Aber nicht Kosok, sondern eine deutsche Mathematikerin sollte als Expertin der Scharrbilder in die Geschichte eingehen. Maria Reiche war 35, als sie für den Amerikaner auf einem seiner Seminare dolmetschte. Von seinen Ausführungen fasziniert, begann sie mit dem Studium der Linien, das sie bis zu ihrem Tod 1998 beschäftigte. Täglich vermaß, säuberte und kartografierte sie die Zeichnungen. Sie entwickelte allgemein anerkannte Theorien über die Scharrbilder, die einen 50 km breiten Gürtel zwischen Nasca und Palpa bedecken, und bezeichnete sie als »astronomischen Kalender«.

»Diese Zeichnungen wurden gemacht, damit die Götter sie sehen und den Indianern von oben herab beim Ackerbau, Fischfang und allen anderen Tätigkeiten helfen konnten.« Maria Reiche stellte u. a. die These auf, der Affe sei ein Symbol für das Sternbild des Großen Wagens, welches für die Indianer Regen versinnbildlicht. In einem Landstrich, wo es durchschnittlich alle zwei Jahre eine halbe Stunde regnet, musste man die Götter mit

▲ **Präkolumbische Mumie vom Friedhof Chauchilla, Nasca**
▶ **Fein gearbeitetes Detail aus einem antiken Stoff von Paracas**

Gute Aussichten
20 km nördlich von
Nasca befindet sich
neben der Pan-
americana eine Platt-
form, von der man
einen Teil der Linien
überblicken kann. Die
beste Aussicht
allerdings bietet sich
aus der Luft. **Rund-
flüge** können in
Lima, Ica oder Nasca
gebucht werden.

allen Mitteln darauf hinweisen, dass die Erde auszutrocknen drohte.

Die Forscherin entschlüsselte auch das Rätsel, wie die Indianer die Zeichnungen so symmetrisch ausführen konnten. Sie war überzeugt, dass man ein Einheitsmaß als Basis benutzte – wahrscheinlich der Abstand des Ellbogens zum Zeigefinger – und Seile an Pfählen festband, mit deren Hilfe man Kreise und Bögen legte.

Natürlich haben Reiches Theorien zahlreiche Gegner gefunden. Sie wollen nicht glauben, dass die Indianer Zeichnungen erstellten, die sie selber nicht sehen konnten. Da man die Skizzen in ihrer Gesamtheit nur von der Luft aus erkennen kann, versuchte der International Explorers' Club 1975 zu beweisen, dass die Indianer von Nasca über Luftfahrzeuge verfügten. Man baute einen Heißluftballon aus Schilf und Tuch, den *Cóndor I,* der 60 Sekunden lang in der Luft blieb und eine Höhe von 100 m erreichte – doch auch dieser Flug bewies nur wenig.

Die für die Linien schädlichste Theorie äußerte Erich von Däniken sieben Jahre zuvor in seinem Buch »Strategie der Götter«. Der Autor behauptete, die Pampa sei eine Landebahn von Außerirdischen gewesen – eine Idee, die nicht nur Maria Reiche als baren Unsinn verwarf. Doch von Dänikens Buch zog Tausende von Besuchern an, die mit Motorrädern, Jeeps oder Pferden auf die Suche nach den Zeichnungen gingen und dabei unauslöschliche Spuren hinterließen. Inzwischen ist es verboten, die Pampa zu betreten und mit dem Gewinn aus dem Verkauf von Reiches Buch »*Mystery of the Desert*« wird ein ständiger Überwachungsdienst bezahlt.

Cusco – »Nabel der Welt«

Auf dem Markt von **Cusco** ❸ sprechen die indianischen Verkäufer mit den Touristen Spanisch und untereinander Quechua; viele der Kolonialgebäude stehen auf alten Inka-Fundamenten, und die kunstvoll behauenen Kirchenfassaden zeigen biblische Figuren mit indianischen Gesichtszügen. Die frühere Inka-Hauptstadt beeindruckt durch ihre Mischung der Kulturen und ist ein einzigartiges Zeugnis dafür, dass die Zivilisation der Inka nicht völlig ausgelöscht wurde.

Als Francisco Pizarro und seine Männer vor fast 500 Jahren in Cusco einmarschierten, lebten hier ungefähr 200 000 Menschen, vor allem Adelige und Priester mit ihren Dienern. Mit dem übrigen Reich war die Stadt nur durch die *chasquis* (s. S. 22) verbunden, Langstreckenläufer, die Botschaften aus den vier Ecken von »Tawantinsuyo« (Reich der vier Religionen) in die Hauptstadt trugen.

»Ama sua, ama quella, ama lulla« – »Lüge nicht, stiehl nicht, sei nicht faul«, so wurde einst jeder Neuankömmling in Cusco begrüßt. Werte, die in einer auf Gemeinschaftsarbeit basierenden Gesellschaft von größter Bedeutung waren. Mit Ausnahme von Priestern und Angehörigen der königlichen Familie musste sich jeder an bestimmten Projekten beteiligen, z. B. dem Bau von Straßen, oder Aquädukten. Nur indem alle mit anpackten, so die Philosophie der Inka, würden sie später auch Verantwortung für die fertigen Konstruktionen tragen.

In ihrer Blütezeit war Cusco eine reiche Stadt mit einer ausgeklügelten Wasserversorgung und gepflasterten Straßen. Nicht immer jedoch wurde sie von wohlwollenden Herrschern regiert. Urco beispielsweise beging solche Gräueltaten, dass die Inka ihn aus der Geschichte strichen und verboten, ihn auch nur zu erwähnen. Ein anderer henkte seine Feinde entlang der Straßen des Reichs – eine grausige Botschaft an alle Abtrünnigen. Wieder ein anderer ließ die Bewohner einer nahen Stadt hinrichten, um die Vergewaltigung einer für den Sonnenkult auserwählten Jungfrau zu rächen. Aber selbst diese Exzesse können die Größe einer Zivilisation, an deren Leistungen kaum eine andere Kultur dieser Zeit heranreichte, nicht überschatten.

Symbiose der Kulturen

Zu den beeindruckendsten Merkmalen von Cusco gehört seine Architektur. Die Versuche der Spanier, jegliche Spur der »heidnischen« Zivilisation der Inka zu zerstören, waren vergebens. Noch heute zeugen riesige Mauern, deren Steine fein säuberlich aneinandergepasst sind, von dieser Kultur, die vor 500 Jahren fast das gesamte Andengebiet beherrschte. Nachdem die Konquistadoren die Tempel der Stadt geplündert und zerstört hatten, begannen sie, schmucke Kolonialhäuser auf den Inka-Fundamenten zu errichten – teilweise verwendeten sie dabei die abgetragenen Steine der indianischen Bauten.

Eine Stadtbesichtigung beginnt man am besten auf der **Plaza de Armas.** Sie war einst der Mittelpunkt des Inka-Reichs, wo die bedeutendsten religiösen und militärischen Zeremonien stattfanden. Beherrschendes Bauwerk an der Plaza ist die **Catedral** (tgl. außer Do 10–11.30, nachm. tgl. 14–17.30 Uhr). Sie wurde auf dem

Seiten
144
155

16 auf einen Streich
Für Besuche der unzähligen Sehenswürdigkeiten rüstet man sich am besten mit einem **Boleto Turístico** aus. Das Pauschalticket gewährt verbilligten Eintritt zu den meisten Sehenswürdigkeiten in und um Cusco. Erhältlich im Büro der OFEC, Casa Carcilaso und Av. Sol 103.

◀ Keramik-Bullen auf dem Hausdach versprechen Glück; Cusco
◀ Blick auf die roten Dächer von Cusco
▶ Markt in Pisac

Fundament des Palastes von Inca Vira-cocha in einer Mischung aus spanischem Renaissancestil und indianischer Steinmetzkunst errichtet. Ein ganzes Jahrhundert lang baute man an dem Schmuckstück, dessen Inneres neben anderen Kostbarkeiten auch einige sehr sehenswerte Gemälde der berühmten Schule von Cusco enthält (s. S. 155). Die 300 Jahre alte, aus einer Tonne Gold, Silber und Bronze gegossene Glocke im Nordturm, die María Angola, ist 40 km weit zu hören und soll die größte auf dem ganzen Kontinent sein. Rechter Hand der Kathedrale steht die **Iglesia El Triunfo,** die zur Erinnerung an die Niederschlagung der Indianerrebellion von 1536 erbaut wurde. Die **Iglesia Jesús María** links der Kathedrale zählt mit ihren 250 Jahren bereits zu den »neueren« Bauten der Andenmetropole.

> *Huacaypata*
> → »Klageplatz« nannte man die Plaza de Armas zu Zeiten der Inka – hier trauerte man um die Verstorbenen.

In einer Stadt mit so vielen Kirchen is es durchaus bedeutsam, als »die Schöns te« bezeichnet zu werden. Diese Ehre gebührt der **Iglesia La Compañía de Jesús** (tgl 9–11, 15–18 Uhr) ar der Ostseite der Plaza Auch sie befindet sich auf dem Fundament ei nes alten Inka-Palastes Es dauerte fast 100 Jah re, bis das Gotteshaus mit seinem kunstvollen Inneren, den ge schnitzten Galerien und den mit Blattgolc überzogenen Altären fertig gestellt war Seitlich davon führt eine Straße zum wichtigsten zeremoniellen und religiösen Ort des gesamten Inka-Reichs. Wo heute die **Iglesia Santo Domingo** (Mo–Sa 8–17 So 14–16 Uhr) steht, erhob sich einst **E Templo de Coricancha,** der Sonnentem pel. Die Wände des prachtvollsten Baus in damaligen Cusco waren vergoldet und die Fenster so angeordnet, dass die herein

▼ **Schmale, Kopfstein gepflasterte Straße in Cusco**
▼ ▼ **Straßenhändler in Cusco**

scheinende Sonne das wertvolle Metall in gleißendem Licht erstrahlen ließ. Chroniken berichten, wie überwältigt die Europäer beim Anblick des Innenhofs von Coricancha waren, in dem lebensgroße Statuen von Lamas, Bäumen, Blumen und sogar feinsten Schmetterlingen aus Gold und Silber standen.

Die Jungfrauen der Sonne

Noch eine weitere christliche Enklave Cuscos steht auf einem heiligen Platz der Inka: das im Kolonialstil erbaute **Convento de Santa Catalina** (Mo–Do und Sa 9–17, Fr 9–15 Uhr). Anstatt römisch-katholischer Nonnen lebten an diesem Ort früher die auserwählten Frauen, die ihr Leben dem Sonnengott widmeten. Bis zu 3000 Mädchen wurden hier gelehrt, ihrem himmlischen Gatten zu dienen und dem Inka, seinem Erdensohn, Vergnügen zu bereiten. So fertigten sie beispielsweise die kostbaren Gewänder des Herrschers – die er jeweils nur einmal trug – und berei-

teten das in religiösen Zeremonien verwendete *chicha*. Der Herstellungsprozess dieses Bierersatzes aus Mais mutet etwas exotisch an: Man kaute das Korn und spuckte es dann in Krüge, wo es durch den Speichel zu gären begann. Die Prozedur hat sich geändert, *chicha* aber ist noch immer eines der beliebtesten Getränke der Indianer und wird insbesondere auf den zahlreichen Festen in rauen Mengen genossen.

Die einmalige Symbiose der Kulturen hat sich auch in der Kunst niedergeschlagen. Sie brachte einen religiös ausgerichteten Malstil hervor, der sich durch kräftige dunkle Farben und die Vermischung von europäischen und indianischen Motiven auszeichnet: die »Schule von Cusco«. Auf den Gemälden sind Erzengel abgebildet, die spanische Kleider und europäische Waffen tragen, doch um sie herum scharen sich Engelchen mit indigenen Gesichtszügen. Ein Bild des Heiligen Abendmahls in der Kathedrale zeigt Christus

Jedes Jahr am 24. Juni feiern in Cusco Tausende das Fest der Wintersonnenwende, **Inti Raymi**. Höhepunkt ist eine Prozession, die vom ehemaligen Sonnentempel Coricancha bis nach Sacsayhuamán führt.

TOP 50 Seite 370

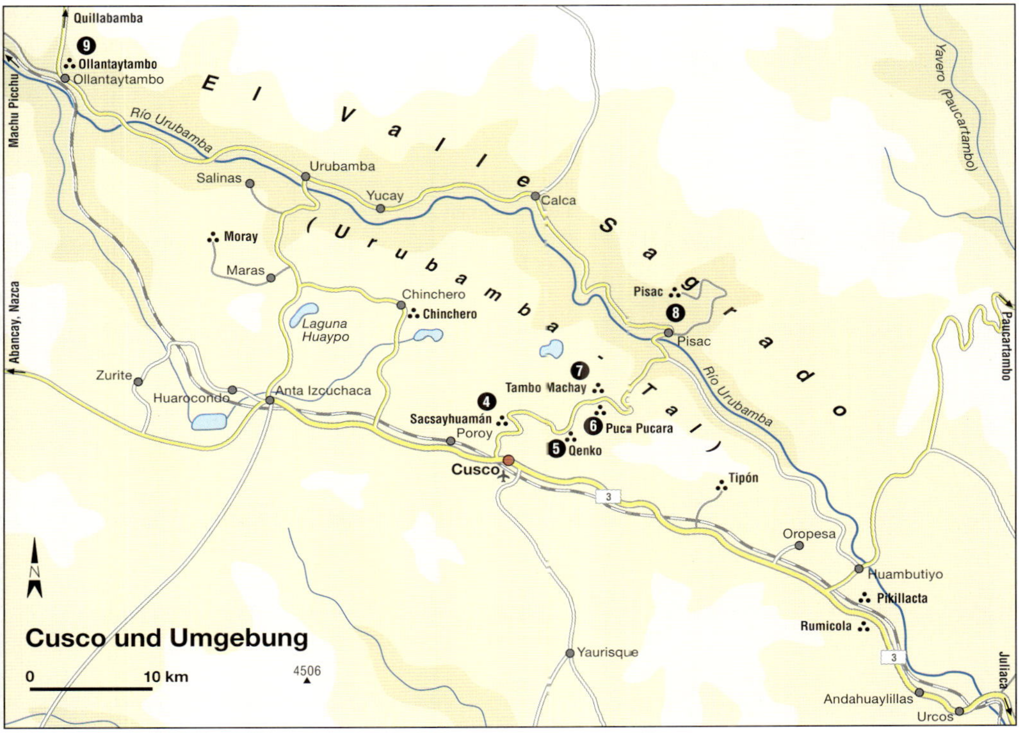

Cusco und Umgebung

0 — 10 km

Wer sich an die ungewohnte Höhe in Cusco (3326 m) bereits gewöhnt hat, der sollte **Sacsayhuamán** (Bild oben) über den kurzen, aber steilen Fußweg erobern. Von der Festung bietet sich eine herrliche Aussicht auf das rote Dächermeer von Cusco und die Felder des Tals.

und seine Jünger, wie sie peruanischen Käse und die einheimische Delikatesse geröstetes Meerschweinchen verzehren.

Eine faszinierende Sammlung dieser Malerei, deren Blütezeit vom 16. bis ins 18. Jh. dauerte, ist im **Museo de Arte Religioso del Arzobispado** (Mo–Sa 8 bis 11.30, 15–17.30 Uhr) ausgestellt. Das Gebäude wurde auf den Fundamenten des Palastes von Inca Roca im maurischen Stil erbaut und besitzt kunstvoll geschnitzte Türen und Balkone. Direkt davor kann man den berühmten **Zwölfeckigen Stein** bewundern, mit dem die Inka wieder einmal bewiesen haben, dass ihnen kein Felsblock zu unregelmäßig war, um ihn ohne Mörtel in eine Mauer einzupassen.

In den engen Gassen nordöstlich des Museums erstreckt sich Cuscos **Künstlerviertel** mit vielen schönen Galerien. Et-

> *peñas*
> → heißen die typischen Bars Südamerikas, in denen folkloristische Musik live gespielt wird.

was günstiger kann man das typische Kunsthandwerk bei Straßenhändlern er stehen, insbesondere unter den Arkaden um die Plaza de Armas bieten Indianer frauen ihre Arbeiten zum Verkauf an.

Am Abend locken un zählige Restaurants und Peñas mit Livemusik Eine der besten Show zeigt das Restaurant **E Truco**. Zum Desser spielen Künstler au ihren Panflöten, singer alte Quechua-Weiser und versetzen die Zuhörer geradewegs ir die Vergangenheit.

Das heilige Tal der Inka

Auf dem Weg von Cusco ins Heilige Ta der Inka passiert man zunächst die über wältigende Festung **Sacsayhuamán ❹**. Si ist ein kühnes Beispiel des architektoni schen Könnens der Inka. Aus riesigen Stei nen, von denen einer fast 100 t wiegt wurde diese Burg erbaut und mit eine dreifachen, im Zickzack verlaufender Mauer umgeben. Archäologen schätzen dass Zehntausende von Arbeitern meh als 70 Jahre lang an der Festung bauten Sie schleppten gewaltige Andesitblöcke vom 25 km entfernten Steinbruch herbe und schufen nahezu unzerstörbare Ge bäude, die den Komplex zu einem de großartigsten im Inka-Reich machten. Au dem Plateau oberhalb der Festung stan den drei Türme, u. a. ein runder, Muyu Marka, der der Sonne gewidmet war.

Weniger als 2 km von Sacsayhuamán entfernt liegt **Qenko ❺** – Quechua fü »Labyrinth« –, eine heilige Stätte der Inka die der Mutter Erde *(pacha mama)* ge weiht war. Hier steht ein 5 m hoher Stein block, der vor seiner Zerstörung durch die Konquistadoren vermutlich einen Puma darstellte. In den Fels sind schlangenför mige Wasserkanäle und ein unterirdische Raum gemeißelt. Auf der Straße Richtung Pisac erhebt sich die etwas kleinere Fes tung **Puca Pucara ❻** (»rote Festung«), vo der aus die Straße nach Cusco und der Zu

◄ **Die Inka-Ruine Sacsayhuamán thront über Cusco**

Seite 155

Trekking in den Anden

Peru ist ein Mekka für Wanderer und Bergsteiger aus aller Welt. Eine der besten Adressen für aktuelle Informationen ist der »South American Explorers' Club« (www.saexplorers.org) in Lima (Calle Piura 135, Miraflores, Tel./Fax 01/445-3306) und in Cusco (Choquechaca 188/4, Tel. 084/24-54 84, Mo–Fr 10–17, Sa 10–13 Uhr). Jahresmitgliedsbeitrag: US-$ 50.

Neben der Region Cusco ist die Cordillera Blanca nordöstlich von Lima – mit dem höchsten Berg Perus, dem 6768 m hohen Huascarán und dem Alpamayo, der als schönster Berg der Welt gilt – ein Dorado für Outdoor-Freunde. Die »Casa de Guías« in Huaraz (Parque Ginebra 28 G, Tel. 72 18 11, Fax 72 23 06, agmp@terra.com.pe) versorgt Wanderer nicht nur mit Material über Routen, sondern vermittelt auch lizenzierte Führer und Maultiertreiber.

Die meisten Trekkingtouren können von Personen mit durchschnittlicher Kondition bewältigt werden. Da Pässe von bis zu 5000 m jedoch keine Seltenheit sind, sollte man sich zuvor unbedingt auf leichteren Wanderungen akklimatisieren, um die Höhenkrankheit »soroche« zu vermeiden. Die nötige Ausrüstung – vom Wanderstiefel bis zum Zelt – kann vor Ort zwar geliehen werden, allerdings lässt die Qualität oft zu wünschen übrig. Am besten man bringt das Equipment bereits von zu Hause mit: Funktionsunterwäsche, eine Goretex- oder Daunenjacke, einen Fleece-Pullover, Wanderstiefel, ein Zelt, eine Isomatte sowie einen guten Schlafsack und einen höhentauglichen Kocher. Auf Lagerfeuer sollte generell verzichtet werden – Holz ist in höheren Lagen nur spärlich vorhanden und die Bodenerosion schon weit fortgeschritten.

Unterwegs bestehen meist keine Einkaufsmöglichkeiten, daher muss man sich vor Antritt einer Tour mit ausreichend Proviant eindecken. Außer Tiefgefrorenem ist in Cusco und Huaraz beinahe alles zu haben.

gang zum Heiligen Tal der Inka bewacht wurden. Bei klarem Wetter genießt man von hier einen herrlichen Blick auf den Ausangate-Gletscher. Etwas nördlich unterzogen sich die Inka-Herrscher und ihre Frauen im heiligen Ort **Tambo Machay** ❼ rituellen Waschungen. Aus der unterirdischen Quelle werden noch einige Becken mit kristallklarem Wasser versorgt.

Eine kurvige Straße führt nun hinunter ins »Heilige Tal der Inka« oder *Valle Sagrado*. Sein fruchtbarer Boden und das milde Klima machten es einst zum landwirtschaftlichen Zentrum der Inka, die von hier einen großen Teil ihres Reichs mit Nahrung versorgten. An den Hängen sind viele der alten Terrassenfelder zu erkennen – einige von ihnen werden bis zum heutigen Tag bestellt.

Das freundliche Dorf **Pisac** ❽ am Beginn des *Valle Sagrado* ist vor allem bekannt für seinen quirligen Sonntagsmarkt und natürlich seine Ruinen. Wer körperlich fit ist, kann auf einem wunderschö-

TOP 50 Seite 363

TOP 50 Seite 367

▶ **Früh übt sich, wer ein guter Verkäufer werden will**

Machu Picchu

Schon lange bevor der Amerikaner Hiram Bingham 1911 die von Pflanzen überwucherte Gebirgsstadt entdeckte, war Machu Picchu ein geheimnisvoller Ort. Vermutlich durften im Inka-Reich nur wenige Auserwählte die auf einem schmalen Grat gelegene Siedlung betreten. Wie es den Inka allerdings gelang, eine ganze Stadt vor den Konquistadoren geheim zu halten, ist bis heute nicht eindeutig geklärt.

In spanischen Chroniken über diese Gegend wird Machu Picchu nicht erwähnt. Da die Inka keinerlei schriftliche Zeugnisse hinterließen, liegt das Schicksal seiner Einwohner im Dunkeln. Manche Wissenschaftler glauben, die Menschen seien einer Epidemie zum Opfer gefallen. Andere wiederum sind der Meinung, man habe sie infolge einer Rebellion zunächst geächtet, aus dem Gedächtnis gestrichen und schließlich einfach vergessen.

◀ Üppiges Grün bedeckt die subtropische Landschaft rings um Machu Picchu (»Alter Gipfel«) sowie den etwas niedrigeren Huayna Picchu (»Junger Gipfel«), der die Stadt wie ein Wachturm überragt und einen spektakulären Rundblick gewährt

Trotz der Entdeckung durch Hiram Bingham blieb Machu Picchu noch lange vor den Augen der Allgemeinheit verborgen. Erst 1940 stieß eine archäologische Expeditionstruppe auf den alten Inka-Pfad (s. S. 159) – früher einzige Verbindung zur Außenwelt. Seit 1948 kann man die Ruinen auch per Zug und Bus erreichen.

Aus den Überresten der Anlage schließen die Forscher, dass hier etwa 1500 Menschen gelebt haben, die den Ort primär spirituell und zeremoniell nutzten. Machu Picchu soll Wohnort für Priester, hohe Funktionäre, Handwerker und ihre Diener gewesen sein, besonders aber für die »mamacunas«, dem Sonnengott geweihte Jungfrauen. Die Theorie basiert auf dem Fund von 135 menschlichen Skeletten – 109 davon weiblich.

Nicht nur direkt in Machu Picchu, sondern auch in der näheren Umgebung wurden Terrassenfelder gefunden, deren Erträge weit mehr Einwohner als nötig versorgen konnten. Einige Wissenschaftler haben daher spekuliert, die Region sei ein wichtiger Lieferant von Kokablättern für die Adeligen und Priester in Cusco gewesen.

Die Stadt selbst besteht aus mehreren Teilen: die Straße der Brunnen, in deren Becken noch heute zeitweise Wasser fließt und die früher vermutlich eine wichtige Rolle in religiösen Zeremonien spielten, ein Bürgerviertel mit kleinen Wohnhäusern, ein Friedhof mit einem Bestattungsstein, ein Gefängnisviertel sowie verschiedene Tempel. Der »Tempel der drei Fenster«, durch den hindurch das Sonnenlicht auf den Heiligen Platz fällt, soll bei Sonnenritualen von zentraler Bedeutung gewesen sein. Oberhalb davon liegt das wichtigste Heiligtum Machu Picchus, das »Intihuatana«. Während die einen in dem seltsam geformten Stein eine Art Sonnenuhr sehen, glauben andere, die Inka hätten auf Grund der Schatten, die er je nach Sonneneinfall wirft, religiöse Zeremonien und andere Handlungen geplant. ■

nen Weg zu der alten Inka-Anlage oberhalb der Stadt hinaufwandern. Der Pfad
beginnt an der Kirche, wo sich Indianer-
kinder gegen ein kleines Taschengeld als
Führer anbieten. Die Steine der Ruinen
von Pisac sind zwar wesentlich kleiner als
die von Sacsayhuamán, aber ebenso präzi-
se geschlagen und eingepasst. Schlichtweg überwältigend jedoch ist der wundervolle Blick über das Urubamba-Tal.

Etwa 60 km flussabwärts endet die
Straße plötzlich in einer der besterhal-
tenen Inka-Siedlungen Perus. **Ollantaytambo ❾** liegt zu Füßen der mächtigen
gleichnamigen Festung aus rosarotem Por-
phyr, die sowohl von großer militärischer
als auch spiritueller Bedeutung war.

Die Anden

Mit 7500 km Länge sind die Anden nicht
nur die größte Gebirgskette der Welt, sondern sie bilden auch das Rückgrat des
westlichen Südamerika. Von Venezuela
bis nach Chile und Argentinien erstrecken
sich die einzelnen Bergkämme, *cordille-
ras* genannt, die sich zu einem Mekka für
Bergsteiger und Wanderer entwickelt haben. Und Peru darf sich rühmen, einige
der schönsten und höchsten Gipfel der
Welt zu besitzen – wenn man vom Hima-
laya einmal absieht.

Wirklich unberührte Wildnis findet
man in den peruanischen Anden allerdings nur in zerklüfteten und unzugängli-
chen Gegenden. Große Teile des men-
schenfeindlichen Berglands wurden von
den Inka mit ihren Terrassenfeldern besiegt, und auch heute noch bewirtschaften die mittellosen *campesinos* jedes be-
baubare Fleckchen Erde. Daher ist eine
Wanderung durch die Sierra zugleich eine
Wanderung durch die Vergangenheit. Seit
der Inka-Zeit hat sich hier nur wenig geändert: Mit vorsintflutlichen Geräten werden die Felder bestellt; in den mit *Ichú*-
Gras bedeckten Lehmhütten schläft man
auf dem Boden und kocht auf offenen
Feuerstellen; es gibt keinen Strom, und
das Wasser muss oft mühsam von Quellen
herbeigetragen werden.

Auf dem Inka-Trail nach Machu Picchu

Von allen Trekkingtouren Südamerikas ist
diese drei bis fünf Tage dauernde Wanderung die bekannteste. Das Abenteuer beginnt mit einer Bahnfahrt entlang des
Río Urubamba. Bei Kilometer 88 hält der
Zug kurz an, um die Trekker aussteigen
zu lassen. An der kleinen Station kann das
Permit für den Trail erworben werden
(100 US-$), das zugleich zum Eintritt in
Machu Picchu berechtigt. Nur noch eine
Fußgängerbrücke trennt nun von der über
400 Jahre alten Geschichte, auf deren
Spuren man zu einem der größten touristischen Highlights der Welt wandert.

Die ersten 11 km führen durch leicht
hügeliges Gelände und sind einfach zu be-
wältigen. Erst der Aufstieg zum 4000 m
hohen **Warmiwañusqa-Pass**, dessen Name übersetzt nicht umsonst »Pass der toten Frau« bedeutet, bringt den Trekker an
seine physischen Grenzen. Ab hier entfaltet

Ein weiteres Trek-
king-Highlight bei
Cusco ist die **Rund-
wanderung um den
Nevado Auzangate**
(6270 m). Die fünftä-
gige, sehr anspruchs-
volle Tour führt vom
Ort Tinqui durch eine
einzigartige Gebirgs-
welt mit Pässen bis
zu 5000 m. Unter-
wegs kann man sich
in heißen Quellen
entspannen, Glet-
scherhöhlen erkun-
den sowie Füchse,
Hasenmäuse und Vi-
kuñas in freier Wild-
bahn beobachten.

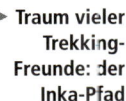

▶ **Traum vieler
Trekking-
Freunde: der
Inka-Pfad**

▲ **Kloster
Santa Catalina,
Arequipa**
▼ **Blick auf die
Plaza de Armas von
Arequipa**

sich die Inka-Geschichte. Die erste Belohnung für die Strapazen ist die phantastische Aussicht vom Wachtturm **Runkuraqay**. Etwas weiter thronen auf einem Felsen die Ruinen von **Sayajmarka** (»mächtige Stadt«), deren feines Mauerwerk ins Auge sticht. Zu ihren Füßen schlängelt sich eine meisterlich gepflasterte »Landstraße« der Inka durchs Tal.

Puyupatamarka (»Stadt über den Wolken«) fasziniert durch ihre kreisförmigen Mauern und ihr Aquäduktsystem, das die antiken Bäder bis heute mit Quellwasser versorgt. Kurz darauf wartet eine weitere Überraschung: Hohe Steinstufen führen 800 m in den Dschungel hinab. Dieser Teil des Inka-Pfads wurde merkwürdigerweise erst 1984 entdeckt, vorher gelangte man über einen modernen Fußweg zu den überwältigenden Ruinen von **Huiñay Huayna**. Beim Anblick der am steilen Hang klebenden Mauern kann man sich kaum vorstellen, wie die Inka diese Anlage erbauen konnten.

Zwei Stunden sind es nun noch zum Kronjuwel **Machu Picchu ❿**. Vom Pass **Intipunku** (»Sonnentor«) erhascht man den ersten Blick auf die Ruinen und wie einst die Inka wandert man auf einem engen Pfad hinunter in die sagenumwobene Stadt (s. S. 158).

Arequipa – die »Weiße Stadt«

Früher war Arequipa ⓫ ein Verkehrsknotenpunkt zwischen den bolivianischen Silberminen und der Küste. So entwickelte sich der Ort trotz seiner isolierten Lage fern von Lima zur zweitbedeutendsten des Landes. Sie zählt seit 2002 zum UNESCO-Weltkulturerbe.

Eine ganze Seite der **Plaza de Armas**, eines der schönsten Plätze des Landes, wird von der gewaltigen **Catedral** (tgl. 7–11, 17–20 Uhr) eingenommen. Nach den Brand- und Erdbebenkatastrophen im frühen 19. Jh. hat man sie zweimal wie-

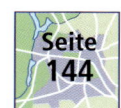

Seite
144

der aufgebaut. Der Innenraum ist wegen seiner belgischen Orgel und der von dem Franzosen Bussine Rigot 1879 kunstvoll geschnitzten Kanzel sehenswert. Die anderen drei Seiten des Platzes werden von zweistöckigen Arkaden umrahmt, unter denen sich gemütliche Cafés und Restaurants angesiedelt haben. Die Grünanlage in der Mitte zieht mit ihren Parkbänken, Palmen, alten Gaslampen und einem Brunnen Einheimische und Touristen gleichermaßen an.

> **sillar**
> → nennt man den weißen Tuffstein, der aus der Asche entstand, die der Volcán Misti einst ausspuckte. Als Baumaterial vieler Gebäude in Arequipa führte er zu dem Beinamen »Weiße Stadt«.

Eine Besichtigung der Stadt wäre nicht vollständig ohne einen Besuch der **Iglesia La Compañía.** Miniaturgemälde in Karmesin und Gold schmücken die Decke der Sakristei, und vom Kirchturm aus hat man einen herrlichen Blick über die ganze Stadt – besonders bei Sonnenuntergang, wenn die weißen Gebäude einen zarten rosafarbenen Schimmer annehmen.

Höhepunkt eines Rundgangs aber ist das **Monasterio de Santa Catalina** (9 bis 16 Uhr), das nach 400 Jahren Abgeschiedenheit 1970 für Besucher geöffnet wurde. Die Nonnen schenkten aber den klösterlichen Gelübden der Armut und des Schweigens kaum Beachtung. Mit englischen Teppichen, gepolsterten Stühlen und Seidenvorhängen glichen ihre Zellen eher den Räumen europäischer Paläste. Und zum Thema Schweigen bemerkte Flora Tristan im Jahr 1832, dass die Nonnen – aristokratische Töchter spanischer Abstammung, die eine Mitgift von 1000 Goldpesos mitzubringen hatten – im Reden so gut seien wie im Geldausgeben.

Als das Kloster seine Pforten öffnete, erwachten auch die alten Anekdoten und Skandale zu neuem Leben – wie die Geschichte von Schwester Dominga: Als 16-jährige war sie dem Orden beigetreten, nachdem ihr Geliebter sie wegen einer reichen Witwe verlassen hatte. Dominga soll so unglücklich gewesen sein, dass sie ihren eigenen Tod inszenierte, um zu fliehen. Sie legte den Körper einer toten Indianerin in ihr Bett und setzte es in Brand.

Allerdings passierte dies nicht in Santa Catalina, sondern im nahe gelegenen **Convento de Santa Rosa.** Damals glaubte die Mutter Oberin nicht an die Gerüchte, dass die junge Nonne außerhalb der Klostermauern lebe – bis Dominga in einen Brief an sie ihre Mitgift zurückverlangte.

Der Geist der Unabhängigkeit

Die Arequipeños sind im ganzen Land bekannt für ihre patriotische Haltung, Ende des 19. Jhs. wollten sie sogar einen unabhängigen Staat gründen. Dieser Lokalpatriotismus gipfelt im Fest zum Jahrestag der Stadtgründung am 15. August, an

▲ Ein Kondor schwebt über dem Cañón de Colca
► Wenn man den peruanischen Tourismusmanagern Glauben schenkt, so ist der Cañón de Colca die tiefste Schlucht der Welt

Arequipas Stadtbild wird bestimmt von Patrizierhäusern mit geschnitzten Holztüren, vergitterten französischen Fenstern und weiten Innenhöfen. Empfehlenswert ist ein Besuch der **Casa Ricketts,** 1738 als Priesterseminar gegründet und heute eine Bank, der **Casa de la Moneda,** der einstigen Münzanstalt, oder der **Casa Moral,** die nach dem Maulbeerbaum im Hof benannt wurde.

▼ Per Boot gelangen Menschen und Güter an ihr Ziel

dem das Geburtstagskind mit Paraden, Stierkämpfen, Folkloredarbietungen und einem Feuerwerk gefeiert wird.

Außerhalb von Arequipa sind insbesondere zwei Ziele empfehlenswert. Etwa 7 km entfernt steht die wunderschöne Getreidemühle **Sabandía,** die 1973 Stein für Stein wieder aufgebaut wurde. Drei Stunden einfache Fahrt sind es bis zum 3400 m tiefen **Cañón de Colca.** Die Strecke führt durch das Naturreservat **Salinas y Aguada Blanca,** einer Hochebene auf über 4000 Meter, wo man meistens Vikuñas, Flamingos und Füchse vor die Linse bekommt. Verschiedene Unternehmen in Arequipa bieten Touren an, deren fester Bestandteil ein Stopp bei dem Aussichtspunkt **Cruz del Cóndor** ist. Wie der Name bereits verspricht, hat man hier gute Chancen, ein Exemplar des Andenkondors zu erspähen.

Um sich nach einem anstrengenden Tag zu entspannen, machen Sie es den Einheimischen nach und suchen Sie eine

picantería auf. Dort können Sie scharfe gefüllte Paprika, Kaninchen oder eingelegtes Schweinefleisch essen und dazu ein erfrischendes *Arequipeña*-Bier genießen, das meist mit *cancha,* gesalzenem und gebratenem Mais, serviert wird.

Perus Amazonasurwald

Drei Fünftel von Peru sind mit Regenwald bedeckt – hier werden Flüsse zu Straßen, und als Verkehrsmittel dienen Motorboote oder Kanus. Immer häufiger besuchen Touristen diese Region, die zu den ursprünglichsten tropischen Gebieten der Welt gehört. Der Amazonasurwald konnte selbst von den Inka nie durchdrungen werden. Als die Spanier Peru eroberten, vernahmen sie Gerüchte von einer goldenen Stadt, die im Dschungel verborgen sei. Auf ihrer Suche nach »El Dorado« begegnete ihnen nichts außer Krankheiten und feindlichen Indianern, die Legende vom Goldschatz lebt aber weiter.

Dem Konquistador Francisco de Orellana wurde die Ehre zuteil, den Amazonas zu entdecken und ihn auf einem Floß als erster Europäer zu befahren. Er benannte den Fluss nach den wilden Kriegerinnen der griechischen Sage, weil er die langhaarigen Yagua-Indianer irrtümlich für Frauen hielt.

Die Suche nach Gold wich bald dem Eifer der Missionare, die »Wilden« zu bekehren und sie zu sesshaften Bauern zu machen. Aber das einheimische Volk zeigte sich widerspenstig. Juan Santos, einem von Jesuiten erzogenen Quechua-Indianer, gelang es, sich bekriegende Stämme zu vereinigen und die Europäer zu verjagen. So konnten die *indígenas* Mitte des 18. Jhs. den Dschungel vor einer europäischen Invasion bewahren. Aber nach und nach kehrten die Missionare zurück, und heute machen nicht nur die Protestanten, sondern auch dubiose Sekten aus den Vereinigten Staaten den Katholiken starke Konkurrenz.

Eroberung des Dschungels

Seite 144

Mit dem Kautschukboom gegen Ende des 19. Jhs. erreichte die Kolonisierung des Amazonasgebiets ihren Höhepunkt. Beinahe über Nacht kamen die nordamerikanischen und europäischen Plantagenbesitzer zu großem Reichtum, während die Indianer versklavt wurden.

Der bekannteste unter den Gummibaronen war Carlos Fitzgerald – der *Fitzcarraldo* in Werner Herzogs gleichnamigem Film von 1982. Als er angeklagt wurde, 1879 für Chile im Pazifischen Krieg spioniert zu haben, floh er ins Amazonasgebiet und machte dort ein Vermögen mit Kautschuk. Lange war er von dem Plan besessen, mit einem Dampfschiff die 13 km breite Landenge zwischen dem Río Ucayali (der später in den Amazonas fließt) und dem Río Madre de Dios zu überqueren. Fitzcarraldos Versuch schlug fehl, erst später gelang dieses wagemutige

▼ **Seltener Anblick: ein junger Puma**
▼ ▼ **Amazonas-Indianer jagen noch mit Hilfe von Blasrohren**

Urwald-Lodges
können in Lima, oder etwas günstiger in Cusco und Iquitos gebucht werden. Die Lodge »La Posada« über dem Ufer des Marañon kann man von Deutschland aus beim Münchener Veranstalter **Sol e Vida** buchen (www.solevida.de).

Unternehmen mit Hilfe Tausender von Indianer, die die Boote durch den Dschungel zogen und damit eine Verbindung zwischen Pazifik und Atlantik herstellten.

Obwohl der Urwald für Fitzcarraldo eine Art Exil war, hatten er und seinesgleichen keinen Grund sich nach Europa zu sehnen: Sie importierten Luxusgegenstände, ihre Frauen trugen Pariser Mode, und berühmte Schauspieler und Opernsänger gaben inmitten des dichtesten Dschungels der Welt Vorstellungen. Doch schon 1920, als asiatischer und afrikanischer Gummi den Weltmarkt eroberte, versiegte dieser Überfluss.

Iquitos, Pucallpa und exotische Wildnis

Perus bedeutendste Stadt während des Gummibooms und heute die größte Stadt im peruanischen Amazonasbecken ist **Iquitos ⓬**. An den Reichtum erinnern die mit portugiesischen Kacheln dekorierten

Häuser und das baufällige Eisenhaus an der **Plaza de Armas.** Es wurde von Gustave Eiffel für die Pariser Weltausstellung 1889 entworfen und Stück für Stück nach Iquitos transportiert. Vom Hafenviertel **Belén,** wo die Häuser auf Flößen schwimmen, verkehren Schiffe nach Leticia in Kolumbien und weiter nach Manaus in Brasilien; sie halten die Erinnerung an die Tage wach, als es noch keine Flugzeuge gab und man wochenlang reisen musste, um Iquitos zu erreichen.

Obwohl Iquitos eine geschäftige 500 000-Einwohner-Stadt ist, muss man von hier nur eine kurze Strecke auf dem Amazonas, dem Río Yanamono oder Manatí zurücklegen, um in unberührten Dschungel zu gelangen: Exotische Vögel fliegen zwischen den von Lianen umrankten Bäumen umher, während die bunten Schmetterlinge, die Tapire, Affen, Wildschweine und rosa Flussdelfine alle Neuankömmlinge in ihren Bann ziehen.

Ein weiterer wichtiger Ort im nördlichen Urwald ist **Pucallpa ⓭**, der letzte Hafen für hochseetüchtige Schiffe am Amazonas. Die meisten Besucher zieht es sogleich an die wunderschöne, etwa 9 km entfernte **Laguna Yarinacocha.** Der See liegt eingebettet in dichte Wälder mit Pinien-, Zedern-, Mahagoni- und Bambusbäumen, die fast tausend verschiedenen Vogelarten und exotischen Säugetieren ein Zuhause bieten.

Im äußersten Süden des Amazonasgebiets liegt **Puerto Maldonado ⓮**. Per Boot gelangt man von hier in wenigen Stunden zu einem der bedeutendsten Tierreservate der Welt, dem **Parque Nacional Manú ⓯**. In dem 13 000 km² großen Reservat findet man jede erdenkliche Tierart, von Ozeloten und Jaguaren bis hin zu Krokodilen und Ottern. Allein an der Beobachtungsstation des Parks konnten mehr als 500 verschiedene Vogelarten registriert werden. Etwas näher bei Puerto Maldonado wurde 1989 die **Reserva Nacional Tambopata Candamo** geschaffen, ebenfalls Heimat zahlreicher Vogel-, Libellen- und Schmetterlingsarten, von denen einige erst seit wenigen Jahren bekannt sind.

▲ **San-Pedro-Kakteen (teils durchgeschnitten) aus Chiclayo**
◄ **Herausgeputzt für ein Fest in Trujillo**

Perus historischer Norden

Auf ihrem Weg von Lima nach Quito gründeten die Spanier 1535 **Trujillo** ⑮, das sie nach Francisco Pizarros Geburtsstätte in Spanien benannten. Der Küstenort machte seinem Titel als »vornehmste Stadt« bald alle Ehre, wovon die prachtvollen Kolonialbauten noch immer zeugen. Einen festen Platz in der Geschichte Perus erhielt Trujillo als erste Stadt, die 1820 die Unabhängigkeit proklamierte.

Eine Entdeckungstour durch Trujillo beginnen Sie am besten auf der **Plaza de Armas,** die vom Rathaus, dem Bischöflichen Palais und der restaurierten **Catedral** umgeben wird. In den Straßen um den Hauptplatz stehen zahlreiche Herrschaftshäuser aus der Kolonialzeit. Die **Casa de la Emancipación** (Mo–Fr 9–13, 14–20, Sa 9–13 Uhr), heute im Besitz einer Bank, ist typisch für die Häuser des 16. und 17. Jhs. und wegen ihres ursprünglichen Mobiliars überaus sehenswert. Obwohl Erdbeben und Umbauten im Laufe der Jahrhunderte ihren Preis gefordert haben, gibt es noch andere gut erhaltene und sehenswerte Gebäude, wie die **Casa de Mayorazgo,** die **Casa Urquiaga,** die **Casa Bracamonte,** die **Casa Ganoza,** heute eine Kunstgalerie, sowie den **Palacio Iturregui** mit einem kleinen Keramikmuseum.

Die Zeit vor den Spaniern wird im **Museo de Arqueología** (Di–So 9–17 Uhr) dokumentiert. Beinahe noch interessanter ist das **Museo Cassinelli** (Mo–Sa 9 bis 12.30, 15–19, So 10–13, 16–18 Uhr), das in einer Tankstelle nördlich der Av. España faszinierende Keramik ausstellt.

Weitere Spuren von vergangenem Reichtum findet man außerhalb der Stadt auf den Zuckerrohrplantagen, von denen viele im Zuge der Landreformen in Genossenschaften umgewandelt wurden – am beeindruckendsten sind die **Casa Grande** sowie die **Hacienda Cartavio,** die Brennerei des gleichnamigen Rums.

Seite 144

Für einen Tagesausflug auf dem Wasser kann man in **Puerto Callao** bei Pucallpa kleine Motorboote mieten. Dies ist auch die beste Möglichkeit, eines der zahlreichen Shipibo-Dörfer zu besuchen, in denen Indianerinnen handbemalte Töpferwaren und Textilien verkaufen.

▼ **Die »Huaca del Sol« bei Trujillo**

Im **Restaurante Salas** an der Plaza de Armas kann man die beste Hausmannskost Cajamarcas genießen.

▲ **Vicus-Figur im Brüning-Musem**
▼ **Chan Chan, die größte Lehmziegelstadt der Welt**

Die größte Lehmziegelstadt der Welt

Am Rande von Trujillo erheben sich die Ruinen von **Chan Chan.** Vor dem Aufstieg der Inka beherrschten die Chimú die nördliche Pazifikküste und bewohnten diese riesige, 20 km² große Stadt, deren sieben Zitadellen von einer gewaltigen *Adobe*-Mauer eingeschlossen sind. Die Chimú verfügten über ein solch ausgeklügeltes Bewässerungssystem, dass sie die dürre Einöde ringsherum in fruchtbare Getreide-, Obst- und Gemüsefelder zu verwandeln vermochten. Unter den Inka konnten die Chimú ihre Kultur beinahe unverändert beibehalten. Erst als die Spanier die Wasserleitungen sabotierten und die Chimú ihre schützende Stadt verlassen mussten, wurden sie besiegt.

> *Adobe*
> → heißen die luftgetrockneten Lehmziegel. Sie sind charakteristisch für die präkolumbische Bauweise.

Wo der letzte Inka-Herrscher starb

Geschichtlich gesehen ist **Cajamarca** ⑰ die bedeutendste Stadt des Nordens – hier trafen die Spanier und die Inka 1532 erstmals aufeinander, und mit der Gefangennahme des Inka-Herrschers Atahualpa wurde der Untergang des Imperiums eingeleitet. Um ihren Herrscher zu retten, brachten die Indianer aus dem ganzen Reich Gold und Silber heran und füllten den **Cuarto del Rescate** (»Lösegeldzimmer«), einen Block von der Plaza de Armas entfernt, einmal mit Gold und zweimal mit Silber. Doch die Mühe war vergebens, denn sobald ihre Forderungen erfüllt waren, ließen die grausamen Spanier den letzten Inka-Herrscher auf dem Hauptplatz hinrichten.

Mittelpunkt der beschaulichen Stadt mit etwa 120 000 Einwohnern ist die **Plaza de Armas,** die von mehreren Kolonialbauten sowie zwei Kirchen umrahmt wird. Die 1776 fertig gestellte **Catedral** fasziniert mit ihrer kunstvollen Fassade aus behauenem Vulkangestein und vergoldeten Innenwänden. Doch etwas fehlt: die Glockentürme. Sie blieben aus Protest gegen die Steuern, die Spanien nach der Fertigstellung einer jeden Kirche erhob, unvollendet. Die noch reicher verzierte **Iglesia San Francisco** beherbergt sowohl das **Museo de Arte Religioso** (Mo–Fr 14 bis 17 Uhr) als auch Katakomben.

Sipán und Lambayeque

Erst nachdem Hiram Bingham 1911 auf Machu Picchu gestoßen war und der Peruaner Julio C. Tello 18 Jahre später präkolumbische Grabstätten an der pazifischen Küste entdeckt hatte, begannen die Wissenschaftler, nach den alten indianischen Kulturen zu suchen.

1996 fand man im nordperuanischen **Batán Grande** das bislang größte Grab des amerikanischen Kontinents. Die 15 m tiefe Gruft aus der Zeit zwischen 900 und 1000 enthielt die Überreste eines ca. 25- bis 30-jährigen Hohepriesters oder Prinzen der **Sicán**-Kultur, der eine Goldmaske mit Augen aus Smaragden trug. Die Grabbeigaben waren nicht weniger spektakulär: wertvolle Gold- und Kupferartefakte, goldene Handschuhe, ein 7,5 m² großes vergoldetes Baumwolltuch sowie Skelette von 24 Frauen, die man dem Toten offensichtlich geopfert hatte.

Nur einige Jahre zuvor führte eine blutige Spur von Plünderungen zum intakten Grab eines Kriegsherrn vom Stamm der Moche. Die Gruft des **Señor de Sipán** – ebenfalls in Nordperu – entpuppte sich als reichste Grabkammer, die bisher in Südamerika entdeckt wurde, ihre Schätze wurden glücklicher Weise auf dem Schwarzmarkt konfisziert: u. a. Masken aus Kupfer, eine goldene Maske mit Augen aus Silber und Lapislazuli, kunstvoll gegossene riesige Erdnüsse aus massivem

Gold sowie diverse Schmuckstücke und Keramiken. Vor Ort, ca. 30 km östlich von Chiclayo ⑲, sieht man Repliken. Einige der Funde wurden für eine detaillierte Untersuchung nach Deutschland gebracht, bevor man sie im neuen **Museo Nacional Tumbas Reales de Sipán** (Di–So 9–17 Uhr) in **Lambayeque** der Öffentlichkeit zugänglich gemacht hat. Vor allem die kunstvoll verzierten Tonarbeiten der Moche haben Archäologen einen tiefen Einblick in deren Gesellschaft eröffnet.

Julio C. Tellos Entdeckung der Begräbnisstätten der Paracas-Indianer auf der gleichnamigen Halbinsel südlich von Lima enthüllte der Welt faszinierende Webstoffe in einer bis heute unerreichten Technik, in die die Indianer ihre Toten einwickelten. Die großartigste Sammlung dieser textilen Kunstwerke kann man im **Museo Amano** (Führungen gratis nach Anmeldung unter Tel. 01/441-2909, Mo–Fr um 15, 16 und 17 Uhr) in Limas Stadtteil Miraflores besichtigen. ∎

Seite 144

Chiclayo ist Ausgangspunkt zu zwei der interessantesten Stätten Perus: In **Lambayeque** beherbergt das **Museo Brüning** (tgl. 9–17 Uhr) die großartigste staatliche Goldsammlung Perus und im neuen **Museo de las Tumbas Reales de Sipán** die Grabbeigaben des Señor de Sipán. Nahebei kann man die Ausgrabungsstätte der Pyramiden von **Túcume** besichtigen, deren Initiator Thor Heyerdahl ist.

▶ »**Caballitos de Tortora**« nennen die **Einheimischen** die typischen **Binsenboote** bei Huanchaco

Der Titicacasee

Umgeben von den schneebedeckten Gipfeln der Anden liegt inmitten des kargen Hochlands der Titicacasee. 36 Inseln sind über seine Oberfläche von 8560 km^2 verteilt. Der blaue Himmel und die sanfte Landschaft machen zunächst einen sehr einladenden

Eindruck, doch das Wasser ist eiskalt – wie es von einem »Meer« auf 3812 m Höhe nicht anders zu erwarten ist. Seit jeher lebt die indianische Bevölkerung vom Fischfang, bebaut die steinigen Ufer und züchtet Lamas oder Alpakas. Wie kaum an einem anderen Ort im Hochland haben sich hier die traditionellen Lebensweisen in nahezu unverfälschter Weise erhalten.

Nach dem Volksglauben ist der Titicacasee der Ursprungsort der Inka-Kultur und wurde zum heiligsten Gewässer des Reichs. Im Zentrum des mythischen Glaubens steht die »Isla del Sol« (Sonneninsel). Der Legende nach sollen dort vier Schwestern und vier Brüder in einem Steintor aufgetaucht sein – zwei davon waren Manco Capac und Mama Ocllo, die ersten Inka. Eine andere Sage berichtet von der Sonne, die auf einem heiligen Stein der Insel geboren wurde. Von Copacabana in Bolivien gibt es einen regelmäßigen Pendelverkehr zur Isla del Sol.

Wenn man den vielen Geschichten, die sich um den Titicacasee ranken, Glauben schenken will, befindet sich auf dem Grund des Sees die 2000 kg schwere Goldkette des Inka Huáscar. Getreue Indianer sollen sie aus dem Sonnentempel Coricancha in Cusco gerettet haben, damit sie den Invasoren nicht in die Hände fiel. Auf der Suche nach dem Schatz erforschte der Meereskundler Jacques Cousteau Ende der 60er Jahre mit einem U-Boot das Gewässer. Gold fand er keines, doch zum Erstaunen der Biologen entdeckte er einen 60 cm großen, dreifarbigen Frosch, der anscheinend nie auftaucht.

Auf peruanischer Seite des Titicacasees liegt Puno, Perus »Hauptstadt der Folklore«. Hier vergeht kaum ein Monat ohne irgendeine größere Veranstaltung, auf der jedes Mal Dutzende der kraftvollen, traditionellen Tänze aufgeführt werden – so z. B. der berühmte Teufelstanz »diablada« anlässlich der »Fiesta de la Virgen de la Candelaria« in den ersten beiden Februarwochen.

▶ **Lange Tradition**
Die Binsenboote vom Titicacasee dienten schon dem Norweger Thor Heyerdahl als Modell für seine Boote »Ra I« und »Ra II«.

▲ **Schwarzes Blut**
Einer Legende zufolge hatten die Uro schwarzes Blut, mit dem sie die eisigen Nächte auf dem See besser überstehen konnten.

◀ **Festlicher Kopfschmuck**
Dieser aufwändige Hut ist besonderen Anlässen vorbehalten. Normalerweise bedecken die Frauen auf Taquile ihren Kopf mit schwarzen Schals.

Die Weber von Taquile

Auf peruanischer Seite des Titicacasees liegt die raue, aber charmante Isla Taquile. Im 16. Jh. schenkte sie der König von Spanien einem Mann, der auf ihr eine »hacienda« errichtete; später diente sie als Gefängnis.

Den Taquile-Indianern gelang es nicht nur, die Insel zurückzugewinnen, sondern auch den Tourismus selbst in die Hand zu nehmen, um den Einfluss auf ihre Kultur zu kontrollieren. Gäste werden privat untergebracht und haben so die Gelegenheit, das alltägliche Leben kennen zu lernen. Die Armut auf Taquile hat die Menschen zusammengeschweißt. Dies kommt u. a. in der Webereigenossenschaft der Insel zum Ausdruck. 2005 ernannte die UNESCO die Webkunst Taquiles zum Weltkulturerbe, in den Läden am Hauptplatz kann man die hochwertigen Produkte erstehen.

◄ **Dicke Fische**
Bis zu 13 kg können die Forellen des Titicacasees wiegen – halten Sie auf den Speisekarten nach »trucha« Ausschau, es lohnt sich!

▼ **Islas de los Uros**
Häuser, Boote, selbst die Fundamente der Inseln sind aus Binsen gearbeitet – und die jungen Triebe landen im Kochtopf.

◄ **Fiesta de la Virgen**
Jedes Jahr vom 5. bis 8. August verwandelt sich ganz Copacabana in einen riesigen Festplatz.

▶ **Tiahuanaco**
Die bis zu 7 m hohen behauenen Steinmonolithen sind mehr als 2000 Jahre alt.

Bolivien

Seite
174

Das abgeschiedene Land im Herzen Südamerikas ist ein geheimer Schatz des Subkontinents. Unschätzbar wertvolle Zeugnisse vergangener Kulturen und die – im wahrsten Sinne des Wortes – atemberaubende Berglandschaft locken nicht nur abenteuerlustige Besucher an.

Fast könnte man behaupten, Bolivien vereine alle geografischen Zonen Südamerikas – hätte nicht Chile während des Pazifikkriegs (1879–1883) seinen Zugang zum Meer erobert. Im Nordwesten des Landes erstreckt sich die karge Hochebene *Altiplano,* deren östliche Begrenzung, die *Cordillera Real,* zu den Tälern der *Yungas* abfällt. Das Tiefland des *Oriente* grenzt an das peruanische und brasilianische Amazonas-Gebiet. Schmale Straßen, die sich am Rande steiler Abgründe entlang schlängeln, verbinden diese so verschiedenen Regionen.

Nicht nur in landschaftlicher, auch in wirtschaftlicher Hinsicht ist Bolivien ein Land der Gegensätze: Eine tiefe Kluft zwischen Arm und Reich spaltet die Bevölkerung. Die Armut ist offensichtlich – ein Blick genügt. Ein Blick hinter die Fassade des Lächelns der Händler und *campesinos* (Bauern) in den Straßen von La Paz. Oder, im Vorbeifahren, auf die schon am frühen Morgen mühsam die Felder bestellenden Familien. Weit weniger sticht der Reichtum ins Auge – er deutet sich in den vornehmen Cafés von La Paz allenfalls an. Ein Großteil des Wohlstands, wie etwa die Gewinne aus Silber- und Zinnminen, konzentrierte sich stets in den Händen einiger weniger und floss nach Europa. In mehreren Kriegen verlor Bolivien an Bodenschätzen reiches Territorium.

Trotzdem – ein gewisser Reichtum ist vorhanden. Er wurzelt vor allem in den Koka-Feldern des Oriente (s. S. 188). Doch es sind nicht nur die Profite aus Drogengeschäften, die sich in den Straßen von Santa Cruz zeigen, jener Stadt, die in jüngerer Zeit einen beispiellosen Aufschwung erlebt hat. Infolge von Bemühungen und Initiativen seitens der Regierung wurde auch die Landwirtschaft im Osten modernisiert, und ein blühender Mittelstand konnte sich etablieren.

Die Gier nach Silber

Der Indianer Diego Huallpa entdeckte 1544 Silber am Cerro Rico von Potosí. Von da an war das Schicksal des Landes besiegelt. Für die nächsten zwei Jahrhunderte war alles darauf ausgerichtet, die größte Silbermine, die je entdeckt wurde, auszubeuten. Städte wurden gegründet, allein um Potosí mit Waren zu versorgen oder um das Silber nach Europa zu ver-

◀ La Paz liegt spektakulär in einem Cañon ▶ Ein Aymara-Mann spielt auf seiner »zampoña« ◀◀ Musiker in La Paz

Der rotnasige Gott, Ekeko garantiert Wohlstand. Während des **Alacitas-Jahr-marktes** (Ende Jan.) in La Paz kauft man Häuschen, Schafe oder sogar Flug-tickets im Miniatur-format, und Ekeko, die bolivianische Version des Weihnachts-manns – beschert das ersehnte Original noch vor Jahresende.

schiffen. Die Spanier waren nur am Abbau des Erzes interessiert, das Schicksal der Menschen kümmerte sie nicht. Wie in Peru verfielen das Bewässerungssystem und der Terrassenfeldbau der Inka zusehends.

Theoretisch waren die Indianer freie Staatsbürger unter der spanischen Krone. In Wirklichkeit aber mussten sie enorme Abgaben zahlen und regelmäßig ihre Dörfer und Felder verlassen, um in den Minen Fronarbeit zu leisten. Die *Leyes Nuevas,* die »Neuen Gesetze«, hatten 1542, zwei Jahre vor der Entdeckung der Silbervorkommen, die Sklaverei in Spanischamerika verboten. Daher bediente man

sich eines anderen Systems der Zwangs arbeit, um die Ausbeutung der Minen zu ermöglichen. Mitte des 17. Jhs. schrieb der Vizekönig Conde de Lemos an den spanischen König: »Ich entlaste mein Gewissen, indem ich Eure Majestät in aller Klarheit unterrichte: Es ist nicht Silber, was man nach Spanien bringt, sondern Schweiß und Blut der Indianer.« Gleichzeitig erreichte Potosí eine Größe und Pracht, der damals keine Stadt der Alten Welt gleichkam.

Die Staatsgründung 1825 (s. S. 32) stürzte das Land in eine scheinbar endlose Serie einander ablösender Militärregierun en. Meist blieb es bei gewaltlosen Umbildungen in den Palästen von La Paz, wobei über Geld und Macht immer eine Handoll spanischstämmiger Familien bestimmten. In diese Zeit fiel die Entdeckung von Zinnadern in Oruro und Potosí durch Simón Patiño. Und Anfang des 0. Jhs. zählte der »Zinnbaron« zu den ehn reichsten Männern der Welt.

eränderungen

ine Zeit intensiven Nachdenkens folgte em Chaco-Krieg der 1930er Jahre. Der uf nach Veränderung wurde lauter, rogressive Bewegungen gewannen an ulauf. Radikale schlossen sich im Movimiento Nacionalista Radical (MNR) unter íctor Paz Estenssoro zusammen. Die artei gewann 1951 die Wahlen, wurde ber durch einen Militärputsch daran geindert, die Macht zu übernehmen. Paz stenssoro musste fliehen. Doch nach inem bewaffneten Aufstand der Bergar-

Seite 174

beiter gegen das Militär konnte er zurückkehren und seine Reformen durchführen.

Die folgenden Jahre brachten Bolivien die Verstaatlichung der Zinnminen, das Wahlrecht für Indianer und umfangreiche Landreformen. Die Minen waren allerdings weiterhin von ausländischem Kapital abhängig und die den Indianern zugeteilten Grundstücke zu klein, um nennenswerte Erträge zu liefern. Die Wirtschaft des Landes ging auf Talfahrt, was zu einem erneuten Militärputsch führte. Danach folgte ein Diktator dem anderen.

Die 70er Jahre prägte General Hugo Banzer Suárez, der Bolivien an der Spitze einer rechten Koalition regierte, ehe er sich 1978 dem demokratischen Willen beugte. Der Putsch von Boliviens berüchtigtstem Diktator, General Luis García Meza, kostete 1980 Hunderte das Leben. Mit Hilfe des Ex-Nazis Klaus Barbie organisierte er den Sicherheitsapparat seines korrupten Regimes und verkaufte nationales Eigentum, um die eigenen Taschen zu füllen.

▲ **Gipfelkreuz auf dem Chacaltaya, im Hintergrund die Huayna Potosí**
▼ **Friedhof in der Nähe von La Paz**

Nachdem García Meza entmachtet worden war, wurde 1982 eine demokratische Regierung mit dem linksorientierten Dr. Hernán Siles Zuazo als Präsident gewählt. Seine Politik brachte dem Land jedoch vor allem eine Rekordinflation: 35 000 % im Jahr!

Der Preiseinbruch

1985 wurde das Präsidentenamt dem inzwischen 80-jährigen Paz Estenssoro übertragen. Die Wirtschaft stand am Rande des Ruins. Nur der illegale Kokainhandel brachte Gewinne. Paz Estenssoro revidierte seinen radikalen Standpunkt von 1952 und wechselte zu den vom internationalen Währungsfonds empfohlenen konservativen Strategien, d. h. drastischen Sparmaßnahmen. Als die Zinnpreise verfielen, entließ er 20 000 Minenarbeiter der staatlichen COMIBOL; Proteste der Gewerkschaften ließ er mit Hilfe des Militärs schnell beenden. Der Inflation konnte so zwar Einhalt geboten werden, dafür war der hohe Preis der Massenarbeitslosigkeit zu zahlen.

Unklare Ergebnisse bei den Wahlen von 1989 führten zu einer Abstimmung des Kongresses über den Präsidenten. Der mitte-linksgerichtete Jaime Paz Zamora kam an die Macht, indem er eine Koalition mit dem Ex-Diktator Hugo Banzer Suárez einging. Arbeitslosigkeit gab der Kokain-Herstellung Auftrieb, da die Menschen nach neuen Einkommensquellen suchen mussten. In den frühen 1990er Jahren schließlich riefen die USA die »Operation Support Justice« ins Leben, ein Drogen-bekämpfungsprogramm für Bolivien.

Solche Programme führten zu Protestaktionen verärgerter Bauern, viele kämpfen bis heute für ihr traditionelles Recht auf den Anbau von Koka, das anderen Zwecken als der Gewinnung von Drogen dient. Andere, bittere Armut leidende Menschen, verteidigen die Möglichkeit, eine Pflanze zu kultivieren, die langleb

Kulturelles Wahrzeichen von La Paz ist das Café des **Club de La Paz** (Ecke Av. Camacho/Colón). Nachmittags brüten hier ältere Herren über der Zeitung oder diskutieren bei einer Tasse Kaffee. In der inzwischen leicht angestaubt wirkenden Institution wurden zahlreiche geschäftliche und politische Abkommen getroffen und wahrscheinlich auch einige Staatsstreiche geplant.

CERRO DE POTOSI

STFRANCISCO

SANTA BARBARA

er ist als Reis oder Kartoffeln und die vor allem deutlich profitabler sein kann. Sogar eine von der Regierung 2001 für die Vernichtung der Kokafelder angebotene Finanzhilfe von 900 US$ pro Familie und Jahr lehnten die Kokabauern ab.

1993 setzte sich Gonzalo Sánchez de Lozada von der MNR bei den Wahlen durch. Seine neoliberale Wirtschaftspolitik provozierten Unruhen in der Bevölkerung. 1997 wurde Bolivien assoziiertes Mitglied des MERCOSUR, des gemeinsamen Binnenmarkts des Südens Lateinamerikas. Kurz darauf gewann der einstige Diktator Hugo Banzer Suárez bei den Wahlen nur 22 Prozent der Stimmen, konnte jedoch eine Koalition bilden und das Amt des Präsidenten übernehmen. Expräsident Sánchez errang bei den Wahlen im Juni 2002 die relative Mehrheit, jedoch nur knapp zwei Prozent vor dem Bauernführer Morales. Das Parlament wählte Sánchez verfassungsgemäß zum neuen Präsidenten. Doch seine zweite Amtszeit ging nach nur 14 Monaten auf ungewöhnliche Art zu Ende: Eine geplante Erdgas-Pipeline zu einem chilenischen Hafen brachte den Volkszorn zum Kochen. Präsident Sánchez mußte per Flugzeug außer Landes gebracht werden, Vizepräsident Carlos Mesa übernahm im Oktober 2003 das Amt. Im Juni 2005 trat Mesa nach erneuten landesweiten Protesten zurück und der Präsident des Obersten Gerichtshofes, Eduardo Rodríguez, übernahm interimsmäßig das Amt. Die Neuwahlen im Dezember 2005 gewann der Anführer der Kokabauern, Evo Morales, bereits im 1. Wahlgang mit klarer Mehrheit und ist damit der erste Staatspräsident aus der Volksgruppe der Aymara, die die Majorität im Lande stellt. Am 22. Januar 2006 trat er sein Amt mit dem Versprechen an, die Armut im Lande mit Nachdruck zu bekämpfen.

Mit einem BSP von unter 1000 US-$ ist Bolivien das ärmste Land Südamerikas, rund 60 % der acht Millionen Einwohner leben unter der Armutsgrenze, die Kindersterblichkeit ist mit fast 7 % die höchste des Kontinents.

Großstadt in Schwindel erregender Höhe

 **Seite 174**

Für einen Flug nach **La Paz** ❶, Boliviens inoffizieller Hauptstadt, sollte man einen Fensterplatz reservieren: Die Maschine schwebt über die höchsten, schneebedeckten Bergketten des Landes und taucht schließlich in den Cañon, an dessen Hängen die Stadt hinaufwächst. Vor dem Hintergrund des mächtigen Illimaní im goldenen Licht der Nachmittagssonne erscheint La Paz (»Der Frieden«) als hässliche Ansammlung rotbrauner Lehmziegelhäuser unter grauen Wellblechdächern. Doch auf den zweiten Blick entpuppt sie sich als eine der ungewöhnlichsten und lebendigsten Städte Südamerikas.

Der Prachtboulevard 9 de Julio, im Volksmund **Prado** genannt, führt direkt zur **Plaza San Francisco** mit einer dem hl. Franziskus geweihten barocken **Kirche** (1753). Die von indianischen Künstlern aufwändig gestaltete Fassade zieren Blu-

TOP50 Seite 358

TOP50 Seite 365

◄ **Holzschnitt von 1555: Er ist die älteste bekannte Darstellung einer Mine in der Neuen Welt**
► **Bolivianerin**

Eine Nacht in der Peña

Einen langen Tag voller Besichtigungen und neuer Eindrücke lässt man am besten in einer »peña« ausklingen. Peñas sind meist gemütliche, einfache Bars, die gewöhnlich ab 10 Uhr abends geöffnet haben und andine Livemusik bieten. Bis zu einem Dutzend verschiedener Gruppen treten an einem Abend auf und geben einen Eindruck von der Mannigfaltigkeit der Andenmusik. Die Rhythmen des Altiplano ähneln sich zwar, doch hat jede Region ihre eigenen, einzigartigen Melodien. So unterscheidet sich eine Gruppe aus Potosí deutlich von einer, deren Ursprünge am Ufer des Titicacasees liegen, und diese wiederum von einer Formation aus Cusco in Peru.

Zu den besten Peñas von La Paz gehört **Naira** in der C. Sagárnaga 161, wo oft sehr bekannte Formationen auftreten. Empfehlenswert sind auch **Los Escudos** in der Av. Marscal Santa Cruz und **La**

Casa del Corregidor in der C. Murillo 1040.

Die Grundinstrumente für die Musik der Anden sind Rohrflöten (quenas), tiefe Holzpfeifen (zampoñas), Trommeln und Rasseln. Der berühmte »charango«, eine kleine Gitarre, wird manchmal aus Gürteltierpanzern hergestellt und hat 5 Doppelsaiten, die einen durchdringenden Klang erzeugen. Neben der andinen Harfe ist der »charango« eines der wenigen Beispiele für eine erfolgreiche Verbindung der einheimischen Kultur mit der der Eroberer: Vor der Ankunft der Spanier kannte die indianische Bevölkerung der Anden keine Saiteninstrumente.

Traditionell wurde zur Andenmusik nicht gesungen, doch in den letzten Jahrzehnten hat man zu den Melodien, den »waynos«, Texte gedichtet. Sie werden in Quechua, Aymará oder in einer Mischung aus der einheimischen und der spanischen Sprache gesungen. Oft erzählen sie vom täglichen Leben der Campesinos:

Willst Du wissen,
woher ich komme?
Von hinter dem Hügel, da komm' ich her,
inmitten von Nelken,
inmitten von Lilien.
Mein Gurt ist aus kastilischem Stoff
und mein Lasso aus Merinowolle:
sehr langlebig,
sehr stark.

Andere sind deutlich frecher:

Der Priester von Andahuaylas
sagt mir, daß ich heiraten soll.
Vielleicht weiß er, vielleicht auch nicht,
wohin ich letzte Nacht gegangen bin.

Als Ausdruck der indianischen Kultur ist die Andenmusik nicht immer positiv von den Herrschern der Andenländer aufgenommen worden. Heute muss sie im Radio sowohl mit der Popmusik als auch mit Salsa- und Sambarhythmen konkurrieren. Doch da die indianischen Kulturen allmählich an Akzeptanz gewinnen, werden sich zweifelsohne auch ihre Melodien vom Altiplano weiter verbreiten. ■

◄ **Der Klang der andinen Instrumente entführt den Zuhörer in eine andere Welt: Die Musik lässt die Einsamkeit und Härte des rauen Altiplano lebendig werden.**

Seite
174

hen, Früchte, Vögel und menschliche ratzen. Im modernen Zentrum staut sich er Verkehr zwischen den Hochhäusern.

Rund um die Plaza Murillo

Den traditionellen Mittelpunkt bildet ie **Plaza Murillo** mit dem vor 130 Jahren rbauten Präsidentenpalast. Man nennt in auch **Palacio Quemado,** verbrannter alast, da er zweimal von einer wütenden lenschenmenge angezündet wurde. Daeben steht die moderne **Kathedrale.**

Die umliegenden Straßen konnten zum eil den Charme vergangener Zeiten bevahren. So blieb z. B. die von Kolonialauten gesäumte **Calle Jaén** mit ihrem altümlich wirkenden Kopfsteinpflaster om Verkehr verschont.

Hexen und Märkte

Die wahre Attraktion ist das Straßeneben von La Paz. In den schmalen Gasen, die hinter der Plaza San Francisco eil bergauf führen, drängen sich Bolivianerinnen in farbenfrohen Kleidern. Sie verkaufen Decken, Nüsse, Kräuter und – für die *gringos* – Wollpullover mit eingestrickten Lama-Motiven.

Von hier ist es nicht weit zum **Mercado de Hechicería,** dem Hexenmarkt, auf dem magischer Zauber für alle Gelegenheiten angeboten wird: Kleine, mit bunten Pflanzenstückchen gefüllte Ölflaschen versprechen Glück – je nach Inhalt – in der Liebe, in Geldangelegenheiten oder bei Gesundheitsproblemen. Empfindliche Gemüter mag das reichhaltige Angebot an getrockneten Lamaembryos makaber anmuten. Diese werden traditionell im Fundament neuer Gebäude begraben, um ihren Bewohnern Glück zu bringen.

Das **Museo Murillo** in der Calle Jaén ist in dem Herrenhaus untergebracht, das einem der größten Helden des Landes gehörte: Pedro Domingo Murillo. Er wurde als Anführer eines gescheiterten Aufstands gegen die Spanier 1810 erhängt. Eine gute Sammlung von Möbelstücken

La Paz kulinarisch
Auf den Märkten gilt es, frisch gepresste Fruchtsäfte, würzige Hähnchen mit Reis, gebratene Forellen aus dem Titicacasee oder Herz am Spieß mit scharfer Nuss-Soße zu probieren. An den Ständen und in den Hallen nahe der Plaza San Francisco verführt eine besonders große Auswahl an einheimischen Gerichten.

▼ **Straßenmarkt in La Paz**

»Tal des Mondes«
Ein halber Tag reicht
für einen Ausflug ins
Valle de la Luna ❹.
Es liegt zwar nur
11 km vom Zentrum
von La Paz, doch
wenn man auf den
nackten Hang blickt,
fühlt man sich Licht-
jahre entfernt. Die
Formationen des Öd-
lands ändern sich
ständig, und man
wird nicht müde,
zwischen Kakteen
und Abgründen um-
herzuwandern.

Seite 354 **TOP50**

Seite 365 **TOP50**

aus der Kolonialzeit ist ebenso interessant wie die Ausstellung, die die Themen Medizin und Magie beleuchtet.

In derselben Straße dokumentiert das **Museo del Litoral** die Zeit des Pazifikkriegs. Über der Kasse ist der provokante Spruch zu lesen »Bolivien verlor nie sein Recht auf den Pazifik und wird es auch nie verlieren«.

Das **Museo Nacional de Etnografía y Folklore,** im alten Palast des Marquis von Villaverde, stellt anschaulich einheimische Kulturen vor, wie z. B. die Ayoreo- und Chipaya-Indianer (Calle Ingavi 915).

Die Umgebung der Stadt

Für Erkundungstouren auf dem Altiplano ist La Paz der beste Ausgangspunkt. Eineinhalb Stunden fährt der Bus nach **Chacaltaya ❸,** dem höchsten Skigebiet der Welt. Die Skipiste liegt in einer Höhe zwischen 5200 und 5400 Metern und ist nur für Skifahrer geeignet, die an diese

Höhen gewöhnt sind. Andere faszinie der Berg wegen seiner großartigen Sic auf die Anden.

Die meisten Besucher von La Paz ne men die Gelegenheit wahr, die boliviar sche Seite des nahe gelegenen **Titicac sees** (s. S. 168) zu erkunden. Bolivien te sich diesen höchstgelegenen schiffbare See der Welt mit Peru.

Leicht erreichbar ist das Dorf **Copac bana ❻** (s. r.), bekannt durch die Wund vollbringende »Dunkle Jungfrau vo See«, die Schutzpatronin Boliviens. I 17. Jh. gelangte eine Figur der Jungfra nach Rio de Janeiro. Aus diesem Grun trägt ein (heute weltbekannter) brasili nischer Strand den Namen des Dorfes

Die idyllische **Isla del Sol** (Sonneni sel) ❹ lässt sich an einem Tag erkunde Ein heiliger Felsbrocken ruht an ihre nordwestlichen Ufer, dort, wo die Grü dungseltern der Inka-Zivilisation, Man Capac und Mama Ocllo, auf Geheiß d Sonnengottes aus dem See gestiegen sin

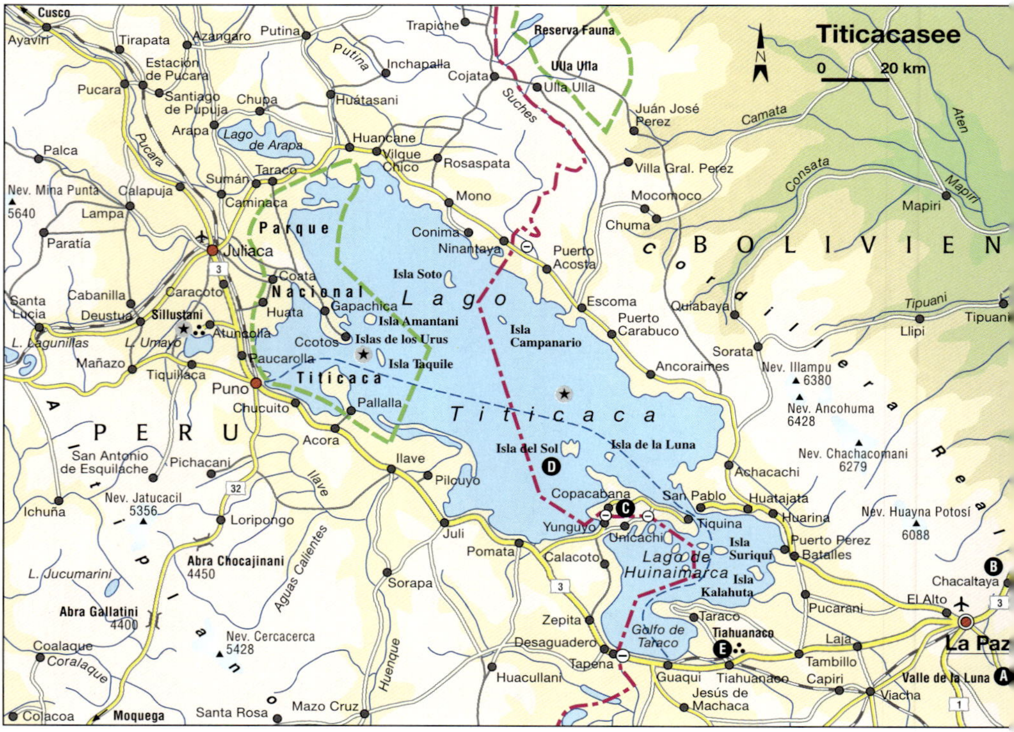

Geheimnisvolle Zivilisation

70 km südlich des Sees erheben sich die Ruinen von **Tiahuanaco** ❺ (s. S. 21). Von La Paz aus können sie problemlos in zwei Stunden (vormittags) erreicht werden. Da erst ein Sechstel der Stätte freigelegt wurde, ist Tiahuanaco auf bestem Wege, sich zu einer der wichtigsten Sehenswürdigkeiten Südamerikas zu entwickeln.

Die Bedeutung des kunstvoll verzierten, aus einem einzigen Andesitblock gearbeiteten **Sonnentors,** der **Acapana-Pyramide** und der in Stein gehauenen Kammern, von deren Wänden gemeißelte Gesichter starren, ist noch nicht vollständig geklärt.

Für all jene, bei denen ein Tag in den Ruinen das Interesse an der Tiahuanaco-Kultur geweckt hat, empfiehlt sich der Besuch des **Museo Nacional de Arqueología** (Ecke Federico Zuazo/Tiwanaku) in La Paz (Di–Fr 9–12.30, 15–19, Sa 10–12, 15–18.30 Uhr).

Die Yungas

Vom Andenhochland zieht sich die subtropische Yungas-Region langsam hinunter zum dampfenden bolivianischen Amazonasbecken. Aufgrund ihres warmen Klimas und ihrer überwältigenden Aussicht auf die Berggipfel der Anden lockt diese Landschaft immer mehr Besucher an, die von La Paz aus einen Kurztrip unternehmen oder zu längeren Trekking-Touren aufbrechen können.

Weniger als 100 km von La Paz und dem Altiplano entfernt liegen die *Yungas*, die »Täler«, in einer vollkommen anderen Klimazone als die Hauptstadt. Für die Anreise sollte man unbedingt einen Jeep oder Minibus (ab Villa Fátima) wählen, jedes größere Fahrzeug macht den spektakulären Weg zu einem Alptraum! Nach der Überquerung eines hohen Passes öffnet sich der Blick auf fruchtbare Täler, verhangen von tropischen Nebelschwaden, auf Terrassen aus der Inka-Zeit und auf üp-

 Seite 180

Ruhig und fröhlich: Copacabana ❻ ist ein ruhiges Örtchen, wo Besucher am Seeufer entlangwandern oder in einem der vielen Fischrestaurants essen können. Doch während seiner **fiestas,** bei denen die Madonna durch die Straßen getragen wird, erwacht das Dorf. Es fließt reichlich Alkohol, und neue Busse oder Lastwagen werden feierlich mit Bier getauft.

▼ **Copacabana**

Tücher und Hüte
In den Augen vieler Touristen verkörpern die indianischen Frauen in ihrer auffälligen Tracht geradezu die »typischen Bolivianer«. Doch handelt es sich hier nicht um die ursprüngliche Kleidung: Sie wurde ihnen im 18. Jh. vom spanischen König per Erlass aufgezwungen. Bunte Tragetücher kann man auf fast allen Märkten kaufen und z. B. als Tischdecke nutzen.

▼**Lamas in der Sierra Boliviens**

pige Obstgärten. **Coroico** ❷ (1500 m) ist das Handelszentrum der Region, obwohl es aus kaum mehr als einer gepflegten *Plaza,* gesäumt von günstigen Hotels und Restaurants, besteht. Außerhalb der Stadt, jenseits der Kaffee-, Koka- und Bananenplantagen durchziehen einsame Pfade das satte Grün der Landschaft. Diese leichten Wanderwege bieten Ausblicke auf schneebedeckte Bergketten und ihre von Urwald überwucherten Ausläufer oder führen zu Flüssen, die zu einem erfrischenden Bad einladen. Mit der einzigartigen Aussicht auf die Cordillera Real wird der Aufstieg zu der kleinen Kirche auf dem Cerro Uchumachi belohnt.

Auch die Städtchen **Sorata**, dem man die großartigste Umgebung im ganzen Land nachsagt, und **Chulumani** ❸ sind ideale Ziele für die Entspannung Suchenden und Ausgangspunkt zahlreicher Wanderwege. Verschiedene Übernachtungsmöglichkeiten bieten kleine Hotels und Pensionen. Einen Tag dauert die Wande-

rung von Sorata zur **San-Pedro-Höhle,** i der Fledermäuse hausen. Weniger Aber teuerlustige können Spaziergänge durc die blühenden Täler genießen.

Boliviens Inka-Pfad

Coroico erfreut sich als Anfangs- und Enc punkt zweier Trekking-Pfade immer grc ßerer Beliebtheit. Keiner der beiden e fordert besondere Kletterkenntnisse. Di beliebteste Wanderung beginnt bei **L Cumbre,** dem höchsten Punkt auf de Straße von La Paz zu den Yungas, un dauert vier Tage. Dieser Inka-Weg ist i besserem Zustand als der Pfad nach Ma chu Picchu in Peru, nur liegen keine ein drucksvollen Inka-Ruinen am Wegesrand

Die dünne Bergluft im eiskalten, baum losen Andenhochland macht das Atme schwer. Die Passregion ist unbesiedelt doch steigt man in das Tal ab, tauchen di ersten, halb verlassenen indianischen Dör fer auf. Auch für Mountainbiker ist di

bfahrt von La Cumbre nach Coroico ein
drenalin förderndes Abenteuer. Die Tour
eginnt auf der Passhöhe von 5000 Meter
nd führt 3500 Höhenmeter abwärts. Der
ka-Pfad mündet schließlich in eine rote,
rdrutschgefährdete Piste, auf der Lastwa-
en in Richtung Coroico fahren.

uf Goldgräber-Spuren

er »Pfad der Goldgräber« beginnt in
oroico und führt durch das **Tipuani-Tal**
den **Beni-Dschungel** hinunter. Das
old im Tipuani-Tal wurde zunächst von
en Inka entdeckt. Sie förderten nur den
eil des wertvollen Metalls, der an der
berfläche lag, und verzierten damit ihre
empel. Heute verlassen immer noch Tau-
ende von Bolivianern die Stadt, um ihr
lück, d. h. schnelles Geld, im Dschungel
u suchen.

Auch hier wandert man auf einer alten
ka-Straße, die moosbedeckt und nicht
ehr ganz intakt ist. Sie führt durch bergen Urwald und an steilen Abgründen
ntlang. Am Weg liegen kleine Bergarbei-
erdörfer, die nur zu Fuß zu erreichen
nd. Eines davon ist **Fátima.** Vor wenigen
hren wurde es aus Bambus und Well-
lech gebaut, doch die primitiven Bauten
ehen oft im Gegensatz zu den Zeichen
lötzlichen Reichtums: Behelfsmäßige
ars verfügen über neueste Kühlschränke,
nd die Dorfbewohner kehren mit tragba-
en Kassettenrekordern und beschichte-
n Pfannen aus der Hauptstadt zurück.

Viel einladender wirken auch die ande-
en Siedlungen nicht. Der Pfad endet im
eißen und staubigen **Guanay ❹,** einem
eizlosen Außenposten im Amazonas-
ebiet. Von hier aus gelangt man per Bus
urück nach Coroico oder La Paz.

ruro und La Diablada

ruro ❺, 230 km südlich von La Paz gele-
en, war ursprünglich als Bergarbeiter-
tadt bekannt, doch die Minen wurden in-
wischen aufgelassen. Die Vergangenheit
es Bergbaus ruft das **Museo Etnográfico
Minero** in Erinnerung. Weitere Sehens-

würdigkeiter sind die **Casa de la Cultura,**
einst Wohnsitz des Zinnbarons Simón Patiño (s. S. 175), **das Museo Antropológico** und das **Museo Mineralógico.**

Bekannter ist Oruro allerdings für **La
Diablada.** Das berühmteste Fest Boliviens
findet alljährlich acht Tage vor Aschermittwoch statt. Die Feierlichkeiten beginnen am Vorabend des großen Tages, dem
Donnerstag. Schon in der Morgendämme-
rung nehmen die ersten Zuschauer ihre
Plätze ein. Dicht gedrängt trotzen sie dem
eisigen Andenwind. Gegen 10 Uhr ist die
Menge bereit für den Teufelstanz.

Satan und Luzifer führen einen Umzug
von tanzenden Teufeln an, die in fantasievollen und farbenprächtigen Kostümen zu
Hunderten durch die steilen Straßen wir-
beln. Andere Tänzer sind als Pumas, Affen
oder Insekten verkleidet. Bald stellt sich
China Supay, die listenreiche Frau des
Teufels, an die Spitze des Zuges und versucht, den Erzengel Michael nach allen
Regeln der Kunst zu verführen. Dann er-

Seite
174

Soroche
Einige Bolivien-
Reisende leiden
anfangs unter der
Höhenkrankheit
»soroche«. Ein oder
zwei Tage ohne viel
Bewegung und
ab und zu ein Täss-
chen »mate de coca«
bringen aber schnell
Linderung.

TOP 50 Seite 369

▶ **Als Teufel
verkleideter
Tänzer bei
der »diablada«
in Oruro**

Inkaruinen bei Cochabamba
Inkallajta wird als »Grenzposten des Inka-Reichs« bezeichnet. Die weitläufige Anlage liegt an einer Abzweigung der Straße von Cochabamba nach Santa Cruz.
Inka Rakay, 27 km westlich von Cochabamba, ist fast eher wegen des wunderschönen Blicks auf das Tal von Cochabamba einen Ausflug wert als wegen der Ruinen selbst.

▼ **Auftakt zum Festival de Jesús in La Paz**

scheinen Tänzer in fassförmigen Kostümen, die winzige Nähmaschinen oder Lastwagen in den Händen halten und die örtlichen Gewerkschaften repräsentieren.

Einige Teilnehmer mit Kondormasken stellen die Inka dar. Wieder andere ziehen als schwarze Sklaven mit ihren Ketten rasselnd durch die Gassen. Mädchen in pinkfarbenen und schwarzen Miniröcken tanzen schwungvoll mit, als große weiße Bären verkleiden sich die Männer.

Der Umzug endet in einem Fußballstadion, wo die Tänzer zwei Stücke aufführen. Das erste zeigt die Eroberung durch die Spanier in Form einer Tragödie. Im anderen besiegt der Erzengel Michael mit seinem flammenden Schwert die Kräfte des Bösen, wobei er sich dem Teufel wie auch den sieben Todsünden entgegentritt. Verkündet wird sein Sieg durch die *Virgen del Socavón,* die Schutzpatronin der Bergarbeiter. *La Diablada* endet in einer Kapelle, in der die Tänzer eine Hymne auf Quechua singen.

Obwohl der *diablada* ein christlich Anstrich gegeben wurde, ist sie im Grunde ein durch und durch vorchristlich Dankesritual an Pachamama, die Mutt Erde, das den Kampf der guten mit de bösen Kräften darstellt. Nie hatten sic die Indianer völlig bekehren lassen, und indem sie ihren Göttern andere Name gaben, erfüllten sie die Vorgaben der Ki che. In der Kolonialzeit gewann die *di blada* als Ausdruck der Verzweiflung d Indianer an Bedeutung. Während den in dianischen Untertanen die jährliche Dos Freiheit zugestanden wurde, saßen d Europäer beobachtend auf ihren vorneh men Balkonen: Die symbolische Rebellio wurde zum Sicherheitsventil, das Stillha ten für den Rest des Jahres garantierte.

Cochabamba

Boliviens drittgrößte Stadt Cochabam ba ❻ (2400 m) liegt 160 km östlich vo Oruro in einer fruchtbaren Gegend, di als Kornspeicher des Landes bekannt ist. Das Leben der Stadt prägen tief verwurzelte Traditionen, und doch bläst gleichzeitig ein frischer Wind durch ihre Straßen, was etwa im Nachtleben an der **Avenida España** spürbar wird (s. S. 186).

Das Herz des traditionellen Cochabamba schlägt rund um die **Plaza 14 de September.** Vor dem Hintergrund imposanter Gebäude begegnen sich Straßenhändler, eilige Büroangestellte und höher gestellte Persönlichkeiten, die es sich trotz des milden Klimas nicht nehmen lassen, in Wolle und Tweed in die Öffentlichkeit zu treten. Zu den sehenwerten Gebäuden zählen die **Kathedrale** sowie die Kirchen **Santo Domingo** und **San Francisco** aus der Kolonialzeit.

Etwas außerhalb, in den wohlhabenderen nördlichen Vororten stößt man auf unerwartet schicke Bürohäuser, Restaurants und Einkaufszentren. Welten scheinen diese Zone von den bröckelnden Fassaden des Stadtzentrums zu trennen. Der Zinn-

baron Simón Patiño (s. S. 175) hat Cochabamba ein Andenken in Form des **Palacio de Portales** hinterlassen, der zwischen 1913 und 1925 gebaut wurde. Die Möbel des Hauses wurden eigens aus Europa importiert. Im **Museo Arqueológico** ist eine hervorragende Sammlung präkolumbischer Gegenstände ausgestellt, die bis 15 000 v. Chr. zurückgehen.

Auf einem Hügel etwas südlich des Zentrums erinnert das Denkmal **Heroinas de la Coronilla** an die für die Unabhängigkeit kämpfenden Frauen, die Cochabamba im Jahr 1812 gegen die spanischen Truppen verteidigten. Östlich der Stadt, am Ende der Avenida de las Heroinas, krönt eine weiße Christusstatue den **Cerro San Pedro.**

Den Río Mamoré entlang

Vom gemütlichen Örtchen **Puerto Villaroel ➐** legen die Boote ab, die auf dem Río Mamoré in Richtung Norden nach Guaya-

Seite
174

▲ Auf dem »Hexenmarkt« von La Paz
▼ Busreisen können sich als sehr zeitaufwändig herausstellen

Cochabamba am Abend
In den Bars und Pizzerien rund um die **Avenida España** drängen sich abends die jungen Leute, die sich diesen Luxus leisten können.

▼ **Reisen an der frischen Luft**
▼ ▼ **Campesinas**

ramerín tuckern. Nach **Ivirgazama** (wo Bootsreisende die letzte Gelegenheit nutzen sollten, Moskitonetz und Hängematte zu kaufen) wird die Straße zu einer unbefestigten Piste.

Trinidad ❽, im Herzen des bolivianischen Amazonasgebiets, ist die Hauptstadt der Provinz Beni. Die 5 km entfernte Laguna Suárez ist eine beliebtes Ziel bei Reisenden, die die Tier- und Pflanzenwelt des Urwalds beobachten oder einfach nur nichts tun wollen. Auch in **Chuchini** (17 km von Trinidad) kommen Naturliebhaber auf ihre Kosten. Das örtliche Archäologische Museum zeigt Überreste der alten Beni-Kultur.

Für die 300 km lange Reise auf dem Río Mamoré nach **Guayaramerín ❾** sollte man 3–4 Tage einplanen. Der Fluss teil dieses geschäftige Grenzörtchen im äußersten Norden des Landes. Die brasilianische Seite heißt Guajará-Mirim.

Riberalta ❿, 3 Stunden Busfahrt entfernt, is ein sehr ruhiges und freundliches Städtchen und Ausgangspunkt für die Weiterfahrt nach **Rurrenabaque ⓫**. Es is zwar möglich, die Strecke per Boot zurückzulegen, doch kann e sein, dass man lange au eine Mitfahrgelegenhei warten muss. Der Boots verkehr ist seit dem Bau einer – nicht asphaltier ten – Verbindungsstraße stark zurückgegangen. Vor allem in der Regenzeit be steht die Gefahr, stecken zu bleiben! Da hübsche, überschauliche Rurrenabaque erlebt derzeit aufgrund seiner Lage in

> ### Antonio José de Sucre (1795–1830)
> → ist Namenspatron der weißen Stadt. Als bedeutendster Mitstreiter Simón Bolívars errang er am 9. Dezember 1824 den entscheidenden Sieg über die Royalisten bei Ayacucho. 1826 bis 1828 war General Sucre der erste Präsident Boliviens.

dichten Regenwald einen Ansturm von Touristen. Mit guten Restaurants und vielen Billig-Unterkünften gilt es als idealer Ausgangspunkt für Dschungelexpeditionen und Bootsfahrten auf den Flüssen Beni und Tuichi.

Sucre und der Oriente

Obwohl die Regierungsgeschäfte mehr in La Paz abgewickelt werden, ist das 600 km südöstlich gelegene Sucre ⑫ die offizielle Hauptstadt Boliviens. Ihr historisches Zentrum ist UNESCO-Weltkulturerbe.

Schmuck und hell

Das kleine, fast elegante Sucre blickt auf eine historisch bedeutsame Vergangenheit zurück. Wichtige Gebäude an der **Plaza 25 de Mayo** sind die **Casa de la Libertad**, wo Boliviens Unabhängigkeitserklärung unterschrieben wurde, und die **Kathedrale** mit demangeschlossenen **Museo de la Catedral.**

Auch die Kolonialkirchen **San Miguel, San Francisco** und **Merced** sowie der **Convento de San Felipe Neri** sind einen Besuch wert. Das Franziskanerkloster **La Recoleta** (mit **Museum**) steht auf dem **Cerro Dalence** im Südosten Sucres. Von hier oben hat man einen guten Blick über die Stadt und die sie umgebenden Berge.

Nicht versäumen sollte man das interessante **Museo Textil Etnográfico** (San Alberto 413), das die Vielfalt der traditionell aus Lama- oder Alpakawolle gewebten Textilien aus dem Andenraum zeigt.

5 km südlich von Sucre wurde das **Castillo de la Glorieta** in einer Mischung aus verschiedenen europäischen Stilrichtungen von der Familie Argandoña errichtet.

Ausflüge von Sucre

Die angeblich größte Fundstelle von Dinosaurier-Spuren in ganz Südamerika liegt nur 8 km vom Stadtzentrum entfernt

---

monteras

→ Die schwarzen Lederhelme der Tarabuqueños sind Nachbildungen der Helme der spanischen Konquistadoren. Es gibt verschiedene Typen: einfache Arbeitshelme sowie für Festtage reich verzierte mit Silberfransen oder eine Variante mit auffälligem »rosetón« (Rosette).

---

auf dem Gelände einer Zementfabrik. Agenturen organisieren Touren nach **Cal Orcko,** zu den 65–85 Millionen Jahre alten Abdrücken im Kalkgestein.

Die Bergkette der **Cordillera de los Frailes** südlich von Sucre lockt mit Wanderwegen, Felsmalereien und heißen Quellen. Traditionelle Kleider, Decken und Stoffe kann man in **Tarabuco,** 65 km östlich von Sucre, erwerben. Der Ort ist bekannt für seine Webereien, die traditionell gekleidete Einheimische auf dem Sonntagsmarkt anbieten.

Andere geführte Ausflüge steuern die Stellen an, die der Revolutionär *Che Guevara* auf seiner letzten Reise passierte. In dem kleinen Dorf **La Higuera** wurde er am 9. Oktober 1967 getötet.

Seite 174

Märchenwelt
Das **Refugio Andino Bramadero** (Casilla 387, Sucre, Tel. 064/20356) liegt 7 km außerhalb von Sucre. Die verwunschenen Steinhäuschen der exklusiven Hotelanlage haben offene Kamine, allerdings nur Kerzenlicht. Hervorragendes Essen, Vollpension; ca. 40 US-$ pro Person/Nacht.

TOP 50 | Seite 362

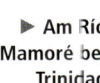

▶ **Am Río Mamoré bei Trinidad**

Koka

Das kleine, grüne Kokablatt ist weltweit fast nur als Rohstoff für die Droge Kokain bekannt. Doch im Andenhochland von Peru, Bolivien und Ecuador ist es seit 5000 Jahren Teil der indianischen Kultur und heute noch allgegenwärtig im täglichen Leben der Einheimischen.

Kokablätter gibt es auf jedem Markt in Peru und Bolivien zu kaufen. Der gebräuchliche Ausdruck »Koka-Kauen« ist insofern nicht korrekt, als die Blätter mit »llipta« oder »llejía«, einer Mischung aus Kalk und Pflanzenasche, die als Katalysator wirkt, in der Backe nur aufbewahrt werden. Nach ein bis zwei Stunden verliert sich der Geschmack, und das Blätterpäckchen wird durch ein neues ersetzt. Koka spendet Energie und stumpft die Sinne gegen Kälte und Erschöpfung ab. Aus diesem Grund sind die Blätter vor allem für Minenarbeiter unentbehrlich.

◄ Unter der Herrschaft der Inka wurde Kokagenuss zu einem Privileg, das nur der königlichen Familie, dem Klerus, den Ärzten und den Läufern vorbehalten war

Koka begleitet die Menschen in allen Phasen des Lebens, und »Yatiris« – Hellseher – benutzen die Blätter, um die Zukunft vorherzusagen. Sie verstreuen sie auf einer Wolldecke, sprechen ein Gebet und lesen dann in ihnen das Schicksal ihres Kunden.

Seit ca. 2000 v. Chr. wird die Pflanze in den Anden angebaut. Die Inka hatten den Anbau monopolisiert, auch um eroberte Völker besser kontrollieren zu können.

Als die ersten europäischen Forscher nach Südamerika kamen, hatten die Inka ihr Monopol gelockert, Kokaanbau und -genuss hatten sich auch außerhalb ihres Reiches ausgebreitet. Angeekelt kommentierte der Italiener Amerigo Vespucci, als er 1499 auf die Karibischen Inseln kam, die Sitte der Ureinwohner: »Ihre Backen blähten sich alle mit einem gewissen Kraut, das sie beständig kauten wie Kühe.« Doch bald nach seiner Ankunft in Cusco ertappte Francisco Pizarro seine eigenen Männer dabei, wie sie heimlich Koka kauten.

In Europa und in den Vereinigten Staaten blieb Koka-Kauen stets eine »Sache der Indios« und wurde als Zeichen kultureller Rückständigkeit gewertet.

1860 gelang es dem Göttinger Albert Niemann, aus den Blättern Kokain zu isolieren. Die Droge weckte großes Interesse bei Persönlichkeiten wie Sigmund Freud, der sie als »magische Substanz« bezeichnete. Und Sir Arthur Conan Doyle schrieb seine Sherlock-Holmes-Geschichten regelmäßig unter dem Einfluss von Kokain. Bemühungen, die Droge zu verbieten, folgten auf dem Fuße.

Wissenschaftler, die Studien über Koka erarbeitet haben, sind sich einig, dass vom Kauen des Blattes keine Gefahr ausgeht, Dieses Ergebnis bestätigt sogar ein Papier der Weltgesundheitsorganisation. Trotzdem: Als Folge der Noriega-Studie von 1949 steht Koka, genau wie Kokain und Heroin, auf dem Index der UN-Drogenkonvention. Wer nur einen Mate-Teebeutel mit nach Hause bringt, muss deshalb mit Schwierigkeiten rechnen. ∎

Boliviens Boomtown

Sie liegt 500 km östlich von Cochabamba. Ihren ersten, allerdings nur kurze Zeit während den Aufschwung erlebte **Santa Cruz** ⑬ gegen Ende des 19. Jhs. dank der Gewinne aus dem Gummihandel Die Wurzeln des gegenwärtigen Wachstums liegen in dem von der Regierung geführten »Marsch nach Osten« der 50er Jahre. Verstärkt wurde der Effekt durch reiche Erdöl- und Erdgasvorkommen und profitable Anbauprodukte des Tieflandes wie Soja, Zucker, Reis und Baumwolle.

Santa Cruz wird von Touristen meist links liegen gelassen, obwohl es einige interessante Museen aufweisen kann. Keine Attraktion im üblichen Sinne, aber doch erlebenswert ist die Mischung von Menschen unterschiedlichster Herkunft, die alle in die Stadt strömten, um an ihrem wirtschaftlichen Erfolg teilzuhaben. Die tropische Stadt vereint z. B. eine bemerkenswert große japanische Gemeinde mit der andinen Kultur und ihren *peñas*. In den unzähligen Nachtklubs und Karaoke-Bars kann sich der Reisende fast wie in Europa amüsieren. Ab Santa Cruz bestehen Eisenbahnverbindungen nach Argentinien und Brasilien, doch diese Art Weiterfahrt gilt als Härtetest.

Potosí: Silber als Schicksal ____

Potosí ⑭ (150 000 Einwohner), 550 km südöstlich von La Paz, ist weltweit die höchstgelegene Stadt dieser Größe. Auf 4000 m über dem Meeresspiegel liegt sie im Schatten des oft verfluchten Berges Cerro Rico. Die spanischen Eroberer gründeten die Stadt in dieser feindlichen Umgebung zu einem einzigen Zweck: um Silber abzubauen. Potosí zählt heute nicht nur zu den wenigen Städten, die sich seit der Kolonialzeit kaum verändert haben, sondern steht auch bei vielen für das Schicksal Lateinamerikas. Denn Potosí beweist die Regel: Jene Regionen, die während der Kolonialzeit zu den reichsten gehörten, leiden heute unter der drückendsten Armut.

In fast allen Straßen der Stadt schiebt sich **El Cerro Rico,** der »Reiche Berg« ins Blickfeld. Den Inka war zwar bekannt, dass er Silber barg, doch beuteten sie es nicht aus. Die Spanier dagegen machten sich schnellstens an die Förderung des Erzes und entdeckten, dass hier die größten Adern verborgen lagen, die die Welt je gesehen hatte. In kurzer Zeit stampften sie am Berghang eine Stadt aus dem Boden. Eroberer und Missionare strömten von Spanien hierher, um sich einen Teil des Reichtums zu sichern, Indianer wurden zur Arbeit in den Minen gezwungen, wo Tausende von ihnen qualvoll starben.

Als die Silbervorkommen ausgebeutet waren und die Spanier die Stadt verließen, überlebte Potosí durch die Förderung von Zinn. Heute gehören die Silberminen zusammen mit Potosis Altstadt zum UNESCO-Weltkulturerbe.

Kunstvoll aus Stein gemeißelte Eingangstore, vernachlässigte Klosterkirchen und langsam verfallende Herrenhäuser er-

Seite
174

Jesuiten-Missionen
Für südamerikanische Verhältnisse »nicht weit«, 230 km von Santa Cruz, liegen schöne barocke Jesuiten-Kirchen. Noch heute bilden sie das Zentrum des christlichen Lebens der Gemeinden. Touren ab Santa Cruz schließen einen Besuch von **San Javier** und **Concepción** ein (1691; Weltkulturerbe der Menschheit).

▶ **Eingangsportal der Casa de la Moneda**

Kirche & Koka
Die Vertreter der katholischen Kirche bezeichneten Koka zwar als »Versuchung des Teufels« und versuchten, den Genuss zu verbieten. Als sie aber erkannten, dass die Indianer Koka benötigten, um die unmenschliche Arbeit in den Minen zu ertragen, änderten sie ihre Meinung und stiegen selbst ins lukrative Koka-Geschäft ein. Heute ist z. B. Koka-Tee ein ganz legaler Muntermacher, den man in jedem Café bestellen kann

▼ **Fest in Tarabuco**

innern an den einstigen Reichtum. Noch immer glänzt Potosí mit zahlreichen Prachtexemplaren kolonialer Architektur und Kunstobjekten, in denen mittelalterliche, europäische Stilrichtungen und indianische Elemente verschmelzen.

Die **Casa Real de Moneda** gilt als eines der Meisterwerke spanischer Profanarchitektur in Lateinamerika und ist heute der beeindruckendste Bau in Potosí. Erstmals 1542 errichtet und 1759 rekonstruiert, wurde sie in der Zeit der Spanier als Münzprägeanstalt genutzt. Die Räume des heutigen Museums zeigen religiöse Kunstwerke, Sammlungen kolonialer Münzen und alte hölzerne Prägemaschinen, an denen afrikanische Sklaven schufteten. Besonders stolz ist man auf zwei Eisenschränke mit nicht weniger als 15 Schlössern, in denen das Silber unberührt von der Neuen Welt nach Spanien transportiert wurde (informative Führungen).

Viele Kirchen in Potosí sind im Stadium des Verfalls, einige sogar einsturzgefähr-

det. Ein Spaziergang durch die Stadt führ
an **San Francisco, La Compañía** und Sa
Lorenzo sowie am Hauptplatz am **Cabi
do** (Rathaus) und der **Kathedrale** vorbe
Auch nach den berühmten Herrenhäu
sern wie der **Casa de las Tres Portada**
(Calle Bolívar 19–21) und dem **Kristal
palast** (Calle Sucre 148–156) sollte ma
Ausschau halten.

Des Wohlstands beraubt

Potosí ist bei weitem mehr als ein
Ansammlung verfallender Bauten aus de
Kolonialzeit. Viele Indianer haben hie
ihre Lebensweise seit Jahrhunderten nich
verändert. Eine faszinierende Kulisse fü
eine Entdeckungstour ist der **Markt.**

Die ärmsten Viertel der Stadt, an de
Hängen des reichen Berges, werden sei
Generationen von Bergarbeitern mit ihre
Familien bewohnt. Ein den bolivianische
Minenarbeitern gewidmetes Denkma
wurde auf einem der Plätze errichtet. Di
Bergbaugewerkschaften aus Oruro un

Potosí – einst die stärksten Kräfte in der bolivianischen Politik – verloren durch den Einbruch der Zinnpreise in den 80er Jahren stark an Bedeutung. Heute sind nur wenige Minen in Betrieb, und Arbeitslosigkeit macht sich breit. Potosís Reichtum hat sich zum Fluch gewendet, der bis heute über der indianischen Bevölkerung schwebt. Ausgerechnet die Stadt, die jahrhundertelang die wirtschaftliche Entwicklung in Europa finanzierte, ist als Stadt in der Dritten Welt in Vergessenheit geraten.

Der Pakt mit dem Teufel

Im tiefsten Innern des »Reichen Berges« von Potosí schlossen die Minenarbeiter einen Pakt mit dem Teufel. In schwach erleuchteten Nischen kauen sie Kokablätter und zollen dem dämonischen Eigentümer des Silbers, *El Tío* (wörtlich: der Onkel), ihren Respekt. Täglich opfern die Bergleute seiner gehörnten Statue ein Getränk oder eine Zigarette, damit er ihnen Glück bringt. Vor ca. 300 Jahren schufen indianische Sklaven dieses Abbild des Teufels in der **Mine Incarnación,** denn damals wurden die Indianer von den Spaniern gezwungen, in Potosí, der größten südamerikanischen Mine der Kolonialzeit, nach Silber zu graben.

Mit dem Preisverfall auf dem Zinnmarkt 1985 wurden die staatlichen Minen im Cerro Rico geschlossen, doch seither öffnen Bergarbeiter die alten Schächte auf der Suche nach dem Silber, das die spanischen Eroberer zurückgelassen haben. Die Grabungen unter Tage erfolgen auf eine derart primitive und gefährliche Weise, dass viele Arbeiter sie als Todesurteil empfinden.

Jeden Morgen versammeln sie sich in der Dämmerung vor der Incarnación-Mine am Cerro Rico. Der Berg, der einst das größte Silbervorkommen der Welt barg, ist heute nicht mehr als eine Schlackenhalde, ein ungewöhnlich symmetrischer Kegel – von mehr als 5000 Schächten durchbohrt.

»Vale un Potosí«– »So reich wie ein Potosí«
Heute noch benutzt man in Spanien diesen Ausdruck, um ein unvorstellbares Vermögen zu beschreiben. Zur Blütezeit der Stadt glänzte das Edelmetall auf den Tafeln des spanischen Adels. Kirchenaltäre waren aus Silber und sogar die Pferde angeblich mit dem wertvollen Metall beschlagen.

▼ **Cerro Rico**

Seite 174

Unter Tage

Die Mine Incarnación ist eine von mehreren in Privatbesitz befindlichen Minen, in der noch gefördert wird und die man besichtigen kann. Gegen ein kleines Entgelt bringen Führer Sie aus der Stadt dorthin. Die meisten Besucher stecken einige Päckchen Zigaretten ein, um sie mit den Bergleuten zu teilen, wenn diese in der kalten Morgensonne beieinander sitzen, reden und Kokablätter kauen. *Coca* wurde schon lange vor den Inka konsumiert, um Hunger und Erschöpfung zu bannen.

Weder Asthmatiker noch unter Platzangst Leidendende sollten einen Besuch

Sumaq Orqo
→ Vom »Schönen Berg«, der Edelsteine und Metall barg, hatte der Inka-Herrscher Huayna Capac reden hören. Als seine Arbeiter anfingen zu graben, grollte es aus der Tiefe: »Dies ist nicht für Euch; Gott bewahrt den Reichtum für die, die von drüben kommen!« Von da an hieß der Berg »Potosí« – »der, der donnert, auseinander birst«. Und auch »die von drüben« ließen nicht lange auf sich warten …

der Mine in Erwägung ziehen: Um überhaupt die Schachtöffnung passieren zu können, muss man stellenweise fast kriechen, während die antiquierten Karbidlampen der Bergleute in der undurchdringlichen Dunkelheit nur spärliches Licht spenden.

Die alten hölzernen Pfeiler, die den Schacht abstützen, biegen sich oft gefährlich durch. Nahe des Tunneleingangs wachsen Stalaktiten von den Decken. Beim Vordringen weiter ins Erdinnere wird aus der ersten eisigen Kälte bald unerträgliche Hitze. Viele der Schächte können dabei nur auf Händen und Knien bewältigt werden. Die Luft wird immer dicker und verbrauchter. In Felsspalten hacken Bergarbeiter mit nacktem Oberkörper Steinbrocken aus der Wand.

In Minen wie der Incarnación gibt es weder elektrische Werkzeuge noch Ingenieure. Sprengungen werden mit Dynamit vorgenommen, das man in Potosí im Geschäft kauft. Wenn die Ladung hochgeht, ziehen sich die Arbeiter für einen Augenblick hinter einen Felsvorsprung zurück. Jeder behält dann das Erz, das er gefunden hat, für sich. Wer in den untersten Schächten gräbt, muss – den schweren Sack mit der Ausbeute auf den Schultern – lange Leitern hochklettern, um ans Tageslicht zu gelangen.

Die größte Gefahr für die Arbeiter stellt die Silikose (»Staublunge«) dar, verursacht durch feinste Staubpartikel, die sich mit der Zeit in der Lunge festsetzen. Viele fühlen, nach ein paar Jahren Arbeit in der Minen, ein schweres Gewicht auf der Brust. Wiederum einige Jahre später beginnen die Betroffenen, Blut zu husten. Kein Wunder, dass nach Glauben der Indianer das Metall in den Minen Eigentum des Teufels ist, und dass sie ihm, um

▲ Abbild von »El Tío« in einer Mine von Potosí
◄ Die Arbeitsbedingungen in den Minen haben sich seit der Kolonialzeit kaum geändert

Seite
174

Glück bittend, täglich eine Zigarette opfern.

Besichtigungen für Gruppen dauern vier bis fünf Stunden und werden von autorisierten Führern durchgeführt. Man sollte alte Kleidung und Schuhe tragen und sich mit einem Taschentuch vor Mund und Nase gegen den Staub schützen. Helm und Lampe werden gestellt. Eine Tour kostet etwa 5 US-$, und eine kleine Spende an die Kooperative der Minenarbeiter ist gern gesehen.

Salar de Uyuni

Im äußersten Westen, im Grenzgebiet mit Chile, liegt eines der begehrtesten Touristenziele Boliviens. Der Salar de Uyuni ist mit 10 500 m² angeblich der größte Salzsee der Welt. Eher einer Wüste als einem See gleichend, liegt diese bizarre Landschaft auf 3653 m Höhe – entsprechend tief können nachts die Temperaturen absinken.

In der Stadt **Uyuni** ⓯ kann man zwischen verschiedenen Unterkünften wählen, von Sucre oder Potosí aus lassen sich Touren in dieses Gebiet organisieren. Auf keine Fall fehlen darf bei diesem Ausflug eine Sonnenbrille mit gutem UV-Schutz!

Viele Agenturen bauen einen Besuch der **Laguna Colorada** ins Programm ein. Rosafarbene Flamingos staksen durch das hellrote Wasser der Lagune, die man von Uyuni aus nach ca. 350 km Fahrt in Richtung Südwesten erreicht.

Noch einsamer liegt die **Laguna Verde,** ein (beim richtigen Licht) türkis schillernder See auf eisigen 5000 m. Am Rande der zäh blubbernden und in unberechenbaren Abständen heißen Schlamm in die Luft schleudernden Geysire von **Sol de Mañana** fühlt man sich in die frühesten Zeiten der Erdgeschichte zurückversetzt.

In den heißen Quellen von **Aguas Termales Chalviri** kann man sich schließlich nach einer harten Geländewagen-Tour den Staub von Tagen abwaschen. ∎

▼ **Salzabbau im Salar**

Salzabbau im Salar

Ecuador

Seite 198

Rauchende Vulkane, Regenwaldreservate, bunte Indianermärkte und die einzigartigen Galápagos-Inseln – das kleine südamerikanische Land überrascht mit einer ungeahnten Vielfalt der Attraktionen.

Die friedliche Enklave zwischen Pazifik und magischen Gletschergipfeln besitzt eine Üppigkeit der Natur und einen Reichtum der Arten von weltweit nahezu einzigartigem Rang. Mehr Spezies an Pflanzen und Vögeln als die 38-mal größeren USA verzeichnen die Wissenschaftler. Bedauerlicherweise wurde diese einmalige Natur durch enorme Abholzungen angegriffen. Dank der Organisation INEFAN ist es mit internationaler Hilfe jedoch mittlerweile gelungen, 17 % der Landesfläche in Nationalparks oder Naturreservate umzuwandeln.

Ecuador ist ideales Ziel für Aktivurlauber. Nur eine Tagesfahrt von der Hauptstadt Quito entfernt kann man sich auf Endeckungstour in unberührte Amazonasgebiete begeben, schneebedeckte Gipfel, tropische Sandstrände oder Darwins Galápagos-Inseln erforschen.

Aktiv sind noch acht Vulkane. Auch Erdbeben wie das von 1987, das die über die Anden führende Ölpipeline zerstörte und erheblichen wirtschaftlichen Schaden verursachte, stellen eine Bedrohung dar. Während der Regenzeit sind Erdrutsche, welche die Straßen blockieren, nicht ungewöhnlich. Die Küstenorte werden zudem durch Hochwasserkatastrophen wie El Niño 1982/83 und 1997/98 gefährdet. Doch haben die Ecuadorianer eine ungeheure Ausdauer darin entwickelt, ihr Land stets erneut aufzubauen.

Eine Nation im Aufbruch

Obwohl das Land in Sierra, Küste, Oriente und Galápagos unterteilt ist, charakterisiert das Land der Fluss der Waren und der Menschen zwischen den Regionen. Mit *plátanos* (grünen Bananen) beladene Trucks erklimmen täglich den Nebelwald am westlichen Hang der Sierra, um Quitos Straßenmärkte zu versorgen, während Säcke mit Kartoffeln hinunter in das heiße und feuchte Flussdelta von Guayaquil transportiert werden. Das im Oriente geförderte Öl wird durch eine Pipeline quer über die Anden zu den Tankern gepumpt, die im Pazifikhafen Esmeralda vor Anker liegen. So ist es auch nicht ungewöhnlich, einem farbenprächtig gekleideten Hochland-Otavaleño, der Webarbeiten anbietet, an der Küste zu begegen, oder bei der Busfahrt auf der Panamericana einen *moreno,* einen Afro-Ecuadorianer von der Küste zu treffen, der köstliches Kokonuss-konfekt, *cocada,* verkauft.

Outdoor-Aktivitäten: Das Angebot reicht von Bergsteigen, Trekking, Mountainbiking, Reiten und Tauchen bis zu Dschungelrafting.

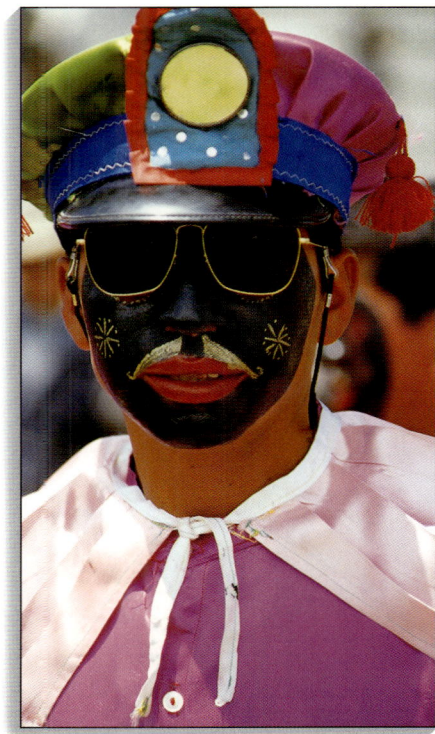

◀ **Der aktive Vulkan Sangay** ▶ **Auf der Mamá-Negra-Parade in Latacunga** ◀◀ **Markt von Zumbagua**

Frühe Kulturen

Mitad del Mundo
25 km nördlich von Quito steht am Äquator als Denkmal eine Betonpyramide, welche die »Mitte der Welt« markiert. Das Museum in der Pyramide dokumentiert die Geschichte und Entwicklung der verschiedenen ethnischen Kulturen Ecuadors.

Über das Ecuador vor den Inka weiss man wenig. Die ältesten Funde sind Werkzeuge aus der Nähe von Quito, die etwa aus der Zeit um 9000 v. Chr. stammen. Andere Ausgrabungen weisen auf neuzeitliche Kulturen hin, die offensichtlich enorme Fertigkeiten in der Metallbearbeitung, im Töpfern und Weben entwickelt hatten.

Die hoch entwickelte Zivilisation der **Cara** blühte im 10. Jh. in der Gegend um Quito. Sie bauten Sternwarten und erkannten den Äquator als »den Weg der Sonne«. Sie beteten die Sonne an und glaubten, dass der Mond von Menschen bewohnt sei. Die Webkunst war die Basis ihrer Wirtschaft. Die Frauen wurden sogar gesetzlich verpflichtet, bei jeder Gelegenheit Wolle zu spinnen, selbst auf ihren Wanderungen durch die Berge.

Die Nachfolger der Cara, die **Duchicela-Dynastie,** gründeten das Königreich Quito, das zum Hauptgegner der **Inka** heranwuchs. Als im 15. Jh. die Inka in den Süden des heutigen Ecuador eindrangen, stellten sich ihnen die **Cañari** entgegen, die Túpac Yupanqui erst nach jahrelangen Kämpfen unterwerfen konnte. Die Inka-Herrschaft war nicht von langer Dauer.

Der Weg der Spanier

1533 wird der Inka-Herrscher Atahualpa, von **Francisco Pizarro** gefangen genommen und hingerichtet. Pizarros Leutnant Sebastián de Benalcázar erkämpfte sich unterdessen den Weg nach Quito. Bei seiner Ankunft 1534 fand er allerdings nur Ruinen vor: Rumiñahui, Atahualpas General, hatte die Stadt evakuiert und zerstört, um sie nicht den Spaniern überlassen zu müssen. Am 6. Dezember 1534 gründete Benalcázar Quito neu.

Ab diesem Zeitpunkt herrschten die Spanier mit eiserner Faust. Anfänglich verwalteten sie das Land als eine Provinz des Vizekönigtums Peru. Sie brachten Pferde, Rinder und Schweine ins Land und bauten erstmalig in Südamerika Weizen und Bananen an. Die koloniale Verwaltung basierte auf dem *Encomienda*-System, nach dem das Land unter den Spaniern aufgeteilt wurde. Jeder Siedler war für den Anbau und die Bekehrung der dort lebenden Indianer verantwortlich. Als Gegenleistung für diese »Dienste« betrachteten sich die Spanier als Feudalherren. Sie bezahlten die Indianer für ihre Arbeit nicht und erhoben Steuern auf Vieh und Feldfrüchte. Bäumte sich ein Indianer gegen diese Bedingungen auf, konnte ihn der *encomendero* hinrichten lassen.

Dieses brutale System wurde auch nach Ecuadors Unabhängigkeit auf den *haciendas* aufrechterhalten, die im Besitz der reichsten Familien Ecuadors waren. Erst mit den Landreformen 1964 wurden die Indianer von der Zwangsarbeit befreit und bekamen eigenes Land zugeteilt. Dieses war jedoch oft unfruchtbar, und viele alte Gutshöfe blieben bestehen.

Bis heute übt eine elitäre Minderheit von Großgrundbesitzern beträchtlichen politischen Einfluss in Ecuador aus.

Die Ungerechtigkeiten der spanischen Herrschaft veranlassten die Indianer zu mehreren gewaltsamen Aufständen. Die Alcabales-Revolution wurde von den Spa-

Seite 198

Vorspanische Riten
Die Mehrzahl der Ecuadorianer ist katholisch, allerdings wächst die Zahl der Protestanten (derzeit ca. 10 %). Elemente der vorspanischen Glaubensvorstellungen wurden jedoch in das Christentum integriert und sind vor allem bei Festen erlebbar.

▼ **Spanische Konquistadoren auf dem Marsch**

niern 1592 ausgelöst, als sie abermals die Steuern auf Stoffe und Lebensmittel erhöhten. Mit aktiver Unterstützung des niederen Klerus erhob sich eine breite Masse gegen die Kolonialregierung, doch leider mit wenig Erfolg: Nach zehn Monaten nahmen die Spanier 24 Verschwörer fest und ließen sie hinrichten.

Ecuadors erster Schritt zur Unabhängigkeit war ein Putsch, dem viele weitere folgen sollten. 1809 ergriffen Mitglieder der Criollo-Oligarchie die Macht in Quito, bevor sie 24 Stunden später wieder abgesetzt und getötet wurden. Die Unruhen der folgenden Jahre gipfelten darin, dass Guayaquil 1821, mit der Unterstützung Bolívars und San Martíns, als erste Stadt Ecuadors die Unabhängigkeit ausrief. 1822, nach der Schlacht bei Pichincha, in der General Sucre mit seinen Armeen die königlichen Streitkräfte besiegte, wurde Quito befreit. Da Ecuador aber sofort in die neu entstandende Konföderation Großkolumbien eingegliedert wurde, er-

▲ **Mädchen aus Esperanza**

langte es erst 1830, bei deren Auflösung, volle Unabhängigkeit.

Juan Flores, ein gebürtiger Venezolaner, wurde der erste Staatspräsident. Er kam mit seinem Nachfolger Rocafuerte überein, sich in der Präsidentschaft abzuwechseln, brach dieses Abkommen jedoch, brachte das Militär auf seine Seite und zwang Rocafuerte ins Exil. Als Flores 1845 abgesetzt wurde, stachelte Rocafuerte die Spanier zur Invasion Ecuadors an, die nur durch Großbritanniens Eingreifen verhindert werden konnte. Gewalt und Terror prägten statt dessen die Politik.

Unsicherer Schritt ins 20. Jahrhundert

Ecuadors Geschichte des 20. Jhs. ist von Militärdiktaturen geprägt. Erst 1978 bahnte es der Demokratie den Weg, indem es eine neue Verfassung verabschiedete. Ein Jahr später fanden freie Wahlen statt.

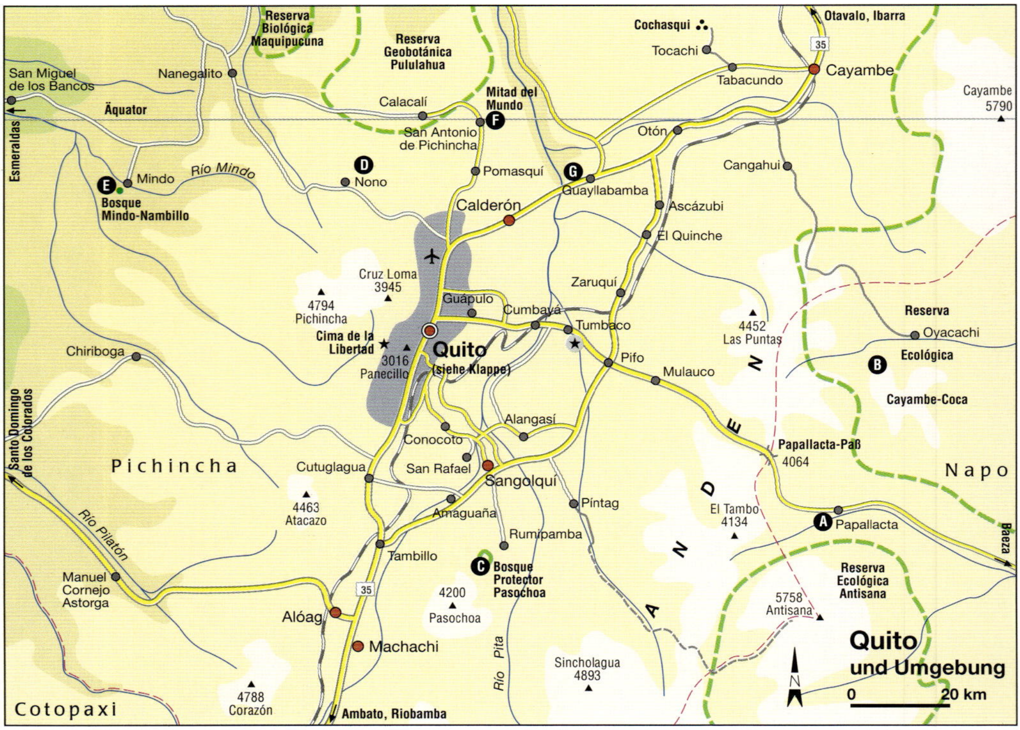

San Miguel de los Bancos · Nanegalito · Äquator · Reserva Biológica Maquipucuna · Reserva Geobotánica Pululahua · Calacalí · Mitad del Mundo **F** · San Antonio de Pichincha **D** · Nono · Pomasquí **G** · Guayllabamba · Cochasqui · Tocachi · Tabacundo · Otavalo, Ibarra · Cayambe · Cayambe 5790 · Otón · Cangahui · Ascázubi · El Quinche · Mindo **E** · Río Mindo · Bosque Mindo-Nambillo · Esmeraldas · Calderón · Cruz Loma 3945 · 4794 Pichincha · Cima de la Libertad 3016 Panecillo · **Quito** (siehe Klappe) · Guápulo · Cumbayá · Tumbaco · Pifo · Mulauco · Zaruquí · 4452 Las Puntas · Reserva Ecológica **B** · Oyacachi · Cayambe-Coca · Papallacta-Paß 4064 · Napo · Chiriboga · Pichincha · Santo Domingo de los Colorados · Cutuglagua · San Rafael · Sangolquí · Alangasí · Conocoto · 4463 Atacazo · Amaguaña · Píntag · Rumipamba · El Tambo 4134 · Papallacta **A** · Río Pilatón · Tambillo · Bosque Protector Pasochoa **C** · 4200 · Pasochoa · Reserva Ecológica Antisana · 5758 Antisana · Manuel Cornejo Astorga · 35 · Alóag · Machachi · Río Pita · Sincholagua 4893 · **Quito und Umgebung** · N · 0 20 km · 4788 Corazón · Ambato, Riobamba · Cotopaxi · Baeza · A N D E N

1984 wurde der Konservative León Febres Cordero zum Präsidenten gewählt. Das herausragendste Ereignis seiner Amtszeit war seine Entführung. Er erreichte seine Freilassung, indem er einem inhaftierten Regierungsgegner die Freiheit schenkte.

Die Wahlen von 1988 brachten den Sozialdemokraten Rodrigo Borja Cevallos an die Macht, der sich erfolgreich um die Senkung der Inflationsrate bemühte und versuchte ausländische Investoren zu gewinnen. Diese Politik wurde im Wesentlichen auch unter dem konservativen Sixto Durán-Ballén, der das Amt 1992 antrat, fortgeführt. Ihm folgte, 1996 Abdala Bucarám, der wegen Koruptionsskandalen, auf die die Bevölkerung mit massiven Protestkundgebungen reagierte, 1997 schließlich vom Parlament abgesetzt wurde. Bei den Präsidentschaftswahlen 1998 siegte Jamil Mahuad, dessen unpopuläre Politik nur weitere Unruhen und im Januar 2000 einen Militärputsch auslöste. Staatspräsident wurde interimsmäßig der Unterneh-

mer Gustavo Noboa, der die inflationären Landeswährung Sucre (zuletzt 25 000 für 1 US-$) durch den US-Dollar ersetzte. Bei den Präsidentschaftswahlen 2002 verlor Noboa gegen den Ex-Putschisten Lucio Gutierrez, der im Januar antrat. Ebenfalls 2003 wurde die zweite transandine Erdölpipeline fertig gestellt, und der stark gestiegene Ölexport bescherte dem Land sogar einen geringen Überschuss im Staatshaushalt. Ein Drittel der Staatseinnahmen stammen aus dem Erdölexport, dennoch musste 2005 Venezuela mit Erdöl aushelfen, da die Förderanlagen von Aufständischen besetzt waren.

Nach massiven Unruhen, derer Präsident Gutiérrez auch mit der Ausrufung des Notstandes nicht Herr wurde, trat dieser im April 2005 zurück und floh per Hubschrauber in die brasilianische Botschaft und weiter ins Ausland. Das Parlament setzte ihn formell ab, somit ist er der 3. Präsident in 8 Jahren, der seines Amtes enthoben wurde. Vize-Präsident Alfredo

Seite 198

Großstadtflair
Große Hotels, schicke Restaurants und Geschäfte, die kunsthandwerkliche Arbeiten aller Art und von guter Qualität anbieten, säumen die **Avenida Amazonas** sowie die sie umgebenden Straßen. Im Laden der verstorbenen Designerin **Olga Fisch,** Av. Colón 260, finden sie schönstes Kunsthandwerk.

▼ **Das moderne Gesicht Quitos**

Die Otalavo-Indianer

Die Otavalo-Indianer zählen zu den wenigen Völkern Amerikas, die trotz der kolonialzeitlichen Unterdrückung einen gewissen Grad an Wohlstand erreicht haben. Ihre Webkunst hat sie zu den reichsten Indianern von Ecuador gemacht. Sie exportieren hochwertige Textilien in die USA, nach Kanada und Europa; der größte Teil wird jedoch in Südamerika vertrieben.

Die Otavaleños sind Nachkommen der Cara, die vor 1000 Jahren von Kolumbien in die Sierra Ecuadors zogen und hauptsächlich um die heutigen Orte Cayambe, Otavalo und Caranqui siedelten. Gegen Baumwolle, Decken, Hunde und Salz tauschten sie mit Nachbarstämmen Papageien, Affen und die einen roten Farbstoff liefernden Samen des »Achiote«-Baums.

Im 15. Jh. begann mit den Inka die Zeit der Unterdrückung. Erst nach 17 Jahren Kampf konnte der Inka Huayna Capac die

◀ Otavaleñas sind in ihren schönen Trachten nicht nur hübsch anzusehende Verkäuferinnen, auch ihr Angebot lohnt betrachtet zu werden

Stadt Caranqui einnehmen, woraufhin er Tausende Cara hinrichten ließ. Viele wurden nach Peru umgesiedelt und inkatreue Untertanen im Cara-Gebiet angesiedelt.

Unter spanischer Regie nahm Mitte des 16. Jhs. die erste Weberei mit 500, teilweise kaum 10-jährigen Arbeitern die Produktion auf. Als 1581 die regionale Verwaltung direkt in die Hände der spanischen Krone überging, wurden moderne Werkzeuge eingeführt, und nach 50 Jahren war der Otavalo-Betrieb der produktivste Ecuadors. 14 Stunden pro Tag schufteten die Indianer. Da die Selbstmordrate unter den Arbeitern einer Weberei in Peguche alarmierende Ausmaße annahm, wurde sie 1684 geschlossen. Erst 1964 verbot man die Zwangsarbeit, und jeder indianischen Familie wurde ein Minimum von 500 Ar bebaubaren Landes zugewiesen. Doch die Reformen fassten nicht überall Fuß.

1917 begann ein einheimischer Weber, den berühmten schottischen Tweed zu kopieren und machte damit Otavalo weltbekannt. Das erste Textilgeschäft im Ort wurde 1966 eröffnet, 12 Jahre danach waren es bereits 75. Die Textilproduktion hat sich seit damals dezentralisiert und verschiedene Dörfer haben sich auf bestimmte Waren spezialisiert.

Jeden Samstagmorgen werden die sonst ruhigen Straßen von Otavalo von Leben erfüllt. Auf der Poncho-Plaza genannten Plaza Centenario werden Wandbehänge, Ponchos, Hemden, Hüte, Webtaschen sowie gefärbte Wolle und Baumwollstoffe als Meterware angeboten. Die meisten Webarbeiten sind aus Schafwolle, man findet aber auch Pullover aus Alpaka-Wolle.

Die traditionelle Art der Textilherstellung ist meist noch den saisonbedingten Erfordernissen der Landwirtschaft untergeordnet. Doch die Folgen der Mechanisierung in der Industrie, die das Auskommen der Otavaleños hätten gefährden können, wurden durch die Fertigung von Qualitätsprodukten aus natürlichen Materialien und durch den Tourismus aufgefangen. ∎

Palacio übernahm als fünfter Präsident in sieben Jahren die Amtsgeschäfte.

Quito

Die meisten Besucher des modernen Quito ❶, das sich Jahr für Jahr weiter in den Norden und Süden des engen Anden-Hochlandtales ausdehnt, nehmen Quartier im **Mariscal,** dem Viertel nördlich des **Parque El Ejido,** in dem sich das alte und das neue Quito begegnen, wobei das koloniale Altstadtzentrum reizvoller ist als die recht unpersönliche Neustadt.

In der **Casa de la Cultura,** an der Ostseite des Parks, befindet sich das **Museo del Banco Central** (Di–Fr 9–17, Sa/So 10–16 Uhr), das bedeutendste Museum des Landes, dessen Sammlung von präkolumbischem Kunsthandwerk bis zu Werken der Moderne reicht.

Unkonventioneller zeigt sich das **Museo Guayasamín** im Stadtteil **Bellavista,** in dem neben einer privaten Kollektion präkolumbischer und kolonialer Kunst vor allem die Gemälde von *Oswaldo Guayasamín* (s. S. 204), Ecuadors berühmtesten zeitgenössischem Künstler, zu sehen sind.

Schmucke Altstadt

In Quitos Zentrum erinnern gekalkte Häuser mit grünen Ziegeln und dunkelblauen Geländern an die Kolonialzeit, als spanische Architektur und Kunstschaffen in der florierenden Provinzstadt Glanzlichter setzten. Erdbeben in den Jahren 1587, 1768 und 1859 verursachten jedoch an Kirchen und anderen Bauten große Schäden. 1978 verlieh die UNESCO der Altstadt die Auszeichnung eines Weltkulturdenkmals. Daher konnte die moderne Entwicklung deren einzigartige architektonische Harmonie nicht zerstören.

Das Leben auf der farbenfrohen **Calle Cuenca** steht im Kontrast zum historischen Stadtbild. Schwarze verkaufen Papayas, Passionsfrüchte, Ananas und Bananen. Eine indianische Zeitungsfrau

Seite 198

TOP**50** Seite 356

TOP**50** Seite 369

▲ **Statue der Jungfrau von Quito auf dem Panecillo**
▼ **Plaza de la Independencia, Quito**

La Cueva del Oso,
Calle Chile 1046.
Das netteste Restaurant der Altstadt ist
auf ecuadorianische
Küche spezialisiert.
Musiker tragen zur
guten Stimmung bei.

verkündet mit durchdringender Stimme die neuesten Sensationen.

Über der Stadt erhebt sich die Kirche **San Francisco,** deren Bau einige Tage nach dem spanischen Einmarsch 1534 begonnen und in 70 Jahren fertiggestellt wurde. Steigt man von der Plaza die Stufen hinauf, erlebt man ein kulturelles Wechselbad: In den Straßen vor der Kirche spielen Plattengeschäfte die letzten Hits, erreicht man aber die riesigen Tore, wird man von undurchdringlicher Stille empfangen. Am barocken Hauptaltar steht die Statue der **Nuestra Señora de Quito,** charakteristisch für den Stil der bekannten Schule von Quito, die spanische und maurische Techniken mit indianischer Fantasie verbindet.

Von San Francisco ist es nur ein Katzensprung über den Kleidermarkt auf der Calle Cuenca zur Kirche **La Merced,** in der man Gemälde aus Quitos Vergangenheit sehen kann: Sie zeigen z. B. Darstellungen von General Sucre in der

▲ Quito zeigt in der Kunst eine erstaunliche Offenheit für Zeitgeistiges ◄ Das Innere der Kirche La Compañía

Schlacht oder Indianer während ihrer Bekehrung.

Zwei Häuserblocks weiter liegt die beliebte **Plaza de la Independencia.** Hier sonnen sich die *quiteños,* lesen Zeitung und beschäftigen die Schuhputzjungen. Auf dem Platz steht auch der **Palast des Präsidenten** mit seinen traditionellen Wachen und einem Wandgemälde des bekannten Malers Oswaldo Guayasamín, das Orellanas Forschungsfahrt auf dem Amazonas zeigt.

Neben dem Palast erhebt sich die um 1706 fertig gestellte **Kathedrale,** in der General Sucre und Präsident Flores begraben liegen. Unter den Gemälden findet sich die »Kreuzabnahme« von Caspicara, dem wohl besten indianischen Künstler der Kolonialzeit.

Einen Block südlich der Kirche **San Agustín,** wo die erste Unabhängigkeitserklärung unterzeichnet wurde, verläuft die **Calle Espejo,** in deren Nähe die prächtige Kirche **La Compañía** aufragt. Sie wurde von Jesuiten erbaut und gilt als prunkvollste Kirche Ecuadors. Neben dem Hauptaltar aus reinem Gold ruhen die Gebeine des Stadtheiligen, *Mariano de Jesús.* Außerdem gibt es hier eine bizarre Sammlung kolonialer Kunst: Eines der Gemälde zeigt die verschiedenen Höllenqualen, Ehebrecher müssen die schlimmsten Strafen erleiden.

Zwei Jahre lang lebte **Sucre** einen Häuserblock entfernt von hier. Heute ist sein Haus ein **Museum,** in dem ein Blick in das Heim eines damaligen Aristokraten gewährt wird. Eine Statue von Sucre steht auf der **Plaza Santo Domingo** gegenüber der gleichnamigen Kirche. Am Altar des heiligen Judas, des Schutzheiligen aller »hoffnungslosen Fälle«, haben viele Gläubige ihre Dankesbriefe für wundersame Hilfsleistungen angebracht.

Über den kunterbunten Markt der Avenida 24 de Mayo gelangen Sie zur **Calle Ronda,** an der Häuser aus dem 16. Jh. mit breiten Balkonen und schweren vergitterten Türen liegen. Sie führt weiter zur Brücke der Schwarzen Geier, wo der Weg zum **Panecillo** (s. S. 205) beginnt.

Ausflüge in die Umgebung

Etwa 80 km von Quito entfernt auf der Straße, die in das Quellgebiet des Amazonas führt, befindet sich das geschmackvoll angelegte Thermalbad von **Papallacta Ⓐ**. Von dort aus sind Ausflüge zu Fuß oder mit Pferden in das **Cayambe-Coca-Naturreservat Ⓑ** interessant. Südöstlich von Quito erreicht man den **Naturpark Pasochoa Ⓒ**, ein Feuchtwaldgebiet an der Nordseite eines erloschenen Vulkanes Ausflüge organisiert: Fundación Natura, Av. República 481, Quito, Tel. 50 33 85).

In Richtung Küste (ca. 2 Std. per Bus) liegen die dörflichen Ansiedlungen von **Nono Ⓓ**, **Tandayapa** und **Mindo Ⓔ**, die sich zur Vogelbeobachtung eignen. Will man die westlichen Bergwälder erkunden, findet man Unterkunft in Lodges.

Von Quito nach Norden

Äquator/Mitad del Mundo Ⓕ, s. S. 198. Die Panamerica führt zunächst durch das ländliche **Guayllabamba Ⓖ**, einige hundert Meter höher gelegen und erheblich wärmer als Quito, sodass Avocados und Chirimoyas gedeihen. Die kulinarische Spezialität der Stadt, *locro,* eine herzhafte Suppe aus Kartoffeln und Käse mit Avocado oder Schweinefleisch, zieht am Wochenende Besucher aus der Umgebung in die Lokale.

Weiter gen Norden, auf dem Weg nach **Otavalo ❸** (s. S. 202) passiert man die Kleinstadt **Cayambe ❷**. Dieses Gebiet besitzt eine lange Tradition in der Käseherstellung, doch hat die Blumenindustrie höhere Bedeutung erlangt. Die großen Plantagen können besichtigt und Rosensträuße günstig erworben werden.

Cayambe ist zudem die Ausgangsstation für Kletterer, die den 5790 m hohen **Vulkan Cayambe** besteigen wollen. Außerhalb des Ortes liegt Ecuadors älteste, 1580 erbaute **Hacienda: Guachala.** Sie besuchte schon Alexander von Humboldt. Auch zahlreiche andere Gutshöfe, z. B. in der Nähe von Otavalo, **Cusín** und

Pinsaquí, stehen Besuchern offen und vermitteln einen Eindruck von dem opulenten Lebensstil der Großgrundbesitzer.

Ungefähr 5 km von Otavalo bietet die ökologisch betriebene Berglodge **Casa Mojanda** einen spektakulären Blick auf den 4944 m hohen **Vulkan Cotacachi.** In der Nähe liegt die Lagune **Cuicocha**, ein Kratersee aus Schmelz- und Regenwasser auf 3070 m. Der Ort **Cotacachi** ist für seine Lederarbeiten bekannt, Otavalos Nachbardörfer **Peguche** und **Agato** für Gewebtes, **Ilumán** für Ponchos und Hüte.

Ibarra, eine Stadt mit kolonialem Flair, wird aufgrund ihrer weißen Häuser »La Ciudad Blanca« genannt und bietet preisgünstige Hotels und Lokale. Wer die sportliche Herausforderung sucht, kann den Vulkan **Imbabura** (4609 m) erklettern.

Grenzstadt zu Kolumbien ist die Hauptstadt der Provinz Carchi, **Tulcán ❹**, berühmt für die kunstvoll in geometrische oder figurale Formen geschnittenen Zypressenbäume der Friedhofsanlage.

Seite
198
200

Wahrzeichen
Den Hügel
El Panecillo (»kleiner Brotlaib«) krönt eine Statue der Jungfrau von Quito, eines der Wahrzeichen der Stadt. Die Sicht ist von diesem Punkt aus wunderbar, an klaren Tagen hat man das Panorama der Schneegipfel des Pichincha und des Cayambe. Nehmen Sie für den Ausflug ein **Taxi** und machen Sie ihn nicht allein, da auf dieser Strecke die Gefahr besteht, beraubt zu werden

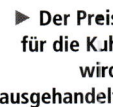

▶ **Der Preis für die Kuh wird ausgehandelt**

Einblick in die Natur

An der neuen Straße von Ibarra nach San Lorenzo liegt das **Naturreservat Golondrinas** mit Orchideenfarmen und Aufforstungsgebieten. Nicht weit entfernt von Tulcán schützt das **Reservat El Angel** seltene Pflanzenarten.

Seite 356

Seite 363

▼ **Eine der Lagunas de Mojanda bei Tabacunda**

Straße der Vulkane

Die Fahrt von Quito nach Süden auf der »Straße der Vulkane« durchquert eine grandiose Andenlandschaft. Zahlreiche **Haciendas,** wie **La Ciénega,** sind zu komfortablen Nobelhotels mit stilvoller Einrichtung umgestaltet worden.

Von **Lasso** aus führt ein Weg zum **Parque Nacional Cotopaxi,** dessen Attraktion der mit 5897 m höchste aktive Vulkan der Welt, der **Cotopaxi** ist. Er zieht jedes Jahr Tausende von Bergsteigern an. Der Aufstieg führt vorbei an der **Laguna Limpiopungo,** ideales Gebiet um die Páramo-Vegetation kennen zu lernen und Kondore, Kiebitze und Füchse zu beobachten.

Latacunga ❺, die Hauptstadt der Provinz, wurde von Erdbeben und Ausbrüchen des Cotopaxi im 18./19. Jh. mehrfach zerstört. Im September finden hier Prozessionen und Feierlichkeiten zu Ehren der »Schwarzen Madonna«, **La Fiesta de la Mama Negra** genannt, statt.

Auch die Haupstadt der Provinz Tungurahua **Ambato ❻,** ist nach mehrfacher Zerstörung durch verheerende Erdbeben, zuletzt 1949, neu aufgebaut worden. Das milde Klima lässt im Umland zahlreiche Obstsorten reifen. Im Februar, wenn Äpfel, Birnen und Pfirsiche reif sind, wird das größte Festival Ecuadors, die *Fiesta de las Flores y la Fruta,* mit Umzügen, Musik und Tanz gefeiert.

Östlich von Ambato liegt die Indianer-Gemeinde **Salasaca,** wo die Webarbeiten insbesondere die berühmten Wandteppiche, nur an Wochenenden verkauft werden (sonst auf dem Markt von Otavalo).

Heiße Quellen und Vulkane

Baños, das nach seinen heißen vulkanischen Quellen benannt wurde, ist eines der beliebtesten Urlaubsziele Ecuadors. Restaurants mit internationaler Küche und zahlreiche Abendlokale zählen eben

Seite 198

Mit dem Zug unterwegs

Die erste Eisenbahnlinie Ecuadors wurde 1910 zwischen Quito und Guayaquil in Betrieb genommen und verkürzte die zuvor 9-tägige mühsame Reise entlang eines häufig überfluteten und unpassierbaren Maultierpfades auf zwei Tage. Mit dem Zug kann man entlang der »Straße der Vulkane« von Quito zum entlegenen Riobamba fahren, auf einer Berg- und Talfahrt, die atemberaubende Anblicke der westlichen Anden-Hänge bietet. Die Strecke zum Pazifik beginnt in Ibarra, das nach der völligen Zerstörung durch ein Erdbeben 1868 wieder neu aufgebaut wurde, und endet in der lebendigen Hafenstadt San Lorenzo. Die Zugfahrt führt durch dürres, mit Gestrüpp bewachsenes Land, passiert Felder mit Zuckerrohr und Kaffeesträuchern, Bananen und Papayas und durchquert dichten Regenwald. Unglücklicherweise verursachte 1997/98 El Niño Fluten und Erdrutsche, durch die auch die Eisenbahnlinien verwüstet wurden. Die Ibarra-San-Lorenzo-Linie wurde eingestellt, und der Zug von Quito nach Riobamba fährt nur am Samstag. Von Riobamba nach Alausi über die »Teufelsnase« und die »Alausi-Schleife« verkehrt dreimal wöchentlich ein Zug in beiden Richtungen (s. S. 398).

Hutformen und traditionellen Kleidungsstücke vor Augen führt.

Östlich von Riobamba erreicht man das ausgedehnte Gebiet des nach dem Vulkan benannten Nationalparks **Sangay,** in dem der Bergtapir beheimatet ist. Am Rande des Parks gelangt man auf eine alte Königsstraße der Inka, die Quito mit Cusco in Peru verbindet und südlich von **Achupallas** zu den größten Inka-Ruinen Ecuadors, nach **Ingapirca,** führt. Exakt gefügte Mauern zeichnen die Ruinen aus.

Cuenca ❻ ist die drittgrößte Stadt des Landes, an die einstige Inka-Siedlung *Tumpibamba* (s. S. 208) erinnert heute allerdings nichts mehr; Weiß getünchte Häuser im Kolonialstil, kopfsteingepflasterte Gassen und große Kirchenbauten geben einer der schönsten Städte Ecuadors ihren Charakter.

In der Nähe befindet sich der **Cajas-Nationalpark,** der mit seinen mehr als 200 Seen und Lagunen vor allem für Angler attraktiv ist. Südlich von Cuenca liegt

Farbenfroh
In dem Dorf **Saquisilí** findet jeden Donnerstag der größte und bunteste Indianermarkt Ecuadors statt.

so zu den Anziehungspunkten wie die Statue der »Madonna des heiligen Wassers«, **Nuestra Señora de Agua Santa,** in der **Basilika,** deren wundersames Wirken in Wandmalerein veranschaulicht wird. Von Baños aus lassen sich sportliche Aktivitäten wie Floßfahrten, Mountain-Biking- oder Klettertouren auf den Vulkan **Tungurahua** unternehmen.

In Sichtweite des **Chimborazo,** des mit 6310 m höchsten Bergs von Ecuador, liegt **Riobamba** ❼ (2750 m), Ausgangspunkt für die Bahnfahrt nach Quito und zur Alausi-Schleife. Die Region wird heute von ganz unterschiedlichen Indianergruppen besiedelt, was die Vielfalt ihrer

▲ Nougat-Laden bei Baños
▶ Die bekannten Thermalbäder von Baños

Saraguro ❾, die bedeutendste Ansiedlung der Saraguro-Indianer, deren männliche Mitglieder sich in traditioneller Weise stets schwarz kleiden.

Südlich der kleinen Stadt **Loja,** Durchgangsstation auf dem Weg zur Küste oder nach Peru, erreicht man die Stadt **Vilcabamba** ❿, die, ausgehend von Berichten über die hohe Lebenserwartung ihrer Einwohner, die »Stadt der Hundertjährigen genannt« wird.

▲ **Mädchen aus Imbabura**
▼ **Riobamba vor dem spektakulären Chimborazo**

Nicht weit entfernt, bei Cajanuma, beginnt der **Nationalpark Podocarpus.** Vor allem Vogelbeobachter kommen bei Exkursionen durch den feuchten Bergwald auf ihre Kosten. Von hier aus führt auch eine eindrucksvolle Bergstraße nach **Macará** an der Grenze zu Peru.

Heilige Jungfrauen
→ Der spanische Chronist Cieza de León fand 1547 in der verlassenen Inka-Stadt Tumpibamba, dem heutigen Cuenca, volle Warenhäuser, Baracken und Gebäude, für »mehr als 200 Jungfrauen, die sehr schön waren und dem Sonnengott dienten«.

Der Oriente

Das obere Amazonasbecken östlich der Anden nennt man heute auch »die Provinz der Zukunft«. Die unberührten Wälder werden von reißenden Flüssen durchzogen und von Jaguaren, Ozelots, Anakondas, Affen, Tapiren, Fledermäusen, Piranhas und mehr als 450 Vogelarten bevölkert.

Wegen der besseren Verkehrsverbindungen ist der Zugang zu dieser Region von Ecuador aus einfacher als von den Nachbarstaaten.

Im Süden des Oriente leben die Indianerstämme der *Shuar, Ashuar* und der *Saraguro,* im Norden die der *Siona, Cofán, Quechua, Quijo* und *Waorani.* Der Fortschritt hat die Lebensweise aller Stämme

Seite 198

beeinflusst, und viele Traditionen, wie die der Shuar, die bis in unser Jahrhundert hinein die Schädel ihrer toten Feinde zu Schrumpfköpfen getrocknet hatten, wurden aufgegeben.

Die Waorani haben jedoch tief im Urwald in der Nähe des **Río Napo** ihre Steinzeitkultur erhalten können. Sie fischen mit Speeren, Blasrohren und Giftpfeilen, halten sich Greifvögel als Haus- und Wachtiere und entfachen schnell Feuer, indem sie zwei Hölzer gegeneinander reiben. Allerdings ist ihre traditionelle Lebensweise vom Tourismus und der Erdölförderung bedroht.

1541, als Francisco de Orellana mit seinem Trupp auf die Quellflüsse des Río Napo stieß, drangen erstmals Fremde in das Leben der Urvölker ein. In Kürze entstanden hier Städte wie Archidona oder **Macas** ⓫ als Basis für die Eroberung und die Missionierung der Indianer. Wegen wiederholter Überfälle wurden viele Orte wieder verlassen. Getrieben von Geldgier und Glaubenseifer, stießen später Goldsucher sowie Franziskaner und Jesuiten weiter in den Dschungel vor.

Ölboom und Tourismus

Der Verlust des größten Teils des Oriente an Peru im Grenzkrieg von 1941 weckte das Interesse der Regierung an der Region, was 1967 mit der Entdeckung riesiger Ölvorkommen in der Nähe von **Lago Agrio** ⓬ belohnt wurde. Seither hat sich der Oriente drastisch verändert. 1989 erhob die Regierung Lago Agrio zur Hauptstadt der neuen Provinz Sucumbios, 1998 entstand im Süden eine neue Provinz, die nach dem Amazonas-Entdecker Orellana benannt wurde.

Ecuador besitzt eine üppige Dschungelvegetation im Gebiet um **Tarapoa**, in der 5550 km² großen **Reserva Producción Faunística Cuyabeno.** Fahrten dorthin sind von Lago Agrio, Cuyabeno oder Tarapoa aus gut zu organisieren. Am dichtesten ist hier der Urwald in einer Höhe von 30 m. Am Boden wachsen viele Farnarten und wilde Zitronenbäume, in deren Stäm-

men winzige Ameisen leben. Die Kapokbäume sind die größten Baumarten im Amazonasbecken und können eine Höhe von 60 m erreichen. Auf ihren Ästen sitzen dicht an dicht Bromelien und sind Lebensraum kleiner Frösche und Insekten. Im Schilf an den Ufern der Flüsse wimmelt es von Vögeln, im Wasser leben Kaimane und seltene Fische.

Der Zustrom der Menschen drängt die Natur zunehmend zurück. Obwohl um die kleine Stadt **Misahuallí** ⓭ herum außer Vögeln und Insekten wenig von der Tiervielfalt zu sehen ist, kann man von hier gut Touren organisieren.

Die typische Ölstadt **Coca** ⓮ erreicht man von Misahuallí nach einer 6-stündigen Fahrt den Río Napo hinunter. Die Flussfahrt geht vorbei an Pfahlbauten am Rande weitläufiger Bananenhaine. Einbäume, beladen mit Früchten, steuern bedächtig den nächsten Marktplatz an.

Drei Stunden flussabwärts von Coca liegt die komfortabel ausgestattete **Sacha**

Tief im Dschungel
Ein Nebenfluss des Río Napo, der Tiputini, führt zu der **Tiputini Forschungsstation,** wo sich verschiedene Affenarten und exotische Vögel aus nächster Nähe beobachten lassen und nicht selten auch die nervenzehrende Gelegenheit besteht, einen Jaguar durch den Wald streifen zu sehen.

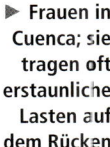

▶ **Frauen in Cuenca; sie tragen oft erstaunliche Lasten auf dem Rücken**

Lodge. Von hier aus führt ein erhöhter Uferweg durch den Urwald zu einer von Piranhas bevölkerten Lagune. Mit örtlichen Naturforschern und indianischen Führern kann man Exkursionen in den Dschungel wagen, um das Urwaldleben auf Kanufahrten oder von dem 40 m hohen Beobachtungsturm der Forschungsstation **Jatún Sacha** aus kennen zu lernen und mit Glück ein Faultier in den Baumwipfeln zu erspähen.

Mit dem Boot ist von Coca aus auch der **Parque Nacional Yasuní** zu erreichen, eine Schutzzone, die vom Staat ins Leben gerufen wurde, um die unglaubliche biologische Vielfalt in diesem einmaligen Regenwaldareal überwachen und bewahren zu können.

Die Küste Ecuadors

Die bekannteste Region Ecuadors war von jeher das hochgelegene Bergland. Die tropische Küstentiefebene westlich der

▲ **Schrumpfkopf eines Jívaro (einstiger Name der Shuar)**
▼ **Auf dem Río Napo**

Anden wurde häufig zusammen mit ihren Einwohnern, die die Hälfte der Nation ausmachen, als wild und unzivilisiert charakterisiert. Traditionell ist es jedoch gerade die fruchtbare Küste, die mit Bananen, Kaffee und Kakao für Ecuadors Wohlstand sorgte. Um die Jahreswende 1997/1998 hat El Niño eine Reihe von Überflutungen im Küstengebiet verursacht, welche Häuser hinweggerissen, die Ernte vernichtet und erheblichen wirtschaftlichen Schaden angerichtet haben.

Im Norden der Küstenregion liegt **San Lorenzo** ⓯ mit einigen Nachbardörfern. Hier stehen Pfahlbauten einsam inmitten von dunstigen Wäldern. Eine neue Straße verbindet mittlerweile San Lorenzo mit Ibarra in der Sierra. Die alte Küstenstraße beginnt bei **La Tola,** eine staubige Piste, die hauptsächlich durch unbewohnte üppige Sumpflandschaften führt.

Esmeraldas ⓰, am Ufer des gleichnamigen Flusses, ist ein Beispiel für die städtische Kultur der Küste. Gegensätze kenn-

Der Panamahut

Montecristi ist das Zentrum der Panamahut-Industrie. Diese Hüte bedeckten
schon die Köpfe von Präsident Roosevelt
und König Edward VII. Hergestellt werden
sie aus den Fasern der Toquila-Palme, die
vor Ort angebaut wird. Drei Monate kann
es dauern, bis die Flechter aus den Blatt-
rippen der jungen Palmwedel einen Hut
gefertigt haben. Die besten Exemplare,
die »superfinos«, behalten stets ihre Form
– man kann sie sogar rollen; zudem sind
sie wasserdicht. Zwar wurden die Hüte
schon immer ausschließlich in Ecuador
produziert, doch erfolgte die Verschiffung
von Panama aus, wodurch der irreführen-
de Name zustande kam.
Von präkolumbischen Zeiten an hergestellt, wurde die Kopfbedeckung von den
spanischen Eroberern übernommen und
ab Mitte des 19. Jhs. in größeren Mengen
exportiert. Die Pariser Weltausstellung
machte den Strohhut in Europa populär,
wovon nicht zuletzt die Gemälde Renoirs
zeugen. Seit er von den Soldaten im
Spanisch-Amerikanischen Krieg von 1898
getragen worden war, entwickelten sich
allerdings die USA zum Hauptabnehmer.
Berüchtigte Mafia-Bosse favorisierten den
Panama ebenso wie Hollywood-Stars,
und bis 1946 stieg die Nachfrage. Heute
dagegen findet der Hut im Ausland kaum
noch Abnehmer, und es scheint zu befürchten, dass die Produktion sich in Zukunft nicht mehr wird halten können.

Strände Ecuadors. Eine Nebenstraße führt
durch den Ferienort **Atacames** und weiter nach **Sua**, einem reizvoll gelegenen
Fischerdorf, bis sie schließlich **Muisne ⓱**
erreicht, wo die Stände ebenso einsam
wie verlockend sind.

Die Hauptstraße folgt südlich von
Esmeraldas dem trägen Fluss, vorbei an
Rinderfarmen, Bananen-, Palmen- und
Kautschukplantagen, und windet sich
allmählich zu dem bereits 500 m höher
gelegenen **Santo Domingo de los Colorados ⓲** hinauf.

Die Ureinwohner der Region, die
Colorado-Indianer, die heute vorwiegend
im Süden der Stadt leben, gaben ihr den
Namen. Früher schockierten sie mit ihrem verwegenen Aussehen: Sie malten
sich schwarze Streifen quer über das Gesicht und färbten die Haare mit der Farbe
der *Achiote*-Samen rot. Heute tragen sie
nur noch selten ihre traditionelle Kleidung, halten aber ihr naturheilkundliches
Wissen lebendig.

Seite
198

Tinalandia
Ein Muss für Natur-
liebhaber – zumin-
dest für einen Tages-
besuch – ist dieses
16 km südöstlich von
Santo Domingo
gelegene Hotel, das
von einer russischen
Emigrantin geführt
wird. Das riesige
Areal ist fast gänzlich
naturbelassener
Regenwald, verfügt
über diverse Trails
und ist das perfekte
Eldorado für Vogel-
beobachtungen.

...eichnen die dynamische Stadt mit
...00 000 Einwohnern, in der bis in die tie-
...e Nacht hinein das Leben tobt. Hochlan-
...indianer mit Bowlerhüten auf dem Kopf
...erkaufen Obst an die Schwarzen und
...Mestizen der Stadt. Panflötenklänge aus
...en Anden vermischen sich mit karibi-
...chen Tanzrhythmen und Songs von
...Michael Jackson; eine Einkaufszeile trägt
...en Namen »Che Guevara«.

Südwestlich von Esmeraldas findet
...an einige der schönsten und einsamsten

▶ **Manche
Tiere, wie hier
diese Woll-
affen, werden
recht zu-
traulich, wenn
es um
Futter geht**

Viertel mit Charme
In Guayaquil führt der Malecón hinauf nach **Las Peñas,** dem einzigen noch intakten kolonialen Stadtteil, wo es Spaß macht, durch die Gassen zu streifen und in die Ateliers der Künstler die Nase zu stecken. Den schönsten Blick gewährt der **Cerro El Carmen,** doch sollte man den Hügel nur im Rahmen einer Rundfahrt besuchen.

▼ **Eisverkäufer am Strand von Esmeraldas**

Die vielleicht landschaftlich schönste Route des Tieflands verläuft von Santo Domingo nach **Manta ⓳**. Die Stadt an der Küste ist mehr als andere vom Ozean geprägt. Am Strand von **Tarqui** breiten die Fischer ihren Fang aus: Haie, Goldmakrelen und Aale. Die Tiere werden gereinigt und gleich verkauft, während Seemöwen aufgeregt in der Luft flattern und Geier über dem Strand kreisen. Im **Stadtmuseum** kann man sich mit den Bräuchen der Manta-Indianer vertraut machen.

Von Manta ist es nicht weit zu den Dörfern der Panamahut-Industrie (s. S. 211), wo zudem auch qualitätvolle Möbel aus Flechtwerk und Hängematten aus Sisal gefertigt werden.

Rund 80 km südlich von Manta schützt der **Parque Nacional Machalilla** ein Gebiet der stark bedrohten tropischen Trockenwälder mit Kapok- und Palo-Santo-Bäumen sowie rund 200 verschiedenen Vogelarten. Der Zugang zum Park befindet sich nördlich von **Puerto Lopez ⓴**,

einem kleinen Fischerort. Von hier au passiert die Straße nach Süden die moder ne Hotelanlage »Alandaluz Centro Turís tico«. Die Bambushütten mit Palmblat dächern stehen in einem wunderschöne Garten, wo sich das Rauschen der Welle mit den Vogelstimmen mischt.

Guayaquil

In der südlichen Hälfte der Küst führen alle Straßen nach Guayaquil ㉑, de mit etwa 2 Mio. Einwohnern größte Stadt Ecuadors. Die Spanier errichtete hier ihre Schiffswerften: Riesengroße, 25 Tonnen schwere Segelschiffe brachte Waren von Europa über Mexiko un Panama nach Lima und fuhren mit Gol und Silber beladen zurück. Alles Neue ob technischer Fortschritt oder revolu tionäres Gedankengut, erreichte imme zuerst Guayaquil. Ob es um Straßenbah nen, Gaslaternen oder um die 1821 er langte Unabhängigkeit ging, diese Stad realisierte als erste die neuen Ideen. Heu noch ist sie Ecuadors Bastion für progressive Anschauungen.

Während des 17. und 18. Jhs. steckten plündernde Piraten die Stadt mehrmals in Brand; Überfälle in späterer Zeit, 1896 und 1906, richteten solchen Schaden an, dass die Stadt neu aufgebaut werden musste.

Einen reizvollen Spaziergang kann man entlang der frisch renovierten Uferpromenade **Malecón Simón Bolívar** machen, wo ein Denkmal an das Treffen von Bolívar mit San Martín erinnert. Das **Stadtmuseum** (Calle Sucre) zeigt ein beachtliche Sammlung von Töpferwaren der Huancavilca- und Manteña-Indianer, religiöse Gemälde aus der Kolonialzeit und moderne Kunst sowie schönes Kunsthandwerk.

Will man sich in den Einkaufstrubel stürzen, empfiehlt sich ein Bummel auf der Avenida 9 de Octubre mit zahlreichen Imbissrestaurants und Kinos. Erholen kann man sich am besten im **Parque del Centenario,** wo Artisten und Kleinkünstler regelmäßig Vorstellungen geben, und im **Parque Bolívar,** der vor allem wegen seiner vielen Leguane, die Bäume und Wiesen bevölkern, beliebt ist.

Die Galápagos-Inseln

Stellen Sie sich einmal vor, Sie segeln 1.000 Kilometer vom südamerikanischen Festland entfernt auf offener See und werden von den aufeinandertreffenden Humboldt- und Äquatorial-Strömungen abgetrieben. Plötzlich tauchen vor Ihnen kahle Landmassen auf, die auf keiner Ihrer Karten verzeichnet sind.

Auf diese Weise entdeckte der Bischof von Panama die Galápagos-Inseln: 1535 wurde sein Schiff auf dem Weg nach Peru von den Strömungen erfasst, sodass er und seine Mannschaft drei Tage lang hilflos auf offener See trieben, bevor sie die Inseln sichteten. An Land fanden sie Feigenkakteen, deren Saft ihnen das Leben rettete. Voller Dankbarkeit nannten sie den Ort »die fröhlichen Inseln«.

Möglicherweise waren sie schon den Manta-Indianern, den Polynesiern und

den Inka bekannt gewesen. Seit ihrer Entdeckung bis zur Eingliederung in den Staat Ecuador im Jahre 1832 wurden die Inseln regelmäßig von Piraten, Wal- und Robbenfängern heimgesucht, die dort ihre Vorräte an Feuerholz, Wasser und Schildkröten, die über Monate an Bord ausdauern konnten, auffüllten.

Bevor Charles Darwins Schiff »Beagle« 1835 in der **Bahía San Cristóbal** ② Anker warf, waren bereits andere Expeditionen an Land gegangen. Doch erst Darwin erkannte die enorme biologische und geologische Bedeutung der Inseln. In den fünf Wochen seines Aufenthalts machte er viele Beobachtungen, die er als Basis für seine Theorien über die Evolution und die Mutationsfähigkeit der Arten verwendete. So entdeckte er 13 Finkenarten mit jeweils ganz unterschiedlichen Schnäbeln, die für die jeweilige Art der Nahrungsaufnahme am besten geeignet waren.

Der Zauber der Inseln verflog, als ein ecuadorianischer General auf **Floreana** ei-

Seite 198 216

▲ Der Panama-Hut stammt aus Ecuador
► Praktischer und hübscher Sonnenschutz: Panama-Hüte

Eintrittsgebühr zum Paradies
Die Galápagos-Inseln sind ein National-park, und alle nicht-ecuadorianischen Be-sucher haben eine Eintrittsgebühr von 100 US$ zu bezahlen (für Studenten und Kinder unter 12 Jah-ren Ermäßigungen). **Die größten Seevogelkolonien** leben auf Genovesa, Española, Plaza Sur, Daphne Mayor sowie auf Seymour.

▼ **Erkundungs-fahrt durch das Tierparadies Galápagos-Inseln**

ne Strafkolonie errichtete. Dort herrsch-ten raue Sitten, und die Verwalter waren gnadenlos grausam. Selbst die Siedler, 80 früher aufständische, dann aber begnadig-te Soldaten, flohen von den Inseln. Noch 1944 entstand eine weitere Strafkolonie auf **Isabela,** doch wurde diese nach einem Aufstand und einer Massenflucht 1958 aufgelöst. Ein Jahr später wurde die Insel zum Nationalpark erklärt.

Die 13 Hauptinseln, 6 kleinere Inseln und 42 Inselchen umfassen ein Landge-biet von knapp 8000 km², verteilt in einer Wasserfläche von etwa 45 000 km².

Das Land besteht aus erkalteter Lava, die auf einem Basaltfundament ruht – auf vulkanischem Schutt, der sich durch wie-derholte, auch heute noch stattfindende unterseeische Eruptionen angesammelt hat. Die Inseln waren nie mit dem Fest-land verbunden, sondern wuchsen über eine Zeitspanne von einer Million Jahren aus dem Meer. Die Gewalt der geologi-schen Vergangenheit lässt sich gut auf

Isabela mit seinen fünf Vulkanen nach empfinden. Einer von ihnen, der Sierr Negra, hat mit einem Durchmesser vo 10 km den zweitgrößten Krater der Welt

Auf Schiffen und durch Vögel gelang ten Samen auf die Inseln, sodass hier fas 900 verschiedene Pflanzenarten gedei hen. Von den Bäumen wird der *palo san to* besonders geschätzt, er ist vor allem au der kleinen Insel **Rábida** ㉓ zu finden.

Auf den Inseln gibt es sechs Vegeta tionszonen, angefangen von der tief gele genen meeresnahen Wüstenzone bis zu *pampa* der höchstgelegenen Gebiete. Ei Spaziergang hinauf zu der alten Zucker mühle von San Cristóbal führt durch di meisten Pflanzenzonen.

Auf der Mini-Insel **San Bartolome** trennt ein Streifen von halbtropischen Wald zwei hufeisenförmige Strände von einander. Vom Gipfel der Insel sieht ma die hügelige Einöde der unbewohnter Insel **Santiago (San Salvador)** sich ge Westen erstrecken. Doch inmitten diese

Wüste entspringt eine Quelle, die schon den Durst vieler Piraten gelöscht haben mag. Vielleicht beobachteten auch sie die Flamingos an der nahen Lagune oder genossen ihren Rum im braunen Sand der **Bahía Espumilla.** Und vielleicht wurden auch sie in der Nähe von **Puerto Egas** ㉔ von Robben verblüfft, die durch einen unterirdischen Tunnel vom offenen Meer in zwei klare Teiche der Insel gelangen.

Geschöpfe des Meeres

Am besten schnorcheln kann man in den Gewässern von abgelegeneren Inseln wie **Española** ㉓, wo etwa 12 000 Galápagos-Albatrosse brüten. In der **Gardner-Bucht** halten die Teufelsrochen Sie wahrscheinlich für einen Seelöwen. Die Seelöwen selbst wissen es jedoch besser – nehmen Sie sich vor aggressiven Bullen in Acht. Die Weibchen und Jungtiere hingegen sind sehr verspielt und kommen neugierig angeschwommen, um die fremdartigen Schnorchler zu beäugen.

Tiere ohne Scheu
Bei seinem Erkundungsgang auf San Cristóbal erlebte Charles Darwin eine eigenartige Szene: Zwei gigantische Schildkröten aalten sich in der Sonne und knabberten an Kakteen. Als sie ihn bemerkten, reagierte die eine mit einem tiefen Zischen und zog den Kopf ein, die andere stolzierte langsam von dannen. Fasziniert von dem Verhalten, beobachtete Darwin die Tiere intensiver und entdeckte viele Unterarten mit verschiedenen Panzern

Fernandina ㉕ hat die größte Kolonie von Meerechsen. Mit ihrer schuppigen Haut, deren Farbe sich bei den Männchen während der Paarungszeit von Schwarz über Blau zu Rot verändert, und einer Reihe von Stacheln auf ihrem Rücken ähneln sie mehr als ihre Verwandten auf dem Land urzeitlichen Drachen. Auch die

Seite 216

Sie könnten frieren …
In der kühlen Jahreszeit (Juni bis November) sollten Galápagos-Besucher ein wärmeres Kleidungstück und guten Schutz gegen den Nieselregen nicht vergessen!

▼ Einer der faszinierenden Landleguane

215

Kreuzfahrten
Für einen umfassenden Eindruck von Galápagos ist mindestens eine einwöchige Kreuzfahrt zu empfehlen. **Personenschiffe** verkehren regelmäßig zwischen den Inseln.

Hoch hinaus auf Isabela!
Pferde und einen Führer für den Ausflug zum **Sierra Negra** kann man in Santo Tomás mieten. Den Aufstieg zum Vulkan **Alcedo** sollten nur körperlich trainierte Personen unternehmen.

Meerechsen lebten früher an Land, doch können sie tauchen, um Algen zu suchen. Wenn sie wieder auftauchen, sprühen sie eine kleine, salzige Fontäne in die Luft. Eines der schönsten Erlebnisse hier ist es, wenn man dieses Ritual der Meerechsen unterhalb des schwelenden Vulkans **La Cumbre** beobachtet.

Direkt gegenüber von Fernandina findet man auf **Isabela** in der Bucht von **Urbina** einige der wenigen Korallenriffe des Archipels. Fische in allen Farben versuchen, einen großen Bogen um die Pinguine zu machen, die sich hier in der warmen Sonne des Äquators vergnügen. Der Zugang zur nahen **Bahía Elizabeth** wird von einer Gruppe von Inseln verdeckt, die sich die Galápagos-Pinguine mit brütenden Pelikanen teilen.

Auf der Fahrt nach **Floreana** im Süden schwimmen Pott- und Mörderwale in den tiefen Gewässern, und Delfine reiten auf den Bugwellen der Schiffe. Bei der **Teufelskrone ㉗**, einem Vulkan mit einem stark gezackten Kegel, gleiten Seelöwe durch die starken Strömungen, die da Schnorcheln zum Abenteuer machen. A der **Punta Cormorant,** Floreanas schön stem Fleckchen, und in den angrenzen den Lagunen drängen sich die Flamingos.

Der makellos weiße Sand der **Buch der Haie** ist ein beliebter Brutplatz für Schildkröten. Ihren Namen hat die Buch von den harmlosen Weißflossenhaien, die hauptsächlich hier und vor der Küste von San Bartolomé leben. Sie und fünf weitere Haiarten, die größte der Tigerhai, der bis zu 6m lang wird, kommen in diesen Gewässern vor.

Inseln der Schildkröten

Die an Land lebende Riesenschildkrö ten, span. *galápagos,* gaben dem Archipe seinen Namen. Diese prähistorischen Ur tiere gelten als die ältesten noch lebenden Reptilien und können ein Alter von über 150 Jahren und die Männchen ein Gewicht von bis zu 270 kg erreichen.

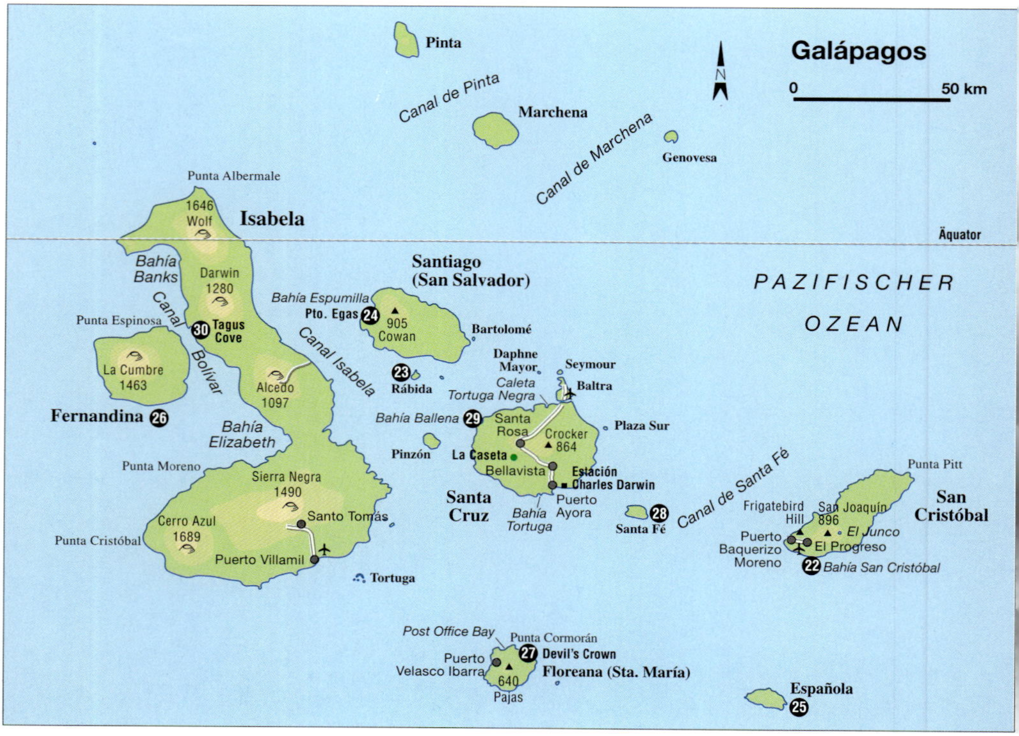

Galápagos

Pinta

Canal de Pinta

Marchena

Canal de Marchena

Genovesa

Punta Albermale

0   50 km

Äquator

Isabela

1646 Wolf

Bahía Banks

Darwin 1280

Santiago (San Salvador)

Bahía Espumilla
Pto. Egas ㉔   905 Cowan

Bartolomé

PAZIFISCHER

OZEAN

Punta Espinosa   ㉚ **Tagus Cove**

Canal Isabela

Daphne Mayor   Seymour

㉓ Rábida   Caleta Tortuga Negra   Baltra

La Cumbre 1463   Alcedo 1097

Canal Bolívar

Bahía Ballena ㉙ Santa Rosa

Fernandina ㉖

Bahía Elizabeth

Crocker ▲ 864   Plaza Sur

Pinzón   La Caseta

Punta Moreno

Sierra Negra 1490

Bellavista   Estación ■ ● Charles Darwin

Santa Cruz   Puerto Ayora

Canal de Santa Fé

Punta Pitt

Cerro Azul 1689   Santo Tomás

Bahía Tortuga   Santa Fé   ㉘

Frigatebird Hill   San Joaquín 896

San Cristóbal

Punta Cristóbal

Puerto Villamil

Puerto Baquerizo Moreno   ▲ El Junco
El Progreso

㉒ *Bahía San Cristóbal*

⚓ Tortuga

Post Office Bay   Punta Cormorán

Puerto Velasco Ibarra   ㉗ Devil's Crown
Floreana (Sta. María)

640 Pajas

Española
㉕

Auf recht spärlich bewachsenen Inseln wie Isabela und Española haben die Reptilien einen Panzer in der Form eines Sattels sowie einen langen Hals und lange Beine, was ihnen ermöglicht, an hochwachsende Pflanzen heranzukommen. Die schwerfälligeren Arten bewohnen fruchtbare Inseln wie etwa Santa Cruz.

100 Jahre nach Darwins Veröffentlichung von »Die Entstehung der Arten« wurden die Inseln 1959 zum Nationalpark erklärt, und auf der Insel Santa Cruz wurde die **Charles-Darwin-Forschungsstation** eröffnet. Eine ihrer wichtigsten Aufgaben besteht darin, die Schildkrötengelege vor den verwilderten Haustieren und Ratten, die die frühen Siedler hierher brachten, zu schützen. Auf **Pinzón** wurde in 50 Jahren keine einzige junge Schildkröte mehr gesichtet. Ebenso zerstören die importierten Tiere einen Großteil der Vegetation. Und doch sind sie am Evolutionswunder der Galápagos-Inseln beteiligt: Auf **Santa Fé** ❷� gewöhnten sich wil-

de Ziegen daran, ihren Durst mit Meerwasser zu stillen!

Wie die Tierplagen zeigen, brachte die Anwesenheit der Menschen auf den Inseln bis vor kurzem überwiegend Nachteile mit sich. In den Buchten und Hügeln verstreut kann man Überbleibsel seines kommerziellen Ehrgeizes und Eroberungsdrangs finden: In der »Walbucht« **Bahía Ballena** ❷⓸ auf **Santa Cruz** beschwören Tonscherben Bilder vom berüchtigten Seeräuber Henry Morgan herauf. Auf **Isabela** erinnern Malereien auf den Klippen der **Tagus Cove** ❸⓪, die heute von Kormoranen belebt wird, an die Besuche der Walfänger und Piraten.

Die Galápagos-Inseln zählen zu den wenigen Plätzen auf der Erde, wo Tiere immer noch ungestört leben können und wo die Kräfte der Evolution deutlich zutage treten. Hier eröffnet sich eine Welt, die noch im Gleichgewicht ist und sich ihre Ursprünglichkeit bewahrt hat. Besucher sollten keine Spuren hinterlassen! ■

Seite
216

Der **Galápagos-Archipel** wurde 1959 zum **Nationalpark** und 1985 zum **Welt-Biosphären-Reservat** ernannt. Die Meeresgründe rund um die Inseln gehören zum UNESCO-Weltnaturerbe. Zum Schutz versucht die Regierung die Besucherzahl zu limitieren – mit wenig Erfolg.

▼ **Laufsteg für Besucher**
▼ ▼ **Rote Klippenkrabbe**

Gefiederte Galápagos-Schönheiten

Den Besuchern prägen sie sich wohl am stärksten ein: die Silhouetten der eleganten Fregattvögel, die im Sturzflug tauchenden Braunpelikane, die tanzenden Blaufußtölpel am Nest oder die lautstarken Rotschnabel-Tropikvögel im Balzflug.

Viele Seevögel finden auf den Galápagos-Inseln ihre Nistplätze, manche haben sich in der Isolation zu ungewöhnlichen Arten entwickelt. So der Galápagos-Kormoran, der das Fliegen »verlernt« hat, oder die Gabelschwanzmöwe, die nachts nach Beute jagt. Galápagos-Pinguin und Galápagos-Albatros sind die einzigen Tropenbewohner ihrer Tierfamilie. Wohl kaum ein anderer Platz der Welt hat eine derart weit gespannte Palette von Seevögeln aufzuweisen. Dass sie alle nebeneinander existieren können, ist den besonderen Meeresströmungen um die Inseln zu verdanken, die sowohl den an kaltes als auch an warmes Wasser angepassten Arten Nahrung und Lebensraum bieten.

Neben den dominierenden Seevögeln ziehen die an Land lebenden Arten in der Gunst der Besucher eher den Kürzeren. Zu Unrecht, denn trotz ihrer Unauffälligkeit und geringen Artenzahl ist auch bei ihnen Faszinierendes zu entdecken – und die meisten sind weltweit nirgendwo sonst zu beobachten! Über die Furchtlosigkeit der Galápagos-Spottdrosseln kann man sich nur wundern und nicht minder über die geschickten Galápagos-Tauben, deren Lieblingsspeise Opuntien-Blüten sind.

▲ **Wanderfalken**
(Falco peregrinus)
Die eindrucksvollen Flugkünstler zählen zu den eher seltenen Zugvögeln, die die Inseln Española, Isabela, Baltra und Santa Cruz zwischen November und März aufsuchen.
Rund 30 unterschiedliche Zugvogelarten nutzen den Archipel als saisonales Quartier, daneben sind knapp 60 Arten auf den Inseln heimisch, 28 davon endemisch

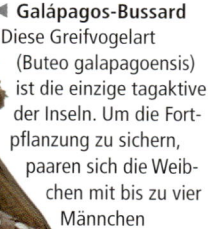

◄ **Galápagos-Bussard**
Diese Greifvogelart (Buteo galapagoensis) ist die einzige tagaktive der Inseln. Um die Fortpflanzung zu sichern, paaren sich die Weibchen mit bis zu vier Männchen

◄ **Blaufußtölpel**
In einem lustigen Balzritual umwerben die Männchen der Blaufußtölpel (Sula nebouxii excisa) ihre Angebetete: Immer wieder heben sie auffällig ihre azurblauen Füße. Wenn später zwei oder drei Eier im Nest liegen, kümmern sich beide Eltern um das Brüten

Klingt es nicht erstaunlich, dass gerade die Finken der Galápagos-Inseln Charles Darwin in seiner Erkenntnis über die Entwicklung der Tierarten beeinflussten? Als er 1831 seine Forschungsreise auf der HMS Beagle antrat, glaubte er – wie die meisten Menschen zu dieser Zeit – an die Unveränderlichkeit der Arten. Auf den Galápagos-Inseln jedoch stieß er auf 13 (eng verwandte) Finkenarten, die wohl von einer Urart abstammen.

Diese Tatsache – zusammen mit der Beobachtung der Schildkröten – brachte ihn zu dem Schluß, dass sich Arten über die Zeit hin verändern und neue entwickeln konnten, wobei sich jeweils die bestangepassten durchsetzten und ihre Merkmale vererbten. Deutlich waren die Finken nach Schnabelform und -größe voneinander zu unterscheiden. Deshalb folgerte Darwin, daß jene Vögel überlebten, die optimal das Nahrungsangebot nutzten: Arten mit dickem Schnabel etwa sind Samenfresser, während sich lange dünne Schnäbel für den Insektenfang eignen.

◀ **Rubintyrann**
(Pyrocephalus rubinus)
Die knallrot gefärbten kleinen Federbälle heben sich hervorragend vom sanften Grün der Scalesien ab und sind durch ihren hellen melodischen Gesang auch leicht zu erkennen. Ihre Nester gleichen kleinen Tassen

▲ **Pracht-Fregattvögel**
(Fregata magnificens magnificens): Wie ihre Verwandten, die Binden-Fregattvögel, nisten sie in den küstennahen Mangroven. Zur Brutzeit blähen die Männchen ihren Kehlsack mächtig auf, gilt es doch eine der wählerischen Damen zu beeindrucken

◀ **Lavamöwe**
(Larus fuliginosus)
An den Ufern der Salzwasserlagunen sind diese extrem seltenen Vögel zu beobachten

▲ **Braunpelikan**
Auch Pelecanus occidentalis urinator baut sein Nest in den Mangroven, sucht sich aber gerne sein Futter in der Nähe der Fischerboote

Der tropische Riese

Mit einem verführerischen Wort kann man den den halben südamerikanischen Kontinent beschreiben: Brasilien. Das Land ist nicht nur geografisch ein Riese. Es versinnbildlicht eine Lebensart, die auch die zaghaftesten Gemüter mitreißt. Der Zauber der brasilianischen Lebenseinstellung, des »jeito«, bedeutet: Die Dinge ruhig angehen, locker bleiben, improvisieren und natürlich »não esquentar a cabeça«: sich nur nicht zuviel Sorgen machen.

Pulsierendes Großstadtleben in glanzvollen Metropolen, Badeparadiese mit palmengesäumten Sandstränden, barocke Baukunst in den Bergen, weiße Gáucho-Kultur in den Südstaaten und spektakuläre Naturlandschaften ... Beinahe so groß wie die Vereinigten Staaten und Heimat von fast 182 Millionen Menschen, ist Brasilien eine Welt für sich – ein sinnliches Abenteuer, das unweigerlich jeden, der sich einmal darauf eingelassen hat, gefangen hält. Wegen seiner umwälzenden gesellschaftlichen Neuerungen und seiner Vorliebe für jede neue Moderichtung wird Brasilien auch gerne als das »Kalifornien Südamerikas« bezeichnet.

Zugleich ist der Staat eine große Wirtschaftsmacht. Das fünftgrößte Volk der Erde produziert auch das zehntgrößte Wirschaftsvolumen. Praktisch alles, was es in Brasilien zu kaufen gibt, ist auch »made in Brazil«. Autos, die in São Paulo vom Band laufen, fahren zum Teil mit Alkoholtreibstoff aus den Zuckerrohrfeldern, während in der Amazonas-Hafenstadt Manaus gefertigte Hifi-Geräte die heißen Rhythmen aus den Tonstudios von Rio spielen.

Bedeutendster Importhafen des Landes ist **Rio de Janeiro,** wo die meisten Besucher ihre ersten Eindrücke gewinnen. Doch gibt es sehr viel mehr als die wunderbaren Strände unter dem Zuckerhut und den weltberühmten Karneval zu erleben. Nicht weit entfernt liegt im Landesinnern **São Paulo,** mit rund 13 Millionen Einwohnern die größte Metropole Südamerikas und Zentrum der wichtigsten Wirtschaftsregion des Landes, in der 50 % aller Industriebetriebe beheimatet sind. Im Nordwesten dann die Hauptstadt **Brasília** – ein Wunderwerk der Architektur, das mitten in der Wildnis entstand.

Jenseits des Dreiecks wirtschaftlicher und politischer Macht, das diese drei Städte bilden, erwarten den Besucher weitere Wunder: die Kolonialstädte in Minas Gerais – **Ouro Preto, Diamantina, Congonhas do Campo –**, Zeugen des einstigen Gold- und Diamantenrausches. Dann die einladenden Strände und die reiche afrobrasilianische Kultur in **Salvador de Bahia** und anderen Küstenstädten des Nordostens.

Der schier unermessliche Regenwald des **Amazonas,** der nach wie vor fast die Hälfte des Landes bedeckt, ist der letzte große Grenzbereich einer Nation, deren Territorium auch nach 400 Jahren nicht vollständig erforscht wurde. Er lässt für alle Besucher das Abenteuer des Dschungels erlebbar werden.

Die weite Sumpflandschaft des **Pantanal** ist ein Paradies für Vogelbeobachter und nicht zuletzt begeistern die atemberaubenden **Wasserfälle von Iguaçú** am Dreiländereck von Brasilien, Argentinien und Paraguay. ■

Brasilien erleben
Das Reisen in Brasilien ist mittlerweile einfacher geworden und mit einem in Europa erhältlichen Airpass auch relativ preiswert.

Sicherheit
Auf die wachsende Kriminalität in den Städten müssen sich auch Touristen einstellen und sollten bestimmte Spielregeln befolgen: Niemals wertvollen Schmuck, Armbanduhren oder Kameras offen tragen und immer nur das dabeihaben, was man sich leisten kann, zu verlieren.

◀ **Die Christusstatue auf dem Corcovado in Rio de Janeiro – Wahrzeichen für die lebensfrohe Hafenstadt und für ganz Brasilien**
◀◀ **Stille Strände und türkisblaues Meer überrasschen an der Costa Verde westlich von Rio de Janeiro**

PAZIFISCHER OZEAN

Bucaramanga
Puerto Ayacucho
Roraima 2810
Santa Elena de Uairén

Bogotá
Armenia
Buenaventura
Cali
Popayán
Pitalito
Tumaco
Pasto
Esmeraldas

VENEZUELA
Roraima

KOLUMBIEN
Río Guaviare

Río Magdalena

Río Branco
Río Negro

Uaupés
Río Uaupés

Bahía de Caráquez
Manta
Quito
ECUADOR
Chimborazo 6310
Guayaquil
Riobamba
Salinas
Cuenca
Machala
Loja
Talara
Punta Parinas
Sullana
Piura

Río Napo
Río Japurá
Río Amazonas

Amazonas
Manaus
10

Iquitos
Leticia
Río Marañón

PERU

Tarapoto
Chiclayo
Río Ucayali

Cruzeiro do Sul
Río Jurua
Río Purus
Río Madeira

Trujillo
Pucallpa
Acre
Pôrto Velho
13
14 Ariquemes
Ji-Para

Chimbote
Huánuco
Rio Branco
Guajará-Mirim
Rondônia

Callao
Lima
Huancayo
Huancavelica
Puerto Maldonado

Pisco
Ayacucho
Ica
Cusco
Trinidad

6314 Ampato
Juliaca
Arequipa
Navado Ancohuma 6428
La Paz
BOLIVIEN

Lago Titicaca
Mollendo
Cochabamba
Santa Cruz
Oruro
Tacna
Arica
6520 Sajama
Sucre

Iquique
Salar de Uyuní
Potosí

Uyuní
Tarija
PARAGU.

Calama
Antofagasta
Cerro Rincón 5594

Salta
CHILE
ARGENTINIE

Ojos del Salado 6862
Santiago del Estero
Resisten

San Félix (Chile)
San Ambrosio (Chile)

Copiapó
Vallenar
6880
6250

ANDEN

La Serena
Coquimbo
6252

6960
San Juan
Córdoba
Santa Fé

Cerro Aconcagua 6960
Islas Juan Fernandez (Chile)
Alejandro Selkirk
Róbinson Crusoe

Viña del Mar
Valparaíso
Santiago
Mendoza
Rosario
Buenos Aires

ATLANTISCHER

OZEAN

Äquator

Paramaribo
Sinnamary
Cayenne
SURINAME
Franz. Guayana
ANA
Amapá
Rio Jari
Macapá

Pará
Amazonas
Rio Tapajós
Rio Iriri
Rio Xingu
Santarém ⑪
Ilha de Marajó
⑫ Belém
Baião
Viseu
Rio Tocantins

São Luís
Parnaíba
Parnaiba
⑨ Fortaleza
Aracati
Ceará
Rio Grande do Norte
Touros
Cabo de São Roque

Maranhão
Imperatriz
Marabá
Teresina
Quixadá
Picos
Paraíba
Natal ⑧
João Pessoa
Olinda
Recife ⑦
Pernambuco
Alagoas
Maceió

Piauí

Tocantins
Pôrto Nacional
Bahia
Bom Jesus da Lapa
Januária
Sergipe
Aracaju
Feira de Santana
Praia do Forte ⑥
Salvador
Valença
Camamu
Ilhéus
Belmonte
Pôrto Seguro
Caravelas

Mato Grosso
antino
Chapada de Guimarães
Cuiabá ⑮
ceres
Santo Antônio de Leverger
Pôrto Jofre
Pantanal
⑯ Corumbá
Caiman Fazenda
Mato Grosso do Sul
Campo Grande
oncepción
Ponta Porã

⑯
Brasília ③
Goiânia
Goiás
R. Grande
Uberaba
S. José do Rio Preto
Congonhas do Campo
São João del Rei
Marília
Campinas
Sorocaba
São Paulo ②
Santos
Guarujá
Paraná
Ponta Grossa
Asunción
Foz do Iguaçu
⑰
Curitiba
Paranaguá
São Francisco do Sul
Itajaí
Santa Catarina
Florianópolis

Minas Gerais
Diamantina ⑤
Belo Horizonte ④
Sabará
Ouro Prêto
Mariana
Vitória da Conquista
Espírito Santo
Vitória
Campos
Niterói
① Rio de Janeiro
Rio de Janeiro
Volta Redonda
Angra dos Reis

BRASILIEN

Rio Paraná
orrientes
Posadas
Rio Grande do Sul
Uruguaiana
Santana do Livramento
Santa Maria
Bagé
Pôrto Alegre
Pelotas
URUGUAY
Paysandú
Rio Grande
Montevideo
Laguna

ATLANTISCHER

OZEAN

Brasilien
N
0   300 km

227

Brasilien

Seite
226

Als das fünftgrößte Land der Erde das Licht der Welt erblickte, war es bereits voll erwachsen. In raschem Tempo hat das Riesenreich dann seine leeren Räume mit Menschen bevölkert – fast 182 Millionen sind es jetzt, die weltweit eine der heterogensten Populationen bilden. Die indianische Vergangenheit ist ebenso gegenwärtig wie das afrikanische Erbe und der Einfluss der europäischen Einwanderer.

Eine Nation entsteht

Der erste Europäer, der seinen Fuß auf brasilianischen Boden setzte, war Portugiese: Pedro Álvares Cabral. Bei Pórto Seguro hisste er im Jahre 1500 die Flagge seines Heimatlandes – seither ist Portugiesisch auch Landessprache. Portugal prägte noch in anderer Hinsicht Brasiliens Charakter: Als Seefahrernation war es an Handel und Erforschung interessiert und weniger an Eroberung und Ausbeutung.

1533 machte die portugiesische Krone Anstrengungen zur Besiedelung. Der Küstenstreifen wurde in 15 Bereiche, *capitanias,* eingeteilt und als Erblehen an portugiesische Adelige vergeben. Pernambuco im Norden und São Vicente im Süden (das heutige São Paulo) erlangten durch die Zuckerproduktion Bedeutung.

Das Landesinnere Brasiliens wurde erst im ausgehenden 16. Jh. erforscht. Wegbereiter waren Jesuiten, die an der heutigen Grenze zwischen Brasilien und Paraguay die Guaraní-Indianer (s. S. 272) missionierten. Portugiesische Siedler drängten in die Hügellandschaft des jetzigen Staates São Paulo, züchteten Vieh und bauten Getreide an. Wie die Plantagenbesitzer suchten sie nach Arbeitskräften und organisierten grausame Expeditionen, auf denen *bandeirantes* (wie die Indianerjäger aufgrund ihrer Banner genannt wurden) Guaraní-Indianer entführten.

Von Boom zu Boom

Als um 1700 der Weltmarkt für Zucker langsam gesättigt war, erschütterte der Run auf Gold und Diamanten, die in der Hügellandschaft von Minas Gerais von den *bandeirantes* entdeckt worden waren, das Land. Der größte Teil des Goldes ging an das portugiesische Königshaus, dennoch konnten infolge des anhaltenden Goldbooms die barocken Städte Ouro Preto, São João del Rei und Sabará erbaut werden. Ein Hafen gewann jetzt zunehmend an Bedeutung: Rio de Janeiro.

Weitere Wirtschaftswunder folgten. Baumwollplantagen lösten den Zuckerrohranbau ab, als in den Zentren der europäischen Textilindustrie die Nachfrage

Hauptstädte
1763 löste Rio aufgrund seiner steigenden Bedeutung als Hafen die alte Hauptstadt Salvador de Bahia ab.

► **Ouro Preto: Musterbeispiel barocker Pracht**
◄ **Der Karneval ist Brasiliens großes sinnliches und erotisches Spektakel**
◄ ◄ **Der Zuckerhut dominiert die Skyline der Guanabara-Bucht**

nach der Naturfaser sprunghaft anstieg. Der wichtigste und bis heute anhaltende Kaffeeboom begann erst Ende des 18. Jhs. Als Anfang des 19. Jhs. das Kaffeetrinken rund um die Welt der letzte Schrei war, wurde der Staat São Paulo mit Kaffeeplantagen überzogen.

Aufbruch in die Unabhängigkeit

Bald stellte Brasilien mit seinem Wirtschaftswachstum das portugiesische Vaterland in den Schatten. Dies wurde endgültig besiegelt, als der König auf der Flucht vor Napoleon mit seinem Hof nach Brasilien übersiedelte. Dom João stellte Brasilien gleichberechtigt neben Portugal und erhob es zum Kaiserreich. 1821 überließ der Monarch seinem Sohn, Pedro I, die Macht, und kehrte in die Heimat zurück. Als Pedro sich weigerte, dem Vater zu folgen, war damit praktisch die Unabhängigkeit Brasiliens erklärt, die jedes Jahr

◀ Sommerpalast von Pedro II in Petrópolis

am 7. September gefeiert wird. Was folgte, waren 67 Jahre einer sehr beständigen Monarchie, deren Niedergang erst mit der Abschaffung der Sklaverei 1888 begann. 1889 stürzte das Militär Pedro II. Dies war der Beginn einer langen Folge militärischer Übergriffe auf die Politik.

Kaffee blieb Brasiliens Hauptexportgut. Trotz warnender Stimmen vor einer Übersättigung des Weltmarktes weitete sich der Anbau aus. Als 1930 die Preise stark fielen, wurde die Regierung durch einen Militärputsch gestürzt, Getúlio Vargas, Gouverneur von Rio Grande do Sul, der neue Präsident. Mit volksnaher Rhetorik und einer Gesetzgebung, die erstmals Arbeitszeiten und -löhne regelte, gewann er die Herzen der Brasilianer. Der so genannte »Vater der Volkes« ernannte sich zum Alleinherrscher, und sein korporativ aufgebauter Staat zeigte viel Ähnlichkeit mit Mussolinis faschistischem Italien.

Auf Vargas' Rücktritt im November 1945 folgten 18 Jahre beständigen wirtschaftlichen Wachstums unter einer verfassungsmäßigen Regierung, deren Höhepunkt Ende der 50er Jahre der Bau der neuen Hauptstadt Brasília war. Anfang der 60er Jahre jedoch geriet die Regierung angesichts massiver Forderungen nach sozialem Wandel in Bedrängnis. Die wachsende Zahl landloser Kleinbauern sorgte für Zündstoff. Ein Militärputsch im April 1964 war die Antwort der Offiziere.

Brasilianisches Wunder

Das Vorgehen des Militärs gegen »linke Unruhestifter«, von denen viele gefoltert und ermordet wurden, zog zusammen mit Steuerbegünstigungen ausländische Investoren an. Brasiliens Wirtschaft hatte Hochkonjunktur; allerdings floss der Wohlstand abermals nur den Reichen zu. Die Ernüchterung folgte mit dem Wirtschaftstief von 1980, das die Militärs letztlich 1985 zum Rückzug zwang. Tancredo Neves, der Kopf der neuen Zivilregierung, war langjähriger Gegner der Diktatur gewesen. Doch kurz vor seiner Amtseinführung starb er und der designierte Vize

José Sarney wurde Präsident. 1988 erreichte die Inflation 1000 % und die Auslandsverschuldung 100 Mrd. US-$ – im Jahre 2005 sind diese auf über 230 Mrd. US-$ angewachsen, der Schuldendienst kostet das Schwellenland Brasilien jährlich rund 20% seiner Steuereinahmen.

Vom Bankrott zum Boom

Wenige Länder haben derartige Umbrüche erleben müssen wie Brasilien, seitdem 1995 Fernando Henrique Cardoso das Präsidentenamt übernahm und der von ihm entwickelte Plan zur Sanierung der Staatsfinanzen in Kraft trat. Bereits im darauf folgenden Jahr konnte die monatliche Inflationsrate auf 1,8 % gesenkt werden. In seiner zweiten Amtszeit ab 1999 sah sich »FHC«, wie der Präsident in der Presse kurz genannt wurde, zunehmend mit wirtschaftlichen Problemen konfrontiert. Die Präsidentschaftswahlen 2002 gewann mit Luis Inácio »Lula« da Silva erstmals

Seite
226

seit 40 Jahren wieder ein Kandidat der Linken. Der ehemalige Metallarbeiter und Gewerkschaftsführer aus São Paulo besitzt vor allem das Vertrauen der Unterprivilegierten, das sind etwa zwei Drittel der Brasilianer. Mit seinem ehrgeizigen Programm *Fome Zero* (»null Hunger«) wollte er die extreme Armut in den Griff bekommen. Nach einem viel versprechenden Beginn ist das Bildungs- und Infrastrukturprogramm ins Stocken geraten, gegen die hohe Arbeitslosigkeit fehlen schlüssige Konzepte. Deshalb ist Lulas Popularität in der Bevölkerung rückläufig, obwohl das BIP 2004 das höchste Wachstum seit 10 Jahren aufwies.

Bedrohte Umwelt

Die enormen natürlichen Ressourcen, über die Brasilien verfügt, sichern einerseits die Zukunft des Landes, stellen aber auch eine große Verantwortung gegenüber der Umwelt dar, insbesondere im

▼ **Beengte Wohnverhältnisse in den »favelas« an den Hängen von Rio**

Glanz der Jahrhundertwende
Unbedingt empfehlenswert ist ein Besuch der prächtigen **Confeiteria Colombo** in der Rua Gonçalves Dias 32, (Rio Centro, nahe Largo da Carioca) mit ihrem spiegelverkleideten Teeraum im Erdgeschoss und dem luxuriösen Speiseraum im ersten Stock. Die Einrichtung im Stil der Belle Époque erinnert an die Zeit, als das Café Treffpunkt der Intellektuellen Rios war.

▼ **Glória-Kirche im Zentrum von Rio**

Amazonasgebiet, wo eine massive Zerstörung der Natur durch Bergwerksgesellschaften, Goldsucher, Rancher, Zellstofffabriken und Roheisenwerke stattgefunden hat. 1996 wurden von Präsident Cardoso zwei Dekrete zum Schutz des Regenwaldes erlassen und staatliche Stellen wie auch Bürgerinitiativen haben begonnen, den schlimmsten Auswüchsen der Ausbeutung des Amazonas und der Gefährdung des Lebensraumes und der Kultur der indianischen Urbevölkerung entgegenzuwirken, zumal die Waldbrände 1998 enormen Schaden angerichtet haben. Auch Siedler, die sich fern von den Großstädten im Süden niederlassen wollen und Großgrundbesitzer, die Reservatsgebiete für sich beanspruchen, stellen eine Gefahr dar. Die ansteigende Arbeitslosigkeit in den Städten hat viele Menschen in die ländlichen Gebiete zurückgebracht, entsprechend verstärkte sich die Forderung einer Bodenreform, die in den letzten Jahren für heftige Konflikte sorgte.

Eindringlichstes Zeugnis für diesen Konflikt legt die Entwicklung in der entlegenen westlichen Region von Rondônia ab (s. S. 249), wo der Regenwald von den Siedlern zurückgedrängt wurde und damit auch die Menschen, die dort lebten, vertrieben worden sind. Im Juni 2004 erklärte Präsident Lula 400 000 Hektar Regenwald zu vier neuen Nationalparks – ein Hoffnungsschimmer.

Obwohl Brasiliens Wirtschaft am globalen Wettbewerb teilhat und die Hälfte der Exporte auf Industriegüter fällt, ist die Schere zwischen Arm und Reich größer als anderswo, steigen Arbeitslosigkeit und Kriminalität in den Städten extrem.

Trotz aller wirtschaftlichen und sozialen Probleme pflegen die Brasilianer sehr bewusst zwischenmenschliche Beziehungen. Ihre Höflichkeit und Freundlichkeit ist beeindruckend – sowie auch ihre Gelassenheit, die sich ja vielleicht daraus erklärt, dass Musik, Karneval und Fußball viele Emotionen auffangen können.

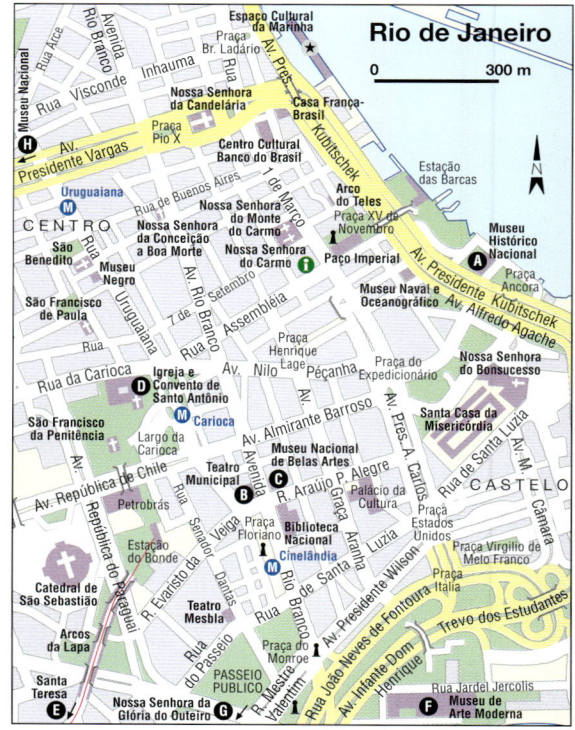

Rio de Janeiro _____

Die Brasilianer nennen Rio de Janeiro ❶ *a cidade maravilhosa* – »die wunderbare Stadt« –, und damit haben sie sicherlich recht. Allein schon die Lage ist atemberaubend: Im Osten gesäumt von der weiten **Bucht von Guanabara** und im Süden vom Atlantik, erstreckt sich Rio von den riesigen Granitbergen bis hinunter an die weißen Sandstrände. Ein italienischer Politiker ließ sich anlässlich eines Besuchs zu dem Ausruf hinreißen: »Sie ist so schön wie eine Frau«.

Nicht zu vergessen sind natürlich die 7 Millionen *cariocas*. – in ihrer Mentalität Inbegriff der leichten und unkomplizierten brasilianischen Lebensart. Vor allem finden sich in Rio Menschen aus allen Schichten zum Feiern zusammen. Am beliebtesten sind die Strände, gefolgt von den Fußballstadien und dem Karneval. In Rio ist es schick, seinen *chopp* (Fassbier) auf dem Bürgersteig zu leeren und mit Freunden einen Samba-Rhythmus auf den geparkten Autos zu trommeln.

Vom Flughafen ins Stadtzentrum

Die erste Begegnung mit Rio ist für viele der internationale Flughafen **Galeão,** ein großzügiger neuer Komplex, der für die erotischen Stimmen der Flugansagen bekannt ist. Galeão steht auf einer künstlich geschaffenen Insel nördlich von Rio.

Die Fahrt ins Stadtzentrum führt am Hafen vorbei mitten in das brodelnde Geschäftsviertel. Kurz hinter dem Fährhafen nach Niteroi befindet sich das sehenswerte **Museu Histórico Nacional** ❹ (Praça Marechal Ancora, geöffnet Di–So), mit einigen Karossen aus der Kaiserzeit und dem legendären Protos, ein Oldtimer aus Berlin, der 1908 die Rallye New York-Paris fuhr! Bankhochhäuser, Reisebüros und schmucke Bauten aus dem 19. Jh. säumen die Hauptschlagader der Stadt, die **Avenida Rio Branco.** Hier stehen das **Teatro Municipal** ❺ (mit seinem prächtigen mosaikverzierten Café im Erdgeschoss), die Stadtverwaltung (deren Freitreppe oft als Tribüne bei abendlichen Konzerten dient),

ihr gegenüber die **Biblioteca Nacional** (mit einer Ausstellung von Bildern des Neoklassizismus und Jugendstils) und schließlich das **Museu Nacional de Belas Artes** ❻ (Di–Fr 10–18, Sa/So 14–18 Uhr), die größte Sammlung klassischer brasilianischer Kunst und Ort regelmäßiger Sonderausstellungen zur zeitgenössischen Kunst.

Der ideale Ort, um den Puls der Stadt zu fühlen, ist **Cinelândia,** das Kino-Viertel der Stadt. Abends kommt auf dem Platz vor dem **Teatro Municipal** wahre Hyde-Park-Atmosphäre auf: Hier treffen sich politische Schlachtenbummler, Capoeira-Tänzer, Straßenkünstler und Transvestiten. Auf der anderen Seite des Teatro Municipal öffnet sich der **Largo da Carioca,** eine weitläufige Fußgängerpromenade, Treffpunkt von Schlangenöl-Verkäufern und Lederwarenhändlern.

Ein Spaziergang durch die Seitenstraßen des Largo mit einem Besuch in der **Confeiteria Colombo** (s. S. 232) vermittelt eine Ahnung von dem Rio vergange-

Seite
232

Stauprognosen
Die Zahl der Autokäufe hat seit Ende der 90er Jahre enorm zugenommen, allerdings konnte der Straßenbau nicht Schritt halten und so ist der chronische Verkehrstau in Brasiliens Städten eine Alltäglichkeit geworden.

▶ **Soviel Bräune wie möglich – die winzigen Bikinis der »carioca«-heißen scherzhaft auch »Zahnseide«, »fio dental«**

»Bondes« nennt man die alten offenen Straßenbahnen, die über die **Arcos da Lapa,** ein Aquädukt, zwischen der Kathedrale und den Gassen von Santa Teresa pendeln.

ner Tage. Oder schlendern Sie die Rua da Carioca entlang: Hier finden Sie herzhaftes deutsches Essen oder können auf einen *chopp* in der **Bar Luiz** einkehren.

Im Westen erhebt sich über den **Largo da Carioca** das Kloster **Santo Antônio ⓓ,** ein Gebäudekomplex, der zwischen 1608 und 1780 errichtet wurde. Neben dem barocken Kirchengebäude steht die Kapelle **São Francisco da Penitência.** Im Norden nahe der Avenida República do Chile thront Rios kegelförmige Neue **Kathedrale,** fertiggestellt 1976. In ihrer Nähe ragen die Arcos da Lapa (s. l.) auf.

Mit seiner malerischen Häuserkulisse und den großartigen Ausblicken gilt **Santa Teresa ⓔ** als eines der bezauberndsten Viertel von Rio. Neben alteingesessenen Arbeiterfamilien haben neuerdings auch viele Künstler und Musiker den Charme des Altstadtviertels für sich entdeckt.

Vergessen Sie auch nicht einen Besuch des Museums **Chácara do Ceu** (Mi–So 12–17 Uhr) in der Rua Martinho Nobre

mit seiner schönen Aussicht und einer großartigen Sammlung brasilianischer und europäischer Malerei.

Ein Großteil der Küste zwischen der Altstadt und der Botafogo-Bucht sowie dem Gelände des Flughafens **Santos Dumont** (von wo aus Jets im Pendelverkehr nach São Paulo starten) ist das Ergebnis von Landaufschüttungen. Ganz den Zeugnissen der Moderne gewidmet ist das **Museu de Arte Moderna ⓕ** in der Avenida Infante Dom Henrique. Südlich davon steht ein Denkmal zu Ehren der Gefallenen des Zweiten Weltkriegs. Auf der anderen Straßenseite, auf einer Klippe, erhebt sich die **Igreja da Glória ⓖ.**

Weiter südlich gelangt man zum **Flamengo-Strand** mit einem großen Park, in dem man picknicken und Fußball spielen kann. Obwohl das Wasser in der ganzen Bucht von Guanabara sehr stark verschmutzt ist, lassen sich die wenigsten vom Baden abhalten. Südlich schließt sich der geschwungene Strand von **Botafogo** mit seinem Jachthafen an.

Am Eingang der Bucht von Guanabara türmt sich ein gigantischer, 400 m hoher Granitfelsen, der **Pão de Açúcar,** der legendäre **Zuckerhut.** Zwischen 8 und 22 Uhr starten alle 30 Minuten Seilbahnen an der Praia Vermelha, um die Besucher auf den Morro da Urca mit seinem Restaurant und Amphitheater und dann weiter hinauf auf den Gipfel des Zuckerhuts zu bringen (s. S. 235).

Das **Museu Nacional ⓗ** in der Quinta da Boa Vista ist im ehemaligen Palais der Kaiserfamilie untergebracht, wo man neben den Repräsentationsräumen eine Sammlung völkerkundlicher und naturgeschichtlicher Exponate besichtigen kann.

Küstenvororte

Westlich des Zuckerhuts erstrecken sich Rios weltberühmte Strände. Die erste weite Strandbucht verbindet das vornehme Wohnviertel **Leme** im Osten mit **Copacabana** im Westen. Mit seinen 300 000 Einwohnern ist dies die am dichtesten bevölkerte Hochhausgegend von Rio. Zugleich es ist auch ein lebhafter Ort, um

◄ **Beim Schnorcheln vor der Kulisse der Stadt**

ich in den Trubel der Straßenfeste im Karneval und an Silvester zu stürzen. So breit wie ein Häuserblock erstreckt sich der grandiose **Strand** bis unmittelbar zum Beton der Hochhäuser. Nachts wird er von Flutlicht erhellt. Bleiben Sie im Menschengetümmel, damit Sie nicht Opfer eines Raubüberfalls werden. Touristen, die am Wasser entlanggehen, sind für flinke Diebe »Papaya mit Zucker«.

Westlich folgt der Strand von **Ipanema**, an den sich ein weiteres Strandviertel, **Leblon**, anschließt – beides Wohngegenden mit nur wenigen Hotels. Die Praias hier sind beim Carioca-Jet-Set mehr en vogue als Copacabana, die Straßenzüge um die Süßwasserlagune **Lagoa Rodrigo de Freitas** populäres und geschätztes Wohnquartier und ein Viertel netter Restaurants und guter Geschäfte.

Nördlich der Lagune liegen die Rennbahn des **Jockey Club** und der **Botanische Garten** in der Rua Jardim Botânico mit etwa 5000 heimischen Pflanzenarten.

Ein weiteres Naturerlebnis mitten in der Stadt ist ein Ausflug auf den **Corcovado** mit dem Zug, der in Cosme Velho losfährt. Auf seiner Spitze thront das Wahrzeichen von Rio, die 38 m hohe Statue des **Cristo Redentor.** Die Straße nach Westen windet sich durch die tropische Pflanzenwelt des **Tijuca-Nationalparks** und gewährt immer wieder atemberaubende Ausblicke.

Südlich von Leblon liegen ineinander geschachtelt zwei der größten *favelas* von Rio an einem Hang – die Elendsviertel **Vidigal** und **Rocinha.** Hunderttausende nehmen ein Leben im Slum auf sich, um nahe an ihrer Arbeitsstelle zu wohnen.

Noch weiter südlich folgt dann der Strand von **São Conrado**, ein schnell wachsender Vorort, der noch nicht die für die Stadt leider typische Umweltverschmutzung aufweist. Drachenflieger gleiten von den Berghängen hinunter und landen auf den breiten, weißen Sandsicheln der Bucht.

Seite 232

Rio im Abendlicht
Am eindrucksvollsten ist eine Fahrt auf den **Zuckerhut** am späten Nachmittag, wenn in Rio langsam die Lichter angehen und sich das Häusermeer funkelnd vor dem Blau des Meeres abzeichnet.

TOP **50** Seite **359**

▼ **Knoblauchverkäufer auf einem Markt in Rio**

Karneval

Nichts verdient über viele Monate hinweg so viel leidenschaftliche Vorbereitung und so enorme Investitionen aus der Haushaltskasse wie der Karneval, der Brasilien jedes Jahr aufs neue verzückt und, im Guten oder Schlechten, das Landessymbol par excellence ist. Selbstverliebtheit und eine Portion Exhibitionismus sind die Zutaten des närrischen Treibens. Die Welt steht Kopf: Straßen, die tagsüber von rollenden Blechlawinen verstopft sind, werden nun von den Nachtschwärmern erobert.

Der heutige Karneval ist eine Weiterentwicklung heidnischer und später christlicher Feste in tropischen Breiten. Er galt als letzte Gelegenheit für Ausschweifungen vor Beginn der Fastenzeit vor Ostern. Das Wort geht auf das italienische »carne vale« zurück, den Abschied vom Fleischgenuss. Anfangs ähnelte auch der brasilianische Karneval dem »entrudo« in Portugal,

◄ **Viel nackte Haut ist typisch für den Karneval von Rio de Janeiro**

bei dem arglose Passanten mit Dreck, Wasser oder Mehl beworfen wurden, doch hat man die in Bolivien und Argentinien noch übliche Form Mitte des 19. Jhs. in Brasilien abgeschafft.

Der Karneval mit seinen prächtigen Straßenumzügen in Rio de Janeiro hat seine Wurzeln in den 30er Jahren: Aus konkurrierenden Nachbarschaftsgruppen bildeten sich die Samba-Schulen, »escolas de samba«, die ihre Straßenparaden mit ausgefeilter Kostümierung und Choreographie musikalisch gestalteten. Der Samba des südlichen Brasilien ist heute Inbegriff für die Musik des Karnevals.

Fast alle größeren Samba-Schulen stammen aus der Gegend von Rio, die meisten Tänzer kommen aus den armseligen Vororten der Stadt, den »favelas«, wo die Frage nach dem Sieger dem Karneval jedes Jahr eine besondere Spannung verleiht. Für ein geringes Eintrittsgeld kann man den Samba-Schulen bei ihren Proben Monate im Voraus zuschauen. Höhepunkt des Treibens ist dann der Einmarsch der Gruppen in das Sambódromo, das einzigartige Samba-Stadion von Rio, an dessen kilometerlanger Paradestrecke 60 000 Zuschauer Platz finden. Es wurde 1984 nach einem Entwurf von Oscar Niemeyer gebaut.

Der beste Straßenkarneval findet in Salvador statt, wo die Musikgruppen auf den Ladeflächen von Lkws spielen. Gemäßigter ist der Karneval in den historischen Städten Olinda und Ouro Preto wie auch am Stadtrand von Rio.

In Rio selbst, in Copacabana wie in Ipanema, veranstalten die traditionellen »blocos« den Karnevalstanz. Klassenbarrieren fallen, wenn die Tänzer Arm in Arm die Straße bevölkern, erhitzt durch Bier und »cachaça«, den Zuckerrohrschnaps.

Nicht alle Brasilianer sind verrückt nach dem Karnevalsrausch. Für auswärtige Besucher jedoch ist das sinnenfrohe Spektakel sicherlich die beste Zeit, um Brasilien so zu erleben, wie man es sich in der Fantasie lange ausgemalt hat. ■

Die saubersten Strände befinden sich jedoch hinter dem naturbelassenen Flachland von **Barra de Guaratiba.** Hier, wo die *cidade maravilhosa* noch nicht ihren Eroberungszug angetreten hat, erhält der Besucher einen Eindruck von der faszinierenden Schönheit der ursprünglichen Landschaft, die Rio de Janeiro Glanz und Zauber verliehen hat.

São Paulo

Besucher, die zum ersten Mal nach São Paulo ❷ kommen, fühlen sich zunächst von der Größe der Stadt nahezu erschlagen. Mit seinen 13 Millionen *paulistanos,* wie sich die Einwohner selbst nennen, ist São Paulo die größte Metropole in Südamerika und ein Ende des Wachstums der Stadt nicht in Sicht.

Schon jetzt bedeckt das Häusermeer über 2600 Quadratkilometer, und immer neue Vororte schießen wie Pilze aus dem Boden.

Wie Chicago ist São Paulo als Zentrum von Handel und Industrie das Zugpferd der nationalen Wirtschaft. »São Paulo arbeitet, damit der Rest von Brasilien sich vergnügen kann«, sagen die Paulistanos. Seit der Stadtgründung im Jahre 1554 hat São Paulo, ähnlich dem Wilden Westen Nordamerikas, stets selbstbewusste Individualisten angezogen. Heute noch ehrt São Paulo seine Wegbereiter, die *bandeirantes.* Ihren Spuren folgten vor allem im 19. Jh. Menschen aus aller Welt, die mit ihrer hohen Arbeitsmoral den industriellen Erfolg der Stadt begründeten.

Die Zuwanderer der letzten Jahre kommen aus den Dürregebieten der nordöstlichen Staaten Brasiliens. Mit geringer Bildung und Arbeitserfahrung enden sie in den brodelnden Slums, die die Stadt wie einen Gürtel umgeben. Hier lebt die Hälfte aller Einwohner.

São Paulo ist kein Ort, um einen Urlaub zu verbringen, aber einen Besuch ist es wert. Essengehen ist das Lieblingsvergnü-

Seite 226

TOP **50** **Seite 368**

▼ **Im Landeanflug auf den Strand von São Conrado im Süden Rios**

gen der Paulistanos, die sich selbst als nationale Avantgarde sowohl in der Industrie als auch in der Kunst betrachten.

Ganzer Stolz der Stadt ist das **MASP** (**Museu de Arte de São Paulo;** Di–So 11 bis 18 Uhr) mit einer Kunstsammlung von mehr als 5500 Exponaten. Seit 1951 veranstaltet São Paulo jedes zweite Jahr die **Biennale,** ein zwei Monate während Spektakel moderner Kunst. Der Pavillon, in dem die Biennale stattfindet, ist verbunden mit einer Dauerausstellung brasilianischer Künstler im **Museum für moderne Kunst.**

Im ruhigen Untergrund

Am besten erkundet man São Paulo mit Hilfe seiner sauberen, schnellen U-Bahn. So umgeht man Luftverschmutzung und Verkehrschaos. Steigen Sie an der Station **Liberdade** aus, wo japanische Einwanderer ihre größte Kolonie außerhalb Japans unterhalten. Über 600 000 japanischstämmige Brasilianer leben in São Paulo. Daher

▲ **Parati, Kolonial-**
städtchen südlich
von Rio

gibt es hier viele asiatische Restaurant und Sushi-Bars, und sonntags findet au der **Praça Liberdade** ein großer Leben mittel- und Handwerksmarkt statt.

São Paulo besteht nicht nur aus Wo kenkratzern. Stadtteile wie **Jardim Pau lista** oder **Jardim América** sind mit ihre Alleen und Villen grüne Lungen der In nenstadt. Eine weitere Oase der Ruhe is der schöne **Parque Ibirapuera,** der 195 zur 400-Jahr-Feier angelegt wurde. Hie stehen Kunstmuseen, das **Regierungsge bäude** und ein **Planetarium.**

Im Stadtzentrum lädt die **Praça d República** zum Spaziergang ein. Die na hen Straßen Avenida São Luiz, Rua Augi sta und Rua Barão de Itapetininga biete viele Einkaufsmöglichkeiten. Aber Vo sicht vor Taschendieben!

Für Nachtschwärmer bietet São Paul eine Vielzahl von Bars und Cafés, vielfac mit Livemusik, wo man eine angenehm Zeit verbringen kann. Nur noch wenig alte Gebäude sind in der Stadt erhalten doch das **Teatro Municipal,** in dem auch Oper und Ballett gegeben werden, erin nert an den eleganten Lebenstil der Kai feebarone des 19. Jhs. Oft sind Stars vor Weltrang zu Gast – Paulistanos mögen ar beitsbesessen sein, doch wenn sie aus gehen, stellen sie hohe Ansprüche.

Brasília

So wie sich Brasília ❸ aus der kargen Ebe ne des *cerrado* erhebt, gleicht die Stad eher einer Siedlung von einem anderer Planeten als einer irdischen Landeshaupt stadt. Brasília ist ein architektonisches Ge samtkunstwerk, eine »Stadt der Zukunft« Als Juscelino Kubitschek 1955 zum Präsi denten gewählt wurde, schwor er sich dass Brasilien eine Hauptstadt im Landes inneren erhalten würde. Seine Hoffnung war, diese neue Landeshauptstadt könnte ein Magnet werden, der die Brasilianer von der geliebten Küstenregion weglocke

1956 hatte der Bau von Brasília bereits begonnen. Der Stadtplan, ein Entwurf des Designers Lúcio Costa, sah eine Mittel achse mit Regierungsgebäuden vor, die

◀ **São Paulo**
hat kulinarisch
nicht nur
auf der Straße
einiges zu
bieten:
Die Restaurants
spiegeln den
ethnischen Mix
der Stadt.

on einer bcgenförmigen Wohnhausachse ekreuzt wird: Das Ergebnis war ein tadtbild in Form eines Flugzeugs. Als rchitekt war Oscar Niemeyer, einst chüler von Le Corbusier, verpflichtet. Die Arbeit ging in irrsinnigem Tempo vorn, und bei seiner Einweihung 1960 hatte rasília bereits die ersten 100 Einwohner.

Zu dieser Zeit expandierte Brasiliens utoindustrie und so hatte man angenomen, dass alle mit dem Auto in der Stadt nterwegs sein würden. Breite fußgängereindliche Durchgangsstraßen ohne Bürersteige und Überwege durchlaufen die tadt, die bei den Verkehrsopfern landesveit die höchste Rate an Fußgängern u verzeichnen hat. Ihre Trampelpfade chlängeln sich über die Grasflächen zwichen den Fahrbahnen.

Wunder der Moderne

Was Brasília eigentlich zum Wunderverk erhebt, ist die graziöse Architektur ieler öffentlicher Gebäude. Die meisten sehenswerten Bauten wurden von Oscar Niemeyer entworfen. Sie liegen an der **Praça dos Tres Poderes** – dem Cockpit innerhalb des Flugzeugdesigns der Stadt. Es ist der Sitz der Exekutive, Legislative und Judikative.

Am auffallendsten ist der **Nationalkongress,** ein flaches Gebäude mit zwei Türmen, in denen sich die Büros der Parlamentarier befinden. Die beiden Kuppeln – eine davon umgedreht – beherbergen Senat und Abgeordnetenhaus. Das Parlamentsgebäude kann ebenso wie das exklusiv eingerichtete Außenministerium, **Palácio do Itamarati,** der Justizpalast und der Oberste Gerichtshof besichtigt werden, dezente Kleidung vorausgesetzt. Die Amtsräume des Präsidenten liegen im **Palácio do Planalto,** er kann wie sein Wohnsitz, der Palácio da Alvorada, nicht besucht werden.

Die Straßen, die auf das »Cockpit« zulaufen, sind von gleichgestalteten Bürotürmen flankiert, in denen die Ministerien untergebracht sind. Das Geschäftsviertel

Seite 226

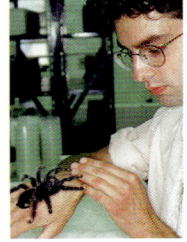

▼ In São Paulo sollten Sie die Schlangenfarm von Butantan (mit Museum) besuchen. Täglich wird hier 80 000 Schlangen Gilft entnommen.

INSTITUTO BUTANTAN

239

findet man am Schnittpunkt der Wohnflügel mit der Behördenhauptachse.

Die Einwohner leben getrennt nach Verdienstgruppen, so dass hier die Klassentrennung stärker zu spüren ist als in anderen Städten. Die Arbeiter, die am Bau Brasílias mitgewirkt haben, meist arme Einwanderer aus den Küstenstaaten, leben nun am Stadtrand in riesigen Elendsvierteln. Viele von ihnen haben nun Stellen im Zentrum als Busfahrer, Dienstpersonal, Taxifahrer oder Kellner. So machen die 500 000 Einwohner von Brasília heute gerade ein Fünftel der Bevölkerung des urbanen Großraums aus.

Eine Generation Brasilianer ist mittlerweile hier aufgewachsen, und viele halten der Stadt die Treue. Das kulturelle Leben hat sich ausgeweitet, sodass die Sehn-

Stadt der Autos
Keine andere Stadt Brasiliens ist zu einer Erkundung per Auto besser geeignet als Brasília.

Einen ausgezeichneten **Panoramablick** auf die großen Achsen und die moderne Architektur ermöglicht der Fernsehturm. Mit Aufzug; tgl. 8–20 Uhr.

Minas Gerais
→ Die Bergbaugegend, deren Name »allgemeine Minen« bedeutet, war im 18. Jh. das weltweit größte Goldgewinnungsgebiet. In moderner Zeit entwickelte sich die Region zum führenden Eisenerz- und Edelsteinfördergebiet Brasiliens.

---

sucht nach der Musik und dem Rhythmus in Rio zurückgegangen ist. Trotz der technokratischen Schönheitsmaske, die Missstände zu überdecken sucht, hat sich die Stadt ihren Platz erobert. Sie bleibt ein Symbol für Kühnheit und den Traum der Erschließung des Landesinnern.

Minas Gerais

In der steilen Hügellandschaft nördlich von Rio, im **Staat Minas Gerais,** liegen einige der bezauberndsten Städtchen aus der Kolonialzeit.

Belo Horizonte ❹, die Hauptstadt des Bundesstaates, ist übersichtlich angelegt und ein guter Ausgangspunkt für Ausflüge in die Region.

100 km südlich liegt die meistgepriesene Schöpfung des Goldenen Zeitalters Brasiliens, die wunderbar erhaltene Stadt **Ouro Preto.** Ihr Name (Schwarzes Gold) erinnert an das mit einer dunklen Eisenschicht umgebene Gold, das Anfang des 18. Jhs. hier entdeckt worden war.

Der Fund löste einen wahren Goldrausch aus, und Ouro Preto entwickelte sich schnell zur Kolonialhauptstadt von Minas Gerais. Die Vorkommen waren mehr als ein Jahrhundert lang ergiebig. In Ouro Preto sowie in anderen Städten der Umgebung entstanden kostbare Barockkirchen und Villen, die an jene 1200 t Gold erinnern, die man während des Booms hier förderte. Dank der Regierung, die 1933 die gesamte Stadt von Ouro Preto zum Nationaldenkmal erklärte, sind viele seiner Schätze erhalten. Kopfsteingepflasterte Straßen winden sich durch hügelige Viertel, gesäumt von gut erhaltenen Kolonialhäusern. 13 Kirchen bereichern mit ihrer Pracht eine Stadt, die gerade 65 000 Einwohner hat und heute zum UNESCO-Weltkulturerbe zählt.

Viele der Kirchen zeugen von der Meisterschaft des Bildhauers und Architekten

◄ **In der Nähe des Nationalkongresses steht Brasílias berühmtester Bau, das Außenministerium oder »Itamarati«. Das Gebäude scheint über einer Wasserfläche zu schweben, aus der sich als Blickfang die als Meteor bekannte Skulptur erhebt**

Antonio Francisco Lisbóa, besser bekannt unter seinem Spitznamen *Aleijadinho,* was »Krüppelchen« bedeutet. Trotz seiner stark verkrüppelten Hände schuf er einige der ausdrucksvollsten Plastiken Brasiliens – Hammer und Meißel hatte er an seinen Armstümpfen befestigt. Der autodidaktische Künstler wandelte die Ästhetik des Goldenen Zeitalters von den starren Formen des Manierismus zu den sinnlichen Kurven barocker Architektur und Kunst.

Das beeindruckendste Beispiel für die bewegte Barockarchitektur ist die Kirche **Nossa Senhora do Rosário dos Pretos,** errichtet von schwarzen Sklaven, die ihre Abgabe für das Innere der Kirche nicht in Bargeld bezahlen konnten. Die ungewöhnliche Architektur der zehneckigen Kirche von **Nossa Senhora do Pilar** wird durch den Innendekor, einer Symphonie aus vergoldeten Putten und Drachen, betont.

Unweit des Hauptplatzes, der nach Tiradentes, einem Revolutionär des 18. Jhs. benannt ist, findet man ein weiteres Bei-

spiel für Aleijadinhos Kunstfertigkeit: die Kirche **São Francisco de Assis,** in der sich einige seiner schönsten Holz- und Specksteinfiguren befinden und deren Fresken von einem Meister des Hochbarock, Manuel da Costa Athayde, stammen.

Ouro Preto besitzt eine wichtige Bergbauschule an der Praça Tiradentes im Gouverneurspalast. Darin befindet sich auch das hervorragende **Museu de Ciência e Técnica** (Di–Fr 12–17, Sa/So 9 bis 13 Uhr) mit einer sehenswerten Sammlung seltener Mineralien und Edelsteinen.

Schätze aus Stein

Die Kolonialstadt **Mariana** im Osten von Ouro Preto ist reich an kostbaren Kirchen, die die Goldbarone aus Dankbarkeit für ihr Glück errichten ließen. Werke von Aleijadinho und Athayde sind zu entdecken, ferner ein Denkmal zu Ehren der Gerechtigkeit an der Stelle des ehemaligen Sklavenprangers.

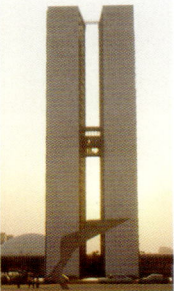

▼ **Brasília: Denkmal an den Städtebau Mitte des 20. Jahrhunderts**

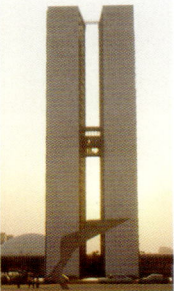

Sabará, 22 km östlich von Belo Horizonte, besitzt zahlreiche Kirchen mit Arbeiten Aleijadinhos.

▼ **Koloniale Kirche in Minas Gerais**
▼ ▼ **Aleijadinhos Skulptur eines Propheten**

30 km westlich liegt **Congonhas do Campo** mit Aleijadinhos Specksteinskulpturen von zwölf Propheten des Alten Testaments an der Fassade der Kirche **Bom Jesus do Matozinho.** In sechs Kapellen stehen hier auch 64 Zedernholzschnitzereien der Christuspassion von Aleijadinho.

100 km südlich liegt **São João del Rei,** eine Kolonialstadt mit 80 000 Einwohnern und drei beeindruckenden Kirchen aus dem 18. Jh., von denen die Franziskanerkirche inmitten himmelwärts strebender Königspalmen besonders begeistert.

Der Ort **Tiradentes** ganz in der Nähe wurde benannt nach jenem Mann, der für die Unabhängigkeit kämpfte und dafür am Galgen von Ouro Preto endete.

Diamantina ❺ ist der Geburtsort von J. Kubitschek, dem Gründer Brasílias. In einer Kirche sind Statuen schwarzer Sklaven sowie zahlreiche Folterinstrumente zu sehen. Sie geben Zeugnis von den grausamen Mitteln, die man einsetzte, um die Schätze von Minas Gerais zu heben.

Salvador und die Küste von Bahia

Der Nordosten Brasiliens unterscheide sich in vielerlei Hinsicht deutlich von blühenden Süden: Die Menschen und ih Akzent sind anders, das Essen ist feurige und der trockene *sertão* erinnert eher ar die Steppen Afrikas als an das tropisch Brasilien. Um das Wesen des brasiliani schen Zaubers wirklich kennen zu lernen muss man dorthin reisen, wo alles seiner Ursprung nahm, in das legendäre, sinn liche **Bahia,** den Staat, wo Pedro Álvare Cabral erstmals um 1500 den Kontak zwischen Portugiesen und den indiani schen Stämmen herstellte.

Hauptstadt der Feste

Oberhalb der Küstenlinie, an der diese historische Begegnung stattfand, liegt **Sã Salvador da Bahia de Todos os Santos** ❻ erste Hauptstadt Brasiliens und imme noch Quelle der Kultur des Landes. Salva

Seite 226

...dor (früher Bahia), ist Wiege der traditionellen Küche, der Religion, der Tänze und der Musik, die ganz Brasilien charakterisieren. Hier wurde die Kultur katholischer Portugiesen verschmolzen mit dem Glauben und der Ästhetik westafrikanischer Sklaven, die nach Bahia verschleppt wurden, um auf den großen Zuckerrohrplantagen zu arbeiten.

Die zwei Millionen Einwohner von Salvador, die *baianos,* sind in Brasilien bekannt für ihre Lebhaftigkeit. Salvador ist für viele Brasilianer ein beliebtes Ferienziel. Die Stadt feiert ein Straßenfest nach dem anderen. **Karneval** ist die größte Feier – er beginnt in Bahia sogar offiziell einen Tag früher als in anderen Landesteilen. Eigentlich fängt der Karnevalsrausch bereits in den letzten Novembertagen an – während der den verschiedenen Heili-

> *berimbau*
> → Das Saiteninstrument besteht aus einem Draht, der von einem gebogenen Stück Holz gespannt wird; Resonanzkörper ist ein Kürbis.

...gen gewidmeten Feiertage. Salvadors Karneval lebt von der persönlichen Teilnahme aller: In aufgeheizter Stimmung folgen ganze Horden schillernd gekleideter Tänzer den *trios elétricos,* plärrenden Lautsprecherwagen mit Livemusik – nichts für schwache Nerven, da die Menge in einen wahren Rausch verfällt – und auch Taschendiebe ihre Chancen nutzen.

Hintergrund für diese lärmende Festlichkeit ist eine Stadt, die ihr reiches Erbe kolonialer Vergangenheit gut erhalten hat und landschaftlich wunderschön oberhalb eines Steilabbruchs gelegen ist. Die ältesten Häuser stehen im höher gelegenen Teil der Stadt, in der **Cidade Alta.**

Das reizvollste Viertel ist **Pelourinho** mit Gebäuden aus dem 17./18. Jh., die als schönstes Beispiel kolonialer Architektur gelten. Hier treffen sich Tänzer der

Tanzende Kämpfer
Für ein Trinkgeld zeigen die »capoeiristas« auf der Straße ihre Kunst, doch sie haben auch Auftritte im SENAC, einer Schule für Köche und gleichzeitig Restaurant am zentralen Platz des Pelourinho.

TOP 50 Seite **355**

▼ **Ouro Preto versprüht kolonialen Charme**

capoeira: eine Kampfsportart, die Sklaven aus Angola mitbrachten. Scheppernde Tamburins und das Hämmern des *berimbau* geben den Rhythmus vor.

Seite 359 **TOP 50**

Der Pelourinho ist auch die Heimat einer schwarzen karitativen Bruderschaft der »Filhos de Gandhi«. Ihre Mitglieder praktizieren den auf afrobrasilianischen Kulten fußenden *candomblé* und treffen sich an Feiertagen in Togas und Turbanen in der Nähe des Largo do Pelourinho.

Ein Aufzug hinter der Kathedrale verbindet die Cidade Alta mit der **Cidade Baixa.** Sehenswert ist dort der **Mercado Modelo,** ein großer Markt, auf dem man auch die typischen Spitzengewänder kaufen kann. Ein noch ursprünglicherer Markt ist der **Mercado São Joaquim** weiter unterhalb am Wasser.

Ursprüngliche Strände

▼ **Kanus an der Küste von Recife**
▼ ▼ **Largo do Pelourinho, Salvador**

Wie Rio ist Salvador eine Stadt, deren Reiz in der Schönheit ihrer Strände liegt. Von der Innenstadt aus am einfachsten zu erreichen ist der kleine, sehr beliebte Strand **Barra.** Die Bars an der Strandpromenade sind oft überfüllt und bis lange nach Sonnenuntergang voller Leben. Barra liegt an der Spitze einer langen, geschwungenen Küstenlinie von palmenbeschatteten Stränden. Am schönsten sind die außerhalb gelegenen Strände **Itapoã** und **Piatã.** Besuchen Sie die Praias am besten am Wochenende, wenn viele Menschen da sind: Es ist sicherer, und zudem gibts dann in den Strandbars Livemusik.

Ein erholsamer Ausflug von Salvador ist die Überfahrt mit der Fähre nach **Itaparica.** Die meisten der rund 10 000 Insulaner leben vom Fischfang, und viele einfache Restaurants bieten köstliche Fischgerichte und frische Austern an.

Etwa 80 km nördlich von Salvador liegt **Praia do Forte** an einer jungfräulichen Bucht von 11 km Länge – mit weißem Sand und gesäumt von über 100 000 Palmen. Hier arbeitet auch ein Projekt zum Erhalt der Meeresschildkröten; es erreich-

te, dass der Bau von Hotels und Restaurants eingeschränkt wurde, um die Landschaft für die Tiere zu bewahren.

Ilhéus, eine Küstenstadt 390 km südlich von Salvador, zeigt eine Mischung aus moderner und kolonialer Architektur. Die Stadt ist bekannt für ihren Karneval und verlockende Strände. Aus umliegenden Plantagen kommen außerdem 70 % der brasilianischen Kakaoproduktion.

Der Nordosten _____

Bahia ist der südlichste von neun Staaten, die zusammen als der Nordosten bekannt sind. Obwohl hier ein Drittel der Bevölkerung Brasiliens lebt, haben die *nordestinos* am wenigsten vom wirtschaftlichen Fortschritt profitiert. Die Bewohner an der Küste sind meist afrikanischer Abstammung, während im Landesinneren und weiter nördlich viele portugiesisch-indianische Mischlinge leben. Sie sind von kleinerer Statur und kupferner Hautfarbe.

Im Hinterland von Salvador beginnt der *sertão,* eine karge Hügellandschaft, die immer wieder von Dürren heimgesucht wird. Die *sertanejos,* die dort in größter Armut leben, werden durch drohende Hungerkatastrophen oft gezwungen, ihr Land zu verlassen. Nicht wenige kehren mit dem einsetzenden Regen wieder zurück, doch suchen auch viele in den Slums der großen Städte Zuflucht.

Der Nordosten besitzt wunderschöne Sandstrände, an denen Fischer wie früher *jangadas,* mit Segeln besetzte Flöße, benutzen. Bei **Maceió** gibt es Strände, die mit ihrem türkisblauen Wasser an Inseln der Südsee erinnern, und auch **Recife ❼**, die mit 1,5 Millionen Einwohnern größte Stadt des Nordostens, begeistert durch ihre von Korallenriffen geschützte Küste; überaus beliebt sind die Buchten im vornehmen Stadtteil **Boa Viagem.** Unmittelbar nördlich schließt sich **Olinda** an, ein Juwel kolonialer Architektur und von der UNESCO zum Weltkulturerbe erklärt.

Seite 226

Porto Seguro
Das Fischerdorf, wo Cabral erstmals Fuß auf brasilianischen Boden setzte, entwickelt sich nun zusehends zum attraktiven Ferienort.

▼ **Auffallend sind in Bahia die Läden für die weißen Spitzenkleider der »baianas«, der Straßenhändlerinnen, die scharfe und süße Spezialitäten anbieten.**

Aromatische Schärfe
Die **Küche Bahias** ist schärfer als sonst in Brasilien – zubereitet mit großzügiger Zugabe von Ölpalmenöl, »dendê«. Serviert werden vorwiegend Meeresfrüchte in großen Pfannen, den »moquecas«.

»Beachlife« in Manaus
Beim **Hotel Tropical** gibt es einen »Strand«, an dem man baden kann ohne von Piranhas oder Zitteraalen belästigt zu werden.

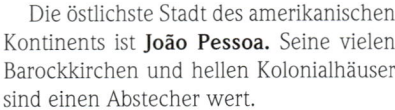
Seite 365 TOP50

Die östlichste Stadt des amerikanischen Kontinents ist **João Pessoa**. Seine vielen Barockkirchen und hellen Kolonialhäuser sind einen Abstecher wert.

Riesige Sanddünen kennzeichnen die Strände von **Natal ❽**, der Hauptstadt des Staates Rio Grande do Norte. In der Nähe befinden sich weitere Küstenenklaven, so das reizvolle **Touros** (95 km) mit seinen Palmenhainen im Norden.

Fortaleza ❾, Kapitale von Ceará, hat sich von einer kleinen Hafenstadt zum eleganten Badeort entwickelt, der mit seiner neuen Promenade Recifes Stadtteil Boa Viagem Konkurrenz machen kann.

Manaus

Das letzte, was man mitten im Dschungel – 1600 km vom Meer entfernt – erwarten würde, ist eine blühende Hafenstadt. Manaus ❿ wurde aber schon im 19. Jh. der Wildnis abgerungen. Wo gierige Eroberer einst vergeblich nach Gold such-

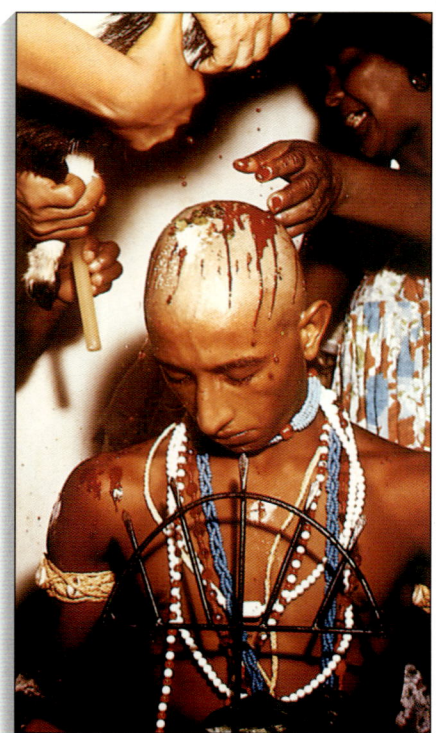

◀ Bei einem »Macumba«-Ritual tropft das Blut eines geschlachteten Huhns auf den Kopf des Initianten

Spirituelle Energie
Straßenkreuzungen wie auch Versammlungshallen sind typische Orte, an denen man »macumba« beobachten kann – voodoo-ähnliche Rituale, die in Brasilien praktiziert werden. Macumba kam mit den Sklavenschiffen aus Westafrika; seine Götter entstammen den Traditionen der Yoruba sprechenden Völker. Das Christentum, das den Sklaven aufgezwungen wurde, entwickelte sich zur Fassade, hinter der die Yoruba-Gottheiten weiter Verehrung erfuhren: Jeder christliche Heilige entspricht einer afrikanischen Gottheit.
»Candomblé« ist die in Salvador ausgeprägte Variante von Macumba. Die Anhänger tragen Weiß – zu Ehren von Oxalá, der höchsten Gottheit. Die Versammlungsorte, die »terreiros«, werden als heilige Plätze betrachtet.
Im Süden von Brasilien blüht eine andere Art von Macumba: »umbanda«. Das Wort entstand aus dem Sanskrit-Wort Aum-Bandha, was »Grenze des Grenzenlosen« bedeutet. Umbanda ist eine Art weiße Magie, bei der die Götter um gute Taten und Großzügigkeit gebeten werden. In ihr verbinden sich Katholizismus, »candomblé« und Spiritismus, der im 19. Jh. von Frankreich her sich auch in Brasilien ausbreitete. In Umbanda-Sitzungen werden die Menschen von Gottheiten besucht. Anhänger des »macumba« gibt es heute in allen sozialen Schichten und ethnischen Gruppen Brasiliens. Besucher sind bei Ritualen meist willkommen, Fotografieren ist jedoch strengstens verboten.

ten, fanden die Brasilianer später ein modernes El Dorado des Kautschuks. Heute ist die Stadt als eine der »Duty-free-Hauptstädte« Südamerikas ein Mekka für Touristen.

Es ist ein Erlebnis, dort mit dem Schiff anzukommen. Weniger wegen der Stadt selbst, sondern weil an dieser 8 km breiten Stelle zwei Flussläufe des Amazonas aufeinander treffen: Der dunkle Rio Ne ro, der aussieht wie sprudelndes Coca-Cola, und der gelbliche Rio Solimões. Die beiden Wasserläufe fließen hier nebeneinander her, ohne sich zu mischen.

Hinter der Geschäftigkeit des modernen Manaus steht noch die Erinnerung an seine Ruhmeszeit. Gegen Ende des 19. Jhs. stieg es für einen kurzen, aber überwältigenden Zeitabschnitt zur reichsten Stadt der Welt auf. Durch die Erfindung des Gummireifens 1888 wurde Kautschuk plötzlich zum begehrten Rohstoff. Pioniere strömten in den Dschungel und legten den Grundstein für die Stadt des schnellen Glücks und der großen Taten, wie es Werner Herzog in seinem Film »Fitzcarraldo« dargestellt hat.

Riesige Kautschukplantagen wurden zwischen den Wasserläufen des Amazonas angelegt, und die Kautschukbarone verliehen Manaus eine Atmosphäre von Extravaganz und Dekadenz. Gierig Champagner trinkend und ihre Zigarren mit 100-Dollar-Noten anzündend, sta-

chen sie sich gegenseitig aus, um »Kultiviertheit« an diesem ungewöhnlichen Ort zu beweisen.

Das berühmteste und eigenartigste Monument aus jenen Tagen ist das große Opernhaus, das **Teatro Amazonas.** Das gesamte Baumaterial für diesen Kunsttempel im Urwald wurde importiert: weißer Marmor aus Italien, Eisensäulen aus England, Fliesen und Möbel aus Frankreich. Der ursprüngliche Bühnenvorhang, auf dem sich griechische Nymphen im Amazonas räkeln, ist noch vorhanden. Besuch mit Führung: Mo–Sa 9–12, 14–21 Uhr.

Das alte **Hafenviertel** von Manaus ist bis heute lebendig. Holzboote werfen ihre exotischen Ladungen auf die überfüllten Landungsbrücken oder direkt auf den Kai. Die Arbeiter schleppen grüne Bananen oder Lattenkisten mit Getränken durch den knöcheltiefen Dreck, während über ihnen schwarze Geier kreisen. Um den Hafen herum sind auf schwankenden Pfählen Häuser errichtet worden.

Seite 226

TOP**50** Seite **368**

▼ **Sonnenuntergang über dem Amazonas**

Ver-o-Peso, was soviel wie »überprüfe das Gewicht« bedeutet, heißt der große Markt am Hafen in Belém.

Seite 362 TOP 50

▼ Kunst und Kultur im Urwald – das Teatro Amazonas

Einen Eindruck von der verloren gegangenen indianischen Kultur der Gegend erhält man im **Museu do Indio,** Rua Duque de Caxias 296 (Mo–Fr 9–12, 14 bis 17.30 Uhr). Es ist angefüllt mit Holzpfeifen, indianischem Kopfschmuck aus Federn und anderen Kunstgegenständen. Nebenan steht eine jener **Kautschukfabriken,** die in Manaus noch in Betrieb sind und die gratis besucht werden können.

Den Amazonas abwärts

Flussabwärts, dort wo der Rio Tapajos einmündet, liegt der Hafen von **Santarém ⓫**. Einst eine koloniale Festung, ist die Stadt heute eine Art Dodge City für die halbe Million Goldsucher, die *garimpeiros,* die den Urwald umwühlen.

Besonders interessant ist die Rückkehr der Fischer mit ihren vollen Netzen am Morgen – eine eindrucksvolle Demonstration der unglaublichen Artenvielfalt des Amazonas.

Am Südufer der Amazonasmündung, steht stolz **Belém ⓬**, 145 km vom Meer entfernt. Als Stadt mit fast 1,3 Millionen Einwohnern konnte es sich doch das Flair seiner Glanzzeit bewahren. Heute ist es in erster Linie ein Ausfuhrhafen für Nutzholz, Paranüsse und etwas Kautschuk. In der Altstadt findet man Häuser und Kirchen im Kolonialstil und ein Fort, in dem das neue **Museu do Forte do Presépio** eingerichtet wurde. Die archäologische Sammlung (ehemals im Goeldi-Museum) mit der sehenswerten Marajoara-Keramik, die gut erhaltenen Graburnen und diverse Grabbeigaben lohnen den Besuch der neuen Ausstellung (Di–Fr 10–18, Sa/So 10–20 Uhr). Die **Catedral da Sé** gegenüber an der Südseite der Praça Brandão wurde unter Mitwirkung des italienischen Architekten Landi 1771 vollendet. Ihren Hauptaltar stiftete Papst Pius IX.

Die **Basílica da Nossa Senhora de Nazaré** wurde 1909 mit dem Geld des Kautschukbooms erbaut. Sie ist der Dreh-

Seite 226

Auf dem Amazonas

Kein Flug kann mit einer romantischen Bootsfahrt auf Südamerikas größtem Fluss konkurrieren. Der breite Wasserlauf wird von hunderten von Schiffen befahren: von Seefrachtern, die Waren von Übersee bringen, bis zu Passagierschiffen, die an seinen entlegensten Ufern festmachen.

Auf luxuriöse Weise können Touristen den Strom an Bord von Kreuzfahrtschiffen kennen lernen, die über Swimmingpools, Nachtklubs und Aussichtsdecks verfügen. Um jedoch den Amazonas authentisch zu erleben, muss man auf einem der Holzschiffe reisen. Bekannt sind sie als »gaiolas« oder »Vogelkäfige«, wegen ihrer überfüllten Mitteldecks, wo Passagiere in Hängematten übereinander gestapelt liegen. Eine beliebte Fahrt von Benjamin Constant nach Manaus auf dem Rio Negro dauert vier Tage. Mit etwas Geduld und Glück findet man ein Boot, das in einem kleineren Hafen an- oder ablegt. Die kleinen Gesellschaften haben keine festen Fahrpläne, und meist ist den Kapitänen überlassen, ihren Abfahrtstag zu bestimmen. Es gibt keine andere Möglichkeit eine Buchung zu arrangieren, als den Hafen abzulaufen und jeden anzusprechen, der sich dort aufhält. Je nach Boot ist der Komfort relativ groß, oder aber das Boot ist überfüllt und unhygienisch. Für ein paar Dollar mehr bekommt man eine »Kabine«, ein stickiges Loch mit Kojen, die man dann aber immerhin für sich alleine hat. Die Schiffe halten in Dschungeldörfern, wo die Bevölkerung sich versammelt, um zuzuschauen, wie Bier abgeladen wird, Briefe übergeben und Bananen an Bord gebracht werden. Zeit ist bald nebensächlich. Den Tagesablauf bestimmen Morgen- und Abenddämmerung und die Mahlzeiten. Wenig ändert sich während dieser vier Tage und man beginnt es zu genießen, sich von einer kühlen Brise und dem Tuckern des Motors einschläfern zu lassen.

und Angelpunkt der Prozession *Círio de Nazaré*, in der jeden zweiten Oktobersonntag rund eine Million Gläubige eine Marienfigur mit Jesukind huldigen, die im 18. Jh. ein südtiroler Jesuit schnitzte.

Gleich zwei botanische Gärten leistet sich Belém: Zum einen den viel besuchten, kleineren **Parque Emílio Goeldi** (Di–Fr 9–11.30, Di–Do 14–17, Sa/So 9–17 Uhr), wo ein kleiner Zoo mit Affen und Reptilien für Kurzweil sorgt; zum anderen den wesentlich größeren **Bosque Rodrigues Alves** (Di–So 8–17 Uhr) an der Avenida Almirante Barroso 2305 auf dem Weg zum Flughafen. Auf 16 Hektar findet man hier 2500 Baumarten, ein Orchideenhaus, einen Minizoo und Teiche mit Amazonasfischen.

Eine gelungene Aufwertung erhielt das ehemalige Hafenviertel der Stadt: Zur Jahrtausendwende wurden die Docks und Frachthallen – **Estação das Docas** – zu Restaurants und Cafes umfunktioniert und gelten heute als absolut »in«.

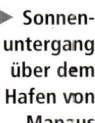
▶ Sonnenuntergang über dem Hafen von Manaus

Ab 10 Uhr morgens kann man an der Baia do Guajará entlang spazieren, einen Eisbecher in tropischer Hitze oder in klimatisierten Räumen mit Panoramafenstern schlürfen.

Belém ist auch idealer Ausgangspunkt für Bootsausflüge, z.B. auf die **Ilha do Marajó,** die **Ilha do Mosqueiro** oder per Kanu in die *Igarapés,* typische Kanäle nahe der Stadt (Infos bei der staatliche Agentur Paratur oder in jedem Reisebüro).

Brasiliens wilder Westen

Wer dachte, die Tage des Wilden Westens seien vorüber, sollte **Rondônia** erkunden. Vor 20 Jahren war dieser Bundesstaat noch eine unzugängliche Wildnis im Süden des Amazonasgebietes an der Grenze zu Bolivien. Damals lebten dort nur ein paar Tausend Kautschuksammler. Heute sind Siedler in fast jede Ecke Rondônias eingedrungen, nicht selten setzten sie ihre Landansprüche mit dem Gewehr durch.

◄ **Geprägt vom Leben in der Wildnis (Rondônia)**

In den 1980er Jahren wurde ca. ein Viertel des Regenwaldes durch Brandrodung zerstört, um Land für Ackerbau und Viehzucht zu gewinnen. Und noch heute hängt während der Trockenzeit eine Rauchdecke über der Region.

Zwei Faktoren lösten den Landrausch aus: Die Armut im Nordosten und die Überbevölkerung im Süden Brasiliens vertrieben seit den 1970er Jahren viele Kleinbauern von ihren Feldern. Sie wählten Rondônia als ihr neues Zuhause, denn die Staatsstraße BR 364, die im Kaffeeanbaugebiet des Staates São Paulo begann, erreichte schließlich die Hauptstadt von Rondônia, **Porto Velho** ⓭. Busse brachten auswandernde Bauern direkt ins gelobte Land, an die neue Grenze Brasiliens.

Eine Busfahrt auf der BR 364 vermittelt ein Bild sowohl vom Leben an der Grenze als auch von der Zerstörung der Regenwälder: zu beiden Seiten der Straße riesige Weiden mit toten Baumstümpfen und hohen, nackten Stämmen der einst mächtigen Urwaldriesen. Nur am Horizont hoher, dichter Dschungel, der früher die Weideflächen überzog.

In der Stadt **Ariquêmes** ⓮ entladen die Busse aus dem Süden Massen von verwirrten Auswanderern, die ihr Hab und Gut in Futtersäcken oder abgewetzten Koffern bei sich tragen. Manche werden abgeholt, andere machen sich allein auf den Weg. Ein Laden verkauft T-Shirts mit den Zeilen: »Rondônia – du musst es sehen, um es glauben zu können.«

Entschlossene Siedler

Wenige dieser Leute haben genauer nachgedacht, warum sie den Süden verließen. Sie rechneten zwar mit Malaria, mit kleineren Schießereien und schlechtem Boden, spricht man sie jedoch auf die Umweltzerstörung an, so kann man sie damit nicht beeindrucken. Hier geht es in erster Linie um das nackte Überleben. Sie sind stolz auf ihre Zähigkeit und entschlossen, den Aufstieg zu schaffen. Zudem öffnete die Regierung auch Spekulanten Tür und Tor, indem sie Großgrundbesitzern den Erwerb riesiger Flächen für

Viehfarmen ermöglichte. Dem wurde von Seiten der Politik erst 1988 auf internationalen Druck Einhalt geboten.

Die Kautschuksammler und Indianer, die vorher im Regenwald lebten, wurden weiter nach Westen verdrängt, da sie ihren bisherigen Lebensstil hier nicht mehr fortsetzen konnten. Alle Bäume sind verschwunden, es fließt kein Kautschuk mehr. Gesetze, die fordern, dass auf jedem Grundstück jeweils die Hälfte des Urwalds stehen bleiben muss, werden schlichtweg ignoriert.

Ungefähr 300 000 Brasilianer leben heute vom Sammeln von Kautschuk, Paranüssen und Harzen. Sie arbeiten nun hauptsächlich im Bundesstaat Acre, westlich von Rondônia an den Grenzen zu Bolivien und Peru. Dass sie überhaupt überleben konnten, ist ihrer totalen Isolation und dem internationalen Druck zu verdanken, der zu ihrem Schutz im zunehmend kleiner werdenden Regenwald ausgeübt wird. Einige Reservate wurden für diese Sammler angelegt. Aber da die Bevölkerung Brasiliens schneller wächst als die Zahl der Arbeitsstellen, werden sich die Rodungen wohl letztendlich doch nach Westen ausbreiten.

Der Pantanal

Dieses riesige Sumpfgebiet erstaunt in seiner Andersartigkeit und ist ein Paradies für Vogelliebhaber. Auf einer Fläche von 230 000 km² erstreckt sich der Pantanal östlich des Rio Paraguay entlang der Grenze zwischen Brasilien und Bolivien. Er ist Heimat von mehr als 600 Vogelarten, 350 Fischarten und einer Vielzahl seltener Reptilien und Säugetiere. Viele der Arten leben auch im Amazonasgebiet, wo sie jedoch aufgrund der dichten Vegetation nicht so leicht beobachtet werden können, z. B. Ozelote, Pumas, Wildschweine, Jaguare, Rotwild, Tapire und Wasserschweine, der Welt größte Nagetiere mit Namen *capivara*.

Seite 226

TOP**50** Seite 355

▼ **Der Tuiuíu oder Jabirú ist die größte Storchenart der Welt**
▼ ▼ **Kaimane beim Sonnenbad**

251

Hauptsächlich gibt es im Pantanal Wasser- und Stelzvögel, z. B. weiße Ibisse, Silber- und Blaureiher, Enten, grüne Sittiche, Fasane und den mannshohen Tuiuíu-Storch (auch Jabirú). Die beste Zeit für eine Reise in den Pantanal ist während der kühleren und trockenen Wintermonate Juni, Juli und August, denn im Januar und Februar liegt eine unglaubliche Schwüle und Hitze über der amphibischen Landschaft. Während der Trockenzeit fallen im nördlichen Pantanal breite Sandbänke trocken, auf denen die Brasilianer gerne zelten – aber auch Kaimane, die *jacarés,* aalen sich dort ausdauernd in der Sonne.

Entdeckungsreise in die Sümpfe

Es ist relativ einfach, an den Rand des Pantanal zu gelangen; sein Inneres zu erforschen ist schon wesentlich schwieriger. **Cuiabá ⑮**, die Hauptstadt des Bundesstaates Mato Grosso, ist ein Ausgangspunkt. Auch die Stadt selbst ist sehenswert, sie erlebte einst einen Aufschwung

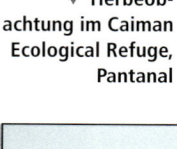

▼ Tierbeobachtung im Caiman Ecological Refuge, Pantanal

durch Goldfunde. Etwa 70 km nordöstlich von Cuiabá liegen die beeindruckenden Wasserfälle und Felsformationen bei **Chapada de Guimarães,** der Quelle, die das nördliche Sumpfgebiet speist.

Genau im Süden von Cuiabá liegt **Santo Antônio de Leverger,** am Rand des Sumpfgebietes. Von hier aus kann man zu Hotels und auf Viehfarmen, so genannte *fazendas,* fliegen. Sie sind ideale Ausgangspunkte für Ausflüge mit dem Auto, Boot, Flugzeug oder sogar dem Heißluftballon. Fischen ist erlaubt – Piranhas werden für ihre angeblich aphrodisische Wirkung gepriesen. Jagen ist aber strengstens verboten und Naturschützer achten auch darauf, da die Kaiman- und Wasserschwein-Bestände durch Wilderei bereits erheblich dezimiert wurden.

Die Hauptattraktion dieser Gegend ist **Baia Chacorore,** ein Wasserbecken voller rosaroter Löffelreiher, während am Ufer ein Kaiman neben dem anderen die Beute fixiert.

Auch die **Transpantaneira**, eine halbfertige Landstraße, die außerhalb des kleinen Ortes **Poconé** beginnt, stößt in den Pantanal vor. Sie ist holprig und manchmal überflutet, aber sie überquert viele Flüsse und bietet so eine günstige Aussicht auf das Leben im Sumpf. Die Straße endet nach 145 km in **Porto Jofre;** Übernachtungsmöglichkeiten findet man sowohl an der Straße als auch in Porto Jofre selbst.

Würde die Transpantaneira fertig gestellt (was wegen des Widerstandes der Umweltschützer unwahrscheinlich ist), so würde sie Cuiabá mit **Corumbá ⓰** an der Südwestseite des Pantanal verbinden. Leider sind viele Tiere von hier in abgelegenere Gegenden geflüchtet. Am besten erkundet man den Sumpf von Corumbá aus, indem man auf Viehtransport-Booten mitfährt oder eine Tour zur **Pousada do Pantanal** bucht, einer Ranch an der Landstraße von Corumbá nach Campo Grande.

Iguaçú – Itaipú

Seite 226

Über die spektakulären Wasserfälle, an denen sich die Grenzen von Brasilien, Paraguay und Argentinien treffen, wird ausführlich im Argentinien-Kapitel berichtet (s. S. 339). Die nächstgelegene brasilianische Stadt ist **Foz do Iguaçú ⓱**, die in den letzten zwei Jahrzehnten aufgrund des Baus des größten Wasserkraftwerks der Welt stark gewachsen ist.

Auch **Itaipú** (was in Guaraní »singender Fels« bedeutet) ist einen Besuch wert. Das Kraftwerk wurde gemeinsam von Brasilien und Paraguay erbaut und wird von den Wassermassen des Río Paraná gespeist, der die Grenze zwischen den beiden Ländern bildet. Der Damm, der hauptsächlich Elektrizität für das ferne São Paulo erzeugt, bietet einen eindrucksvollen Blick auf die brausenden Wasserströme. In einem Film im Besucherzentrum wird die Geschichte der Wasserfälle und des Kraftwerks erläutert. ■

▼ **Ausflug in der Abenddämmerung im Pantanal**

Die Schätze des Amazonas

Der Amazonas ist mit das Großartigste, was wir mit dem Namen Brasilien verknüpfen. Der Fluss, der in den peruanischen Anden nicht weit vom Pazifik entspringt, durchquert auf einer Länge von 6570 km

das Kernland Südamerikas, bevor er am Äquator in den Atlantik mündet. Den Amazonas speisen etwa 1500 Nebenflüsse, von denen manche, wie der Araguaia und der Madeira, ihrerseits mächtige Ströme sind. Kurz hinter Manaus kann man beim Zusammenfluss des Rio Negro und des Solimões Zeuge eines faszinierenden Naturschauspiels werden. Das »schwarze Wasser« des Rio Negro vermischt sich erst nach vielen Kilometern mit dem »weißen Wasser« des Solimões. Der Amazonas führt größere Wassermassen als jeder andere Fluss der Erde: etwa ein Fünftel der Süßwasserreserven der Welt entlässt er alljährlich in den Atlantik.

Im Mündungsbereich bildet der Amazonas ein 300 km breites Delta, ein Labyrinth von Kanälen und Inseln. Die Insel Marajó z. B. ist größer als die Schweiz. Die Wucht, mit der sich die Wassermassen ins Meer ergießen, ist so groß, dass noch 180 km vor der Küste das Wasser süß schmeckt.

Das Geflecht des dichten, dunklen Amazonas-Dschungels wurde oft als die »große grüne Hölle« bezeichnet. Wer den Westen des Amazonasbeckens mit dem Flugzeug überquert, sieht unter sich über mehrere Stunden nichts als den Teppich des Regenwalds, unterbrochen allein von Flüssen, die sich ihren Weg durch das Geflecht der Bäume bahnen. Der Amazonas hat sich seit 100 Millionen Jahren praktisch nicht verändert, da er keine Eiszeiten erlebt hat, die andere Großlandschaften in der Welt verformt und gestaltet haben. In manchen Gebieten siedeln noch immer Indianergruppen, an deren Leben sich seit vielen Jahrhunderten nichts geändert hat und die mit der Welt außerhalb ihres Dschungels noch keinerlei Berührung hatten.

▲ Mit dem Boot auf einem Nebenfluss des Amazonas: ein Erlebnis für die Sinne, für viele der Höhepunkt einer Reise in die Region

▶ Schwarzer Klammeraffe: das possierliche Tier rangelt sich mit seinem Schwanz von Ast zu Ast

◀ Pfeilgiftfrosch Das Gift des hell gefärbten Frosches benutzten Indianer für ihre Pfeilspitzen

▲ Der Rio Madeira, ein Nebenfluss des Amazonas, hat eine Länge von über 1600 km.

254

Regenwald zerstört

In den letzten 30 Jahren wurden etwa 14% der Amazonaswälder abgeholzt, am meisten im Osten des Beckens, das unter den Militärs mit einem ausgedehnten Straßennetz »erschlossen« wurde. Auf den gerodeten Flächen wurde Gras für die Rinderzucht im großen Stil gesät. Die Böden laugten aus, die Farmer hinterließen unfruchtbares Land. Nun droht neues Ungemach von Konzessionen für asiatische Holzkonzerne, die die Harthölzer des Amazonas begehren, und von den großen Getreidefarmen aus Südbrasilien, die die Wälder abholzen, um genmanipulierte Sojabohnen anzubauen.

◀ Die Kerne dieser Früchte des Urucu-Baumes liefern den roten Farbstoff, mit dem die Indianer Gesicht und Körper bemalen

▲ Im Ariaú Hotel hören die Gäste die nächtlichen Geräusche des Tropenwaldes

▼ Victoria Regia: die Wasserlilie hat mächtige runde Blätter von bis zu 2 m Durchmesser

▲ Kautschuk: im tiefen Regenwald leben noch Tausende Familien vom Zapfen der Latex-Flüssigkeit

▶ Der Tukan benutzt seinen mächtigen Schnabel, um Körner und Samen aufzubrechen

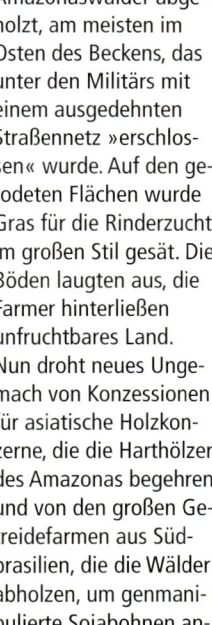

Das südliche Quartett

Am südlichen Ende Amerikas haben Generationen europäischer Auswanderer eine neue Heimat gefunden. Heute sind es die beispiellosen Naturschönheiten zwischen Subtropen, Wüste und Antarktis, die Touristen aus der Alten Welt anziehen.

Argentinien, Chile, Paraguay und Uruguay sind die Länder, die unter dem Begriff *El Cono Sur,* »der südliche Kegel« zusammengefasst werden, denn die vier Nachbarn am Südende des Kontinents weisen historische und kulturelle Gemeinsamkeiten auf. In präkolumbischer Zeit konnten sich ihre Steppenbewohner lange gegen die Inka wehren. Auch den Europäern widersetzten sich die Völker der Pampa und Patagoniens erfolgreich bis ins 20. Jh. hinein. Deshalb besiedelten Kolonisten aus der alten Welt erst relativ spät den tiefen Süden.

Nicht nur spanische, auch deutsche, italienische, walisische und schweizerische Pioniere, deren Nachkommen heute noch hier leben, gründeten Städte und Farmen auf der Suche nach religiöser und sozialer Toleranz. Die Hoffnung auf ein Leben in Wohlstand erfüllte sich jedoch für die wenigsten; alle vier Länder leiden unter den Folgen von Militärdiktaturen und politischer Isolation. Heute setzen die jungen Demokratien nach EU-Vorbild auf die Zollunion MERCOSUR: Mit Brasilien wollen Argentinien, Paraguay, Uruguay sowie Chile und Bolivien (als assoziierte Mitglieder) den Gütertausch und die Integration in den Welthandel fördern.

Eingezwängt zwischen dem Pazifik und den Anden, ist **Chile** nirgends breiter als 180 km, seine Küste aber erstreckt sich über 4500 km Länge. Entsprechend vielfältig sind seine Landschaften und Klimazonen: Im hohen Norden gilt die **Ataca-**ma als trockenste Wüste der Welt, in der im Schnitt nur alle sieben Jahre Regen fällt. Das bildschöne **Seengebiet** Araukariens erinnert stellenweise an die Schweiz. Im chilenischen **Patagoniens** ragen die Torres del Paine aus der endlosen Steppe; sie bilden das Herzstück des wohl bekanntesten Nationalparks im Cono Sur.

Uruguay wurde einst »die Schweiz Südamerikas« genannt, und zwar weniger wegen seiner Größe als vielmehr wegen der soliden, sozialen Regierungspolitik. Nach langen Jahren des Stillstands und des Niedergangs wirkt die Hauptstadt **Montevideo** angenehm gestrig. An den breiten Stränden bei Punta del Este trifft sich derweil wieder die feine Gesellschaft der Nachbarländer zu High Life und Sommerfrische. **Paraguay,** das Land der Jesuiten-Missionare und der Guaraní-Indianer, zieht mit den feucht-heißen Savannen des **Gran Chaco** seit jeher nur echte Abenteurer und Individualisten an.

Argentinien galt um 1900 als das wohlhabendste Land Südamerikas, seine Rinderfarmer allesamt als Millionäre. Die Zukunft erschien rosig, und überall dachte man, dass Argentinien eine Führungsrolle übernehmen würde. Aber außer mit Tango, Fußball und den garantiert besten Steaks der Welt konnte das zweitgrößte Land des Subkontinents bislang kaum glänzen. Nun scheint sich Argentinien langsam von Diktatur und Dauerkrise zu erholen. Dem Touristen bietet das Land die abwechslungsreichste Mischung des Cono Sur, mit der stimmungsvollsten Hauptstadt Lateinamerikas, **Buenos Aires,** sowie mit Naturparks in allen klimatischen Varianten vom Regenwald von **Iguazú** bis hinunter zu den stürmischen Breiten Feuerlands. ■

◄ **Nordargentinische Gauchos**
◄ ◄ **Canal de los Tempanos im Nationalpark Los Glaciares, Argentinien**

Cono Sur

500 km

ATLANTISCHER

OZEAN

PAZIFISCHER

OZEAN

Mar del Plata **20**

Necochea

Bahía Blanca

A R G E N T I N I E N

Golfo
San Matías

Península Valdés

Puerto
Madryn
43 Puerto
Pirámides
42 Trelew
Gaiman
Rawson

Camarones

Comodoro Rivadavia **44**

Golfo
San Jorge

Puerto Deseado

P A T A G O N I E N

Puerto Santa Cruz

Bahía
Grande

Río Gallegos

45

Isla Grande de
Tierra del Fuego
(Feuerland)

Río Grande

P.N. Tierra
del Fuego

Ushuaia

Estancia Harberton

Isla de los Estados

Puerto
Williams

Kap Hoorn

Falkland-Inseln
Islas Malvinas (GB)

Port Stanley

Isla Soledad

Isla Gran Malvina

Concepción

Los Ángeles
Laja
Laja

P.N. Laguna
del Laja

Temuco
Seite
292

P.N. Conguillío

Pucón

Valdivia

Osorno

Puerto Montt

A N D E N

Neuquén

Río Colorado

Viedma

Río Negro

San Martín de los Andes

Ingeniero
Jacobacci

San Carlos
de Bariloche

El Bolsón

Esquel

Río Chubut

Chubut

La Junta

Puyuhuapi

Coyhaique

P.N. Los
Alerces

41

18

17

Chaitén

Futaleufú

Puerto Aisén

Puerto
Chacabuco

Cochrane

Lago
Buenos Aires

Perito Moreno

Río Deseado

Río Santa Cruz

El Calafate

P.N. Los
Glaciares

46

El Chaltén

47

Puerto Natales

48

P.N. Torres
del Paine

Punta Arenas

19

Porvenir

20

Magallanes

Puerto
Chile Chico

Lago
General Carrera

Península
de Taitao

Golfo
de Penas

Isla
Wellington

Isla Grande de Chiloé **16**

Ancud

Castro
Chonchi
Quellón

Lanín 3747

P.N. Lanín

P.N. Nahuel
Huapi
3554

40

P.N. Villarrica
Villarrica

A T L A N T I S C H E R

O Z E A N

261

Paraguay

Seite
260

Ein kleines, subtropisches Land, umringt von Brasilien, Argentinien und Bolivien, im Herzen Südamerikas. Der gleichnamige Fluss teilt es in zwei unterschiedliche Hälften: den fruchtbaren Osten, wo der Großteil der Bevölkerung lebt, und die kargen Chaco-Tafelländer im Westen, das Land verstreuter Siedlungen mennonitischer Farmer und indianischer Nomaden. Der Río Paraguay mündet in den Río de la Plata und verbindet so das Land sowohl geschichtlich als auch geographisch mit Uruguay und Argentinien.

Für viele Südamerikareisende stellt sich Paraguay als eine eigene Welt dar. Als »eine von Land umgebene Insel« bezeichnet der Erzähler Augusto Roa Bastos sein Geburtsland. Diese Aussage bezieht sich nicht nur auf Paraguays geographische Abgeschiedenheit, sondern auch auf eine Art psychischer Einsamkeit, die durch Kriege, Diktaturen und ein Gefühl der Einheit als Volk hervorgerufen wurde. Besucher bemerken in Asunción als erstes die überwältigende Anzahl von Monumenten zu Ehren von militärischen Führern, erschütternden Niederlagen und Pyrrhussiegen. Auf der anderen Seite ist man beeindruckt von der freundlichen Behäbigkeit der Hauptstadt und den angenehmen Umgangsformen der Menschen. Dies mag daran liegen, dass die Spanier, die das Gebiet zuerst besiedelten, nicht vom Plündern träumten, sondern davon, ein Paradies auf Erden zu finden.

In einem Land, in dem fast jeder auch **Guaraní**-Vorfahren hat, widmen die Schulbücher einen beträchtlichen Anteil ihrer geschichtlichen Darstellungen dem präkolumbischen Paraguay. Die Ureinwohner des heutigen Asunción, die Guaraní, waren in erster Linie Bauern, wurden aber auch als tapfere Krieger gerühmt. Spanische Chronisten berichteten, dass die Guaraní Kannibalen waren, obwohl offensichtlich nur in besonderen Zeremonien das Fleisch von Kriegsgefangenen gegessen wurde. Ihre Sprache war – mit den Worten eines spanischen Priesters – »eine der wortreichsten und elegantesten Sprachen der Welt« und wurde als *lingua franca* überall benutzt.

Die ersten Spanier

Asunción wurde am 15. August 1537 von Domingo de Irala gegründet, einem gebildeten Mann, der vor den Notzuständen in Buenos Aires nach Paraguay flüchtete, das er zur Schutzzone erklärte. Die Guaraní, ebenfalls am Gold der Inka interessiert, waren gerne bereit, eine Allianz mit den Spaniern einzugehen, und gaben ihnen ihre Töchter zum Zeichen des Vertrauens.

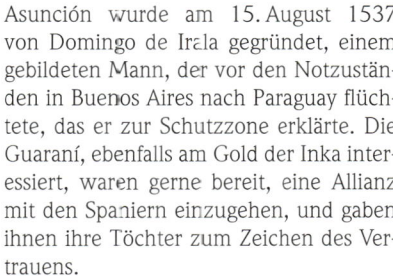

◄ **Wachsoldaten vor dem Panteón de los Héroes in Asuncion** ► **Junge Paraguayos** ◄◄ **Ein technisches Meisterwerk: der Itaipú-Staudamm**

Irala und seine Männer entdeckten bald, dass die Inka bereits von Pizarro geplündert worden waren, aber das sorglose Leben in Asunción, fern vom wachsamen Auge der spanischen Krone, ließ sie bleiben. Die kolonialen Farmen wurden auf feudale Art ausgestattet. Trotzdem gab es keine großen sozialen Unterschiede, da Mitglieder verschiedener Schichten untereinander heirateten und so eine klassenlose Gesellschaft in dieser Kolonie schufen.

Der erste Diktator

Eine Militärjunta unter Führung von Fulgencio Yegros erklärte am 14. Mai 1811 die Unabhängigkeit Paraguays. Yegros regierte zusammen mit dem Anwalt Dr. José Gaspar Rodríguez de Francia, der kurz nach der Unabhängigkeit die Macht übernahm. Der Kongress ernannte ihn 1816 zum Diktator auf Lebenszeit. Da Paraguay Gefahr lief, entweder von Brasilien oder Argentinien annektiert zu werden, schloss

Francia die Grenzen. Niemand durfte während seiner 24-jährigen Herrschaft ein- oder ausreisen.

»El Supremo«, wie Francia genannt wurde, regierte mit absoluter Macht. Obwohl er seine Karriere als sparsamer und ehrlicher Führer begonnen und den Wunsch hatte, das Los seiner Landsleute zu verbessern, entwickelte er sich zu einem Tyrannen und gnadenlosen Diktator.

Nach dem Tod Francias versank Paraguay in politischem Chaos, bis der nächste Diktator, Carlos Antonio López im Jahre 1844 ausgerufen wurde. In der Verfassung, die seiner Machtergreifung voranging, war das Wort »Freiheit« nicht enthalten, doch er war ein weit denkender Despot, der das Land dem Fortschritt öffnete und in eine wirtschaftliche Blütezeit führte. Die Grenzkonflikte überzeugten López, dass die Modernisierung auch auf den militärischen Bereich ausgeweitet werden sollte, wodurch Paraguay zu einem Machtfaktor in Lateinamerika wurde

▲ Eine Dampflok im Bahnhof von Asunción
▼ Kupferstich (19. Jh.) des Palastes von General Urquiza in San José

266

Seite
260

e. Als Nachfolger bestimmte Lopéz seinen Sohn Francisco Solano López.

Trotz der Warnungen des Vaters, sich nicht von der zunehmenden militärischen Stärke anderer Nationen zu einem Krieg hinreißen zu lassen, traten bald erste politische Konflikte auf, die Lopéz in den uruguayischen Bürgerkrieg eingreifen ließen. Bald hatte er auch Brasilien und Argentinien gegen sich. Der nun folgende Krieg mit der Triple-Allianz war für Paraguay verhängnisvoll. Hinzu kam, dass die Cholera einen großen Teil der Bevölkerung dahinraffte. López, zu diesem Zeitpunkt bereits nicht mehr Herr seiner selbst, befahl die Hinrichtung von Hunderten von Menchen, darunter seine zwei Brüder und ganze Scharen von Offizieren. Angestiftet von seiner irischen Geliebten, Elisa Lynch, ließ er sogar seine Jugendliebe und andere Damen der Gesellschaft hinrichten.

Am 1. März 1870 wurde López von einem seiner eigenen Generäle erschossen. »Ich sterbe mit Paraguay«, waren seine letzten Worte, und dies entsprach buchstäblich der Wirklichkeit. Bei Kriegsende war die Bevölkerung von ursprünglich 525 000 Menschen auf die Hälfte deziniert. Nur 29 000 Männer befanden sich unter den Überlebenden. Daher hatten sich Paraguays Frauen mit einer polygamen Gesellschaft abzufinden, zumal die Kirche nicht so genau hinsah.

In der Zeit zwischen dem Tod von Solano López und Paraguays blutigem Chaco-Krieg mit Bolivien erlebte das Land 32 Präsidenten, zwei Präsidentenmorde, sechs Staatsstreiche, zwei Revolutionen und acht niedergeschlagene Aufstände.

Von 1932 bis 1935 wurde der Chaco-Krieg um ein unfruchtbares Stück Land geführt, auf dem man Öl- und andere Mineralvorkommen vermutete. Paraguay gewann diesen Krieg, nachdem Argentinien, Brasilien, Chile, Peru, Uruguay und die Vereinigten Staaten vermittelt hatten. Es folgte noch eine ganze Reihe von Diktatoren, bis 1954 der Sohn eines deutschen Braumeisters, Alfredo Stroessner, die Macht übernahm und anschließend fast 35 Jahre mit eiserner Faust regierte.

Zeit der Veränderungen

1973 veröffentlichte der im Exil lebende Schriftsteller Augusto Roa Bastos eine Biographie des Diktators Francia. Die Parallelen zu Stroessner waren so offensichtlich, dass seine weitere Verbannung garantiert war. Stroessner, ein ehemaliges NSDAP-Mitglied, der flüchtigen Nazis Unterschlupf bot, errichtete einen Polizeistaat, in dem Regimegegner genadenlos verfolgt, verhaftet und gefoltert wurden. Die totale staatliche Überwachung ließ eine verängstigte Gesellschaft entstehen, und Paraguay entwickelte sich zum Zentrum für illegale Geschäfte, vor allem den Drogenhandel.

Doch sind unter der Regierung Stroessners auch einige nennenswerte Neuerungen vollzogen worden. Er führte fließendes Wasser, Teerstraßen und elektrisches Licht in den Großstädten ein und gründete eine Fluggesellschaft. In den 1970er Jahren regte der Bau des brasilianisch-

▶ In der Volksmusik spielt die so genannte Guaraní-Harfe eine wichtige Rolle

Ein Land, zwei Sprachen

Im Gegensatz zu anderen spanischen Kolonien vermischten sich Spanier und Guaraní-Indianer in Paraguay zu einer homogenen, zweisprachigen Gesellschaft. Dies war in erster Linie nur deshalb möglich, weil die Guaraní nichts besaßen, was die Spanier ihnen hätten nehmen können. Sie hatten allein ein friedvolles Leben in einem fruchtbaren Land zu bieten. Inwieweit die berühmten Guaraní-Harems der Spanier eine geschichtliche Tatsache sind, ist fraglich.

Als sicher gilt jedoch, dass ein Großteil der sozialen Unterschiede durch Heiraten abgebaut wurde und die Mestizen nicht als Außenseiter der Gesellschaft betrachtet wurden. Soziologen sehen auch in der relativ hohen Stellung der Frau in der Guaraní-Gesellschaft einen Grund dafür, dass die Muttersprache der Indianer nicht in Vergessenheit geriet. Bedeutsam mag

◀ Guaraní-Frauen verkaufen unter anderem vor den Hotels in Asunción ihre kunsthandwerklichen Erzeugnisse

zudem die Missionsarbeit der Jesuiten gewesen sein. Obwohl sie den Indianern die spanische Sprache aufzwangen, waren sie doch vom umfangreichen Wortschatz und der klangvollen Aussprache ihrer Sprache so beeindruckt, das sie Katechismen und Hymnen in Guaraní schrieben. 1624 verfasste der Jesuitenpriester Antonio Ruiz de Montoya das erste Guaraní-Wörterbuch sowie eine Grammatik.

Während der Diktatur unter Francia wurde Paraguayern mit reinem spanischem Stammbaum verboten untereinander zu heiraten. Dieser Versuch, die Regierungsschicht des Landes mit frischem Blut zu versorgen, hat sehr dazu beigetragen, dass sich die beiden Kulturen und ihre Sprachen näher gekommen sind. Guaraní wurde zunächst eher als Jargon der Ungebildeten betrachtet. Dies änderte sich bald, als es während des Krieges mit der Dreier-Allianz und des Chaco-Krieges Symbolcharakter für die nationale Einheit gewann.

In der Stadt sprechen heutzutage mehr als 70 % der Bevölkerung beide Sprachen, weniger als 12 % nur Spanisch. Auf dem Land wird die spanische Sprache immer noch vom Guaraní verdrängt.

Früher wurde die lebendige Indianersprache selten im Schulunterricht verwendet. Heute findet eine zweisprachige Erziehung jedoch allgemein eine positive Beurteilung, was zur Folge hat, dass die junge Generation nicht nur sehr gut Guaraní spricht, sondern auch über eine entsprechende Bildung in dieser Sprachkultur verfügt. In Theaterstücken, Fernsehshows und Radiosendungen wird das Idiom, das sich durch die singende Lautgebung und einen Hang zur Untertreibung auszeichnet, benutzt.

Doch trotz der Allgegenwart der Guaraní-Melodien ist die soziale Stellung eines Vollblutindianers sehr niedrig. Erst im Jahre 1957 wurde durch den Obersten Gerichtshof von Paraguay verkündet, dass »Indianer, wie andere Bürger der Republik auch, menschliche Wesen sind«. ∎

Seite 260

paraguayischen Wasserkraftwerks bei Itaiú zu Investitionen an, das Bank- und Finanzwesen expandierte und Tausende von Arbeitsstellen wurden geschaffen.

Am 3. Februar 1989 wurde Stroessner von General Andrés Rodríguez, seiner rechten Hand, gestürzt. Der neue Staatschef versprach nach dem Coup eine freie Presse und eine schrittweise Rückkehr zur Demokratie. Nach Inkrafttreten einer neuen Verfassung und den ersten freien Wahlen im Jahre 1993 hat das Land unruhige Zeiten durchlebt. Heereschef Oviedo putschte 1996 erfolglos gegen Präsident Wasmosy. Der 1999 gewählte Präsident Luís Gonzales Macchi sollte im Februar 2003 durch ein Amtsenthebungsverfahren gestürzt werden, was jedoch misslang. Zu den Wahlen im April trat er nicht mehr an; es gewann erneut ein Mitglied der seit 56 Jahren regierenden *Colorados* (ANR), Oscar Nicanor Duarte. Auch bei den gleichzeitigen Kongresswahlen gewann die ANR die relative Mehrheit der Abgeordneten und Senatoren. Nach der wirtschaftlichen Dauerkrise lebt die Hälfte der 5,5 Millionen Paraguayer in Armut, ein Fünftel ist arbeitslos, die Inflation lag 2004 bei über 5%. Von internationalen Organisationen wird Paraguay als das korrupteste Land Lateinamerikas eingestuft.

Asunción

Wie in der meisten südamerikanischen Metropolen prägen auch in Asunción ❶ Gegensätze das Bild der Stadt, die neben der schläfrigen Eleganz nobler Kolonialbauten auch moderne Einkaufsstraßen mit luxuriöse Boutiquen, Duty-free-Shops und bunten Neonlichtern zu bieten hat.

Der Hauptplatz, die **Plaza de los Héroes,** ist voller Schmetterlinge und Paradiesvögel: von Obstverkäuferinnen mit ihren Körben auf dem Kopf über zwielichtige Schwarzgeldwechsler bis hin zu behelmter Militärpolizei, die während der Diktatur so gefürchtet war.

▼ **Koloniale und zeitgenössische Bauten mischen sich in Asunción**

Die Neonschriftzüge »Stroessner: Frieden, Arbeit und Wohlstand« sind nicht mehr über dem Platz zu sehen, aber das **Panteón Nacional de los Héroes,** das dem Invalidendom in Paris nachgebaut wurde, zieht immer noch den ersten Blick auf sich. Im Inneren befinden sich die Grabmäler der beiden López-Präsidenten sowie eine kleine Urne mit den Überresten des Diktators Francia. Man sagt, dass seine Gebeine damals ausgegraben und vom wütenden Mob in den Fluss geworfen wurden. Aber ungeachtet der Gefühle, welche die Paraguayer ihren Militärregierungen gegenüber hegen, ehrt dieses Land seine Soldaten. Nicht selten sieht man jemanden, der im Vorübergehen an dieser Stelle das Kreuzzeichen vor der Heldenkrypta macht. Gegenüber dem Panteón sind in Geschäften Andenken an den Chaco-Krieg und Schlachtenberichte ausgestellt.

Auf der anderen Seite der Straße, an der Kreuzung von Chile und Palma, lädt

◄ »Chipas«, kleine Kuchen aus Mais, werden auf dem Markt von Asunción verkauft

das **Café Lido** ein zu einer angenehmen Stunde bei frischem Orangensaft und kräftigem Maisbrot, das *sopa paraguaya* genannt wird.

Vom Panteón aus ist es nicht weit zur **Casa de la Independencia,** einem zum Museum umgewandelten Kolonialbau, in dem 1811 die Verschwörung gegen die spanische Kolonialmacht angezettelt wurde (tgl. geöffnet, Eintritt frei).

Die Altstadt

Folgt man der Calle Chile weiter bis an den Paraguay, so erreicht man den ältesten Teil der Stadt. Auf einem Fels erhebt sich der helle, pastellfarbene Präsidentenpalast, der **Palacio del Gobierno,** erbaut von Francisco Solano López im Stil des Louvre und mit vielen Einrichtungsgegenständen aus Paris ausgestattet.

Die Straße El Paraguayo Independiente mündet auf die **Plaza Constitución,** umgeben vom **Kongresspalast** und der in den 80er Jahren renovierten **Kathedrale.** Das Gegenüber des Palastes ist die im 18. Jh. erbaute **Manzana de la Rivera,** oder Casa Viola, einst das Hauptquatier von Stroessners Eliteeinheit, heute ein Museum für Stadtgeschichte.

An der **Aduana,** dem Zollamt, beginnt das Hafengelände der Hauptstadt mit dem Marinestützpunkt und diversen Kasernengebäuden. Das alte Festungswerk zeugt von der ehemaligen Bedeutung Asuncións als Grenzstadt, deren Einwohner nur der Fluss von der Wildnis des Chaco trennte.

Parks und Plätze

Östlich der Plaza de los Héroes öffnet sich ein weiterer schön angelegter Platz mit alten Bäumen, die **Plaza Uruguaya.** Neben interessanten Buchläden stehen hier verschiedene Stände, die Lederarbeiten und Kunsthandwerk, die typischen Souvenirs, verkaufen. Nicht weit davon ist die Bahnhofsarchitektur der unter dem Lopéz-Regime errichteten **Estacíon San Francisco** zu besichtigen, ein viktorianisches Glanzstück, das von Alonso Taylor entworfen wurde.

Seite
260

Das Wasserkraftwerk von Itaipú erzeugt für Paraguay den billigsten Strom in ganz Südamerika. Weltbankkredite für das Projekt bescherten einigen Paraguayern großen Reichtum. Schlendert man die Avenida Mariscal Lopez entlang, so kann man prächtige Häuser bewundern, die Villen à la Beverly Hills in den Schatten stellen. An dieser Straße stehen außerdem einige der schönsten Kolonialhäuser mit weiten Veranden und Gärten, in denen Flaschenbäume und Bananenstauden wachsen. Hier befinden sich auch die amerikanische Botschaft, die Bibliothek und die ehemalige Stroessner-Villa, die zu einem Museum umgestaltet wurde.

Zwei hübsche Parks in Asunción sind der **Parque Carlos Antonio López,** der an der Kreuzung Calle Antonio López und Río Gallegos eine schöne Aussicht über die Stadt freigibt, und am Fluss der **Parque Caballero.**

Der **Botanische Garten,** etwa 6,5 km außerhalb von Asunción, ist ebenso einen Besuch wert wie das **Museum für Naturgeschichte,** das in einer ehemaligen Residenz der Präsidentenfamilie López untergebracht ist.

Am anderen Flussufer liegt ein **Reservat der Maca-Indianer,** die als Touristenattraktion hierher umgesiedelt wurden. Sie leben unter schlechten Bedingungen und verdienen ihr Geld, indem sie sich – mit Federkopfschmuck und Spielzeugtrommeln ausgestattet – von Touristen fotografieren lassen.

Erstklassiges indianisches Kunsthandwerk kommt aus der Vorstadt **San Lorenzo,** die von der Mittelschicht Asuncións bewohnt wird. Dort bietet eine Kooperative schöne, authentische Kunstwerke an, die Indianer im Chaco-Gebiet hergestellen: Körbe, Teppiche, Schnitzereien und Töpferwaren.

Eine Reise in den Osten

Die **Carretera Mariscal Estigarribia** durchquert Paraguay von Asunción bis nach Ciudad del Este, der früheren Ciudad Presidente Stroessner, an der Grenze zu Brasilien. Mit dem Expressbus dauert die Reise ungefähr vier Stunden. Etwa 20 km östlich von Asunción liegt **Capiatá,** wo sich 1640 zuerst die Jesuiten angesiedelt hatten. In der Kathedrale steht eine Skulptur aus dem 17. Jh., die von den Guaraní gefertigt wurde.

Itauguá (10 km östl. Capiatá) ist berühmt für die Herstellung von *ñandutí,* filigranen Spitzen, die von Hand »gewebt« werden. Mitte Juli wird diese Kunst mit einem drei Tage dauernden Fest gefeiert.

Im Kurort **San Bernardino,** 55 km von Asunción am **Ypacaraí-See,** erholen sich die reichen Paraguayer. Der See, mit einer Fläche von 125 km², liegt idyllisch inmitten tropischer Vegetation.

24 km weiter stößt man auf den Wallfahrtsort **Caacupé ❷**. Zum Feiertag Mariä Empfängnis am 8. Dezember kommen die Pilger hierher, zur Buße schwere Steine auf dem Kopf tragend. Leider wurde die alte Basilika zerstört und durch eine neue Kirche ersetzt.

▶ **Ciudad del Este:** Shoppingdorado nicht nur der Schnäppchenjäger

Die Mission der Jesuiten

In der Kolonialzeit umfasste Paraguay Teile des heutigen Bolivien, Brasilien und Argentinien. In diesem gewaltigen Areal bildete der Orden der Jesuiten eine Verwaltungsinstanz, die einen weitgehend unabhängigen Status erlangte. Wie die Franziskaner, hatten die Jesuiten als vorrangiges Ziel die Bekehrung der Indianer zur christlichen Lehre. Indem sie für die Würde auch der indianischen Menschen eintraten, boten sie eine Alternative zur ausbeuterischen Feudalpolitik der Spanier.

Die missionarischen Unternehmungen begannen 1587. Der Beschluss, die Bekehrung der Indianer zur ersten Aufgabe des Ordens zu machen, wurde auf einer Synode 1603 verabschiedet und 1609 von Philipp II. bestätigt. In den folgenden Jahren begannen kleine Gruppen von Jesuiten in das zu diesem Zeitpunkt Europäern weitgehend unbekannte Land zu reisen.

◀ Beeindruckende Überreste der Jesuiten-Missionen im südlichen Paraguay

In den frühen Jahren wurden die »reduccíones« genannten Jesuiten-Missionen durch die »mamelucos« oder »bandeirantes«, brasilianische Sklavenjäger, bedroht. 1629 sahen sich tausende von Guaranís gezwungen, aus dem Gebiet des oberen Paraná zu fliehen. Zwölf Jahre später gelang es jedoch einer von den Jesuiten zusammengestellten Armee, die »mamelucos« in die Flucht zu schlagen. In der darauffolgenden Zeit entwickelten sich die Ansiedlungen rasch. An die 150 000 Guaranís vermochten die Jesuiten in 30 Missionen an den Ufern des Rio Paraná anzusiedeln, um in einer theokratisch-sozialistisch orientierten Gemeinschaft zu leben. Im beginnenden 18. Jh. erlebten die Missionen eine große Blüte und stellten sich dem europäischen Reisenden als Idealbild einer vollkommenen Gesellschaftsordnung dar. Die Guaranís betrieben Viehzucht und Ackerbau, hier wurden auch »yerba maté« (Mate-Sträuchern) angebaut. Darüber hinaus zeigten die Guaranís Geschick als Kunsthandwerker und Bildhauer. Die Priester pflegten zudem die musikalische Schulung, sie unterrichteten die Guaranís im Harfen- und Guitarrenspiel.

Aber das große Experiment des gemeinschaftlichen Lebens war nicht von Dauer. Die Missionare hatten stets ihre Feinde im Land, die mit Hilfe von Verbündeten am spanischen Hof gegen das Jesuiten-Iperium vorzugehen suchten. 1767 wurden die Jesuiten aus dem Land vetrieben, die Guaraní blieben sich selbst überlassen, kamen in die Gewalt von Sklavenhändlern oder gerieten in die Abhängigkeit von den Feudalherren.

Die meisten der großen Kirchen und Wohnanlagen der Reduktionen wurden zerstört oder zerfielen. Doch halten die Ruinen die Erinnerung an die Missionen wach und legen ein Zeugnis von der Leistung der Jesuiten ab. Eine beeindruckende Rekonstruktion jener historischen Ereignisse liefert der Film »The Mission« mit Jeremy Irons und Robert de Niro. ∎

In der Nähe liegen die Städte **Tobatí,** wo man Töpferwaren und Holzschnitte erstehen kann, sowie **Piribebuy** mit einer schönen Kirche und einem interessanten Museum.

Ciudad del Este ❸ an der brasilianischen Grenze wurde das größte Nacht-Einkaufszentrum von Südamerika genannt. Diese geschäftige, neureiche Reiß-brett-Stadt hat an kulturellen Attraktionen nichts zu bieten. Die Brasilianer reisen zum Shopping in Bussen an und sind auf der Schnäppchenjagd nach Elektronikgeräten, Armbanduhren und anderen Importgütern. Die Stadt ist zudem ein Magnet für Schwindler und Hochstapler, die vom imitierten Parfüm bis zum »musikalischen Kondom« alles verhökern.

Wesentlich beeindruckender ist das Wasserkraftwerk **Itaipú** mit einem gut organisierten Besucherzentrum, das mit dem Bus von Ciudad del Este aus besucht werden kann.

Auf den Spuren der Jesuiten

Die meisten der jesuitischen *reducciones* wurden im fruchtbaren Paraná-Hochland im Südosten von Asunción gegründet. In **Yaguarón,** 48 km südlich der Hauptstadt, gibt es eine Franziskanermission, die im Jahr 1640 erbaut wurde. Die Kirche ist ein Meisterwerk des spanischen Guaraní-Barock. In der Nähe liegt ein Museum, das »El Supremo«, dem Diktator Franco, gewidmet ist.

Die ersten Ruinen der Jesuitenmissionen kann man in **San Ignacio Guazú ❹** bewundern. Hier lohnt sich der Besuch des bemerkenswerten **Museo Jesuítico** mit einer Sammlung indianischer Kunst aus der Missionszeit. Im Nordosten wurde 1669 **Santa María de Fé** errichtet, heute ebenfalls Ort eines Museums, das indianische Schnitzereien zeigt.

16 km südlich liegt das 1698 gegründete **Santa Rosa.** Die Kirche brannte 1883 nieder, doch Holzschnitzereien und verschiedene Fresken haben das Feuer überstanden. Um die Ruinen von **San Cosmé**

y Damián zu erreichen, muss man die Ruta 1 bei Kilometer 301 verlassen. Die Mission von 1760 liegt 30 km von der Hauptstraße entfernt. Interessant ist hier eine Sonnenuhr, das einzige Überbleibsel eines einst weltberühmten Astronomiezentrums.

In der Hafenstadt **Encarnación ❺,** einst von Jesuiten gegründet, endete sowohl die alte Eisenbahn aus Asunción als auch die Flussfähre. Von der ursprünglichen Mission am Ufer des Río Paraná ist nichts mehr erhalten. Hier wird das argentinisch-paraguayische Wasserkraftwerksprojekt **Yacyretá** realisiert. In der Nähe liegen Siedlungen japanischer Einwanderer, die Sojabohnen, allerlei Gemüse, Matesträucher und Baumwolle anbauen.

Ungefähr 30 km nordöstlich von Encarnación stößt man auf Paraguays berühmteste Ruine, **Trinidad.** Allein die Größe der Anlage, die von der UNESCO zum Weltkulturerbe erklärt wurde, lässt ahnen, welchen Umfang das Betätigungs-

Seite
260

▶ Detail der kunstvollen Architektur der Jesuiten

feld der Jesuiten hatte. Trinidad wurde 1706 gegründet, die Kirche 1760 fertiggestellt – wenige Jahre vor der Vertreibung der Jesuiten. Zu den Sehenswürdigkeiten zählt außer den mächtigen Kirchengebäuden und indianischen Häusern eine Skulptur der Heiligen Dreifaltigkeit, die innen hohl ist, so dass ein Priester sich darin verstecken konnte, um den Indianern Gottes Willen mit widerhallender Stimme zu verkünden.

10 km weiter nördlich liegt die 1685 errichtete Jesuitenreduktion **Jesús de Tavarangue** mit beeindruckenden Kirchenbauten und Siedlungsanlagen. Besonders bemerkenswert sind die erhaltenen Arkadengänge, die katalanische Architekten im Mudéjar-Stil gestalteten.

Von Asunción über Coronel Oviedo Richtung Norden gelangt man nach **Pedro Juan Caballero ❻**. Es ist idealer Ausgangspunkt für einen Abstecher nach Brasilien oder einen Ausflug in den südwestlich gelegenen **Parque Nacional**

◀ Menno-
nitischer
Möbelladen

Cerro Corá. Im Park ist außer präkolumbischen Höhlen das große Ehrenmal für Francisco Solano López zu besichtigen, der im Triple-Allianz-Krieg unterlag und 1870 erschossen wurde.

Ins weite Land des Chaco

Diese im Sommer extrem heiße und trockene Region nimmt 60 % der Gesamtfläche Paraguays ein, nur etwa 4 % der Bevölkerung aber bewohnen den kargen

andstrich. Neben einigen wenigen India-
erstämmen, die als Nomaden herum-
iehen, wird das Gebiet vor allem von
nennonitischen Farmern (s. S. 274) be-
wirtschaftet.

Der **südlichen Chaco** besteht aus
umpf und Palmenwäldern und wird zur
iezucht genutzt. Fährt man von Asun-
ión aus über die Trans-Chaco-Brücke,
ie den Río Paraguay überspannt, erreicht
nan als erste größere Ansiedlung die
Garnisonsstadt **Villa Hayes.**

Auf der Weiterreise zur Distrikthaupt-
tadt **Pozo Colorado,** die neben einer
ankstelle gerade noch zwei Restaurants
u bieten hat, sind nicht nur die riesigen
tinderherden der großen *estancias* zu
eobachten. Diese Landschaft beheimatet
udem eine beindruckende Artenvielfalt
on Vögeln, hier lassen sich Störche, Fla-
ningos, Geier und zahllose seltene Sing-
ogelarten entdecken.

Im **mittleren Chaco** liegen die drei
roßen Kolonien der mennonitischen

Siedler. Das Zentrum bildet die Stadt
Filadelfia ❼, in der es neben einem Reisebüro mit Hotelvermittlung auch passable
Einkaufsmöglichkeiten und soziale Einrichtungen gibt. Von dort aus gelangt man
auf der Trans-Chaco-Route nach **Mariscal
Estigarribia,** der nördlichsten Siedlung
und militärischen Außenstation Paraguays, in der die befestigte Straße endet.

Der **nördliche Chaco** mit dem großen,
aber schwer zu erreichenden **Parque Nacional Defensores del Chaco,** ist mit an
das wechselfeuchte Klima angepassten
Bäumen bestanden, die Fauna ist besonders artenreich: u. a. Jaguare, Pumas und
Giftschlangen sowie eine Wildschweinart,
die bereits als ausgestorben galt.

Nach Filadelfia bestehen Busverbindungen. Reisende, die weiter nach Bolivien wollen, Grenzort ist General Eugenio
A. Garay, müssen sich auf Militär- oder
Öllastwagen mitnehmen lassen und auf
lange Verzögerungen bei Regenwetter gefasst sein. ■

Seite
260

▼ **Der nördliche
Chaco bietet
dem Puma noch
ausreichende
Jagdmöglichkeiten**

Chile

Seite 260

Eine Wüste, trockener als die Sahara, eine mediterran anmutende Kultur-
landschaft, Seen und Fjorde wie in Skandinavien, Regenwald und
ewiges Eis: Chile vereint auf seinem schmalen Territorium zwischen Anden und
Pazifik beinahe sämtliche klimatischen und geografischen
Extreme, die Südamerika zu bieten hat.

Eigenwillige Geografie

»In meiner Klasse wusste vorher keiner, wo Chile liegt. Ich hab es ihnen dann auf der Landkarte gezeigt. Viele haben gelacht, die konnten einfach nicht glauben, dass es so ein dünnes Land gibt. Und auf der Karte sieht es wirklich aus wie ein Spaghetti.« Antonio Skármeta (s. S. 288), der bekannteste chilenische Gegenwartsautor, bringt es in seiner Erzählung »Aus der Ferne sehe ich dieses Land. Ein Chilene in Berlin« auf den Punkt: Eine eigenwilligere Geografie findet man rund um den Globus nirgends.

4329 km und 39 Breitengrade liegen zwischen der Atacamawüste im Norden und Feuerland im Süden, während Chiles Staatsgebiet in der Breite durchschnittlich gerade einmal 177 km misst. Dazwischen ist Platz für die erstaunlichsten landschaftlichen Kontraste und für einige der schönsten Naturschauspiele des Kontinentes. Spektakulär ist allein schon der Vulkangürtel, der sich mit den Anden von Norden nach Süden durch das Land zieht. 2085 oft schneebedeckte, perfekt geformte Kegel markieren den Verlauf zweier Kontinentalplatten, die sich hier begegnen. Mindestens 55 Vulkane gelten als aktiv; pro Jahr registrieren Seismografen gut 500 (meist harmlose) Erdbeben.

Der hohe Norden ist extrem trocken, nur im Anden-Altiplano an der Grenze zu Bolivien können wilde Vicuña- und Guanakoherden vom Schmelzwasser der Sechstausender existieren. In der Atacamawüste zeugen in einsamen Oasendörfern die ältesten Mumien der Welt von der frühen Blüte präkolumbischer Kulturen. Die Hauptstadt Santiago, der Motor des gewaltigen Wirtschaftsbooms, den Chile in den 90er Jahren erlebte, profitiert von seiner herrlichen Lage im Valle Central zwischen den vom Humboldtstrom gekühlten Pazifikstränden und den Skipisten und Gletschern der Zentralanden.

Weiter südlich schließen sich im Seengebiet traumschöne, fast alpin anmutende Szenerien an, die nicht nur die zahlreichen deutschen Kolonisten an Landschaften im Herzen Europas erinnern. Dann scheint sich die Küstenlinie Chiles förmlich aufzulösen in eine labyrinthische Welt aus Fjorden, eisigen Kanälen und dicht

◀ Erntezeit in der Seenregion
▶ Das moderne Santiago
◀◀ Im Nationalpark Torres del Paine

bewaldeten Inseln. Die größte von ihnen, das grüne, regenreiche Chiloé, ist die Heimat einer weltweit einmaligen Volksmythologie. Für naturverbundene Urlauber bieten Südpatagonien und Feuerland endlose Möglichkeiten zum Bergsteigen, Wandern oder Reiten.

Die »verrückte Geografie« Chiles hat das Land nicht daran gehindert, sich zu einer der fortschrittlichsten Nationen Südamerikas zu entwickeln. Entgegen aller Latino-Klischees erweist sich Chile als erstaunlich problemloses Reiseziel, wo Busse auf die Minute pünktlich fahren, Banken ohne große Formalitäten Geld wechseln und das Hotelpersonal nicht nur freundlich, sondern auch noch äußerst effizient arbeitet. Wegen ihrer Neigung zu Förmlichkeit und Verbindlichkeit haben sich die gut 16 Millionen Chilenen sogar den Ehrentitel »Engländer Lateinamerikas« eingehandelt. Aber auch für ihre Kreativität sind sie bekannt: Folkmusiker wie Violeta Parra und Victor Jara, Schrift-

steller wie Pablo Neruda oder Isabe[l] Allende sowie zahllose lokale Größen au[s] Theater, Lyrik und bildender Kunst spre[-] chen für das künstlerische Potential. Abe[r] die vielleicht bemerkenswerteste Eigen[-] schaft der Chilenen ist ihre enorme Gast[-] freundschaft und die bewundernswert[e] Offenheit Fremden gegenüber, die sic[h] nach dem Ende der Diktatur nun endlic[h] wieder frei äußern kann

Aufbruch
in die Demokratie

Bis ins 20. Jh. hinein sorgte das fernst[e] Land Südamerikas in Europa kaum fü[r] Schlagzeilen; die gesellschaftliche Ent[-] wicklung seit 1818 von Spanien unabhän[-] gigen Republik verlief in vergleichweis[e] gemäßigter., ja beinahe demokratischer[n] Bahnen. Das finsterste Kapitel der chile[-] nischen Geschichte, dessen Nachbebe[r] noch heute spürbar sind, begann 1970 Präsident einer gewählten, linken Minder[-]

▲ Museo de Bellas
Artes, Santiago
▼ In den Fängen
der Justiz:
General Pinochet

Seite
260

heitsregierung wurde damals der Links-intellektuelle Salvador Allende. Vom CIA misstrauisch beäugt, verfolgte seine Regierung »Chiles Weg zum Sozialismus«: Die Industrielöhne wurden angehoben, Groß-grundbesitzer enteignet, Privatkonzerne verstaatlicht. Das Konzept schien nur so lange aufzugehen, bis ausländische Kapitalgeber, allen voran die USA, sich aus Chile zurückzogen und den Weltmarktpreis für Kupfer, Chiles Exportgut Nummer Eins, in den Keller fallen ließen.

Die ohnehin skeptische Mittel- und Oberschicht Chiles wandte sich komplett von Allende ab. Als es zu Inflation und Versorgungsengpässen kam, folgten auch Streiks und Arbeiterproteste. Gleichzeitig setzten linke Fundamentalisten Allende unter

Salvador Allende Gossens (1908–1973)
→ Der Arzt und Mitbegründer der Sozialistischen Partei Chiles wurde 1970 mit knapper Mehrheit zum Präsidenten gewählt. Der Freund Pablo Nerudas ist bis heute eine Ikone des chilenischen Linksintellektualismus.

Druck, denn ihnen gingen die Reformen nicht weit genug. Mit kräftiger Unterstützung der USA traten am 11. September 1973 die Militärs an, Allende zu stürzen. Die Moneda, der Regierungspalast von Santiago wurde bombardiert, Allende hielt über Radio eine dramatische Abschiedsrede ans Volk und erschoss sich. »Begrabt den Bastard doch in Cuba«, lautete hierzu der zynische Kommentar jenes Mannes, der Chile die nächsten 16 Jahre zum Folterkeller des Kontinentes verkommen ließ: General Augusto Pinochet Ugarte.

Tausende »Subversive« wurden im Nationalstadion von Santiago interniert, bestialisch gequält, ermordet. Mindestens 3000, vielleicht bis zu 10 000 Menschen »verschwanden« spurlos; die gefürchtete

▼ **Schuhputzer mit junger Kundin auf der Plaza de Armas in Santiago**
▼▼ **Im Spiegel der Moderne**

Geheimpolizei DINA fahndete sogar im Ausland nach Dissidenten. Erst im April 2003 verurteilte die chilenische Justiz den Ex-DINA-Chef Manuel Contreras zu 15 Jahren Haft wegen Entführung und Ermordung des Führers der linken MIR, Miguel Sandoval, im Jahr 1975.

1988 begann sich das Blatt gegen Pinochet zu wenden. Der Diktator musste auf internationalen Druck vorsichtige Reformen zulassen, der Ausnahmezustand wurde aufgehoben. In einem Referendum stellte sich Pinochet selbst zur Wahl, tief überzeugt von sich und seiner Mission gegen den Weltkommunismus. Er hatte sich geirrt: Mit einem entschiedenen »¡No!« votierten die Wähler gegen Pinochet und für den Übergang zur Demokratie. Am 11. März 1990 übernahm Patricio Aylwin als erster gewählter Präsident die schwierige Aufgabe der *Reconciliación,* der Aussöhnung der verfeindeten Bevölkerungsgruppen. Nach Aylwin übernahm der Christdemokrat Eduardo Frei, Sohn des

◀ **Statue der Jungfrau Maria auf dem Cerro San Cristóbal in Santiago**

Vorgängers von Allende, für vier Jahre die Amtsgeschäfte. Seit 2000 regiert mit Ricardo Lagos Escobar erstmals seit 1973 wieder ein Sozialist das Land, ein Zeichen der endgültigen Demokratisierung Chiles 2002 ernannte Lagos Michelle Bachelet als erste Frau in Lateinamerika zur Leiterin des Verteidigungsressorts. Im Januar 2006 gewann Bachelet in der Stichwahl die Wahlen und übernahm im März das Präsidentamt. Ihr Vater starb während der Diktatur im Gefängnis, sie selbst erlitt Folter und lebte im Exil in der DDR.

Santiago: Im Herzen Chiles

Hinter dem Konquistador Pedro de Valdivia lag die Hölle: Von Cusco war er mit seinen Truppen durch die erbarmungslosen Hochwüsten Nordchiles herabgestiegen bis zum Río Maipó. Nun blickte er vom Cerro Huelén, dem heutigen Cerro Santa Lucía, hinunter auf das Paradies: »Es gibt viele Flüsse, die von der Cordillera herab in die Südsee fließen. Es ist das beste Wasser, das es wohl auf der Erde gibt und das gesündeste; und das Land hat eine so gute Luft, dass niemand krank geworden ist«, diktierte er seinem Schreiber. Valdivia hatte den idealen Ort für seine neue Stadt gefunden, die am 12. Februar 1541 gegründet wurde. *Santiago del Nuevo Extremo* hieß sie, benannt nach dem spanischen Nationalheiligen und der Extremadura, der Heimatregion Valdivias.

Während der Stadtgründer weiter nach Süden zog, legte der Mapuche-Häuptling Michimalongo die Siedlung schon sechs Monate später in Schutt und Asche. Aber die Spanier bauten die Stadt rasch wieder auf und verteidigten sie mit aller Macht. Besonders Valdivias Geliebte, die resolute Inés Suárez, soll wie ein Berserker gekämpft haben. Es heißt, sie habe zur Abschreckung die Palisaden der Stadt mit den Köpfen getöteter Indianer verzieren lassen.

Valdivia würde heute seinen Augen nicht trauen: Im Großraum **Santiago** ❽ leben über sechs Mio. Menschen, mehr als ein Drittel aller Chilenen. Über dem meist windstillen Talkessel, in dem die Metropole sich ausbreitet, liegt fast immer dicker Smog. Die Chance, die klassische Skyline mit den schneebedeckten Anden als Hintergrund einmal live zu erleben, ist daher eher gering. Aber was soll man erwarten, in einer Stadt, die nicht nur als kultureller Mittelpunkt des Landes gilt, sondern auch als Motor des *milagro chileno,* des chilenischen Wirtschaftswunders?

La Ciudad Colonial

Wie üblich in Spanisch-Amerika ließ Valdivia die Stadt rund um einen rechteckigen Platz erbauen, die **Plaza de Armas.** In der Kolonialära war sie Markt-, Versammlungs- und Richtplatz in einem. Heute ist sie, von stämmigen Platanen bewachsen, eine grüne Oase mitten im stets quirligen *Centro Financiero,* ein populärer Treffpunkt für Flaneure, Liebespärchen, Manager in der Mittagspause, Senioren und Schulkinder; für Schachspieler, Sektierer und Polit-Agitatoren. Etwas verloren zwischen der modernen Hochhäusern im Zentrum steht die **Casa Colorada,** der einzige kolonialzeitliche Patiobau (1779; C. Merced) das jetzige **Stadtmuseum.** Der rosafarbene **Correo Central** (1882; an der Nordseite der Plaza) mit seinem eindrucksvollen Lichthof ist die Schaltzentrale des vielleicht bestfunktionierenden Postdienstes Südamerikas. Nebenan gibt das **Museo Histórico Nacional** Einblick in Chiles Geschichte von der präkolumbischen Zeit bis zur Gegenwart. Auf der Westseite der Plaza steht die größte Kirche des Landes, die barocke **Kathedrale** (1748–1789).

Zwei Straßen weiter, in der Calle Morandé, tagte im neoklassizistischen **Congreso Nacional** (1876) Chiles Legislative, bevor ihr Sitz 1990 nach Valparaíso verlegt wurde. Unbedingt sehenswert ist das didaktisch hervorragende **Museo Chileno de Arte Precolombino,** Calle Bandera 361 (Di–Sa 10–18, So 10–14 Uhr), mit Exponaten vorkolonialer Kulturschöpfung.

Seite 260

▼ Weinernte

Weine mit Tradition

Schon Mitte des 16. Jhs. führten christliche Missionare Rebstöcke von den Kanarischen Inseln ein, weil keine katholische Messe ohne das »Blut Christi« gelesen werden konnte. Schnell zeigte sich, dass Böden und Witterung für den Anbau ideal waren; im 17. und 18. Jh. begrenzte gar die Kolonialmacht aus Sorge um den eigenen Absatz die Produktion.

Mit der Unabhängigkeit avancierte der Weinbau zum ebenso prestige- wie profitträchtigen Steckenpferd des Landadels. Anfang des 20. Jhs. engagierten die Begründer der großen Güter, unter ihnen klangvolle Namen wie Melchor Concha y Toro, Luis Cousiño und Francisco Undurraga, Fachleute aus Europa und experimentierten mit verschiedensten Rebsorten. Den Durchbruch auf dem Weltmarkt schafften Chiles Önologen aber erst in den 80er Jahren mit qualitativ hochwertigen,

◄ In Fässern reift der chilenische Wein zu edlen Tropfen

preiswerten Tropfen. Die wichtigsten Reber sind heute bei den Rotweinen die vollaromatische, stark tanninhaltige Cabernet-Sauvignon-Traube (ca. 50 % der Erzeugung) und die fruchtigere Merlot-Traube. País heißt die Rebe, die direkt auf die ersten Gewächse der Konquistadoren zurückgeht und die für einfachen Landwein verwendet wird. Unter den Weißweinen überzeugen vor allem der elegante Sauvignon Blanc und der angenehm trockene Chardonnay. Aber auch der Riesling aus südlicheren Anbauzonen findet immer mehr Abnehmer.

Chiles wertvollstes Potential beim Weinanbau stellen das fast mediterrane Klima und die besondere Topographie des Valle Central dar. Die Weinregionen des Landes reichen vom wüstenhaft heißen Aconcagua-Tal (160 km nördlich von Santiago) bis nach Chillán (430 km südlich Santiago); die bekanntesten Lagen hat das Valle Maipo südöstlich der Hauptstadt aufzuweisen.

Bei nur 300 mm Niederschlägen im Jahr muss zusätzlich das Schmelzwasser aus den Anden für gezielte Bewässerung der Weinberge eingesetzt werden. So kalkulierbar ist die Wetterlage, dass zwischen einzelnen Jahrgängen eines gut ausgebauten Weines praktisch kaum ein Unterschied besteht. Verregnete oder Frostjahre existieren einfach nicht.

Noch einen Vorteil hat die trockene Wärme: Rebpilze wie Mehltau oder Grauschimmel haben keine Chance; Schädlinge wie Reblaus und Blattgallmilbe sind ohnehin unbekannt. Die Wurzeln jener Rebstöcke, die während der Kolonialzeit in chilenischen Boden gepflanzt wurden, sind daher bis heute sortenrein geblieben. Schließlich waren Umpfropfungen auf resistente Wurzeln, wie während der Reblauspest von 1863–1910 in Europa praktiziert, nie notwendig. Inzwischen reimportieren französische Winzer sogar Rebstöcke aus Chile zur genetischen Auffrischung des eigenen Bestandes. ∎

Der **Palacio de la Moneda** (1805) liegt vier Häuserblocks südlich an der Plaza de la Constitución. Ursprünglich diente der klassizistische Monumentalbau als Zentralbank der Kolonialmacht, wurde jedoch später zum Präsidentenpalast umgebaut. Das Bild des Palastes, wie er während Pinochets Putsch gegen Allende in Flammen stand, ging um die Welt und hat sich ins kollektive Gedächtnis aller Chilenen förmlich eingebrannt.

Ganz Metropole

Der **Paseo Ahumada,** eine Fußgängerzone, die die Plaza de Armas mit der **Avenida Libertador Bernardo O'Higgins** verbindet, ist das eigentliche Herz von Santiagos Zentrum. Die modernen Ladenpassagen, Boutiquen und Fast-Food-Lokale sorgen für ein internationales Flair. Typisch für Santiago sind die großen Stehcafés wie das »Haiti«, vor dem die Stammkundschaft vorzüglichen frischen Espresso genießt statt des sonst in Chile

üblichen löslichen Kaffees. Ebenfalls kaum aus dem Centro wegzudenken sind die kleinen Imbisslokale, die den *completo* zelebrieren, den ungemein beliebten Riesen-Hotdog mit Extras wie Sauerkraut, Avocadopüree, Zwiebelringen oder Kartoffelsalat.

Eine gute Alternative für knurrende Mägen: Sechs Blocks nördlich der Plaza de Armas liegt der **Mercado Central,** eine elegante Stahl-Glas-Konstruktion des späten 19. Jhs. Die Fischlokale im zentralen Pavillon sind bekannt für ihren preiswerten wie schmackhaften Mittagstisch.

Auf der Südseite der Alameda, wie die Av. Libertador auch genannt wird, erhebt sich die **Iglesia San Francisco** (1586), das einzige Bauwerk der Stadt, das die vielen großen Erdbeben seither unbeschadet überstanden hat. Besonders schön: Die hölzerne Tür am Portal zur Alameda.

Direkt hinter der Kirche stößt man auf dem Areal des früheren Klostergartens der Franziskaner auf das kleine **Barrio París-**

Seite
260

▼ **Skifahren im Valle Nevada**
▼ ▼ **Gesunder Schlamm nahe der argentinischen Grenze**

Londres mit seinen musealen Bürgerhäusern der 20er Jahre und den einzigen kurvigen Gassen im ansonsten völlig geradlinigen Straßenplan der Hauptstadt.

Eine weitere Insel der Gemütlichkeit im so fortschrittsversessenen Santiago ist die kopfsteingepflasterte **Plaza Mulato Gil** (Metro Universidad Católica), wo gerne die Intellektuellen bei einem *café cortado* im Freien über die neuesten Filme und Theaterpremieren plaudern.

Seite 359 TOP 50

Grünes Santiago

Ein großer Pluspunkt für Santiago sind die vielen Grünanlagen im Stadtgebiet. Der **Cerro Santa Lucía,** Pedro de Valdivias historischer »Feldherrenhügel« mit seinen schattigen Spazierwegen und Aussichtsterrassen, ist nur einer von vielen sehenswerten Parks. Laut wird es immer wochentags um 12 Uhr, wenn von dem Kastell am Gipfel der traditionelle Böllerschuss mit der alten deutschen Kanone aus dem Hause Krupp abgefeuert wird.

◄ **Weinfelder im Valle Elqui**

Der zweite »Hausberg« Santiagos ist der **Cerro San Cristóbal** (880 m), auf den man entweder per Seilbahn (ab C. Pedro de Valdivia) oder per Schrägaufzug (C. Pío Nono) gelangt. Oben thront eine 14 m hohe Marienstatue; ein Zoo, der Botanische Garten und ein Weinmuseum (Enoteca) samt Restaurant sind die Attraktionen für Ausflügler. Nach Nordwesten zieht sich die Anlage als **Parque Metropolitano** noch 728 ha weit bis an den Stadtrand.

Der französische **Parque Forestal** aus dem Jahr 1891 folgt dem Verlauf des **Río Mapocho.** Zwischen seinen mächtigen alten Platanen und Akazien steht das **Museo Nacional de Bellas Artes,** das sich vor allem der Kunst des 19. Jhs. widmet.

Besonders am Wochenende frequentieren die Santiaguinos ihre zwei liebsten Parks: Die **Quinta Normal** (mit Naturhist und Eisenbahn-Museum) sowie vor allem den weitläufigen **Parque O'Higgins.** Aus dem Ende des 19. Jhs. von dem Industriellen Luis Cousiño gestiftete Areal gibt es Reitwege, Picknickplätze, Bootsteiche, ein Huaso-Museum und **El Pueblito,** ein spätkoloniales Museumsdorf.

Sehr gefragt ist besonders bei Familien mit Kindern auch der **Parque Municipal de la Reina** am östlichen Stadtrand: Dort lockt der Amüsierpark »Rodelbahn« mit diversen Attraktionen von der Achterbahn bis zur Ballonrundfahrt.

Bohème oder schick

Bellavista heiß das Bohème-Viertel Santiagos. Vor allem entlang der **Calle Pío Nono** geben sich am Abend Alt- und Neuhippies, Linksintellektuelle und (Lebens-)Künstler in Galerien, Cafés und Pubs die Klinke in die Hand. Auf der Straße wird von Lapislazuli-Piercings über Haschpfeifen bis hin zum Che-Guevara-T-Shirt praktisch alles gehandelt, was im »Untergrund« Abnehmer findet. Umherziehende Theatertruppen und Musiker bringen zusätzlich Leben in die Straße, auf der bis tief in die Nacht die Cafétische vollbesetzt sind. In den Seitenstraßen des Viertels bilden alte Fachwerkhäuser mit Blumengärten, malerischen Details und geschwungenen Balkonen einen schönen Kontrast zu den umliegenden modernen Stadtteilen. Kein Wunder, dass sich auch Chiles Nationaldichter Pablo Neruda hier am wohlsten fühlte. Sein verspielt-verrücktes Haus **La Chascona** (»Der Strubbelkopf« – benannt nach seiner Frau Matilde) liegt an der Calle Fernando Márquez de la Plata.

Wer den größtmöglichen Kontrast zu Bellavista sucht, ist an der U-Bahnstation **Los Leones** gut aufgehoben : Hier schlägt das Herz von **Providencia,** dem schicken Viertel der Genta Buena, der Oberschicht Santiagos. In den modernen, fast nordamerikanisch anmutenden Straßen bieten internationale Boutiquen und Geschäfte ihre Waren an.

Noch eine Spur edler ist das Viertel **Las Condes,** wo nur noch Glas und Stahl das Stadtbild bestimmen. Hinter den Fassaden verstecken sich die größten Einkaufszentren des Landes, etwa die voll klimatisierte Glitzerwelt des **Alto las Condes** mit 245 Geschäften. Abends treffen sich dann die Jungen, Schönen und Dynamischen in den Designer-Klubs und -Bars an den **Avenidas El Bosque Norte** und **Suecia.**

Santiagos Umgebung

Zu den lohnendsten Zielen in der Umgebung von Santiago zählt der **Cajón del Maipo,** die Schlucht des Flusses Maipo. Die Pfade entlang des 65 km langen Cañons laden zum Wandern und die Restaurants der kleinen Städte zum Nachmittagstee mit »Kuchen y Strudel« ein. Die Landstraße führt vom Stadtteil **Puente Alto** nach Südosten zum schäumenden Río Maipo und seinen Nebenarmen. Er entspringt am 5000 m hohen Vulkan El Morado und sucht sich seinen gewundenen Weg zum Pazifik. Kahle Berggipfel mit Namen wie Punta Negra, Peladero, Lomo del Diablo und Yerba Buena erstrahlen im wechselnden Licht der Sonne, verändern ihre Farbnuancen von Grün zu Braun am Tag, zu Blau, Rosa, Orange und

Seite
260

Typisch Bellavista
Rustikal-einfache Restaurants mit Flair sind die sog. **picadas.** Seit Jahrzehnten eine Institution und idealer Einstieg in die Szene von Santiago:
Das urige **Venezia,** Pío Nono 200, Tel. 737 09 00.

▼ **Stilvolle Art der Fortbewegung in Viña del Mar**

Reiselektüre
Von **Antonio Skármeta** (geb. 1942; lange Jahre des Exils in Deutschland) erschienen u. a. auf Deutsch »Der Radfahrer von San Cristóbal. Erzählungen« (1991), »Aus der Ferne sehe ich dieses Land. Ein Chilene in Berlin« (1993) und »Mit brennender Geduld« (1995). Letztere Erzählung wurde mit großem Erfolg unter dem Titel »Il Postino – Der Briefträger« verfilmt.

Rot am Abend. Das Tal besteht aus üppigen Weingärten und fruchtbarem Weideland. Der Cañon bietet auch Gelegenheit zum Schwimmen, Klettern und River-Rafting mit schweren Schlauchbooten. Am Rande der Straße passiert man noble Countryclubs und populäre Picknick- und Campingplätze, z. B. **El Raco**, ein Waldgebiet mit einem See; **El Canelo**, eine eigens dafür angelegte Grünfläche; **Las Vertientes**, ein Rasthaus mit Schwimmbad am Flussufer; und den **Club de Campo Guayacán**, ein von Bergen umgebenes Idyll mit Pool und Bungalows.

25 km nach Puente Alto passiert man **San José de Maipo.** Die hübsche kleine Stadt wurde 1791 gegründet, als man Silber in den umliegenden

Pablo Neruda (1904–1973)
→ Chiles Nationaldichter, geb. in Temuco als Neftalí Reyes, war Botschafter in Europa und Asien. Seine Hauptwerke: »Der Große Gesang«, »Elementare Oden«, »Memorial von Isla Negra«, »Ich bekenne, ich habe gelebt«.

◄ **Arica**

Bergen entdeckt hatte. Bei San Alfonso (km 40) bietet sich das **Landgut Cascada de las Ánimas** als ideales Basislager an für Bergtouren zu Fuß und zu Pferde.

Nördlich von Santiago, schon auf dem Weg zum Paso Los Libertadores nach Argentinien, liegt eines der bekanntesten Skigebiete der Südhemisphäre, das rund 3000 m hohe **El Portillo**. Populärer und näher an der Hauptstadt sind die Wintersportorte **La Parva** und **Valle Nevado,** wo von Juni bis September Schneekanonen den Betrieb sichern.

Keramikwaren aus **Pomaire** (56 km südwestlich von Santiago) sind Teil eines jeden chilenischen Haushalts. Die Stadt lebt von Keramiken, die aus dem dunklen Lehm der Mallarauca-Berge hergestellt werden. Pomaire ist auch bekannt für seine rustikalen Restaurants, die hausgemachte *empanadas, pastel de choclo* (eine schmackhafte Maistorte) zu *chicha,* dem indianischen Fruchtmost, servieren.

Als eines der ersten chilenischen Seebäder wurde **Algarrobo** (112 km westlich von Santiago) bereits im späten 19. Jh. erschlossen; bekannt ist der Ort für seine feinsandigen Strände, den traditionsreichen Jachtklub und die eleganten Ferienhäuser der Gründerzeit.

Isla Negra (4 km südlich) verbirgt sich in einem kühlen Pinienwald. Seine felsige Küste wird unaufhörlich von gewaltigen Wellen umspült, deren Gischt einen feinen Nebel über die wunderschönen Häuser auf der Felsen legt. Das Haus des Dichters **Pablo Neruda** schmiegt sich dort an die Steilküste und ist Besuchern heute als **Museum** zugänglich. Von jedem Raum aus sieht man direkt auf den Ozean, der aus den Werken des Dichters kaum wegzudenken ist. Neruda, zeitlebens leidenschaftlicher Sammler von Kunstgegenständen und Kuriositäten, hatte eine besondere Affinität zur Schifffahrt und zu

Seite 260

maritimen Themen; besonders auffällig sind die zahlreichen Buddelschiffe und Galionsfiguren im Haus – und das, obwohl der Poet wegen seiner unüberwindbaren Seekrankheit niemals auch nur einen Fuß in ein Ruderboot setzte.

Hafenstadt auf Hügeln

Die vielleicht interessanteste, bestimmt aber eigenwilligste Stadt Chiles dürfte **Valparaíso** ❾ sein, die Hafenstadt mit den zwei unverwechselbaren Gesichtern auf zwei Ebenen: die flache Hafengegend, **El Plan** genannt, und die auf 17 Hügeln angesiedelte Oberstadt. Die enge Unterstadt bietet dem Betrachter ein buntes Gemisch aus Kontoren, Reedereien und Matrosenkneipen. Die malerisch bebauten Hügel erweisen sich beim näheren Hinsehen als verwirrendes Labyrinth aus altmodischen Holzhäusern, schmalen Alleen, versteckten Plätzen und Treppenfluchten, die sich an jäh abfallende Hänge schmiegen.

Muelle Prat ist der älteste Teil von Valparaísos Hafen. Die ersten Schiffe legten hier im 16. Jh. an; heute bieten hier Souvenirhändler ihre Ware an. Die Plaza Sotomayor mit dem Denkmal für die Seehelden aus der Schlacht vor Iquique ist das Zentrum der Unterstadt. In **Caleta El Membrillo** im Westen entladen Fischer ihren frischen Fang, der dann in den *marisquerías* rund um den baufälligen Zentralmarkt frisch auf den Tisch kommt.

Valparaísos **15 museale Standseilbahnen,** die *Ascensores,* sind die idealen Verkehrsmittel, um die Oberstadt zu erkunden. Die hölzernen Wagen des **Ascensor Artillería** aus dem Jahre 1893 wurden früher per Dampfmaschine betrieben, heute mit einem Elektromotor. Er führt zur Avenida 21 de Mayo, wo sich ein herrlicher Blick über die Bucht eröffnet. Über den **Ascensor Concepción** (1883) erreicht man den **Paseo Atkinson,** eine aussichtsreiche Promenade am **Cerro Alegre.** Auf diesem »fröhlichen« Hügel

▲ **Glockenturm in Toconao**
▼ **Salar de Atacama in der Abenddämmerung**

stehen die farbenprächtigsten Holzvillen des 19. Jhs., größtenteils von britischen und deutschen Kaufleuten errichtet. Die große Zeit Valparaísos als wichtigster Pazifikhafen auf der Kap-Hoorn-Route fand jedoch 1914 ein Ende mit der Eröffnung des Panamakanals. Heute dürfen sich die *Porteños,* die »Hafenmenschen« zumindest wieder wegen des 1990 hierher umgezogenen Parlaments ihrer nationalen Bedeutung sicher sein. Außerdem wird die Stadt landesweit wegen ihres umtriebigen Nachtlebens gerühmt.

Viña – Strände und Parks ▬

Viña del Mar, die »Gartenstadt« Chiles, wächst mehr und mehr mit dem 8 km entfernten Valparaíso zusammen. Aber die Kontraste zwischen den Nachbarstädten könnten kaum stärker sein: Gegen Valparaíso, die chaotische, stimmungsvolle Hafenmetropole, wirkt Viña wie ein etwas zu schnell gewachsenes Feriendorf,

▲ **Wandgemälde in San Pedro de Atacama**
▼ **Holzhaus im Seengebiet**
▶ **Der Vulkan Villarica**

mit langen Stränden, üppigen Gärten und aufgeräumten Einkaufsstraßen. Im Sommer wird es von Tausenden von Chilenen und Argentiniern besucht – obwohl das Wasser aufgrund des Humboldtstromes kaum einmal wärmer als 18 ℃ ist.

Der Vorzeigepark der Stadt ist die elegante **Quinta Vergara** mit ihren Palmen und exotischen Pflanzen, die Viñas Gründer Francisco Alvarez 1840 anlegte. Den pseudo-venezianischen **Palacio Vergara** (1908) bauten seine Nachkommen; er ist heute Sitz des **Museo de Bellas Artes.** Im **Anfiteatro** findet im Februar ein Schlager-Wettbewerb statt, dessen Stellenwert in Lateinamerika mit dem des Grand Prix de la Chanson in Europa vergleichbar ist.

An der palmenbestandenen Plaza im Zentrum der Altstadt von Viña künden die neoklassizistischen Bauwerke **Club de Viña** (1910), **Teatro Municipal** (1930) und **Hotel O'Higgins** (1935) vom europäisch beeinflussten Geschmack der Gründerväter.

Das berühmte **Casino Municipal** von 1930 hat viel von seiner einstigen Grandezza eingebüßt; mit seinen »einarmigen Banditen« und dem modernen Las-Vegas-Interieur kann es nicht mehr anknüpfen an seinen alten Ruf Zeit als »Monte Carlo Südamerikas«.

Wer »in« sein will, macht heute ohnehin Urlaub in **Reñaca,** nördlich von Viña. Der Strand ist dort zwar nur anderthalb Kilometer lang, aber dafür sind die großen Apartmenthäuser, die Hotels und Diskotheken etwas nobler als anderswo am Pazifik.

Der Norden:
Altiplano und Atacama _____

Mit seinen extremen Wüsten und andinen Hochtälern übt der chilenische Norden auf europäische Besucher einen besonderen Reiz aus, den der gemäßigte Süden wegen seiner weniger »exotischen« Landschaften nicht bieten kann.

Arica ⓾, die Hauptstadt der I. Region, ist von Wüstensand und Meer umgeben. In der stets lebendigen Innenstadt mit ihren basarhaften Ladenpassagen und Einkaufszentren wird mit allem gehandelt, was im Dreiländereck zwischen Chile, Peru und Bolivien Abnehmer findet – legal oder illegal.

Die schmiedeeiserne **Iglesia de San Marco** (1876) wurde von Gustave Eiffel entworfen. Einen weiten Ausblick auf die Stadt und die weiten Sandstrände hat man vom **Morro de Arica.** Das Militärmuseum auf dem Gipfel erinnert an den Pazifik-Krieg (1879–1883), als die Chilenen den Peruanern Stadt und Hügel in Blitzkrieg-Manier abjagten. Gleichzeitig verlor Bolivien die Provinz Antofagasta und somit den Zugang zum Ozean.

Die Fahrt von der Küste hinauf ins Altiplano an der bolivianischen Grenze und zum höchsten See der Welt, dem **Lago Chungará** (4750 m), ist extrem anstrengend für Mensch und Motor; eine Zwi-

Seite 260

Nightlife in Valpo
Ein Muss sind die alten Seemannskneipen **Bar Inglés** (Cochrane 851) und **La Playa** (Serrano 567). In der **Bar J. Cruz,** Condell 1466, geben abends alte Herren Tangos und Boleros zum Besten. Tanzklubs in früheren Lagerhäusern gibt es an der Av. Errázuriz, z. B. **Roland Bar** (Nr. 1152), **Barlovento** (Nr. 1156) und v. a. **La Piedra Feliz** (Nr. 1054), wo Salsa getanzt wird.

Adobe-Hotel
Unter den vielen Unterkünften von San Pedro de Atacama ist vor allem eines zu empfehlen: Das kleine, nicht zu teure **Hotel Terrantai,** Tocopilla 19, Tel. (055) 85 11 40. Fax 85 10 32, greift in überzeugender Weise auf indianische Architektur zurück; aber zwischen den Adobe-Wänden ist auch viel Platz für modernen Komfort.

▼ **Straßenmusiker in Valdivia**

schenübernachtung in **Putre** ist dringend zu empfehlen. Eisbedeckte Vulkankegel spiegeln sich im smaragdgrünen Wasser; an den Ufern gründeln Flamingos und Anden-Enten im algenhaltigen Schlamm. Entlang der viel befahrenen Passstraße nach La Paz grasen derweil ganz unbeeindruckt Guanakos und Vicuñas. Im **Nationalpark Lauca ⓫** kommen sämtliche Lama-Arten des Subkontinents vor.

Calama ⓬ lebt für und vom Kupfer: 16 km außerhalb liegt Chuquicamata, die größte Tagebau-Mine der Welt. Sie fördert 750 000 Tonnen Reinkupfer im Jahr. Vom Aussichtpunkt der Mine blickt man in eine gigantische, 780 m tiefe, 4800 m lange und 2500 m breite Grube. 150 riesige Lastwagen bewegen am Tag bis zu 650 000 Tonnen Erz.

Die aktuelle Boom-Town der Atacamawüste heißt **San Pedro de Atacama ⓭**, 93 km südöstlich von Calama. Nicht Metalle oder Edelsteine sind jedoch hier die begehrten Rohstoffe, sondern Landschaft,

Stimmung und Abenteuer: San Pedro is eines der beliebtesten Reiseziele Chiles In der Nähe der schmucken Oasenstad mit ihren Adobe-Häusern liegen der bo densee große Salzsee **Salar de Atacam** und schneebedeckte Vulkane wie de Licancábur, der mit 5900 m der höchste aktive Vulkan Südamerikas.

Die schöne weiße **Iglesia de San Pedr** (1641) wurde aus demselben weißen Lehn gebaut wie das Dorf. Das **Archäologisch Museum** (tgl. 10–12, 15–18 Uhr), 1955 vom belgischen Missionar Gustavo Le Pai ge gegründet, dokumentiert die Geschich te der Region mit einer hervorragenden Sammlung an Keramiken und in der Wüs te konservierten Mumien. Die **Pukará de Quitor,** eine am Berghang gelegene Burg wurde von den alten Atacameños gegen die Belagerung der Inka errichtet.

Zu den klassischen Ausflügen in die Umgebung zählen das **bizarre Valle de la Luna** (32 km weiter auf holpriger Straße) das sich bei Sonnenuntergang in eine ver

Seite 260

zauberte Stadt aus Felsen und Dünen verwandelt, und vor allem die Tagestour zu den Geysirfeldern von **El Tatio** (auf 4500 m). Dorthin brechen die Jeepkarawanen der Reisebüros bereits gegen 4 Uhr morgens auf, damit die Besucher rechtzeitig zum Sonnenaufgang Hunderte von Fumarolen in frostiger Luft dampfen sehen können. Zum Trost dürfen sich die durchgefrorenen Touristen hinterher im 36 Grad warmen Thermalwasser der **Baños de Puritama** entspannen.

La Serena ⑭, die »Fröhliche«, ist ein beliebtes Strandbad, dessen mit Hochhäusern bestandener Strandbezirk etwas an die spanische Costa del Sol erinnert. Auch im Stadtzentrum findet man Anklänge an Andalusien wieder, z. B. die gekachelten Straßenschilder, pseudo-maurische Fassaden und gusseiserne Fenstergitter. Aber die 1543 gegründete Stadt bekam ihren »kolonialen« Look erst im 20. Jh. angepasst. Wirklich alt ist hingegen die barocke **Iglesia San Francisco** (1672) an der Calle Balmaceda. Ebenso sehenswert: der Zentralmarkt **La Recova,** wo man preiswert Repliken präkolumbischer Diaguita-Keramik ersteht.

Der Río Elqui schlängelt sich durch ein enges Tal, das **Valle d'Elqui** ⑮, das für seinen strahlend blauen Himmel, die trockene Bergluft und auch für seine fruchtbaren Weingärten bekannt ist. Von hier kommt das hochprozentige Nationalgetränk Pisco, das aus sonnig-aromatischen Muskatellertrauben gebrannt wird. Die Brennerei im malerischen Oasenstädtchen **Vicuña,** wo auch die Poetin und Nobelpreisträgerin Gabriela Mistral ihre Kindheit verbrachte, kann man eine der bekanntesten Brennereien besichtigen. In **Cochiguaz** warten esoterische Kommunen und Ufologen aus aller Welt auf Besuch aus dem Universum, während nördlich von La Serena die Astrophysiker der **Europäischen Südsternwarte (ESO)** am klarsten Himmel Amerikas Supernovae und Schwarze Löcher beobachten.

Tatio-Geysir
Für die Tour im Morgengrauen sollte man sich im Hotel Thermoskannen mit Mate de Coca, Tee aus Cocablättern, gegen die Kälte und die Höhenkrankheit mitgeben lassen.

▼ **Der Lago Negro**

▲ Holzboot
und Fischerhäuser,
Puerto Montt
▼ Bunte
Fischerboote in
Puerto Montt

Die chilenische Schweiz _____

Das Seengebiet, auch als »chilenische Schweiz« bekannt, ist von besonderer Schönheit, eine scheinbar endlose Folge üppig grüner Bergtäler, eingerahmt von Moränenhügeln und schneebedeckten Vulkanen. Die vielen tiefblauen Seen sind wie die Gewässer Oberbayerns Relikte der Eiszeit. In ihrem ebenso klaren wie kalten Wasser spiegeln sich Südbuchen-Wälder, fette Weiden mit schwarz-weiß-gefleckten Rindern und Bauernhäuser wie im Herzen Europas. Bis 1880, als das chilenische Militär die »Befriedung Araukariens« zur Chefsache erklärte, war dieses Gebiet südlich des **Río Bio Bio** ausschließlich Indianerland. Die Ur-Araukarier, die Mapuche, fristen heute größtenteils am Stadtrand von Temuco ihr ärmliches Bauerndasein in kleinräumigen Reservaten, so genannten *reducciones.*

Drei der vier Seen im **Parque Nacional Conguillío** (112 km östlich von Temuco)

bildeten sich dort, wo die Lavaströme des Llaima-Vulkans (3100 m) in den letzten 50 Jahren Vertiefungen hinterlassen hatten. So weit das Auge reicht, ist dieses schmale Tal mit uralten Südbuchen bewachsen. Die schirmförmigen Araukarien, deren nahrhafte Zapfen jedes Jahr im März von den Mapuches geerntet und verarbeitet werden, sind die majestätischen Wahrzeichen der Region.

Villarica ⒜ ist eines der beliebtesten Ferienzentren Chiles und liegt an den Ufern des Sees und zu Füßen des Vulkans gleichen Namens. **Pucón ⒝**, am Ostende des Sees gelegen, ist unverkennbar die Sommerfrische der Oberklasse; an der Uferstraße stehen noble Villen, Country-Clubs und teure Hotels mit deutsch klingenden Namen. Der schwarzsandige Strand vor dem Gran Hotel bietet ideale Bedingungen zum Windsurfen, Schwimmen oder einfach nur zum stilvollen Nichtstun an der frischen Luft. Wer mehr Bewegung braucht, kann sich im **Parque**

Seite
292

Nacional Villarica gehörig austoben. Die Tagestour auf den 1950 m hohen Kraterrand des noch aktiven Vulkans ist mit etwas Kondition gut zu schaffen; bis ins Frühjahr hinein sind auch die Skilifte an den Hängen noch in Betrieb. Die »Sieben Seen«, die **Lagos Calafquén, Panguipulli, Pellaifa, Neltume, Riñihue, Pirehueico** und **Lacar** (in Argentinien) stellen eine eine weitere Naturattraktion Südchiles dar, die man auf teils abenteuerlich ruppigen Pisten am besten mit dem Mietwagen erkundet.

Bernardo Egon Philippi (1811–1888)

→ Der preußische Forschungsreisende war ab 1848 Einwanderungsbeauftragter der chilenischen Regierung und wichtigster Mentor deutscher Kolonisation im Seengebiet.

Die Deutschen in Chile

Valdivia ⊙ liegt am Zusammenfluss mehrerer Wasserläufe, die im Valdivia-Mündungsbecken aufeinandertreffen. Die Stadt war eine der ersten spanischen Siedlungen in Chile und ist heute in erster Linie dank der massiven deutschen Einwanderung im 19. Jh. eine moderne, industriell geprägte Stadt. Die **Calle General Lagos** zeugt heute noch von der europäischen Architektur, die die Einwanderer damals mitbrachten.

Sehenswert ist auch der **Mercado Fluvial**, ein täglicher Lebensmittelmarkt auf Flussschiffen am Río Calle Calle. Gegründet wurde Valdivia von den Spaniern, die im 15. Jh. die Hafenzufahrt bei Corral und Niebla mit ihren Forts schützten.

Osorno ⊙, 880 km südlich von Santiago, ist das Zentrum eines Viehzuchtgebiets mit 110 000 Einwohnern. An die deutschstämmigen Stadtgründer erinnern

▲ Eine der typischen Holzkirchen auf Chiloé
▼ Maschinen haben Arbeitstiere noch nicht ersetzt (Chiloé)

nur noch wenige farbige Holzhäuser an der Avenida Mackenna sowie einige Namen im Straßenbild: »Herberts Kneipe«, »Panadería Wolfshöfer« oder »Ferretería Jüngling«. Die Calle Bulnes eignet sich sehr gut für einen Spaziergang am Fluss. Interessant ist ein Besuch bei der Feria Ganadera, Chiles größtem Viehmarkt, wo stämmige Campesinos um ganze Tierherden feilschen.

Ein beliebtes Ausflugsziel in den Voranden ist der **Lago Puyehue ❺,** umgeben von den immerfeuchten Urwäldern des gleichnamigen 100 000 ha weiten Nationalparks. In der Nähe des Ostufers entspringen bei **Aguas Calientes** heiße Quellen, die bei den Einheimischen für ihre Heilwirkung berühmt sind; ein etwas überdimensioniertes Kurhotel bietet Luxus und Entspannung total.

Beliebtes Ziel ist der **Lago Llanquihue,** in dessen Wasser sich der perfekt geformte Kegel des »chilenischen Fujijama« spiegelt, der Vulkan Osorno. In Frutillar,

am nördlichen Seeufer, kann man deutsche Häuser mit gepflegten Gärten bewundern und der Geschichte der Kolonisten im Einwanderermuseum (Sommer tgl. 10–20 Uhr) auf den Grund gehen. Am Ostufer liegt **Ensenada ❻,** ein hübsches Dorf im Schatten des Osorno in einem Waldgebiet, das von erstarrten schwarzen Lavaströmen durchzogen wird.

An den Kaskaden und Stromschnellen des **Río Petrohué** vorbei gelangt man über die Flanken des Osorno zum idyllischen **Lago Todos Los Santos.** Von hier setzt ein schnittiger Katamaran täglich über nach **Peulla ❼;** von dort geht es per Bus und Boot weiter ins argentinische Urlaubsgebiet um **Bariloche** (s. S. 340).

Die holprige Schotterstraße Nr. 94 führt von **Puerto Varas ❽,** einer weiteren Gründung deutscher Kolonisten mit einer properen Uferpromenade und einer guten Hotellerie, mitten durch die Wildnis. Sie schlängelt sich durch eisige Täler, über felsige Klippen und durch unwegsame Wäl-

der zum Reloncaví-Sund, wo Lachse gezüchtet werden. Über den Meeresarm gelangt man per Boot zum offenen Pazifik. In **Cochamó** ❶ kann man Fischer für eine Fahrt anheuern, auf der es Seehunde und gelegentlich Delphine zu sehen gibt.

1853 gründete der Abenteurer Vicente Pérez Rosales zusammen mit wenigen deutschen Einwanderern, die beabsichtigten in der Provinz Llanquihue zu siedeln, den Hafen **Puerto Montt** ❷. Als die Eisenbahn 60 Jahre später hierher kam, entstanden weitere Siedlungen. Heute ist die Hafenstadt gleichzeitig der südliche Endpunkt der asphaltierten Panamericana. Trotz seiner Größe und der 120 000 Einwohner wirkt Puerto Montt wie eine Kleinstadt. Das Zentrum ist nur ein paar Blocks groß, die Mixtur der Baustile vom modernen Wohnsilo bis zum »Tiroler« Landhaus erscheint merkwürdig bekannt und fremd zugleich. Die Kirche aus Redwood-Holz steht auf dem größten Platz und ist das älteste Bauwerk der Stadt.

Wechselspiel von Land und Wasser

Südlich von Puerto Montt verbinden sich Festland und Meer zu einer Einheit aus tausend Inseln, Fjorden, Flüssen mit Hunderten von Nebenflüssen, Seen und Bergen mit tausend Jahre alten Bäumen. Mit der Autofähre setzt man in 45 Minuten über zur Insel **Chiloé** ⓰, einer der eigenwilligsten Regionen Chiles. Neben der großen Hauptinsel besteht Chiloé auch aus einem weltfernen Archipel winziger Eilande im patagonischen Binnenmeer, auf denen sich hartnäckig uralte Traditionen, Legenden und Volksreligionen halten. So sind die Inseln Heimat von feurigen Tänzen wie Cueca und Vals, von Gerichten wie *curanto,* Getränken wie *chicha de manzana* und einer Menge eigener Festtage und Rituale. Für die Existenz typisch chilotischer Gespenster würden viele Chiloten die Hand ins Feuer legen, etwa von *El Trauco,* einem Kobold

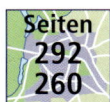

Seiten 292 260

 Seite 359

 Seite 366

▼ **Wildnis am Ende der Welt**

Noble Nekropole
Der Friedhof von
Punta Arenas
(s. S. 299) in der Ave-
nida Bulnes ist das
prächtigste Zeugnis
des goldenen Zeital-
ters der Wollbarone,
die sich hier mit
Mausoleen aus
Mamor und steiner-
nen Engelschören
verewigten.

▼ **Frachtschiff im
Südlichen Ozean**
▼ ▼ **Straßenmarkt
in Punta Arenas**

von greisenhaftem Äußeren, der junge Frauen nachts heimlich schwängert, oder der *Caleuche,* einer Variante des »fliegenden Holländers«, der Fischer und Matrosen in die Irre führt.

Ancud ist die größte Stadt auf Chiloé. Ihre Straßen säumen hölzerne Geschäfte, die an die Glanzzeit als Hafenstadt erinnern. Das Museo Regional in einer alten Festung am Meer zeigt die Geschichte Kultur Chiloés (tgl. außer Mo).

Castro liegt als eine der ältesten Städte Chiles (Gründung um 1567) an den Ufern eines geschützten Fjords. Die **Iglesia San Francisco de Castro** ist eine ungewöhnliche, lachsrosa bis zart violett gestrichene Holzkathedrale auf der Plaza. Die viel fotografierten **Palafitos,** Pfahlhäuser am Küstensaum, sind für ihre Bewohner zugleich Wohn- und Bootshaus.

Nothofagus
→ Botanische Gattungsbezeichnung für Bäume des südlichen Amerika, auch »Südbuchen« genannt; durch Holzschlag sind sie teils stark gefährdet.

Vom Hafen von **Dalcahue** erreicht man mit kleinen Autofähren die vorgelagerte Insel **Quinchao.** Dort stehen einige der schönsten der ca. 150 Holzkirchen Chiloés. 16 davon wurden von der UNESCO zum Weltkulturerbe erklärt und sollen mit einem Weltbank-Kredit restauriert werden.

Carretera Austral

Noch weiter südlich geht es nur auf der Carretera Austral, einer abenteuerlichen Schotterpiste durch triefend nassen pazifischen Regenwald und vorbei an endlosen Fjorden und Seen. Erst 1988 konnte die Straße ihrer Bestimmung übergeben werden, um endlich die abgelegensten Provinzen Patagoniens mit dem Rest der Welt auf dem Landweg zu verbinden.

Eine dieser typischen Pionierstädte des tiefen Südens ist **Chaitén ⓱**, das man entweder mit der Fähre in sechs Stunden von Quellón (Chiloé) oder eben über die Carretera Austral erreicht: eine Stadt ohne Sehenswürdigkeiten.

Die Straße führt weiter an den **Lago Risopatrón** und zu den **Termas de Puyuhuapi** mit dem luxuriösen Thermalhotel. Von hier kreuzt der Motorkatamaran »Patagonia Connection« durch die Fjorde des Südens bis zur **Laguna San Rafael** mit ihrem kalbenden Riesengletscher.

In der Nähe eröffnet der **Parque Nacional Queulat** den Blick auf den grandiosen **Ventisquero Colgante**, den »hängenden Gletscher«.

Coyhaique ⓲, eine Stadt mit 37 000 Einwohnern, ist für Reisen in die Umgebung ein guter Ausgangspunkt. Die 1929 gegründete Ortschaft hat vornehmlich Bedeutung als Verwaltungs- und Militärzentrum. **Im Museo Regional de la Patagonia** erhalten Sie eine Einführung in die Geschichte der Gegend. Südlich der Stadt trotzen die Menschen einer rauen, vom Wind geprägten Natur, wo der Boden übersät ist mit Gesteinsbrocken. Dieses Gebiet wurde von Ranchern besiedelt, die mit Schaf- und Rinder-Haciendas wahre Vermögen verdienten.

Im tiefen Süden

Die südlichste Provinz, Magallanes, ist ein einsames Gebiet mit Städten, die **Porvenir** (»Zukunft«) oder **Ultima Esperanza** (»Letzte Hoffnung«) heißen und das Gefühl erwecken, dass man am Ende der Welt angekommen sei. Die Hafenstadt **Punta Arenas ⓳** liegt auf den Hügeln über der Steppe an der **Magellanstraße**. Die Bürgerpaläste der Großgrundbesitzer und Schafzüchter Braun-Menéndez und Nogueira (s. S. 298) künden vom einstigen märchenhaften Reichtum der Stadt zu Zeiten der Kap-Hoorn-Schifffahrt.

Seite 260

▲ Eine Köstlichkeit: die Seespinne (centolla)
▼ Der raue Wind Patagoniens hinterlässt seine Spuren in der Natur

Seiten 260 261

Seite 366 TOP **50**

Feuerland, auf der anderen Seite der Meerenge, wurde entdeckt, als Magellan 1520 eine Durchfahrt zum Pazifik suchte. Im späten 19. Jh. wurde das Land von englischen Viehzüchtern besiedelt, die große Schaffarmen aufbauten. In **Porvenir ⑳,** der kleinen Stadt jenseits der Magellan-Straße, scheint sich seit dem 19. Jh. nichts verändert zu haben. Eine Straße führt auf die argentinische Seite der Insel und zu den eiskalten Wassern von Kap Hoorn.

An der Südspitze der Andenkette liegt der **Parque Nacional Torres del Paine,** inzwischen integraler Baustein fast einer jeden Chile-Rundreise, nicht nur wegen seiner fantastischen Berglandschaft, sondern auch wegen einer für Patagonien erstaunlich artenreichen Flora und Fauna.

Am besten startet man in **Puerto Natales ㉑,** das als Touristen-Basislager am Golf von Ultima Esperanza heute besser als vom traditionellen Geschäft mit Wolle und Schaffleisch lebt. In den Lokalen

◀ **Fuerte Bulnes bei Punta Arenas** ▶ **Guanakos vor dem 3050 Meter hohen Paine Grande**

der kleinen Stadt sollte man unbedingt *centolla* kosten, die patagonische Königskrabbe. Ausflugsboote fahren zu den nahen Gletschern; außerdem gibt es nicht weit von hier eine Höhle, in der das Mylodon, ein in Eis konserviertes Faultier der Vorzeit, gefunden wurde. Heute ist dies ein beliebter Ort für Picknicks. Im Sommer jeden Morgen und mehrmals wöchentlich während des übrigen Jahres unternehmen Lastwagen und Busse die dreistündige Fahrt auf der holprigen Piste in den Park. Von dort oben blickt man zum ersten Mal auf die imposanten **Cuernos del Paine,** die 2200 bis 2600 m hohen »Hörner« des Bergmassivs, das dem bekanntesten Nationalpark Chiles den Namen gab.

Wie überall im Süden des Kontinents ist auch hier das Wetter kaum kalkulierbar. Die beste Zeit für einen Besuch sind die Monate November bis März, aber sogar dann ist blauer Himmel selten. Die eigentlichen **Torres del Paine,** die »Türme« des Gebirgsstocks, sind noch ausgesetzter und wilder anzusehen als die Cuernos. Von der **Hostería Las Torres** kann man im Rahmen einer lohnenden Tagestour teils per Pferd, teils zu Fuß zur Basis der meist von Wolken umgebenen Felsnadeln aufsteigen.

Alle Besucher des Parks müssen sich sicherheitshalber im Verwaltungsgebäude anmelden, wo sie von *guardaparques* (Parkwächtern) über den gegenwärtigen Zustand der Wege informiert werden. Übernachten kann man in umgebauten Estancias wie den **Hosterías Las Torres** oder **Río Serrano,** teurer in Lodges wie der **Hostería Pehoe** und dem All-Inclusive Hotel **Explora.** Von dort können Kurztrips oder längere Wanderungen unternommen werden, wobei die eigentliche Königstour, der **Circuito** rund um das Zentralmassiv der Torres, mindestens sechs volle Tage in Anspruch nimmt. Unterwegs nächtigt man in einfachen Unterkünften, so genannten *refugios,* die vor Wind und Regen schützen. Schlafsäcke oder Reisedecken sowie ein Campingkocher sind dabei Pflicht. ∎

Rapa Nui – die Osterinsel

**Verborgen in den unendlichen Weiten des blauen Pazifik, fast 4000 km
vor der Küste Chiles gelegen, war die kleine Felsengruppe aus Vulkangestein
mit dem archaischen Namen Te Pito o Te Henua, »Nabel der Welt«,
lange der vielleicht einsamste Platz auf Erden.**

Erst seit 1967 eine jettaugliche Landepiste das Eiland mit dem Rest der Welt verbindet, landet hier regelmäßig ein Flugzeug aus Santiago oder Tahiti. Kein Zweifel, **Rapa Nui** (»große Insel«), wie die Insulaner in ihrem polynesischen Dialekt ihre Heimat nennen, hat sich zu einer touristischen Attraktion entwickelt.

Turbulente Geschichte

Die historisch gesicherte Chronik Rapa Nuis beginnt am Ostersonntag des Jahres 1722. Der niederländische Admiral Jacob Roggeveen sichtete die Insel, die er sogleich dem Feiertag entsprechend benannte. Nur einen Tag lang hielt Roggeveen sich auf; er registrierte, dass die Insulaner vor »bemerkenswert hohen, von ihnen errichteten Bildsäulen Feuer anzünden und diese auf Knien anbeten«. 1862 kidnappten Sklavenjäger 1000 Menschen, um sie als Guano-Arbeiter in Peru auszubeuten. Nach einem Jahr waren 900 tot; die Überlebenden schleppten auf Rapa Nui Pocken, Lepra und Syphilis ein. Als Kapitän Policarpo Toro die »staatenlose« Insel 1888 für Chile annektierte, vegetierten kaum 200 Rapa Nui unter elenden Bedingungen dahin.

Während Ethnologen heute von einer Erstbesiedlung aus Polynesien ausgehen, gab es viele andere Spekulationen. Für altägyptische Exilanten und Überlebende der Atlantis-Katastrophe wurden die Rapa Nui schon gehalten; der notorische Ufologe Erich van Däniken sah sie gar als Nachfahren von Außerirdischen. Seriöser klingt die These des Norwegers Thor Heyerdahl, der eine Besiedlung von Südamerika aus postulierte. Die ersten Insulaner seien nach der Zerstörung des Tiahuanaco-Reiches aus Bolivien übers Meer geflüchtet. Dabei brachten sie nicht nur die Kartoffel und die Totora-Binsen mit, die am Kratersee des Rano Raraku wie am Titicacasee wachsen, sondern auch ihre Steinmetzkunst. Immerhin bewies Heyerdahl 1947 die praktische Möglichkeit seiner Vermutung, indem er mit seiner »Kon-Tiki«, dem Nachbau eines präkolumbischen Balsaholzfloßes von Peru aus den polynesischen Tuamotu-Archipel erreichte.

Weil die hölzernen *Rongorongo*-Schrifttafeln bisher niemand entziffern konnte, bleiben lediglich die Legenden der Rapa Nui selbst. Demnach machte

 **TOP50** Seite 369

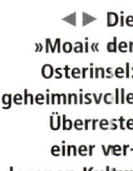

◄ ► Die »Moai« der Osterinsel: geheimnisvolle Überreste einer verlorenen Kultur

Seit 1995 ist die Insel auch UNESCO-Weltkulturerbe; empfehlenswert ist der Besuch des kleinen, aber liebevoll gestalteten **Museo Antropológico Padre Englert** (Di–Sa 9–12, 14–17, So 9–12 Uhr).

▼ **Die »Moai« von Ahu Akiví**

sich vor Urzeiten auf einer längst versunkenen Südseeinsel König Hotu Matua auf, neues Land für seine Getreuen zu suchen. Sie fanden Rapa Nui und lebten zunächst friedlich zusammen mit einem anderen Volk, das dort kleinere Steinstatuen, so genannte *moai,* fertigte. Die Figuren stellten wahrscheinlich gottgleiche Ahnen dar.

Weil sie ihre Ohrläppchen mittels Gewichten bis auf Schulterhöhe dehnten, hießen diese Menschen »Langohren«. Die Neuankömmlinge, die »Kurzohren«, bekamen nur eigenes Land, wenn sie sich zum Dienst im Steinbruch verpflichteten. Es kam, wie es kommen musste: Platz und Nahrung wurden knapp, und die Kurzohren wollten sich nicht länger dem Diktat der Langohren fügen, die immer riesigere Moai in immer kürzerer Zeit forderten. Irgendwann muss zwischen den Stämmen ein Krieg entflammt sein, in dem die kulturtragenden Langohren unterlagen. Die Steinbrüche wurden verwüstet, die Moai zerstört.

Steinerne Rätsel

Von insgesamt rund 1000 Moai liegen alleine 395 halbfertige Exemplare im Steinbruch am **Rano Raraku** – als hätten die Künstler gestern erst ihre Basaltbeile fallen gelassen. Die gewaltigste aller Figuren, am Rückgrat noch mit dem Fels verbunden, ist 20 m lang und wiegt 220 Tonnen. Der Sage nach sind die Moai selbst zu ihren Podesten an der Küste, den *ahu,* gelaufen. Möglicherweise wurden die Giganten tatsächlich senkrecht mittels Seilzügen auf einem Holzbock bewegt. Doch woher kam das Holz auf der baumlosen Insel? Augenhöhlen wurden den Moai erst an ihrem Bestimmungsort geschlagen, dort setzte man auch die Augen aus weisser Koralle mit Pupillen aus schwarzem Obsidian ein.

Die meisten der heute wieder aufrecht stehenden Moais wurden im 20. Jh. von Archäologen restauriert und aufgerichtet. Die am schönsten gelegene Kultstätte ist er **Ahu Nau Nau** an der **Bahía Anakena,** ie dank weißem Sand und Palmen ganz em Südseeideal entspricht. Vier der sieen Moai tragen einen *pukao,* den rötlihen Kopfputz, den die Bildhauer separat us rötlichem Lavastein meißelten.

Einer der faszinierendsten Orte der Osterinsel ist der **Vulkan Rano Kao** mit em vielfarbigen See.

Vogelmenschen

Das zerstörte Dorf **Orongo,** das auf Klipen über drei Inseln liegt, ist von Felsen it »Vogelmensch«-Zeichnungen umgeen: ein Menschenkörper mit einem Voelkopf, der oft ein Ei in einer Hand hält. Über diesen Kult, Symbol des Wunsches, on der engen Insel zu fliehen, weiß man iniges, da er bis 1862 ausgeübt wurde. Der Kult basierte darauf, dass das erste Ei es *Manu Tara,* des heiligen Vogels, geunden werden musste. Der Häuptling ines jeden Stammes auf der Insel sandte

einen auserwählten Krieger nach Moto Nui, einer vorgelagerten Felseninsel. Nachdem sie den gefährlichen Weg übers Meer schwimmend hinter sich gebracht hatten, suchten die Krieger, oder *hopu,* dort einen Monat nach dem Ei. War es gefunden, sprang der erfolgreiche *hopu* in die Wasserstrudel und schwamm, das Ei an der Stirn festgebunden, zum Festland, wo er die Klippen nach Orongo hinaufstieg. Den dramatischen Wettkampf hielt auch Kevin Kostner in seinem Hollywood-Spektakel »Rapa Nui« fest. Der siegreiche Häuptling galt als Vogelmann ein Jahr lang als spirituelles Oberhaupt der Insulaner.

Die über 150 Felszeichnungen von Orongo sind von zahlreichen Fruchtbarkeitssymbolen überlagert. Es gibt auch Steinmarkierungen, die als Teile eines Sonnenobservatoriums gedeutet wurden. Zur Sommersonnenwende sieht man hier die Sonne über der Halbinsel **Poike** aufgehen – ein weiteres ungelöstes Geheimnis dieser mysteriösen Insel im Pazifik. ∎

Die kulinarische Spezialität der Osterinsel ist der »curanto«, ein ursprünglich im Erdloch gegarter Fleisch-Kartoffel-Gemüseeintopf. Den besten curanto sowie leckere Langusten zu polynesischen Cocktails serviert das **Restaurante Kona Koa** im Hauptort Hanga Roa, Atamu Tekena s/n, Tel. 100415.

▼ **Bewohnerinnen der Osterinsel**

Seite 303

Die Juan-Fernández-Inseln

Die »echte« Robinson-Crusoe-Insel ist noch immer einer der einsamsten Orte der Welt; die wenigen Besucher erwartet absolute Ruhe und die einzigartige, intakte Umwelt des Nationalparks.

Robinson auf der Spur

Die Inselgruppe, die 650 km westlich von Valparaíso mitten im Pazifik liegt, trägt den Namen ihres spanischen Entdeckers: Kapitän Juan Fernández. Er sichtete 1574 erstmals die drei Eilande. Die 4711 ha große Hauptinsel, die anfangs einfach *Más a Tierra* (die »nähere am Festland«) hieß, erhielt inzwischen einen weitaus prominenteren Namen: Isla Robinson Crusoe. Tatsächlich war die Vulkaninsel, deren höchster Punkt, der Cerro El Yunque, 915 m über das Meer ragt, von 1704 bis 1709 das Domizil des historischen »Robinson«, des britischen Matrosen Alexan-

◀ **Der (erfundene) Robinson Crusoe**

der Selkirk. Er hatte sich mit seinen Vorgesetzten an Bord derart angelegt, dass ihn der Kapitän kurzerhand auf der Pazifikinsel aussetzte. Überleben konnte er nicht zuletzt dank der zuvor von Piraten als lebenden Proviant zurückgelassenen wilden Ziegen. Als nach Selkirks glücklicher Rückkehr nach Liverpool die Geschichte vom fünfjährigen Exil des Matrosen in immer abenteuerlichen Versionen kursierte, griff Daniel Defoe den Stoff auf und verarbeitete ihn zu einem der großen Klassiker der romantischen Literatur.

Veritable Abenteuer

Vom Flugplatz am Südwestende der Insel bis zum einzigen Ort, **San Juan Bautista**, gelangt man auf einer 2-stündigen Bootsfahrt. Der kleine Ort mit den ungeteerten Straßen, in dem sämtliche 600 Insulaner leben, liegt eingerahmt von grün überwucherten Berggipfeln an der Bahía Cumberland. Auf ihrem Grund liegt in 70 m Tiefe der deutsche Panzerkreuzer »Dresden«, der im Ersten Weltkrieg von einem britischen Flottenverband gestellt und versenkt wurde. Auf dem Friedhof erinnern Kreuze an die gefallenen Marinesoldaten.

Besichtigen kann man die Überreste der spanischen **Fortaleza Santa Bárbara**, die im 18. Jh. Piraten davon abhalten sollte, hier ihren Stützpunkt einzurichten. Hartnäckig halten sich Gerüchte von angeblichen Schätzen, die die Freibeuter auf der Insel deponiert haben sollen. Erst Anfang 1999 machte sich zum wiederholten Mal ein Schatzsucherteam aus den USA auf, die vermuteten Vermögen zu bergen. Bescheidener, aber reeller sind die Einkünfte aus dem Langustenfang und -export, von denen die meisten Isleños heute nicht schlecht leben.

Das **Nachtleben** von San Juan beschränkt sich auf ein paar Dosen Bier am Hafen oder auf eine nette Plauderei mit einheimischen Fischern. Zum Dinner gibt es natürlich fangfrische Languste.

Kostbarkeiten der Natur

Der klassische Ausflug führt zum **Mirador de Selkirk** (550 m), auf den einzigen Aussichtspunkt der Insel, von dem man alle Küsten überschauen kann – der ideale Balkon also für den gestrandeten »Robinson« Selkirk. Allerdings sollte man sich bereits kurz nach Sonnenaufgang auf den 90-minüten Fußweg machen, denn ab mittags verstecken sich die Berge gerne hinter Wolken. Unterwegs sollte man noch einen Blick in die **Cuevas de los Patriotas** werfen, ein System aus sieben Grotten, in denen sich 1815 Freiheitskämpfer verbargen. Danach führt die Wanderung hinein in ursprünglichen Regenwald, wie es ihn weltweit nur auf Robinson Crusoe und seinen unbewohnten Nachbarinseln gibt. Von 146 registrierten Pflanzenarten gelten 101 als endemisch, das heißt, sie kommen ausschließlich hier vor. Dazu zählen Riesenfarne und Palmen, zwischen denen rote Kolibris, die *picaflores rojos*, herumschwirren. Auch sie sind nur auf der Insel heimisch.

Seit 1977 steht Robinson Crusoe als **Biosphärenreservat** unter UNESCO-Schutz. Die Ranger haben alle Mühe, vom Menschen eingeführte Spezies vom sensiblen Ökösystem fernzuhalten wie Eukalyptusbäume, Löwenzahn, Kaninchen und Katzen. ■

Daniel Defoe (1660–1731)

→ Der englische Kaufmann und Schriftsteller schrieb seinen ersten und bekanntesten Roman, »Robinson Crusoe«, erst 1719 im Alter von fast 60 Jahren.

Flüge von Santiago (Flugplatz Los Cerrillos) führt die **Linie Transportes Aéreos Robinson Crusoe** durch (hin und zurück ca. 500 US$; Reservierung unter: Tel. 02/534 46 50, Fax 531 37 72, www.tairc.cl).
Die Flüge mit kleinen Propellermaschinen sind meist nur von Okt.bis April durchführbar, da im Winter sintflutartige Regenfälle die unbefestigte Piste auf der Isla Robinson Crusoe unbenutzbar machen.

▼ Isla Santa Clara

Uruguay

Seite
260

Seine Größe, demokratische Tradition und die Bedeutung seines Bankwesens haben Uruguay die Bezeichnung »Schweiz Südamerikas« eingetragen, wobei das Land und die Hauptstadt Montevideo zumeist als Einheit gesehen werden. Dies verwundert kaum, als fast die Hälfte der rund 3,4 Millionen Einwohner in der Hafenstadt leben. Nur ein geringer Anteil der Bevölkerung ist im Inneren des Landes beheimatet, wo inmitten der weiten Weideflächen die »estancias«, die großen Viehzuchtbetriebe, zu finden sind.

Die ersten Bewohner, die *Charrúa,* die als Jäger und Sammlernomaden lebten, wurden in den Kolonialkriegen weitgehend ausgerottet. Die heutigen Uruguayer sind im Wesentlichen Abkommen der im 19. und frühen 20. Jh. siedelnden italienischen und spanischen Einwanderer; Indianer, Mestizen und Mulatten stellen dagegen eine Minderheit dar. Gegenüber ihren Nachbarn in Argentinien, mit denen sie einen Großteil ihrer Kultur teilen, gelten die Uruguayer als ungezwungener und freundlicher. Selbst bezeichnen sie sich als *Orientales,* »Ostler«, und vergleichen sich gerne mit den als »Westlern« titulierten Argentiniern, doch sind gravierende Unterschiede zwischen Montevideo und Buenos Aires evident.

Einer davon ist die ethnische Mischung in Montevideo. Die tolerante Gesinnung zog viele freigelassene Sklaven in diese Stadt und eine große Zahl trat in die Armee ein, die ihnen ein geregeltes Leben bot. Trotz der Behauptung der Uruguayer, keine Rassenvorurteile zu kennen, nehmen die Schwarzen im Wirtschaftsleben den untersten Rang ein.

Ein weiterer Unterschied zu Argentinien besteht in Uruguays streng weltlicher Tradition. Die katholische Kirche nimmt keinerlei Einfluss auf die Regierung.

Die Geburt der Nation

Die Portugiesen waren die ersten europäischen Siedler und gründeten 1680 die Stadt Colonia. Die Spanier errichteten 1726 eine Kolonie in Montevideo, im selben Jahr noch erlangten sie nach schwe-

ren Kämpfen mit den Portugiesen die Herrschaft über das gesamte Gebiet. Mit Beginn des 19. Jhs. verstärkten sich auch hier die Freiheitsbestrebungen. Der Freiheitskämpfer und Führer des Volksheeres José Gervasio Artigas führte Uruguay auf den Weg in die nationale Unabhängigkeit. 1815 vertrieb Artigas die argentinischen Soldaten und wurde so zum Führer der Nation, sein Denkmal begegnet dem Besucher in fast jedem Ort. Mit dem Versuch brasilianisches Gebiet zu annektieren

▶ Nachmittagsstille in Colonia de Sacramento
◀ »Gaucho« mit »mate«-Gefäß und silbernem Röhrchen mit Siebtülle
◀◀ Haus des Malers Paez Villaró im Strandort Punta del Este

Feiertage
tragen in Uruguay
säkulare Namen.
Weihnachten heißt
»Familientag«, die
Karwoche wird
»Woche des Touris-
mus« genannt. Der
Karneval findet in der
Woche ab Rosen-
montag statt. Auch
wenn er hinter dem
Treiben in Rio zu-
rücksteht, so sind die
Umzüge nicht zuletzt
aufgrund des »can-
dombé«, ursprüng-
lich ein afrikanisches
Tanzritual, sehens-
und hörenswert.

▼ **Der Hafen von
Montevideo
im frühen 19. Jahr-
hundert**

stürzte er Uruguay jedoch in weitere Kriegsjahre und musste schließlich nach Paraguay ins Exil fliehen.

In den folgenden 50 Jahren tobte ein Bürgerkrieg zwischen zwei politischen Kräften: den *blancos* (Weißen) und den *colorados* (Roten). Später wurden diese Kräfte zu Uruguays führenden Parteien. Um den Rindfleischexport nicht zu gefährden, wurde 1872 Friede geschlossen. Die Blancos durften von nun an ihren Einfluss auf dem Land ausüben, während den Colorados die Herrschaft über die Stadt zugesprochen wurde; diese Aufteilung besteht bis heute.

Die gesellschaftliche Revolution

Die Entwicklung Uruguays zu einem Modell bürgerlicher Ordnung, die sich während der ersten Hälfte des 20. Jhs. vollzog, verdankt das Land maßgeblich der Reformpolitik von José Batlle y Ordóñez, der

zwischen 1868 und 1872 Präsident war. Batlle studierte Jura in Montevideo und Philosophie in Paris und kehrte dann nach Uruguay zurück, wo er als Journalist die Diktatoren seines Landes furchtlos attackierte. 1886 gründete er seine eigene Zeitung, *El Día*. 1898 wurde er Senator, 1903 erstmals zum Präsidenten gewählt. Als Lösung für die Probleme seines Landes sah er eine soziale Gesetzgebung und eine staatlich geführte Industrie, wie er sie in der Schweiz kennen gelernt hatte.

Im Zuge der Reformen zu Beginn seiner zweiten Amtszeit wurden die Scheidung legalisiert, die Todesstrafe abgeschafft, im Berufsleben der Achtstundentag verfügt. Batlles Hauptziele waren die Beseitigung der Kluft zwischen Arm und Reich und die Säkularisierung des Staates. Seine 1918 erlassene Verfassung sorgte für die Einführung verschiedener Grundrechte wie Pressefreiheit und das Verbot willkürlicher Festnahmen. Nach Batlles Tod 1929 hielt der allgemeine Friede und Wohlstand die konservative begüterte Schicht davon ab, sich gegen den Ausbau der Sozialunterstützung und der Rechte der Arbeiter zu wenden. Die Verfassung von 1942 garantierte eine gesundheitliche Versorgung der Allgemeinheit, Unfall- und Arbeitslosenversicherung.

Das Ende des Wohlfahrtsstaates

Die beachtlichen Erlöse aus dem Woll- und Rindfleischexport sicherten in den 1950er Jahren den Wohlstand, aber schon im Jahrzehnt danach begann er mit dem Preisverfall und zunehmender Inflation mehr und mehr zu schwinden.

Die Krise machte den überlasteten Wohlfahrtsstaat arm und das Spekulantentum nahm überhand. Während dieser Zeit ging eine Stadtguerilla, die *Tupamaros,* gegen die neue Armut in die Offensive, bewaffnete Aktionen waren ihr erklärter Weg zur Macht. Mit zunehmenden Gewalttätigkeiten verstärkte die Regierung unter dem Colorado Jorge Pacheco die Unterdrückung. Ein groß angelegter Ausbau des Militärs folgte, und der 1971 gewählte rechtsgerichtete Präsident Bordaberry übergab die Regierung schließlich den Streitkräften. Sie ersetzten den Kongress durch einen Militärrat als einzige ausführende und gesetzgebende Gewalt. Während der kommenden zwölf Jahre der Diktatur wurde jeder fünfte Uruguayer wegen angeblicher Tätigkeit im Untergrund zur Vorbereitung eines Regierungssturzes festgenommen, unter 500 wurde einer zu sechs und mehr Jahren Gefängnis verurteilt, etwa 400 000 flohen ins Exil.

Die immer stärker werdende Auflehnung, der steigende internationale Protest und der Zusammenbruch des neoliberalistischen Wirtschaftsprogramms zwangen die Streitkräfte 1985 zum Rücktritt – nicht ohne vorher eine Pauschalamnestie zu ihren Gunsten erklärt zu haben.

Heute gilt die Demokratie als stabil, der Lebensstandard ist relativ hoch, der Unterschied zwischen Arm und Reich in kaum einem lateinamerikanischen Land

geringer. Dennoch leidet Uruguay aufgrund mangelnden industriellen Wachstums und einer einseitigen Exportpolitik unter ökonomischen Problemen. Im Oktober 2004 erfolgte ein epochaler Machtwechsel: Ein Linksbündnis (EP-FA) unter Tabaré Vázquez beendete nach 170 Jahren erstmals die wechselnde Dominanz der traditionellen Parteien »Blancos« und »Colorados« und bekam die Mehrheit im Parlament. Die Präsidentschaft errang Vázquez bereits im 1. Wahlgang und trat am 1. 3. 2005 sein Amt an.

Montevideo und die Küste

Für den Besucher mag es scheinen, als ob alle Straßen in Uruguay zum Strand führten – was nicht allzu verwunderlich ist, da das Land die attraktivste Küstenlinie des Kontinents besitzt. Allein die Hauptstadt **Montevideo** ㉒ ist berühmt für ihre weiten Strände, und die meisten Touris-

Seite
260

Tango à la Uruguay
Eine lange Tradition besitzt – ausgehend von den Hafenkneipen Montevideo – der Tango. Uruguay hat viele große Tango-Stars hervorgebracht und im Oktober wird hier die **Tango-Woche** gefeiert.

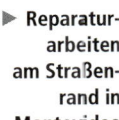

▶ **Reparaturarbeiten am Straßenrand in Montevideo**

Seite 363 TOP50

▼ **Plaza de la Independencia in Montevideo**

ten zieht es in die Badeorte, welche durch die *Ruta Interbalnearia* von Montevideo bis zum Grenzort Chuy verbunden sind.

Im Landesinneren kann man ein Stück ursprünglichen Uruguayer Landlebens auf einer der großen Farmen erleben. Hier lassen sich Ausflüge auf dem Pferderücken oder Jagdpartien unternehmen und – nicht zu vergessen – auch die berühmten Rindfleischgerichte und Weine probieren.

Die angenehmste und billigste Fahrt nach Uruguay ist die per Schiff von Buenos Aires über den **Río de la Plata.** Von Deck aus hat man eine wunderbare Sicht auf jenen Hügel, dem Montevideo seinen Namen verdankt. Das Wort entstand angeblich durch den Ausruf eines galicischen Seemanns »Monte vi eu!« – »Ich sah einen Hügel!«.

Man fühlt sich in die Vergangenheit zurückversetzt, wenn man im **Hafen** von Montevideo ankommt und über Kopfsteinpflasterstraßen schlendert. Das Stadtbild ist geprägt von alten britischen Ley-

land-Bussen, Motorrollern, Fahrradfahrern und Fußgängern. Wegen der lange Zeit sehr hohen Einfuhrzölle fahren hier noch Autos, die andernorts längst im Museum stünden.

Aufgrund der wirtschaftlich schwierigen Zeiten macht Montevideo einen etwas heruntergekommenen Eindruck, aber bestimmte Gepflogenheiten, wie z. B. der Nachmittagstee, sind ebenso wichtig wie in Buenos Aires. Eine weitaus längere Tradition allerdings besitzt *maté,* das Nationalgetränk Uruguays, das mit der *bombilla,* einem Saugröhrchen, meist aus einer Kalebasse getrunken wird.

Zwischen Moderne und Tradition

Am besten beginnt man den Rundgang durch Montevideo an der **Plaza Cagancha** (auch Plaza de la Libertad) an der Hauptverkehrsader der Stadt, der **Avenida 18 de Julio** – benannt nach jenem Tag des Jahres 1829, der die endgültige Unabhängigkeit von Argentinien und Brasilien brachte. Ist man mit der Nachtfähre angekommen, bietet sich das **Lusitano Café** für ein Frühstück mit *café con leche* und hausgemachten Croissants an.

Von der Plaza Cagancha bis hinunter zur **Plaza Independencia,** dem Hauptplatz der Stadt, sind es nur ein paar hundert Meter. Auf der linken Seite befindet sich ein kolossal-antiquierter Hochhausturm, der **Palacio Salvo,** der vermutlich mangels Konkurrenz zu einem beliebten Wahrzeichen für die Stadt wurde. Rechts steht das **Hotel Victoria,** das Jugendstil-Elemente aufweist. Die Mitte des Platzes nehmen das unterirdische Grabmal und das Reiterstandbild von General José Artigas ein.

Ebenso sehenswert sind das cremefarbene Regierungsgebäude, das nur noch zu festlichen Anlässen genutzt wird, und das prunkhafte **Teatro Solís,** ein Abbild der Mailänder Scala. Das 1856 eröffnete Haus wurde jüngst umfangreich renoviert und gehört zu den ältesten, noch bespielten Theatern des Subkontinents. Im angrenzenden **Aguila-Restaurant** speist man vornehm und ahnt, umgeben von dunkler Mahagonitäfelung, die Grandezza vergangener Zeiten.

Die Altstadt

Auf der westlichen Seite der Plaza Independencia steht noch ein Torbogen der alten Stadtmauer, die Montevideo einst gegen Eindringlinge schützte. Er markiert den Eingang zur **Ciudad Vieja,** einem Stadtteil mit engen, kurvenreichen Straßen und Gebäuden aus der Zeit der Wende vom 19. zum 20. Jh.

Den Kern der Altstadt bildet die **Plaza Constitución,** wo sich auch das alte *cabildo,* das Rathaus, befindet. Ebenso wie die **Kathedrale** wurde es im ursprünglichen Stil der Kolonialzeit restauriert. Im Rathaus ist heute ein Museum für Stadtgeschichte mit Glocken, Möbeln und Gemälden untergebracht.

Ein Gang zur Nordseite des Platzes lohnt sich für einen Blick auf die **Börse,** den **Banco de la República** und das imposante **Zollhaus** (Aduana). Erwähnenswert

ist auch der reich ausgestattete **Palacio Taranco** an der **Plaza Zabala.**

Folgt man der Calle Piedras hinunter zum Strand, gelangt man zum **Mercado del Puerto,** einem turbulenten Fischmarkt mit einer Reihe von Restaurants im Freien. Die Gäste sitzen hier an der Theke und können den Köchen beim Braten an den riesigen Grills zusehen. Sehr gut schmecken in Montevideo Rindfleisch und Meeresfrüchte; empfehlenswert ist auch *chivito,* ein Sandwich mit geschmolzenem Käse und Schinken, sowie das aus Quellwasser gebraute uruguayische Bier nach deutschem Rezept.

Historische Parkanlagen

Die Stadt besitzt zwei wunderschöne Parks: Der **Prado,** liegt nordwestlich der Innenstadt in einer Gegend, wo noch einige der großen, alten Villen stehen (folgen Sie von der 18 de Julio aus der Agraciada in Richtung Norden). Der Park mit exotischen Pflanzen und Tieren gehörte vor-

 Seite 260

TOP 50 Seite 360

▶ »Mate« wird überall getrunken: im Bus, beim Schlangestehen in der Bank und im Park

mals José Buschental, einem Finanzier des 19. Jhs., der hier ein großes Gut besaß und die Nichte des Kaisers Dom Pedro II. von Brasilien heiratete.

Der andere Park, **Parque Rodó,** liegt direkt hinter dem Stadtstrand **Ramírez** und prunkt mit Palmen, Eukalyptus- und einheimischen Ombúbäumen. Den Namen verdankt die schattige Anlage einem der bekanntesten Schriftsteller aus dem Südamerika des 19. Jhs.: José Enrique Rodó.

Elegante Strandpromenaden, komfortable Hotels

Die wunderbaren weißen Strände der Stadt erstrecken sich östlich bis nach **Carrasco,** einem noblen Vorort, wo an den Straßen große Bäume Spalier stehen und die Villen den wenigen Reichen des Landes gehören. Dort ist auch das altehrwürdige Kasino, das jedes Jahr zur Badesaison seine Pforten öffnet. (Der interna-

Entspannendes Wasser
Empfehlenswert ist ein Besuch der heißen Heilquellen in den **Termas de Deymán** und **Arapey,** nördlich von Paysandú.

Seite 356 **TOP 50**

◄ **Durch die Markthallen am Hafen zieht der Duft von »asado« (Fleisch vom Grill)**

tionale Flughafen liegt oberhalb von Carrasco, 14 km von der Innenstadt entfernt.)

Die Landstraße führt hinter Carrasco ins Landesinnere, kleinere Straßen zweigen jedoch zur Küste ab. Etwa 3 km vor dem 45 km entfernten **Atlántida** liegt eine aus dem 18. Jh. stammende Festung, **Fortín de Santa Rosa,** die in ein Hotel mit Privatstrand und einem exzellenten Restaurant umgewandelt wurde. Atlántidas schöne Strände werden von Zypressen und Eukalyptusbäumen geschützt. Auch hier findet man ein Kasino, einen Golfplatz, ein Teehaus und andere Einrichtungen eines Sommerbadeorts.

Piriápolis, direkt hinter Atlántida, ist ein hübsches Städtchen mit einer Strandpromenade. Es liegt in einer Bucht, in deren Mitte das Hotel Argentino mit seinen Kureinrichtungen das Flair der 1920er Jahre besitzt.

Der bekannteste Strandort an Uruguays Küste ist **Punta del Este ㉓,** dessen Halbinsel vor allem reiche Argentinier, europäischen Adel und internationale Prominenz anzieht. »Punta«, wie die argentinische Oberschicht den Badeort liebevoll nennt, besitzt zwei lange und sehr schöne Strände: Der wilde und windigere liegt direkt am Atlantik, der ruhigere in der Bucht.

Auf dem Weg in Richtung Brasilien lohnt sich ein Besuch der aus dem 18. Jh. stammenden Festungen **Santa Teresa ㉔** und **San Miguel ㉕.** Ihre Umgebung ist inzwischen in Nationalparks und Vogelreservaten unter Schutz gestellt worden. Der reizvolle Fischerort **Punta del Diablo** verwöhnt seine Gäste mit einer Reihe von ausgezeichneten Fischrestaurants.

Zeugnisse aus der Kolonialzeit

Westlich von Montevideo sind einige interessante Siedlungen europäischer Prägung zu besichtigen. **Colonia Suiza,** auch bekannt als **Nueva Helvecia,** stellt eine kleine Schweizer Enklave dar, und **Colonia Valdense** wurde von Waldensern, die aus dem Piemont stammten, gegründet.

177 km westlich von Montevideo liegt die wohl schönste Kolonialstadt des Cono Sur: **Colinia del Sacramento 28 ㉘** (UNESCO-Weltkulturerbe). Es hat mehr als alle anderen Städte dieser Region seine ursprüngliche Atmosphäre bewahrt. Hier hat sich wenig geändert, seit die Portugiesen die Stadt als Gegenstück zu Buenos Aires 1680 gründeten. An einem warmen Sommertag erscheint die 10 000-Einwohner-Stadt wie ausgestorben.

Sehenswert sind das **Spanische Museum**, das sich in einem umgebauten Schloss des 18. Jhs. befindet, das **Portugiesische Museum** mit seiner hervorragenden Möbelsammlung und die **Pfarrkirche** in der Altstadt. Die engen, kopfsteingepflasterten Straßen führen alle zum Fluss, wo ein Leuchtturm vorbeifahrende Schiffe vor Uruguays tückischer Küste warnt. Folgt man der Promenade am Río de la Plata, stößt man auf die von Trauerweiden umgebenen Ruinen der Festungsanlage aus der Kolonialzeit.

Dem Río Uruguay folgend

Für den Uruguayer ist eine Reise entlang dem Río Uruguay ein patriotischer Akt, vergleichbar mit dem Besuch eines Amerikaners in den Staaten Neuenglands. Denn in den kleinen Dörfern, in denen die Zeit still zu stehen scheint, hat die uruguayische Unabhängigkeit ihren Anfang genommen.

Fährt man 30 km von Colonia flussaufwärts, kommt man nach **La Agraciada,** wo die patriotische Gruppe der »33 Orientales« die Portugiesen mit argentinischer Unterstützung aus Uruguay zu vertreiben suchten. Eine Statue ihres Anführers, des Generals Lavalleja, erinnert an ihre Taten.

Noch weiter flussaufwärts liegt **Paysandú ㉗**, eine Stadt, die für den wohlschmeckenden Fisch *pez dorado* bekannt ist. Hier verbindet die **Artigas-Brücke** Uruguay mit Argentinien. ∎

Seite 260

▼ **Das mondäne Parkhotel von Montevideo in den 1920er Jahren**

Argentinien

Seite 260

Schon oft genug wurde Argentinien wegen seiner enormen natürlichen Reichtümer eine rosige Zukunft prophezeit. Bleibt sie für viele Bewohner die große Hoffnung, so bietet zumindest für die Touristen das Land mehr als leere Versprechungen: Grandiose Natur zwischen Tropenwald und ewigem Eis, dazu eine der faszinierendsten Städte des Kontinents.

Vor nur 50 Jahren war Argentinien eines der reichsten Länder der Welt. Die Menschen erfreuten sich eines hohen Lebensstandards, und der legendäre Reichtum argentinischer Viehzüchter war etwa dem der texanischen Ölmagnaten vergleichbar. Als zweitgrößter Staat Südamerikas und achtgrößtes Land der Welt schien sich Argentinien neben den USA und Kanada zu einem der führenden Staaten Amerikas zu entwickeln.

> **Argentinien**
> → leitet sich ab vom lateinischen »argentum«, denn reiche Silbervorkommen, vermuteten die Spanier am Río de la Plata – ein Irrtum.

Zur Enttäuschung vieler Argentinier hat sich diese Erwartung nie dauerhaft erfüllt; allzu häufig standen innenpolitische Querelen dem Anschluss an die »erste Welt« im Weg. Es ist wohl kein Zufall, dass viele bekannte Argentinier gerade aus ihrem großen Scheitern ihre Popularität bezogen: Die früh verstorbenen Polit-Ikonen Evita Perón und Che Guevara, der melancholische Tango-König Carlos Gardel, der von Drogensucht und Doping gezeichnete Fussballgott Diego Maradona. Und wo sonst auf der Welt hätte der Tango entstehen können, ein Tanz, der die Melancholie zur Kunstform erhebt?

Ein Land der Kontraste

… ist Argentinien – zwischen unermesslichen Ebenen im Osten und der imposanten Kette der Sechstausender der **Anden.** Die Gebirgskette zeigt in ihrem Verlauf von Jujuy bis nach Feuerland bemerkenswerte Gegensätze: Hochland im Nordwesten, Seen, Wälder und Gletscher in den patagonischen Anden. Der flache, feuchtheiße **Chaco** im Norden wird von den Flüssen Bermejo, Salado und Pilcomayo durchzogen. Das argentinische von sanften Hügeln, Lagunen und Sumpfniederungen gebildete **Mesopotamia** (Prov. Entre Rios, Corrientes und Misiones) dehnt sich zwischen Río Paraná und Río Uruguay aus. Im Zentrum Argentiniens ist die Region der **Pampa** die größte und bekannteste Ebene. Dort wird in-

◄ **Auch abends belebt, die Fußgängerstraße Lavalle in Buenos Aires** ► **Der unsterbliche Tangostar Carlos Gardel** ◄◄ **Spätnachmittag in der Einsamkeit der Pampa**

tensiv Landwirtschaft und Viehzucht betrieben. Unterbrochen wird die Ebene im Süden nur von den Sierras von Tandil und La Ventana und im Westen von den Gebirgen von Córdoba. Im Süden erstrecken sich die zwischen den Anden und dem Meer unfruchtbaren und steinigen Steppen **Patagoniens,** über die fast ständig ein kalter, heftiger Wind bläst. Die patagonische Atlantikküste gleicht einer Wüste; nur direkt am Wasser gibt es eine artenreiche Fauna, u. a. mit Pinguinen, Seelöwen und Walen.

Porteños, Gauchos und Caudillos

Als feststand, dass in Argentinien keine wertvollen Metalle zu finden waren und die Indianer nicht versklavt werden konnten, verlegten sich die Spanier zunächst auf das Plündern der Schätze Perus und Boliviens. Argentinien diente vor allem als Korn- und Fleischkammer und Arsenal

◄ **Ein Gaucho mit seiner »china« (Bild aus dem 19. Jh.)**

der Kolonialtruppen. Im 18. Jh. änderte sich die Situation und Buenos Aires entwickelte sich zum Schmuggelzentrum und Sammelbecken für Abenteurer und Deserteure. Der Schwarzhandel mit den portugiesischen Kolonien Uruguay und Brasilien florierte. Der Handel mit Rinderhäuten und die Mauleselzucht vertrieben die Indianerstämme immer weiter aus den Pampas. Zu dieser Zeit eigneten sich wenige spanische Familien riesige Landstriche an, ihre Namen tauchen immer wieder unter den Machthabern in Argentinien auf. Die Kolonialregierung musste Zugeständnisse machen und gründete 1776 das Vize-Königreich *Río de La Plata.* Aber noch hatte Madrid das Handelsmonopol und wachte darüber, dass alle Waren von und nach Europa den umständlichen Weg über Peru nahmen. Der Unmut der Großgrundbesitzer und Kaufleute wuchs zusehends.

Als napoleonische Truppen Spanien besetzten, nutzten die argentinischen Republikaner 1810 die Gunst der Stunde, um sich vom Mutterland zu lösen. Vergeblich versuchten spanische Truppen Buenos Aires zurückzugewinnen. Die Unabhängigkeit (1816) war kaum besiegelt, als auch schon Konflikte zwischen den *porteños,* den Bewohnern von Buenos Aires, und den Provinzstädten ausbrachen. In den nächsten 70 Jahren folgten erbitterte und äußerst verlustreiche Bürgerkriege, in denen Buenos Aires sich mühsam und blutig gegen selbstherrliche Provinzfürsten, die *caudillos,* durchsetzen musste.

Der berühmteste aller *caudillos* war Juan Manuel de Rosas. Einer reichen Farmerfamilie entstammend, stieg er 1829 in den Wirren der Bürgerkriege empor, um Gouverneur der Provinz Buenos Aires und de facto Herrscher Argentiniens zu werden. Rosas regierte mit Hilfe einer terroristischen Geheimpolizei, seine Politik zielte auf die Konkurrenzfähigkeit argentinischer Produkte im Außenhandel.

Nach 23-jähriger Herrschaft lehnten sich die *porteños* schließlich auf, verbannten ihren Diktator und massakrierten seine Anhänger. Seine Schutzzölle wurden außer Kraft gesetzt, das Land erneut mit importierten Waren überflutet, und die Bürgerkriege setzten sich verstärkt fort.

Maßgeblich in der Gestaltung der Zukunft Argentiniens war zudem ein landwirtschaftlicher Umschwung: Bis in die Mitte des 19. Jhs. konnte bei der Schlachtung von Rindern nur ein Teil des Fleisches und der Häute genutzt werden; 1876 hatte man dann ein Kühlverfahren entwickelt, das den Export quer über den Atlantik erlaubte; in Europa erzielte das Rindfleisch Höchstpreise.

Die Fleischproduktion wurde in Windeseile industrialisiert, um der Nachfrage standzuhalten. Man baute Eisenbahnlinien quer durchs Land, und Argentinien überflügelte im Agrarsektor seine Konkurrenten Australien und Kanada.

Schmelztiegel

Seite 260

Tausende von Arbeitern wurden benötigt, um den Aufschwung in Gang zu halten. Bis 1880 blieb nur ein geringer Teil der Gastarbeiter in Argentinien sesshaft. Praktisch über Nacht kam der im Verhältnis zur einheimischen Bevölkerung größte Einwanderungsstrom, den es in der Geschichte gegeben hatte. Meist waren es verarmte Bauern und Handwerker aus Italien, Spanien, Frankreich und Kroatien. Die argentinische Oligarchie aber sah keine Veranlassung, ihren Wohlstand mit solchen »Habenichtsen« zu teilen. Viele Immigranten blieben schon in den Hafenslums von Buenos Aires hängen, lebten von Gelegenheitsjobs an den Docks oder im Schlachthof. Nur wenige bekamen kleine Grundstücke zur

> ### *Juan Manuel de Rosas (1793–1877)*
> → Der Diktator schuf ab 1835 einen straff strukturierten Einheitsstaat; 1852 wurde de Rosas gestürzt.

▼ **Eva und Juan Perón**

[Foto: Eva und Juan Perón]

Bewirtschaftung zugeteilt, mussten aber nach wenigen Jahren weiterziehen. In Argentinien etablierten sich seinerzeit ein paar hundert miteinander verwandte oder verschwägerte Familien.

Diese ungleichen Besitzverhältnisse behinderten die politische Entwicklung. Durch die Wirtschaftsexpansion konnte der Hafen in Buenos Aires das Land noch stärker dominieren. Die reichen *porteños* kultivierten ihren französisch-eleganten Lebensstil. Prachtstraßen wurden mit Gehwegen aus Marmor angelegt, an denen sich Cafés und Jacaranda-Alleen entlang zogen. Der Optimismus der Hauptstädter erreichte ungeahnte Höhen, während gleichzeitig politische und wirtschaftliche Unterschiede zutage traten.

Aus Protestbewegungen gegen die Herrschaft formierte sich der Vorläufer der heutigen Partei gleichen Namens: die *Unión Cívica Radical* der Mittelklasse. Nachdem sich herausgestellt hatte, dass das einzig »radikale« an der Bewegung ihr

▲ **Der Leuchtturm am Hafen von Buenos Aires**

▼ **Das Ende des siebenjährigen Militärregimes konnten die Argentinier 1987 feiern**

Name war, gewährte die Oligarchie 1916 demokratische Wahlen, die von Hipólito Yrigoyen gewonnen wurden. Leider schlugen die meisten seiner Reformen fehl. Als das Land die Folgen der Weltwirtschaftskrise zu spüren bekam, war der greise Yrigoyen noch immer Präsident. Niemand war überrascht, als am 6. September 1930 das Militär den Präsidentenpalast besetzte und General Uriburu die Macht übernahm. Dies war die erste von vielen militärischen Interventionen.

Die Ära Perón

In den 1930er Jahren lösten sich rechte Militärregierungen gegenseitig ab, unter denen die Oligarchie das Land weiterhin ungehindert steuern konnte. 1943 gelang einer Gruppe junger Offiziere ein Staatsstreich. Eines der neuen Regierungsoberhäupter war *Juan Domingo Perón*. Während seiner Zeit als Militärattaché in Italien war er zum glühenden Verehrer

Seite 260

Mussolinis geworden. Angesichts der politischen Umwälzungen in Argentinien beschloss der begnadete Demagoge und Populist, sich für die Arbeiterklasse einzusetzen, für jene, die ohne Wahlrecht waren. Perón wurde Arbeitsminister und startete ein zügiges Programm zur Organisation von Gewerkschaften.

Bei seinen Bemühungen wurde er von der Hörfunk-Moderatorin *Eva Duarte* unterstützt. Die beiden waren sich bei einer Spendenaktion begegnet, verliebten sich und zogen fortan gemeinsam für die Arbeiter ins Feld. Als Tochter eines Bauern wurde Evita von der Oberschicht abgelehnt, aber von der Arbeiterklasse angehimmelt. Durch Peróns zunehmenden Einfluss alarmiert, ließ eine Gruppe von Generälen ihn einsperren. Aber Eva mobilisierte 300 000 Anhänger zu seiner Befreiung: Die *descamisados,* die Hemdlosen, trafen in Scharen vor dem Präsidentenpalast ein und forderten Peróns Freiheit. Die Generäle gaben nach, und die beiden Helden heirateten bald darauf.

Umgehend wurde zu Präsidentschaftswahlen aufgerufen, die Perón spielend gewann. Eilig verstaatlichte er Industriebetriebe, während seine Frau durch Europa reiste. Eva starb 1952 im Alter von 33 Jahren an Leukämie, und bald verflüchtigte sich der Peróns Regentschaft anhaftende Zauber. Das Leben wurde teurer, Korruption breitete sich aus. Als das Gerücht umging, Perón würde Waffen an die Gewerkschaften verteilen, schlug das Militär wieder zu, indem es den Präsidentenpalast bombardierte und Perón ins Exil trieb.

Nach dem tiefen Fall der Aufstieg

Während der folgenden 18-jährigen Militärherrschaft lebte der Peronismus trotz aller Repressalien weiter. Als 1973 wieder Wahlen angesetzt wurden, gewannen

---

> **»Evita«**
> → Eva Duarte de Perón (1919–1952) widmete sich der Sozialarbeit und setzte sich für das Frauenwahlrecht ein; bis heute geniesst Evita die Bewunderung der einfachen Bevölkerung.

---

peronistische Kandidaten und riefen ihren Begründer aus dem spanischen Exil auf den Präsidentensitz zurück. Kurz nach seinem triumphalem Einzug in Buenos Aires starb Perón plötzlich, hatte aber die Präsidentschaft seiner zweiten Frau Isabel gesichert.

Argentinien erlebte abermals einen wirtschaftlichen Niedergang. In den Bergen bei Córdoba begannen Guerillakämpfe, Terroristen legten Bomben und entführten Prominente. Das Militär wartete nur, bis es 1976 genügend Unterstützung für einen Putsch fand, und herrschte von da an mit systematischer Unterdrückung. Die Junta begann mit ihrer *proceso* genannten »Säuberung der Gesellschaft«, bei der mindesten 10 000 Menschen entführt, gefoltert und heimlich exekutiert wurden.

▶ **Obelisk auf der Avenida 9 de Julio, der breitesten Straße der Welt**

Rindfleisch und Rotwein

Weltberühmt sind die tatsächlich erstklassigen Rindersteaks aus der argentinischen Pampa Húmeda, dem Hinterland von Buenos Aires. Weniger bekannt ist, dass Argentinien die fünftgrößte Winzernation der Welt ist und Tropfen von beachtlicher Qualität hervorbringt.

Das möglichst dick geschnittene Stück »bife« und die Flasche »tinto« bilden einen landestypischen Zweiklang und sind als gastronomische Ur-Erfahrung ein unverzichtbarer Teil argentinischer Lebensart. Nur unwesentlich vom internationalen Trend zu Ökokost gebremst, ist die pure Fleischeslust noch immer unübersehbar in der lokalen Küche. Die Zubereitung des Steaks gilt als Kunstform, die in den Steakhäuser (»parrillas«) vor allem in Buenos Aires zelebriert wird. Überzeugte Vegetarier dürften sich mit Grausen abwenden, wenn in den Fenstern von Spitzenrestau-

◄ Fleisch ist von den Speisekarten in Buenos Aires nicht wegzudenken

rants halbe Rinder über offenen Holzkohlengrills geröstet werden.

Aber ist »bife« nicht gleich »bife«? Die Speisekarte wirkt verwirrend vielfältig. Das teuerste und magerste Stück ist das »bife de lomo«, es entspricht in etwa dem bekannten Lendensteak. Das beliebte »bife de chorizo« ist Teil der hinteren Rippen (Rumpsteak) und wird meist mit dickem Fettrand gegart, während man das »bife de costilla« als T-Bone-Steak kennt. Unter »asado de tira« versteht man ein riesiges Stück Spareribs. »Parrillada« ist ein gemischter Grillteller einschließlich vieler Innereien sowie Brat- (»chorizo«) und Blutwurst (»morcilla«) für den Genuss in größerer Gesellschaft – besonders bei opulenten Einladungen zu Hause oder auf der »chacra«, dem Landhaus. »Jugoso« (saftig) meint englisch, medium ist »a punto« und gut durchgebraten »bien hecho«. Beilagen wie Salat, Pommes frites, Püree oder Gemüse sind stets separat zu ordern. »Salsa chimichurri« oder »salsa picante«, beides mehr oder weniger feurige Soßen, dienen dem individuellen Verfeinern.

Der bei Mendoza oder in den trockeneren Gebieten bei Salta angebaute Wein ist relativ billig, schmeckt aber erstaunlich gut. Um Kopfschmerzen zu vermeiden, sollten Sie den »vino común«, der in Restaurants in Krügen bereit steht, möglichst nicht trinken. Nehmen Sie lieber einen Markenwein von der Karte. Besonders zu empfehlen sind die Rebsorten Cabernet Sauvignon, Malbec, Merlot und Pinot Noir von renommierten Winzern wie Peñaflor, Michel Torino, La Colina de Oro oder Casa Lopez.

Steakhäuser in Buenos Aires sind leicht zu finden; die Portionen sind immer riesig und das Fleisch ist in der Tat einfach unvergleichlich! Zu den Klassikern der Branche zählen etwa »La Estancia« (Lavalle 941); »La Chacra« (Av. Córdoba 941); »Los Troncos« (Suipacha 732), »Los Años Locos« (Costanera Norte) und »El Mirasol del Puerto« (Dávila 202; Puerto Madero). ∎

Um vom staatlich sanktionierten Morden und seinem wirtschaftspolitischen Versagen abzulenken, entschloss sich Präsident Galtieri, die *Falkland-Inseln* – in Argentinien *Islas Malvinas* genannt – zu überfallen. Die Militärs hatten vermutlich nicht mit einer militärischen Reaktion Margaret Thatchers gerechnet.

Nach einem kurzen, blutigen Krieg wurden die Argentinier geschlagen; die Militärs mussten 1983 freie Wahlen zulassen, die Raúl Alfonsin von den »Radikalen« gewann. Sein Name wird noch heute mit einer Hyperinflation verbunden, er trat vorzeitig zurück und der Peronist Carlos Menem trat das Präsidentenamt an. Sein Wirtschaftsminister Cavallo predigte den Wirtschaftsliberalismus und koppelte den Peso an den US-$, eine Maßnahme, die nach dem wirtschaftlichen Zusammenbruch 2002 rückgängig gemacht wurde. Am schlimmsten trifft die Rezession die Ärmsten: Jedes vierte Kind leidet an Unterernährung, obwohl das 37-Millionen-Einwohner-Land jährlich Nahrungsmittel für 300 Millionen Menschen produziert.

Der gemäßigte sozialistische Präsident Fernando de la Rúa trat Ende 2001 zurück. Bis zu den Neuwahlen im April 2003 übernahm der Peronist Duhalde die Amtsgeschäfte. Die Wahlen gewann zunächst Ex-Präsident Menem, jedoch nicht die verfassungsmäßige Mehrheit; zur Stichwahl trat er überraschend nicht mehr an, da ihm seine Gefolgsleute die Unterstützung verwehrten. Damit wurde der Zweitplazierte, der Gouverneur der patagonischen Provinz Santa Cruz, Néstor Carlos Kirchner, mit der geringsten Stimmenanzahl in Argentiniens Geschichte zum neuen Staatsoberhaupt gekürt.

Eine seiner ersten Maßnahmen war die komplette Erneuerung der Militärspitze sowie die Umbesetzung des Obersten Gerichts, das Menem mit seinen Anhängern besetzt hatte. Auch die Aufarbeitung der Militärdiktatur kommt endlich voran: die Amnestiegesetze von 1986/87 werden im Parlament aufgehoben, die Strafverfolgung der uniformierten Menschenrechtsverletzter damit möglich.

Buenos Aires – Metropole der Leidenschaft

Seite 260

Nur wenige Hauptstädte haben ihr Land so fest im Griff wie Buenos Aires ㉘ Argentinien. Fast ein Drittel der Gesamtbevölkerung, rund 11 Millionen Menschen, lebt im städtischen Großraum. Die meisten Inlandflüge beginnen und enden im hiesigen *Aeroparque.* Presse, Theater und Museen setzen landesweit Standards.

Ausgestreckt über die flachen Pampas, an den Ufern des **Río de la Plata,** stellt Buenos Aires sein europäisches Erbe zur Schau – mit sehnsüchtigem Blick auf ferne Küsten. Die Menschen in Buenos Aires, die *porteños* (»Hafenmenschen«), sind ein eigener Schlag, ihre Widersprüchlichkeit ist in ganz Südamerika bekannt. Das klassische Image entstammt ihrer Mittelschicht: städtisch und charmant, gebildet und snobistisch; leicht überheblich, gerne ironisch und einmal emotional aufbrausend, dann wieder kalt berechnend.

▲ **Die farbenfrohen Häuser von La Boca, Buenos Aires**
▶ **Parade der Präsidentengarde in Buenos Aires**

Historische U-Bahn
Auf der Linie A der
»Subte«, der U-Bahn
von Buenos Aires,
verkehren teils noch
Waggons mit hölzer-
ner Einrichtung aus
den 20er Jahren.
Sehenswert ist ferner
der nostalgische,
kachelgeschmückte
Bahnhof der **Station
»Perú«** (Av. 25 de
Mayo).

Seite 354 TOP 50

▼ San Telmo ist
bekannt als
Einkaufsparadies
für Antiquitäten-
liebhaber

In Anspielung auf seine multikulturelle Identität besagt ein geflügeltes Wort, der Porteño sei »ein Italiener, der Spanisch spricht, sich wie ein Engländer benimmt und glaubt Franzose zu sein«.

Auf jeden Fall kultivieren die Porteños ihren Sinn für Stil und Eleganz, sie lieben Theater, öffentliche Diskussionen und politisches Spektakel auf den Straßen. Hinter den Kulissen üben dagegen Seelendramen eine gewisse Faszination aus: in Buenos Aires gibt es mehr Psychiater pro Einwohner als in Manhattan.

Ein Hauch von Europa

Buenos Aires wurde schon vor über 400 Jahren gegründet, aber um die Wende vom 19. zum 20. Jh. praktisch neu aufgebaut. Während des Rindfleischbooms um 1880 hatte man viele Gebäude im spanischen Kolonialstil abgerissen und nach Pariser Vorbild neu errichtet. Es war eine Zeit großen Wohlstands, als die Rindfleischbarone ihre Söhne nach Euro-

pa schickten. Buenos Aires war weltbekanntes Zentrum der Mode und der Kunst. Der argentinische Traum kam jedoch rasch ins Stocken: Kaum war die Stadt fertig gestellt, begann der Niedergang. Dieser Hauch von einstiger Pracht macht jede Erkundung reizvoll, denn Buenos Aires ist weniger eine Stadt der Sehenswürdigkeiten als ein Kaleidoskop unterschiedlichster Stimmungen.

Prächtige Stadtkulisse

Das Stadtzentrum ist von breiten Straßenzügen unterteilt, in denen Jacaranda-Bäume und Prunkgebäude die Kulisse prägen. Kuppeln überragen die Dächer, griechische Götterbilder rahmen die Fenster, im Inneren verbergen sich Treppenaufgänge aus Marmor und Kronleuchter und alles ist von einer Patina überzogen.

Die Fußgängerzone **Florida** ist rund um die Uhr mit eitlen Flaneuren und Geschäftsleuten überfüllt. Dicht gedrängt sind die Boutiquen mit Argentiniens berühmten Lederwaren; preiswerter ist allerdings die **Calle Santa Fé.** Sie trifft auf die Florida an der **Plaza San Martín,** deren eindrucksvolle Statue an den einzigen allgemein respektierten argentinischen Helden erinnert. Eine andere Fußgängerzeile, die **Lavalle,** kreuzt die Florida. Dort gibt es Kinos, billige Restaurants und basarartige Ladenpassagen, in denen noch kräftig gefeilscht werden darf. Abends – nach den Kinovorstellungen – drängen sich hier derartige Menschenmassen, dass man kaum noch vorwärts kommt.

Der Präsidentenpalast heißt **La Casa Rosada** – wegen seines farbigen Mauerwerks. Er steht an der **Plaza de Mayo,** wo bis zum Jahresende 2005 jeden Donnerstag die »Mütter der Plaza de Mayo« zu ihrem stillen Protest gegen die Verbre-

> **Jacaranda (mimosifolia)**
> → Der in Buenos Aires weit verbreitete Maum mit blau-violetten Blüten (Okt./Nov.) und zarten, mimosenartigen Blättern ist im Raum Nordargentinien, Bolivien, Südbrasilien beheimatet.

chen der Militärdiktatur zusammen kamen. Aufgrund der juristischen Verfolgung der Schuldigung unter Präsident Kirchner haben sie diesen Protest aufgegeben.

Auf der anderen Seite des Platzes steht eines der wenigen erhaltenen Kolonialgebäude, der **Cabildo,** das ehemalige Rathaus, das heute als historisches Museum dient. Nebenan hat in der **Kathedrale** General San Martín seine letzte Ruhestätte gefunden.

Die breite **Avenida de Mayo** reicht von hier bis zum Kongress, der dem Weißen Haus in Washington ähnelt. Auf dem Weg kreuzt sie die mit 130 m breiteste Straße der Welt, die **Avenida 9 de Julio,** wo unübersehbar der **Obelisco** in den Himmel ragt.

Die nahe gelegene **Calle Corrientes** bildet das Herzstück des Showbusiness

Seite 260

TOP 50 Seite 362

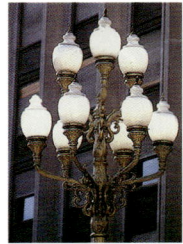

▼ **Teatro Colón, das den Häusern in Mailand und Paris durchaus Konkurrenz machen könnte**

Tanz mit der Leidenschaft

Der Tango, die klassische Tanzmusik Argentiniens, ist alles andere als heiter. »Ein trauriger Gedanke, den man tanzen kann«, nannte ihn Enrique Santos Discépolo, einer der größten Textdichter des Genre. Die Themen des Tango sind Einsamkeit, Verzweiflung, Eifersucht, Heimweh. Er ist eine stolze Selbstdarstellung des latinischen Machos: leidenschaftlich, erotisch und endlos pathetisch. Eng mit der Geschichte des Landes verknüpft, so sagt man, zeige er den Nationalcharakter in Reinkultur.

Die Ursprünge des Tangos gehen zurück bis in die »arrabales«, die tristen Hafenslums im Buenos Aires des ausgehenden 19. Jhs. Kulturen der ganzen Welt trafen dort auf engstem Raum zusammen und bevölkerten die Bars und Stundenhotels. Aus der Milonga der Gauchos, dem spanischen Flamenco, der kubanischen Habanera und der italienischen Tarantella entstand

◄ Tango-klängen kann man in San Telmo an jeder Straßenecke lauschen

schließlich der einprägsame Klang des Tangos, stets getragen vom schluchzenden Bandoneón, eines vom Krefelder Akkordeonbauer Heinrich Band 1840 für den Einsatz in der Kirche entwickelten Instrumentes.

Den Tanz dazu erfanden angeblich die Freier in der Warteschlange vor den Hafenbordellen. Seine Beliebtheit wuchs stetig unter den Proletariern. Nur die snobistische Oberschicht hielt sich von den anrüchigen Rhythmen und den eindeutigen Wiege- und Klammerschritten des Tango fern. Die Welle schwappte nach Europa über, wo man vergeblich versuchte, gegen den sinnlichen Tanz anzukämpfen; bald schon brach eine regelrechte Tango-Manie aus. Und als der Tanz dann in Europa salonfähig war, nahm ihn auch die argentinische Oberschicht an. Mit der Erfindung der Schallplatte erreichte der Tango ein Massenpublikum wie nie zuvor. 1917 nahm ein unbekannter Sänger namens Carlos Gardel den Tango »Mí Noche Triste« auf und wurde über Nacht berühmt. Als er 1935 auf dem Gipfel seiner Karriere bei einem Flugzeugabsturz in Kolumbien ums Leben kam, war ihm sein Platz im Pantheon sicher.

Zu Peróns Zeiten lebte man den Tango in vollen Zügen, in den 50er und 60er Jahren hingegen dämmerte er im Schatten von Rock'n Roll und Pop vor sich hin. Dann gab der Komponist und Bandoneón-Spieler Astor Piazzolla dem Tango eine neue Richtung und ließ ihn als »Tango Nuevo« wieder aufleben. Heute gehören Tango-Shows zum touristischen Standardprogramm, aber auch immer mehr junge Argentinier wollen wieder so tanzen wie einst ihre Großeltern. Es gibt sogar einen Tango-Radiosender, der rund um die Uhr ausschließlich Tango ausstrahlt. Vor allem im Stadtteil San Telmo, in einer Reihe von Bars, z. B. in der Viejo Almacén, La Ventana oder El Querandi, lohnt es sich durchaus, die professionellen Vorstellungen anzusehen. ■

von Buenos Aires, sie ist bestückt mit Jugendstiltheatern und Kinopalästen der 20er Jahre. Die Argentinier bevorzugen ein spätes Abendessen, die Restaurants in dieser Straße sind daher oft noch bis 2 Uhr morgens voll besetzt, und Samstagabends beginnt die letzte Filmvorführung sogar erst um 1.30 Uhr! »La Corrientes nunca duerme«, sagt man, »die Corrientes schläft nie«. Selbst in den Buchhandlungen auf dem Boulevard wimmelt es bis in die frühen Morgenstunden von agilen Leseratten.

Auf der Höhe der Hausnummer 1500 befindet sich das **San-Martín-Kulturzentrum,** und gleich um die Ecke, an der **Plaza Lavalle,** steht das prunkvolle **Teatro Colón,** eines der größten und schönsten Opernhäuser der Welt. Täglich außer Sonntag gibt es Führungen (Mo–Fr 11 u. 15, Sa 9, 10, 11 u. 12 Uhr) durch die unterirdischen Werkstätten und dem kleinen Museum, in dem an so großartige Künstler wie Nijinsky, Pawlowa und Caruso erinnert wird.

Kaffeehaus-Gesellschaft

Um Buenos Aires zu verstehen, übernimmt man am besten den Stil der Porteños, d. h. man verbringt so viel Zeit wie möglich in den *confiterías* oder Cafés der Stadt, einzig und allein um die Vorübergehenden zu studieren. Drei der stadtältesten und ehrwürdigsten *confiterías* sind nur jeweils einen Katzensprung voneinander entfernt. Das **Café Ideal** befindet sich an der Ecke Suipacha/Corrientes. Man kann dort bis heute, umgeben von lackiertem Holz, Messing und Marmorsäulen, Tee trinken und Kuchen essen, während auf altertümlichen elektrischen Orgeln Walzer gespielt werden.

Die berühmteste aller *confiterías* ist wohl das **Tortoni** an der Ecke Avenida de Mayo/Piedras. In den 20er Jahren war es ein beliebter Aufenthaltsort für Intellektuelle wie den Schriftsteller Jorge Luis Borges. Man lauschte der Tangomusik, experimentierte mit Kokain und diskutierte über die Dichtkunst. Die roten Lederses-

Seite 260

▼ **Mar de Plata**

sel, Spiegel und Kronleuchter haben sich seit jener Zeit kaum verändert.

Eine völlig andere, ungewöhnliche *confitería* ist das **Café La Paz**, Ecke Montevideo/Corrientes, das von jungen Studenten und Künstlern frequentiert wird – eine Mischung aus Lesesaal und Treffpunkt und praktisch 24 Stunden am Tag voller Menschen.

Streifzug durch die Barrios

Das Künstlerviertel **San Telmo** ❶ sollte man unbedingt besuchen. Zu Beginn des 17. Jhs. war dies der Dreh- und Angelpunkt am Fluss der Stadt. Mit seinen Kopfsteinpflaster-Straßen gesäumt von niedrigen Gebäuden, Tangobars und Antiquitätengeschäften, hat es sich seinen kolonialen Charme erhalten. Ein sehenswertes Ereignis ist der **sonntägliche Trödelmarkt** auf der Plaza Dorrego. Während in den umliegenden Cafés Jazz- und Tangomusik gespielt wird, stellen viele Künstler und Antiquitätenhändler

Sightseeing-Tour
Der Bus (colectivo) der Linie 29 fährt von La Boca quer durch Buenos Aires bis in die nördliche Vorstadt Olivos: Die preiswerteste Sight-Seeing-Tour durch die Metropole!

Seite 358 **TOP 50**

◀ **Decke der Kathedrale von Córdoba**

ihre Buden auf. Hier kann man einzigartige Souvenirs ergattern.

Im Arbeitervorort **La Boca** ❷ überraschen die plötzlich ins Auge springenden Farben. In diesem Viertel am Fluss wohnten Mitte des 19. Jhs. Dockarbeiter aus Genua und Neapel; berühmt ist es für seine bunten Wellblechhäuser; besonders gern wird **El Caminito** fotografiert, das »Gässchen«. Ursprünglich bauten die bettelarmen Bewohner des Viertels ihre Behausungen aus Schiffsschrott, den farbigen Anstrich regte später der hiesige Maler Benito Quinquela Martín an.

Den größten denkbaren Kontrast zu La Boca stellen die nördlichen Stadtteile dar, etwa **Olivos** und **San Isidro.** Als um 1870 in Buenos Aires eine Gelbsucht ausbrach, flüchtete sich die Oberschicht dorthin. Heute sind diese **Barrios del Norte** die elegantesten und teuersten Viertel: Alte, nerzbehangene Damen sitzen unter Eichen in den Straßencafés, und europäisch gekleidete Geschäftsleute kommandieren die Ober, die *mozos,* auf ihre unnachahmlich überhebliche Art herum – eben »typisch porteño«, wie man dazu in anderen Teilen Argentiniens sagen würde.

Das angrenzende Viertel **Recoleta** ❸ drängt sich rund um die riesige Mauer des **Cementerio.** Hunderte verzierter Marmorkrypten bergen die Überreste der reichsten Familien der Stadt. Zum Entsetzen des Geldadels ist die berühmteste Krypta jene der Tochter eines Habenichts vom Lande: Jedes Jahr besuchen Tausende das Grab von Evita Perón. Die Krypta aus schwarzem Marmor schmücken ihre trauernden Anhänger täglich mit Blumen.

Ans Wasser oder ins Grüne

Den Wunsch nach Landschaft und frischer Luft erfüllt die **Costanera Norte.** Am braunen **Río de la Plata** entlang verläuft eine Promenade, von der aus man an klaren Tagen sogar die Küste Uruguays in der Ferne erkennt. Falls die Aussicht ihren Reiz verlieren sollte: Auf der gegenüberliegenden Straßenseite können Sie in den beliebten *parrilladas* einen Imbiss zu sich nehmen.

Die neueste Errungenschaft der Stadt heißt **Puerto Madero:** Entlang der einst verwahrlosten Docks östlich der Plaza de Mayo haben sich in ehemaligen Lagerhäusern schicke Bars und Restaurants etabliert; entlang der Kaimauern kann man stundenlang bummeln und durchatmen.

Während eines Buenos-Aires-Besuchs im Frühjahr sollte man einen Ausflug nach **Palermo** machen, um bei einem Polomatch zuzusehen. Oder man unternimmt eine Tagestour zu den Flüssen und Kanälen des **Tigre**-Deltas, das seit über hundert Jahren am Wochenende zum sommerlichen Zufluchtsort für Porteños aller Altersgruppen wird. Täglich verlassen Züge den in seiner gusseisernen Konstruktion charmanten Bahnhof **Retiro** in Buenos Aires, um Passagiere binnen einer Stunde zu den von Bäumen gesäumten Wasserstraßen zu bringen. Per Bootstaxi erreicht man auch abgelegenere Kanäle, die verwunschene Landhäuser mit Parks im französischen Stil umfließen.

Per Bus, Bahn oder mit dem Flugzeug erreichen Sie die **Atlántida Argentina,** die Küste zwischen den Seebädern von San Clemente del Tuyú bis Monte Hermoso. Die Hochburg der Sommerfrischler ist **Mar del Plata ㉙,** wo zwischen Dezember und Februar nicht einmal mehr die Besenkammer eines Hotels zu bekommen ist. Wer es etwas ruhiger mag, ist in **Villa Gesell** und **Pinamar** wohl besser aufgehoben. Neben den Stränden finden sich auch weitläufige und bewaldete Flächen.

Land der Sonne und des Weins

Córdoba ㉚, ca. 700 km nordwestlich von Buenos Aires, ist die zweitgrößte Stadt Argentiniens. Im weitgehend modernen Stadtbild findet man eine der ältesten und angesehensten Universitäten des Landes (1613 von den Jesuiten gegründet) sowie einige gut erhaltene Gebäude im Kolonialstil rund um die **Plaza San Martín.** An der

Seiten 260 324

▲ Die Jesuitenkirche in Alta Gracia
▼ In Argentiniens trockenem Norden

333

**Bodegas
in Mendoza**
Unbedingt besuchen
sollte man eines der
zahlreichen Weingü-
ter der Umgebung.
Die Bodegas **La Coli-
na de Oro** (vormals
Giol) und **Peñaflor,**
beide im Vorort
Maipú gelegen, ver-
anstalten interes-
sante Führungen
mit anschließender
Weinprobe

Seite 368 **TOP 50**

neo-barocken Kathedrale bauten die Spanier über 100 Jahre; ihre Einweihung fand
1787 statt.

Das Mar del Plata der Provinz Córdoba
heißt **Villa Carlos Paz** und liegt an den
Ufern eines der vielen Stauseen der Sierra.
Die ehemals deutsche Enklave im alpen-
ländischen Stil bietet den argentinischen
Sommerfrischlern alles,
was sie lieben: Steakhäu-
ser und Diskos, Hotels
im Country-Look, gut
gefüllte Badeplätze und
Unterhaltung rund um
die Uhr.

In **Villa General Bel-
grano,** einem teutonisch
anmutenden Städtchen
im Valle Calamuchita,
stammen viele Men-
schen direkt von den Matrosen des deutschen Panzerkreuzers »Graf Spee« ab, der
1939 auf Kaperfahrt vor Montevideo von
einem britischen Verband leckgeschossen

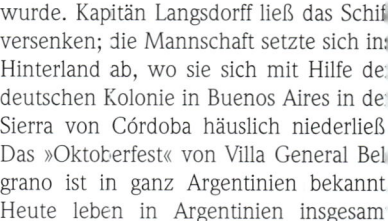

Kondor (Vultur gryphus)
→ Der Neuweltgeier ist der
größte flugfähige Vogel der
Erde. Seine Maße: 14 kg
schwer, 1 m groß, 3,25 m
Spannweite. Der Aasfresser
kommt in den Anden von
Ecuador bis Feuerland vor.

wurde. Kapitän Langsdorff ließ das Schiff
versenken; die Mannschaft setzte sich ins
Hinterland ab, wo sie sich mit Hilfe der
deutschen Kolonie in Buenos Aires in der
Sierra von Córdoba häuslich niederließ.
Das »Oktoberfest« von Villa General Belgrano ist in ganz Argentinien bekannt.
Heute leben in Argentinien insgesamt
noch 200 000 Deutsche
und 800 000 Deutsch-
stämmige, deren Ahnen
aber schon lange vor den
Weltkriegen ausgewan-
dert waren.

Einen Ausflug wert
sind auch die im Norden
gelegene Stadt **Cosquín,**
in der im Januar immer
das **Nationale Folklore-
festival** stattfindet, oder
Río Ceballos, wo Sie wandern und die
Berge und Seen genießen können.

Südwestlich von Córdoba, an der chilenischen Grenze, liegt **Mendoza** ③, eine
Stadt, die mit ihrer idyllischen Lage inmitten von bewässerten Weinbergen überrascht. Im späten 19. Jh. zog es italienische und französische Siedler an, die das
Land – mit Unterstützung der Regierung –
zu einem der bedeutendsten Agrargebiete
machten. Wegen der Erdbebengefahr
bietet Mendoza allerdings keine überra-
genden architektonischen Sehenswürdigkeiten, im Stadtbild überwiegen niedrige
Bauten. Westlich des Zentrums, im **Parque San Martín,** erhebt sich der **Cerro de
la Gloria** mit dem gewaltigen **Monument
für San Martín.** Mitten in die Kordillere,
vorbei am »Dach Amerikas«, dem 6959 m
hohen Aconcagua-Massiv, führt die Passstraße nach Santiago de Chile.

Wüsten und Anden
im Norden

Kommt man aus Buenos Aires, erscheint
der Nordwesten Argentiniens wie eine
andere Welt: Alte Kolonialstädte, india-
nisch geprägte Kultur, Lamas und Guanakos in den Anden – Südamerika, wie es
im Buche steht.

◀ **Mais in
verschiedenen
Formen und
Farben**

Eineinhalb Flugstunden von Buenos Aires entfernt liegt die Stadt **Tucumán** ❸❷. Man nennt sie die »Wiege der Unabhängigkeit«, da hier am 9. Juli 1816 in der **Casa Histórica de la Independencia** Argentiniens Unabhängigkeit erklärt wurde. Auf der sehenswerten **Plaza Independencia** stehen die **Casa de Gobierno** im Belle-Époque-Stil, die klassizistische Kathedrale, das spätkoloniale Patrizierhaus **Casa Padilla** und die **Iglesia de San Francisco**.

Mit abenteuerlichen Serpentinen beginnt die Tour hinauf ins Hochtal von **Tafí del Valle** (2100 m), wo die Calchaquí-Indianer vor 2000 Jahren oberhalb des Stausees El Mollar eine Kultstätte mit zahlreichen steinernen Menhiren errichteten. Von dem Menhirfeld genießt man die schönste Aussicht über das gesamte Tal. Im Norden von Tafí trifft man auf die terrassenartigen Ruinen von **Quilmes**, die gut erhaltenen Überreste einer *pukará*, einer präkolumbischen Indianerfestung. 20 km weiter nördlich wird in **Amaicha**

del Valle im Februar zu Ehren von »Mutter Erde« das Pachamama-Fest zelebriert – der katholische Dorfpfarrer nimmt die indianischen Synkretizismen mit Gleichmut hin. Die Weinberge rund um die adrette Kleinstadt **Cafayate** liefern die Trauben für den Torrontés, Argentiniens besten Weißwein.

Salta, die Hübsche

Salta la Linda, »Salta die Hübsche«, ist nicht nur ein gastfreundlicher Ort, dessen weiße Häuserreihen sich gegen das Gebirge abheben, sondern es erfreut sich auch ganzjährig eines hervorragenden subtropischen Klimas mit viel Sonne und angenehmen Temperaturen. Im Herzen von Salta ❸❸ liegt die herrlich begrünte **Plaza 9 de Julio** mit der kolonialzeitlichen Kathedrale und einem Erzbischöflichen Palais samt historischem Holzbalkon. Unter den Kolonnaden der Plaza trifft sich am Abend halb Salta zum *café cortado,*

Seite 260

Als einer der farbenprächtigsten Märkte Südamerikas gilt der **Mercado del Abasto** von **Tucumán** (Av. San Lorenzo/C. Lillo), wo wochentags ab 7 Uhr alles Essbare aus dem Umland zum Verkauf kommt.

▼ **Zeugnisse der Jesuiten-Mission: die Ruinen von San Ignacio de Miní**

Wein und Gesang
Eine Besonderheit **Saltas** sind die **Peñas**, eine Mixtur aus In-Kneipe und Liedertafel. Hier trifft sich (nicht nur) die Jugend, um zusammen Folksongs zu schmettern, Wein zu trinken und einfach nur Spaß zu haben. Die besten Peñas: **La Casona del Molino** (Luis Burela, 1) und **Boliche Balderrama** (Av. San Martín, 1126).

einem Schwatz oder Flirt. Die Gehsteige verwandeln sich in improvisierte Märkte, und bolivianische Frauen mit Filzhüten und schwarzen Zöpfen bieten ihre Waren feil, etwa eingesalzenes Fleisch (*salteñas* genannt), *empanadas,* lebende Hühner, Ponchos und Heiligenbildchen.

Der Norden Argentiniens ist stark vom Glauben geprägt. Jeder, der Salta besucht, wird von den vielen Kirchen und Statuen des hl. Franziskus beeindruckt sein. In der **Kathedrale** befinden sich auch die aus Stein gemeißelten Figuren der Heiligen Jungfrau und des »Cristo del Milagro«. Das Schiff, mit dem sie aus Spanien kamen, strandete, die mit Wunderkräften ausgestatteten Figuren aber wurden ans peruanische Ufer gespült. Die vielleicht schönste argentinische Kolonialkirche ist die rotgoldene **Iglesia San Francisco,** die sich über der Calle Córdoba erhebt.

Das Museum im **Cabildo,** dem Rathaus, gewährt Einblick in die Geschichte der Region. Die Räume sind voll mit Ölporträts von Helden der Unabhängigkeitskriege, allen voran General Güemes und seine wilden Gauchos aus Salta. In den Räumen für die Kunst der Inka und für die Kultur der hetigen Indigenas sieht man nur eine nüchtern kommentierte Sammlung von Töpfen und Schalen (Di–Fr 10–13, 16–20, Sa/So 10–13 Uhr).

Cardón (Trychocereus pasacana)
→ Dieser bis zu 5 m hohe baumartige Kaktus wächst noch in Höhenlagen zwischen 2000 und 3500 m und zwar extrem langsam. Nur etwa alle 50 Jahre blüht er. Die Art ist gefährdet, da das löchrige Holz für den Bau von Dachstühlen und Möbeln genutzt wird.

Einer der Hauptattraktionen eines jeden Aufenthalts in Salta ist die Fahrt mit dem **Tren a las Nubes,** dem »Zug in die Wolken« (nur April–Nov.). Von knapp 1200 m schraubt sich die Schmalspurtrasse der Trans-Andenbahn auf 4475 m in die Puna empor, in das lebensfeindliche Wüstenhochland der Zentralanden. Über 21 Tunnels und 44 Brücken geht die Reise bis **Socompa** ㉞, die steilsten Abschnitte überwindet der Zug auf Zickzack-Weichen, den so geannten *rulos* – eine Art Wendeltreppe auf Schienen. Die touristische Light-Version der Bahn verkehrt im Sommer bis zum Stahlviadukt **La Polvorilla** kurz hinter dem Minenstädtchen **San Antonio de los Cobres** (4200 m, 12 Std. hin u. zurück); für alle Fälle sind Sauerstoffmasken für Höhenkranke an Bord.

In Richtung Bolivien

Eine Schnellstraße führt von Salta aus nördlich in die Provinzstadt **Jujuy** ㉟. Je näher man der bolivianischen Grenze kommt und je holpriger die Straßen werden, umso indianischer wirken die Gesichter der Menschen, umso schlichter die flachen Adobe-Häuser und umso origineller die Gotteshäuser. Selbst in den ent-

◀ **Jesuiten-Ruinen, San Ignacio**

ferntesten Orten stehen kleine Kapellen im frühkolonialen Cusco-Stil. Eine der eigenwilligsten ist wohl die in **Uquía,** mit einem Gemälde, auf dem Engel im Stil der spanischer Musketiere gekleidet sind: die *ángeles arcabuceros.*

Die Straße steigt auf über 3000 m Höhe an, und das Land wird entlang der **Quebrada de Humahuaca** immer trockener, das Sonnenlicht immer strahlender. Die Felsen leuchten in allen erdenklichen Farben von weiß bis gelb und rot bis grün; die einzigen Pflanzen sind hohe Baumkakteen. Besonders beeindruckend: Der *Cerro de los Siete Colores* bei **Purmamarca,** der »Berg der sieben Farben«. Ein idealer Aussichtspunkt auf die Quebrada (Schlucht) ist die *pukará* von **Tilcara,** die hier strategisch günstig über den alten Inka-Handelsweg nach Bolivien wachte.

Die kleine Stadt **Humahuaca** ⏰ liegt fast schon in Bolivien. Aus dem Gewirr enger, kopfsteingepflasterter Gassen ragt die weiß gekalkte **Iglesia de la Candelaria**

(1641) hervor, eines der ältesten Gotteshäuser Argentiniens. Die Menschen dieser Region sprechen Quechua und fühlen sich in vielerlei Hinsicht den Andenstaaten näher als Buenos Aires. Merkwürdig deplatziert wirkt hier deshalb das monströse Unabhängigkeitsdenkmal am Stadtrand, das besser auf eine breite Avenida der Hauptstadt gepasst hätte.

Auf dem **Indianermarkt** von Humahuaca kann man günstig wärmende Alpaka-Wollsachen aus Bolivien erwerben, bevor man Tagestouren unternimmt, etwa nach **Coctaca** (10 km) mit seiner noch nicht vollständig erforschten präkolumbischen Ruinenstadt.

Die Provinz Misiones und die Jesuitenruinen

Wie ein gekrümmter Finger ragt im Nordosten Argentiniens die subtropische Region **Misiones** ins angrenzende Brasilien hinein. Eine Rundfahrt durch die tropisch

Seite 260

▲ **Stirnvögel nisten in ganzen Kolonien**
▼ **Wasserfälle von Iguazú**

Die Gauchos

Ja, es gibt sie noch: Auf den »estancias« im Hinterland reiten sie wie eh und je; auf ihren Treffen und bei Rodeos tragen sie noch die Tracht aus vergangenen Tagen: schwarze Baskenmützen, bunte Halstücher, halblange Pluderhosen, absurd lange Sporen an den Stiefeln und unterarmlange Messer, die »facones«, im breiten Gürtel. Sie nennen sich Gauchos, und sie sind die letzten Exemplare der legendären »Cowboys der Pampa«. Aber abgesehen von der äusseren Erscheinung ähneln sie doch nur noch vage ihren berühmten Vorgängern. Die Gauchos von heute sind fest etabliert in der ländlichen Gesellschaft; mit Traktor und Melkmaschine gehen sie geschickter um als ihre Ahnen mit Lasso und Reitpeitsche. Zu Beginn der Kolonialzeit waren die Bewohner der Pampa verschrien als Outlaws, Säufer, Raufbolde und Viehdiebe, als »gente perdida« – »die Verlorenen«. Sie

◄ »Gaucho« auf einer »estancia« bei Buenos Aires

entwickelten ihre eigene Lebensart in den Pampas, schlachteten entlaufene Rinder und tauschten die Häute gegen Schnaps und »mate« ein, den bitteren Tee der nördlichen Ebenen. Die städtische Bevölkerung betrachtete die Gauchos – der Name leitet sich vermutlich von einem indianischen Wort für »Waisen« her – mit Argwohn und ordnete sie im Grenzbereich der Gesetzlosigkeit und Anarchie ein. Aber Ende des 18. Jhs. wurden große Flächen in der Pampa an reiche »porteños« verteilt, und es wurden Grenzen gezogen, »la pampa se alambra« – »die Pampa wird eingezäunt« – besagt ein argentinisches Sprichwort, d. h. schlechte Zeiten brachen an für die wilden Männer der Steppen. Viele Gauchos wurden in die Armee gedrängt; kriegentscheidend gegen die Spanier waren etwa die Gaucho-Truppen des Generals Martín Güemes aus Salta.

Nach der Unabhängigkeit wurden die Viehhirten systematisch »domestiziert«, ihre archaischen Trink-, Ess- und Kleidungssitten sogar mittels Verordnungen dem bürgerlichen Geschmack angepasst. Bald wurden sie zum Symbol für ein barbarisches und rückständiges Argentinien, das Politiker aus Buenos Aires gänzlich abschaffen wollten. Präsident Domingo Sarmiento teilte die Welt in zwei Sphären: Zivilisation und Barbarei. Die Gauchos rechnete er natürlich der letzteren zu. Er beschrieb sie als »zweibeinige Tiere der perversesten Art, deren Kadaver allemal gut genug sind, die Erde zu düngen«. Erst im 20. Jh. besserte sich ihr Ruf wieder.

Besonders das »Buch vom Gaucho Sombra«, ein idealisierendes Epos des Dichters Ricardo Güiraldes (1926) sorgte dafür, dass intellektuelle Städter im edlen Wilden aus der Pampa plötzlich den naturverbundenen, großzügigen und unabhängigen Ur-Argentinier entdeckten. Selbst kurz vor der Jahrtausendwende pflegen argentinische Politiker gerne ihr persönliches Gaucho-Image; besonders, wenn Wahlen vor der Tür stehen. ■

heiße Region beginnt meist in **Posadas** ❸, das von Buenos Aires aus täglich angeflogen wird. Die Stadt mit der großen Stahlträgerbrücke über den **Río Paraná** hinüber nach Encarnación (Paraguay) hat zwar kaum besondere Sehenswürdigkeiten aufzuweisen, ist aber mit ihrer gelassenen, dem Klima angepassten Atmosphäre ein angenehmer Ort zu einem Zwischenstopp.

Eine Schnellstraße verläuft nordwärts – immer den großen Strom entlang – aus der Stadt hinaus in das grüne Land, das durch die regelmäßigen Regenfälle fruchtbar bleibt. Wiederholt begegnet man holzbeladenen riesigen Lastwagen auf dem Weg in die zahlreichen Sägewerke der Provinz Misiones. Der Name der Gegend bezieht sich auf jene Missionen, die die Jesuiten zu Anfang des 17. Jhs. hier aufbauten. Zu ihrer Blütezeit im 18. Jh. zählten die Jesuiten-Kommunen gut 100 000 Guaraní-Indianer.

Die am besten erhaltenen Ruinen sind jene der Mission **San Ignacio de Miní** ❸, nur zwei Autostunden von Posadas entfernt und heute zum Teil von dichtem Urwald überwuchert. Dennoch erkennt man anhand der steinernen Überreste von Kirchen, Wohnhäusern und Schulen die hohe Meisterschaft der Guaraní-Steinmetze, die sie unter Anleitung der Jesuiten erreichten. Das Ziel der Missionare war nicht Profit und Ausbeutung, sondern das friedliche Zusammenleben im christlichen Glauben sowie das gegenseitige Lernen: Die Mönche wurden von den Indianern in Naturheilkunde und traditionellem Ackerbau unterwiesen; die Indianer lernen Lesen, Schreiben und europäische Handwerkstechniken (tgl. 7–19 Uhr).

Die Kolonialmacht beäugte die jesuitischen Sonderwege stets mit Skepsis. Schließlich wurden die Missionare vertrieben, ihre Siedlungen zerstört. Die Guaranís wurden wieder Freiwild für Sklavenjäger; wer konnte, floh in den Urwald zurück. Heute sind ihre Nachfahren zu den Ruinen zurückgekehrt, um Federschmuck und bunten Kitsch an die Touristen zu verkaufen.

Iguazú-Fälle

Die größte Attraktion der Region Misiones und einer der meistbesuchten Orte Südamerikas überhaupt liegt nur ein paar Stunden weiter auf der Schnellstraße in Richtung Brasilien: die **Wasserfälle von Iguazú** ❹. Am schnellsten erreicht man sie mit dem Bus von **Puerto Iguazú** aus, einer ruhigen Kleinstadt im Dreiländereck zu Brasilien und Paraguay.

Auf fast 3 km Breite stürzen hier Millionen Liter Wasser in 275 Kaskaden 72 m in die Tiefe. An der engsten Stelle der zerklüfteten Felskante, der U-förmigen »Teufelskehle«, der *Garganta del Diablo,* verstehen die in Regenmäntel gehüllten Besucher ihr eigenes Wort nicht mehr, so laut dröhnen die Wassermassen. In der Totale sind die Fälle zwar besser von der brasilianischen Seite aus zu bewundern, die attraktiveren Wanderwege durch die Urwaldlandschaft haben aber argentinische Wildhüter angelegt.

Seite 260

Nervenkitzel
Für den kontrollierten Thrill an den Wasserfällen sorgt eine **Rafting-Safari** im Schlauchboot auf dem oberen **Río Iguazú**. Wer nichts gegen nasse Kleider hat, kann zusätzlich eine Bootstour unterhalb der Kaskaden buchen – die Gischt geht garantiert durch und durch … Info bei **IGRTur** im Hotel Internacional, Tel. (03757) 421600.

▶ Berhardiner-Hunde vor dem Centro Cívico in Bariloche

Am besten erkundet man die Wanderwege bereits am frühen Morgen, wenn die Besuchermassen in den Bussen noch nicht angerückt sind und die Touristen-Helikopter aus Brasilien noch nicht über dem Wald kreisen. Nicht selten entdeckt man dann bunte Tukane oder Brüllaffen in den Baumwipfeln; die putzigen *coatis* (Nasenbären) haben sich schon an die Menschen gewöhnt – sie fressen den Touristen trotz Fütterungsverbot aus der Hand.

Bariloche, die Schweiz der Anden

Mehr als jeder anderer Ort Argentiniens ist **San Carlos de Bariloche** ❹ von den Jahreszeiten abhängig. Sechs Monate im Jahr ist die Stadt, die strategisch günstig zwischen den Anden und dem patagonischen Flachland liegt, ein Ferienparadies mit einmaligem andinem Charme. Im Sommer kommen ganze Schwärme von Touristen, die den Spaziergang durch Wälder und Berge genießen und an dem berühmten Gletscher in der Umgebung des Seengebietes Gefallen finden; und wenn es im Winter schneit, treffen die Skifahrer der südamerikanischen High Society ein und feiern abends ihre wilden Partys an den Kaminfeuern der Restaurants von Bariloche – »Brasiloche« lautet der treffende Spitzname der Stadt, denn in der Saison sind es vor allem Besucher aus Rio und São Paulo, die sich hier tummeln. Gern sprechen die Argentinier auch von der »südamerikanischen Schweiz«.

Tatsächlich haben sich in der klimatisch gemäßigten Region viele Schweizer, Deutsche und Österreicher angesiedelt, und manche Landschaften wirken richtig mitteleuropäisch oder sogar alpin. Aber insgesamt sieht die Stadt doch eher wie die wenig gelungene Imitation eines Tiroler Skiortes aus.

Die Straßen sind voller Schokoladegeschäfte und Restaurants, in denen Schweizer Fondue, Forelle und Wildbraten zu

◀ **Der See Nahuel Huapi vor dem Cerro López**

Auswahl stehen. Viel fotografiert wird das **Centro Cívico**, vor dem Einheimische gerne mit Bernhardinern posieren. Auf dem Platz thront eine Statue von **General Roca**, der 1885 den euphemistisch »Wüstenfeldzug« (Campaña del Desierto) genannten Ausrottungskrieg gegen die patagonische Urbevölkerung anführte. »Ethnische Säuberung« hieße dies wohl im modernen Wörterbuch des Unmenschen.

Interessanter als die Stadt selbst ist die landschaftlich äußerst reizvolle Umgebung: Bariloches Lage nahe den Ufern des **Nahuel-Huapi-Sees** ist zweifellos einmalig. In der Ferne ragt der Gipfel des **Tronador** 3554 m hoch auf.

Bariloches Umgebung

Der **Circuito Chico**, die »kleine Rundfahrt«, ist eine Tagestour per Bus und Boot, die man in jedem örtlichen Reisebüro buchen kann. Die Fahrt verläuft zunächst am malerischen Nahuel-Huapi-See entlang zum **Llao-Llao-Hotel**, einem der teuersten und am schönsten gelegenen Hotels des Landes. Per Boot gelangt man zur **Isla Victoria**, von der es heißt, ihre verwunschenen Myrten- *(arrayanes-)* Wälder hätten Walt Disneys Zeichnern als Anregung für die Kulissen zum Film »Bambi« gedient.

Im weiteren Verlauf der Rundfahrt erreicht man den Weg zum **Cerro López**. Man kann im Sommer den Gipfel erklimmen und dort Unterkunft im **Club Andino** finden. An klaren Tagen hat man vom Cerro aus eine fantastische Sicht über Seen und Berge bis hinüber nach Chile.

Auch die Gipfel der Cerros **Tronador, Catedral** oder **Otto** eignen sich gut als Wanderziele oder die Wasserfälle **Los Cesares.** Sportfischer schätzen den Reichtum an Forellen (Angelsaison November bis März), im Sommer herrschen auf den Seen gute Verhältnisse, um flott zu segeln und zu surfen.

Seite 260

▼ Patagonischer »peon« (Farmarbeiter)
▼ ▼ **Einwohnerin der walisischen Kolonie Chubut**

Lesetipp
Der Chilene Luis
Sepúlveda schildert
in »Patagonien-Ex-
press« eine Reise
durch den Süden Chi-
les und Argentiniens
sehr einfühlsam.
Fischer TB.

▼ **Schafetreiben in
Patagonien**

Wer einen längeren Ausflug machen
will, dem sei eine Zweitage-Fahrt nach
El Bolsón empfohlen, in den 60er Jahren
ein Refugium der argentinischen Alt-Hip-
pies. Weiter südlich führt eine Straße
durch das heitere **Cholila-Tal** nach **Esquel ④**. Ehemals von Walisern besiedelt,
dient es nun als Ausgangspunkt für einen
Besuch des **Nationalparks Los Alerces**
und als Zugang zum **Chubut-Tal.**

Zwischen Esquel und dem Ort Ingeniero Jacobacci schnauft gemütlich eine
Schmalspureisenbahn.

Film- und Western-Fans sollten einen
Abstecher zur **Estancia Nahuel Huapi** am
Ufer des Sees einplanen. 1889 von einem
texanischen Cowboy namens Jared Jones
gegründet, diente das noch erhaltene
Haus als Zuflucht für die berüchtigten
Butch Cassidy und Sundance Kid auf ihrer
Flucht vor den argentinischen Behörden,
nachdem sie Anfang des 20. Jhs. versucht
hatten, ihren Wildwest-Lebensstil in Patagonien weiterzuführen.

Wildes Patagonien

Das entlegene Patagonien am südlichen
Ende Südamerikas war jahrhundertelang
Inbegriff maximaler Abgeschiedenheit.
Heute ist die Region leicht von Buenos
Aires aus erreichen. Wenn Zeit keine Rolle spielt, bietet sich eine Fahrt mit dem
Bus an, denn nur dann wird man die
Größe dieser flachen, leeren Ebene, die
ein Drittel des Landes ausmacht, wirklich
ermessen können. Außerdem starten täglich Flugzeuge über die Pampa zu den
südlichen Steppen, von dort aus kann
man dann nach Feuerland weiterreisen.

Mit dem Flugzeug lässt man die eleganten Cafés und Kinos von Buenos Aires
blitzschnell hinter sich und taucht in die
völlig andere Welt des argentinischen Hin-
terlandes ein. Tief unten sieht man, wie
das reiche Rinderland dort trockener wird
und sich in große Farmen zur Schafzucht
aufteilt. Im 19. Jh. waren einige davon
noch größer als die kleineren europäi-

schen Länder und ihre Besitzer regierten wie südamerikanische Könige. Viele von ihnen werden bis heute von den Nachkommen der ersten englischen und schottischen Besitzer betrieben, und noch immer sprechen diese lieber Englisch als Spanisch.

Erster Halt ist die Stadt **Trelew** ㊷, umgeben von schroffen Hängen und staubigem Gestrüpp. Nach 1865 kamen Tausende walisischer Siedler hierher, um ein »Little Wales« mitten im Nirgendwo zu errichten. Sie hatten beschlossen ihrer Heimat zu entfliehen, wo die walisische Kultur und Sprache von England unterdrückt wurde, und im entferntesten Winkel der Welt von vorne anzufangen.

Heute sieht Trelew genauso aus wie andere argentinische Provinzorte auch, nur viele Straßennamen sind noch immer walisisch. Ursprünge zeigen sich im alten **Hotel Touring Club** mit seiner antiken hölzernen Bar und der vermutlich besten Whiskey-Kollektion südlich von Kentucky.

In **Gaimán**, dem walisischen Musterdorf schlechthin, bitten gemütliche Teehäuser zu Gebäck und starkem Tee; dazu erzählen die Einheimischen gerne Geschichten aus der »guten alten Zeit«, auch wenn die jüngere Generation langsam aber sicher ihre Walisisch- und Englischkenntnisse vergisst.

Wale, Pinguine und Schafe

Von Trelew aus leicht zu erreichen ist die berühmte **Península Valdés** ㊸, wo sich eines der eigentümlichsten Naturschutzgebiete der Welt ausdehnt. Während seiner berühmten Reise mit der »Beagle« verbrachte Charles Darwin hier mehrere Wochen. Heute kommen die Touristen, um an der Felsküste gähnende Seelöwen und kolossale See-Elefanten bei der oft blutigen Revierbildung zu beobachten. Von Juli bis November gibt es riesige Glattwale zu sehen, die bei der Paarung

Seite 260

▲ Nationalspeise Steaks
▼ Perito-Moreno-Gletscher

**Unterwegs
auf Valdés**
Die Distanzen auf der
Halbinsel sind nicht
zu unterschätzen.
Individualreisende
mieten am besten
am Flughafen Trelew
ein **Auto** (3 Tage ca.
300 US$), um sowohl
Puerto Pirámides
(Walbeobachtung,
Juli–November) als
auch Caleta Valdés
(See-Elefanten,
ganzjährig) und
Punta Tombo
(Pinguine, Okto-
ber–März) zu sehen.

▼ **Pinguin-Kolonie
bei Punto Tombo,
nahe Trelew**

vor der Küste das Wasser aufgeregt mit
ihren Schwanzflossen peitschen.

Die Hafenstadt **Comodoro Rivadavia** ④ wurde für Argentinien wirtschaftlich bedeutsam, als man 1907 Öl entdeckte, hat aber sonst kei-
nerlei Attraktionen auf-
zuweisen. Durch die
fabrikhofartigen Straßen
fegt seit Jahr und Tag
der berüchtigte patago-
nische Wind, der schon
die Siedler zum Wahn-
sinn trieb.

Auch **Río Gallegos** ④,
das 3000 km südlich
von Buenos Aires an der
kühlen südamerikanischen Spitze liegt, ist
nicht viel ansprechender. Weil viele Flüge
hier unterbrochen werden, bleibt so man-
cher Reisende dann doch eine Nacht lang.
Seit Butch Cassidy und Sundance Kid hier
um 1905 eine Bank sprengten, hat sich
praktisch nichts verändert. Man weiß

> **Südlicher Glattwal**
> → Seit 1994 besteht ein
> Jagdverbot für »Eubalena
> Australis«. Bis zu 35 Tonnen
> schwer und 12 m lang
> wird diese Walart, deren
> Bestand die Meeresforscher
> auf 3500 Tiere beziffern.

nicht genau, ob sie tatsächlich wie im
Film mit Paul Newman und Robert Red-
ford in Bolivien erschossen wurden oder
ob Butch vielleicht seine letzten Tage als
Pensionär in Texas verbrachte.

Ab Río Gallegos flie-
gen die Propellermaschi-
nen der Militär-Linie
LADE in einer halben
Stunde bis an die Aus-
läufer der Anden.

Das Dorf **Calafate** ④
ist von schneebedeckten
Berggipfeln umgeben
und liegt nahe am **Lago
Argentino,** dessen Was-
ser wie blau gefärbte
Milch aussieht. Calafate lebt nicht
schlecht von seiner Lage unweit des
berühmtesten aller argentinischen Gletscher, des **Glaciar Perito Moreno** ④. Die
50 m hohe Eismauer verläuft mitten
durch den See hindurch, auf dem ständig
blau leuchtende Eisberge treiben – Bruch-

stücke des kalbenden Gletschers. Bis zu 100 Meter pro Jahr schiebt sich die Gletscherzunge in den See hinein und bildet so einen Damm zwischen den beiden Armen des Lago Argentino. Berührt der Gletscher das Ufer, steigt der Wasserdruck derart an, dass das Ende der Eiswand unter ohrenbetäubendem Krach birst. Etwa alle acht Jahre vollzieht sich dieses Spektakel, das Presse- und TV-Teams aus aller Welt anlockt.

Von Calafate aus können Sie auch die Schaf-Estancias im tiefen Süden Argentiniens besuchen. Hier gab es einst 80 Millionen Schafe, damit war Argentinien einer der größten Wollproduzenten der Welt. Mittlerweile sind es »nur« noch 30 Millionen. Die Schafzucht ist aber weiterhin ein wichtiger Industriezweig Patagoniens. Jedes Jahr zwischen Oktober und Januar kommen die Saisonarbeiter zum Scheren der Tiere.

Die bekannteste der Schafzuchtfarmen im tiefen Süden heißt **La Anita.** Ihre Geschichte klingt makaber und blutig: 1921 war ganz Patagonien durch einen Streik der Farmarbeiter, der *peones,* lahm gelegt. Deren Wortführer war ein junger spanischer Anarchist namens Antonio Soto, der über Buenos Aires nach Patagonien kam. Die meist britischen *estancieros* baten daraufhin die Regierung um Hilfe, und der Präsident schickte eine ganze Armee, um die »Revolution« zu beenden. Nach einigen Schießereien ergaben sich die meisten, wurden dann aber von der Armee getötet. Eine solche Massenexekution fand auch in La Anita statt. Niemand weiß heute mehr, wo die mindestens zweihundert Opfer verscharrt wurden.

Einige Stunden von Calafate liegt der **Fitzroy-Nationalpark** mit üppigen Wäldern zwischen schneebedeckten Gipfeln. Wanderwege queren Gebirgsbäche und Weiten, die schottischen Mooren ähneln. Ständig türmen sich Wolken auf, aber an guten Tagen erhascht man einen Blick auf die Felstürme des Fitzroy-Massivs, dem

Seite 260

TOP 50 Seite 354

TOP 50 Seite 358

TOP 50 Seite 364

▼ **Ushuaia, die südlichste Stadt der Welt**

Seite 260

Pulverschnee auf Feuerland
Das südlichste Ski-gebiet der Welt liegt am **Glaciar Martial,** oberhalb von Ushuaia. Aber auch im Sommer lohnt sich wegen des schönen Ausblicks die Auffahrt mit dem Sessellift.

Seite 364 TOP50

der Regisseur Werner Herzog mit seinem Freeclimber-Epos »Schrei aus Stein« ein filmisches Denkmal setzte.

Tierra del Fuego: letzte Station vor der Antarktis

Die mörderische See am **Kap Hoorn,** Feuerlands Südspitze, ist weltweit der Inbegriff von Ungemütlichkeit. Das Land erhielt seinen Namen vom spanischen Entdecker Fernando Magellan, der im Dunkeln geheimnisvolle Feuer sah, als er erstmals an der Küste vorbeifuhr. **Tierra del Fuego** war noch jahrhundertelang von Seefahrern wegen seiner Stürme gefürchtet, die die Schiffe gegen schroffe Felsen trieben.

Die südlichste Stadt der Welt, **Ushuaia ㊾,** entwickelt sich von dem einstigen Stützpunkt für Walfänger und einer Strafkolonie zum Touristenziel, auch wenn das Stadtbild ein eher seltsames Potpourri aus Wellblech und Beton darstellt. Durch Sub-

◀ **Die Ona-Indianer starben nach der Besiedelung durch die Weißen aus**
▶ **See-Elefant**

ventionen der argentinischen Regierung entstehen überall neue Vororte. Die Hauptstraße gleicht einem Freiluftwarenlager, wo zollfreie Elektroartikel aus den neuen Fabriken am Stadtrand angeboten werden. Stolz ist Ushuaia auch auf die »Bank von Feuerland«, die als erste Bank der Welt eine Zweigstelle in der Antarktis besitzt. Diese Entwicklung brachte eine touristische Infrastruktur hervor, und neue Hotels und Restaurants versuchen mit der Beliebtheit der Region Schritt zu halten. Das **Café Ideal** hat noch das Flair des alten Ushuaia. Es befindet sich in einem Wellblechgebäude mit den Fotos berühmter Besucher an den Wänden und einem riesigen Gelenk aus der Wirbelsäule eines Wals neben dem Fernseher.

Vom Hausberg Ushuaias, dem **Cerro Olivia,** hat man die beste Sicht über Stadt und Beagle-Kanal. Das unkalkulierbare Wetter trägt ein Übriges zum Image Feuerlands bei: Besonders im Sommer, wenn die Tage 20 und mehr Stunden haben, wechseln sich kalter Nieselregen und wolkenfreier Himmel bei gleichbleibend rauem Südwind ab.

Die Schmalspurbahn des **Ferrocarril Austral Fueguino** fährt auf der Trasse eines früheren Sträflingszuges direkt zum **Nationalpark Tierra del Fuego** an der **Bahía Lapataia,** durch dessen Südbuchenwälder und Hochmoore einige Wanderwege führen. Im Geäst der Bäume hängt das lindgrüne Lametta der Epiphytenart *Barba de Viejo* (»Altmännerbart«), das den Wäldern ein verwunschenes Aussehen verleiht. Am Pfad nach **Bahía Ensenada** steht der Altar der Jungfrau von **Luján,** der Schutzheiligen aller Reisenden.

Boote tuckern von Ushuaia z. B. zur Seelöwenkolonie auf der **Isla de los Lobos** im Beagle-Kanal und zum Pinguinnistplatz vor der Estancia Harberton. Längere Törns, etwa rund um **Kap Hoorn** (span.: *Cabo de Hornos*) oder auf die völlig ursprüngliche **Isla de los Estados** finden den nur im Sommer statt. Übrigens: Wer von den Beeren des Calafate- (Berberitzen-)Strauchs kostet, wird garantiert nach Feuerland zurückkehren, heißt es … ∎

Die Falkland-Inseln – Islas Malvinas

Vor 20 Jahren waren die kleinen, sturmgepeitschten Inseln Gegenstand eines absurden Krieges; heute ist wieder Frieden eingekehrt an den einsamen Atlantikstränden mit ihren Pinguin- und Seelöwenkolonien.

Vor der Küste Argentiniens liegt die Inselgruppe der Falklands (Islas Malvinas). West-Falkland wurde 1764 von Franzosen besiedelt, auf Ost-Falkland ließen sich ab 1765 Engländer nieder, die aber bald von den Spaniern vertrieben wurden. Von Spanien 1811 wieder aufgegeben, kam die Inselgruppe 1862 in den Besitz Argentiniens. England übernahm 1833 die Verwaltung der sonst fast menschenleeren Inselwelt, auf der bis heute Schafzucht ein Haupterwerbszweig ist. 1982 kam es zum nicht erklärten Krieg und die argentinische Militärjunta besetzte im März die Falklands. Jegliche Vermittlungsversuche sowohl der Vereinten Nationen als auch der USA scheiterten. Im Mai/Juni 1982 wurde die Inselgruppe von einem britischen Expeditionscorps bei hohen Verlusten auf beiden Seiten zurückerobert. Die Niederlage der Argentinier war ein wesentlicher Faktor für den Sturz der Militärdiktatur. Ziel der Argentinier bleibt die Wiedererlangung der Islas Malvinas.

Die »kelpers«, wie sich die 2900 Insulaner selbst nennen, sind sich dagegen einig: »The Falklands are british!« Dass unter dem kargen Boden der Insel gewaltige Ölverkommen ihrer Erschließung harren, stimmt die Insulaner für ihre ökonomische Zukunft äußerst zuversichtlich.

Besuchern bieten die Falklands Natur pur. Wie in Schottland kann man alle vier Jahreszeiten an einem Tag erleben. Sonne, Wind und Regen kommen und gehen in Minutenabständen. Hügel und Täler wechseln sich ab und die südlicheren Landschaften sind beinahe steppenartig, baumlos und von hohem Gras und im kurzen Frühjahr von wilden Blumen überzogen. Beim Wandern ist jedoch dringend auf die omnipräsenten Warnschilder zu achten, die auf Minenfelder hinweisen – traurige Relikte eines absurden Krieges am Ende der Welt.

Port Stanley heißt die Hauptstadt der Falkland-Inseln, die stets Start- und Endpunkt für Besuche auf den Inseln ist. Mit einer Bevölkerungszahl von 1900 dürfte Stanley eine der kleinsten und abgelegensten Hauptstädte der Welt sein, vergleichbar vielleicht mit einem Dorf in den schottischen Highlands, in dem auch ein Government House und eine Kathedrale stehen. Die Stadt wurde auf einer nach Norden gewandten schrägen Ebene erbaut um das ganze Jahr zumindest in die Richtung der Sonne schauen zu können. Der Blick reicht bis hinunter zum Hafen,

◄ Magellan-Pinguine
◄◄ Raue Einsamkeit auf den Falkland-Inseln

in dem einige der Schiffe, denen die Umseglung Kap Hoorns nicht gelang, noch immer vor Anker liegen.

Alles außerhalb von Stanley ist für die Falklanders schlicht *The Camp,* das »Land«. Weite Hügel, Moor, ständiger Südostwind und endlose Schaffarmen prägen die Szenerie; und durch das praktisch menschenleere West Falkland führt nur eine einzige Straße.

Cape Pembroke liegt einen halben Tagesmarsch von Stanley enfernt und auf dem Weg dorthin kann man einen Eindruck von der Vielfalt der Vogelwelt auf den Falklands gewinnen. Am Ende des Marsches erreicht man dann auch den berühmten historischen Leuchtturm. Nur zwei Stunden nordöstlich der Haupstadt liegt **Penguin Walk,** wo einen große Kolonie Magellanpinguine nistet und wo man zahlreiche Falkland-Gänse und Kormorane beobachten kann.

Bei **Darwin,** ca. zwei Fahrstunden von Stanley entfernt, verloren im Krieg besonders viele Argentinier ihr Leben.

Den argentinischen Friedhof von **Goose Green** dürfen heute zumindest einmal jährlich Angehörige aus Buenos Aires besuchen, ansonsten gibt es weder konsularischen Kontakt, noch Verkehrsverbindungen mit dem einstigen Kriegsgegner.

Sea Lion Island heißt ein unbewohntes Eiland südlich von East Falkland, das man nur mit Kleinflugzeugen erreichen kann. An seinen einsamen Stränden leben ungestört zahlreiche Seelöwen und See-Elefanten sowie Pinguine und andere Seevögel. ∎

> ### Sir Falkland
> → Ihren englischen Namen haben die Inseln vom Falkland Sound, der 1690 nach einem britischen Adeligen benannt wurde. Französische Seefahrer nannten die Inseln »Les Isles Malouines« nach ihrer Heimat St. Malo.

Radiohören
Jeden Abend sendet der örtliche Falkland Islands Broadcasting Service (FIBS) im Rahmen seiner »Public Announcements« auf 96,5 MHz (UKW) die neuesten Themen des Tages, Gerüchte, Dementis und Erklärungen der Inselbewohner. Kurios und interessant zugleich!

▼ **Ansiedlung auf den Falkland-Inseln**
►► **Auf dem Heimweg (Ecuador)**

In diesem Urlaub verstehe ich nicht nur Bahnhof.

Fabian, 27, Globetrotter

Englisch

Neubearbeitung

L

Langenscheidt

Universal-Wörterbuch Englisch

Stichwörter IN BLAU

Englisch–Deutsch
Deutsch–Englisch

Langenscheidt
...weil Sprachen verbinden

Verständigung leicht gemacht:
Diese Wörterbücher gibt
es für über 30 Sprachen.

TOP 50 – unsere besten Tipps

Schon seit 30 Jahren sind die Polyglott Apa Guides berühmt für ihre Autoren, Experten, die das Land von innen heraus kennen und wirklich vor Ort zu Hause sind. n den Top 50 teilen sie Geheimnisse mit Ihnen: die besten Adressen, ob Sie sich nun etwas Luxus leisten möchten oder ob Sie außerhalb der ausgetretenen Pfade unterwegs sind. Entdecken Sie die angenehmsten Hotels, die typischsten Restaurants, die originellsten Läden, die interessantesten Urlaubsaktivitäten und feiern Sie die prächtigsten Feste vor Ort mit.

Zusätzlich bieten wir Ihnen noch einen besonderen Service: Wenn Sie ein Hotel in einer anderen Gegerd des Landes suchen, wenden Sie sich per Mail an uns. Unter der Adresse **apaservice@polyglott.de** beantworten wir Ihre Mail und geben Ihnen weitere aktuelle Adressen.

Infoteil

TOP**10** Hotels

Hotel Los Notros

80 km von Calafate an der Straße zum Perito Moreno-Gletscher, www.losnotros.com, E-Mail: info@losnotros.com Reservierung in Buenos Aires: Arenales 1457, 7. St., 1061 Buenos Aires, **Argentinien,** Tel. 00541/48143934, Fax 48157645. ○○○○

Die Holzarchitektur des perfekt in die Landschaft eingefügten Luxushauses lädt den Reisenden sofort zum Verweilen ein. Das charmante Hotel liegt im Nationalpark Los Glaciares, alle Zimmer und das Restaurant mit Sonnenterrasse gewähren einen spektakulären Blick auf den kalbenden Perito Moreno-Gletscher. Sobald die letzten Reisebusse nachmittags den Park verlassen haben, gehört den wenigen Gästen des kleinen Hotels und einigen Campern die grandiose Natur. Mit etwas Glück sieht man Kondore kreisen oder man hört Smaragdsittiche kreischen.
Unterhalb des Hotels befindet sich ein Bootssteg, von dem Fahrten zum Gletscher unternommen werden, mit der Möglichkeit zum Trekking auf dem ewigen Eis (siehe Aktiv-Tipp S. 364). Auch geführte Wanderungen, Reiten und Mountainbike-Touren gehören zum Freizeitangebot des Hauses.

Hotel Claridge

Calle Tucumán 535, Buenos Aires, **Argentinien,** Tel. 00541/43137700 Fax 43148022, E-Mail: reservation@claridge-hotel.com.ar ○○○○

Ein Fünf-Sterne-Haus mittlerer Größe, mit allem Komfort, aber ohne prätentiös zu sein, hier fühlt sich der Gast geborgen. Die zentrale, aber relativ ruhige Lage macht das Claridge bei Geschäftsleuten wie Touristen gleichermaßen beliebt. In der englisch möblierten Bar werden gut gemixte Drinks serviert, die exzellente Küche ist auch bei den porteños beliebt. Für die Fitness stehen ein kleiner Pool, Fitnessraum, Squash und Sauna bereit. Das Hotel liegt nur 100 m von der Fußgängerzone La Florida entfernt und damit ideal für Shopping, Bummeln oder Restaurantbesuch. Das gepflegte, britisch anmutende Ambiente bietet inmitten der hektischen Metropole eine Oase der Ruhe.

Hostal La Cúpula

Calle Michel Pérez 1–3, Copacabana, **Bolivien,** Tel. 005912/8622029, www.hotelcupula.com, E-Mail: bolivia@hotelcupula.com ○

Preisgünstige, liebevoll gestaltete Pension unter deutscher Leitung mit herrlicher Aussicht auf den Titicacasee. Die absolut ruhige Lage abseits der Straße und der gepflegte Garten garantieren Erholung auf 3800 m, das Restaurant bietet eine preiswerte Küche mit regionalen Spezialitäten. Die Sonneninsel, legendäre Heimstatt der ersten Inkas, ist von hier aus mit dem Boot erreichbar, einige mutige baden sogar im max. 12 Grad kalten See. Für Höhenangepasste lohnt sich auch der Aufstieg auf den Kalvarienberg, der Ausblick von oben ist schlicht grandios.

Hotel Catussaba

Alameda da Praia de Guaritá 101, Salvador da Bahia, **Brasilien**,
Tel. 005571/374-8000, www.catussaba.com.br ○○○○

Eines der wenigen, echten Strandhotels Salvadors. Das 1995 eröffnete
Hotel verfügt über 256 Zimmer, alle mit Klimaanlage, Minibar und Zimmersafes. Zwischen vier Pools, Tennisplatz und Strand kann der aktive
Gast wählen. Das historische Stadtzentrum ist eine knappe Autostunde
entfernt, der hoteleigene Shuttleservice sorgt für einen bequemen Transport. Lassen Sie sich die abwechslungsreiche Küche Bahias – afrikanisch
geprägt und auf Meeresfrüchten und Palmöl basierend – nicht entgehen.

Refúgio Ecológico Caiman

79380-000 Miranda, **Brasilien**, Reservierung: Tel. 005511/37061800,
www.caiman.com.br, E-Mail: caiman@caiman.com.br ○○○

In dem 53 000 ha umfassenden Gebiet gibt es vier Pensionen mit 29
Zimmern, Schwimmbad und Restaurant – der ideale Ausgangsort zur Erkundung des Tierparadieses Pantanal. Abends werden Filme und Diavorträge über die heimische Tierwelt präsentiert. Mindestens drei Tage sollte man für einen Aufenthalt im Schwemmland des Mato Grosso einplanen, um die über 600 Vogelarten, seltene Säugetiere und einige Kaimane
zu beobachten; auf jeden Einwohner kommen 40 der großen Echsen ...
leider auch Tausende Moskitos, deshalb entsprechend vorbeugen!

Hotel Antumalal

Km 2 – Camino Pucón-Villarrica,
Chile, Tel. 005645/441011,
Fax 441013, www.antumalal.com
E-Mail: hotel@antumalal.com
○○○○

Familiär geführtes Komforthotel
direkt am See Villarrica gelegen,
mit 16 individuell gestalteten Zimmern mit Panoramafenstern.
Neben dem Pool hat besonders
der riesige Garten eine große
Anziehungskraft. Das Hotel bietet
auch Reitausflüge, Bootstouren
und Leihboote an. Der Vulkan
Villarrica ist in einem Halbtagsausflug bequem zu erreichen. Im
Winter (Mitte Juli bis Mitte September) bilden die Hänge des Vulkans ein beliebtes Skigebiet, im
Sommer kann der sehr aktive
Feuerspeier mit geführten Touren
in knapp fünf Stunden bestiegen
werden. Die Bergausrüstung, die
Sie dazu brauchen, inklusive der
nötigen Steigeisen, stellen die gut
ausgestatteten Agenturen am Ort
zur Verfügung.
In der näheren Umgebung von
Pucón sind auch einige äußerst
beliebte Thermalbäder gelegen,
die bequem erreichbar sind und
allen Komfort bieten. Am bekanntesten ist das Thermalbad »Termas
de Huife«, am Rande des Nationalparks Huerquehue, der sich zwischen dem malerischen See Caburgua und der argentinischen
Grenze befindet.

Hacienda San Agustin de Callo

Lasso, **Ecuador**, Tel. 005932/242508 und 269884. ○○○○

Die herrschaftliche Hacienda der Familie Plaza bietet Räume in Inkatempeln und eine unvergleichliche Aussicht auf den schneebedeckten und aktiven Vulkan Cotopaxi und den höchsten Berg des Landes, den von Tucholsky »geadelten« Chimborazo. Die sechs Gästezimmer sind geschmackvoll mit Landhausmöbeln eingerichtet, zu denen die ironischen Schäferszenen eines einheimischen Künstlers, die die Wände zieren, einen besonderen Kontrast bilden. Das milde Klima des Lassotals lädt zu einigen beschaulichen Ruhetagen geradezu ein.

Patio Andaluz

Calle García Moreno N6–52 y Olmedo / Mejía, Quito, **Ecuador**, Tel. (02) 2 28 08 30, E-Mail: cialcotel@cialco.com. ○○

Mitten in Quitos Centro Histórico findet man dieses restaurierte Herrschaftshaus aus der Kolonialzeit mit 31 Zimmern (11 davon sind Suiten) und je einem Privatbad mit Dusche oder Badewanne; im Spabereich kann man sich verwöhnen lassen. Ausgezeichnete ecuadorianische Gerichte serviert das Restaurant »El Rincón de Cantuña« im stimmungsvollen Innenhof, außerdem gibt es eine Tapas-Bar. Ein zum Hotel gehörender Laden (Olga Fisch) bietet qualitativ hochwertiges Kunsthandwerk. Gegenüber dem Gebäude liegt das öffentliche Parkhaus Cadisan – eine ideale Unterkunft in der Hauptstadt also, wenn man das Land mit dem Mietwagen erkunden will.

El Pueblo Hotel

Aguas Calientes, **Peru**, Tel. 005184/211122, Fax 211124, www.inkaterra.com, E-Mail: central@inkaterra.com.pe ○○○○

Zum extrem teuren Luxushotel neben den Ruinen ist das Pueblo-Hotel bestimmt die schönste Alternative zum Nächtigen in Machu Picchu. 94 geschmackvoll gestaltete Bungalows inmitten eines tropischen Gartens erwarten den Gast. Bunte Schmetterlinge, schwirrende Kolibris und kreischende Papageien bevölkern die üppige Vegetation, Orchideenliebhaber kommen besonders auf Ihre Kosten. Nachts hört man nur das Donnern des Urubamba-Flusses, es gibt keinen Autoverkehr im Ort. Vorzeitige Reservierung ist empfehlenswert!

Hotel L'Auberge

Barrio Parque del Golf, Punta del Este, **Uruguay**, Tel. 00598/42482601, Fax 483408, www.visit-uruguay.com/lauberge.htm ○○○

Nostalgisches Traditionshotel in einem riesigen Park, außerhalb des mondänen Badeortes. Alle 40 Zimmer sind mit antiken Möbeln komfortabel eingerichtet. Nach dem Einkaufsbummel oder einer Sightseeing-Tour wirkt ein Aufenthalt am Pool inmitten des herrlichen Gartens wunderbar entspannend. Im Hotelrestaurant wird ein typisch südamerikanisches Asado – Fleisch vom Holzkohlengrill in für Europäer unvorstellbaren Mengen – serviert, oder besser gesagt: zelebriert!

Unterkünfte

Standard und Typen

Die Fünf-Sterne-Einteilung der Unterkünfte lässt sich in Südamerika nur bedingt mit derjenigen in Europa vergleichen; insbesondere bei Hotels der unteren und mittleren Kategorie müssen oftmals Komforteinschränkungen hingenommen werden.

Luxushotels

Hotels der obersten Preisklasse findet man gewöhnlich nur in den großen Metropolen und Hauptstädten; ihnen ist oftmals ein eigenes Restaurant und Kasino angeschlossen.

Mittelklassehotels

Unterkünfte dieser Kategorie sind mit Ausnahme kleiner Dörfer relativ weit verbreitet und bieten dem Touristen meist ein gutes Preis-Leistungs-Verhältnis. Oftmals sind sie in den spanischen und portugiesischen Kolonialstädten (z. B. Cusco, Salvador da Bahia) in stimmungsvollen alten Herrenhäusern mit Innenhof (patio) eingerichtet. Bei zahlreichen Mittelklassehotels ist das Frühstück – im Gegensatz zu den einfachen Unterkünften – im Übernachtungspreis enthalten.

Einfache Unterkünfte

Einfache Unterkunftmöglichkeiten gibt es fast überall, von der Großstadt bis in das abgelegene Andendorf. Je nach Land und Region werden sie daher auch sehr unterschiedlich bezeichnet: hostería, posada, alojamiento, hospedaje, pensión, residencia oder hostal. Bei diesen häufig auch als Familienbetrieb geführten kleinen Hotels sollte man vorab prüfen, ob die Dusche und das WC richtig funktionieren und ob ein Ventilator und ein Moskitonetz (in den tropischen Tiefländern) bzw. ausreichend warme Decken (in den Anden) vorhanden sind.

Lodges und Cabañas

Diese vor allem im Regenwald (Amazonien) und an tropischen Stränden verbreiteten Unterkünfte varriieren hinsichtlich des Komforts sehr stark: teils sind sie luxuriös mit Pool, Terrassen, Sportmöglichkeiten etc. ausgestattet, teils bewusst sehr einfach als Hütten (cabañas) für die wachsende Zahl der Öko-Touristen gestaltet.

Estancia und Hacienda

Eine relativ seltene nostalgische Unterkunftsmöglichkeit auf dem Land sind alte Gutshäuser (z. B. Hacienda La Ciénaga bei Lasso in Ecuador), die meist sehr komfortabel und stilvoll eingerichtet sind.

Motels

Da der überwiegende Teil der südamerikanischen Bevölkerung mit öffentlichen Verkehrsmitteln reist, sind moteles turísticos nur in wenigen Ländern (insbesondere Chile und Argentinien) anzutreffen. Anmerkung: Motels in Brasilien sind Absteigen für Liebespaare ...!

Jugendherbergen

Albergues de la juventud sind in Südamerika mit Ausnahme weniger Städte (z. B. Buenos Aires) nicht sehr häufig – aber auch nicht nötig, da es für Reisende mit schmalem Geldbeutel genügend andere, preiswerte Unterkünfte gibt.

Campingplätze

Mit dem Zelt in freier Natur zu übernachten ist nur in wenigen Ländern (v. a. Chile, Argentinien und Brasilien) verbreitet. Der Komfort der privat und staatlich geführten Campingplätze variiert sehr stark. Mit Einwilligung des Besitzers kann man häufig auch auf privaten Grundstücken zelten.

Preise und Reservierung

In der Regel steigen die Hotelpreise mit dem Beginn der Hauptsaison (Trockenzeit). Während der Nationalfeiertage und lokalen Feste (z. B. Fiesta de San Juan Bautista in Otavalo/Ecuador) sind vielerorts Unterkunftsmöglichkeiten knapp, bisweilen verdoppeln oder verdreifachen sich die Preise. Deshalb sollte man bei diesen Anlässen unbedingt im Voraus reservieren (beispielsweise für den Carneval in Rio de Janeiro mindestens mehrere Monate) und diese Reservierung auch nochmals bestätigen. Ein Preisnachlass wird häufig in der Nebensaison oder bei einem längeren Aufenthalt gewährt.

Da in Lateinamerika im Dienstleistungsbereich die Löhne sehr niedrig sind, sollte man dem Zimmerpersonal unbedingt ein Trinkgeld (propina) geben, das maßgeblich zum Unterhalt der kinderreichen Familien beiträgt. In Luxushotels ist das Bedienungsgeld gelegentlich bei der Zimmerrechnung eingeschlossen, in der Regel wird auch ein Mehrwertsteuer-Zuschlag erhoben.

Preiskategorien

- ■ ○○○○: über 100 US-$
- ■ ○○○: 80–100 US-$
- ■ ○○: 40–80 US-$
- ■ ○: bis 40 US-$

TOP10 Restaurants

El Mirasol

Avenida Dávila 202, Puerto Via-
monte, Buenos Aires, **Argentinien**
Tel. 00541/3156277-79,
tgl. 20–2 Uhr. ○○○

Im schicken Restaurantviertel der
ehemaligen Hafendocks gelegen,
serviert dieses moderne Lokal ein
traditionelles Asado (Barbecue)
vom Holzkohlengrill. Die Argentinier bevorzugen saftiges Fleisch,
wie das »bife chorizo«, ein Riesen-
steak mit Fettrand, dazu meist nur
Salat und Weißbrot. Natürlich
kommen auch Fischfreunde hier
auf Ihre Kosten. Lassen Sie sich
beim Auswählen Zeit, denn auch
die umfangreiche Weinkarte verdient ein ausführliches Studium.
Ein tiefroter Malbec oder ein
fruchtiger Sauvignon Blanc für
Weißweinfreunde aus der renommierten Weingegend um Mendoza lohnen einen Versuch.

Kosten Aike

Calle Gobernador Moyano 1243, Calafate, **Argentinien,**
Tel. 02902/492424, Fax 491538,
www.kostenaike.com.ar
Okt.–April tgl. 12–15 und 19–2 Uhr ○○○

Exzellente Pastakreationen und hervorragende Steaks werden in dem
Hotelrestaurant mit langer Tradition serviert. Manuel, der gewichtige
Chefkoch, ehemals eine Institution als Chef des Michelangelo, wechselte in das neue Hotel Kosten Aike und mit ihm seine exzellente Küche. Er
hat immer ein offenes Ohr für seine Gäste und lässt auch gerne Sonder-
wünsche zubereiten. Seine Spezialitäten sind Pfeffersteaks auf den gewünschten Punkt gebraten und Pasta Agnelotti, große Teigtaschen mit
fantasievollen Füllungen, beispielsweise mit Kürbiscreme oder mit Cen-
tollamus aus dem Fleisch der Riesenkrabben.

Utama

Skyroom im Plaza-Hotel, Av. 16 de Julio 1789, La Paz, **Bolivien,**
Tel. 005912/378311, Fax 378318,
tgl. 12–15 und 18–24 Uhr. ○○○

Bei diesem grandiosen Ausblick auf die Skyline der höchstgelegenen
Großstadt der Welt, hätte auch ein durchschnittliches Restaurant seine
Gäste. Erfreulicherweise verlassen sich die Küchenchefs des Plaza jedoch
nicht auf die Lage des Lokals, sondern zelebrieren eine sehr gute und abwechslungsreiche Küche. Besonders empfehlenswert nach einem Bummel über den Prachtboulevard von La Paz, dem Prado, wie die Avenida
16 de Julio im Volksmund genannt wird. Ein Sonnenuntergang bei
einem gut gemixten Drink mit Blick auf den Hausberg der Paceños, dem
Sechstausender Illimani bleibt bestimmt in guter Erinnerung. Unbedingt
reservieren!

Sol e Mar

Avenida Repórter Nestor
Moreira 11, Botafogo,
Rio de Janeiro, **Brasilien,**
Tel. 005521/22951896,
tgl. 11–1 Uhr. ○○○

Die herrliche Lage gegenüber dem
Zuckerhut, macht das Dinner
besonders bei lauen Sommernäch-
ten zu einem Event, wenn das
Dach der Terrasse geöffnet wird
und man unter dem Sternen-
himmel in der Botafogo-Bucht
sitzt. Obwohl Rio am Meer liegt,
gibt es nur wenige Strandrestau-
rants, Sol e Mar ist eine der wenigen Ausnahmen. Die Speisekarte
bietet eine sehr gute Fisch- und
Meeresfrüchteauswahl mit Langusten und Austern, aber auch
Fleischgerichte. Livemusik am
Abend. Freitags und samstags sollte man reservieren!

Uauá

Rua Gregório de Matos 36,
Pelourinho, Salvador da Bahia,
Brasilien, Tel. 005571/3213089,
tgl. außer Mo; 11.30–15 und
19–23 Uhr. ○○

Die Küche Bahias gilt zu Recht als
die abwechslungsreichste Brasiliens, der afrikanische Einfluss ist
unverkennbar, Palmöl, Kokosnuss-
milch und viel Chili gehören zu
den diversen Fisch- und Fleischge-
richten fast immer dazu. Einen
Bummel durch die pittoreske Altstadt Salvadors kann man hier perfekt abrunden. Neben der Bereit-
schaft Neues zu probieren sollte
man unbedingt Zeit und Geduld
mitbringen, in Bahia geht es
gemächlich zu und die Speisen
werden frisch zubereitet also
keine Mikrowellenschnellkost!

Etniko

Calle Constitución 172, Bellavista,
Santiago de Chile, **Chile,**
Tel. 00562/7320119; www.etniko.cl
tgl. ab 20 Uhr. ○○○

Eine der »angesagtesten« Adressen
im Amüsierviertel der chilenischen Metropole, mit zwei Bars,
einer Lounge und einem Restaurant mit Spezialitäten aus dem Pazifik, von Chile bis Japan. Ein französisches Brüderpaar führt das
modern-kühl wirkende Lokal im
Stadtteil Bellavista, unterhalb des
Aussichtsberges San Cristobal.
Freitag und Samstag unbedingt
Tisch reservieren!

Merlin

Calle Imperial 0605, Puerto Varas, **Chile,**
Tel 005665/233105
www.merlinrestaurant.com, tgl. 19–1 Uhr. ○○○

Der deutsche Koch Richard Knobloch eröffnete in einem der schönsten
Winkel Chiles, dem Seengebiet, ein exquisites Restaurant. Es gilt mittlerweile als eines der wenigen Spitzenrestaurants Chiles außerhalb der
Großstädte. Die kleine Speisekarte mit täglich wechselnden Variationen
bietet eine regionale Küche mit frischen Zutaten und fantasievollen Krea-
tionen, jedoch ohne »Schnick-Schnack«. Die gediegene Weinauswahl
präsentiert vom Sommelier des Hauses – bestätigt den Ruf Chiles als El
Dorado für Weinkenner. Ein geräucherter Wildlachs als Vorspeise, eine
Seezunge im Weißweinfond als Hauptgericht und als Dessert ein Mango-
sorbet mit Brombeersauce – ein Gedicht für Gourmets!

La Rosa Nautica

Espigón No. 4 – Circuito de Playas, Lima, **Peru,**
Tel. 00511/4450149/4470057, www.larosanautica.com
E-Mail: ventas@larosanautica.com, tgl. 12–2 Uhr. ○○○

Beliebtes Fischlokal, das nicht am, sondern tatsächlich im Meer liegt, auf Stelzen direkt an der Costa Verde, der Strandpromenade der peruanischen Metropole. Auf Wunsch radelt der dunkelhäutige, weiß livrierte Empfangschef die Gäste mit der Rikscha vom Parkplatz zum Eingang. Das Restaurant ist im Jugendstil gestaltet, sanfte Musik und das Meeresrauschen sorgen für romantische Stimmung. Die Nationalspeise Ceviche – Fisch in Limetten mariniert und kalt serviert – oder gebratene Seezunge sind hier besonders zu empfehlen, dazu ein kühler Tacama Blanc de Blanc von Perus Weinregion Ica, dann kann nichts mehr schiefgehen!

Indio Feliz

Calle Lloque Yupanqui 4,
Aguas Calientes/Machu Picchu,
Peru, Tel./Fax 005184/211090,
tgl. 7–23 Uhr. ○○

Die immer präsente und auf guten Service bedachte Chefin, Señora Cannie Pacheco kocht peruanische Spezialitäten mit französischen Einfluss zu fairen Preisen. Eine echte Alternative zur teuren Massenabfertigung im Hotelrestaurant des Orient-Express-Hotels oder zu den wenig hygienischen Billigkneipen am Bahnsteig. Wichtig: Zeit mitbringen, alle Speisen werden frisch zubereitet! Eine der wenigen Adressen für guten Espresso oder Cappuccino in Machu Picchu.

Mercado del Puerto

Calle Piedras, Montevideo,
Uruguay, tgl. außer So. ○

Die alte Markthalle aus dem 19. Jh. ist heute eine »Fresshalle« im positiven Sinn, vor allem Freunde gegrillten Fleisches kommen hier voll auf ihre Kosten. Besonders samstags zur Lunchzeit ist die Atmosphäre einzigartig. Am besten man trinkt zunächst ein Glas Rotwein – auch Uruguay hat gute Lagen – und beobachtet die Szene, bevor man sich für ein Lokal entscheidet.

Essen und Trinken

Die Küche des südamerikanischen Kontinents zeichnet sich durch eine große Mannigfaltigkeit aus, bedingt durch die unterschiedlichen geographischen und klimatischen Gegebenheiten der einzelnen Regionen und Länder sowie die verschiedenen ethnischen Wurzeln (Indígenas, Weiße und Schwarze) der Bevölkerung.

Frühstück
Das Frühstück (desayuno) ist meist recht einfach: Zu einer Tasse Tee oder Kaffee isst man Toast oder Croissant, auf dem Land oft auch eine Gemüsesuppe. In den Hotels der gehobenen Kategorie werden üppige Buffets aufgefahren.

Hauptgerichte
An der gesamten Pazifik- und Atlantikküste findet man auf den Speisekarten Fisch (pescado) und Meeresfrüchte (mariscos), die frittiert (frito), gedünstet (al vapor/sudado) oder auf dem Rost (a la plancha) zubereitet werden. Eine Besonderheit der pazifischen Küste (in Peru und Ecuador sogar Nationalgericht) ist Ceviche, roher Fisch in reichlich Limettensaft mariniert und pikant gewürzt.

Vor allem in den Nord- und Zentralanden ist Churrasco verbreitet, ein Stück Rindfleisch mit Spiegeleiern und angebratenen Zwiebelringen darüber, dazu Reis, Pommes frites, Salat und Avocado. Fast legendär ist der Geschmack und die Qualität des Asado (gebratenes Rindfleisch) in Argentinien, Paraguay, Uruguay und im südlichen Brasilien, das in diesen Ländern in speziellen Steakhäusern (parrillas) oft armdick serviert wird. Dabei

unterscheidet man vor allem zwischen dem Lendensteak (bife de lomo), Rumpsteak (bife de chorizo), dem T-Bone-Steak (bife de costilla) und dem Spareribs (asado de tira). Je nach Vorliebe bestellt man das Steak leicht blutig bzw. saftig (jugoso), medium (a punto) oder gut durchgebraten (bien hecho/cocido).

Der bittere Maniok (yucca) ist in ganz Amazonien das traditionelle Grundnahrungsmittel der Indianer; traditionell wird er fein geraspelt und nach dem Auspressen der giftigen Blausäure über dem offenen Feuer als große Fladen gegart.

Gemüse und Gewürze sind in unterschiedlichen Maße Bestandteil der verschiedenen Regionalküchen. So werden z. B. schwarze Bohnen (caraotas negras) zusammen mit geschnetzeltem Fleisch und grünem Pfeffer, Zwiebeln, Tomaten, Knoblauch und Koriander für das venezolanische Nationalgericht Pabellón Criollo verarbeitet.

Getränke
Allgegenwärtig sind kohlensäurenhaltige Limonaden (gaseosas) wie z. B. Coca Cola. In ganz Südamerika ist zudem Bier (cerveza) weit verbreitet. Neben importierten Marken findet man auch gute einheimische Produkte, z. B. Pilsener in Ecuador, Cusqueña und Arequipeña in Peru.

Kaffee (café) ist eines der wichtigsten Exportprodukte Kolumbiens und Brasiliens, wobei im kolumbianischen Hochland vor allem die exzellenten Arabica-Sorten, im brasilianischen Tiefland gewöhnlich die qualitativ minderwertigeren Robusta-Sorten gedeihen.

Tee (mate) bereiten die Indígenas in den Hochanden (besonders Ecuador, Peru und Bolivien) seit präkolumbischer Zeit aus den Blättern des Koka-Strauches (mate de coca), um vor allem die Symptome der Höhenkrankheit (soroche), bisweilen auch das Hungergefühl zu mildern. In den Ländern des Cono Sur (Argentinien, Chile, Paraguay und Uruguay) trinkt man den vitaminreichen, anregenden Mate (aus den Blättern und Stengeln des Strauches Ilex paraguaiensis) traditionell aus einem Kürbisgefäß (calabaza) mit einem metallenen Saugrohr (bombilla).

Insbesondere Chile ist für seine erstklassigen Weine (vinos) berühmt, die bei Santiago im Valle Central kultiviert werden. Es ist zu beobachten, dass auch Argentinien, mittlerweile der fünftgrößte Weinproduzent der Welt (v. a. die Umgebung von Mendoza), in zunehmenden Maße mit qualitätvollen (Rot)Weinen auf den internationalen Markt drängt.

Schnaps (aguardiente) wird meist aus Zuckerrohr hergestellt, beispielsweise Cachaça in Brasilien. In Peru und Chile bereitet man aus dem Pisco das Nationalgetränk Pisco Sour, indem man den Traubenschnaps mit zerstoßenem Eis, Limettensaft und Eiweiß mixt und mit Bitter de Angostura verfeinert.

Preiskategorien

Menüs kosten
- ■ ○○○: ab 20 US-$
- ■ ○○: bis 20 US-$
- ■ ○: bis 10 US-$

TOP**10** Shopping

Galeria Pacifico

Calle San Martin 760, Buenos Aires, **Argentinien,** tgl. 10–23 Uhr.

Eines der interessantesten Gebäude in der Fußgängerzone La Florida wurde zu einem modernen Konsumtempel im historischen Ambiente. Jugendstildekor, Wandmalereien und wechselnde Ausstellungen machen den Einkaufsbummel auch zu einem kulturellen Erlebnis. Typische Cafeterias, Bistros und Sushi-Lokale sorgen für das leibliche Wohl und dafür, dass man sich gerne länger dort aufhält. Sogar Schumis Formel 1-Bolide stand hier schon im Foyer! Sonntags sind nur wenige Läden geöffnet.

Sonntagsmarkt

Tarabuco, **Bolivien**

65 km von Sucre entfernt findet allwöchentlich einer der farbenprächtigsten Märkte Boliviens statt. Besonders fotogen sind die Männer in ihren Lederhelmen im Stile der Kolonialzeit. Die Auswahl an Stoffen, Decken und Webereien ist riesig, handeln lohnt sich in jedem Fall.

Ver-o-Peso

Avenida Castilhos França, Belém, **Brasilien,** tgl.

Direkt an einem der Amazonasarme gelegen, kann der »Achte auf das Gewicht-Markt« als einer der exotischsten Märkte des Kontinents bezeichnet werden.

Neben Fluss- und Meeresfischen, tropischen Früchten und Gewürzen gibt es vor allem alle möglichen, zum Teil seltsamen Kräuter und Mixturen gegen Krankheiten, Liebeskummer, Eifersucht, Impotenz usw. Der Besuch des Marktes wird zu einem echten Erlebnis. Leider muss man außer auf das Gewicht vor allen Dingen auf seine Wertsachen achten, Taschendiebe wissen von der Zerstreutheit der Touristen an solchen Plätzen. Daher die Kamera festhalten und die Brieftasche im Hotelsafe deponieren!

Feira Hippie

Praça General Osório, Ipanema, Rio de Janeirc, **Brasilien,** So 9–18 Uhr.

Der noch aus der Flower-Power-Zeit stammende Markt ist heute eine Fundgrube für Liebhaber von Antiquitäten, Kunsthandwerk und allerlei Krimskrams. Viele Voll- oder Teilzeitkünstler bieten Ihre Werke selbst an, ein Schwätzchen mit dem Meister lässt gelegentlich den Preis sinken – Portugiesischkenntnisse vorausgesetzt ...

Mercado Modelo

Praça Cairu, Salvador de Bahia, **Brasilien**, tgl. 10–20 Uhr.

Ein beliebter Kunsthandwerksmarkt auf historischen Boden, das Gebäude diente den Portugiesen als Lager und Gefängnis. Auch Südbrasilianer, die Bahia gerne besuchen, kaufen hier ihre Souvenirs, die Preise sind zwar angeschrieben, aber eigentlich Verhandlungssache. Auf der Terrasse befinden sich zwei Restaurants mit langsamen Service und durchschnittlicher Qualität aber herrlichen Blick auf die Allerheiligenbucht und die Capoeira-Tänzer auf dem Platz.

Centro Artesanal Los Dominicos

Avenida Nueva Apoquindo 9085, Las Condes, Santiago, **Chile**, Di–So: 10–19 Uhr.

In 160 Werkstätten kann man Handwerker bei der Verarbeitung von Holz, Leder, Silber, Lapislazuli und anderen Materialien beobachten und einkaufen. Nach Jahren des absoluten Fortschrittsglauben besinnt sich nun auch die kaufkräftige Mittelschicht Chiles ihrer Handwerkstradition. Die Werkstätten sind im ehemaligen Dominikanerkloster untergebracht, also im historischen Ambiente.

Latacunga – Wochenmarkt

Plaza San Sebastian, Latacunga, **Ecuador**, Sa 7–14 Uhr.

Im Gegensatz zum täglichen »Indianer-Straßen-Supermarkt« in Otavalo ist dies ein echter Wochenmarkt vorwiegend mit Produkten für die Einheimischen. Ein Besuch lohnt besonders zum Beobachten und Fotografieren, aber man kann auch günstiges Kunsthandwerk, wie gewebte Teppichen, Pullover, Strohtaschen oder Gebrauchskeramik, finden.

Angelmó

Caleta Angelmó, Puerto Montt, **Chile**, tgl.

Am alten Fischereihafen ist neben dem fotogenen Fischmarkt die Souvenirstraße einen Besuch wert. Wer nicht auf die Insel Chiloe kommt, Zentrum des chilenischen Kunsthandwerks, hat hier die Gelegenheit Schnitzereien, Muschelfiguren und -ketten, Schafteppiche und -Pullover sowieso allerlei cursi zu erwerben. Cursi bedeutet Kitsch! Viele kleine Fischlokale laden zu einem Imbiss.

Chinchero – Indiomarkt

Chinchero bei Cusco (ca. 30 km), **Peru**, sonntags

Der ganze Ort wird jeden Sonntag zum Markt. Direkt am Busparkplatz befindet sich der Obst- und Gemüsemarkt, vor der historischen Kirche, und in den ansteigenden Straßen sind die Souvenirs ausgebreitet. Die Kirche steht auf Inka-Ruinen, die Inkaterrassen davor werden noch bebaut. In der Trockenzeit bietet sich ein Rundblick zur Cordillera de Vilcabamba, dem Gebirge südlich Cuscos, mit dem höchsten Gipfel Südperus, dem 6300 m hohen Salcantay, durch seine Pyramidenspitze gut erkennbar, der einem den Atem raubt!

Flohmarkt

Calle Tristán Narvaja, Montevideo, **Uruguay**, So 8–14 Uhr.

Ein ausgedehnter Straßenmarkt und ein wahres Paradies für Sammler. Hier wird die historische Nähe zu Europa deutlich: spanische Bücher, deutsches Geschirr, Muranoglas, französische Hüte, teilweise sind echte Schnäppchen zu ergattern.

TOP10 Aktiv

Minitrekking – Perito Moreno

Agentur: Nova-Terra, Calafate, **Argentinien,**
Tel./Fax 00542902/492580,
E-Mail: Novaterracalafate@cotecal.com.ar

Tagestrip mit Bus und Boot und einer ca. 2-stündigen Wanderung auf dem Gletscher. Ein unvergessliches Erlebnis wartet auf Sie, noch hautnaher lässt sich der Gletscher nicht erleben. Wetterfeste Kleidung und Wanderschuhe sollte man mitbringen, die nötigen Steigeisen werden von der Agentur gestellt.
Nach einer 2-stündigen Busfahrt ab Calafate (Abfahrt um 8 Uhr) erreicht man unterhalb des Hotels Los Notros die Bootsanlegestelle. Nach etwa 30 Minuten Bootsfahrt landet man direkt am Gletscher. Imposant, denn während dieser Fahrt hat man bereits immer die 80 Meter hohe, in den Lago Argentino ragende Gletscherwand vor Augen. Etwa gegen 15 Uhr ist man wieder zurück am Festland und besucht noch die Aussichtsplattform gegenüber dem kalbenden Perito Moreno-Gletscher. Sicher die interessanteste Art des Gletschererlebnisses!

Kanutour in Feuerland

Agentur: Caminante, Calle Don Boscc 319, Ushuaia, **Argentinien,**
Tel./ Fax 0054-2901/423689,
Fax 423689.

Mehrstündige Tour im Nationalpark Tierra del Fuego, vom Lago Roca (Grenze zu Chile) in die Lapataia-Bucht, wo der Beagle-Kanal beginnt. Ein Outdoor-Event für Wetterfeste, regen- und windfeste Kleidung unbedingt nötig! Nicht nur eine abwechslungsreiche Fauna, sondern schlichtweg das Erleben des Zusammentreffens von Berg- und Meeresklima machen die Tour zu einem Ereignis.

Takesi – Inkatrail

Takesi – Inkatrail, **Bolivien**

46 km südöstlich von La Paz beginnt dieser Weg ab der Mine San Francisco. Ab La Paz fährt täglich um 6 Uhr morgens ein Bus im Stadtteil San Pedro, Calle Venacio Burgoa/Ecke Calle Boquerón Richtung Palca. Austeigen muss man in Ventilla. Nach einem kurzen Aufstieg folgen 50 km bergab auf befestigten Inkawegen mit grandiosen Ausblicken. Von der kargen Puna führt der Pfad hinab in immer tropischere Gefilde, gelbbraunes Quechuagras wird von grünen Farnen, roten Fuchsien und Tropenbäumen abgelöst. Über die Estancia Takesi, wo es eine Campingmöglichkeit gibt, gelangt man nach Kakapi. In der dortigen Tourist Lodge gibt es 10 Betten, Solarduschen und einen Campingplatz. Von hier gelangt man mit einem Minibus nach Yanacachi, von dort per Bus zurück nach La Paz. Eine der leichtesten Trekkingtouren in den Anden, auf historischen Boden, eine vielseitige Wanderung von 4630 Meter Höhe bis auf unter 1000 Meter! 1–2 Tage.

Tauchen vor Fernando de Noronha

Atlantis Divers, Vila dos Remédios, Fernando de Noronha, Bundesstaat Pernambuco, **Brasilien**, Tel./Fax (0055) 81-3619-1371, www.atlantisnoronha.com.br

Brasiliens einzige PADI-zertifizierte Tauchbasis, Atlantis Divers, operiert von der Hauptinsel des Fernando de Noronha-Archipels aus. Die 360 km von Natal und 545 km von Recife entfernte Inselgruppe wird von Meeresschildkröten zur Eiablage und von Delfinen sowie mehreren Haiarten zur Aufzucht ihrer Jungtiere genutzt. Sie steht größtenteils unter ungewöhnlich strengem Naturschutz. Unverbaute Strände und die bis zu 50 m weit reichende Sicht unter Wasser rechtfertigen letztlich aber jeden Aufwand der brasilianischen Naturschutzbehörde Ibama – und die hier empfindlich teuren Nationalparksgebühren.

Surfen und Baden

Natal, **Brasilien**

12 km südlich von »Weihnachten« – denn das bedeutet Natal auf Deutsch – oder 20 Busminuten gelangt man zu den Traumstränden von Ponta Negra. Der nördliche Teil ist ein Surferparadies, der südliche bietet ruhigere Gewässer zum Schwimmen und Tauchen. Am südlichen Ende erhebt sich die 120 m hohe Sanddüne Morro do Careca, die man auch per Sandski hinabgleiten kann, zuvor ist jedoch ein schweißtreibender Aufstieg erforderlich. Die nötigen Ski werden am Fuß der Düne vermietet, Surfbretter am Strand und in den größeren Hotels.

Trekking im Nationalpark

Moser active, Punta Arenas, **Chile**,
Tel./Fax 005661/215289,
www.moseractive.cl, E-Mail:
info@moseractive.cl

Torres del Paine ist für Naturfreunde ein absolutes Muss. Eine Trekkingtour auch für Ungeübte führt zur Laguna Verde. 4 Stunden ab der Brücke Weber bis zur Hosteria Lazo, immer das Painemassiv im Blickfeld. In der Hosteria kann man sich stärken, die Agentur wartet hier mit einem geländegängigen Fahrzeug.
Der Österreicher Christian Moser lebt seit Jahren in Patagonien. Als erfahrener Alpinist führt er Wanderer durch den Nationalpark. Etwa 7 Std. hin und zurück ab der Herberge in Pehoé braucht man für eine reizvolle Wanderung in das Valle Francés. Nach knapp 2 Sunden erlebt man ein besonderes Naturspektakel: der Río Francés bricht mit ungebändigter Wucht durch den Canyon.

Multi-Aktiv-Tour

travelArt (deutschsprachig), Calle Europa 2081, Providencia, Santiago, **Chile**, Tel. 00562/3783440, Fax 3783494, www.travelart.com

Auf dem Programm stehen zwei- bis Fünftagestouren im chilenischen Seengebiet ab Puerto Varas: Radfahren entlang des Llanquihuesees, wandern auf den Lavafeldern des Osorno-Vulkans und Rafting auf dem Petrohuefluss. Man kann sie individuell zusammenzustellen, je nach Kondition und Laune. Besonders die von wenig Autoverkehr benützte Route von Frutillar nach Ensenada, am Fuße des majestätischen Osorno, ist für Mountainbiker empfehlenswert. Auch die Besteigung des 2652 m hohen Osorno ist für Anfänger machbar, gute Kondition vorausgesetzt. Der Aufstieg ab der Berghütte auf 1500 m dauert etwa 4 Sunden und ist nur mit einem Bergführer erlaubt.

Mit dem Mountainbike durch den Nationalpark

Der »radelnde Holländer«: Jan Lescrauwaet, Calle Foch 714, Quito, **Ecuador**, Tel. 005932/2568323, Fax 2567008, www.bikingdutchman.com

Der knapp 5900 m hohe Cotopaxi gilt mit seiner Schneekuppe als eines der Wahrzeichen des Landes. Der Gipfel wird im Südsommer (Nov. bis März) oft bestiegen, biken ist noch relativ neu, aber gut möglich. Auf einer Tagestour im Nationalpark können acht Vulkane bestaunt werden. Leihräder und Infos aus erster Hand gibt der »radelnde Holländer«. Klimatisch ist der Trip ganzjährig möglich, Regen muss man immer einkalkulieren, meistens nachmittags.

Huychu Cosqo

Explorandes, Plaza de Armas, Portal de Panes 236, **Peru**, Tel. 005184/244308, Fax 233784, E-Mail: expcusco@peru.itete.com.pe

Reiten oder Wandern zu den Inka-Ruinen, 900 Höhenmeter oberhalb des Valle Sagrado de los Inkas. Per Bus fährt man ab Cusco Richtung Calca bis Lamay, linker Hand überquert man den Urubambafluss und folgt dem Weg bis zu einer ehemaligen Hacienda mit Palmen und Säulentreppe. Links vom Haus windet sich ein steil ansteigender Weg hinauf, ab hier zu Fuß ca. 3 Std. Neben den mehrstöckigen Ruinen begeistert der Fernblick auf die Vilcabamba-Bergkette mit dem 6300 m hohen Salcantay. Zurück kann man einen anderen Weg Richtung Norden nach Calca nehmen, von dort fahren bis ca. 19 Uhr Kleinbusse zurück nach Cusco. Diese Tour ist auch privat einfach durchführbar, Pferde sollte man aber am besten in Cusco buchen.

River-Rafting

Agentur: Apu-Expediciones, Av. Sol 954, Cusco, **Peru**, Tel./Fax 005184/221097, E-Mail: apuexpe@qenqo.rcp.net.pe

Mit dem Schlauchboot auf dem Urubambafluss. Ab Huambutio, 30 km südlich von Cusco geht es etwa 20 km flussabwärts bis Pisac über Stromschnellen und durch eine herrliche Landschaft. Die gesamte Ausrüstung inklusive der obligatorischen Schwimmwesten werden gestellt, man muss nur etwas Mut und gute Laune mitbringen. Wasserdichte Kleidung oder Sachen zum Umziehen sind empfehlenswert.

TOP**10** Feste

Fiesta de la Vendimia

Weinlesefest in Mendoza,
Parque San Martin, **Argentinien**

Alljährlich Ende Februar veranstaltet die Weinmetropole Argentiniens, am Fuße des fast 7000 m hohen Aconcagua ein großes Festival mit Umzügen, Feuerwerk und Straßenlokalen und jeder Menge Rotwein. Argentinien produziert vornehmlich Rotwein, besonders die Rebsorten Cabernet-Sauvigon, Malbec und Syrah werden rund um Mendoza auf idealen Böden und gleichmäßig mildem Klima hervorragend angebaut.

Festival Folclórico

Parintins, **Brasilien,** Stadion Bumbódromo, 28.–30. Juni.
Secretatia Estadual da Cultura, Manaus, Tel. 005592/6332850.
Spezialveranstalter in Deutschland: Ruppert Brasil, Grillparzerstr. 31, 81675 München, Tel. 0800/ 2727454, www.RuppertBrasil.de

Im Bundesstaat Amazonas, 1 Flugstunde von Manaus, befindet sich auf einer Flussinsel die 100 000 Einwohnerstadt Parintins. An den letzten drei Junitagen findet jede Nacht ein Wettkampf zwischen zwei Gruppen statt, die sich um einen roten bzw. blauen Ochsen, dem »boi« scharren. Bis April Tickets und Hotel und buchen!

Carneval in Rio

Sambódromo, Rua Marquês do Sapucaí, Rio de Janeiro, **Brasilien,** Faschingssonntag und Rosenmontag.
Kartenvorverkauf: LIESA, Rua da Alfândega 25, Tel. 005521/22338151.
Tel. Reservierung per Sprachcomputer: 005521/21228080.
Infos: liesa.com.br, www.rio.rj.gov.br. Einfacher im Pauschalpaket übers Reisebüro. Die nächsten Termine: 18/19. Febr. 2007, 3./4. Febr. 2008.

Sicher das größte Spektakel der Welt, das man einmal miterlebt haben sollte. Rios 14 beste Sambaschulen paradieren ab 19 Uhr bis zum Morgen vor 75 000 begeisterten Zuschauern und der strengen Jury im Sambódromo. Bis zu 5000 Mitglieder zählt jede Schule, davon rund 500 Percussionisten, deren peitschenden Rhythmen niemand widerstehen kann. Die Schulen sind in Flügel unterteilt, deren Tänzer alle in denselben Farben auftreten. Voran schreitet würdevoll der Fahnenträger, der Zeremonienmeister schützt die Flagge und gibt die Schrittgeschwindigkeit vor. Jede Formation stellt ein Thema dar, die besten werden prämiert, es gibt auch Ab- und Aufstieg in die zweite Liga, wie im Sport. Die Fröhlichkeit der Teilnehmer und des Publikums ist ansteckend, dabei spielt Alkohol kaum eine Rolle, lediglich Bier fließt in großen Mengen.

La Diablada

Oruro, **Bolivien,** Faschingssamstag
bis Faschingsdienstag,
Infos: www.bolivia.com
Agentur in La Paz: Magri Turismo,
C. Capitán Ravelo 2101,
Tel. 005912/24422727,
Fax. 2443060, E-Mail:
info@magri-amexpress.com.bo.
Spezialagentur in Deutschland:
www.RuppertBrasil.de

Die Diablada wird zu Ehren der
Virgen del Socavón, Schutzpatronin der Minenarbeiter gefeiert.
Obwohl dieses größte Folklore-
spektakel Boliviens im Karneval
stattfindet, ist dies kein übliches
Faschingsfest, sondern ein Ventil
für die unter unbeschreiblichen
Arbeitsbedingungen schuftenden
mineros, die hier einmal im Jahr
ein überschäumendes Volksfest abhalten. Trotz einiger katholischer
Elemente handelt es sich eigentlich um ein vorchristliches Dankesritual an die *Pachamama,* die
allmächtige Mutter Erde. Der
ewige Kampf der guten mit den
bösen Mächten steht im Mittelpunkt. Religion und Aberglaube
sowie eine tiefe Ehrfurcht vor den
Naturgewalten, alles zusammen
spielt eine große Rolle. Die besten
Sitzplätze sind rund um den
Hauptplatz, Plaza de Armas.
Ticketverkauf im Rathaus, Alcal-
dia, am gleichen Platz (Fotografieren gegen Gebühr, Hotelzimmer
rechtzeitig vorreservieren!).

Tapati Rapa Nui

Osterinsel, **Chile,** 1. Februarwoche, Agentur in Chile: travelArt,
Calle Europa 2081, Santiago, Tel. 00562/3783440, www.travelart.com

Nach der Pinochet-Ära wurde dieses Fest wiedererweckt und bedeutet
für die Ureinwohner der Insel sehr viel. Hauptattraktion ist das Bananen-
stammrennen, bei dem sich nur mit Lendenschurz begleitete Männer
waghalsig einen Vulkanhang hinunterstürzen, Verletzungen bleiben
dabei nicht aus. Die Wahl einer Miss Rapa Nui steht ebenso auf dem Programm wie Angeln im Meer für Kinder, Bildhauer- und Schnitzerwettbe-
werbe sowie Folkloredarbietungen. Das stimmungsvolle Finale bildet die
historische Landung des Königs Hotu Matua am Anakena-Strand, die de-
tailgetreu nachvollzogen wird. Von Südseemusik begleitet und nur von
Fackeln beleuchtet, landet der Gründer von Rapa Nui mit einem Floß
und nimmt Besitz von der Insel.

Silvesterfeier in Quito

Avenida Amazonas, Quito,
Ecuador, 31. Dezember

Wie überall in Südamerika wird
auch in Ecuador das alte Jahr
feuchtfröhlich verabschiedet. In
Quito werden dazu Puppen aus
Pappmaché und Lumpen in Le-
bensgröße hergestellt, die Politiker
und andere Personen des öffentlichen Lebens satirisch darstellen.
Um Mitternacht werden diese
unter dem Gejohle der Menge verbrannt. Danach werden überall in
der Stadt riesige Feuerwerke ge-
zündet, gelegentlich speit auch
der »Hausvulkan« Pichincha seine
feurige Glut.

La Candelaria

Kirche Santa Cruz auf dem Hügel
La Popa, Cartagena, **Kolumbien,**
2. Februar, Maria Lichtmess.

Eine der ergreifendsten Prozessionen des Subkontinents, wenn die
gemischtrassige Bevölkerung, jung
und alt, reich und arm, mit Kerzen
den Hügel hinauf schreiten um die
kleine Figur der Jungfrau Maria in
der Kirche zu verehren. Bereits
neun Tage zuvor beginnen die
Gläubigen, mit allen Verkehrsmitteln, sogar zu Pferd, den Hügel zu
erklimmen. Die Aussicht auf den
Karibikhafen und die historische
Altstadt lohnt den Aufstieg auch
für Nichtkatholiken.

Inti Raymi – das Fest des Sonnengottes

Saqsayhuaman, Cusco, **Peru**, 24. Juni.

Das Wintersonnwendfest der Inkas ist alljährlich ein großes Volksfest, das rund 100 000 begeisterte Zuschauer, Touristen wie Einheimische anzieht. Zu Ehren von Inti, dem Sonnengott, werden vom obersten Priester in Anwesenheit des Sumaq Inka und der Qoya, seiner Gemahlin, ein Lama und Chicha (Maisbier) geopfert. Soldaten aus den vier suyos, den Reichsteilen, warten an den vier Eckpunkten der riesigen Esplanade de Saqsayhuaman auf den Dialog von Gottessohn (der Inka) mit Vater Sonne. Danach trinkt der Herrscher den ersten Schluck Chicha und gibt den goldenen Becher an seine Heerführer weiter. Nach dem Sonnwendfest findet ein Folklorefestival mit Abordnungen aus ganz Peru und Bolivien statt, eine gute Gelegenheit, um einen Überblick über die reiche Andenfolklore zu erhalten. Karten sind im Tourismusbüro in der Calle Mantas in Cusco oder in den Reisebüros erhältlich.

La Procesíon del Señor de los Milagros

Prozession in Lima, **Peru,** der »Señor de los Milagros«, der Herr der Wunder, wird alljährlich am 18., 19. und 28. Oktober von der Kirche Las Nazarenas, Avenida Tacna, durch die Straßen der Altstadt getragen.

Ohne Übertreibung ist dies eine der größten religiösen Feiern Südamerikas, Hunderttausende säumen an den drei Tagen die Straßen der Millionenmetropole, um einen Blick auf das silbergerahmte Bildnis Jesus' zu erhaschen, das auf einer eine Tonne schweren Trage von wechselnden Mannschaften transportiert wird. Das Mittragen gilt als große Ehre, Aspiranten müssen sich Monate vorher anmelden und durch den jeweiligen Pfarrer einen einwandfreien Leumund nachweisen. Der Oktober wird auch »mes morado« – violetter Monat genannt, da viele Frauen den ganzen Monat über ein katholisch-violettes Kleid mit weißem Gürtel tragen, das sie zu einer keuschen und frommen Lebensweise verpflichtet.

Raymi-Tanzfest

Raqchi, **Peru**

120 km südöstlich von Cusco, auf der Asphaltstraße nach Puno liegt der kleine Ort Raqchi. Hier findet alljährlich am 3. Junisonntag ein großes Folklorefest mit rund 50 Tanzgruppen aus den Provinzen Cuscos statt. Ein sehr ursprüngliches und kaum vermarktetes Fest für Liebhaber der Andenfolklore. Den stimmungsvollen Hintergrund bilden die riesigen Mauern des Wiraqocha-Tempels aus der Inkazeit. 15 Meter hoch ragen die Mittelwände des Tempels empor, eine fünf km lange Stadtmauer schützte einst die wichtige Inkastätte gegen Feinde. Für Fotografen ist dies eine der wenigen Gelegenheiten, die farbenfroh gekleideter Hochlandbewohner problemlos abzulichten. Zu erreichen ist das Fest mit einem Linienbus nach Sicuani oder mit einer Tour im Reisebüro. Zu dritt oder viert kann man auch günstig ein Taxi chartern und somit die Rückfahrtzeit individuell vereinbaren. Unterkunft gibt es in Raqchi keine!

Weitere schöne Feste in Südamerika

Argentinien

Festival Nacional del Folklore

47 km nordwestlich von Córdoba, an der Ruta Nacional 38 im Punilla-Tal, feiern die 20 000 Einwohner von Cosquín in der zweiten Januarhälfte das Nationale Folklore-Festival. Neun Nächte lang machen renommierte Künstler, Sänger und Musiker aus Argentinien und ganz Lateinamerika aus dem Anfiteatro Próspero Molina, dem Theater Atahualpa Yupanqui und aus der gesamten Stadt eine einzige große, farbenfrohe Bühne des Gesangs, des Rhythmus und des Volkstanzes.
Eine Woche vor den Feierlichkeiten bietet das so genannte Pre-Cosquín auch bislang weitgehend unbekannten Romanciers ein ideales Forum, um ihre neuesten Werke der Öffentlichkeit zu präsentieren.

Brasilien

Procissão do Nosso Senhor dos Navegantes

Mit dieser Seeprozession zu Ehren des Schutzpatrons der Seeleute (Bom Jesus dos Navegantes) beginnt in Salvador da Bahia am 1. Januar der jährliche Festzyklus. Mit farbigen Fähnchen und Luftschlangen geschmückte Fischerboote laufen bei dieser Gelegenheit gemeinsam aus.
Mitte Januar feiern die Baianas die Lavagem do Bonfim, bei dem Hunderte weiß gekleidete Gläubige nach einem Pilgerzug die Kirchentreppen der Bonfim-Wallfahrtskirche reinigen; bei diesem Ritual verschmelzen afrikanischer Glauben mit katholischen Elementen.

An die Feierlichkeiten schließt sich ein viertägiges Volksfest unmittelbar an.

Ecuador

Inti Raymi und Fiesta de San Juan Bautista

Etwa 120 km nördlich der Hauptstadt Quito feiern die Indígenas in Otavalo und den umliegenden Gemeinden, beispielsweise Tabacundo, am 21. Juni das Fest der Wintersonnenwende (Inti Raymi) und am 24. Juni das Fest des hl. Johannes des Täufers. Beide fiestas sind die bedeutendsten Ereignisse im Otavalo-Tal, die vor allem von Männern eine Woche lang mit volkstümlichen Tänzen, Maskenparaden und Umzügen sowie reichlichem Alkoholgenuss begangen werden. Der Originalität der Kostüme sind dabei keine Grenzen gesetzt: Mexikaner mit Sombreros, amerikanische Touristen mit blonden Perücken und Rucksäcken, Clowns, Batman, Chinesen und vieles mehr. Mit dem San Juan-Fest sind auch rituelle Kämpfe (tinku) mit Felsbrocken bei der Kapelle des hl. Johannes (westlich der Panamericana) verbunden, bei denen es auch häufig zu Verletzten kommt.

Peru

Fiesta de la Virgen de la Candelaria

Das bedeutende Fest findet vom 2. bis 15. Februar in Puno statt, der »Folklore-Hauptstadt« Perus und Ursprungsort von etwa 400 der rund 1500 Tänze in der Region des Lago Titicaca. Höhepunkt des Spektakels ist die diablada (Teufelstanz) ab dem 8. Februar mit Umzügen durch die Stadt (von der Plaza ab-

wärts durch den Arco Deustua zum Parque Pino und weiter zum Stadion). Hierbei streiten Dutzende von Teufelstänzergruppen vor Preisrichtern um die beste Prämierung. Die einzelnen Gruppen sind in der Regel gleich aufgebaut: einem Fahnenträger folgt eine Kindertanzgruppe und Tänzerinnen in verschiedenen Kostümen, die die Zuschauer auf die eigentlichen Teufelsmaskentänzer einstimmen. Diese tragen einige Kilo schwere Masken sowie prunkvolle Gewänder und werden von einer banda del diablo (Teufelsband) mit Pauken und Blechbläsern begleitet. Getanzt wird fast bis zum Umfallen – dabei ist Alkohol nicht ganz unschuldig.

Venezuela

Fiesta de los Diablos Danzantes

In zahlreichen Orten der Atlantikküste (v. a. San Francisco de Yare, Naiguatá, Cata, Ocumare de la Costa, Patanemo, Turiamo, Cuyagua, Chuao) sind auf den Straßen an Corpus Cristi (Fronleichnam) die diablos danzantes unterwegs. Diese Teufelstänzer tragen farbenprächtige Kostüme und groteske Masken. Die Teilnehmer dieser Feste sind Mitglieder von Bruderschaften, die dem hl. Abendmahl gewidmet sind. Mit den Tänzen danken sie Gott für Heilung von Krankheiten oder erfüllen damit bestimmte Gelübde, die sie für eine bestimmte Zeit oder für ihr ganzes Leben abgelegt haben. Die Tanzgruppen in den einzelnen Städten, zumeist afrikanischer Abstammung, tragen unterschiedliche Kostüme, führen aber im Wesentlichen dieselben tänzerischen Riten vor.

Argentinien

Landeskunde

Pflanzen- und Tierwelt

Die Anden, die in Patagonien niedriger ausfallen als in der Zentralzone, sind teilweise mit undurchdringlichem Bergregenwald bedeckt. Das niederschlagsarme Schichtstufenland ist durch totale Baumlosigkeit gekennzeichnet. Auf Feuchtwiesen in unmittelbarer Nähe der Anden trifft man auf Guanakos, Füchse, Kaninchen und Strauße.

Im klaren Meer tummeln sich Wale, Seelöwen, See-Elefanten und Pinguine. Man kann sie in Naturreservaten oder auf der Halbinsel Valdés beobachten. In der trockenen Pampa (pampa seca) sind riesige Viehherden zu Hause, während in der feuchten Pampa (pampa húmeda) intensiver Ackerbau betrieben wird. Die ursprüngliche Tierwelt Patagoniens ist nur noch in Resten erhalten. Der Pampahirsch, früher weit verbreitet, ist nahezu ausgestorben, der Pampastrauß, der Nandu, ist in unzugängliche Gebiete des Gran Chaco abgedrängt worden. Das Charakteristische des Chaco ist der Dornbusch und ein lockerer, immergrüner Trockenwald. Die Tierwelt umfasst Ameisenbären, Tapire, Affen, Schlangen und Papageien.

Im argentinischen Mesopotamien mit den Provinzen Entre Ríos, Santa Fé, Misiones und Corrientes findet man neben ausgedehnten Palmenwäldern auch Kulturlandschaften mit Mate-Anbau im Norden und Tee-, Reis- und Tabakanbau im Süden. Im Naturreservat um die Wasserfälle von Iguazú begegnet man Tukanen, Kolibris, Geiern, Papageien, Gürteltieren, Nasenbären und Wildkatzen. In dem nördlichen Bereich, der Puna, wachsen Zwergsträucher und Kakteen, zwischen denen sich Lamas wie auch Ziegen wohlfühlen.

Reiseplanung

Botschaften & Konsulate

■ **In Deutschland:** Botschaft der Republik Argentinien, Kleiststr. 23–26, 4. St., 10787 Berlin, Tel. (0 30) 226 68 90, Fax 229 14 00, info@argentinische-botschaft.de, www.argentinische-botschaft.de Konsularabtl. für Berlin & neue Bundesländer: Tel. (03 0) 22 66 89 30, Generalkonsulat Hamburg für Norddeutschland: Mittelweg 141, 20148 HH, Tel. (0 40) 441 84 60; Generalkonsulat Frankfurt für Süddeutschland: Lyoner Str. 34, Turm II, 6. St., 60528 Frankfurt, Tel. (0 69) 972 00 30; Konsulat Bonn für Westdeutschland: Robert-Koch-Str. 104, 53127 Bonn, Tel. (02 28) 249 62 88.
■ **In Österreich:** Botschaft der Republik Argentinien, Goldschmiedgasse 2, 1010 Wien, Tel. (01) 53 35 17 10, Fax 5 33 56 51.
■ **In der Schweiz:** Generalkonsulat von Argentinien, Tödistr. 5, 8002 Zürich, Tel. (01) 201 20 32, 201 20 35, Fax 201 39 19.

Reisedokumente

Deutsche Staatsbürger benötigen für Aufenthalte von bis zu 90 Tage Dauer den gültigen Reisepass. Österreicher und Schweizer müssen ebenfalls den gültigen nationalen Reisepass vorweisen. Außerdem muss das Einreiseformular – im Flugzeug oder an der Grenze – ausgefüllt werden, den unteren Abschnitt muss man bis zur Ausreise aufbewahren!

Impfungen, Krankenversicherung

Malariagefahr besteht lediglich in den nördlichen Provinzen Salta und Jujuy in den Monaten Oktober bis Mai. Impfungen gegen Hepatitis A und B sowie gegen Tetanus/Diphterie werden empfohlen.

Geld

Die Landeswährung ist der Peso. Die Reisekasse sollte am besten aus US-\$ bestehen: Für Reiseschecks werden beim Umtausch meist hohe Provisionen verlangt (Travellerschecks tun in kleinen Ortschaften ohnehin keine guten Dienste), und auch bei Zahlungen mit Kreditkarte kassieren viele Geschäfte erhebliche Aufpreise. Wenn möglich, sollten Sie Ihr Geld in den offziellen Wechselstuben (casas de cambio) besorgen. In den Großstädten und Touristenzentren kann man auch den Euro problemlos wechseln. Wechselkurs (Stand Mai 2006): 1 € entspricht 3,9 Peso.

Kleidung

Die Argentinier und vor allem die Argentinierinnen legen größten Wert auf korrekte und elegante Garderobe. Besonders in der Hauptstadt gehören der modische Anzug, das Kostüm oder »das kleine Schwarze« zum abendlichen Ausgehritual. Die meisten Türsteher von Nachtklubs und Diskotheken haben ein waches Auge auf das »Outfit« der Gäste: Turnschuhe bei

---

Steckbrief Geographie und Bevölkerung
■ **Fläche:** 2,78 Mio. km²
■ **Hauptstadt:** Buenos Aires
■ **Nachbarn:** Paraguay und Bolivien im Norden und Nordosten, Uruguay und Brasilien im Osten und Nordosten, längste Grenze mit Chile im Westen
■ **Küste:** über 4000 m lang
■ **Zentrales Tiefland:** Pampa und Gran Chaco-Ebene
■ **Flüsse:** Paraná, Uruguay
■ **Einwohnerzahl:** rund 37 Mio., fast ein Drittel davon lebt im Großraum Buenos Aires
■ **Landessprache:** Spanisch
■ **Religion:** über 90 % der Bevölkerung sind Katholiken

Männern sind verpönt, für Mädchen und Frauen ist das Beste gerade gut genug.

Zoll

Persönliche Gegenstände sowie Fotoapparat, Radio, Fernglas und Sportgeräte können zollfrei eingeführt werden.
Bei der Rückreise ist in Deutschland, Österreich und der Schweiz die Einfuhr von 1 l Spirituosen oder 2 l Wein, 200 Zigaretten und Geschenken im Gesamtwert von max. 200 Euro bzw. 200 CHF erlaubt.

Klima

Argentinien liegt zwischen 22 und 55 Grad südl. Breite und umfasst alle Klimazonen von den Subtropen bis zur Polarzone. Der größte Teil des Landes liegt in der gemäßigten Klimazone der südlichen Hemisphäre. Im Norden herrscht andines Klima mit kalten Nächten und brennender Sonne tagsüber. Der Nordosten ist sehr feucht und subtropisch, der Nordwesten tropisch, hat aber milde Winter. Die Pampas liegen in gemäßigtem Klima, wobei in der sog. Feuchten Pampa (Provinz Buenos Aires, Teile der Provinzen Córdoba und La Pampa) wesentlich mehr Regen fällt als in den Pampagebieten nahe der Anden.
Im Süden des Landes herrschen tiefere Temperaturen, und in Feuerland regnet es das ganze Jahr über. In Buenos Aires sind die Sommermonate (Januar bis April) sehr heiß, und viele Bewohner verlassen die Stadt, um sich am Strand oder in den Bergen zu erholen. Im Januar und Februar, wenn Hitze und Luftfeuchtigkeit am größten sind, ist die Stadt fast entvölkert. Der Winter ist in der Hauptstadt zwar nicht allzu frostig, aber feucht und windig.

Infoadressen

Vor der Reise

■ **Fremdenverkehrsbüro der Republik Argentinien,** c/o Botschaft der Republik Argentinien, Kleiststr. 23–26, 10787 Berlin, Tourismusabteilung, Tel. (0 30) 22 66 89 20, www.argentinische-botschaft.de
■ **Außenstelle:** Botschaft der Republik Argentinien, Presse und Tourismus, Adenauerallee 52, 53113 Bonn, Tel. (02 28) 22 80 10.

Spezialveranstalter
Der Deutsche Alpenverein mit Sitz in München (Tel. (0 89) 1 40 03-0, Fax 1400311, www.alpenverein.de) ist eine gute Anlaufstelle für Bergsteiger und Bergwanderer.

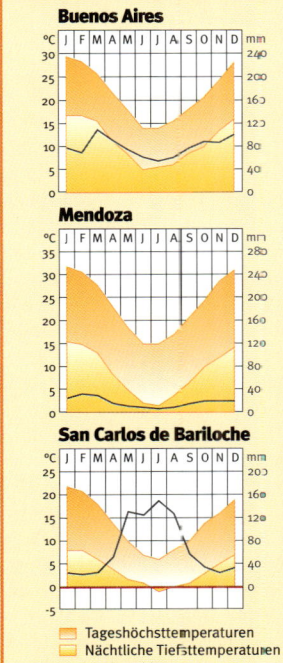

Klima und Reisezeit

Buenos Aires

Mendoza

San Carlos de Bariloche

☐ Tageshöchsttemperaturen
☐ Nächtliche Tiefsttemperaturen
— Niederschlag

Im Land

Buenos Aires
■ **National Tourist Office,** Santa Fe 883, Tel. 43 12 22 32, Fax 43 13 68 34, Mo–Fr 8.30 bis 22 Uhr, Sa 9–19 Uhr.

Entlang der Avenida Florida in Buenos Aires, einer weitläufigen Fußgängerzone, finden Sie weitere Informationsstellen. An diesen Ständen kann man Straßenkarten der Stadt erhalten sowie eine zweisprachige (spanisch und englisch) Zeitung mit Informationen für Touristen, die »Buenos Aires Times«. In ihr sind alle Veranstaltungen in der Stadt sowie weitere einschlägige Informationen aufgeführt.

Jujuy
■ **Oficina de Turismo,** Belgrano 690, Tel. 42 81 53, bis 20 Uhr.

Mendoza
■ **Oficina de Turismo,** Paseo Sarmiento/Garibaldi y San Martín, Tel. 4 20 13 33.
■ **Trekking:** Servicios Especiales Mendoza, im Hotel Cervantes, Amigovena 65, Fax (02 61) 4 24 47 21.

Puerto Iguazú
■ **Oficina de Turismo,** Aguirre 396, Tel. 20800, Mo–Fr 8–12 Uhr, 15–20, Sa /So 8–12, 16.30–20 Uhr.

Steckbrief Politik, Wirtschaft und Verwaltung (siehe auch S. 325–327)
■ Staatsform: seit 1853 eine Bundesrepublik
■ Staatsorgane: Präsident, Abgeordnetenhaus und Senat
■ Verwaltungseinheiten: 23 Provinzen und der Bundesdistrikt Buenos Aires
■ Wichtigste Wirtschaftszweige: Landwirtschaft und Viehzucht (Rinder und Schafe)
■ Wichtigste Exportwaren: Weizen, Fleisch, Früchte u. Wein, Erdöl und Bergbauprodukte.

Tucumán
- **Oficina de Turismo,**
Plaza Independencia,
24 de Septiembre 484,
Tel. 4 22 21 99, 8–18 Uhr.

San Carlos de Bariloche
- **Oficina Municipal de Turismo,**
Centro Cívico, Mo–Fr 9–21 Uhr,
Sa 9–19 Uhr.

Ushuaia
- **Oficina de Turismo,**
San Martín 674,
Tel./Fax (09 01) 42 45 50.

Im Internet

- www.argentinische-botschaft.de
- www.sectur.gov.ar
- www.buenosaires.gov.ar/areas/turismo
- www.mendoza.com

Anreise

Flugzeug, Transport vom Flughafen

Passagiere aus Übersee landen 35 km außerhalb von Buenos Aires auf dem **Flughafen Ministro Pistarini (Ezeiza)**, andere Fluggäste auf dem stadtnahen **Jorge Newberry (Aeroparque)**. Mit dem Bus gelangt man ins Zentrum an der Plaza de la República. Taxis oder »Remise-Taxis« (Privatkarossen mit Chauffeur) können bereits im Terminal zu Festpreisen gebucht werden. Neben Lufthansa (direkt ab Frankfurt) fliegen viele Gesellschaften Buenos Aires an, u. a. KLM, Iberia, British Airways und United Airlines. Über Sondertarife geben Reisebüros Auskunft, auch über die preisgünstigen Konditionen des MERCOSUR-Airpasses, der in Argentinien, Brasilien, Uruguay und Chile gilt. Bei der Ausreise werden 25 US-$ Flughafengebühr fällig. Sie sollten Ihren Flug mindestens 72 Stunden vorher rückbestätigen lassen.

Schiff

Schiffsverbindungen bestehen von Hamburg und von Gdynia (Danzig) nach Argentinien. Die Fahrt dauert etwa 4 Wochen.
- **Hamburg-Süd-Reiseagentur,**
Ost-West-Str. 59–61, 20457 Hamburg, Tel. (0 40) 3 70 50,
Fax 3 70 05-24 20, Preis: ca. 1900 €,
www.freighter-voyagers.com

Bus

Wer nichts gegen lange Busfahrten hat, kann von Santiago de Chile (via Mendoza, ca. 23 Std.), Asunción (ca. 20 Std.), Lima (via Santiago, drei Tage) oder Rio de Janeiro (40 Std.) über Land anreisen. Die großen Überlandbusse haben häufig eine Klimaanlage. Kombinierte Schiffs- und Bustickets von Punta del Este oder Montevideo (5–6 Std. Fahrt) für die Hochsaison (Dez./Jan.) sollten früh gebucht werden!

Buenos Aires

Verkehrshinweise
- **Flughafen:** Der internationale Flughafen Aeropuerto Internacional Ministro Pistarini, bekannt als »Ezeiza« liegt 35 km südwestlich des Zentrums. Zwei Busgesellschaften fahren vom Flughafen ins Zentrum: Manuel Tienda León und San Martín. Ein Taxi ins Zentrum kostet 30 bis 35 US-$. Fast alle Inlandflüge und einige Flüge in Nachbarländer werden über den Flughafen Aeroparque Jorge Newbery abgewickelt, der 4 km nördlich des Zentrums liegt (Tel. 771 20 71). Flüge nach Punta del Este und Montevideo. Der Terminal ist in drei Bereiche unterteilt: jeweils einer für AR, für Austral und für andere Fluglinien.
- **Bus:** Alle Überlandbusse fahren beim Busbahnhof Ramos Mejía und Antártida Argentina ab (Subte Linie C), hinter der Retiro Station. Für Informationen: Tel. 43 14 23 23. Einige Busgesellschaften berechnen

eine Gebühr für das Gepäck (illegal). Die Fahrpreiskosten variieren je nach Jahreszeit, von Dezember bis März ist es ratsam, im Voraus zu buchen.
- **U-Bahn:** Die älteste U-Bahn Südamerikas, die Subte, hat Museumswert. Die Linie A von Plaza de Mayo nach Primera Junta zuckelt noch immer mit den alten Holzwaggons von 1912 durch die Tunnels. Sehenswert sind ebenfalls manche der alten, mit bemalten Kacheln verzierten Stationen des fünf Strecken umfassenden Netzes, das täglich von 5.30–22.15 Uhr befahren wird. Ein einfaches Ticket kostet 0,60 US-$.
- **Bahn:** Pendlerzüge bedienen von den vier Bahnhöfen Retiro, Constitución, Federico Lacroze und Once Vororte im Großraum Buenos Aires. Vom Bahnhof Federico Lacroze startet auch der Tren Histórico, eine schottische Neilson Dampflok von 1888, die jeden Sonntag mit Holzwaggons nach Capilla del Señor fährt, inklusive Mittagessen oder Folkloreshow, oder nach Zárate über die Paraná-Brücken. Der Zug verkehrt nur im Sommer, Tel. 43 74 41 86.

Unterwegs in Argentinien

Mit einem Reiseveranstalter

Viele mehrsprachige Veranstalter in Buenos Aires bieten individuelle Rundreisen an, z. B.:
- **Ruta 40,** Federico B. Kirbus, Tel. 478 27 427, Fax 431 37 267.
- **Turismo Flyer,** Reconquista 621, 8. Stock, Tel. (00 54-1) 43 12 91 94, Fax 43 12 13 30.
- **ILS-Tours,** M. T. de Alvear 776, 5. St., of. 51, C1058 AAJ Buenos Aires, Tel. (0 05 41) 43 13 43 19, Fax 43 12 55 54,
E-Mail: pstraessle@ilstours.com

Auf eigene Faust

Flugzeug

Inlandflüge bieten Austral, Aerolíneas Argentinas, CATA, LAER, Southern Winds, LADE und kleinere Regionalgesellschaften an. Aerolíneas Argentinas offeriert Touristen ein spezielles Rundreiseticket, **Visite Argentina**. Dieses Ticketpaket für drei Inlandflüge kostet 299 US-$ und kann für je 105 US-$ pro Teilflug auf bis zu acht Flüge innerhalb 30 Tagen ausgedehnt werden. Das Flugprogramm kann der Passagier selbst zusammenstellen, keine Stadt darf zweimal angeflogen werden. Jede Änderung kostet 50 US-$. Dieser Airpass kann nur in Verbindung mit einem internationalen Flugticket der Iberia-Gruppe und nur außerhalb Argentiniens gekauft werden. Das Streckennetz der zur gleichen Gruppe gehörenden Austral können Sie ebenfalls nützen.
Es wird dringend angeraten, jeden Flug 24 Stunden vor Abflug bestätigen zu lassen.
Informationen bei:
■ **Grupo Iberia**, Westendstr. 12, 60325 Frankfurt/M., Tel. (01 80) 3 00 06 13, Mo–Sa 9–22 Uhr.
■ **Grupo Iberia**, Opernring 11, 1010 Wien, Tel. (01) 5 87 82 15.
■ **Grupo Iberia**, Talstr. 66, 8001 Zürich, Tel. (01) 2 21 14 21.

Schiff

Es gibt nur wenige Gelegenheiten zu Schiffsreisen. Eine Personenfähre fährt von Rosario in der Provinz Santa Fe über den Río Paraná nach Victoria in der Provinz Entre Ríos. Flota Fluvial del Estado, Corrientes 489, Tel. 43 11 07 28, organisiert von Buenos Aires Fahrten den Paraná-Fluss aufwärts.
Das Übersetzen nach Uruguay auf der Fähre ist preiswert, angenehm und unterhaltsam. Nach Montevideo fährt 4-mal täglich in 2 Std. 20 Min.:
■ **Buquebus**,
Terminal de Aliscafos,
Av. Córdoba y Madero,
Tel. 43 16 65 00
www.buquebus.com.

Nach Colonia setzen drei Gesellschaften über:
■ **Buquebus**, Adresse s. o., 5-mal täglich, Dauer ca. 35 Min.
■ **Ferrytur Sea Cat**, Cordoba 699, Tel. 4315 6800. Hafen: Dársena norte, Costanera y Córdoba. 2-mal täglich, Dauer ca. 45 Min.
■ **Fast Ferry**, Florida 537, Tel. 43 93 15 40. Hafen: Dársena sur, 2-mal täglich, Dauer ca. 3 Std. Daneben bestehen noch Schiffsverbindungen von Tigre nach Carmelo und Montevideo, über:
■ **Cacciola**, Lavalle y Florida 520, Tel. 43 93 61 00.

Bahn

Informationen über den seit 1994 privatisierten Zugverkehr erteilt:
■ **Trenes de Buenos Aires**, Tel. 43 17 44 07, www.tbanet.com.ar
■ **Tufesa** fährt zwei mal wöchentlich nach Rosario und Tucumán ab dem Bahnhof Retiro.
■ **NOA Ferrocarriles**, Tel. 48 93 22 44, fährt montags und freitags nach Tucumán über Rosario.
■ **Ferrobaires**, Tel. 43 04 00 28, fährt täglich nach Mar del Plata und dreimal wöchertlich nach Bahia Blanca, ab Bahnhof Constitución.

Bus

■ **Überlandbusse** (autobús): Die Busse der meisten Gesellschaften sind komfortabel und zuverlässig. Sie fahren von den Busbahnhöfen (Terminal de Autobuses) der Städte ab. In Buenos Aires liegt ein großer Busbahnhof in Retiro (Avenida Ramos Mejia 1680, www.intertournet.com. ar). Informationen über die Zielorte erteilen die verschiedenen Busgesellschaften. Da die Langstreckenbusse gewöhnlich schnell ausgebucht sind, empfiehlt es sich, die Fahrkarte rechtzeitig zu besorgen.
■ **Stadtbusse** (colectivos): Als geborene Rennfahrer gelten die Chauffeure der Stadtbusse. Die farbenfrohen Vehikel rasen in allen

Stadtteilen umher; die Fahrpläne sind für Ortsunkundige allerdings nicht leicht zu durchschauen.

Auto

Die meisten Straßen in Argentinien haben eine feste Fahrbahndecke. Mietwagen und Wohnmobile sind eine teure Angelegenheit und aufgrund der riesigen Distanzen nur bedingt zu empfehlen. Der internationale Führerschein ist obligatorisch und eine vorsichtige Fahrweise ratsam. Geschwindigkeitsbegrenzungen sind unbedingt einzuhalten. Autos für Selbstfahrer können direkt am Flughafen bei den weltweit bekannten Autoverleihfirmen gemietet werden.
Der Automobil-Club von Argentinien, Avenida Libertador 1850, Buenos Aires, Tel. 48 08 42 46, Fax 48 08 45 99, www.aca.org.ar, hilft bei der Besorgung von Kartenmaterial und Informationen.

Taxi

An schwarz-gelben Taxis herrscht in Buenos Aires zu keiner Tageszeit Mangel. Sie sind relativ günstig und verfügen über Taxameter. Aber: Vorsicht beim Bezahlen! Manche Chauffeure sind wahre Taschenspieler und vertauschen die 100-Peso-Note des Fahrgastes blitzschnell mit einem 20-Peso-Schein. Ein kleines Trinkgeld wird erwartet.
Remise-Taxis sind private Autos, die mit Fahrer für jede beliebige Zeitspanne gemietet werden können. Remise-Taxis sind in der Regel viel teurer als normale Taxis. Eine Liste der Remise-Büros finden Sie im Telefonbuch. Das Hotelpersonal sollte Sie auch informieren können.

Infos von A–Z

Banken

Banken und Wechselstuben öffnen wochentags 10–15 Uhr, eventuelle regionale Abweichungen bestätigen die Regel.

Feiertage

■ 1. Januar: **Neujahrstag** (»Año Nuevo«);
■ **Karfreitag** und **Ostern** (»Viernes Santo« und »Pascua«);
■ 1. Mai: **Tag der Arbeit** (»Día del Trabajo«),
■ 25. Mai: **Tag der Mai-Revolution von 1810** (»Revolución de Mayo«);
■ 10. Juni: **Malwinen-Tag** (»Día de las Malvinas«);
■ 20. Juni: **Flaggentag** (»Día de la Bandera«);
■ 9. Juli: **Unabhängigkeitstag** (»Día de la Independencia«);
■ 17. August: **Todestag von General San Martín** (»Día de San Martín«);
■ 12. Oktober: **Kolumbus-Tag** (»Día de la Raza«);
■ 25. Dezember: **Weihnachten** (»Navidad«).

Maßeinheiten

Elektrizität: 220 Volt (in manchen Hotels auch 110) und 50 Hertz. Man benötigt allerdings einen Adapter, den man vor Ort kaufen kann. Allgemein sind metrische Maßeinheiten gebräuchlich.

Öffnungszeiten

Läden haben montags bis freitags von 9 bis 20 Uhr geöffnet, Samstag Mittag haben die meisten Geschäfte geschlossen. Vor allem außerhalb der Großstädte wird nachmittags von 13 bis 16 Uhr Siesta gehalten.

Post

Die Hauptpost von Buenos Aires befindet sich in der Avenida Sarmiento 151 und ist von Montag bis Freitag von 8 bis 20 Uhr geöffnet. Weitere kleine Postämter finden Sie in der ganzen Stadt. Hotels sind aber ebenso eine gute Quelle für Briefmarken und Informationen. Luftpostbriefe nach Europa dauern mindestens eine Woche.

Rundfunk und Fernsehen

Die Radiosender bieten eine Vielzahl von Programmen an. BBC kann empfangen werden. Einige Sender legen gern sowohl internationale Top-Hits als auch argentinische Tangomusik auf.
Das Fernsehen ist in Argentinien ein beliebter Zeitvertreib. Es gibt unzählige Sender sowie Kabelfernsehen. Die meisten Programme werden in den USA eingekauft, einige auch in Europa. Hausgemacht und beliebt sind dramatische Familienserien sowie rührselige Fernsehspiele.

Souvenirs

Beliebte Souvenirs sind »bombachas« (Gaucho-Hosen), Ponchos (für Männer in schwarz und rot, für Frauen in allen Farben) und Silberwaren. Argentinische Lederwaren sind berühmt, v. a. Mäntel, Handtaschen und Schuhe. In Buenos Aires kann man Lederwaren am besten erstehen. Mate-Gefäße und Bombillas sind nette Andenken, auf den lokalen Kunsthandwerksmärkten ist das Angebot groß. Handgestrickte Wollsachen kaufen Sie am besten in Bariloche und Mar del Plata.

Telefonieren, Fax

Telefondienste werden von zwei privaten Firmen angeboten: Telecom im Norden und Telefónica Argentina im Süden. Inlandsgespräche können Sie von öffentlichen Telefonzellen aus mit speziellen Telefonmünzen (fichas) oder Telefonkarten führen. Fichas sind an Kiosken erhältlich.
In fast allen Telefonzentralen kann man internationale Faxe senden und empfangen.
E-Mail und Internet können Sie für max. 2 US-$ pro Stunde bei folgender Adresse benutzen:
■ **The Internet Center,** Maipú 24, Tel. 43 43 15 00, Fax 43 34 62 83.
Da zur Zeit das Telefonnetz erneuert wird, ändern sich viele Telefonnummern: Den bestehenden Telefonnummern wird eine 4 vorangestellt. Die Vorwahlnummern der Städte erhalten ebenso eine neue Ziffer: für Buenos Aires die 1, im Süden (Telefónica) die 2 und im Norden (Telecom) die 3. Demnach lautet die Vorwahl von Buenos Aires statt 01 nun 011, von Bahía Blanca statt 091 nun 02 91 und von Salta statt 087 nun 03 87. Die Auskunft ist unter der Nummer 110 zu erreichen.
■ **Landesvorwahl Argentinien:** 00 54.

Handys
Der Empfangsbereich für Mobilfunk beschränkt sich auf Buenos Aires und die nähere Umgebung, sowie auf die Region von La Plata. Roaming-Abkommen sind möglich. D1 und Viag Intercom haben in Argentinien den Roamingpartner Nextel.

Trinkgeld

In der Regel ist in den Rechnungen von Hotels ein Bedienungszuschlag von 5–10 % enthalten. Rechnen Sie aber damit, dass trotzdem ein zusätzliches Trinkgeld in derselben Höhe erwartet wird.

Zeit

Der Unterschied zur MEZ beträgt minus vier Stunden, zur mitteleuropäischen Sommerzeit minus fünf Stunden.

Zeitungen

Die bedeutendsten Tageszeitungen heißen »La Nación« und »Clarín«. »Página Doce« ist bekannt für ihre satirische Schärfe und wird gerne von Studenten und Intellektuellen gelesen. Der englischsprachige »Buenos Aires Herald« erscheint ebenfalls täglich, das deutschsprachige »Argentinische Tageblatt« wöchentlich. Internationale Presse erhält man an den gut sortierten Kiosken der Calle Florida; deutsche Zeitschriften liegen kostenlos im Lesesaal des Goethe-Institutes (Corrientes 311) aus.

Notfälle

Sicherheit, Kriminalität

Lassen Sie Ihr Gepäck nicht unbeaufsichtigt, wenn Sie sich in einem Hotel anmelden. Falls Sie Wertsachen mit sich führen, lassen Sie sie im Hotelsafe einschließen. Tragen Sie Ihr Geld in verschiedenen Teilen Ihrer Kleidung mit sich. Zeigen Sie keine größeren Geldbeträge vor, wenn Sie etwas einkaufen. Hüten Sie sich in der überfüllten Fußgängerzone Calle Florida vor den Taschendieben, die sich auch von der Präsenz der vielen Sicherheitsbeamten nicht abschrecken lassen.
Buenos Aires sowie die meisten größeren Städte Argentinien sind bis spät in die Nacht sehr lebendig. Sie können ausgehen, tanzen bis in die Puppen und dann noch um vier oder fünf Uhr morgens ein Bife (Steak) essen gehen. Mit etwas Vorsicht kann man schlechte Erfahrungen vermeiden. Gehen Sie nachts nicht allein durch einsame, trostlose Straßen. Schließen Sie parkende Autos ab und lassen Sie keine Wertsachen darin.
Die Zahl der Delikte ist leider – wie fast überall – im Ansteigen begriffen. Trotz allem kommt die Kriminalitätsrate in Buenos Aires immer noch nicht an die anderer Städte mit ähnlichen Bevölkerungszahlen heran.

Notruf in Buenos Aires
- Ärztliche Hilfe: 342 40 01/2
- Notarzt für Herzanfälle: 107
- Feuerwehr: 23 22 22
- Polizei: 101

Diplomatische Vertretungen

Deutschland
- Botschaft: 1426 Buenos Aires, Belgrano, Villanueva 1055, Tel. 47 78 25 00, Fax 47 78 25 50.
- Honorarkonsulate in Córdoba, Eldorado, Mar del Plata, Mendoza, Posadas, Resistencia, Rosario, Salta, Bariloche, Tucumán, Santa Fé und Ushuaia.

Österreich
- Botschaft: 1425 Buenos Aires, Calle French 3671, Tel. 48 02 14 00, Fax 48 05 40 16, www.austria.org.ar

Schweiz
- Botschaft: 1059 Buenos Aires, Avenida Santa Fé 846, 10° piso, Tel. 43 11 64 91, Fax 43 13 29 98. Postadresse: Casilla de Correo 4895, 1000 Buenos Aires.
- Honorarkonsulat in Rosario de Santa Fé.

Medizinische Versorgung

Die Krankenversorgung in Argentinien ist gut. Die Kliniken haben ausgezeichnete Fachärzte. In einigen Landesteilen mögen die Krankenhäuser vielleicht nicht die modernste Ausstattung haben, doch sind sie ausreichend für Notfälle ausgerüstet. Für einen Arztbesuch muss man in der Regel mit 20–150 US-$ rechnen. Empfehlenswerte Krankenhäuser in Buenos Aires:
- **British Hospital,** Perdriel 74, Tel. 43 09 64 00.
- **Kinderkrankenhaus Ricardo Gutiérrez,** Bustamante 1399, Tel. 49 62 92 29.
- **Französische Klinik,** Rioja 951, Tel. 48 66 25 46.
- **Deutsches Krankenhaus,** Avenida Pueyrredón 1657, Tel. 48 21 17 00.

Ihre Botschaften bzw. Konsulate, die Fluggesellschaften und das Hotelpersonal können Ihnen deutschsprachige Ärzte empfehlen.

Apotheken – Farmacias
Mit einigen Einschränkungen können Medikamente ohne Rezept besorgt werden. Im ganzen Land wechseln sich die Apotheken im 24-Stunden-Service ab. Eine Liste der nächstgelegenen diensthabenden Apotheken finden Sie in der Lokalzeitung unter der Rubrik »Farmacias de Turno«. Der Apotheker kann auch selbst Medikamente für einfache Beschwerden wie Magenverstimmungen, Erkältungen oder Kopfschmerzen empfehlen und ist qualifiziert, verordnete Spritzen zu setzen.

Gesundheitliche Probleme
An die sauerstoffarme Luft in Hochlagen der Anden sollte man sich langsam gewöhnen, bevor man längere Fußmärsche unternimmt.
Wegen des fortschreitenden Schwundes der Ozonhülle über der südlichen Polkappe müssen sich Besucher Patagoniens und Feuerlands während der Sommermonate vor extremer UV-Strahlung in Acht nehmen. Vergessen Sie bitte nie, Sonnencreme mit entsprechend hohem Lichtschutzfaktor zu verwenden und sich mit angemessener Kleidung einschließlich eines Sonnenhuts zu schützen.

Literaturtipps

■ **Polyglott APA Guide Argentinien.** Polyglott, München 2000.
■ **Polyglott on tour Argentinien.** Polyglott, München 2004. (108 Seiten)
■ Borges, Jorge Luis: **Gesammelte Werke.** Hanser Verlag: München, 1980 ff. Die Bibliothek von Babel. Erzählungen. Reclam: Stuttgart, 1986. Buch der Träume. Fischer TB: Frankfurt/M. 1991.
■ **Das Buch von Himmel und Hölle.** Fischer TB: Frankfurt/M. 1993.
■ Chatwin, Bruce: **In Patagonien,** Rororo: Hamburg 1984.
■ Cortázar, Julio: **Die Gewinner.** Suhrkamp: Frankfurt/M., 1992.
■ **Einundzwanzig Erzähler vom Rio de la Plata. Eine Anthologie argentinischer und uruguayischer Autoren.** Volk und Welt: Berlin, 1993.
■ **Märchen aus Argentinien und Paraguay.** Diederichs Verlag: München, 1987.
■ Meding, Holger: **Flucht vor Nürnberg? Deutsche und österreichische Einwanderung in Argentinien,** 1945–1955. Böhlau: Köln, 1992.
■ Puig, Manuel: **Der Kuß der Spinnenfrau.** Suhrkamp: Frankfurt/M., 1995.
■ **Que se vayan todos! – Krise und Widerstand in Argentinien,** Assoziation: Berlin 2003.
■ Saer, Juan. J.: **Die Gelegenheit.** Piper: München, 1995.
■ César Aira: **Die nächtliche Erleuchtung des Staatsdieners Varamo.** Nagel & Kimche, München 2006.
■ Walsh, Rodolfo: **Wer erschoß Rosendo G.? Ein politischer Kriminalfall aus Argentinien.** Rotpunkt: Zürich, 1993.
■ Theroux, Paul: **Der alte Patagonienexpress.** Hoffmann und Campe: Hamburg, 1995.
■ Sepúlveda Luis: **Patagonien Express.** Fischer TB 1998.

Bolivien

Landeskunde

Nationalparks

In Bolivien wurden Nationalparks und Naturreservate zum Schutz der Flora und Fauna eingerichtet. Informationen über Besuchsprogramme erhält man bei den örtlichen Touristeninformationsstellen.

■ **Nationalparks:** Carrasco, Amboró, Noel Kempff Mercado, Toro Toro, Kaa-Iya del Gran Chaco, Madidi, Sajama, Isiboro-Sécure, Cotapata.

■ **Naturreservate:** Ulla Ulla, Beni, Aduardo Avaroa, Pilón Lajas, Ríos Blano y Negro, Cordillera de Sama, Tariquía, Cabo Juan, Manuripi Heath, Iténez.

Politik und Wirtschaft

Bolivien ist seit 1967 eine Präsidialrepublik. Die Abgeordneten des aus den zwei Kammern Abgeordnetenhaus und Senat bestehenden Parlaments werden alle fünf Jahre gewählt. Auch die Direktwahl des Staatspräsidenten erfolgt in diesem Zeitabstand.

Das Land ist in neun Departamentos bzw. 27 Provinzen untergliedert. Regierung und Kongress sitzen in La Paz, der obere Gerichtshof in der offiziellen Hauptstadt Sucre.

Zur politischen Situation

Erst im Oktober 1982 ging in Bolivien eine lange Phase der Militärdiktatur zu Ende. Bis zu diesem Zeitpunkt erschütterten das Land seit der Befreiung von Spanien und der Gründung der Republik mehr als 300 Revolten und Putsche. Bei den vorletzten Präsidentenwahlen am 1. Juni 1997 erzielte der deutschstämmige Hugo Banzer Suárez (ADN: Acción Democrática Nacionalista) das beste Ergebnis. Von 1971 bis 1978 stand Banzer schon einmal an der Spitze des Staates: Als Oberst hatte er durch einen Militärputsch die Macht erlangt und leitete in der Folgezeit als Diktator ein rechts gerichtetes Militärregime. Während seiner Amtszeit kamen 200 politische Gegner ums Leben, viele Oppositionelle wurden in Gefängnissen eingesperrt oder mussten ins Exil.

Als sich in den 1970er Jahren in den USA die Drogenproblematik verschärfte, wurde Bolivien (wie auch Peru oder Kolumbien) Schauplatz des nordamerikanischen Drogenkrieges. Präsident George Bush verkündete Ende der 1980er Jahre schließlich eine Strategie, die den US-amerikanischen Drogenkonsum effektiv und billig bekämpfen sollte: In den Herkunftsländern müsste der

---

Steckbrief Geographie und Bevölkerung

■ **Fläche:** 1,09 Mio. km², ungefähr dreimal so groß wie Deutschland

■ **Hauptstadt:** laut Verfassung Sucre, praktisch La Paz (Sitz der Regierung)

■ **Nachbarn:** Brasilien im Norden und Nordosten, Argentinien und Paraguay im Süden, Peru und Chile im Westen

■ **Zwei Hauptregionen:** das Andenhochland im Südwesten und das Tiefland im Norden und Osten

■ **Höchster Gebirgszug:** die Königskordillere beim Titicaca-See und bei La Paz mit über 6000 m

■ **Wichtigste Wassersysteme:** Titicaca-See, Fluss-System des Río de la Plata und Amazonasbecken

■ **Einwohnerzahl:** etwa 9 Mio. Einwohner, davon mehr als 50 % Indianer und ca. 35 % Mestizen, der Rest Weiße, Kreolen, Schwarze und Asiaten

■ **Landessprachen:** Spanisch, Quechua und Aymara

Anbau der Koka-Pflanze gestoppt und damit das Übel an der Wurzel gepackt werden. Außer in den »traditionellen« Anbaugebieten (z. B. Yungas) versuchen die bolivianischen Regierungen seit Anfang der 1990er Jahre die Kultivierung von Koka zu verbieten und den Anbau alternativer Pflanzen zu fördern. Im Gegensatz zu Koka, das bis zu 4-mal pro Jahr geerntet werden kann, sind Alternativ-Kulturen, wie beispielsweise Banane, Ananas, Pfeffer, Maracuya und Palmherzen, für die Kleinbauern allerdings nur wenig profitabel.

Die nordamerikanische Drug Enforcement Agency (DEA) hilft der bolivianischen Regierung bei ihrem Kampf gegen die Kokain-Mafia. Darüber hinaus erhält Bolivien im Gegenzug zu seiner Antidrogenpolitik finanzielle Unterstützung von den führenden Industriestaaten. 1997 sollen im Chapare zwar 7026 ha Koka vernichtet worden sein, neu angelegt wurden dafür aber 5570 ha. Die jährlichen Drogeneinnahmen Boliviens werden derzeit offiziell auf 130 Mio. Dollar geschätzt (was deutlich zu niedrig sein dürfte).

Die Präsidentschaftswahlen 2002 gewann Sánchez Losada, der im Jahr 1993 schon einmal Präsident war, in einer Stichwahl nur knapp gegen den Kandidaten der Linken, Bauernführer Evo Morales, der sich vehement für die Kokabauern einsetzt.

Im Februar 2003 gab es schwere Ausschreitungen mit mindestens 30 Toten – darunter viele Polizisten –, die sich mit den Militärs mitten in La Paz Gefechte lieferten. Das rasche Ende der 2. Amtszeit Sánchez Losadas brachte jedoch das geplante Lieferabkommen für Erdgas mit Chile (s. S. 177). Bolivien besitzt in Südamerika mit fast 1,5 Billionen m³ die zweitgrößten Erdgasvorkommen nach Venezuela.

Die Wirtschaftslage Boliviens ist trotz der Schattenwirtschaft und der immer wieder aufkeimenden Unruhen als stabil zu bezeichnen. Das Wirtschaftswachstum betrug 2004 2,5%, die Inflation 4,6%.

Von der Kooperation mit den MERCOSUR-Staaten und Mex ko erhofft man sich eine Steigerung der ausländischen Investitionen. Wichtigste Exportgüter sind Erze (Zink, Zinn, Silber, Gold), Erdgas und Soja. Der Bau einer Schne lstraße von Kolumbien über Peru und Bolivien nach Argentinien und der Ausbau einer Autobahn von Brasilien über Bolivien bis an den Atlantik sollen das Land für ausländische Investoren attraktiver machen. Trotzdem: Von diesen positiv anmutenden Fakten profitieren b sher nur wenige, ein Großteil seiner Bevölkerung lebt weiterhin in extremer Armut.

Kleidung

In den Städten wird auf gepflegte Garderobe geachtet; Shorts sind verpönt und für das Hochland ohnehin meist zu kalt.

Reiseplanung

Botschaften & Konsulate

■ **In Deutschland:** Botschaft der Republik Bolivien, W chmannstr. 6, 19787 Berlin, Tel. (0 30)2 63 91 50 E-Mail: embolberlin@t-online.de. Honorarkonsulat in Hamburg.
■ **In Österreich:** Botschaft von Bolivien, Waaggasse 10, 1040 Wien, Tel. (01) 587 46 75, Fax 586 68 80.
■ **In der Schweiz:** Generalhonorarkonsulat von Bolivien, Gartenstr. 33, 8023 Zürich, Tel. (01) 201 28 33, Fax 201 28 25. Zuständig ist auch die Bolivianische Botschaft in Berlin. Honorarkonsulat in Basel.

Reisedokumente

Deutsche benötigen für einen Aufenthalt bis zu 90 Tagen nur den gültigen Reisepass (bzw. Kinderaus-

weis mit dem Vermerk: Nationalität »deutsch«).

Österreicher und Schweizer müssen ebenfalls nur den gültigen nationalen Reisepass vorweisen. Besonders bei der Einreise auf dem Landweg sollte man darauf achten, für welchen Zeitraum die Aufenthaltsgenehmigung gilt: 30 oder 90 Tage. Die **Einwanderungsbehörde** in der Av. Camacho 1433, La Paz, Tel. (02) 37 04 75 oder 35 96 80 verlängert ein 30-Tage-Visum auf 90 Tage.

Impfungen, Krankenversicherung

Wer mit dem Flugzeug im 3636 m hoch gelegenen La Paz ankommt, wird zunächst mit der ungewohnt dünnen Luft zu kämpfen haben. Man sollte sich erst mindestens einen halben Tag Ruhe gönnen, bevor man die Stadt erkundet. Hilfreich für die Umstellung ist der bolivianische »mate de coca«.

Impfungen sind zwar nicht vorgeschrieben, eine Typhus- und Hepatitis-Vorsorge wird aber oft empfohlen. Für Aufenthalte im östlichen Flachland ist eine Malariaprophylaxe anzuraten. Den Nachweis einer Gelbfieberimpfung muss vorlegen können, wer sich innerhalb der letzten 6 Tage vor der Einreise in einem Infektionsgebiet aufgehalten hat. Auch von Reisenden in die Region Chapare wird oft ein schriftlicher Nachweis einer Impfung verlangt.

Geld

Landeswährung ist der recht stabile Boliviano (Bs.), im Volksmund oft nach der bis 1986 gültigen Einheit Peso genannt. Bei einer Inflation von zuletzt rund 5% p. a. bekam man im Mai 2006 für 1 € etwa 11 Bolivianos.

Besorgen Sie sich Bargeld in den großen Städten und lassen Sie es sich möglichst in Dollar auszahlen, denn damit erzielen sie den besten Umtauschkurs.

Private **Wechselstuben** (casas de cambio) tauschen US-$ und EUR in bar oder Reiseschecks. Geldwechsler in den Straßen tauschen fast zum gleichen Kurs wie die offziellen Stellen. Es kommt jedoch immer wieder vor, dass man auf der Straße falsche Geldscheine untergeschoben bekommt oder dass nicht der vereinbarte Betrag ausgehändigt wird. Man sollte deshalb sowohl die Summe, als auch die einzelnen Scheine genau kontrollieren.

Für unterwegs sollte man immer Kleingeld mitführen, da viele Läden und Straßenhändler nicht herausgeben können.

Kreditkarten, vor allem Visa- und Mastercard, werden zumindest in den Städten immer häufiger angenommen.

Für alle Dienstleistungen wird ein **Trinkgeld** von 10–13 % erwartet.

Klima, Reisezeit

Die Durchschnittstemperaturen im Hochland liegen tagsüber bei ca. 10 °C, nachts sinken die Werte oft deutlich unter den Gefrierpunkt. Die kälteste Jahreszeit ist von Mai bis August, allerdings schneit es in La Paz nur selten. Die meisten Niederschläge fallen zwischen Dez. und April. Tropisch heiß ist es im östlichen Tiefland, gemäßigt warm in den niedrigeren Seitentälern der Anden und in den Yungas.

Die Trockenzeit dauert von April bis November/Dezember, die Regenzeit von Dezember bis gegen Ende März.

Das Hochland bereist man am besten in den Monaten von April bis Oktober. Mai bis September sind die idealen Reisemonate für das Tiefland. In den bolivianischen Bergen und auf dem Altiplano kann es nachts ganzjährig bitterkalt werden. Warme Kleidung ist daher wichtig, auch an schönen Tagen sinken die Temperaturen nach Sonnenuntergang sofort auf frostnahe Werte.

Infoadressen

Vor der Reise

- www.bolivia.de
- Botschaften/Konsulate in Berlin, Bremen, Frankfurt/M., Hamburg, München

Im Land

Cochabamba
- **Oficina de Turismo,** Av. Gral. Achá 145, Tel. 22 17 93, Mo–Fr 8–16 Uhr.

La Paz
- Das **Vizeministerium für Tourismus** (Viceministerio de Turismo), Calle Mercado 1328, Edificio Mcal. Ballivián, Piso 18, La Paz, Tel. (02) 236 74 64, Fax 237 46 30, erteilt allgemeine Auskünfte.
- Im staatlichen **Tourinstinformationsbüro** an der Pl. del Estudiante, Ecke México/16 de Julio, liegen Broschüren und ein Gästebuch mit Empfehlungen von Reisenden aus. Das Personal bemüht sich, Fragen zu beantworten, und hilft z. B. bei der Organisation von Ausflügen

Oruro
- **Oficina Regional de Turismo** (ITB), Pl. 10 de Febrero, Ed. Prefectura.

Potosí
- **Oficina Regional de Turismo Potosí,** Plaza 6 de Agosto, Tel. (0 62) 2 31 40.
- **Post,** Lanza 3, Mo–Sa 8–19, So 9–12 Uhr.

Santa Cruz und Umgebung
- Oficina Regional de Turismo Santa Cruz, Av. Chavéz Ortiz, Edif. Cordecruz, piso 1, Tel. 36 89 01.
- Informationsstellen auch am Flughafen und dem Busbahnhof.
- Die Broschüre **Guía Santa Cruz** mit allen wichtigen Infos ist in Buchhandlungen erhältlich.

Sucre
- **Oficina Regional de Turismo Sucre** (ITB), Caserón de Capellanía, Potosí 102, Ecke San Alberto.

Im Internet

- www.bolivia.de
- www.bolnet.bo
- www.eldiario.net

Anreise

Flugzeug

Der Flughafen von La Paz heißt schlicht und treffend **El Alto,** »der Hohe« – mit 4018 m über dem Meeresspiegel ist er der höchstgelegene Zivilflughafen der Welt. Dort können Sie wählen zwischen einem Taxi oder einem der preiswerteren Minibusse, um die 14 km ins Stadtzentrum zurückzulegen.

Es werden **keine Direktflüge** von Europa nach Bolivien angeboten. Bei tägl. Flügen von Frankfurt nach La Paz muss man entweder in São Paulo/Brasilien, Miami/USA, Santiago de Chile, Buenos Aires/Argentinien oder in Lima/Peru umsteigen.

Die **Flughafensteuer** bei internationalen Flügen beträgt 25 US-$, bei Inlandflügen ca. 3 US-$.

Mit Bus und Schiff

Viele Touristen reisen von Puno/Peru aus über den Titicaca-See per Bus und Tragflächenboot nach Bolivien ein. Kurzaufenthalte auf der Isla del Sol und in Copacabana sind dabei im Preis enthalten, ebenso ein Besichtigungsprogramm mit einheimischen Führern. Die Fahrt dauert rund 12 Std. und kann in Reisebüros von Puno oder La Paz gebucht werden (z. B. Crillon Tours). Einfache Minibusse (colectivos) verkehren auf direktem Weg zwischen Puno und La Paz. Zur argentinischen Grenze bei La Quiaca und weiter nach Buenos Aires fahren täglich Busse. Seit dem Bau einer asphaltierten Straße erreicht man Arica/Chile in ca. 9 Std.

Zug

Bolivien hat 3774 km Gleisstrecke, die teilweise durch herrliche Landschaften führt. Aufgrund der Unzuverlässigkeit waren die meisten Strecken aber kaum zu empfehlen. 1996 wurden die Eisenbahnen privatisiert, aber statt zu modernisieren, wurden die meisten Linien stillgelegt, der Bahnhof in La Paz dient seit 1997 als Busterminal. Informationen gibt es unter: (02) 37 76 62 und 41 65 45.

Unterwegs in Bolivien

Flugzeug

Lloyd Aéreo Boliviano und Aerosur bieten Inlandflüge zu günstigen Preisen in alle größeren Städte an (La Paz, Cochabamba, Sucre, Trinidad, Santa Cruz).
Für Besucher mit wenig Zeit kann es sich lohnen, die Anreise zu touristischen Sehenswürdigkeiten von örtlichen Reisebüros arrangieren zu lassen.
Viele Fluggesellschaften haben Büros in La Paz:
■ **Aerosur**, Av. 16 de Julio, Edif. Petrolero Mezzanine, Tel. (02) 243 04 30, Fax 231 39 57. Reservierung rund um die Uhr unter: 0800-3030.
■ **Lloyd Aéreo Boliviano**, Camacho 1456–60, Tel. (02) 237 10 20; gebührenfreie Auskunft unter: 0800-3001.
■ **Lufthansa**, Av. 6 de Agosto 2512, Edif. Illimaní II, Tel. (02) 243 17 17, Fax 243 12 67.

Bus

Bolivien verfügt über ein gutes Busnetz, das allerdings durch den schlechten Zustand vieler Straßen beeinträchtigt wird. Vergleichsweise komfortabel gestalten sich Reisen von La Paz nach Cochabamba und Santa Cruz, ruppiger ist der Weg nach Potosí.

Zug

Siehe unter Anreise, links.

Taxi

In Städten bewegt man sich am besten per Taxi fort, denn die innerstädtischen Fahrten sind sehr günstig. »Colectivos« – Minibusse fahren auf festen Strecken, über die Schilder an der Windschutzscheibe Auskunft geben oder die von den Kindern, die den Fahrpreis einsammeln, ausgerufen werden

Infos von A–Z

Banken

Öffnungszeiten der Banken:
Mo–Fr 8.30–12 sowie 14.30–18 Uhr.

Feiertage (national)

■ 1. Januar: **Neujahr**
■ Februar/März: **Karneval** (beweglich)
■ März/April: **Karfreitag** (beweglich)
■ 1. Mai: **Tag der Arbeit**
■ Mai/Juni: **Fronleichnam** (beweglich)
■ 6. August: **Tag der Unabhängigkeit**
■ 12. Oktober: **Kolumbustag**
■ 1./2. November: **Allerheiligen/Allerseelen**
■ 25. Dezember: **Weihnachten**

Maßeinheiten

Im ganzen Land beträgt die Spannung 220 Volt (Wechselstrom). Nur in La Paz gibt es auch Steckdosen mit 110 Volt.
Es gilt das metrische System.

Öffnungszeiten

Geschäfte: wochentags 9–13 Uhr, 14.30–19 Uhr, Sa nur vormittags.

Post

Luftpostbriefe von und nach Europa sind zwischen eine bis zwei Wochen unterwegs. Es ist üblich, statt einer Adresse in Bolivien das Postfach (casilla) anzugeben.
Das Hauptpostamt (»correo central«) von La Paz befindet sich an der Avenida Mariscal Santa Cruz y Oruro; Mo–Fr 8–20, Sa 8–19, So 9 bis 13 Uhr geöffnet.
Postlagernd (»poste restante« oder »lista de correos«) werden Briefe dort für drei Monate aufbewahrt.

Souvenirs

Kunstgewerbe aus dem Hochland wird in La Paz auf der Calle Sagárnaga, zwischen Mariscal Santa Cruz und Isaac Tamayo feilgeboten: Ponchos, Westen, Jacken und Schals aus Lama- und Alpakawolle, Wandbehänge, Musikinstrumente der Anden und kleine Skulpturen.
Feilschen ist erlaubt, doch sollte man es nicht übertreiben – schließlich steckt monatelange Arbeit in den Handarbeiten. Die Preise richten sich nach der Qualität, sind aber wesentlich niedriger als in Europa.

Telefon & Fax

Die nationale Telefongesellschaft ENTEL ist zuständig für alle Gespräche und Faxsendungen nach Übersee. Telefonate nach Europa werden inzwischen via Satellit vermittelt. Die Zentrale im Edificio Libertad, Calle Mercado und Ayacucho 267.

- ■ **Landesvorwahl für Bolivien:** 00 591.
- ■ **Vorwahlen wichtiger Städte:** Cochabamba: 042; La Paz: 02; Oruro: 052; Potosí: 062; Santa Cruz: 03; Sucre: 064

Handys

Es wird ein AMPS-Netz verwendet. Netzbetreiber ist Telefonica Celular. Im November 2000 wurde ein GSM 1900-Netz eingeführt (Netzbetreiber: Nuevatel PCS De Bolivia und Entel SA).

Zeit

Der Unterschied zur MEZ beträgt minus fünf Stunden, zur mitteleuropäischen Sommerzeit minus sechs Stunden.

Zeitungen

Die bekanntesten Tageszeitungen in La Paz sind **Presencia, La Razón** und **El Diario** (www.eldiario.net). Auch die englischsprachige **Bolivian Times** haben die meisten Zeitungshändler in den Straßen von La Paz in ihrem Sortiment. Internationale Presse bekommt man mit Verspätung am Flughafen und in einigen Buchhandlungen des Stadtzentrums.

Zoll

Neben den persönlichen Gebrauchsgegenständen dürfen Reisende zollfrei einführen: Kamera mit Zubehör, Radio, Sportausrüstung, 2 Flaschen alkoholische Getränke, 200 Zigaretten, 50 Zigarren oder 500 g Tabak.
Die Ausfuhr von Kunstgegenständen aus der Zeit vor 1900 und von archäologischen Funden ist streng verboten.

Notfälle

Bei Diebstählen, Sachbeschädigungen etc. wenden Sie sich am besten an die Touristenpolizei: **Policia Turistíca,** Tel. (02) 222 50 16.

Diplomatische Vertretungen

- ■ **Deutschland:** Embajada de la República Federal de Alemania, Av. Arce 2395, La Paz, Tel. (02) 244 06 06, Fax. 244 14 41; Postadresse: Casilla 5265 La Paz. Honorarkonsulate in Cochabamba, Santa Cruz, Sucre und Tarija.
- ■ **Österreich:** Consulado Honorario General de Austria, Av. 16 de Julio 1616, Edif. Petrolero, Tel. (02) 231 39 53, Fax (02) 239 10 73; Postadresse: Casilla 83, La Paz. Zuständig ist die österreichische Botschaft in Lima/Peru; siehe Seite 420.
- ■ **Schweiz:** Schweizerische Botschaft, Edificio Petrolero, Piso 6, Av. 16 de Julio 1616, La Paz, Tel. (02) 231 54 71, 231 56 17, Fax 239 14 62; Postadresse: Casilla 9356, La Paz.

Medizinische Versorgung

In folgenden Krankenhäusern in La Paz arbeiten mehrsprachige Ärzte:

- ■ **Clínica Alemana,** 6 de Agosto 2821, Tel. (02) 243 03 55, 243 21 55.
- ■ **Clínica Santa María,** 6 de Agosta 2487.
- ■ **Deutschsprachiger Arzt:** Dr. Fernando Arispe, Av. 20 Octubre 402, Ecke Plaza Avaroa, Tel. 239 07 11/12.

Botschaften bzw. Konsulate, Fluggesellschaften und das Hotelpersonal können meist auch deutschsprachige Ärzte empfehlen.

Literaturtipps

- ■ Céspedes, Augusto: **Teufelsmetall.** Roman. Lamuv Verlag: Göttingen, 1990.
- ■ Froidl, Hermann J.: **Inkatrail und Königskordillere.** Wandern und Bergsteigen in Peru und Bolivien. Froidl Verlag: München, 1991.
- ■ Guevara, Ernesto Che: **Das vollständige »Bolivianisches Tagebuch«** (Ausgewählte Werke in Einzelbänden Bd. 5). Pahl-Rugenstein: Bonn, 1992.
- ■ Haller, Daniel: **Bolivianische Rezepte.** Von bitterer Politik und würziger Küche. Kulturgeschichte Boliviens mit Kochrezepten. Rotpunkt Verlag: Zürich, 1993.
- ■ Krauthausen, Ciro: **Koka – Kokain.** Reportagen, Analysen und Dokumente aus den Andenländern. Raben-Verlag: München, 1991.
- ■ Lessmann, Robert: **Drogenökonomie und internationale Politik.** Die Auswirkungen der Antidrogenpolitik der USA auf Bolivien und Kolumbien. Vervuert: Frankfurt/M., 1995.
- ■ Pampuch/Echalar: **Bolivien.** Beck'sche Reihe Länder.
- ■ Sarkisyanz, Manuel: **Kollasuya. Indianische Geschichte der Republik Bolivien.** Schulz-Kirchner Verlag: Idstein, 1993.
- ■ Shimose, Pedro: **Bolero der Chevalerie.** Edition Delta: Stuttgart, 1994.
- ■ Sorio, Fernando: **Bolivien.** Stürtz Verlag: Würzburg, 1992. (Bildband)
- ■ Vargas, Manuel (Hg.): **Die Heimstatt des Tío.** Erzählungen. Rotpunkt Verlag: Zürich 1995.
- ■ Viezzer, Moema: **Wenn man mir erlaubte zu sprechen …** Zeugnisse der Domitila, einer Frau aus den Mienen Boliviens. Lamuv Verlag: Göttingen, 1990.

Brasilien

Landeskunde

Pflanzen- und Tierwelt

Die Reichhaltigkeit und Vielfalt Brasiliens an Pflanzen und Tieren ist erstaunlich. So ist es keine Überraschung, wenn das Land in der Vielfalt der Primaten-Amphibien und Pflanzenarten weltweit an erster Stelle steht.

Fast der gesamte Norden Brasiliens ist von immergrünem, tropischen **Regenwald** bedeckt. Keine Landschaftsform der Erde birgt eine größere Fülle an Überraschungen und Geheimnissen als der Tropenwald. Das Charakteristische des Regenwaldes ist seine Gliederung in

---

Steckbrief Geographie und Bevölkerung
- **Fläche:** 8,5 Mio. km²; fünftgrößtes Land der Erde
- **Hauptstadt:** Brasília
- **Nachbarn:** alle Länder Südamerikas außer Chile und Ecuador
- **große Flüsse:** Amazonas (über 6000 km), Paraná, São Francisco
- **Landschaften:** Regenwälder am Ufer des Amazonas, Planalto-Plateau, Grasländer des Mato Grosso, Sandstrände im Nordosten, Paranábecken, Pantanal (größtes Feuchtgebiet der Erde)
- **Einwohnerzahl:** von fast 182 Millionen Brasilianern sind 53 % Weiße, 34 % Mulatten und Mestizen, 11 % Schwarze und 2 % Sonstige, darunter eine Million Japaner und ca. 300 000 Indianer
- **Landessprache:** brasilianisches Portugiesisch
- **Religion:** überwiegend Katholiken (140 Mio)

---

mehrere Stockwerke. Baumriesen, vielfach abgestützt durch mächtige Brettwurzeln, erreichen oft eine Höhe von 50 m, ehe sich die ersten Äste ausbreiten und das Kronendach bilden. Im Dämmerlicht des Waldbodens mit seinen Sträuchern und Schlingpflanzen hausen gepanzerte Gürteltiere, Ameisenbären, Wildschweine und der etwas selten gewordene Jaguar. Über 60 Affenarten mit Greifschwanz tummeln sich im Geäst der Bäume.

In den weit verzweigten Flussarmen des Amazonas leben Kaimane, Piranhas und Riesenanakondas. Das reiche Spektrum an Insekten und Kerbtieren reicht von farbenprächtigen Schmetterlingen bis zur Vogelspinne. Nicht weniger zahlreich sind die Papageien-, Reiher- und anderen Vogelarten.

Im Süden des Amazonasbeckens überziehen **Feuchtsavannen** mit knorrigen Bäumen den größten Teil des Planalto.

Reiseplanung

Botschaften & Konsulate

- **In Deutschland:** Botschaft der Föderativen Republik Brasilien, Wallstr. 57, 10179 Berlin, Tel. (0 30) 72 62 80, Fax 72 62 83 20, www.brasilianische-botschaft.ce General- bzw. Honorarkonsulate in Aachen, Bremen, Frankfurt/M., Hamburg, Köln, Mainz, München, Stuttgart.
- **In Österreich:** Brasilianische Botschaft, Lugeck 1/5/15, 1010 Wien, Tel. (01) 512 06 31, 512 06 33, 512 06 34, Fax 513 83 74.
- **In der Schweiz:** Generalkonsulat von Brasilien, Zweierstr. 35, 8004 Zürich, Tel. (01) 291 35 33 oder 292 35 37, Fax 291 53 33. GK in Genf.

Reisedokumente

Deutsche benötigen für Aufenthalte bis 90 Tage den gültigen Reisepass (bzw. Kinderausweis mit dem Vermerk: Nationalität »deutsch«). Österreicher und Schweizer müssen ebenfalls nur den gültigen nationalen Reisepass vorweisen.

Impfungen, Krankenversicherung

Impfungen sind nicht vorgeschrieben, empfohlen werden jedoch der Hepatitis-A-Schutz, Gelbfieberimpfung sowie Maßnahmen gegen Malaria für Reisen im Amazonasgebiet, Mato Grosso (Pantanal) und generell nördlich von Salvador de Bahia. Vorgeschrieben ist eine Gelbfieberimpfung für Reisende, die innerhalb von sechs Tagen aus Infektionsgebieten wie Kolumbien, Peru und Bolivien einreisen.

Bei Kindern unter 6 Jahren kann bei der Einreise ein Nachweis über eine Polio-Impfung verlangt werden.

Geld

Brasilien hat am 1. Juli 1994 zum letzten Male eine neue **Währung** eingeführt, um die galoppierende Inflation aufzuhalten. Sie heißt »Real« (Mehrzahl »Reais«, Abkürzung R$) und wurde anfangs im

---

Steckbrief Politik, Wirtschaft und Verwaltung
(siehe auch S. 229–323)
- **Staatsform:** seit 1988 eine Präsidialregierung
- **Staatsorgane:** Präsident, Abgeordnetenhaus, Senat
- **Verwaltungseinheiten:** 26 Bundesstaaten und ein Bundesdistrikt Brasília
- **Wichtigste Exportgüter:** Nahrungsmittel (weltweit größte Kaffeeproduktion, Soja, Fleisch) Maschinen und Kfz, Metalle

---

Verhältnis 1 : 2750 zum entwerteten Vorgänger Cruzeiro bzw. 1 : 1 zum US-$ gehandelt. Derzeit erhält man für 1 € R$ 2,63 (Stand Mai 2006).
Banken in größeren Städten tauschen US-$, Euro und Travellerschecks. Unbürokratischer geht's in **Wechselstuben** (»casas de câmbio«), in entlegenen Regionen kann das Geldwechseln schwierig werden.
Wenn man die Quittung über das gewechselte Geld aufbewahrt, können bis zu 50 % des getauschten Betrages in Fremdwährung zurückgetauscht werden.
Gängige **Kreditkarten** werden in Städten und größeren Geschäften, Hotels oder Restaurants allgemein gerne genommen.

Reisezeit, Kleidung

Die Luft- und Wassertemperaturen sind außer in der südlichen Region zu jeder Zeit angenehm. Während des Sommers von Dezember bis Februar sind viele Brasilianer in den Ferien, und das Reisen im Land ist schwierig und teuer.
Brasilianer kleiden sich gerne modisch und vor allem an der Küste lässig und farbenfroh. Kurze Hosen und Strandgarderobe auf der Straße sind weniger verpönt als in anderen südamerikanischen Ländern – in Restaurants und öffentlichen Gebäuden gelten sie jedoch als fehl am Platz. Hier sind Anzug und Krawatte bzw. Kostüm, Kleid oder Rock obligatorisch. In Restaurants kleidet man sich leger, nicht gerade mit Shorts, aber sehr ungezwungen.
Am konservativsten geht es in der Provinz zu, und für das Nachtleben von Rio oder São Paulo kann man sich ganz schick machen.
Feste Schuhe und robuste Baumwollkleidung braucht man, wenn man die Amazonasregion oder den Pantanal erkunden möchte.

Klima

Die Urwälder Amazoniens prägt ein feuchtheißes Äquatorialklima mit ganzjährig starken Regenfällen. Auch an der Atlantikküste von Rio Grande do Norte bis hinunter in den Bundesstaat São Paulo ist es fast ständig tropisch heiß, Niederschläge sind immer möglich.
Der »Winter« von Rio de Janeiro (Mai bis Oktober) entspricht in etwa noch den sommerlichen Temperaturen Europas, die Spitzenwerte zur Karnevalszeit im Februar übersteigen selten 40 °C.
Überraschend kalt (bis um 0 °C) kann es im südlichen Brasilien um Curitiba, aber auch in den höher gelegenen Städten von Minas Gerais werden. Warme Kleidung ist dort im Winter unerlässlich.
Im Landesinneren, z. B. im Sertão oder im Pantanal, verbindet sich tropische Hitze mit langen Dürre- und kurzen Regenzeiten, meist zwischen Januar und April.

Reisegepäck

Für Fahrten in das Amazonasgebiet sollte man ein Moskitonetz dabei haben. Sonnencreme mit hohem Lichtschutzfaktor gehört ebenso unbedingt ins Gepäck. Regenschutz sollte nie fehlen und ein leichter Pullover ist für die oft sehr stark kühlenden Klimaanlagen in Flugzeugen und Hotelhallen wichtig.

Zoll

Reisende dürfen 24 alkoholische Getränke (nicht mehr als 12 von jeder Sorte), 400 Zigaretten, 25 Zigarren und 280 g Parfüm zollfrei einführen. Zollfreie Ware kann nur mit ausländischer Währung erworben werden.

Infoadressen

Vor der Reise

■ Allg. Auskünfte (in D): **Deutsch-Brasilian. Tourismuskommission** (e. V.), Parkallee 117, 28209 Bremen, Tel. (04 21) 349 93 79, Fax 347 74 29

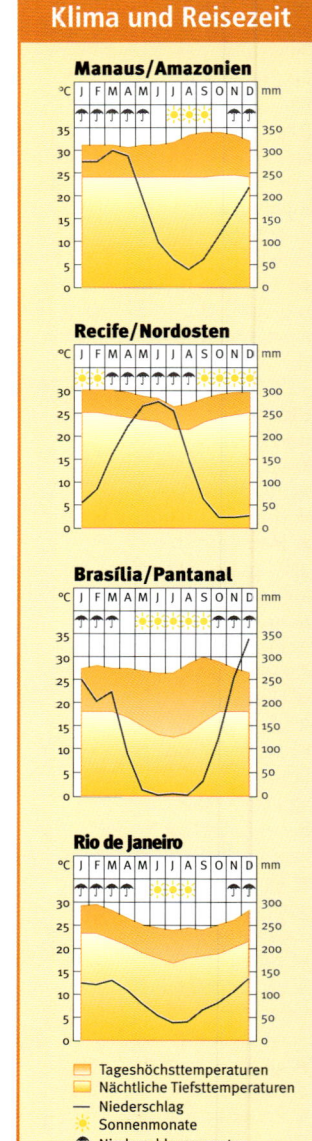

Klima und Reisezeit

Manaus/Amazonien

Recife/Nordosten

Brasília/Pantanal

Rio de Janeiro

■ Tageshöchsttemperaturen
■ Nächtliche Tiefsttemperaturen
— Niederschlag
☀ Sonnenmonate
☂ Niederschlagsmonate

■ **Rio Convention & Visitors Bureau,** c/o TMC, Drei-Lilien-Platz 1, 65183 Wiesbaden, Tel. (0611) 3417961, Fax 3417819.

Umfangreiche und individuelle Brasilien-Programme bieten an:
■ **Sol e Vida Reisen,** Rugendasstr. 7, 81479 München, Tel. (0 89) 791 70 31, Fax 79 83 56.
■ **Reisebüro Ruppert,** Grillparzerstr. 31, 81675 München, Tel. (0 89) 470 80 57, Fax 47 21 27, www.ruppertbrasil.de

Im Land

Brasília
■ **Embratur (Empresa Brasileira de Turismo),** Quadra 2/Bloco G, Tel. (0 61) 2 24 91 00, Fax (0 61) 3 23 89 36.

Belo Horizonte
■ **Belotur,** R Tupis 149, 10. St., Tel. 2 77 76 69.

Manaus
■ **Emamtur,** Av. 7 de Setembro 1546, Tel. 6 33 28 50, Fax 2 33 99 73, Mo–Fr 7–19, Sa 7–13 Uhr. Weit. Büro am Flughafen.

Olinda
■ **Secretaria de Turismo,** R. de São Bento 160, Tel. 4 29 19 27.

Recife
■ **Empetur,** Centro de Convenções, Complexo Rodoviário de Salgadinho, Tel. 4 27 80 00, Fax 2 41 96 01, zwischen Recife und Olinda. Das Büro am Flughafen hat rund um die Uhr geöffnet.

Rio de Janeiro
■ **Embratur,** R. Uruguaiana 174, Centro, Tel. 509 60 17.
■ **Riotur,** Rua da Assembléia, 10, 8–9° Andares, Tel. (0 21) 217 75 75, Fax 531 18 72. Informationszentren im Flughafen, am Busbahnhof, am Zuckerhut, Marina da Gloria.

Salvador de Bahia
■ **Bahiatursa,** Rua das Laranjeiras 12, Tel. (0 71) 32 14 63. Informationszentren im Flughafen, am Busbahnhof, im Mercado Modelo, Porto da Barra.

São Paulo
■ **Anhembi Centro de Feiras e Congressos,** Av. Olvavo Fontoura 1209, Tel. (0 11) 2 67 21 22.
Informationszentren: Praça da República, Praça da Liberdade, Sé, Praça Ramos de Azevedo, Avenida Paulista vor dem Top Center und Ecke Rua Augusta, Shopping Morumbi, Shopping Ibirapuera.

Im Internet

■ www.embratur.gov.br
■ www.radiobras.gov.br
■ www.rio.rj.gov.br/riotur

Anreise

Flugzeug, Transport vom Flughafen

Rio de Janeiros internationaler Flughafen Galeão liegt rund 18 km außerhalb des Zentrums. Die Tickets für die Airporttaxis, die Festpreise haben, sollten bereits im Terminal gekauft werden, um Betrügereien auszuschließen. Dies gilt auch für Guarulhos, den 30 km von São Paulo entfernten Flughafen.
Aufgrund großer Diebstahlgefahr, sollte man den öffentlichen Bus direkt nach der Ankunft eher meiden. Die brasilianische Fluggesellschaft Varig bietet in Kooperation mit Lufthansa mehr als ein Dutzend Direktflüge wöchentlich ab Frankfurt und München an. Zielflughäfen sind Rio de Janeiro und São Paulo.
Varig, Vasp und Transbrasil bieten für Inlandstrecken günstige **Airpässe** an.
■ **Varig:** 60329 Frankfurt/M., am Hauptbahnhof 16, Tel. (01 80) 3 33 43 53, Fax (0 69) 271 02 128. Weitere Büros in Zürich und Wien.

Bei der Ausreise wird eine **Flughafengebühr** fällig. Der Betrag hängt davon ab, welcher Gruppe ein Flughafen zugeordnet wird: Erstklassige Flughäfen wie Galeão in Rio de Janeiro, Guarulhos in São Paulo, Confins in Belo Horizonte und Brasília berechnen 36 US-$ für internationale Flüge und 9,15 R$ für Inlandflüge, Flughäfen zweiter Klasse 30 US-$ für internationale und 7,20 R$ für nationale Flüge. Die Steuer muss beim Einchecken in R$ oder US-$ bezahlt werden. Bei Aufenthalten in Brasilien von weniger als 24 Stunden ist man von der Steuer befreit.

Bus

Busverbindungen bestehen zwischen größeren Städten Brasiliens und den Metropolen der Nachbarstaaten, z. B. mit Asunción/Paraguay, Buenos Aires/Argentinien, Montevideo/Uruguay, Santiago de Chile und Caracas/Venezuela (via Cd. Bolívar). Die Fahrscheine sind zwar deutlich billiger als Flugtickets, dafür muss man aber einige Beschwernisse und teilweise mehrtägige Fahrzeiten in Kauf nehmen.

Rio de Janeiro

Verkehrshinweise
■ **Flugverkehr:** Rio hat zwei Flughäfen: Flugzeuge für die Pendelflüge zwischen Rio und São Paulo starten am Aeroporto Santos Dumont im Stadtzentrum. Alle anderen Flüge werden auf dem Aeroporto Galeão abgefertigt.
■ **Schiff:** Regelmäßige Fährverbindung zur Insel Paquetá und nach Niteroi, Praça 15 de Novembro, Tel. 25 33 75 24.
■ **Bus:** Langstreckenbusse starten an der Rodoviária Novo Rio, Av. Rodrigues Alves, ab (Tel. 291 51 51). Verbindungen zu allen größeren Städten und touristischen Zielen Brasiliens sowie nach Paraguay, Chile, Argentinien und Uruguay.

U-Bahn: Die beiden Linien sind schneller und billiger als die Busse, Tel. 24 83 53 57, Mo–Sa 6–23 Uhr.

São Paulo

Verkehrshinweise

Flugverkehr: Internationaler Flughafen **Guarulhos,** 30 km östlich des Zentrums, Tel. 64 45 29 45. Von hier starten Flüge in alle Teile Brasiliens, Europas, Nord- und Südamerikas. Regionalflughafen **Congonhas,** 14 km südlich des Zentrums, Tel. 50 90 90 00. Pendlerflüge nach Rio, einige Verbindungen nach Belo Horizonte und Vitória.

Bus: Busbahnhof Tietê, Av. Cruzeiro do Sul, Tel. 62 21 71 99. Verbindungen in alle Hauptstädte.

Bahn: Praça Júlio Prestes (Fepasa), Tel. 0800-55 01 21. Es gibt Verbindungen ins Landesinnere nach Campo Grande und Corumbá.

Metro: Die U-Bahn von São Paulo ist schnell und preiswert. Es gibt drei Linien: Die zwei Hauptlinien treffen sich an der Praça da Sé, mit der anderen gelangt man zur Av. Paulista. Die Hauptlinien verkehren von 5 bis 24 Uhr.

Unterwegs in Brasilien

Flugzeug

Das Flugzeug ist angesichts der enormen Distanzen innerhalb Brasiliens ein wichtiges Verkehrsmittel, das Streckennetz entsprechend hoch entwickelt. Der Basis-**Airpass,** der nur außerhalb des Landes gekauft werden kann und entweder für das Streckennetz von Varig, VASP oder Transbrasil gilt, beinhaltet fünf Flüge innerhalb von 21 Tagen, jeder zusätzliche Coupon (max. vier) kostet extra (Preis: ca. 440 US-$).

Einzeln gebuchte **Nachtflüge** (vôos noturnos) zwischen 24 und 6 Uhr sind um rund 30 % billiger als der Normaltarif. Zwischen Rio, São Paulo, Brasília und Belo Horizonte pendeln die Maschinen mindestens im Stundentakt. Da das Flugzeug in Brasilien eines der gängigsten Verkehrsmittel ist, sollte man die Plätze dennoch im Voraus reservieren.

Büros der Fluggesellschaften

Lufthansa: Rio de Janeiro, Av. Rio Branco 156 D, Tel. (0 21) 2 17 61 11; São Paulo, Av. São Luiz 59, Tel. (0 11) 30 48 58 00; Salvador, Rua Miguel Calmon, Edf. Citibank, Tel. (0 71) 3 41 51 00.

Swiss: Rio de Janeiro, Av. Rio Branco 108, 10. Stock, Tel. (0 21) 34 61 93 43.

VARIG: Rio de Janeiro, Av. Rio Branco 277, Tel. (0 21) 2 82 13 19; São Paulo, Rua de Consolação 362–372, Tel. (0 11) 50 91 70 00.

Buchungen landesweit: Tel. 0800-99 70 00.

Schiff

In den an der Küste oder am Fluss gelegenen Städte kann man Bootstouren und längere Exkursionen mit dem Schiff buchen. Fahrten auf dem Amazonas dauern ein, zwei Tage bis eine Woche.

Bootsfahrten auf dem São Francisco im Nordosten und im Sumpfgebiet von Mato Grosso ermöglichen ein einzigartiges Naturerlebnis. Sie sind auch bei Anglern beliebt. Linea C und Oremar bieten Kreuzfahrten ab Río entlang der brasilianischen Küste nach Buenos Aires oder in die Karibik. Für längere Fahrten muss man im Voraus buchen.

Das staatl. Unternehmen **ENASA** bietet für Touristen eine 12-tägige Fahrt von Belém nach Manaus und umgekehrt an. Die modernen, vollklimatisierten Schiffe sind mit Kabinen, Swimmingpool usw. ausgestattet.

ENASA-Büro
in Belém, Av. Pres. Vargas 41, oder: Manaus, Rua Marechal Deoforo.

Auf einigen recht unregelmäßig zwischen Manaus und Belém verkehrenden einfachen Linienbooten der ENASA können Sie auch eine Hängematte buchen.

Andere Unternehmen fahren dieselben Touren in 5 bis 6 Tagen mit Booten, die in einem besseren Zustand sind als die der ENASA. Von manchen werden auch abgelegenere Nebenflüsse in Richtung Kolumbien und Peru befahren. Bootspassagen dieser Art sind eine Frage der Geduld und des Glücks, denn fixe Fahrpläne existieren nicht.

Bahn

Vorortzüge werden von den Großstadtpendlern sehr stark genutzt, da sich die wenigsten ein eigenes Auto leisten können. Ansonsten werden in Brasilien nur noch auf wenigen Strecken Züge eingesetzt. Für Touristen interessant ist die landschaftlich reizvolle Gebirgsstrecke im südlichen Staat Paraná von **Curitiba nach Paranaguá** (110 km, 4,5 Stunden).

Durch die südlichen Pantanal-Sümpfe fährt ein weiterer Zug von **Corumbá bis São Paulo** – eine 1400 km lange und abenteuerliche Reise.

Im Amazonasgebiet, genauer gesagt im Staat Rondônia, können Sie die 27 km, die von der historischen **Madeira-Mamoré-Trasse** übrig geblieben sind, befahren: von Porto Velho nach Cachoeira de São Antônio. Die Strecke wird nur sonntags befahren.

Bus

Überlandbusse

Busse verbinden preiswert und zuverlässig alle Landesteile miteinander. Für Langstreckenfahrten, die zum Teil mehrere Tage in Anspruch nehmen, werden häufig etwas teurere Fahrzeuge mit Schlafsitzen (leito) eingesetzt. Es ist möglich, Zwischenstopps einzulegen.

Die Tickets werden von einem Schaffner während der Fahrt verkauft.

Stadtbusse

Im brasilianischen Stadtverkehr bewegt man sich neben dem Taxi per Bus. Achtung: Die billigen Linienbusse (einsteigen und bezahlen können Sie an der hinteren Tür) erfreuen sich auch unter Taschendieben größter Beliebtheit. Einige Vorsichtsmaßnahmen mindern das Risiko: Vermeiden Sie den Berufsverkehr, lassen Sie Wertsachen im Hotel, stecken Sie Kameras in die Tasche, halten Sie Umhängetaschen vor dem Körper fest, vermeiden Sie es, durch lautes Reden in Ihrer Muttersprache Aufmerksamkeit zu erregen. Kurz gesagt: Verhalten Sie sich eher unauffällig.

Auto

Mietwagen

Mietwagen sind problemlos in ganz Brasilien zu bekommen, Reservierungen sind bei den renommierten Verleihfirmen bereits von Europa aus möglich.
Voraussetzung für das Mieten eines Wagens sind der internationale Führerschein und eine gängige Kreditkarte. Travelerschecks und Bargeld in US-$ werden nicht als Kaution akzeptiert.

Taxi

Das Taxi ist die unproblematischste Art, sich in einer fremden Stadt zu bewegen. Sorgen Sie, wenn möglich, dafür, dass ein Angestellter des Hotels den Taxifahrer über Ihr Fahrtziel informiert.
In den Großstädten gibt es zwei Tarife, der höhere Tarif 2 gilt in der Regel ab 21 Uhr und an Wochenenden und Feiertagen ganztägig. Achten Sie auf das Einschalten des Taximeters, sonst besteht die Gefahr, dass der Fahrer Fantasiepreise verlangt. Notfalls das Taxi wechseln, es gibt meist genug Auswahl.

Infos von A–Z

Banken

Banken haben Mo–Fr 10–16 Uhr Schalterstunden.

Feiertage

- 1. Januar: **Neujahrstag**
- 6. Januar: **Dreikönigstag**
- Februar/März: **Karneval**
- März/April: **Ostern**
- 21. April: **Tiradentes-Tag**
- 1. Mai: **Tag der Arbeit**
- 7. September: **Unabhängigkeitstag**
- 12. Oktober: **Tag der Schutzpatronin Brasiliens,** Nossa Senhora da Aparecida
- 2. November: **Allerseelen**
- 15. November: **Tag der Proklamation der Republik**
- 25. Dezember: **Weihnachten.**

Fernsehen

Das Kabelfernsehen ist in Brasilien noch relativ neu. Es werden viele synchronisierte Filme aus USA gezeigt. Am beliebtesten sind die brasilianischen Seifenopern (»telenovelas«), deren endlose Folgen täglich über den Bildschirm flimmern.

Maßeinheiten

Elektrizität: In der Regel 127 Volt. 220 Volt in Brasília, Florianópolis, Fortaleza, Recife und São Luis. 110 Volt in Manaus.
In Brasilien ist das metrische Maßsystem die Regel.

Öffnungszeiten

Geschäfte: Mo–Fr 9–18.30 Uhr, Mittagspause zwischen 11.30 und 14 Uhr; Sa meist bis 13 Uhr.

Post

Express-Sendungen nach Europa dauern rund drei Wochen, die Postgebühren sind in Brasilien sehr hoch.
Postämter (»agência de correios«) haben Mo–Fr 8–18, Sa 8–12 Uhr geöffnet. In einigen größeren Städten haben manche Filialen längere Öffnungszeiten (z. B. im Flughafen von Rio de Janeiro bietet ein Postamt einen 24-Stunden-Service an).
In Rio befindet sich die Hauptpost in der Rua Primeiro de Março 64.
Postämter sind meist mit einem Schild mit der Aufschrift »correiose« oder »ECT« (Empresa de Correios e Telégrafos) gekennzeichnet.

Souvenirs

Die beliebtesten Mitbringsel aus Brasilien sind Edelsteine und Schmuck. Vor allem aus Minas Gerais stammen Amethyst, Aquamarin, Opal, Topas und der vielfarbige Turmalin. Nicht weniger begehrt sind die kostbaren Diamanten, Smaragde, Rubine oder Saphire. Trotz verführerischer Angebote von Straßenhändlern sollten Laien bevorzugt in etablierten Schmuckgeschäften einkaufen.
Die drei führenden und landesweit vertretenen Häuser sind »Amsterdam Sauer«, »Roditi« und der deutschstämmige »H. Stern«. Die meisten großen Juweliere betreiben Filialen an Flughäfen, in Einkaufszentren und Hotels.
Weitere Verkaufsschlager sind Badetextilien (z. B. Tangas à la Copacabana), Lederwaren, bahianische Keramik im afrikanischen Stil und Samba-CDs (zu empfehlen sind u. a. die jährlichen Karnevals-Editionen der »Sambas de Enredo«). Gutes Kunsthandwerk bekommt man z. B. in den Folkoreläden von Rio entlang der Copacabana.

Telefonieren, Fax

Orts- und Ferngespräche kann man von öffentlichen Telefonen mit Telefonkarten (»cartão telefónico«) führen, die zu 20, 50, 75 und 90 Einheiten an Kiosken oder Bars verkauft werden.

Aufgrund der Privatisierung des Telefonwesens in Brasilien muss nun bei jedem Gespräch die Codenummer der gewünschten Gesellschaft gewählt werden. Da nur zwei Firmen, Embratel (21) und Interlig (23), landesweit vertreten sind, die auch internationale Gespräche vermitteln können, sollte man sich der Einfachheit halber auf diese beschränken. Ein Gespräch innerhalb Brasiliens muss mit der 0 für ein nationales Gespräch beginnen, dann z. B. 21 für die Gesellschaft, Vorwahl der Stadt, z. B. 21 für Rio, und die Nummer. International wählt man zunächst 00, dann die Gesellschaft, gefolgt vom Zielland, z. B. 49 für Deutschland, Ortskennzahl und Teilnehmernummer.

Ferngespräche kann man in **Rio** in folgenden Büros führen:
- Av. NS. d. Copacabana 540/2;
- Urca neben der Zuckerhutbahn;
- Praça Tiradentes 41;
- R. Visc. de Pirajá 111, Ipanema.

Fax-Nachrichten kann man unter (0 21) 25 47 47 74 im erstgenannten Büro empfangen.
- **Telefonauskunft** (Auxilio à Lista): 102.
- **Landesvorwahl** Brasilien: 00 55.

Handys

Es gibt analoge und digitale Netze sowie verschiedene Netzbetreiber, u. a. TCO und Americel. Seit kurzem gibt es auch GSM 1800 Netzwerke.

Trinkgeld

In Brasilien ist es üblich, ein kleines Trinkgeld zu geben. Die meisten Restaurants addieren für den Service zu der Rechnung einen 10 %-igen Aufschlag. Falls Sie wissen wollen, ob er bereits im Preis inbegriffen ist, fragen Sie: »O serviço está incluido?« Hotels berechnen einen Servicezuschlag von 10 %.

Zeit

Der Unterschied zwischen brasilianischer Standardzeit (u. a. Rio, São Paulo, Recife, Salvador) und MEZ beträgt minus 4 Stunden, der Bundesstaat Acre ist 6 Stunden, die westlichen Amazonasregionen Manaus, Cuiabá, Campo Grande und Corumbá sind 5 Stunden zurück. Zwischen Oktober und Februar werden die Uhren in Brasilien eine Stunde vorgestellt.

Während der europäischen Sommerzeit erhöht sich der Zeitunterschied um eine Stunde.

Zeitungen

In Rio de Janeiro und São Paulo erscheint die englischsprachige **Latin America Daily Post** mit internationalen Agenturmeldungen (einschließlich Sport- und Börsennachrichten) und Inlandsnachrichten. Europäische Zeitungen erhält man mit entsprechender Verspätung in den großen Städten an Flughäfen oder an gut sortierten Kiosken. Die wichtigsten brasilianischen Publikationen sind **O Globo** und **Jornal do Brasil**.

Notfälle

Sicherheit, Kriminalität

Die wachsende Kriminalität ist in den urbanen Zentren Brasiliens ein ernsthaftes Problem, auf das sich nicht nur Touristen einstellen müssen. Selbst die Bewohner Rio de Janeiros und São Paulos befolgen bestimmte Spielregeln: Niemals darf man wertvollen Schmuck, Kameras oder Armbanduhren offen tragen – wer nach Geld aussieht, wird als Erster beraubt.

An den Strand nimmt man immer nur so viel Bargeld mit, wie für ein paar Getränke nötig ist. An der Copacabana patrouilliert zum Schutz der Badegäste während der Hochsaison sogar schon das Militär.

Besuche von Elendsvierteln, nächtliche Spaziergänge und Erkundungen unbelebter Straßenzüge sind riskant.

Die Brasilianer haben unterwegs immer einen kleineren Geldbetrag griffbereit, der notfalls widerstandslos an Straßendiebe ausgehändigt werden kann.

Wer längere Zeit in einer Stadt bleibt, kann im zuständigen Konsulat Fotokopien wichtiger Dokumente hinterlegen. Zweitschriften von Reisepässen und Flugscheinen sind danach oft leichter zu bekommen.

Generell gilt: Trotz der Horrorgeschichten, die kursieren, bleibt jeder Brasilienbesuch ein Gewinn – sofern man sich mit Umsicht bewegt.

Notrufnummern:
- Zivilpolizei: 147
- Militärpolizei: 190
- Feuerwehr: 193

Diplomatische Vertretungen

Deutschland
- Botschaft: Brasília, Avenida das Nações, lote 25, quadra 807, 70415-900, DF, Tel. (0 61) 4 43 73 70, 4 43 74 62, 4 43 73 46, Fax 4 43 75 08. Postadresse: Caixa Postal 030, BR-70415-900, Brasília DF.
- Generalkonsulat, Rio de Janeiro, Rua Presidente Carlos de Campos 417, 22231-080, RJ, Tel. (0 21) 25 53 67 77, Fax 25 53 01 84. Postadresse: Caixa Postal 64, BR-20001-970 Rio de Janeiro, RJ.
- Honorar- bzw. Generalkonsulate z. B. in Belém, Belo Horizonte, Blumenau, Curitiba, Fortaleza, Joinville, Manaus, Paranaguá, Pôrto

Alegre, Recife, Rolândia, Salvador, Santos, São Luis, São Paulo, Vitória.

Österreich

■ Botschaft: Brasília, Avenida das Nações, lote 40, Quadra 811, BR-70426-900, DF, Tel. (0 61) 4 43 31 11, Fax 4 43 52 33.
■ Generalkonsulat: Rio de Janeiro, Avenida Atlântica 3804, BR-CEP 22070-001, RJ, Tel. (0 21) 25 52 22 86, Fax 25 21 61 80.
■ Generalkonsulat in São Paulo, Honorarkonsulate in Belo Horizonte, Curitiba, Dreizehnlinden, Florianópolis, Fortaleza, Manaus, Porto Alegre, Recife und Salvador.

Schweiz

■ Botschaft: Brasília, SES, Avenida das Nações, lote 41, 70448-900, DF, Tel. (0 61) 4 43 55 00, 4 43 39 22, Fax 4 43 57 11, E-Mail: vertretung@bra.rep.admin.ch Postadresse: Caixa Postal 08651, BR-70312-970 Brasília, DF.
■ Generalkonsulat: Rio de Janeiro, Rua Cândido Mendes 157, 11° andar, 20241-220, RJ, Tel. (0 21) 22 21 18 67, Fax 22 52 39 91; E-Mail: vertretung@rio.rep.admin.ch Postadresse: Caixa Postal 744, BR-20001-970 Rio de Janeiro, RJ.
■ Generalkonsulat in São Paulo.

Medizinische Versorgung

Die größeren Städte haben Krankenhäuser mit modernster Ausstattung, auf dem Land ist die Versorgung hingegen eher unzureichend. In Rio de Janeiro bietet **The Rio Health Collective** einen englischsprachigen 24-Stunden-Notdienst an, Tel. (0 21) 23 25 93 00 oder unter dem Nebenanschluss (portug. Ramal) 23 25 93 44.
Informationen zu deutsch- oder englischsprachigen Ärzten erteilen Konsulate, die Büros europäischer Fluggesellschaften sowie die guten Hotels.

Gesundheitliche Probleme

Leitungswasser sollte man in Brasilien nirgends trinken. Gewarnt wird ferner vor dem Genuss der stark schadstoffbelasteten Muscheln nahe großer Hafenstädte.
Die weite Verbreitung von AIDS ist in ganz Brasilien ein schwerwiegendes Problem.

Literaturtipps

■ **Polyglott APA Guide Brasilien.** Polyglott, München, 2003.
■ **Polyglott on tour Brasilien.** Polyglott, München 2003. (108 Seiten)
■ Amado, Jorge: **Doña Flor und ihre zwei Ehemänner.** Piper: München 1993; **Gabriela wie Zimt und Nelken.** Rowohlt, Reinbek 1988; **Nächte in Bahia,** München: 1994.
■ Augel, Moema Parente (Hg.), **Schwarze Poesie.** Edition Día: Berlin, 1993; **Brasilianisch Kochen.** Gerichte und ihre Geschichte. Edition Día: Berlin, 1993.
■ Bastos, Sebastião: **Mein Wald am Ufer des großen Flusses. Ein Amazonas-Indianer erzählt die Geschichte seines Lebens.** Lamuv Verlag: Göttingen, 1994.
■ Coelho, Paulo: **Der Alchimist.** Diogenes Verlag: Zürich, 1996.
■ Coelho, Paulo: **Der fünfte Berg.** Diogenes Verlag: Zürich, 2000.
■ França Júnior, Oswaldo: **Jorge, der Brasilianer.** Roman. Suhrkamp: Frankfurt/M., 1994.
■ Geo-Spezial, **Amazonien.** Hamburg 10/1994.
■ Levi-Strauss, Claude: **Brasilianisches Album.** Hanser Verlag: München, 1995.
■ Müller, Wolfgang: **Die Indianer Amazoniens,** C.H. Beck, München 1995.
■ Nascimento Silva, Carlos: **Das Palmenhaus,** Econ/List, München, 1999.
■ Naundorf, Cathleen: **Die Yanomami. Söhne und Töchter des**

Mondes. Die letzten Indianer des Amazonas-Urwaldes. Nymphenburger: München, 1997.
■ Naundorf, Cathleen; Marggraf, Rüdiger, Christ, Walter: **Brasilien.** Reich Verlag: Zürich, 1996. Ein hervorragend und sensibel gestalteter Bildband.
■ Nehberg, Rüdiger: **Die letzte Jagd. Die programmierte Ausrottung der Yanomami-Indianer und die Vernichtung des Regenwaldes.** Knaur TB, Droemer: München, 1992.
■ Ribeiro, João Ubaldo: **Sargento Getúlio.** Roman. Suhrkamp: Frankfurt/M., 1999.
■ Rössinger, Roger: **Reise durch Brasilien.** Stürtz Verlag: Würzburg, 1995 (Bildband).
■ Schröder, Rainer M.: **Brasilien auf eigene Faust. Abenteuerreisen zwischen Amazonas und Mato Grosso.** Knauer TB, Droemer: München, o. J.
■ Sualokin: **Marapata in Amazonien.** Biogr. Roman. Rita Fischer Verlag: Frankfurt/M., 1993.
■ Vasconcelos, José Mauro: **Meine Brüder, der Wind und das Meer.** dtv, München 1992.
■ Wöhlcke, Manfred: **Brasilien, Diagnose einer Krise. C.H.** Beck, München, 1994.

Chile

Landeskunde

Pflanzen- und Tierwelt

Die unterschiedlichen geogrphischen und klimatischen Gegebenheiten Chiles sorgen für eine außergewöhnliche Flora und Fauna. Rund 680 verschiedene Arten von Säugetieren, Fischen, Amphibien, Reptilien und Vögeln leben im Land.
Im Norden ist die Vegation sehr karg: Hier gedeihen nur Kakteen, Bromelien und niedrige Sträucher. Alle 6 bis 7 Jahre, wenn die Atacama-Wüste blüht, ändert sich jedoch das Bild, und das trockenste Gebiet der Erde verwandelt sich in ein Blumenmeer.
In der Nähe von Flüssen und Seen im ariden Hochland leben die vom Aussterben bedrohten Vicuñas sowie Chinchillas und Beutelratten.

Steckbrief Geographie und Bevölkerung
- **Fläche:**
756626 km²; durchschnittliche Breite des Landes: 180 km
- **Hauptstadt:**
Santiago de Chile
- **Nachbarn:**
Peru im Norden, Bolivien und Argentinien im Osten
- **Küste:** rund 4000 km Pazifikküste im Süden und Westen
- **Gebirge:**
Die Hochkordillere der Anden zieht sich über die gesamte Länge des Landes.
- **höchste Erhebung:**
Ojos de Salado mit einer Höhe von 6880 m
- **Einwohnerzahl:**
ca. 16 Mio., davon 90 % Mestizen und Weiße
- **Landessprache:** Spanisch
- **Religion:** überwiegend Katholiken

Die Seen sind die Heimat von Gänsen, Enten und Flamingos. Die Küstengebiete der Wüstenregionen bieten Pelikanen, Seelöwen und Pinguinen ein Zuhause.
In Zentralchile sind die Lebensbedingungen durch das mediterrane Klima angenehmer. Das Land wird für Ackerbau und Viehzucht genutzt. Hier ist das Anbaugebiet des berühmten chilenischen Weines.
In Patagonien wachsen Alercen, eine Zypressenart, und urweltliche Araukarien, die bis zu 50 m Höhe erreichen.
Der Puma, der Südpudu, der kleinste Hirsch der Erde, und der Andenhirsch Huemul sind eher selten anzutreffen. Im tiefen Süden haben sich Nandus, Guanakos und Füchse den kalten Ebenen der Rieseninsel Feuerland (Tierra del Fuego) angepasst.

Nationalparks

Insgesamt sind in Chile 14 Millionen Hektar Land Naturschutzgebiet, das entspricht 19 % der Landesfläche. Die Gebiete sind in 31 Nationalparks, 36 Reservate und 15 Naturdenkmäler unterteilt, von denen die meisten für die Öffentlichkeit – unter gewissen Auflagen – zugänglich sind.
- Informationen erhält man beim **Nationalen Forstverband** (CONAF), Presidente Bulnes 291, Santiago, Tel. 3 90 01 26.

Steckbrief Politik, Wirtschaft und Verwaltung
(siehe auch S. 280–282)
- **Staatsform:** Seit 1925 ist Chile eine Präsidialrepublik.
- **Staatsorgane:** Präsident, Abgeordnetenhaus, Senat
- **Verwaltungseinheiten:** Verwaltungsgliederung in 12 Regionen und die Hauptstadtregion
- **Wichtigste Exportgüter:** Kupfer, Agrarprodukte (Wein, Früchte), Fisch und Fischmehl

Reiseplanung

Botschaften & Konsulate

- **In Deutschland:**
Botschaft der Republik Chile, Mohrenstr. 42, 10117 Berlin, Tel. (0 30) 7 26 20 35, Fax 7 26 20 36 03, embachilealemania@echileberlin.de www.embajaconsuladoschile.de, Generalkonsulate in Frankfurt/M., Hamburg und München.
- **In Österreich:**
Chilenische Botschaft, Lugeck 1, 1010 Wien, Tel. (01) 512 23 53, Fax 512 92 08 33.
- **In der Schweiz:**
Chilenische Botschaft, Eigerplatz 5, 12. Stock, 3007 Bern, Tel. (031) 371 00 25, Fax 372 00 25.

Reisedokumente

Deutsche benötigen für Aufenthalte von bis zu 90 Tagen Dauer den gültigen Reisepass (bzw. Kinderausweis mit dem Vermerk: Nationalität »deutsch«). Die Aufenthaltsgenehmigung kann für 100 US-$ bei der Einwanderungsbehörde in der Calle Teatinos 950 im Zentrum von Santiago um 90 Tage verlängert werden.
Österreicher und Schweizer müssen ebenfalls den gültigen nationalen Reisepass vorweisen. Außerdem muss die Touristenkarte der Fluggesellschaft vorgelegt werden. (Vergessen Sie bitte nicht, letztere auf jeden Fall bis zur Ausreise aufzubewahren!)

Impfungen, Krankenversicherung

Impfungen sind nicht vorgeschrieben. Empfohlen werden Impfungen gegen Hepatitis A und B und Tetanus/Diphterie (Polio) sowie eventuell eine Typhus-Impfung.

Geld

Landeswährung ist der chilenische Peso, 1 Euro = ca. 670 Pesos (Stand Mai 2006).
In den meisten größeren Orten tauschen **Wechselstuben** Bargeld und Reiseschecks.
Überall in Chile wird neben dem US-$ auch der Euro akzeptiert. Kleinere US-$-Noten sind hilfreich für Trinkgelder etc.
Die gängigen **Kreditkarten** werden landesweit von den meisten Hotels, Restaurants und Geschäften akzeptiert.

Reisezeit, Kleidung

Die Zeit von November bis März mit den trockensten und heißesten Monaten Januar und Februar eignet sich am besten für einen Urlaub in den Badeorten, den Bergen, den Fjorden und den Gletschern. Doch auch zu dieser Zeit kann es regnen, daher sollte man immer die entsprechende Kleidung parat haben.
Skifahrer werden den Sommer auf der nördlichen Halbkugel von Mai bis September vorziehen.
Strapazierfähige Garderobe, die Regen und Wind abhält, benötigt man vor allem für Reisen in die Seenregion und nach Patagonien. Im Winter (Mai bis Oktober) gehören dicke Jacke, Schal und Mütze in den Koffer, viele öffentliche Gebäude werden nämlich nicht geheizt.
Chilenen legen im Allgemeinen großen Wert auf eher konservative, korrekte Kleidung. Shorts oder gar Strandtextilien empfinden die Menschen in den Städten völlig unangebracht. In besseren Lokalen ist es durchaus üblich, dass Herren Krawatten tragen.
Trotz kühlerer Temperaturen sollte man in Patagonien nicht auf einen Sonnenhut verzichten!

Zoll

Reisende dürfen 500 Zigaretten, 100 Zigarren, 500 g Tabak und 3 Liter alkoholische Getränke zollfrei einführen. Das Gepäck wird bei der Einreise nach Agrarprodukten untersucht (Einfuhr verboten!).

Klima

Die Städte in Chiles Mitte, Santiago, Valparaíso und Viña del Mar, sind von beinahe mediterranem Wetter geprägt. Die Durschnittstemperatur im Hochsommer (Jan./Febr.) liegt bei 28 °C, im Winter bei 10 °C. Die Abende sind stets relativ kühl.
Schnee fällt im Norden entlang den Passhöhen nach Bolivien und im Winter im tiefen Süden.
Ganzjährig unbeständig und empfindlich kühl ist Patagonien.
In der nördl. Atacama-Wüste ist es extrem trocken. Dort haben Astronomen mit dem Riesenteleskop von La Silla freien Blick ins Weltall.

Klima und Reisezeit

Antofagasta

Santiago de Chile

Valdivia

Tageshöchsttemperatur
Nächtliche Tiefsttemperatur
Niederschlag

Infoadressen

Vor der Reise

■ **Lateinamerikanischer Freundeskreis,** Schwachhauser Heerstr. 222, 28213 Bremen, Tel. (04 21) 20 45 20, Fax 23 42 67, www.laf-reisen.com
■ **Pro Chile,** c/o Generalkonsulat von Chile, Kleine Reichenstr. 1/IV, 20457 Hamburg, E-Mail: prochile.hamburg@t-online.de

Im Land

Arica
■ **Sernatur,** Prat 375, Tel. 23 21 01, Mo–Fr 8.30–13.30 Uhr, 15–19 Uhr.

Castro/Chiloé
■ **Oficina de Turismo,** an der Plaza de Armas gegenüber der Kathedrale.

Puerto Montt
■ **Sernatur,** Intendencia Regional, Av. Décima Región 480, Tel./Fax (0 65) 25 45 80, Mo–Fr 8.30–17.30 Uhr.
Kiosk an der Plaza de Armas, Mo–Sa 9–18 Uhr.

Santiago de Chile
■ **Sernatur,** Av. Providencia 1550, Santiago, Tel. (02) 236 14 16, Fax 236 14 17.

Valparaíso
■ **Oficina de Turismo,** Condell 1490, Oficina 102, Mo–Fr 8.30–14 Uhr, 15.30–17.30 Uhr.

Viña del Mar
■ **Sernatur,** Valparaíso 507, Oficina 303, Tel. 88 22 85.

Im Internet

■ www.chileinfo.de

Anreise

Flugzeug, Transport vom Flughafen

Santiagos internationaler Flughafen **Arturo Merino Benítez** liegt rund 26 km nordwestlich des Zentrums, das Sie entweder mit Taxis oder mit dem Flughafenbus erreichen können. Im Terminal gibt es eine Wechselstube sowie einen Auskunftsschalter des Fremdenverkehrsamtes Sernatur.

Lufthansa und Lan Chile verbinden Santiago mehrmals wöchentlich mit Frankfurt/M. Aerolíneas Argentinas und Varig fliegen via Buenos Aires bzw. Rio de Janeiro. Viele weitere Airlines bieten außerdem Anschlüsse über andere europäische Flughäfen an. Von Santiago aus bestehen Direktflüge in alle Hauptstädte des Kontinents.

Bei der Ausreise ist eine **Flughafengebühr** von 30 US-$ fällig, bei Inlandflügen 8 US-$.

Bus

Von Argentinien führen zahlreiche Übergänge entlang der rund 4000 km langen Grenze ins Land. Das wichtigste Zollamt liegt an der Straße von Buenos Aires nach Mendoza und weiter nach Santiago; diese Route nehmen auch die meisten Langstreckenbusse und Sammeltaxis.

Von Arequipa (Peru) fahren Busse in ca. sechs Stunden bis nach Arica, der nördlichsten Stadt Chiles.

Von La Paz (Bolivien) gelangt man über spektakuläre Pass-Strecken nach Arica – eine zeitaufwendige Herausforderung für Abenteurer mit starken Nerven, deshalb sollte diese Variante wohl überlegt sein.

Zahlreiche Busgesellschaften fahren von Antofagasta, Santiago, Osorno und Punta Arenas nach Argentinien. Die bekanntesten unter ihnen sind **Cata**, **Tas-Choapa** und **El Rápido**.

Santiago de Chile

Verkehrshinweise

■ **Flugverkehr:**
Der internationale **Flughafen Arturo Merino Benítez** befindet sich 26 km nordwestlich von Santiago in Pudahuel, Tel. 601 97 09. Busse zum Flughafen, außerdem »Delfos«-Shuttlebus und Taxis.

Fluggesellschaften:
■ **Lan Chile,** Agustinas 640, Torre Interamericana, Tel. 600 40 00.
■ **Lufthansa,** Moneda 970, 16. St., Tel. 630 16 55, Fax 630 16 36. Info: Tel. 690 11 11.
■ **Bus:** Verbindungen in alle Landesteile von 4 Terminals: T. Alameda (Pullman Bus und TurBus), O'Higgins 3712 ; T. Santiago (landesweite und internationale Verbindungen), O'Higgins 3878; beide: Metro Universidad de Santiago.
T. San Borja (Zentralchile und einige Fernverbindungen), O'Higgins y San Borja; Metro Estación Central.
T. Los Héroes (Süd- und Nordchile, internationale Verbindungen), Jiménez; Metro Los Héroes.
■ **U-Bahn:** Der Besucher Santiagos schont seine Nerven und spart Zeit, wenn er die Innenstadt mit der günstigen und schnellen Metro erkundet. Mo–Sa 6.30–22.45 Uhr, So, Fei ab 8 Uhr. Der Fahrpreis hängt von der Uhrzeit der Fahrt ab. Am niedrigsten ist der Tarif zwischen 6.30 und 7.15 Uhr sowie von 21 bis 22.30 Uhr.

Unterwegs in Chile

Mit einem Reiseveranstalter

■ **Via Mundo,** Huérfanos 1160, Lokal 19, Tel./Fax (02) 695 30 03. Sehr hilfsbereit, mehrsprachig.
■ **travelArt,** Europa 2081, Providencia, Santiago, Tel. (02) 378 34 40, Fax 378 34 94, E-Mail: carsten@travelart.com, www.travelart.com
Deutsche Leitung, sehr kompetent, besonders im Seengebiet.

Auf eigene Faust

Flugzeug
Lan Chile bietet den attraktiven **Visit Chile Airpass** an, der nur außerhalb Chiles erworben werden kann und einen Monat gültig ist. Der Grundpreis für drei Coupons beträgt 250 US-$ bei Anreise mit Lan Chile, 350 US-$ bei einem Atlantikflug mit einer anderen Airline. Drei weitere Coupons zu je 60 bzw. 80 US-$ kann man buchen, nachträgliche Streckenänderungen kosten jeweils 30 US-$.

Nationale Flugstrecken bedienen auch Nacional und kleinere Gesellschaften. Im Sommer sind die Flüge in den Süden oft überbucht, Rückbestätigung jedes Fluges ist unbedingt erforderlich! Infos bei:
■ **LanChile,** Liebfrauenstr. 1–3, 60313 Frankfurt/M., Tel. (0 69) 29 80 01 33, Fax 1 31 07 76, E-Mail: lanfra@lanchile.com, www.lanchile.com

Bus
Der überregionale Busverkehr ist hervorragend und preiswert. Moderne, pünktliche Busse fahren auf guten Straßen. In Santiago gibt es mehrere Busterminals.

Bahn
Chile verfügt über ein Eisenbahnnetz von rund 4500 km, das von

Ollagüe im Norden bis nach Puerto Varas im Süden reicht. Die Bahn ist in Chile größtenteils staatlich und pünktlicher als in anderen Ländern Südamerikas. Die Fahrpreise sind moderat (mit Preisnachlass für Studenten). Ein mehrsprachiges Infoheft erhält man im Infobüro der
■ **Ferrocarriles del Estado,** Santiago, Bernardo O'Higgins 853.

Schiff

Per Fähre gehts von Puerto Montt, vorbei an spektakulären Gletschern und Fjorden, bis in den tiefen Süden: Navimag fährt nach Puerto Chacabuco (ca. 24 Std.) und Puerto Natales (ca. 72 Std.) in Patagonien. Besonders in der Sommersaison sollte man frühzeitig eine der wenigen Schlafkabinen auf den Schiffen reservieren, sonst muss man mit den unbequemen Sesseln auf dem allgemeinen Passagierdeck vorlieb nehmen.
Die Niederlassungen der Reedereien in Santiago:
■ **Navimag,** Av. El Bosque Norte 0440, Tel. (02) 442 31 20, Fax 203 50 25, www.navimag.cl
■ **Transmarchilay,** Agustinas 715, 4. Stock, Tel. (02) 633 59 59. Fahrten zur Insel Chiloé.

Taxi

Die schwarzen Taxis mit gelbem Dach werden an Taxiständen gerufen oder auf der Straße angehalten. Alle Taxis haben einen Taxameter. Sammeltaxis fahren bestimmte Routen zu festen Preisen.
Die blauen Touristentaxis sind zwar komfortabler als die normalen Taxis, aber teurer und ohne Taxameter. Sie stehen meist vor Hotels.

Auto

Die Mietwagentarife erreichen in etwa europäisches Niveau; das Benzin ist dagegen deutlich günstiger; Straßenverhältnisse und Beschilderung sind ordentlich.
Trampen ist in Chile außer für alleine reisende Frauen ungefährlich und leichter als in anderen Ländern Lateinamerikas.

Infos von A–Z

Banken

Banken haben Schalterstunden werktags 9–14 Uhr, Wechselstuben oft auch länger.

Feiertage

■ 1. Januar: **Neujahrstag** (»Año Nuevo«)
■ März/April: **Osterwoche** (»Semana Santa«)
■ 1. Mai: **Tag der Arbeit** (»Día del Trabajo«)
■ 21. Mai: **Tag des Seegefechts von Iquique** (»Glorias Navales«)
■ Mai/Juni: **Fronleichnam** (»Corpus Cristi«)
■ 29. Juni: **St. Peter und Paul** (»San Pedro y San Pablo«)
■ 15. August: **Mariä Himmelfahrt** (»Asunción de la Virgen«)
■ 19. September: **Tag der Streitkräfte** (»Día del Ejercito«)
■ 12. Oktober: **Kolumbustag** (»Día de la Raza«)
■ 1. November: **Allerheiligen** (»Todos los Santos«)
■ 8. Dezember: **Mariä Empfängnis** (»Immaculada Concepción«)
■ 25. Dezember: **Weihnachten** (»Navidad«).

Maßeinheiten

Elektrizität: 220 Volt. – Das metrische System ist üblich.

Öffnungszeiten

Die Öffnungszeiten variieren von Stadt zu Stadt. In Santiago öffnen die meisten Läden wochentags von 9 bis 13.30 Uhr sowie von 14.30 bis 18.30 Uhr. Außerhalb der Städte wird meist zwischen 12.30 und 14 Uhr Siesta gehalten. Wechselstuben haben wochentags von 9 bis 18 Uhr geöffnet, am Samstag nur vormittags.

Post

Postämter haben werktags meist 9–13 Uhr geöffnet, am Samstag bis 12 Uhr.
Chiles Post gilt als sehr zuverlässig im Vergleich zu vielen anderen Ländern Lateinamerikas. Briefe nach Europa sind oft weniger als eine Woche unterwegs. Die Hauptpost von Santiago befindet sich an der Plaza de Armas (Agustinas 1137).

Rundfunk, Fernsehen

In den letzten Jahren sind zahlreiche neue Sender entstanden, die ihre Programme auf Mittel- und Ultrakurzwelle ausstrahlen.
Die Fernsehsender sind unter anderem der staatliche Sender Televisión Nacional (TVN), Kanal 13 der Universidad Católica (TVUC) sowie private Stationen wie Megavisión und La Red.

Souvenirs

Besonders schöne Andenken aus Chile sind Schmuckstücke im indianischen Stil, z. B. Mapuche-Silberwaren oder Stücke aus Bronze, Kupfer und Lapislazuli.
Einheimische Keramik können Sie besonders gut in der 80 km westlich von Santiago gelegenen Ortschaft Pomaire kaufen. Nachdem man den Töpfern über die Schulter gesehen hat, bietet sich eine Kostprobe des typischen Traubenmosts an, für den die Restaurants von Pomaire bekannt sind.

Telefonieren, Fax

Öffentliche Münztelefone für Orts- und Ferngespräche finden sich überall. Die wichtigsten Telefongesellschaften CTC, Entel, VTR und Bellsouth haben ihre Büros in den meisten Städten. Mit einer Entel-Karte kann man von allen Telefonzellen aus telefonieren.

Die Gesellschaften haben eigene Tarife entwickelt, um miteinander konkurrieren zu können. Man wählt eine Gesellschaft, indem man den entsprechenden Zugangsnummern vor der Vorwahl der Stadt eingibt. Die Zugangsnummern lauten für Entel 123, CTC Mundo 181, VTR 120, Bellsouth 181.

Für internationale Gespräche wählt man die entsprechende Zugangsnummer, dann die 0 und dann die Landesvorwahl. CTC bietet beispielsweise günstige Gespräche nach Deutschland an.

Landesvorwahl für Chile: 00 56.

In den Filialen der Gesellschaften kann man Faxe versenden.
- **ENTEL** in Santiago: Huérfanos 1133.
- **CTC** in Santiago: Moneda 1151.

Handys
Der GSM 1900 Netzbetreiber ist Entel PCS.

Trinkgeld

In Restaurants ist es üblich, 10 % Trinkgeld zu geben. Taxifahrer erhalten normalerweise kein Trinkgeld.

Zeit

Der Unterschied zur MEZ beträgt minus vier Stunden von Oktober bis Mitte März; Mitte März bis Mitte Oktober minus fünf Stunden und während der europäischen Sommerzeit minus sechs Stunden.

Zeitungen

El Mercurio, La Tercera und **La Segunda** heißen die großen überregionalen Tageszeitungen. Einmal wöchentlich erscheinen El Cóndor in deutscher und News Review in englischer Sprache. Internationale Presse erhält man in Santiago an Kiosken der Fußgängerzone **Huérfanos** und **Paseo Ahumada.**

Notfälle

Sicherheit, Kriminalität

Touristen können sich in Chile relativ unbefangen bewegen. Normale Vorsicht sollte man, wie überall auf der Welt, in den Großstädten üben. Besondere Wachsamkeit ist auf Bahnhöfen und Bus-Terminals angebracht.

Keinen allzu guten Ruf genießen einige Viertel der Hafenstadt Valparaíso: In der Umgebung der Aufzüge (ascensores) kam es schon häufiger zu Überfällen.

Notrufnummern
- Polizei: 133/134
- Feuerwehr: 132
- Unfall: 131.

Diplomatische Vertretungen

Deutschland
- Botschaft: Santiago de Chile, Calle Agustinas 785, piso 7, Tel. (02) 633 50 31, 633 50 35, Fax 633 61 19. Postadresse: Casilla 9949, Santiago de Chile.
- Honorarkonsulate: Antofagasta, Arica, Concepción, Osorno, Pto. Montt, Temuco, Valdivia, Valparaíso.

Österreich
- Botschaft: Santiago de Chile, Barros Errazoriz 1968, piso 3, Tel. (02) 223 47 74, Fax 204 93 82. Postadresse: Casilla 16196, Santiago de Chile 9.

Schweiz
- Botschaft: Santiago de Chile, Américo Vespucci 100, Tel. (02) 263 42 11, Fax 263 40 94, E-Mail: swissems@ctc-mundo.net

Medizinische Versorgung

Das Niveau der Krankenhäuser ist mit europäischer Qualität vergleichbar. Kliniken mit deutschsprachigen Ärzten finden Sie in Santiago, in Valdivia und Osorno.

Empfehlenswerte Adressen in Santiago:
- **Clínica Las Condes,** Lo Fontecilla 441, Tel. (02) 211 1000.
- **Clínica Santa María,** Av. Santa María 0410, Tel. (02) 777 66 90.
- **Clínica Alemana,** Vitacura 5961, Ecke Manquehue in Santiago, Tel. (02) 212 97 00, Notdienst Tel. 210 10 10.

Botschaften bzw. Konsulate, die Fluggesellschaften und das Hotelpersonal können Ihnen deutschsprachige Ärzte empfehlen.

Gesundheitliche Probleme
Wer über die Anden nach Chile reist oder Gebirgstouren plant, muss ab einer Höhe von etwa 3000 m mit den Folgen der dünnen Atemluft rechnen. Vorsicht vor der intensiven UV-Strahlung im sommerlichen Südchile!

Literaturtipps

- **Polyglott Apa Guide Chile.** Polyglott, München, 2002.
- **Polyglott on tour Chile.** Polyglott, München 2003. (108 Seiten)
- Allende, Isabel: **Das Geisterhaus.** Suhrkamp: Frankfurt/M., 1995.
- Allende, Isabel: **Geschichten der Eva Luna.** Suhrkamp: Frankfurt/M., 1995.
- Allende, Isabel: **Portrait in Sepia.** Suhrkamp: Frankfurt/M., 2000.
- Allende, Isabel: **Die Stadt der wilden Götter.** Suhrkamp: Frankfurt/M., 2002.
- Asal, Susanne; Stadler, Hubert: **Patagonien.** Bucher Verlag: München, 1994.

■ Brunner, A.; Gantzhorn, R.:
Patagonien und Feuerland.
Gut beschriebene Trekking-Touren.
Bruckmann; München 2000.
■ Chatwin, Bruce; Theroux, Paul:
Wiedersehen mit Patagonien.
Hanser Verlag: München, 1992.
■ Chatwin, Bruce: In Patagonien.
rororo: Reinbek, 1993.
■ Donoso José: **Das Landhaus.**
Piper, München, 1988.
■ Neruda, Pablo: **Ich bekenne,
ich habe gelebt.** Lucherhand:
München, 1991;
Das lyrische Werk in 3 Bänden.
Luchterhand: München: 1984–86.
■ Reiswitz, Nora von:
**Chile. Strahlendes Land unter
südlicher Sonne.** Eine Reise vom
Hochland bis zur Antarktis. Grabert
Verlag: Tübingen, 1991. (Bildband)
■ Ritschel, Bernd; Burkhardt, Peter:
**Chile. Land zwischen Feuer und
Eis.** Bruckmann Verlag/Berg Verlag:
München, 1992.
■ Sepúlveda, Luis: **Der Alte, der
Liebesromane las.** Roman,
Fischer TB: Frankfurt M., 1996.
■ Steiger, Hans: **Chile. Reiseland
zwischen Pazifik und Kordille-
ren.** Steiger Verlag: Solingen, 1990.
■ Stadler, Hubert; Gatermann,
Horst: **Osterinsel.** Bucher Verlag:
München, 1994.
■ Swale, Rosie: **Wiedersehen am
Kap Hoorn.** Heyne TB: München,
1994.

Ecuador

Landeskunde

Pflanzen- und Tierwelt

Ecuador bietet eine enorme Vielfalt
an Pflanzen und Tieren. Es werden
allein 1500 verschiedene Vogelarten verzeichnet, darunter Papageien, Reiher, Tukane und Kolibris.
Die meisten von ihnen sind im tropischen Regenwald beheimatet.
Der immergrüne **tropische Tief-
landregenwald** im Oriente und in
der Küstenebene ist sehr artenreich.
Hier wachsen die meisten der
25 000 registrierten Pflanzenarten
Ecuadors. Die 30–40 m hohen
Bäume bilden ein geschlossenes
Kronendach, das von 50–60 m
hohen Baumriesen durchbrochen
wird.
Der **tropische Bergwald** ist ar-
tenärmer mit einem hohen Anteil
an Sträuchern und Kräutern sowie
zahlreichen Epiphyten, vor allem
Orchideen. In den höheren Lagen
geht der Bergwald in den **Nebelwald** über. Orchideen, Bromelien,
Moose und Flechten sind hier zu
finden.
In der Region oberhalb 3500 m,
dem **Páramo,** gedeihen fast ausschließlich Gräser, Distel- und Ro-
sengewächse. Hier lebt der kleinste
Vogel, der Andenkolibri.
An den **Küsten** kann man Pelikane
und Reiher beobachten, im Meer
tummeln sich Thunfische, Schwert-
fische sowie Krusten- und Schalen-
tiere.
Einzigartig auf der Erde ist die Tierwelt der **Galápagos-Inseln.** Seelöwen, Galápagos-Albatrosse, Pinguine, Kormorane, Blaufußtölpel,
Meerechsen und Riesenschildkrö-
ten sind hier zu Hause.

Reiseplanung

Botschaften & Konsulate

■ **In Deutschland:** Botschaft der
Republik Ecuador, Kaiser-Friedrich-
Str. 90, 10585 Berlin, Tel. (0 30)
2 38 62 17, Fax 34 78 71 26.
General- bzw. Honorarkonsulate
in Bremen, Frankfurt/M., Hamburg
und München.
■ **In Österreich:** Botschaft der
Republik Ecuador, Goldschmiedgasse 10, 1010 Wien, Tel.
(01) 5 35 32 08, Fax 5 35 08 97.
■ **In der Schweiz:** Botschaft
der Republik Ecuador, Helvetia-
straße 19a, 3005 Bern, Tel. (0 31)
351 17 55, Fax 351 27 71.
Honorarkonsulate in Genf, Lugano,
Puidoux-Gare und Zürich.

Reisedokumente

Deutsche, Österreicher und Schweizer benötigen für Aufenthalte von
bis zu 90 Tagen Dauer nur den bei
der Einreise mindestens noch sechs
Monate gültigen Reisepass. (Kin-
derausweise werden nicht aner-
kannt; Jugendliche müssen im Rei-

**Steckbrief Geographie
und Bevölkerung**
■ **Fläche:** 272 045 km²
■ **Hauptstadt:** Quito
■ **Nachbarn:** Kolumbien im Nor-
den, Peru im Osten und Süden
■ **Küste:** Pazifikküste im Westen
■ **Großlandschaften:** Sierra
(Hochland), Costa (Küstenregion)
und Oriente (Amazonasbecken)
■ **Einwohnerzahl:** 14 Mio
Einw., davon 45 % Mestizen,
35 % Indianer, 10 % Weiße,
4 % Schwarze und 6 % andere
Gruppen
■ **Landessprache:** Spanisch und
Quechua, Idiome wie Chibcha
sind weit verbreitet.
■ **Religion:** mehrheitlich
katholisch

sepass der Eltern eingetragen sein oder einen eigenen besitzen.) Bei der Ankunft erhält man eine drei Monate gültige Touristenkarte, die bei der Ausreise vorgezeigt werden muss. Diese Papiere sollte man immer mit sich führen.

■ **Einwanderungsbehörde** in Quito: **Migración**, C. Rio Coca y Seymour, Mo–Fr 9–12, 15–18 Uhr.

Ihren Pass brauchen Touristen auch für Ausflüge zu den Galápagos-Inseln; bei der Ankunft ist dort außerdem eine Nationalparkgebühr in Höhe von 100 US-$ zu entrichten.

Impfungen, Krankenversicherung

Es sind keine Impfungen vorgeschrieben. Empfehlenswert sind jedoch Schutzmaßnahmen gegen Hepatitis, bei Reisen in die Urwaldgebiete im Osten des Landes auch gegen Malaria. Die Städte und die Galápagos-Inseln gelten als malariafrei. Reisende, die aus einem Gelbfieberinfektionsgebiet kommen, benötigen den Nachweis einer Impfung gegen diese Krankheit. Informationen dazu erhalten Sie bei den Instituten für Tropenmedizin. Manche Ärzte raten zusätzlich zu einer Typhusimpfung.

Eine Auslandsreisekrankenversicherung, die einen Rücktransport einschließt, ist unerlässlich.

Steckbrief Politik, Wirtschaft und Verwaltung
(siehe auch S. 200–201)
■ **Staatsform:**
seit 1979 eine Präsidialrepublik
■ **Staatsorgane:**
Präsident, Nationalkongress (100 Abgeordnete)
■ **Verwaltungseinheiten:**
22 Provinzen inklusive der Galápagos-Inseln und 214 Bezirke
■ **Wichtigste Wirtschaftszweige:** Erdöl, Fischfang, Bananen, Kaffee und Zucker

Geld

Landeswährung ist nach einer Rekordinflation seit Oktober 2000 der US-$. Es empfiehlt sich US-Dollar in kleinen Scheinen mitzunehmen, um bei der Ankunft am Flughafen ein Taxi oder einen Bus bezahlen zu können.

Travellerschecks sind zwar sicher, werden in der Provinz aber häufig nicht angenommen.

Kreditkarten werden in größeren Hotels, Lokalen und touristisch orientierten Läden akzeptiert.

Reisezeit, Kleidung

Für Badeurlauber eignen sich die Monate von April bis Dezember. Bergsteiger im Hochland finden zwischen Juni und November ideale Wetterbedingungen – vor allem der Juli ist dort sehr schön. Juni und Juli sind für Touren im Amazonasgebiet ideal.

Die Temperaturen im Hochland und in Quito entsprechen denjenigen des europäischen Herbstes. Tagsüber genügt meist leichte Baumwollkleidung, abends und nachts benötigt man einen wärmenden Pullover oder eine Jacke.

In der Hitze des tropischen Tieflandes und auf den Galápagos-Inseln reicht ganzjährig leichte und strapazierfähige Sommerkleidung.

In Gesellschaft, besonders abends, legen Ecuadorianer großen Wert auf gepflegte Garderobe. Etwas lockerer als im Bergland ist die Kleiderordnung im Allgemeinen an der Küste.

Reisegepäck

Man sollte ausreichend Film- und Fotomaterial mitnehmen, da in Ecuador diese Artikel teuer sind und die Auswahl beschränkt ist.

Zoll

Zollfrei eingeführt werden dürfen 300 Zigaretten oder 50 Zigarren oder 200 g Tabak, 1 l Spirituosen sowie alle Artikel für den persönlichen Reisebedarf. Ausfuhrbeschränkungen bestehen für präkolumbische Kunstgegenstände und für Souvenirs, die aus artgeschützten Tieren gefertigt sind, z. B. Ketten aus schwarzer Koralle oder Artikel aus Schildpatt (Washingtoner Artenschutzabkommen).

Klima

Da Ecuador am Äquator liegt, kommt es zu keinen nennenswerten Klimaschwankungen im Jahresverlauf. In Quito und dem Bergland sind die Tage meist sonnig und frisch, am frühen Abend wird es kühler und oft regnerisch (vor allem in den Monaten von November bis Mai). Nach Sonnenuntergang können die Temperaturen erstaunlich schnell sinken.

Im Tiefland der Küste und des Amazonasbeckens herrscht ganzjährig tropische Hitze bei hoher Luftfeuchtigkeit. Dort regnet es am meisten zwischen Mai und Dezember,

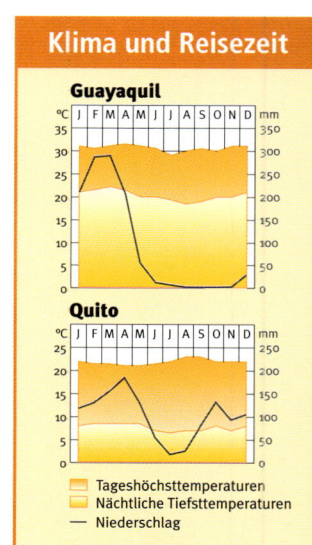

Klima und Reisezeit

Guayaquil

Quito

☐ Tageshöchsttemperaturen
☐ Nächtliche Tiefsttemperaturen
— Niederschlag

Schauer sind jedoch auch während der Trockenzeit keine Seltenheit.

Auf den Galápagos-Inseln richtet sich das Wetter nach den Meeresströmungen. In der kühleren Trockenzeit von Juni bis November hängen morgens oft Nebelwolken (garúa) über den Küsten.

Wer einen Badeurlaub machen möchte, sollte die Inseln in der heißeren Regenzeit von Dezember bis Mai besuchen: Das Meer erwärmt sich dann bis auf 23 °C.

Infoadressen

Vor der Reise

■ **Ecuadorline,**
c/o ComCenter Southamerica, Dr.-Ernst-Derra-Straße 4, 94036 Passau, Tel. (0851) 756 56 44, Fax 756 56 51, www.ecuadorline.de, Mo–Do 14–17 Uhr,

Spezialveranstalter in Deutschland
■ **Hauser Exkursionen,**
Marienstr. 17, 80331 München, Tel. (0 89) 23 50 06, Fax 2 91 37 14. Trekking-, Wander- und Bergsteigerreisen.
■ **DUMA Naturreisen GmbH,**
Neckarstaden 4, 69117 Heidelberg, Tel. (0 62 21) 16 30 21, Fax 16 68 80.

Im Land

Guayaquil
■ **CETUR,** Malecón y Aguirre, Mo–Fr 9–16 Uhr.

Quito
■ **Ministerio de Turismo y Información,** Neustadt: Eloy Alfaro 1214, Ecke Pasaje Carlos Tobar, Mo–Fr 8.30–17.30 Uhr. Altstadt: Calle Venezuela 914 y Chile, Mo–Fr 8.30–17.30 Uhr.

Im Internet

■ www.ecuadonline.de
■ www.ecuaworld.com
■ www.vivecuador.com
■ www.www.quito.com.ec

Anreise

Flugzeug, Transport vom Flughafen

Quitos internationaler Flughafen **Mariscal Sucre** liegt rund 8 km vor den Toren der Stadt. Taxis zum Zentrum stehen in ausreichender Zahl zur Verfügung und sind recht preisgünstig.

Richten Sie sich darauf ein, über den Fahrpreis vor Fahrtantritt zu verhandeln. Dies gilt auch für den Flughafen **Simón Bolívar** in Guayaquil.

Von Deutschland gibt es zurzeit keine Direktverbindung nach Ecuador. KLM fliegt ab Amsterdam über die niederländischen Antillen, mit Iberia gibt es Verbindungen über Madrid.

Auf alle Flugtickets, die in Ecuador ausgestellt werden, wird eine Steuer von 10 % erhoben.

Eine **Ausreisegebühr** für internationale Fluggäste ist an den Flughäfen in bar zu bezahlen, sie beträgt 25 US-$.

Schiff

Es bestehen Schiffsverbindungen von Hamburg nach Guayaquil (Dauer: drei Wochen, Preis: rund 1900 €). Informationen:
■ **Hamburg-Süd-Reiseagentur,** Ost-West-Str. 59–61, Fax 370 05 24 20, www.hamburg-suec.com
■ **NSB Reisebüro GmbH,** Violenstr. 22, 28195 Bremen, Tel. (04 21) 3 38 80-20, Fax 3 38 80-90, www.nsb-reisebuero.de

Bus

Die wichtigste Grenzstadt nach Peru ist Huaquillas, von Kolumbien aus passiert man die Grenze bei Tulcán. Mit Kleinbussen oder Lastwagen können Sie – gegen eine geringe Gebühr – auf die jeweils andere Seite fahren.

Quito

Veranstalter von Touren
Verschiedene Reisebüros in Quito unterstützen Sie bei der Organisation individueller Touren. Empfehlenswert sind:
■ **Metropolitan Touring,** Avenida República de El Salvador N 36-84 und Amazonas 239, Tel. 298 82 32, Fax 246 47 02.
■ **SURTREK,** Av. Amazonas 897, Tel. 22 50 05 30, Fax 22 50 05 40, E-Mail: info@surtrek.com, www.surtrek.com – deutschprachig und sehr zuverlässig.

Sprachkurse
Quito ist eine der beliebtesten Städte Lateinamerikas, um Spanisch zu lernen. Eine Vielzahl von preisgünstigen Schulen bieten Kurse für Ausländer an. Oft empfohlen wird z. B. :
■ **Academia Latinoamericana,** José Queri 2 y Eloy Alfaro, Tel. (02) 252 87 70

Verkehrshinweise
■ **Flugverkehr:** Der internationale Flughafen Mariscal Sucre liegt ca. 8 km nördlich; Taxi oder Bus ins Zentrum. Fluggesellschaften: **TAME,** Amazonas 1354 y Colón, Tel. (02) 290 99 00; **SAETA,** Av. Rep. de El Salvador 880, Edif. Colón, Tel. 225 45 11; **KLM,** Av. 12 de Octubre 1492 y Abraham Lincoln, 11. St., Tel. 298 68 28.
■ **Bahn:** Ein Nostalgiezug mit Dampflok fährt Sa um 8 Uhr nach Riobamba und So um 8 Uhr zum Cotopaxi-Nationalpark. Infos: Tel. 258 29 21.
■ **Bus:** Busbahnhof Terminal Terrestre, Calle Maldonado 3077.

Unterwegs in Ecuador

Flugzeug

Die nationalen Airlines ICARO, GAL und TAME verbinden alle größeren Ortschaften Ecuadors zu günstigen Tarifen miteinander. Zwischen Guayaquil und Quito verkehren täglich mehrere Maschinen.

Deutlich teurer sind nur die Flüge von ICARO, GAL und TAME zu den Galápagos-Inseln. Inhaber des internationalen Studentenausweises können zu einem ermäßigten Tarif reisen.

Schiff

An den Flussmündungen am Pazifik und entlang einiger Küstenabschnitte ohne Straßen verkehren Auto- und Personenfähren. Den Fahrplan muss man vor Ort ausfindig machen.

Bahn

Die Eisenbahnen in Ecuador gelten als Highlight für Bahnfans und Abenteurer. Leider sind die meisten Strecken seit den schweren Überschwemmungen durch »El niño« 1997/98 immer noch außer Betrieb. Neben den Dampflok-Nostalgiefahrten an Samstagen zwischen Quito und Riobamba und an Sonntagen zum Cotopaxi-Nationalpark ist lediglich die Route von Riobamba nach Alausi in Betrieb, die sich aufgrund der spektakulären Gebirgsstrecke aber sicher lohnt. Dieser Zug verkehrt Mi, Fr und So jeweils um 7 Uhr ab Riobamba.

Infos:
■ **ENFE**, Riobamba, C. Espejo, Tel. (03) 96 01 15.

Bus

Die Langstreckenbusse gelten als durchaus komfortabel, die Fahrweise der Busfahrer ist aber ähnlich waghalsig wie in anderen lateinamerikanischen Ländern. Speziell die Chauffeure von Minibussen (»busetas«) verstehen es, ihre Passagiere unterwegs durch gewagte Manöver wach zu halten.

Auto

Eher als in anderen Andenländern empfiehlt sich die Anmietung eines Autos in Ecuador: Es besteht weniger Überfallrisiko, und die Straßen sind besser als z. B. in Peru. Allerdings kann man auch Taxis stunden- oder tageweise zu sehr günstigen Tarifen bekommen.

Im Stadtverkehr bewegt man sich am besten per Taxi fort – Preise sind immer Verhandlungssache!

Infos von A–Z

Banken

Schalterstunden der Banken: Mo–Fr 9–16 Uhr, Sa 9–13.30 Uhr. Hinweis: Travellerschecks u. Fremdwährung kann man nur Mo–Fr 9–13 Uhr wechseln.

Feiertage

■ 1. Januar: **Neujahr** (»Año Nuevo«)
■ 6. Januar: **Dreikönigstag** (»Los Reyes Magos«)
27. Februar: **Tag der nationalen Einheit** zum Gedenken an die Schlacht von Tarqui im Jahre 1829
■ **Karfreitag** (»Viernes Santo«) im März/April
■ 1. Mai: **Tag der Arbeit** (»Día del Trabajo«)
■ 24. Mai: **Gedenken an die Schlacht am Pichincha im Jahr 1822**

■ 24. Juli: **Geburtstag Bolívars** (»Nacimiento Bolívars«)
■ 10. August: **Unabhängigkeitstag von Quito** (»Primer Grito de la Independencia«)
■ 2. November: **Allerseelen** (»Día de los Difuntos«).

Maßeinheiten

Elektrizität: Wechselstrom mit 110 Volt und 60 Hertz.
In Ecuador wird das metrische Maßsystem verwendet.

Öffnungszeiten

Geschäfte: Mo–Fr 9–13, 15–19 Uhr, Sa 9–13.30 Uhr.; Einkaufszentren und kleinere Läden schließen oft erst gegen 21 Uhr, manche haben auch sonntags geöffnet.

Post

Luftpost nach Europa ist bis zu zwei Wochen lang unterwegs. Am besten bemüht man sich zur Hauptpost, da in kleineren Filialen Briefe häufig länger liegen bleiben.
Hauptpostamt von Quito: Avenida Eloy Alfaro/9 de Octubre; Altstadt-Filiale an der Ecke Benalcázar/Chile.

Rundfunk, Fernsehen

Das Fernsehen zeigt vorwiegend billig produzierte Serien US-amerikanischen Zuschnitts, die meisten Radiostationen sind Regionalsender.

Souvenirs

Beliebte Mitbringsel sind Kunsthandwerksgegenstände, Ponchos und andere Wollarbeiten aus dem Hochland.
Kunsthandwerkläden findet man in allen größeren Städten. In Quito reiht sich in der Avenida Amazonas ein Laden an den anderen.

Telefonieren, Fax

Überseegespräche und Faxsendungen tätigt man am besten in den Büros der nationalen Telefongesellschaft Emetel. Die Tarife sind hoch und die Leitungen chronisch überlastet.
- **Andinatel** in Quito: Avenida 10 de Agosto/Colón.
- **Landesvorwahl von Ecuador:** 005 93.

Handys

AMPS-Netz von Netzbetreiber Otecel sowie AMPS-TDMA-Netz von Netzbetreiber Conecel. GSM-Mobiltelefone sind nicht kompatibel.

Trinkgeld

In Hotels und Restaurants werden 10 % Bedienungszuschlag sowie 10 % Steuern berechnet, trotzdem wird für alle Dienstleistungen ein kleines Trinkgeld erwartet.

Zeit

Die Zeitdifferenz zu Mitteleuropa beträgt minus 6 Stunden im Winter (Galápagos minus 7 Stunden) und minus 7 Stunden im Sommer (Galápagos minus 8 Stunden).

Zeitungen

In Quito werden u. a. die Tageszeitungen **El Comercio, Hoy, Tiempo** und **Ultimas Noticias** publiziert. **Expreso, El Telégrafo, El Universo** und **La Prensa** erscheinen in Guayaquil. Internationale Presse erhalten Sie beispielsweise im Kiosk des Hotels Colón in Quito.

Notfälle

Sicherheit, Kriminalität

Obwohl Ecuador allgemein als sicherer gilt als seine Nachbarländer Peru und Kolumbien, sollte man unterwegs immer wachsam sein. Gewarnt wird z. B. häufig vor Taschendieben im alten Zentrum Quitos sowie überall auf Busbahnhöfen.

Diplomatische Vertretungen

Deutschland
- Botschaft, Quito, Ed. City Plaza, Av. Naciones Unidas/Republica de El Salvador, Tel. 297 08 22, Fax 29708 15, E-Mail: alemania@interactive.net.ec
- Honorarkonsulate in Cuenca, Guayaquil und Manta.

Österreich
- Generalkonsulat, Quito, Ventimilia 878 y Amazonas. Tel. (02) 252 48 11, Fax 256 33 44.
- Konsulat in Guayaquil, 9 de Octubre 1310 y Quito, Tel. (04) 228 23 03, Fax 228 23 03.

Schweiz
- Botschaft, Quito, Edificio Xerox, 2. Piso, Avenida Amazonas 3617 y Juan Pablo Sanz, Tel. (02) 243 41 13, 243 49 48, 243 49 49, Fax 244 93 14. Postadresse: Apartado 17-11-4815 Quito. Koord.-Büro: Av. Naciones 377, E-Mail: quito@sdc.net
- Generalkonsulat in Guayaquil.

Medizinische Versorgung

Die großen Städte haben einige gut ausgestattete Privatkliniken mit mehrsprachigen Ärzten, wie z. B.:
- **Centro Médico Alemania,** Eloy Alfaro/Alemania, Quito, Tel. (02) 252 80 44.
- **Hospital Metropolitano,** Mariana de Jesús y Occidental,

Tel. 43 15 20. Deutsch/Englisch sprechende Ärzte, vernünftige Preise.

Die Botschaft bzw. das Hotelpersonal können Ihnen deutschsprachige Ärzte empfehlen.

Gesundheitliche Probleme

Um Magen- und Darmerkrankungen zu vermeiden, sollte man kein Leitungswasser trinken.
Gerade im relativ kühlen Hochland Ecuadors darf man die Intensität der Äquatorsonne nie unterschätzen. Sonnencreme, Sonnenhut und Sonnenbrille sind unerlässlich!
Körperliche Anstrengungen sollte man im Hochland in den ersten Tagen nach der Ankunft vermeiden.

Literaturtipps

- **Polyglott APA Guide Ecuador/ Galápagos.** Polyglott Verlag, München, 2001.
- Bittmann, Wolfgang; Fugger, Brigitte: **Reiseführer Natur.** Galápagos. BLV Verlag: München, 1991.
- Cropp, Wolf-Ulrich: **Im Herzen des Regenwaldes.** Frederking & Thaler Verlag: München, 1989.
- **Galápagos,** hrsg. von Stadler, Hubert; Bittmann, Wolfgang; Fugger, Brigitte. Bucher Verlag: München, 1994.
- Icaza, Jorge: **Huasipungo. Unser kleines Stück geborgte Erde.** Lamuv Verlag: Göttingen, 1994.
- Pölking, Fritz: **Nationalpark Galápagos.** Kilda Verlag: Grewen, 1992.
- Rohrbach, Carmen: **Der weite Himmel über den Anden. Zu Fuss zu den Indios in Ecuador,** hrsg. von Monika Thaler. Frederking & Thaler Verlag: München, 1993.
- Schiemann, Wolfgang: **Ecuador. Fotoreisen vom Chimborazo bis Galápagos.** Umbau Verlag: Frankfurt/M., 1992.

Französisch Guayana

Landeskunde

Klima

Das Klima ist tropisch, mit jährlichen Niederschlagsmengen von 2000 bis 3800 mm. Die Regenzeit dauert von Januar bis Juni, im Mai gibt es die meisten Regenfälle.

Pflanzen- und Tierwelt

Siehe Guyana, S. 403.

Wirtschaft, Politik

(s. auch S. 132–133)
Staatsoberhaupt ist der Präsident von Frankreich. Französisch Guayana wird von jeweils zwei Abgeordneten in der französischen Natio-

---

Steckbrief Geographie und Bevölkerung

- **Fläche:** 85 000 km²; etwa so groß wie Portugal
- **Hauptstadt:** Cayenne, das auf einer Insel in der Mündung des Rio Cayenne liegt
- **Nachbarn:** Brasilien im Osten und Süden, Suriname im Westen
- **Küste:** Atlantikküste im Norden
- **Landschaft:** Etwa 90 % der Fläche ist vom tropischen Regenwald bedeckt.
- **Einwohnerzahl:** ca. 160 000
- **Landessprache:** Die Amtssprache ist Französisch, daneben wird noch eine französische Kreolsprache und Englisch gesprochen.
- **Religion:** Die Mehrheit der Bevölkerung ist römisch-katholisch.

---

nalversammlung und im Senat repräsentiert. Die lokalen Regierungschefs sind ein Ausschussmitglied der Republik für Frankreich und die Präsidenten des Allgemeinen und des Regionalen Ausschusses. Der Allgemeine Ausschuss (19 Sitze) und der Regionale Ausschuss (31 Sitze) sind die gesetzgebenden Körperschaften.

Französisch Guayana ist in zwei Arrondissements unterteilt, Cayenne und St-Laurent du Maroni.

Wirtschaft: Französisch Guayana erhält hohe Subventionen von der französischen Regierung und der EU, die Wirtschaft ist eng mit der Frankreichs verknüpft. Die wichtigste Einnahmequelle Französisch Guayanas sind Garnelen, Bergbau, Holz, Reis und Gold.

Reiseplanung

Reisedokumente

Für Reisende aus einem Mitgliedsland der EU besteht bei einem Aufenthalt bis zu drei Monaten keine Visumpflicht. Es muss allerdings ein Flug- oder Fahrschein für die Rück- oder Weiterreise vorgelegt werden.

Impfungen, Krankenversicherung

Tropische Krankheiten, Dysenterie und Malaria kommen vor.
Für Reisende, die länger als zwei Wochen in Französisch Guayana bleiben, ist eine Impfung gegen Gelbfieber vorgeschrieben. Eine solche Impfung ist aber auf jeden Fall anzuraten.
Im ganzen Land besteht ganzjährig ein mittleres bis hohes Risiko, an Malaria zu erkranken, die Stadtgebiete Kourou und Cayenne hingegen gelten als malariafrei.
Empfohlen werden Impfungen gegen Hepatitis A und B sowie gegen Typhus, Tetanus, Diphterie und Polio.

Außerhalb von Cayenne gibt es kaum medizinische Versorgungseinrichtungen.
Der Abschluss einer Reisekrankenversicherung mit Rücktransport wird dringend empfohlen.

Geld

Französisch Guayana ist ein teures Land, da der Lebensstandard mit dem Frankreichs vergleichbar ist.
Die **Landeswährung** ist der Euro.
Man sollte genügend Euro mitnehmen, da die Wechselrate für US-$ sehr schlecht ist.
Geldwechsel ist nicht bei allen Banken möglich. In Cayenne kann man Dollar und Travellerschecks problemlos in Euro tauschen.
Kreditkarten werden fast überall akzeptiert.
In Cayenne findet man zwei Wechselstuben (Guyane Changes und Change Caraïbes), am Flughafen gibt es keine Umtauschmöglichkeiten.

Reisezeit, Kleidung

Für Urwaldtouren eignen sich am besten die Monate von August bis November. Der ausgelassene Karneval im Februar kann aber auch schon der Anlass für einen Besuch in Französisch Guayana sein.
Die Kleidung sollte eher zurückhaltend sein. Zu knappe Badekleidung wird nicht gern gesehen.

Zoll

Ein- und Ausfuhr von Devisen ist unbegrenzt möglich.

Infoadressen

Vor der Reise

Ein Fremdenverkehrsamt in Frankreich erteilt Informationen über Französisch Guyana:
■ **Comité du Tourisme de la Guyane,** 1 rue Clapeyron, 75008 Paris, Tel. (003 31) 42 94 15 16, Fax 42 94 14 65, E-Mail: guyanaparis@wanadoo.fr

Im Land

Cayenne
■ **ARDTLG** (Agence Régionale de Développement du Tourisme et des Loisirs de la Guyane), 12 rue Lalouette, Tel. 29 65 00, geöffnet von 8–12 Uhr, 15–18 Uhr.
■ **Chambre de Commerce et d'Industrie de Guyane,** am Flughafen. Information über Hotels und Touren.

Kourou
■ **Quartier de l'Europe,** Tel. 3 24 88 40.

Im Internet

■ www.tourisme-guyane.gf

Anreise

Flugzeug

Der internationale Flughafen **Cayenne-Rochambeau** liegt 16 km von Cayenne entfernt.
Ab Frankfurt/M., Wien und Zürich gibt es derzeit keine Direktverbindungen. Air France bietet Direktflüge ab Paris an.

Bus

Die Küstenstraße nach Suriname ist während der Regenzeit nicht befahrbar. Eine wetterfeste Straße führt von Cayenne in die surinamische Hauptstadt Paramaribo. Ein Minibus verkehrt zwischen Paramaribo und St. Laurent du Maroni.

Unterwegs in Frz. Guayana

Flugzeug

Air Guyane fliegt regelmäßig von Cayenne nach Maripasoula, Saül, Régina und St. Georges.
■ **Air Guyane,** Flughafen Rochambeau, 97351 Matoury, Tel. 594 29 36 30, Fax 29 36 31.

Für Flugzeugvermietung und Reservierungen von Charterflügen:
■ **Guyane Aero Services,** Zone d'aviation générale, 97351 Matoury, Tel. 594 35 61 62, Fax 35 84 50.

Helikopter mieten, Infos bei:
■ **Heli Inter Guyane,** Flughafen Roachambeau, 97351 Matoury, Tel. 594 35 62 31, Fax 35 82 56.

Schiff

Reisende können das Landesinnere von Französisch Guayana per Boot erreichen. Die hölzernen »pirogues« (Einbäume) können bis zu 12 Passagiere transportieren und sind mit einem Außenbordmotor ausgestattet. Die Fahrt dauert im Durchschnitt zwischen fünf und sechs Stunden. Detaillierte Informationen erhalten Sie bei den Veranstaltern in Cayenne und Kourou.

Bus

Busse verkehren regelmäßig in den Vororten und im Zentrum von Cayenne. Sonntags fahren keine Busse. Routen und Fahrpläne bei:
■ **SMTC,** 3 place des Palmistes, Tel. 31 45 66.

Privatbusse verkehren zwischen Cayenne, den Küstenorten und St. Laurent du Maroni. Abfahrt Mo–Fr um 5.30 Uhr von der Avenue Jean Galmot in Cayenne. Es ist ratsam, das Ticket vor der Abfahrt zu buchen. Reservierungen von 8–12 Uhr und von 15–18 Uhr unter Tel. 31 26 66. Minibusse (»taxis colectifs«) fahren dieselbe Strecke und sind komfortabler als Privatbusse. Abfahrt von der Bushaltestelle in Cayenne gegenüber Laussat Canal.
Informationen und Reservierung unter Tel. 30 73 05, 30 52 25.

Auto

Im Land gibt es ca. 1000 km Straße. Die Hauptstraße, schmal, aber geteert, führt 130 km von Pointe Macouris nach Iracoubo. Nach Mana und St. Laurent sind es weitere 117 km. Sie führt auch nach Régina und Cacao, wobei die Straßenverhältnisse schlechter werden.
Es ist zwar möglich, Autos zu mieten, dem Fahrer werden aber gute Fahrkenntnisse abverlangt. In der Regenzeit sind manche Straßen nur mit Schwierigkeiten befahrbar.
Der internationaler Führerschein ist nicht vorgeschrieben, wird aber empfohlen.

Infos von A–Z

Banken

Schalterstunden wochentags:
7.45–11.30 Uhr, 13–15 Uhr.

Feiertage

- 1. Januar: **Neujahrstag**
- Februar: **Aschermittwoch**
- April: **Ostern**
- 1. Mai: **Tag der Arbeit**
- 21. Mai: **Christi Himmelfahrt**
- 10. Juni: **Tag der Abschaffung der Sklaverei**
- 14. Juli: **Nationalfeiertag**
- 15. August: **Mariä Himmelfahrt**
- 1. November: **Allerheiligen**
- 11. November: **Tag des Waffenstillstands** (1918)
- 25. Dezember: **Weihnachten.**

Maßeinheiten

Elektrizität: 220 Volt. Verwendung des metrischen Maßsystems.

Öffnungszeiten

Geschäfte haben wochentags 8 bis 11.30 Uhr und 13–16 Uhr, samstags 8–11.30 Uhr geöffnet.
Autovermietungen: werktags 8 bis 12 Uhr, 14.30–17.30 Uhr, samstags von 8–12 Uhr.

Post

Die Post ist im Allgemeinen sehr zuverlässig.

Souvenirs

Kunsthandwerk kaufen Sie am besten im Dorf Saramaca (Kourou) und in St. Laurent du Maroni. Stickereien der Hmong werden auf den Sonntagsmärkten in Cacao und Jahourey verkauft.

Telefonieren, Fax

Ferngespräche in alle Länder können nen direkt von jeder Telefonzelle aus geführt werden: Wählen Sie zweimal die Null plus die Landesvorwahl. Öffentliche Telefonzellen sind überall zu finden.
Telefonkarten erhalten Sie in Tabakläden, Buchläden und Supermärkten. Am Wochenende und zwischen 17 und 7 Uhr sind die Tarife günstiger.
- **Landesvorwahl** Französisch Guayana: 00 594.

Telefaxanschlüsse stehen fast überall zur Verfügung. Telegramme können in Cayenne aufgegeben werden.

Handys

GSM 900 Mobilfunknetz. Der Netzbetreiber ist France Caraïbe Mobiles. Der Empfangsbereich beschränkt sich hauptsächlich auf die Gebiete in Küstennähe. Mobiltelefone können vor Ort gemietet werden. Momentan bestehen Roaming-Verträge mit Frankreich, Italien, Belgien, der Schweiz und Spanien.

Trinkgeld

In Hotels und Restaurants ist der Servicezuschlag normalerweise enthalten, ansonsten sind 10 % des Rechnungsbetrages als Trinkgeld üblich. Taxifahrer erhalten kein Trinkgeld.

Zeit

Die Zeit in Französisch Guayana ist 4 Stunden hinter der mitteleuropäischen Zeit zurück.

Zeitungen

Tageszeitungen sind **France-Guyane** und **La Presse de Guyane**. Es gibt keine englischsprachigen Zeitungen.

Notfälle

Sicherheit, Kriminalität

Im Allgemeinen ist Französisch Guayana ein sehr sicheres Land. In manchen Stadtteilen von Cayenne sollte man jedoch vor allem abends und nachts vorsichtig sein.

Diplomatische Vertretungen

Die Interessen der Bundesrepublik Deutschland, Österreichs und der Schweiz werden durch die Botschaften in Paris vertreten. In Notfällen muss man sich an die Botschaften in Venezuela wenden.

Medizinische Versorgung

Ein Spezialist für tropische Krankheiten ist Dr. P. Chesneau, Place Europe, Tel. 32 11 05, Kourou. Folgende Zahnärzte sind zu empfehlen:
- R. Fournier, 115 Lot Moucayou, Matoury, Tel. 35 64 99.
- J.-P. Brugerie, Impasse France Equinociale, Kourou, Tel. 32 12 58.

Gesundheitliche Probleme

Das Leitungswasser in den Städten ist in der Regel stark gechlort und relativ sauber, es kann jedoch leichte Magenverstimmungen verursachen. Daher ist es ratsam, das Wasser vorher abzukochen oder am besten Mineralwasser aus Flasche n zu trinken. Fleisch, Obst und Gemüse können in normalen Lokalen unbesorgt verzehrt werden.

Literaturtipp

- Charrière, Henri: **Papillon.** Winkler: Düsseldorf 2002.

Guyana

Landeskunde

Klima

Durch die Lage am Äquator herrschen das ganze Jahr über warme Temperaturen, jedoch keine übermäßige Hitze. Die Mitteltemperaturen liegen zwischen 24 °C und 31 °C. In Guyana unterscheidet man zwei Regenzeiten, von Mai bis Juni und von Dezember bis Januar. Im Durchschnitt fallen 2300 mm Niederschläge im Jahr.

Pflanzen- und Tierwelt

Das Innere der Guyanas ist zum größten Teil von dichten, noch weitgehend unberührten Regenwäldern bedeckt. Hier ist der Lebensraum einer reichen Tier- und Pflanzenwelt. An auffallenden Pflanzen ist kein Mangel. Man findet neben Orchideen, Bromelien und Helikonien auch die riesige Victoria Regia aus der Familie der Seerosen.

Erstaunlich ist zudem der Reichtum an Wildtieren. Dazu gehören Pumas, Faultiere, Ozelots, Gürteltiere, Brüllaffen und Wildschweine. Der unumstrittene Herrscher des Waldes ist jedoch der Jaguar, das beeindruckendste Wildtier Guyanas. In den zahlreichen Flüssen des Landes leben großen Kolonien von Alligatoren, Kaimane, Piranhas, ferner Riesenotter und Arapaimas, die größten Süßwasserfische der Welt.

Auch die Vogelwelt Guyanas lockt jedes Jahr Hobbyornithologen ins Land. Hunderte von Vogelarten, darunter Tukane, scharlachrote Ibisse, Aras, Flamingos, Kolibris, Schlangenhalsvögel und verschiedene Adler sind willkommene Studienobjekte. Entlang der Küste legen jedes Jahr zahlreiche Arten von Meeresschildkröten ihre Eier ab.

Reiseplanung

Botschaften & Konsulate

Für Deutschland, Österreich und die Schweiz ist die Botschaft in Brüssel zuständig:
- **Ambassade de la Republique Guyane**, 12 Avenue de Brésil, B-1040 Bruxelles, Tel. (02) 6 75 62 16, Fax (02) 672 55 98, E-Mail: embassy.guyana@skynet.be

Außerdem kann man sich in Notfällen an die Botschaften in Caracas, Venezuela (s. S. 435), wenden.

Reisedokumente

Besucher aus Deutschland, Österreich und der Schweiz brauchen für die Einreise den gültigen Reisepass. Eine Aufenthaltserlaubnis von bis zu 30 Tagen wird bewilligt.

Impfungen, Krankenversicherung

Bitte beachten Sie, das im Guyana ganzjährig ein hohes Malariarisiko herrscht, vor allem während der Regenzeit. Schlafen Sie immer unter einem Moskitonetz!

Impfungen gegen Gelbfieber, Hepatitis A und B sowie gegen Typhus werden empfohlen. Leitungswasser ist normalerweise braun, enthält Sedimente und ist zum Trinken nicht geeignet.

Geld

Währungseinheit ist der Guyana-Dollar. Die Abwertung des Guyana-Dollars im Februar 1991 richtete die offizielle Wechselrate auf die der Wechselstuben (cambios) aus. Seitdem wird die Wechselrate wöchentlich der Marktrate angepasst. Derzeit (Mai 2006) erhält man für 1 Euro ca. 240 G-$.

Die meisten Banken und Bureaus de Change tauschen nur US-$ oder kanadische Dollar und Englische Pfund.

In einigen größeren Geschäften und Reisebüros in Georgetown ist es möglich, Travellerschecks zu tauschen. Die Mehrheit der »cambios« akzeptiert weder Travellerschecks noch Kreditkarten.

Steckbrief Geographie und Bevölkerung
- **Fläche:** 214 970 km²; etwa so groß wie Großbritannien
- **Hauptstadt:** Georgetown
- **Nachbarn:** Venezuela im Nordwesten, Suriname im Osten, Brasilien im Süden und Südwesten
- **Küste:** Atlantikküste im Norden
- **Flüsse:** Demerara, Berbice, Essequibo und Corentyne
- **Einwohnerzahl:** rund 800 000
- **Landessprache:** Offizielle Landessprache ist Englisch, daneben gibt es Kreolisch, Hindi, Urdu und indianische Sprachen, darunter das Arawak und das Akawai.
- **Religion:** Die Mehrheit der schwarzen Bevölkerung sind Christen, die Inder meist Hindus, ca. 9 % Muslime.

Steckbrief Politik, Wirtschaft und Verwaltung (siehe auch S. 127)
- **Staatsform:** Guyana ist seit 1980 ein demokratischer Staat.
- **Staatsorgane:** Der Präsident ist Staatsoberhaupt und Exekutive, die Nationalversammlung (65 Abgeordnete) ist Legislative.
- **Verwaltungseinheiten:** 10 Verwaltungsbezirke
- **Wichtigste Exportgüter:** Es werden Bauxit, Gold, Zucker und Reis exportiert.

Reisezeit, Kleidung

Die beste Zeit für einen Besuch in Guyana ist von Juli bis Nov., zwischen den beiden Regenzeiten (Mai bis Juni und Dez. bis Jan.).

Die Einwohner Guyanas bevorzugen legere Kleidung, Jacketts und Krawatten werden selbst von Geschäftsleuten und Beamten nur selten getragen. Kurze Hosen sind allerdings nicht üblich.

Wetterfeste Kleidung ist nicht nur in der Regenzeit angebracht. Für Wanderungen im Landesinneren sind gute Schuhe unerlässlich.

Reisegepäck

Stromausfälle sind in Guyana häufig und können nur zehn Minuten dauern, aber auch längere bis 24 Stunden ohne Elektrizität kommen vor. Eine gute Taschenlampe und Batterien sollten deswegen im Gepäck sein.

Zoll

Die Zollkontrollen in Guyana können sehr gründlich sein. Persönliche Waren dürfen zollfrei eingeführt werden; auf Gegenstände für kommerzielle Zwecke werden hohe Gebühren erhoben.

Infoadressen

Im Land

Georgetown
■ **Tourism Assoc. of Guyana,** 157 Waterloo Street, North Cummingsburg, Tel. 25 08 07, 24 h-Notruf: 5 66 99, Fax 25 08 17, E-Mail: tag@solutions2000.net
■ **Wilderness Explorers**, Hadfieldstreet 61/Cross Street, Georgetown, Tel. 262 085, www.wilderness-explorers.com

Im Internet

■ www.interknowledge.com/ guyana.
■ www.exploreguyana.com

Anreise

Flugzeug, Transport vom Flughafen

Der internationale Flughafen **Cheddi Jagan** befindet sich in Timehri, 40 km südlich von Georgetown.

Ein Minibus der Linie 42 bringt Sie für 1 US-$ ins Zentrum, gegen eine geringe Gebühr fährt er Sie auch direkt vor das Hotel. Ein Taxi ins Zentrum kostet 20–25 US-$, nachts etwa das Doppelte.

Es bestehen keine Direktflüge von Europa nach Guyana. Am besten kommt man ab New York und Miami nach Guyana. BWIA fliegt regelmäßig ab Barbados.

An Weihnachten und im August, wenn die Guyaner aus Übersee ihre Verwandten besuchen, sind die Flüge meist schon Wochen vorher ausgebucht, deswegen sollte man sich mindestens drei Tage vor der Abreise den Rückflug bestätigen lassen.

Bei Abflug wird eine **Ausreisegebühr** fällig.

Unterwegs in Guyana

Flugzeug

Per Flugzeug lässt sich das Land am besten erkunden. Guyana Airways unterhält eine Flugverbindung von Georgetown nach Lenthem. Es gibt auch zahlreiche Chartergesellschaften, u.a. Air Services Ltd., Trans Guyana Airways und Kayman Sankar. Eine Start- und Landebahn bei Ogle, Georgetown, wird für Inlandflüge benutzt.

Schiff

Guyana besitzt fast 1000 km schiffbare Wasserwege, die wichtigsten sind Río Potaro, Río Mazaruni, Río Essequibo, Río Demerara und Río Berbice. Es bestehen zahlreiche Schiffsverbindungen, die allerdings sehr unregelmäßig sind. Boote mit 6 Sitzplätzen werden »ballahoos« genannt, »corials« sind Boote mit vier Sitzplätzen.

Über den Courantyne nach Suriname bestehen keine Fährverbindungen. Informationen beim **Transport and Harbour Department**, Water Street, Georgetown.

Bus, Taxi

Minibusse und Sammeltaxis verbinden Georgetown mit den Küstengebieten und mit vielen Orten im Landesinneren. Busse sind zwar billig, aber langsam. Taxis sind mit einem »H« auf dem Nummernschild gekennzeichnet.

Auto

Die meisten Hauptstraßen befinden sich im Küstengebiet. Mit Ausnahme einer gut ausgebauten Straße von Timehri nach Linden sind die Straßenverhältnisse im Landesinneren meist schlecht.

Derzeit wird eine Autobahn von Bonfim in Guyana nach Boa Vista in Brasilien gebaut.

Es herrscht **Linksverkehr**.

Autovermietungen in Georgetown:
■ **Camex,** 125 'D' Barrack Street, Kingston, Tel. 27 69 76.
■ **Trident Auto Rentals,** 215 Camp Street, Tel. 25 38 67, Fax 25 68 64.

Infos von A–Z

Banken

Öffnungszeiten der Banken in Georgetown: Mo–Sa 8–14.30 Uhr, freitags zusätzlich 15–17 Uhr, Cambios in Geschäften oft länger.

Feiertage

- 1. Januar: **Neujahrstag**
- 23. Februar: **Tag der Republik** (Sklavenaufstand von 1763)
- März/April: **Phagwah** (hinduistisches Neujahrsfest); **Karfreitag; Ostermontag; Eid-ul-Azha** (muslimischer Feiertag)
- 1. Mai: **Tag der Arbeit**
- 26. Mai: **Unabhängigkeitstag**
- 1. Juli: **Caricom-Tag**
- August: **Befreiungstag**
- 25. Dezember: **Weihnachten.**

Maßeinheiten

Elektrizität: In Georgetown beträgt die Spannung 110 Volt, in den meisten anderen Gebieten 220 Volt. Offiziell ist das metrische Maßsystem vorgesehen, häufiger werden allerdings die englischen Hohl- und Längenmaße verwendet.

Öffnungszeiten

Viele Geschäfte schließen bereits gegen 14.30 oder 15.30 Uhr.

Post

Die Post in Guyana ist sehr gut und preiswert. Luftpost nach Europa braucht 7–9 Tage, umgekehrt dauert es länger.
Das Hauptpostamt von Georgetown befindet sich in der Main Street.

Souvenirs

Beliebte Souvenirs sind Holzschnitzereien, Diamanten, Gold- und Silberschmuck sowie Tonwaren der Indianer. Die Qualität ist meist gut.

Telefonieren, Fax

Die Telekommunikation hat sich sehr verbessert. In den blauen öffentlichen Telefonzellen in Georgetown kann man R-Gespräche ins Ausland führen. Gelbe Telefonzellen sind für Ortsgespräche bestimmt (3 G$ pro Gespräch).
- **Landesvorwahl für Guyana:** 00592.

Faxe verschicken und Telegramme aufgeben kann man bei:
- **Guyana Telephone and Telegraph Company,** außerdem im Bank of Guyana Building, Georgetown, sowie in größeren Hotels.

Handys
In Guyana wird ein Triband-Netz verwendet. Mobiltelefone können bei GT&T gemietet werden.

Trinkgeld

10 % des Rechnungsbetrages in Hotels und Restaurants.

Zeit

Guyana ist 4 Stunden hinter der mitteleuropäischen Zeit und 1 Stunde hinter der von Suriname zurück.

Zeitungen

The Guyana Chronicle ist eine staatliche Tageszeitung. Andere Tageszeitungen sind **The Mirror** und **The Kaieteur News** (täglich außer montags).

Notfälle

Sicherheit, Kriminalität

In Georgetown sollte man Viertel wie Tiger Bay und Albouystown meiden. Gehen Sie nachts nicht draußen spazieren, Straßenüberfälle sind leider häufig. Es gibt auch zahlreiche Bettler in der Stadt, die meisten sind jedoch harmlos.

Notrufnummern
- Polizei: 911
- Feuerwehr: 912
- Notarzt: 913

Diplomatische Vertretungen

- Honorarkonsulat von Deutschland: Georgetown, 70 Quamina & Mn. Street, PO Box 10647, Tel./Fax (02) 6 10 89.

Die Interessen Österreichs und der Schweiz vertreten die Botschaften in Caracas, Venezuela (s. S. 435).

Medizinische Versorgung

Das Georgetown Hospital wirkt unterbesetzt, die Anlagen wurden jedoch verbessert. Es gibt zahlreiche gute Privatkrankenhäuser:
- **St. Joseph's,** Parade Street, Kingston.
- **Prashad's,** Thomas Street. Am Wochenende kann man einen Arzt rund um die Uhr telefonisch erreichen, Malaria Klinik, Tel. 6 72 14/9.
- **Davis Memorial Hospital,** Lodge Blacklands.

Die Kosten liegen bei 2–8 US-$/Tag, med. Beratung kostet 2–4 US-$. Empfehlenswerter Arzt ist Dr. Clarence Charles, 254 Thomas Street. Da es in vielen Städten weder ein Krankenhaus noch Polizei gibt, brauchen Sie eine gute Reiseapotheke, inkl. einem Moskitonetz und Jod zur Verarztung von Wunden.

Kolumbien

Landeskunde

Klima

Die Temperaturen sind im tropischen Kolumbien eine Frage der Höhenlage: Sie sind sehr hoch an der Küste und in der Ebene, gemäßigt im Hochland mit geringen Schwankungen im Jahresdurchschnitt.

Die Regenzeit liegt im Norden und Osten des Landes zwischen April u. Nov., im Süden und Westen dagegen gibt es zwei Regenzeiten: April–Juni u. Sept.–Dez. Landesweit fallen die geringsten Niederschläge zwischen Jan. u. März.

Pflanzen- und Tierwelt

Kolumbien ist ein Land mit einer überwältigenden Vielfalt von Flora und Fauna. Das breite klimatische Spektrum hat unzählige verschiedene Lebensräume geschaffen, denen sich Pflanzen und Tiere angepasst haben. In Kolumbien gibt es mehr als 1500 verschiedene Vogelarten. Der König der Anden, der Andenkondor, ist eher selten anzutreffen. In den **Naturparks** leben die verschiedensten Arten von Säugetieren, Reptilien, Amphibien und Fischen.

Im Orinoco- und Amazonasbecken, das von grandiosen Urwäldern überzogen ist, sind nicht nur Jaguare und Ozelots, sondern auch Gürteltiere und verschiedene Affenarten heimisch. Vor der Insel Gorgona kann man Buckelwale beobachten.

Die Pflanzenwelt Kolumbiens ist nicht weniger reichhaltig, allein die Anzahl der verschiedenen Orchideenarten ist unübertroffen.

In den fruchtbaren Tälern des Cauca und Magdalena werden zum Teil wichtige Exportgüter angebaut: Es dominieren Zuckerrohr- und Kaffeeplantagen, Gemüse- und Getreidefelder sowie Obstbäume.

Nationalparks

Es gibt 46 Naturreservate, für deren Besuch häufig eine Genehmigung erforderlich ist. Informationen bei:
- **Ministerio de Medio Ambiente,** Caja Agraria, Cra. 10, Nr. 20-30, 4. Stock, Bogotá, Tel. 243 16 34, Fax 241 41 74.

Reiseplanung

Botschaften & Konsulate

- **In Deutschland:**
Botschaft von Kolumbien, Kurfürstenstr. 84, 10787 Berlin, Tel. (0 30) 2 63 96 10, Fax 2 63 961 25, www.botschaft-kolumbien.de, E-Mail: emcol@t-online.de. Konsulate in Frankfurt/M., Hamburg, München und Stuttgart.
- **In Österreich:** Botschaft von Kolumbien, Stadiongasse 6–8, 1010 Wien, Tel. (01) 42 42 49, Fax 4 08 83 03.
- **In der Schweiz:** Botschaft von Kolumbien, Willadingweg 27, 3006 Bern, Tel. (031) 351 17 00, Fax 352 70 72.

Steckbrief Geographie und Bevölkerung
- **Fläche:** 1 141 748 km²
- **Hauptstadt:** (Santa Fé de) Bogotá
- **Nachbarn:** Venezuela und Brasilien im Osten, Ecuador und Peru im Süden, Panama im Norden
- **Küste:** im Westen und Norden pazifische bzw. karibische Küste
- **Landschaften:** die Anden, das Tiefland östlich der Anden, die Inseln San Andrés und Providencia
- **Einwohnerzahl:** rund 45 Mio.
- **Landessprache:** Spanisch (Über 400 000 Menschen sprechen indianische Idiome.)
- **Religion:** Die große Mehrheit der Bevölkerung ist katholisch

---

Reisedokumente

Deutsche benötigen für einen Aufenthalt bis zu sechs Monaten den gültigen Reisepass (oder Kinderausweis mit dem Vermerk: Nationalität »deutsch«). Österreicher und Schweizer müssen ebenfalls den gültigen nationalen Reisepass vorweisen können. Außerdem braucht man eine Touristenkarte, die von der Fluggesellschaft an Bord bereitgehalten wird (Durchschlag bitte bis zur Ausreise aufbewahren).

Impfungen, Krankenversicherung

Bei Individualreisen unter schlechten hygienischen Bedingungen ist eine Impfung gegen Typhus zu empfehlen. Eine Auffrischung von Polio und Tetanus ist anzuraten, wenn die letzte Immunisierung länger als 10 Jahre zurückliegt. Impfungen gegen Hepatitis A und B sowie gegen Gelbfieber werden empfohlen.

In den Küstenregionen und in den östlichen Dschungelgebieten ist Malaria verbreitet, daher sollte man Moskitostichen vorbeugen und Moskitonetze verwenden. Malariaprophylaxe wird angeraten.

Da Arztbesuche in der Regel sehr kostspielig sind, sollten Sie eine Reiseversicherung (mit Rücktransport) abschließen.

Steckbrief Politik, Wirtschaft und Verwaltung (siehe auch S. 89–91)
- **Staatsform:** seit 1886 eine Präsidialrepublik
- **Staatsorgane:** Staats- und Regierungschef, Repräsentantenhaus, Senat
- **Verwaltungseinheiten:** 32 Departamentos und ein Hauptstadtdistrikt
- **Wichtigste Exportgüter:** Kaffee, Erdöl, Kohle, Gold und Agrarerzeugnisse wie Blumen, Soja und Textilien.

Gesundheit

Um Durchfallerkrankungen zu vermeiden, sollten Sie generell auf den Genuss von Leitungswasser verzichten. Trinken Sie möglichst nur Getränke aus Flaschen. Verlangen Sie bei der Bestellung von Fruchtsäften etc., dass diese mit Mineralwasser zubereitet werden.

Trotz der gebotenen Vorsicht sollten Sie stets genügend Flüssigkeit zu sich zu nehmen.

Kaufen Sie kein auf der Straße zubereitetes Essen und seien Sie vorsichtig beim Verzehr von rohem Fisch und Muscheln.

In den meisten Krankheitsfällen wird sich Ihr Zustand nach einem Fastentag bei ausreichender Flüssigkeitsaufnahme bessern – heißer Tee ohne Milch eignet sich am besten. Außerdem ist auf eine zusätzliche Elektrolytzufuhr zu achten. Abgepackte Glukose-Elektrolyt-Mischungen gehören in jede Reiseapotheke.

In höher gelegenen Gebieten besteht die Gefahr, sich durch die starke Sonneneinstrahlung ernsthafte Verbrennungen zuzuziehen. Sorgen Sie dafür, dass Sie einen Sonnenschutz mit hohem Lichtschutzfaktor im Gepäck haben, denn dieser ist in vielen Ländern schwer zu bekommen. Schützen Sie sich mit einer angemessenen Kleidung einschließlich Sonnenhut und Sonnenbrille.

Höhenkrankheit (»soroche«) äußert sich durch Kopfschmerzen, Müdigkeit und Schwindelgefühl. Ein paar einfache Regeln verhindern ihren Ausbruch: Alkohol, übermäßiges Essen und körperliche Anstrengung sollten in den ersten Tagen vermieden werden. Reichliche Flüssigkeitsaufnahme hilft dem Körper, sich rasch umzustellen. Zucker regt den Stoffwechsel an, und Aspirin lindert Kopfschmerzen.

Geld

Landeswährung ist der kolumbianische Peso (für 1 Euro erhält man ca. 3073 Pesos; Stand: Mai 2006).

Zu empfehlen ist die Mitnahme von US-\$ in bar oder als American-Express-**Reisechecks**. Allerdings sind Letztere aufgrund der hohen Gebühren kaum für die Besorgung von Bargeld geeignet.

Reisechecks werden in allen Banken mit Ausnahme von Banco de la República akzeptiert.

Es gibt zwar legale Wechselstuben (casas de cambio), im Allgemeinen ist es jedoch ratsam, Bargeld und Travellerschecks in Banken zu tauschen. Eine Fotokopie des Reisepasses sollten Sie immer parat haben. Wechseln Sie kein Geld auf der Straße und vermeiden Sie es, größere Mengen Bargeld bei sich zu führen. **Kreditkarten,** besonders Visa- und Mastercard, werden oft akzeptiert.

Reisezeit, Kleidung

Die beste Reisezeit sind die trockensten Monate des Jahres: Dezember, Januar und Februar. An Ostern ist Hochsaison, sodass die Preise in den meisten Hotels ansteigen. April/Mai und Oktober/November kommt es zu heftigen Regenfällen, wobei fast überall und zu jeder Jahreszeit periodisch Regengüsse niedergehen können.

Im Hochland ist abends ein leichter Pullover angenehm. An der Küste und im Tiefland prägt tropische Hitze das Leben – Sommerbekleidung reicht dort vollkommen aus. Im Geschäftsleben kleiden sich Kolumbianer eher konservativ; Strandtextilien sind in der Stadt unangebracht.

Zoll

Reisende dürfen 200 Zigaretten oder 50 Zigarren oder bis zu 500 g Tabak in beliebiger Form sowie zwei Flaschen Spirituosen pro Person zollfrei einführen.

Infoadressen

Vor der Reise

Spezialveranstalter in Deutschland

■ **Profi-Reisen,** Kaiserstr. 13, 60311 Frankfurt/M., Tel. (069) 62 61 00, Fax 28 02 24. Individuelle Kolumbien-Beratung.

Im Land

Bogotá

■ **Instituto de Turismo,** Carrera 10, No. 9-83, Tel. 336 65 11.

■ **Corporación Nacional de Turismo** (CNT) befindet sich im Erdgeschoss des Centro de Comercio Internacional von Bogotá: C. 28, No. 13A-15, Tel. 352 21 20. Zweigstellen am Flughafen El Dorado in Bogotá sowie am Busbahnhof.

Cali

■ **Cortuvalle,** Av. 4N, No. 4N-10, Tel. 661 59 83, Fax 668 08 62.

Cartagena

■ **Cartagena Centro de Visitantes,** im Centro de Convenciones, Salón Pórtico, Carrera 8, Getsemani, Tel. 66 02 41 15. Weitere Büros in Bocagrande und am Flughafen.

Popayán

■ **Casa Caldas,** Calle 3, No. 4-70, Tel. (028) 824 22 51.

San Agustin

Kein staatliches Büro, Infos bei: ■ **World Heritage Travel Office,** Calle 3, No. 10-84, Tel. (09 88) 37 39 40, Mo–Sa 8–20, So 8–13 Uhr.

Im Internet

■ www.kolumbienweb.de

Anreise

Flugzeug, Transport vom Flughafen

Bogotás Flughafen **El Dorado** liegt 11 km entfernt und besitzt zwei Terminals: Puente Aéreo dient vorwiegend der nationalen Linie Avianca für Inlands- und USA-Flüge.
Von Deutschland aus besteht keine direkte Flugverbindung mit Bogotá. Man kann mit Lufthansa über Caracas, Iberia über Madrid oder KLM über Amsterdam in die kolumbianische Hauptstadt gelangen. Die karibische Ferieninsel San Andrés wird von den Kolumbianischen Airlines ab Bogotá angeflogen.
Registrierte gelbe Taxis fahren Sie auch von den übrigen Flughäfen des Landes zu einem fixen Fahrpreis von 8 US-$ in die Stadtzentren. Ein Taxi kann man unter Tel. 222 22 22 oder 311 11 11 rufen.
Bei **Ausreise** zahlt man eine Flughafen**gebühr** von 24 US-$.

Bus

Von und nach Ecuador fahren Busse zur Grenze bei Tulcán/Ipiales. Verbindungen mit Venezuela bestehen vor allem über die Anden von Cúcuta nach San Cristóbal sowie entlang der Küste von Santa Marta nach Maracaibo. Die einzige Möglichkeit, von Brasilien mit dem Bus einzureisen, ist via Leticia im Amazonasbecken und von dort aus nach Bogatá zu fliegen.

Unterwegs in Kolumbien

Flugzeug

Inlandflüge führen die Airlines Avianca, SAM, Aces, Aires und Aero República durch.
Avianca bietet zu einem günstigen Preis einen **Discover Colombia**

Airpass an: Fünf Stopps inklusive Leticia und San Andrés in Verbindung mit einem Transatlantikflug.

Fluggesellschaften in Bogotá
Die Büros der meisten nationalen und internationalen Fluglinien befinden sich im Zentrum sowie im Norden von Bogotá. Die meisten Büros der internationalen Fluggesellschaften haben Samstag und Sonntag geschlossen.
■ **Avianca/SAM,**
Carrera 10, No. 26-19,
Tel. (01) 410 10 11.
■ **Lufthansa,**
Calle 100, No. 8A-49, 8. St.,
World Trade Center,
Tel. (01) 618 04 00, Fax 218 39 82.
■ **SATENA,**
Centro Tequendama, Carrera 10 y Calle 27, Tel. (01) 337 50 00.

Bus

Langstreckenbusse, die die Hauptrouten bedienen, sind meist recht bequem. Der Komfort der Busse nimmt mit der Qualität der Straßen in abgelegeneren Gebieten ab.
Busse, Minibusse (»busetas«), Sammeltaxis (»colectivos«), verbinden preiswert und flächendeckend alle Landesteile miteinander.
Sicherheitshinweis: Das Deutsche Auswärtige Amt warnt vor manchen Strecken, da Entführungen von Ausländern – auch außerhalb der Guerilla-Gebiete – zunehmen!

Auto

Ein Auto zu mieten ist in Kolumbien kostspielig. Neben Personalausweis und internationalem Führerschein wird häufig noch der Abzug einer Kreditkarte als Kaution verlangt.

Taxi

Taxis, die in der Regel im Stadtverkehr recht preiswert sind, verfügen meist über Taxameter – falls nicht,

sollte der Preis vor dem Einsteigen ausgehandelt werden. Frauen sollten es vermeiden, nachts alleine ein Taxi zu benutzen.

Infos von A–Z

Banken

In den Banken der Hauptstadt wird Mo–Do 9–15, Fr 9–15.30 Uhr gearbeitet, in den Provinz-Filialen legt man meist eine Mittagspause ein.

Feiertage

■ 1. Januar: **Beschneidung Christi**
■ 6. Januar: **Dreikönigstag** (»Los Reyes Magos«)
■ 19. März: **St. Josef** (»San José«)
■ März/April: **Gründonnerstag** (»Jueves Santo«) und **Karfreitag** (»Viernes Santo«)
■ 1. Mai: **Tag der Arbeit** (»Día del Trabajo«)
■ Mai: **Christi Himmelfahrt** (»La Ascensión del Señor«)
■ Mai/Juni: **Fronleichnam** (»Corpus Cristi«)
■ 20. Juli: **Unabhängigkeitstag** (»Día de la Independencia«)
■ 7. August: **Schlacht von Boyacá** (»Batalla de Boyacá«)
■ 12. Oktober: **Entdeckung Amerikas** (»Día de la Raza«)
■ 1. November: **Allerheiligen** (»Todos los Santos«)
■ 11. November: **Unabhängigkeitstag von Cartagena** (»Independencia de Cartagena«)
■ 8. Dezember: **Unbefleckte Empfängnis** (»Immaculada Concepción«)
■ 25. Dezember: **Weihnachten** (»Navidad«).

Maßeinheiten

Elektrizität: 120 Volt.
In Kolumbien benutzt man das metrische System.

Öffnungszeiten

Geschäfte:
meist Mo–Fr 8–12 Uhr, 14–18 Uhr.
In wärmeren Städten wie Cali öffnen manche Geschäfte bereits um 7 Uhr und schließen früher.
Viele Ämter sind an Montagen geschlossen.

Post

Sowohl die nationale Airline Avianca als auch die eigentliche Post, Correos de Colombia, befördern Briefe.
In kleinen Städten und abgelegenen Gegenden sollten Sie die Dienste von Correos de Colombia in Anspruch nehmen.
■ **Hauptpostamt von Bogotá:** im Erdgeschoss des Edificio Avianca im Stadtzentrum, gegenüber dem Parque Santander (Carrera 7).

Sicherheit

Die bürgerkriegsähnliche Situation und die Auseinandersetzungen mit Guerillagruppen und Paramilitärs vor Ort macht Kolumbien zu einem nicht ungefährlichen Reiseland. Auch Touristen wurden in der Vergangenheit wiederholt Opfer von Entführungen und Anschlägen. Das deutsche Auswärtige Amt hat für Kolumbien eine Reisewarnung ausgesprochen.
Nähere Informationen im Internet: **www.auswaertiges-amt.de.**
Wegen der großen Armut in den Großstädten kommen Diebstähle und Betrugsdelikte dort recht häufig vor. Während die belebten Stadtzentren insgesamt als sicher gelten, sollte man menschenleere Straßenzüge sowie Slumbezirke an der Peripherie meiden.
Bei Individualtourismus abseits der Touristenpfade ist Vorsicht geboten, deshalb einschlägige Warnungen von Einheimischen ernst nehmen!
Allgemein sind folgende Vorsichtsmaßnahmen anzuraten: Man sollte möglichst bei Tagesreisen, Flugreisen den unsicheren Überlandfahrten vorziehen. Bei der Benutzung öffentlicher Verkehrsmittel sollte man keine Lebensmittel, Zigaretten etc. von Fremden annehmen, denn sie könnten K.o.-Tropfen enthalten, die einen Raub erleichtern sollen.
Durch Kolumbien verläuft eine Hauptroute des internationalen Drogenhandels. Darum sollte man sich vor unfreiwilligen Drogentransporten schützen, indem man keine Gepäckstücke oder Pakete für andere Leute transportiert und sein Gepäck besonders auf den Flughäfen stets im Auge behält.
Tragen Sie möglichst wenig Bargeld und keinen teuren Schmuck mit sich herum. Foto- und Videokameras möglichst nicht offen zeigen.
Autofahrten in den Städten, insbesondere durch Slums, sollten nur bei geschlossenen Fenstern und verriegelten Türen durchgeführt werden.
Außer in touristischen Orten wie Cartagena und Popayán sollten Sie nach Einbruch der Dunkelheit nicht mehr auf den Straßen der Städte spazieren gehen. Dies gilt v. a. für Medellín.
Trotz aller notwendigen Warnungen ist zu betonen, dass die Ehrlichkeit und Gastfreundschaft der Kolumbianer sprichwörtlich sind: Touristen begegnet man mit großem Interesse und enormer Freundlichkeit.

Souvenirs

Beliebte kolumbianische Souvenirs sind handgearbeitetes Silber, indianische Töpferwaren und unterschiedliche Textilien. Smaragde kauft man am besten in Bogotá. In Medellín kann man Kleidung und Schuhe sehr günstig erstehen. Der kolumbianische Poncho sieht gut aus und hält bei kühlen Temperaturen warm. Es gibt ihn in den verschiedensten Farben. Lederwaren sind in Kolumbien im Allgemeinen von guter Qualität und preiswert, vor allem im Süden.

Telefon, Fax, Telegramm

Das Telefonnetz ist automatisiert, inzwischen sind auch **Kartentelefone** anzutreffen. Größere Hotels bieten den Gebrauch von Faxgeräten an, doch es ist preiswerter, einen solchen Service bei der staatlichen Telecom in Anspruch zu nehmen. In deren Büros (in allen größeren Städten) können Sie international telefonieren.
■ **Landesvorwahl** von Kolumbien: 00 57.

Handys
In Kolumbien gibt es AMPS/TDMA-Netze. Netzbetreiber ist Celumovil.

Trinkgeld

In besseren Restaurants ist ein Trinkgeld von 10 % üblich.
Taxifahrer erhalten in der Regel kein Trinkgeld.

Zeit

Der Unterschied zur MEZ beträgt minus sechs Stunden, zur mitteleuropäischen Sommerzeit minus sieben Stunden.

Zeitungen

Die besten und umfassendsten Tageszeitungen, **El Espectador** und **El Tiempo,** erscheinen in Bogotá.
Internationale Presse ist am Flughafen oder im Hotel Tequendama erhältlich. Außerdem bietet der **Drugstore Internacional,** Cra. 10, Nr. 26-71, europäische Zeitungen an.

Diplomatische Vertretungen

Deutschland
■ Botschaft, Santa Fé de Bogotá, Carrera 4, No. 72-35, Piso 6, Edificio Sisky, D.C., Tel. (01) 348 40 40, 348 42 52, 348 42 97, Fax 210 42 56.
■ Honorarkonsulate in Barranquilla, Cali, Cartagena, Cúcuta, Manizales und Medellín.

Österreich
■ Botschaft, Santa Fé de Bogotá, Carretera 11, No. 75-29, Tel. (01) 235 66 28, Fax 217 24 04, E-Mail: eaustria@colomsat.net.co
■ Honorarkonsulate in Barranquilla, Cali, Cartagena und Medellín.

Schweiz
■ Botschaft, Santa Fé de Bogotá, Cra. 9a, No. 74-08, Piso 11, Edificio Profinanzas, Tel. (01) 255 39 45, 255 52 80, 235 95 07, Fax 235 96 30, E-Mail: swiembog@latino.net.co
■ Honorarkonsulat in Cali.

Medizinische Versorgung

Fluggesellschaften, Botschaften, Konsulate und gute Hotels informieren über mehrsprachige Ärzte. Bogotá verfügt über ein gut organisiertes Gesundheitswesen:
■ **Cruz Roja Nacional,** Avenida 68, No. 66-31, Tel. (01) 250 66/231 90 27/231 90 08.
■ **Centro Médico La Salud,** Cra. 10, No. 21-36, Tel. (01) 243 13 81/282 40 21.

Gesundheitliche Probleme
Nach der Ankunft in dem 2650 m hoch gelegenen Bogotá sollte man sich zunächst nicht zuviel Besichtigungsstress zumuten und keinesfalls die intensive Sonnenstrahlung unterschätzen.
Das Leitungswasser ist nur in der Hauptstadt trinkbar, überall sonst im Lande sollten Sie auf Mineralwasser zurückgreifen.

Notruf

■ Sollte etwas vorfallen, können Sie sich an den 24-Stunden-Service der **Touristenpolizei** in Bogotá wenden: Carrera 7, No. 27-42, Tel. (01) 283 49 30 oder 334 25 01.
■ Ansprechpartner bei verlorenen Dokumenten oder Papieren: **Polizei,** Calles 46 y Carreras 14.
■ Sollten Sie andere Wertgegenstände vermissen, ist die Calle 40, Nr. 8-09 die richtige Adresse.

Literaturtipps

■ Angel, Albalucía: **Misiá Señor.** Eco: Zürich, 1992.
■ Knabe, Ricarda: **Drogen, Guerilla und Gewalt.** Lit-Verlag: Münster, 1994.
■ Lessmann, Robert: **Drogenökonomie und internationale Politik. Die Auswirkungen der Antidrogenpolitik der USA auf Bolivien und Kolumbien.** Vervuert: Frankfurt/M., 1995.
■ Márquez, García Gabriel: **Hundert Jahre Einsamkeit.** Kiepenheuer und Witsch: Köln, 1988; **Von der Liebe und anderen Dämonen.** Kiepenheuer und Witsch: Köln, 1994. **Leben um davon zu erzählen.** Kiepenheuer und Witsch: Köln, 2003.
■ Mutis, Alvaro: **Die letzte Fahrt des Tramp Steamer.** Suhrkamp: Frankfurt/M., 1994.
■ Nicholl, Charles: **Treffpunkt Café »Fruchtpalast«.** Rororo: Reinbek, 1990.
■ Osorno, Alexander P.: **Die Mörder von Medellín. Todesschuld und Drogenhandel.** Fischer TB: Frankfurt/M., 1993.

Landeskunde

Klima

Paraguay liegt in der subtropischen Klimazone. Winter (Mai–Oktober) und Sommer (November–April) unterscheiden sich voneinander durch ein deutliches Temperaturgefälle. In Asunción pendeln die Werte im Hochsommer (Januar–März) zwischen heiß (26 °C) und sehr heiß (bis zu 45 °C) bei hoher Luftfeuchtigkeit, während die Quecksilbersäule im August auf unter 10 °C sinken kann. Ideale, weil gemäßigte Reisezeiten sind das Frühjahr und der Herbst. Die stärksten Niederschläge fallen zwischen Oktober und April.

Pflanzen- und Tierwelt

Im Gran Chaco wechseln ausgedehnte Sümpfe mit Savannen und tropische Urwälder mit sanddünenbedeckten Halbwüsten. In den Savannengebieten haben sich große Viehfarmen etabliert, sodass die umfangreichen Bestände an wertvollem Quebrada-Holz auf klägliche Reste zusammengeschrumpft sind.

Steckbrief Geographie und Bevölkerung
■ **Fläche:** 406 752 km^2
■ **Hauptstadt:** Asunción
■ **Nachbarn:** Argentinien und Brasilien im Westen und Osten, Bolivien im Norden
■ **Flüsse:** Río Pilcomayo, Río Paraguay und Río Paraná
■ **Einwohnerzahl:** 6 Mio.
■ **Landessprache:** Die offiziellen Nationalsprachen sind Spanisch und Guaraní.
■ **Religion:** Offizielle Religion ist der Katholizismus.

Der niederschlagsreiche Osten ist ein klassisches Ackerland und wird dementsprechend intensiv genutzt. Ausgedehnte Plantagen von Ilex-Bäumen liefern die Blätter für den Mate-Tee, das Nationalgetränk der La Plata-Länder.

In den tropischen und subtropischen Bereichen gedeihen Orchideen, Jasmin, Ananas, Maniok, Mango-Bäume und Tabak.

In den trockenen bis semiariden Gebieten des Chaco ist die Zahl der Großtiere sehr gering. Nur im Uferbereich der großen Flüsse trifft man auf Yacarés, eine Kaimanart, und den »carpincho«, den größten Nager Südamerikas, der auch als Wasserschwein bezeichnet wird. Eine artenreiche Tierwelt gibt es nur im Osten und in den Überschwemmungsgebieten des Río Paraná. Hier finden Reiher, Kormorane, Fischadler sowie Urwaldvögel wie Papagei oder Kolibri idealen Lebensraum.

Reiseplanung

Botschaften & Konsulate

■ **In Deutschland:** Botschaft der Republik Paraguay, Hardenbergstr. 12, 10623 Berlin, Tel. (0 30) 319 98 60, Fax 318 02 745, www.paraguay.spacenet.de/paraguay.html, E-Mail: embapyde@t-online.de General- bzw. Honorarkonsulate in Hamburg, Kiel, München, Stuttgart und Wiesbaden.
■ **In Österreich:** Botschaft der Republik Paraguay, Schmöllerlgasse 5/1, 1040 Wien, Tel. (01) 5 04 29 02, Fax 5 04 29 03.
■ **In der Schweiz:** Botschaft der Republik Paraguay, Kramgasse 58, 3011 Bern, Tel. (031) 312 32 22, Fax 312 34 32, E-Mail: embapar@access.ch

Reisedokumente

Deutsche benötigen für Aufenthalte von bis zu 90 Tagen nur den gültigen Reisepass (bzw. einem Kinderausweis mit Vermerk: Nationalität »deutsch«). Schweizer und Österreicher müssen ebenfalls nur den nationalen Reisepass vorweisen.

Impfungen, Krankenversicherung

Impfungen gegen Gelbfieber, Malaria und Typhus sollte erwägen, wer in ländliche Gebiete Ost- und Nordparaguays reisen möchte. Die Hepatitis-A-Vorsorge ist für das ganze Land empfehlenswert. Vor der Reise sollte man unbedingt eine Auslandsreisekrankenversicherung abschließen, denn Medikamente sind teuer und die Arztkosten hoch.

Geld

Landeswährung ist der Guaraní. Für 1 Euro erhält man 7527 Guaraní (Mai 2006). Euro werden in Asunción gewechselt, ansonsten ist der US-$ am leichtesten zu wechseln. In offiziellen Wechselstuben der Städte werden Travellerschecks akzeptiert, allerdings wird evtl. die Vorlage der Kaufbelege verlangt.

Kreditkarten wie Visa- und Mastercard sind weit verbreitet.

Außerhalb Paraguays ist es praktisch unmöglich, Guaraní in andere Währungen zurückzuwechseln.

Steckbrief Politik, Wirtschaft und Verwaltung
(s. auch S. 265–269)
■ **Staatsform:**
seit 1967 eine Präsidialrepublik
■ **Staatsorgane:** Präsident, Abgeordnetenhaus, Senat
■ **Verwaltungseinheiten:**
17 Departments
■ **Wichtigste Exportgüter:**
Fleisch, Soja und Baumwolle

Reisezeit, Kleidung

Mai bis Oktober eignen sich für eine Reise nach Paraguay am besten. Paraguayer bevorzugen eine eher konservative Garderobe. Im feuchtheißen Sommer (November bis April) braucht man leichte Baumwollkleidung; auf Touren in den Chaco leisten tropentaugliche Trekkingstiefel gute Dienste.

Zoll

Alkohol, Tabak, Parfüm und elektronische Geräte für den persönlichen Gebrauch können zollfrei eingeführt werden.

Infoadressen

Vor der Reise

■ **Fremdenverkehrsamt Paraguay,** Postfach 1768, 67606 Kaiserslautern, Tel. (0 63 05) 99 30 50, Fax 99 30 52, www.fremdenverkehrsamt-paraguay.org

Spezialveranstalter in Deutschland
■ **Südamerika Line,** Fischbacher Str. 81, 67691 Hochspeyer, Tel. (0 63 05) 50 18, 99 30 50, Fax 99 30 52.
■ **Jet-Tours,** Martinstr. 39, 57462 Olpe, Tel. (0 27 61) 92 41 20, Fax 4 01 68.

Im Land

Asunción
■ **Dirección Nacional de Turismo** (Nationales Fremdenverkehrsamt von Paraguay), Palma 468, Tel. (0 21) 44 15 30, Fax 49 12 30. Dort werden Anfragen auch auf Deutsch beantwortet.
■ Informationen über Reiserouten und Karten erhalten Sie beim **Touring & Automobile Club von Paraguay,** 25 de Mayo y Brasil.

Encarnación
- **Oficina de Turismo,**
Wiessen 345, geöffnet 8–12 Uhr.

Im Internet
- www.fremdenverkehrsamt-paraguay.org
- www.paraguay-online.net

Anreise

Flugzeug, Transport vom Flughafen

Der Flughafen von Asunción, **Silvio Pettirossi,** liegt gut 18 km nordöstl. des Stadtzentrums, das Sie mit dem Taxi oder mit der Buslinie 30A, die alle 15 Minuten zur Plaza de los Héroes fährt, erreichen können.
Iberia bedient die Strecke Madrid–Asunción zweimal wöchentlich mit Anschlüssen von deutschen, österreichischen und Schweizer Flughäfen. Aerolíneas Argentinas und Varig fliegen via Buenos Aires und Rio. Günstige Kombinationen für Aufenthalte in Brasilien, Argentinien, Uruguay und Paraguay bietet der MERCOSUR-Airpass.
Flughafensteuer: 18 US-$, 14 US-$ Einreise- und 4 US-$ Ausreisesteuer. Es ist billiger, die Steuer in Guaraní zu bezahlen.

Bus

Der Bus ist das wichtigste Transportmittel. Der größte Busbahnhof befindet sich in Asunción an den Straßen República Argentina und Fernando de la Mora, Tel. 55 17 40. Eine internationale Busgesellschaft bedient die Strecken Asunción–Ciudad del Este und Pedro Juan Caballero–Encarnación.
Busverbindungen bestehen nach Argentinien, Uruguay und Brasilien.

Unterwegs in Paraguay

Flugzeug

Die nationalen Airlines Arpa, LATN und Ladesa fliegen regelmäßig in alle Regionen; TAM nach Concepción, Vallemí, Bahía Negra und Fuerte Olimpo. Außerdem können Kleinflugzeuge gechartert werden.

Schiff

Zahlreiche Schiffe fahren montags auf dem Río Paraná nach Concepción. Die Fahrt dauert zwischen 27 und 30 Stunden. Rückfahrt jeweils sonntags.
- **Cacique II,** Preis: erste Klasse 27 US-$, zweite Klasse 17 US-$, Unterbringung an Deck 11 US-$. Restaurant an Bord. Mitbringen sollte man Trinkwasser, Mückenschutz und Toilettpapier sowie warme Kleidung für die kühle Nacht.

Auf dem Río Paraguay fahren unregelmäßig Passagierboote von Buenos Aires nach Asunción. Die Fahrt dauert fünf Tage. Während der Trockenzeit muss der Verkehr häufig eingestellt werden.

Bus

Siehe Anreise (links).

Auto

Mietwagen
Das Benzin ist in Paraguay billig, ein Auto zu mieten verhältnismäßig preiswert.
- Informationen bei: **Touring y Automóvil Club Paraguayo,** Calle Brasil, Tel. 21 05 50.

Internationale und einheimische Mietwagenfirmen sind in Asunción ausreichend vertreten.

Taxi
Taxis sind in Paraguay preiswerte Verkehrsmittel, in Asunción kostet eine Stadtfahrt beispielsweise ca. 2 US-$. Nachts wird in der Regel mehr berechnet.
Der zentrale Taxistand im Zentrum von Asunción befindet sich vor dem Hotel Guaraní auf der Plaza de los Héroes.
- **RadioTaxi:** Tel. 55 01 16 oder 31 10 80.

Infos von A–Z

Banken

Banken haben Montag bis Freitag meist zwischen 7.30 und 11 Uhr geöffnet, samstags geschlossen.

Feiertage

- 1. Januar: **Neujahrstag** (»Año Nuevo«)
- 3. Februar: **Tag des Schutzheiligen von Paraguay** (»Día de San Blas«)
- März/April: **Karfreitag/Ostern** (»Viernes Santo/Pascua«)
- 1. Mai: **Tag der Arbeit** (Día del Trabajo)
- 15. Mai: **Unabhängigkeitstag** (»Día de la Independencia«)
- 12. Juni: **Beendigung des Chaco-Krieges** (»Paz del Chaco«)
- 15. August: **Gründung von Asunción** (»Fundación de Asunción«)
- 29. September: **Sieg von Boquerón** (»Victoria de Boquerón«)
- 8. Dezember: **Mariä Empfängnis** (»Día de la Virgen«)
- 25. Dezember: **Weihnachten** (»Navidad«).

Maßeinheiten

Elektrizität: 220 Volt/50 Hertz.
In Paraguay wird das metrische System verwendet.

Öffnungszeiten

Viele Geschäfte öffnen Mo–Fr um 6.30 Uhr und schließen gegen 19 Uhr. Besonders während der heißen Jahreszeit wird zwischen 12 und 15 Uhr Siesta gehalten.

Post

Die Post Paraguays ist besser als als ihr Ruf, dennoch sollten wichtige Sendungen per Einschreiben oder mit Kurierdienst versendet werden. Das Hauptpostamt von Asunción befindet sich an der Kreuzung Avenida El Paraguayo Independiente/Alberdi, Mo–Fr 7–20, Sa 7–12 Uhr.

Rundfunk und Fernsehen

Der **Rundfunk** ist das einzige Medium das einen Großteil der Bevölkerung tatsächlich erreicht. Der populärste Sender ist **Radio Ñanduti,** ein Nachrichtensender, der von Stroessners Regierung verboten und nach dessen Absetzung reaktiviert wurde.
Die meisten Programme der beiden privaten **Fersehstationen** sind in den USA und einigen Nachbarstaaten eingekauft.
Auf Kanal 8 kann man CNN in englischer Sprache empfangen.

Souvenirs

Das für Paraguay typische Kunsthandwerk ist »ñaduti« (»guaraní« für »Spinnwebe«), eine Spitzenklöppelei. Man verziert mit den zarten Geweben Tagesdecken, Tischdecken, Umhänge u. a. Beliebte Motive sind Tiere und Pflanzen. Darüber hinaus bieten viele Geschäfte hübsche Holzschnitzereien, Musikinstrumente (Harfen und Gitarren) und Silberschmuck an.

Telefonieren, Fax

In den Filialen der staatl. Gesellschaft Antelco stehen Fernsprecher für internat. Gespräche (Asunción: Manuel Domínguez/Gral. Bruguez). Mittlerweile gibt es in den größeren Orten überall sogenannte »cabinas telefonicas« oder »telefonos publicos« mit Telefon (auch international, wählen Sie einfach die Landesvorwahl), Fax (ebenfalls international) und Internet.
■ **Landesvorwahl** von Paraguay: 005 95.

Handys

Es besteht ein Triband-Netz, GSM 1900. Der Empfangsbereich beschränkt sich auf die Stadtgebiete.

Trinkgeld

Kosten für den Service werden gewöhnlich nicht auf die Rechnung gesetzt. In Hotels und Restaurants rechnet das Personal deswegen mit einem Trinkgeld von ca. 10 %; Taxifahrer erhalten in der Regel keines.

Zeit

Der Unterschied zur MEZ beträgt minus sechs Stunden zwischen April und September (europäische Sommerzeit) und minus vier Stunden während des Rests des Jahres (Sommerzeit in Paraguay).

Zeitungen

Die Qualität der Zeitungen ist entscheidend gestiegen, seit 1989 die Zensur aufgehoben wurde. Die meistgelesenen, in Asunción publizierten Zeitungen sind: **ABC Color, Noticias, La Nación** und **Ultima Hora.** Die deutschsprachige Zeitschrift **Aktuelle Rundschau** erscheint dreimal im Monat. Kioske in Asunción (z. B. Estrella, Ecke Chile) verkaufen ältere Exemplare englischsprachiger Zeitungen.

Notfälle

Sicherheit, Kriminalität

Überfälle kommen in Paraguay kaum vor, aber der Diebstahl von teuren Autos stellt vor allem in Asunción ein Problem dar. Preise und Wechselgeld sollten immer überprüft werden.
■ **Polizei:** Tel. 44 21 11;
in Asunción: Tel. (0 21) 44 61 05.

Diplomatische Vertretungen

Deutschland
■ Botschaft: Asunción, Avenida Venezuela 241, Tel. (0 21) 21 40 09, 21 40 10, 21 40 11, Fax 21 28 63, www.pla.net.py/embalem, Postadresse: Casilla de Correo 471.
■ Honorarkonsulate in Encarnación und Neu-Halbstadt.

Österreich
■ Generalkonsulat, Asunción, Av. Aviadores del Chaco 1690, Postadresse: Casilla de Correo 582, Tel. (0 21) 44 39 10, Fax 44 48 15.

Schweiz
■ Schweizer Botschaft, Coronel Sánchez 2763, O'Leary 409, p 4, Asunción, Tel. 49 08 48, E-Mail: swiemasu@pla.net.py

Medizinische Versorgung

Da kein ausreichender Ambulanzdienst zur Verfügung steht, werden Krankentransporte am besten im Privatwagen bzw. im Taxi durchgeführt. Für Notfälle sind folgende Adressen zu empfehlen:
■ **Centro Paraguayo del Diagnóstico,** Gral Díaz 975 y Colón, Asunción, Tel. (0 21) 94 77 22.
■ **Hopital Bautista,** Av. Rep. Argentina und Campos Cervera, Tel. (0 21) 60 01 71 oder 60 79 44.

■ Als mehrsprachiger Arzt ist in Asunción zu empfehlen: **Dr. Nicolas Breuer,** Mariscal Estigarribia 1070, Tel. (0 21) 20 88 16.

Botschaften, die Fluggesellschaften und Hotelpersonal können Ihnen deutschsprachige Ärzte nennen.

Apotheken
■ In Asunción bietet eine Apotheke ihren Service rund um die Uhr an: **Farmacia Franco Americana,** Estrella 434.

Gesundheitliche Probleme
Die Hakenwurmkrankheit ist in Paraguay weit verbreitet, sodass man Barfußgehen am besten vermeidet. Leitungswasser sollte generell nicht getrunken werden – Mineralwasser in Flaschen ist überall erhältlich.

Literaturtipps

■ Macintyre, Ben: **Vergessenes Vaterland. Die Spuren der Elisabeth Nietzsche.** Reclam: Leipzig 1994.
■ Roa Bastos, Augusto: **Menschensohn.** Roman zur Geschichte Paraguays bis 1936. Hanser Verlag, München 1991.

Peru

Landeskunde

Pflanzen- und Tierwelt

Die Pflanzen- und Tierwelt Perus ist durch einen sehr großen Artenreichtum geprägt. Allein im tropischen Regenwald leben 90 % aller Primaten. Im Parque Nacional Manú im Südosten Perus, der ein Gebiet umfasst, das etwa so groß ist wie Sachsen, sind rund 1000 Vogelarten und über 1200 verschiedene Schmetterlinge zu Hause. Besonders augenfällig ist die Farbenpracht der Tukane und der Riesenaras.
Die Pflanzenwelt des Regenwaldes ist bunt und vielseitig wie seine Tierwelt: Es finden sich Schlingpflanzen, Schmarotzer, Urwaldriesen, Farne, Palmen und Bromelien.
An der trockenen Küste gibt es kaum Vegetation. An den Flussoasen werden Nutzpflanzen wie Baumwolle im Süden oder Zuckerrohr im Norden angepflanzt. Im

Steckbrief Geographie und Bevölkerung
■ **Fläche:** 1285 Mio. km²
■ **Hauptstadt:** Lima
■ **Nachbarn:**
im Norden Ecuador und Kolumbien, im Osten Brasilien und Bolivien, im Süden Chile
■ **Küste:** Pazifikküste im Westen
■ **Großlandschaften:**
das Küstentiefland (Costa), das Bergland der Anden (Sierra), der Urwald (Selva)
■ **Einwohnerzahl:** 28 Mio.
■ **Landessprache:**
Neben Spanisch gilt auch das Quechua, die Sprache der Inkas, als Nationalsprache. Um Puno und den Titicacsee wird das Aymara gesprochen.
■ **Religion:** rund 90 % Katholiken

Küstengebiet kann man Wale, Robben, Pinguine, Albatrosse, Kormorane und Tölpel beobachten, im Meer tummeln sich Thunfische, Haie und Delfine.
In den Berg- und Nebelwäldern an den Osthängen wachsen neben tropischen Früchten vor allem Kaffee, Tee und Kakao. Die »Cantuta«, ein kleiner Strauch mit roten Blüten, gilt als »Nationalblume Perus«. Bekannteste Pflanze des Hochlandes ist die Riesenbromelie »Puya Raimondii«, deren Blütenstände eine Höhe von 10 m erreichen können.
In den Anden leben zahlreiche Säugetiere wie der Brillenbär, der Puma und die Andenkatze. Bei einer Bergwanderung trifft man am häufig auf Nagetiere wie Meerschweinchen, Skunks oder Chinchillas. Der Kondor, der »König der Anden«, zählt zu den größten Vögeln überhaupt.

Reiseplanung

Botschaften & Konsulate

■ **In Deutschland:** Botschaft der Republik Peru, Mohrenstr. 42–44, 10117 Berlin, Tel. (0 30) 2 06 41 03, Fax 20 64 10 77, www.botschaft-peru.de
■ **In Österreich:** Peruanische Botschaf, Gottfried-Keller-Gasse 2/8; 1030 Wien, Tel. (01) 71 34 37 70, Fax 7 12 77 04, E-Mail: peru.emb@xpoint.at
■ **In der Schweiz:** Peruanische Botschaf, Thunstr. 36, 3005 Bern, Tel. (031) 351 85 55, Fax 351 85 70, E-Mail: lepruberna02@bluewin.ch, Generalkonsulat in Genf.

Steckbrief Politik, Wirtschaft und Verwaltung
(siehe auch S. 143–147)
■ **Staatsform:** seit 1980 eine Präsidialrepublik
■ **Staatsoberhaupt:** Präsident
■ **Verwaltungseinheiten:**
25 Departamentos

Reisedokumente

Reisende aus Deutschland, Österreich und der Schweiz sind für einen Aufenthalt von bis zu 90 Tagen vom Visumszwang befreit, so sie mit einem gültigen Reisepass oder einem Kinderausweis (auch bei Kindern unter 10 Jahren mit einem Lichtbild und dem Vermerk Nationalität »deutsch« versehen) einreisen. Alle Touristen müssen außerdem im Besitz der erforderlichen Rück- und Weiterreisepapiere sowie der Flugscheine sein. Unterwegs in Peru müssen Sie sich jederzeit ausweisen können.

Geben Sie gut auf Ihren Pass Acht, denn eine Neuausstellung erfolgt nur nach gründlichen und folglich langwierigen Nachforschungen. Diese werden nur angestellt, wenn Sie eine Verlustanzeige bei der Polizei, eine sog. »denuncia«, gemacht haben. Bewahren Sie zur Sicherheit eine beglaubigte Kopie ihres Passes gesondert auf (z. B. im Safe ihres Hotels).

Impfungen, Krankenversicherung

Gelbfieber tritt vorwiegend in den Dschungelgebieten am nördlichen und südlichen Amazonas auf. Lassen Sie sich gegebenenfalls dagegen impfen.

Auch Malaria kommt in den Urwaldregionen am häufigsten vor. Sie sollten entsprechende Prophylaxe-Medikamente einnehmen und bei Übernachtungen ein Moskitonetz verwenden.

Eine Impfung gegen Cholera wird von der WHO wegen zu geringer Wirksamkeit nicht mehr empfohlen. Zum Schutz vor Hepatitis A kann man sich bis spätestens zwei Wochen vor der Abreise impfen lassen, auch eine Gammaglobulin-Injektion gewährt einen gewissen Schutz.

Man sollte vor Antritt der Reise unbedingt eine Auslandsreisekrankenversicherung abschließen, die einen Rücktransport einschließt.

Geld

1991 wurde bei einer Währungsreform der schwindsüchtige Inti zum Kurs von 1 : 1 000 000 vom **Nuevo Sol** abgelöst. Zur Zeit ist die jährliche Inflationsrate vergleichsweise gering, für einen Euro erhält man ca. 4,3 Soles (Stand Mai 2006).

In Lima bestehen ausreichend **Wechselmöglichkeiten**. Auf der Plaza San Martín, im Geschäftsviertel Limas, begleiten Hunderte von »Freiluftbankiers« den Verkehr. Bei diesen »cambistas« zu wechseln, ist legal und meist auch sicher. Banken tauschen zu einem etwas schlechteren, »offiziellen« Kurs, gute Hotels haben eigene Wechselstellen oder schicken einen Boten zu einer günstiger tauschenden offiziellen »Wechselstube« (»casa de cambio«); rechnen Sie allerdings mit zusätzlichem Trinkgeld. Oft nehmen Reisebüros ausländische Währungen an und wechseln auch kleinere Summen.

Banco de Crédito und **Banco de la Nación** werden für internationale Bankgeschäfte empfohlen. Es ist ratsam, einige US-$ ebenso wie Travellerschecks, Kreditkarten oder Schecks dabei zu haben, auch wenn die Städte Cusco, Arequipa und Iquitos jede denkbare Wechselmöglichkeit bieten. Besonders für den Fall, dass Sie in ländliche Regionen reisen, sollten Sie sich mit ausreichenden Geldmitteln in bar eindecken. Bargeld erzielt einen besseren Kurs, das Diebstahlrisiko ist jedoch größer.

In Großstädten werden gängige **Kreditkarten** wie Visa, American Express und Master Card von besseren Hotels, Restaurants und Geschäften angenommen.

Reisezeit, Kleidung

Für **Badefreunde** eignen sich die Monate von Dezember bis April. Das Wasser bleibt jedoch insgesamt relativ kalt (16–18 °C). Für **Trekking** in den Anden ist der Winter (Juni bis Oktober) die beste Jahreszeit, da von Juni bis August die wenigsten Niederschläge fallen. Je nach Höhenlage können die Temperaturen allerdings bis unter 0 °C sinken.

Im Amazonastiefland fallen im Januar und im Mai die meisten Niederschläge; guten Regenschutz sollte man hier immer parat haben. Die beste Reisegarderobe ist bequem, strapazierfähig und aus Naturfasern. Dennoch darf auch was Schickes für das lateinamerikanische Nachtleben auf keinen Fall fehlen.

Packen Sie bequeme Schuhe ein, mit denen Sie auch in das eine oder andere Restaurant gehen können. Bei Urlaubern wird lässige Kleidung akzeptiert, aber auf gepflegtes Äußeres großer Wert gelegt. »Hippie-Look« erweckt v. a. bei Polizisten und Beamten kaum Respekt.

Für eine Reise in den peruanischen Dschungel sind langärmelige Hemden und Hosen aus dicht gewebtem Material angesagt, denn sie bieten Schutz vor Insektenstichen.

Bergsteiger und Wanderer benötigen gute Wanderschuhe, warme Kleidung und eine vollständige Ausrüstung, denn Trekkingbedarf ist in Peru Mangelware. Olivgrüne Hosen und militärisch wirkende Jacken sollten Sie unbedingt vermeiden, denn nach den Zeiten des Guerillaterrors könnten Peruaner darauf empfindlich reagieren.

Reisegepäck

Was in Peru schwer zu bekommen ist, sollten Sie von zu Hause mitbringen, wie zum Beispiel Sonnenschutzcreme, Bücher, elektronische Geräte, Geldgürtel, Medikamente, Kosmetika.

Zoll

Für Reisende über 18 Jahren sind 400 Zigaretten (od. 2 Stangen) oder 50 Zigarren, 3 Flaschen alkoholische Getränke (max. 2,5 l), Geschenke in einem Gesamtgegenwert von max. 300 US-$ und Lebensmittel bis zu max. 2 kg abgabenfrei.
Bitte denken Sie daran, dass bestimmte Güter einem strengen Ausfuhrverbot unterliegen. Dabei handelt es sich um Gegenstände der präkolumbischen Kultur und künstlerische Objekte der Kolonialepoche wie Bilder, Silberwaren und Tongefäße .

Klima

Peru hat sowohl Trocken- als auch Regenzeiten, außer im Wüstenstreifen an der Küste, in dem es immer trocken ist. Das Klima der Küstengebiete wird durch den Humboldtstrom beeinflusst, eine nordwärts gerichtete kalte Meeresströmung. Die von Westen kommenden feuchten Luftströmungen erreichen das Land in der Regel als dichter Nebel. Am schlimmsten ist die so genannte »garúa« im Monat August bei Temperaturen von 13 bis 17 °C.

Klima und Reisezeit

Cusco

Lima

Tageshöchsttemperaturen
Nächtliche Tiefsttemperaturen
— Niederschlag

In Nasca, an den westlichen Abhängen der Anden gelegen, ist es das ganze Jahr über trocken und heiß, in den Zentralanden herrschen dagegen deutlich unterschiedlich feuchte Perioden. Die beste Jahreszeit in den Hochanden ist von Mai bis September, wegen des kristallklaren Blicks auf die Andengipfel. Doch können in den Nächten die Temperaturen dann bis unter 0 °C fallen. Von Oktober bis April ist das Wetter wärmer, aber feuchter, und die Anden liegen oft im Dunst.
Im Amazonasbecken dauert die Regenzeit von Januar bis April, dann besteht ständig Hochwasser- und Erdrutschgefahr. In der Trockenzeit (Mai–Okt.) regnet es oft wochenlang nicht, von einem täglichen kurzen Regenguss abgesehen.
Die Mitteltemperaturen am Tage reichen von 23 bis 32 °C, die Tiefsttemperaturen in der Nacht von 20 bis 26 °C. Dennoch können in den südlichen Regenwäldern, unerwartete Kaltfronten auftreten, die so genannten »friajes«, die aus südlicher Richtung kommen und für einige Tage Wind, Regen und Temperaturen bringen, die tags zwischen 13 °C u. 18 °C und nachts um 10 °C liegen.

Infoadressen

Vor der Reise

■ **Canatur,** c/o Generalkonsulat, Rossmarkt 14, 60311 Frankfurt/M., Tel. (069) 13 30 92-6, Fax 29 57 40

Spezialveranstalter in Deutschland
Fast alle Studienreiseveranstalter bieten organisierte Rundreisen an.
■ **Marco Polo Reisen GmbH,** Riesstr. 25, 80992 München, Tel. (0 89) 15 00 19 0, Fax 15 00 19 18, www.marco-polo-reisen.com
■ **Inca Travel,** Im Wiesgarten 11, 56357 Welterod, Tel. (0 67 75) 96 97 10, Fax 96 97 17. Spezialveranstalter für Trekking-/Abenteuertouren.

■ **Focus Tours,** Grenzstr. 10, 85221 Dachau, Tel. (0 81 31) 27 76 08, Fax 2 06 26, http://focus.tours.bei.t-online.de, E-Mail: focus.tours@t-online.de Spezialveranstalter für Foto- und Studienreisen mit kleinen Gruppen.
■ **WINDROSE Fernreisen Touristik GmbH,** Neue Grünstr. 28, 10179 Berlin, Tel. (0 30) 201 72 10, Fax 20 17 21 17, www.windrose.de
■ **Bergsteiger** können sich an die Auskunftsstelle des Deutschen Alpenvereins wenden: Praterinsel 5, 80538 München, Tel. (0 89)14 00 30, Fax 1 40 03 11, www.alpenverein.de

Im Land

Arequipa
■ **Oficina Turística,** Südseite der Plaza de Armas, Portal Municipal 110, Tel. (0 54) 22 12 28, tgl. 8.30–19.30 Uhr.

Cusco
■ **Información Turística,** Portal de Mantas 188, gegenüber der Kirche La Merced, Tel. 26 31 76, Mo–Fr 8–19, Sa 8–14 Uhr.
■ **PromPeru,** Av. Sol 103, Of. 102, Tel. (0 84) 23 44 98, tgl. 8.30–19.30 Uhr.

Iquitos
■ **Oficina de Turismo,** Napo 232, Pl. de Armas, Tel. (0 65) 23 61 44, tgl. 8.30-19.30 Uhr.

Lima
■ **PromPerú,** Jorge Chávez International Airport, Tel./Fax (01) 574-8000, E-Mail: iperulimaapto@promperu.gob.pe; tgl. 24 Std.
■ **PromPerú,** Calle Jorge Basadre 610, San Isidro, Tel. (01) 421-1627, Fax 421-1227, E-Mail: iperulima@promperu.gob.pe; Mo–Fr 8.30–18.30 Uhr.
■ **PromPerú,** Larcomar Entertainment Center, Module 14, Plaza Gourmet, Tel./Fax (01) 445-9400, E-Mail: iperulima@promperu.gob.pe; Mo–So 12–20 Uhr.

Im Internet

- www.embaperu.de
- www.peruonline.net
- www.peruline.de

Anreise

Flugzeug, Transport vom Flughafen

Ab Frankfurt/M. gibt es zurzeit keinen Direktflug nach Lima. Die besten Verbindungen bieten zurzeit. KLM über Amsterdam und Iberia über Madrid. Mit der VARIG fliegt von Frankfurt über São Paulo nach Lima (über 20 Std. Flugzeit).

Der Flughafen Jorge Chávez liegt rund 16 km außerhalb des Zentrums von Lima. Der Weg von und zum Flughafen in Lima wird am besten im Hotelbus zurückgelegt. Es stehen darüber hinaus genügend Taxis zur Verfügung, aber machen Sie sich auf Feilschen gefasst.

Eine Alternative ist der Airport Express, ein Pendelbusdienst im 20-Minuten-Takt von und nach Miraflores. Preis pro Pers. 6 US-$. Ab zwei Personen kommt ein Taxi wohl billiger.

Innerhalb Perus bestehen Verbindungen zu den Nachbarländern mit Lloyd Aero Boliviano, Aerolíneas Argentinas, LanPeru und Taca Peru.

Bei der Ausreise wird eine **Flughafengebühr** von 25 US-$ erhoben.

Bus

Überlandbusse verkehren zwischen Lima, Quito, Santiago de Chile und Buenos Aires. Oft schließen Tickets für solche Marathonfahrten Mahlzeiten und Übernachtungen ein. Eine Minibus-Linie verbindet La Paz (Bolivien) mit Puno am Titicaca-See. Die Anfahrt aus Ecuador ist gleichfalls direkt: Man nimmt einen Bus zur Grenze bei Huaquillas und geht über die Grenze nach Tumbes; dort wartet der Anschlussbus.

Lima

Verkehrshinweise

■ **Flugverkehr:** Gute nationale und internationale Verbindungen. Fluggesellschaften: **Air France,** José Pardo 601, Miraflores, Tel. 4 44 92 85, 4 44 93 13; **KLM,** José Pardo 805, Miraflores, Tel. 2 42 15 99, 2 42 12 41; **Lufthansa,** Jorge Basadre 1330, San Isidro, Tel. 4 42 44 55, Fax 4 40 56 44; **Lloyd Aero Boliviano,** José Pardo 231, Miraflores, Tel. 2 41 55 10; **Taca Peru,** Av. Comandante Espinar 331, Miraflores, Tel. 4 46 00 33; **Aero Cóndor,** Juan de Arona 781, San Isidro, Tel. 6 14 60 14, Fax 2 21 57 83, Linienflüge und Rudflüge über die Linien von Nasca; **STAR PERU,** Av. Jose Pardo 601, 11. St., Miraflores, Tel. 4 47 75 73, Fax 7 05 90 01; **LC Busre,** Los Tulipanes 218, Lince, Tel. 6 19 13 00, fliegt mit kleinen Maschinen nach Nordperu; **LanPerú,** Av. Los Incas 172, 8. St., San Isidro, Tel. 2 13 82 00, Fax 4 21 89 14.

■ **Bus/Taxi:** Eine Busfahrt in Limas Stadtgrenzen ist allenfalls eine reizvolle Kulturerfahrung. Den richtigen Bus in Limas Stadtgrenzen zu erwischen, ist ein Kunststück; danach gilt es, Gedränge und Taschendiebe zu überstehen. Eine Vielzahl privater Busunternehmen halten alle paar Sekunden an und fahren dann weiter – doch wozu der Ärger? Ein Taxi vom Zentrum Limas nach Miraflores kostet ca. 3–4 US-$.

Unterwegs in Peru

Mit Reiseveranstaltern

■ **South American Explorers' Club** (SAEC), Lima, Calle Piura 135, Miraflores, Tel./Fax (01) 445 3306, www.saexplorers.org. Erteilt die besten aktuellen Informationen rund um Individualreisen, Wandertouren und zur Sicherheitshinweise.

■ **Coltur,** Av. José Pardo 138, Miraflores, Tel. 2 41 55 51, Fax 4 46 80 73, www.coltur.com.pe Hilfsbereit und freundlich.

■ **Explorandes,** San Fernando 320, Miraflores, Tel. 445 05 32, Fax 4 45 86 83. Spezialist für Trekking und Dschungeltouren, deutschsprachig.

■ **Hada Tours,** Av. Dos de Mayo 529, Tel. 4 46 81 57, Fax 4 47 23 69. Profis mit langer Erfahrung.

Auf eigene Faust

Lima ist das Tor zum übrigen Land, obwohl Cusco und Iquitos ihre Flughäfen weiter ausbauen und Direktflüge dorthin geplant sind. Falls Ihre Zeit begrenzt ist, bietet Lima alle Möglichkeiten, um die Reise zu organisieren. Reservierungen oder Touren werden hier für Sie bestätigt, und Sie können ab Lima jedes größere Ziel direkt anfliegen.

Flugzeug

LanPeru dominiert den peruanischen Flugverkehr seit einigen Jahren und wickelt rund 70 % des Inlandflugverkehrs ab. Daneben versuchen sich noch die renommierte Taca Peru, Star Peru und Aero Condor zu behaupten. LC Busre fliegt nach Trujillo, Cajamarca und Tarapoto. Die Tochter der renommierten LanChile, LanPeru, bietet auch einen Airpass für fünf Strecken um 375 US-$ an, im Land sind die Tickets jedoch kaum teurer. Der Airpass kann nur in Europa gekauft werden. Informationen bei LanChile (s. S. 392).

Die peruanischen Fluglinien sind als unzuverlässig bekannt. Dies hat sich durch die Modernisierung und zunehmende Konkurrenz verbessert, dennoch sollte man auf Überraschungen wie Überbuchung, Flugstornierungen usw. gefasst sein. In Peru ist es notwendig, einen bereits bestätigten Flug nach 72 Stunden nochmals und 24 Stunden vor Abflug ein weiteres Mal zu bestätigen, sonst verschwinden Sie möglicherweise einfach aus dem Buchungssystem.

Bei Inlandflügen wird eine Flughafengebühr von ca. 6 US-$ erhoben.

Schiff

Von der schönen Bucht von Paracas fahren Schiffe zu den Ballestas-Inseln, Lebensraum von Seelöwen, Humboldt-Pinguinen und verschiedenen Seevögeln.

Ruhige Bootsausflüge starten von Puno über den Titicaca-See zu den Inseln Uros, Taquile und Amantani. Bei einer luxuriöseren Kreuzfahrt überquert ein Gleitboot den See nach Bolivien.

Im Dschungel des Amazonas ist ein Motorkanu das einzige Fahrzeug, mit dem man durch die schlammigen Flusswindungen gelangt.

Bahn

Die britische Orient-Express-Gruppe hat so den Zugverkehr von und nach Cusco übernommen und völlig reorganisiert.

Nach Machu Picchu gibt es ab Cusco täglich mehrere Züge, die zwischen 30 und 100 US-$ (hin und zurück) kosten. Auch am einzigen Halt unterwegs, in Ollantaytambo, kann man zu- oder aussteigen, ab hier werden bei Bedarf auch zusätzliche Züge eingesetzt.

Hinweis: Der lokale Zug ist den Einheimischen vorbehalten und darf von Touristen nicht benutzt werden! Nach Puno und Arequipa gibt es über Juliaca drei bis vier Verbindungen pro Woche, der Fahrplan ändert sich jedoch ständig. Bei zu geringer Nachfrage werde Züge auch kurzfristig gestrichen. Am besten erkundigt man sich vor jeder Fahrt.

Zuginformationen:

■ Verbindung **Machu Picchu:** Calle Santa Clara, Tel. 23 87 22; Verbindung **Puno/Arequipa:** Avenida Pachacutec, Tel. 22 19 92.

Bus

Zwar bevorzugen die meisten Reisenden für größere Strecken das Flugzeug, doch sind Überlandreisen nicht immer so schwer, wie man es sich vorstellt. Die **Panamericana** und die Strecken von der Küste nach Huaraz, Cusco und Juliaca sowie von Cusco nach Puno sind z. B. durchgehend geteert und werden von bequemen Reisebussen befahren. In den Anden sind die Straßen dagegen häufig ungeteert, die Qualität der Busse ist akzeptabel bis bedenklich. Bei Rucksacktouristen sind sie trotzdem beliebt. Zwei Busgesellschaften verbinden alle Landesteile, meist mehrmals täglich:

■ **Ormeño,** Carlos Zavala 177, Lima, Tel. 4 27 56 79.
■ **Cruz del Sur,** Jr. Quilca 531, Lima, Tel. 4 24 10 05; und Av. Javier Prado Este 1109, San Isidro, Tel. 2 25 61 63.
■ Nach Huaraz, ca. 8 Std. Fahrt: **Móvil Tours,** Jr. Montevideo 581, Lima, Tel. 4 26 27 27.
■ Nördliche Küstenstädte bis Tumbes: **Transporte Piura,** Montevideo 801, Lima.
■ Nach Ica und Nasca: **Señor Luren,** Av. Abancay 1165, Tel. 4 28 06 30.
■ Nach Huancayo und Yauya: **Mariscal Caceres,** Av. Carlos Zavala 211, Lima, Tel. 4 27 28 44.

Mietwagen und Taxi

Bestimmte Gebiete lernt man am besten mit dem Auto kennen. Gute **Leihwagen** bekommt man bei den u. a. Adressen (Flughafenbüros haben meist rund um die Uhr geöffnet). Benötigt werden Internationaler Führerschein und Kreditkarte.

■ **National Car Rental,** Av. España 449, Lima, Tel. 4 33 37 50, Fax 4 33 68 76, Mo–Fr 8.30–17.30 Uhr. Am Flughafen 24 Std., Tel. 5 75 11 11.
■ **Budget,** Av. Canaval y Moreyra 569, San Isidro, Tel. 4 42 87 03, 4 42 87 06, Fax 4 41 41 74. Flughafenbüro, Tel. 5 75 16 74. Durchgehend geöffnet.

Peruanische **Taxis** haben keinen Taxameter, man verhandelt einfach über den Preis – am besten, bevor man einsteigt. In Lima können Sie ein Taxi im Hotel bestellen; das ist zwar teurer, aber sicherer, vor allem, wenn Sie wenig Spanisch sprechen oder nicht gerne feilschen.

Funktaxis können über Telefon bestellt werden, z. B.:

■ **Taxi Móvil,** Tel. 4 22 71 00 bzw. 4 22 68 99.
■ **Taxi Amigo,** Tel. 3 49 01 77.

Infos von A–Z

Banken

Banken haben im Sommer (Januar bis März) 9–12.30 Uhr Kundenverkehr, den Rest des Jahres sie auch nachmittags 15–18 Uhr geöffnet. Während Wechselstuben (»casas de cambio«) von 9–18 Uhr geöffnet haben, sind Geldwechsler immer unterwegs.

Feiertage

■ 1. Januar: **»Año Nuevo«**
■ **Karfreitag** (»Viernes Santo«) im März/April
■ 1. Mai: **Tag der Arbeit** (»Día del Trabajo«)
■ 29. Juni: **St.-Peters-Tag**
■ 28./29. Juli: **Unabhängigkeitstage Perus**
■ 15. August: **Mariä Himmelfahrt** (»Virgen de la Asunción«)
■ 30. August: **Tag der Hl. Rosa von Lima** (»Santa Rosa de Lima«)
■ 9. Oktober: **Tag der Nationalen Würde** (»Día de la Dignidad Nacional«)
■ 1. November: **Allerheiligen** (»Día de Todos los Santos«)
■ 8. Dezember: **Unbefleckte Empfängnis**
■ 25. Dezember: **Weihnachten** (»Navidad«).

Maßeinheiten

Elektrizität: 220 Volt/60 Hertz (in Arequipa 50 Hertz). Größere Hotels haben für Rasierapparate Steckdosen mit 110 Volt in den Bädern. Es gilt das metrische System.

Öffnungszeiten

Die meisten Geschäfte sind Mo–Fr 10–20 Uhr geöffnet, Mittagspause ist zwischen 13 und 16 Uhr.
Hauptpostamt in Lima: s. u.
Amt der Peruanischen Telefongesellschaft, Plaza San Martín, Lima: Mo–Sa 9–21 Uhr.
Fremdenverkehrsamt und South American Explorers' Club: Mo–Fr ab 9 bis ca. 17 Uhr.
Sonntags ist fast alles geschlossen.

Post

Beim Hauptpostamt in Lima können Sie postlagernde Sendungen (»lista de correos«) abholen und, nach kurzem Papierkrieg, genehmigte Pakete nach Hause schicken.
■ Kunden von American Express können sich Post an **Amex,** c/o Lima Tours, Pardo y Aliaga 698, San Isidro, schicken lassen.
■ **Hauptpostamt in Lima** (»Serpost«): Conde de Superunda 170, Tel. 4 27 85 31, 4 27 88 76, Mo–Sa 8.15–12, 14–19.30, So 8–12 Uhr.
Postämter in anderen Bezirken:
■ **Postamt Miraflores,** Petit Thouars 5200, Tel. 4 45 06 97, geöffnet: Mo–Fr 8–20 Uhr, So 8.30–14.30 Uhr.
■ **Postamt San Isidro,** Libertadores 325, Tel. 4 40 07 97, Mo–Fr 8–19, Sa 8–14 Uhr.
■ Kurierservice für wichtige Sendungen: **DHL Internacional,** Los Castaños 225, San Isidro, Tel. 2 15 75 00.

Rundfunk und Fernsehen

Rundfunk und Fernsehen spielen als Mittel der Information eine große Rolle, da die Analphabetenrate sehr hoch ist. Ausländische Produktionen nehmen den größten Teil der Sendezeit ein, v. a. die aus USA. Auch Seifenopern (»telenovelas«) anderer lateinamerikanischer Länder werden häufig gezeigt.
In Lima gibt es über 30 Radiostationen, im ganzen Land sind es über 200. Fast alle Radiosender sind in privaten Händen. Die meisten Radiosender strahlen nordamerikanische Popmusik aus, manche bringen auch Werbung und Nachrichten auf Quechua.

Souvenirs

In Lima, wie auf den vielen Straßenmärkten im Lande, wird wertvolles Kunsthandwerk angeboten, vor allem Gold- und Silber- sowie Kupferarbeiten, Lederwaren und prächtige peruanische Textilien wie Alpaka-Pullover und Webteppiche. Viele Urlauber werden darüber hinaus Nachbildungen präkolumbischer Keramik als Andenken schätzen. Traditionelle Handwerkerzeugnisse wie Schmuck und Gebrauchsgegenstände (Körbe, Schüsseln) sind beliebte Souvenirs aus den Dschungelgebieten.
■ Die günstigsten Geschäfte macht man auf den **Märkten.** Einer der Indianermärkten in Lima, der **Mercado Artesanal,** wird in der Avenida La Marina abgehalten. Die hier angebotenen Waren sind von sehr unterschiedlicher Qualität.
■ In Kunstgewerbe läden, den sog. **artesanías,** in Lima und anderen Städten finden Sie eine reiche Auswahl des peruanischen Kunsthandwerks.
■ Es gibt eine besonders gute Adresse für Qualitätserzeugnisse (Alpakawaren, Schnitzarbeiten, Zinngegenstände, Silber- und Türkisschmuck etc. aus ganz Peru). Sie lautet:

Artesanías del Perú, Avenida Jorge Basadre 610 in San Isidro, Tel. (0 14) 22 88 47. Hier können Sie zwar nicht, wie auf den Märkten, feilschen, aber trotzdem recht günstig einkaufen.
Außerdem sind zu empfehlen:
■ **Antisuyo,** Jiron Tacna 460, Miraflores, Tel. (014) 47 25 57 (Handwerk der Amazonasindianer).
■ **Silvania Prints** (Kleidung und Gebrauchsgegenstände mit peruanischem Musterdruck), Diez Canseco 376, Miraflores, Mo–Sa 10–21 Uhr.
■ Die besten Läden für Gold- und Silberwaren finden Sie in der Straße Jirón de la Unión: z. B. **Casa Welsch,** Nr. 498, **Murguia,** Nr. 553, und **Johari,** Nr. 851, sowie in San Isidro: **Cabuchón,** Libertadores 532.
■ Die großen Hotels haben z. T. exklusive Schmuck- und Kunsthandwerkgeschäfte. Im Hotel Sheraton ist eine Filiale des herausragenden Juweliers **H. Stern** ansässig.

Englischsprachige Bücher können Sie in vielen Buchläden erstehen:
■ **South American Explorers' Club** (Südamerikabibiliothek, Reiseliteratur), C. Piura 135, Miraflores.
■ Die Kette von **ABC-Buchhandlungen** in Lima (Zeitungen, Zeitschriften, Reiseführer und internationale Unterhaltungsliteratur).
■ **The Lima Times** (Bücher über Peru), Carabya 928, 3. Stock.
■ **Librería Germinal,** Pasaje Tarata 181, Miraflores.

Telefonieren, Fax

Telefonieren und faxen kann man in allen Städten von den Büros der Telefongesellschaft, in Lima:
■ **Telefónica del Perú,** Jr. Augusto Wiese 937, Ecke Plaza San Martin, tgl. 8–22 Uhr; Pasaje Tarata 280, Miraflores, tgl. 7.30–21 Uhr.

Internationale Gespräche kann man auch von allen Telefonzellen führen,

in Lima von Telefónica und Bell South, in der Provinz nur von Telefónica. Die Zellen können mit Münzen und Telefonkarten benützt werden. Telefonkarten erhält man in vielen Läden und bei Straßenhändlern. R-Gespräche sind nicht möglich.
Kabinen mit Internetzugang und E-Mail sind unter folgender Adresse zu finden:
■ **Interaxis,** Calle Tarata 277, Miraflores, Tel. 2 42 15 96, 4 47 83 36, täglich 8–22 Uhr.

Handys

In Peru wird ein Triband-Netz, GSM 1900, verwendet.

Trinkgeld

In besseren Restaurant ist ein Service-Zuschlag von ca. 10 % üblich, je nach Zufriedenheit wird aufgerundet. Die Steuer von 18 % ist normalerweise im Preis inbegriffen.
Steuer und Bedienungsaufschlag werden in preiswerten Restaurants und billigen Hotels häufig nicht berechnet. Dies sollte man vor allem in den preiswerten Restaurants berücksichtigen und die Rechnung entsprechend großzügig aufrunden.

Zeit

Der Unterschied zu MEZ beträgt minus sechs, zur mitteleuropäischen Sommerzeit minus sieben Stunden.

Zeitungen

Alle wichtigen Zeitungen des Landes erscheinen in Lima. Dazu zählen **La Prensa, La República, El Comércio** und **Expreso.** Das empfehlenswerte englischsprachige Magazin **The Lima Times** wird monatlich publiziert. Internationale Presse erhält man gelegentlich in guten Buchhandlungen. Deutsche Zeitungen liegen im Goethe-Institut (Lesesaal) in der Nazca 111 aus.

Notfälle

Sicherheit, Kriminalität

Mit den Städten Perus ist auch die Kleinkriminalität gewachsen. Die Zahl der Betrüger und **Taschendiebe** wird vor allem in Lima und Cusco immer größer.
Touristen sollten keinen kostbaren Schmuck tragen und ihre Armbanduhren unter einem langärmeligen Hemd oder Pullover verstecken. Begehrtes Diebesgut sind Taschen und Rucksäcke, die den Eigentümern bevorzugt auf belebten Plätzen und Straßen entrissen werden.
Äußerst riskant sind Besuche der **Armenviertel** (»pueblos jóvenes«) in den Randgebieten der Städte.
Die Behörden warnen davor, sich mit Leuten abzugeben, die an der Hotelzimmertür klopfen, Sie in der Lobby des Hotels oder auf der Straße ansprechen und angeblich von einem Reisebüro kommen.
Bedenken Sie, dass **Drogenhandel** als schweres Delikt mit hohen Haftstrafen geahndet wird.
Reisen Sie möglichst nicht allein und nach Einbruch der Dunkelheit. Verzichten Sie darauf zu trampen. Wählen Sie für Überlandfahrten nur bekannte Busunternehmen und sorgen Sie dafür, dass Sie sich immer ausweisen können.
Da sich die Sicherheitslage bzgl. Terroraktivitäten laufend verändert, sollten Sie sich vor Antritt der Reise genau über die Gebiete erkundigen, die gegebenenfalls unter Ausnahmerecht stehen.
Abenteuertouren und **Bergwanderungen** sollten nur in größeren Gruppen und in Begleitung eines ortskundigen und ausgebildeten Bergführers durchgeführt werden. Generell ist es empfehlenswert, bei längeren Touren an einer zentralen Stelle stets den ungefähren Aufenthaltsort sowie eine Kontaktadresse in Deutschland zu hinterlegen.
Verfolgen Sie vor der Abreise die Nachrichten, erkundigen Sie sich bei Ihrer Botschaft in Peru, bei Ihrer

Diplomatischen Vertretung Perus vor Ort (s. u.) bzw. beim South American Explorers' Club in Lima.
Die Guardia Civil hat einen speziellen **Sicherheitsdienst** für Touristen eingerichtet. Diese Touristenpolizei ist an den weißen Schulterklappen zu erkennen. Ihre englisch sprechenden Beamten helfen Touristen gerne, wenn sie Probleme haben. Sie finden sie überall in Lima, besonders im Zentrum.
■ **Touristenpolizei** in Lima:
Museo de la Nación,
Avenida Javiér Prado Este 2467,
5. Stock, San Borja,
Tel. (01) 4 76 98 96.

Es ist ratsam, bei Polizei- und **Militärkontrollen** stets nach dem Ausweis des Beamten zu fragen, damit Sie sicher sind, dass es sich nicht um Betrüger handelt.

Notrufnummern

Bei Überfällen, Unfällen, Verhaftungen etc. stehen außerdem folgende Stellen zur Verfügung:
■ Polizeinotruf: 105
■ Feuer- und Unfallnotruf: 116
■ Streifendienst: 4 33 33 33
■ Dirección contra el Terrorismo (DINCOTE) – Terorrismusbekämpfung und Entführung – Tel. 4 33 38 33/4, 4 33 98 61
■ **24-Stunden-Notruf für Touristen:**
(01) 2 24 78 88, 574 80 00;
von den nicht-öffentlichen Apparaten auch: (0800) 4 25 79

Diplomatische Vertretungen

Deutschland
■ Botschaft: Lima 18, Miraflores, Avenida Arequipa 4202–4210, Tel. (01) 442 49 19, 442 46 87, Fax 422 64 75.
Postadresse: Embajada de la República Federal de Alemania, Apartado 18–0504, Lima 18.
■ Honorarkonsulate in Arequipa, Cusco, Iquitos, Piura und Trujillo.

Österreich

■ Botschaft: San Isidro, Avenida Central 643, Tel. (01) 4 42 05 03, Fax 4 42 88 51. Postadresse: Apartado 853, Lima 100.

Schweiz

■ Botschaft: Lima 27, San Isidro, Avenida Salaverry 3240, Tel. (01) 2 64 03 05, Fax 2 64 13 19. Postadresse: Apartado 378, Lima 100.

Medizinische Versorgung

Folgende Krankenhäuser unterhalten rund um die Uhr einen Notdienst, in jeder Schicht spricht ein Arzt Englisch.
■ **Clínica Anglo-Americana,** Alfredo Salazar cuadra 3, San Isidro, Tel. 2 21 36 56, 2 21 22 40.
■ **Clínica Internacional,** Washington 1475, Lima, Tel. 4 33 43 06.
■ **Clínica San Borja,** Av. Guardia Civil 337, San Borja, Tel. 4 75 40 00, 4 75 31 41, 4 75 49 97.
■ **Emergency Hospital Casimiro Ulloa,** Av. República de Panamá 6355, San Antonio, Miraflores, Tel. 4 45 50 96, 4 45 85 44.
■ Empfohlen wird der deutschsprachige Arzt Dr. Manfred Zapff-Dammert, Av. Monte Grande 109, Oficina 208. Als Zahnarzt wird auf Dr. Victor Manuel Aste (Antero Aspillaga 415, of. 101, San Isidro, Tel. 4 41 75 02) verwiesen, er spricht Englisch.

Gesundheitliche Probleme

Schnell hat man eine Magenverstimmung und Durchfall, verursacht durch ungewohnte Nahrung, verschmutztes Wasser oder unsaubere Sanitäranlagen.
Reisenden wird daher dringend empfohlen, nur Wasser aus Flaschen zu trinken und Essen nicht auf der Straße zu kaufen.

Literaturtipps

■ **Polyglott APA Guide Peru.** Polyglott: München 2001.
■ **Polyglott on tour Peru.** Polyglott, München 2004.
■ Bryce Echenique, Alfredo: **Küss mich, du Idiot.** Suhrkamp, Frankfurt, 2000.
■ Busch, Oskar E.: **Peru für Trekker und Bergsteiger. 56 Wanderungen und 11 Bergbesteigungen in den peruanischen Anden.** Bergverlag Rother: München 1991.
■ Froidl, Hermann J.: **Inkatrail und Königskordillere. Wandern und Bergsteigen in Peru und Bolivien.** Froidl Verlag: München, 1991.
■ Rodriguez, César: **Elend und Gewalt,** Fischer TB, Frankfurt 1995.
■ Rohrbacher, Carmen: **Botschaften im Sand.** Reisen zu den rätselhaften Nazca-Linien, Goldmann-TB, München, 1995.
■ Shakespeare, Nicholas: **Die Vision der Elena Silves.** Roman. Rowohlt: Reinbek, 1993.
■ Stierlin, Henri: **Die Kunst der Inka.** Taschen: Köln, 1994.
■ Vargas Llosa, Mario: **Das grüne Haus.** Suhrkamp: Frankfurt/M., 1992; **Der Hauptmann und sein Frauenbataillon.** Suhrkamp: Frankfurt/M., 1989; **Lob der Stiefmutter.** Suhrkamp: Frankfurt/M., 1995; **Tante Julia und der Kunstschreiber.** Suhrkamp: Frankfurt/M., 1995; **Wer hat Palomino Molero umgebracht?** Suhrkamp: Frankfurt/M., 1993; **Tod in den Anden.** Suhrkamp, Frankfurt/M. 1996; **Geschichtenerzähler.** Suhrkamp: Frankfurt/M., 1995. **Das Fest des Ziegenbocks.** Suhrkamp: Frankfurt/M., 2002.
■ Wilder, Thornton: **Die Brücke von San Luis Rey.** Fischer: Frankfurt/M., 1995.

Suriname

Landeskunde

Klima

Das Klima ist tropisch und feucht. Extrem heiß wird es jedoch nicht, da es durch Passatwinde gemildert wird. Die jahreszeitlichen Temperaturunterschiede sind gering (im Tiefland 26–29 °C), die Mitteltemperaturen im Küstengebiet liegen zwischen 23 °C und 31 °C.
Die jährlichen Niederschlagsmengen nehmen von 1500–2000 mm an der Küste auf 2500 mm im Landesinneren zu. Man unterscheidet folgende Regenzeiten: kürzere Regenzeit von November bis Februar, kürzere Trockenzeit von Februar bis April, große Regenzeit von April bis August und große Trockenzeit von August bis November.

Pflanzen- und Tierwelt

Siehe Guyana, S. 403.

Steckbrief Geographie und Bevölkerung
■ **Fläche:** 163 270 km^2
■ **Hauptstadt:** Paramaribo
■ **Nachbarn:** Guyana im Westen, Französisch Guayana im Osten, Brasilien im Süden
■ **Küste:** Atlantikküste im Norden
■ **Einwohnerzahl:** 490 000
■ **Landessprache:** Amtssprache ist Niederländisch. Die autochthone Sprache Sranan Tongo ist lingua franca und wird von allen Bevölkerungsgruppen verstanden. Englisch wird ebenfalls gesprochen.
■ **Religion:** rund 45 % Christen, 27 % Hindus und 20 % Muslime

Reiseplanung

Botschaften & Konsulate

■ **In Deutschland:** Honorargeneralkonsulat der Republik Suriname, Adolf-Kolping-Straße 16, 80336 München, Tel. (0 89) 55 33 63, Fax 59 70 64, geöffnet Mo–Fr 8–12 Uhr.
■ **In Holland:** Generaal Consulaat v/d Republiek Suriname, De Cuserstraat 11, NL 1081 CK Amsterdam, Tel. (00 31 20) 6 42 61 37, Fax 6 46 53 11. Für Visaanträge zuständig.

Reisedokumente

Reisende aus Deutschland und Österreich benötigen einen gültigen Reisepass und ein Visum. Besucher aus der Schweiz brauchen für die Einreise kein Visum mehr.
Für einen Visumsantrag benötigt man zwei Passbilder und ein Antragsformular in zweifacher Ausfertigung. Zudem muss noch eine Gebühr beigefügt werden, die 30 US-$ beträgt (Stand: Ende 2002).
Antragsformulare und Visa erhält man am einfachsten im Generalkonsulat Surinams in Amsterdam (Adresse s. o.). Visa werden nur für einen einmaligen Besuch bis maximal drei Monate erteilt.
Die Konsulate von Suriname in Georgetown und Cayenne stellen Visa innerhalb weniger Tage oder auch am selben Tag aus.
Bei der Einreise erhält der Pass einen Stempel mit der Zeitspanne, die man im Land bleiben darf (normalerweise 7–10 Tage). Wenn Sie einen längeren Aufenthalt planen, suchen Sie so bald wie möglich die Ausländerbehörde in Paramaribo auf: Immigration Office, van't Hogerhuystraat, Nieuwe Haven.

Impfungen, Krankenversicherung

Im gesamten Land besteht ganzjährig ein hohes Malariarisiko. An der Küste ist das Risiko geringer. In Räumen ohne Klimaanlage und ohne Fensterglas sollte man unter einem Moskitonetz schlafen.
In manchen Küstengebieten besteht ein Bilharziose-Risiko – Vorsicht beim Baden in Seen und Flüssen! Eine Impfbescheinigung gegen Gelbfieber wird von allen Besuchern verlangt, die aus Infektionsgebieten einreisen. Impfungen gegen Hepatitis A und Typhus werden empfohlen. Überprüfen Sie, ob Auffrischungen gegen Tetanus, Diphterie und Polio notwendig sind. Der Abschluss einer Reisekrankenversicherung wird dringend empfohlen.

Geld

Nach der erfolgten Währungsreform ist die **Landeswährung** der Suriname-Dollar (SRD). Im Mai 2006 erhielt man für 1 Euro ca. 3,50 SRD. Bezahlen muss an in der Regel bar; Schecks werden nicht akzeptiert. Die Inflationsrate ist hoch, und es ist schwierig, Suriname-Dollar im Ausland zu kaufen. Als Devisen sind US-$ empfehlenswert. Auch € kann man jederzeit in Banken wechseln. Am besten tauscht man einen geringen Betrag am Flughafen und alle weite-

ren Beträge, die man unterwegs benötigt, in den Banken.

American-Express-**Kreditkarten** werden in den meisten größeren Hotels, Restaurants und Läden akzeptiert.
Vergewissern Sie sich, dass Sie bei der Abreise keine Suriname-Dollar mehr übrig haben, da die Währung außerhalb des Landes nicht akzeptiert wird.

Reisezeit, Kleidung

Die beste Reisezeit ist zwischen Dezember und April.
Außer bei formellen Anlässen ist legere leichte Kleidung angemessen, Shorts werden jedoch nicht getragen. Frauen sollten bei Reisen ins Landesinnere auf zu knappe Kleidung verzichten. Badekleidung ist nur am Strand oder am Pool angebracht. Eine luftdurchlässige Regenkleidung ist vor allem während der Regenzeit sehr vorteilhaft.

Zoll

Folgende Artikel können zollfrei nach Suriname eingeführt werden: 400 Zigaretten oder 100 Zigarren oder 200 Zigarillos oder 500 g Tabak, 2 l Spirituosen, 4 l Wein, 50 g Parfüm, 1 l Eau de toilette. Persönliches Gepäck ist duty free.
Die Ein- und Ausfuhr der Landeswährung ist auf 100 Sf begrenzt. Die Einfuhr von Fremdwährungen ist unbegrenzt.

Steckbrief Politik, Wirtschaft und Verwaltung (siehe auch S. 130)
■ **Staatsform:** seit 1987 eine Präsidialrepublik
■ **Staatsorgane:** Präsident, Nationalversammlung mit 51 Abgeordneten
■ **Verwaltungseinheiten:** 10 Bezirke, einer davon ist die Hauptstadt
■ **Wichtigste Exportgüter:** Bauxit, Aluminium, Palmöl, Garnelen, Fisch und Bananen

Infoadressen

Im Land

Paramaribo

■ **Suriname Tourism Foundation,** PO Box 656, Dr. JF Nassylaan 2, Tel. 41 03 57, Fax 47 77 86, E-Mail: stsur@sr.net

■ **Suriname Tourism Department,** Ministry of Transport, Communication and Tourism, PO Box 656, Tel. 47 11 63, Fax 51 05 55.

■ Informationen über Naturparks erhalten Sie bei der Naturschutzorganisation **Stinasu,** Jongbawstraat 14, Tel. 47 58 45, 47 65 97, PO Box 436, Paramaribo.

Im Internet

■ www.sr.net (Niederländisch)
■ www.surinametourism.com (Englisch)
■ www.parbo.com (Englisch, Infos über die Hauptstadt)

Anreise

Flugzeug, Transport vom Flughafen

Der internationale Flughafen **John Adolf Pengel** liegt 47 km südlich von Paramaribo. Ins Zentrum gelangt man mit Minibussen oder mit dem Taxi.
Es bestehen keine direkten Flugverbindungen von Frankfurt/M., Wien oder Zürich.
Alle europäischen Verbindungen gehen über Amsterdam. Suriname Airways fliegt in Kooperation mit KLM/ALM viermal wöchentlich von Amsterdam, von Miami, Belém (Brasilien) und Port of Spain (Trinidad) je dreimal wöchentlich, von Curaçao und Georgetown je viermal die Woche und von Cayenne tgl. außer Sa.

Ab Brüssel fliegt die belgische Airline City Bird sonntags nach Paramaribo.
Viele Reisende fahren nach Cayenne, um von dort aus die günstigen Air France-Tickets nach Europa zu nutzen.
Bei der **Ausreise** muss am Flughafen eine **Gebühr** von 10 US-$ zuzüglich einer Terminalgebühr von 5 US-$ bezahlt werden.

Schiff

Der wichtigste internationale Hafen ist Paramaribo. Er wird von Portsmouth (GB) und Flushing in den Niederlanden aus angelaufen. Verbindungen bestehen zwischen den Küstenhäfen sowie mit Frachtschiffen in die Niederlande und nach Deutschland.
Fähren verkehren regelmäßig über die Flüsse Suriname und Marowijne (Maroni) nach St. Laurent de Maroni in Französisch Guayana sowie über den Corantijn nach Springlands in Guyana.

Bus

Straßenverbindungen bestehen von Guyana und Französisch Guayana aus.

Unterwegs in Suriname

Flugzeug

Flugverbindungen bestehen zweimal wöchentlich von Paramaribo nach Nieuw Nickerie. Suriname Airways, Gum-Air (Tel. 49 88 88) und ITA unterhalten Verbindungen ins Landesinnere zu vielen indianischen Dörfern. Inlandflüge sind begrenzt.
■ **Suriname Airways,** Dr. Sophie Redmondstraat 219, Tel. 43 27 00, Fax 43 47 23.

Schiff

Tagsüber befahren zahlreiche Fähren die Flüsse.
■ Die **Suriname Navigation Co.** (SMS) fährt täglich ab 7 Uhr auf dem Cornmewijne – eine nette, vierstündige Fahrt. Eine Fähre der SMS fährt Mi, Fr, Sa und So um 7 Uhr nach Allianz/Reynsdorp. SMS bietet auch Fahrten auf den Flüssen Wayombo und Cottica an.

Bus

Busse verkehren auf der Küstenstraße, sind allerdings wenig komfortable Transportmittel.

Auto

Im Landesinneren gibt es keine großen Straßen, außer der Ost-West-Landstraße von Albina bis Nieuw Nickerie. Die Küstenregionen kann man auch mit dem Taxi befahren.
Mietwagen sind in Paramaribo bei City Taxi, Purperhart, Kariem und Intercar erhältlich.
Alle Führerscheine werden akzeptiert; verlangt wird ein Stempel der lokalen Polizei und eine Anzahlung. Es herrscht **Linksverkehr.**

Infos von A–Z

Banken

Öffnungszeiten: Mo–Fr 9–14 Uhr. Die Bank am Flughafen ist bei An- und Abflug der Flugzeuge geöffnet.

Feiertage

■ 1. Januar: **Neujahrstag**
■ April: **Ostern**
■ 1. Mai: **Tag der Arbeit**
■ 1. Juli: **Tag der Nat. Einheit**
■ 25. Nov.: **Unabhängigkeitstag**
■ 25./26. Dezember: **Weihnachten**

Die **islamischen Feiertage** sind nach dem Mondkalender berechnet und verschieben sich daher von Jahr zu Jahr:
- **Phagwa** (März oder April, hinduistischer Neujahrstag)
- **Id Ul Fitr** (Ende des Ramadan)
- **Id Ul Azah**
- **Youm un Nabi**
- **Deepavali** (normalerweise im November).

Maßeinheiten

Elektrizität: 110/227 Volt/60 Hertz. Als Stecker werden die auch in Europa üblichen verwendet.
Es ist das metrische System gebräuchlich.

Öffnungszeiten

Geschäfte und Behörden haben in der Regel von Mo–Fr 9–16.30, Sa 9–13 Uhr geöffnet.

Post

Die Post in Suriname ist schnell und zuverlässig. Luftpost nach Europa ist bis zu einem Monat unterwegs, in die Niederlande etwa eine Woche.
Briefe müssen auf dem Postamt frankiert werden (Briefmarken sind nicht erhältlich).
Bei Postkarten gibt es eine Besonderheit: Sie kosten nur dann weniger als Briefe, wenn der Gruß nicht mehr als fünf Wörter hat.

Rundfunk, Fernsehen

Radio Zon sendet um 18 Uhr Nachrichten in englischer Sprache.
Es gibt drei **Fernsehstationen:** ATV, STVS und Apintie.
Alle Fernsehprogramme werden in Niederländisch gesendet, manche auch in Sarnami (lokaler Dialekt des Hindi), Javanisch und Sranan Tongo.

Souvenirs

Beliebte Mitbringsel sind Holzschnitzereien, Hängematten, verzierte Flaschenkürbisse, Geflochtenes aus Palmblättern, Schmuck und Keramik.

Telefonieren, Fax, Telegramm

Internationale Telefonkarten erhalten Sie bei der lokalen Telefongesellschaft TeleSur, Heiligenweg 1, Paramaribo, Tel. 47 42 42, geöffnet Mo–Fr 7–15 Uhr.
Es gibt keine Ortsnetzkennzahlen. Telegramme und Faxe können von Telesur-Stellen geschickt werden.
- **Landesvorwahl** von Suriname: 00597.

Handys

In Suriname wird das GSM 900 Mobilfunknetz von NV ICMS betrieben. Der Empfangsbereich beschränkt sich auf Paramaribo.

Trinkgeld

Wenn die Restaurantrechnung keine 10 % Bedienungszuschlag enthält, ist es üblich, diesen Betrag zu hinterlassen. Taxifahrer erwarten kein Trinkgeld.

Zeit

Suriname ist vier Stunden hinter der mitteleuropäischen Zeit zurück.

Notfälle

Sicherheit, Kriminalität

Wenn Sie ins Landesinnere reisen, sollten Sie sich in der Hauptstadt nach der Sicherheit in dem entsprechenden Gebiet erkundigen.
In Paramaribo kommt es zunehmend zu Straßenüberfällen – daher keine wertvollen Kameras und Schmuck auffällig bei sich tragen. Nachts das Stadtzentrum und die Gegend um den Markt meiden.

Notrufnummern
- Polizei: 115 oder 47 11 11, 77 77, 31 01
- Feuerwehr: 47 33 33, 49 11 11, 45 11 11
- Erste Hilfe: 49 99 33

Diplomatische Vertretungen

Deutschland, Österreich und die Schweiz unterhalten keine diplomatischen Vertretungen in Suriname.
- Für Deutschland ist die Botschaft in Port of Spain/Trinidad zuständig, Tel. (001 868) 628 16 30/32, Fax 628 52 78.
- Für Österreich und die Schweiz die Botschaft in Caracas (s. S. 435).

Medizinische Versorgung

In Paramaribo gibt es fünf gut ausgestattete Krankenhäuser, das beste ist St. Vincentius. Auch in abgelegenen Gebieten ist medizinische Versorgung gewährleistet.

Gesundheitliche Probleme
Schwimmen Sie nur in fließenden Gewässern wegen der giftigen Fische. Gut baden kann man in den Flüssen Marowijne und Coppename sowie am Matapica Strand.
Leitungswasser sollte selbst in der Hauptstadt sterilisiert werden; zum Trinken wird abgefülltes Wasser empfohlen.

Uruguay

Landeskunde

Klima

Uruguay liegt in der gemäßigten Zone, d. h. das Klima ist wechselhaft bei milden Temperaturen. An der Küste kann das Thermometer im Sommer (Jan.–März) über 30 °C steigen, die beständige atlantische Brise sorgt jedoch für Kühlung. Im Winter (Juni bis August) fällt etwas mehr Regen als im Sommer und es kann unangenehm nasskalt werden. Wirklich extreme Temperaturen sind jedoch auch im sanft hügeligen Landesinneren kaum zu erwarten.

Pflanzen- und Tierwelt

Die weiten Grasflächen Uruguays mit Streifen lichter Bewaldung erinnern an europäische Parklandschaften. Die idealen Bedingungen für die Viehzucht werden auch dementsprechend genutzt. So wurde die Yata-Palme, die einst ganze Landstriche überzog, zu Gunsten von Viehweiden zurückgedrängt. Neben Rinderherden bevölkern zahlreiche Wildtiere wie Füchse, Wildschweine, Pampa-Strauße und Gürteltiere die Hügelketten und Savannen.

Steckbrief Politik, Wirtschaft und Verwaltung
(siehe auch S. 311–313)
- **Staatsform:** seit 1967 eine Präsidialrepublik
- **Staatsorgane:** Präsident, Abgeordnetenhaus, Senat
- **Verwaltungseinheiten:** 19 Verwaltungsbezirke (Departamentos)
- **Wichtigste Exportgüter:** Fleisch, Wolle, Getreide, Textilien, Felle, Leder und Fischprodukte

Reiseplanung

Botschaften & Konsulate

- **In Deutschland:** Botschaft der Republik Uruguay, Budapester Str. 39, 10787 Berlin, Tel. (0 30) 2 63 90-16, Fax 2 63 90-170, E-Mail: urubrande@t-online.de General- bzw. Honorarkonsulate in Düsseldorf, Frankfurt/M., Hamburg, München und Stuttgart.
- **In Österreich:** Botschaft von Uruguay, Krugerstr. 3, 1010 Wien, Tel. (01) 513 22 40, Fax 513 99 13.
- **In der Schweiz:** Botschaft von Uruguay, Kramgasse 63, 3011 Bern, Tel. (0 31) 312 14 00, Fax 311 27 47.

Reisedokumente

Deutsche benötigen für Aufenthalte von bis zu 90 Tagen den gültigen Reisepass (bzw. Kinderausweis mit Vermerk: Nationalität »deutsch«). Schweizer und Österreicher müssen auch den nationalen Reisepass vorweisen. Reisende müssen am Zollschalter eine Touristenkarte ausfüllen, die für drei Monate gültig ist. Verlängerungen bei:
- **Migraciones Office,** Calle Misiones 1513, Montevideo, Tel. (02) 9 16 04 71.

Steckbrief Geographie und Bevölkerung
- **Fläche:** 177 414 km², etwa halb so groß wie Deutschland
- **Hauptstadt:** Montevideo
- **Nachbarn:** Brasilien im Norden, Argentinien im Westen
- **Flüsse:** Río Uruguay, Río Negro, Río de la Plata
- **Küste:** Atlantikküste im Osten
- **Einwohnerzahl:** knapp 3,5 Mio., die meisten spanischer oder italienischer Herkunft
- **Landessprache:** Spanisch
- **Religion:** fast ausschließlich römisch-katholisch

Impfungen, Krankenversicherung

Es sind keine Impfungen vorgeschrieben. Viele Ärzte empfehlen die Hepatitis-A-Immunisierung. Das Leitungswasser ist an der Küste gut trinkbar, Malaria ist nirgends eine Gefahr.
Der Abschluss einer Krankenversicherung wird empfohlen.

Geld

Der neue uruguayische Peso wurde mit der Währungsreform vom 1. März 1993 eingeführt. Für 1 Euro erhält man 32 NP (Mai 2006), der Wechselkurs ändert sich allerdings sehr häufig.
Die Reisekasse stattet man am besten mit US-$ aus, in Montevideo und Punta del Este sind aber auch andere Währungen relativ problemlos zu tauschen.
Kreditkarten und auch **Travellerschecks** werden in Montevideo fast überall akzeptiert, auf dem Land weniger. Die meisten Banken und Wechselstuben berechnen eine geringe Gebühr für das Wechseln von Travellerschecks in US-$. Wer mit Kreditkarte zahlt, muss mit einem Aufschlag von 10 % rechnen.

Reisezeit, Kleidung

Der Sommer (Dezember bis Mitte März) ist nicht nur für Ausländer in Uruguay Reisezeit. Auch die Einheimischen sind dann viel unterwegs. Uruguayer kleiden sich im Geschäftsleben und am Abend korrekt und konservativ und in der Freizeit lässiger. Shorts und Sandalen kann man im Sommer tagsüber in den Badeorten tragen, sie sind jedoch in Montevideo und im Nachtleben allgemein nicht gern gesehen.
Für den Winter (Mai bis Oktober) sollte man eine warme Jacke nicht vergessen: Besonders an windigen Tagen kann es an der Küste kühl werden.

Zoll

Zugelassen ist die Einfuhr von gebrauchten persönlichen Gegenständen »in angemessen Mengen«. 400 Zigaretten oder 50 Zigarren oder 250 g Tabak sowie 2 Liter alkoholische Getränke, 3 kleine Parfümflaschen und Geschenke bis zu einem Wert von 200 US-$ können zollfrei eingeführt werden.

Infoadressen

Vor der Reise

Spezialveranstalter in Deutschland
■ **Miller Reisen,** Millerhof 1, 88281 Schlier, Tel. (0 75 29) 9 71 30, Fax 97 13 51.

Im Land

Colonia
■ **Oficina de Turismo,** Flores y Rivera, Tel. (05 22) 21 82, Mo–Fr 8–18.30 Uhr, Sa, So 9–22 Uhr.

Montevideo
■ **Ministerio de Turismo,** Av. Libertador 1409, Edificio Pluna, Tel. 9 01 43 40. Hier erhält man Stadtpläne und Informationen über freie Hotelzimmer.
■ Das **Fremdenverkehrsamt** am Busbahnhof Terminal Tres Cruces hat täglich von 7–23 Uhr geöffnet. Tel. 4 09 73 99.

Punta del Este
■ **Oficina de Turismo,** Liga de Fomento, Parada 1, Tel. 44 59 79, geöffnet 8–20 Uhr.

Im Internet

■ www.visit-uruguay.com
■ www.uruguayaktuell.com/deutsch

Anreise

Flugzeug, Transport vom Flughafen

Vom internationalen Flughafen in Carrasco bis zur Innenstadt von Montevideo gelangt man per Taxi (19 km). Nach Montevideo fliegen unter anderem die europäischen Fluglinien Iberia, Air France und KLM, ferner Aerolíneas Argentinas und Varig.
Der Flug von Buenos Aires nach Montevideo (»Puente Aéreo«, ca. zehn Maschinen täglich) dauert 40 Minuten, nach Colonia sogar nur 15 Minuten. Flüge nach Buenos Aires können vor allem in der Hochsaison ausgebucht sein.
Die Strecken in die Nachbarländer Argentinien und Brasilien bedient die uruguayische Gesellschaft **Pluna,** die zur Varig-Gruppe gehört.
Wer den Besuch Uruguays mit einem Urlaub in den Nachbarländern preiswert verbinden möchte, ist mit dem MERCOSUR-Airpass gut versorgt.
Die **Flughafengebühr** für internationale Reisen beträgt 12 US-$, nach Buenos Aires 6 US-$, Aeroparque (Flughafen Ezeiza 12 US-$). Bei Inlandsflügen wird eine Steuer von 0,50 US-$ fällig. Alle Tickets, die in Uruguay ausgestellt und bezahlt wurden, enthalten 3 % Steuer.

Schiff

Die schönste Art, in Montevideo anzukommen, ist wohl die Fahrt mit der Nachtfähre aus Buenos Aires: Das Schiff legt jeweils um 21 Uhr ab und erreicht die uruguayische Seite des Río de la Plata um 8 Uhr morgens. Für ein Drittel des Flugpreises bekommt man einen Schlafsessel, für etwas mehr sogar eine eigene Kabine.
Bis zu 8-mal täglich verkehren außerdem Tragflächenboote (»aliscafos«) von Buenos Aires nach Colonia. Die Passage dauert eine Stunde und setzt an stürmischen Tagen einen stabilen Magen voraus. Kombinierte Bus- und Fährtickets (Buquebus) Montevideo–Colonia–Buenos Aires sind ebenfalls erhältlich.

Bus

Buslinien verbinden Montevideo mit Buenos Aires (9 Std.), São Paulo (32 Std.), Asunción (18 Std.) und Santiago de Chile (28 Std.).
Besonders komfortabel sind dabei die Busse nach Brasilien (Schlafliegen und Getränkeservice).

Unterwegs in Uruguay

Flugzeug

Günstig sind z. B. Flugtickets für die nationalen Strecken.
■ **Pluna,** gehört zur Varig-Gruppe, Colonia 1001/Julio Herrera y Obes, Tel. 902 14 14, www.pluna.com.uy
■ **Aviasur,** am Flughafen, Tel. 601 46 18.

Bus

Die rund 5000 km asphaltierter Landstraßen sind in gutem Zustand. Aufgrund geringer Entfernungen ist der Bus das wichtigste und preiswerteste Verkehrsmittel für Inlandsreisen. Für die 600 km von Montevideo nach Salto im Norden rechnet man etwa 7 Stunden Fahrzeit.

Auto

Für einen Mietwagen muss man mit europäischen Preisen rechnen. Am günstigsten sind noch die kleineren Verleihfirmen in Punta del Este außerhalb der Hochsaison (Dez.–März). Außerhalb von Montevideo findet man nur wenige Tankstellen, viele haben am Wochenende geschlossen.

Infos von A–Z

Banken

In Banken wird wochentags zwischen 13 und 17 Uhr gearbeitet. Außerhalb Montevideos öffnen die Geldinstitute teilweise von 8 bis 12 Uhr. Im Sommer (1. Dezember bis 15. März) haben Banken in Montevideo 13.30–17.30, im Landesinneren von 8–12 Uhr, in Punta del Este und Maldonado 16–20 Uhr geöffnet.

Feiertage
- 1. Januar: **Neujahr** (»Año Nuevo«)
- 6. Januar: **Heilige drei Könige** (»Epifanía«)
- Februar: **Karneval**
- 19. April: **Rückkehr der 33 Exilanten** (»Desembarco de los 33«)
- 1. Mai: **Tag der Arbeit** (»Día del Trabajo«)
- 18. Mai: **Schlacht von Las Piedras** (»Batalla de Las Piedras«)
- 19. Juni: **Geburtstag von Artigas** (»Día de Artigas«)
- 18. Juli: **Verfassungstag** (»Jura de la Constitución«)
- 25. August: **Unabhängigkeitstag** (»Día de la Independencia«)
- 12. Oktober: **Kolumbustag** (»Día de la Raza«)
- 2. November: **Allerseelen** (»Día de los Muertos«)
- 8. Dezember: **kirchlicher Feiertag,** Beginn der Sommerferien
- 25 Dezember: **Weihnachten** (»Navidad«).

Maßeinheiten

Elektrizität: Netzspannung von 220 Volt bei 50 Hertz. Es wird das metrische System verwendet

Öffnungszeiten

Geschäfte:
Mo–Fr 9 bis 12 Uhr, 14 bis 19 Uhr, Sa 9.30 bis 12.30 Uhr.
Behördensprechstunden: von Mitte März bis Mitte Nov. wochentags 13–18.30 Uhr, sonst 7–12.30 Uhr.
Banken: s. Spalte links

Post

Die Postdienste gelten als wenig verlässlich. Der Service ist zwar besser geworden, seit es den Angestellten untersagt ist zu streiken, trotzdem sollten Briefe immer per Luftpost verschickt werden.
- **Hauptpostamt in Montevideo:** C. Misiones 1328 y Buenos Aires, Mo–Fr 8–18, Sa 8–13 Uhr.

Rundfunk und Fernsehen

Im Land gibt es 100 Radiostationen, 35 davon befinden sich in Montevideo.
Von den 20 Fernsehstationen sind vier in Montevideo, Kanal 12 ist der beliebteste Sender.

Souvenirs

Lederwaren, Edelsteine wie Amethyst und Topaz und Silberschmuck sind die begehrtesten Souvenirs. In der Umgebung der Plaza Independencia sowie entlang der Avenida 18 de Julio konzentriert sich das Geschäftsleben von Montevideo. In Antiquitätenläden der »ciudad vieja« kann man stundenlang nach Lust und Laune stöbern,
- **Manos del Uruguay,** Reconquista 587 und San José 1111, sehr schöne wollene Wandbehänge.

Ein hübsches Andenken ist das Mategefäß samt silberner »bombilla«, durch die der traditionelle Gaucho-Tee getrunken wird.

Telefonieren, Fax

Überseegespräche sind in den Filialen der Telefongesellschaft Antel möglich, z. B. in Montevideo, San José 1102 und Cádiz 3280.
Für Telefonate in öffentlichen Telefonzellen sind Telefonkarten erforderlich, die Sie in den Antel-Filialen und an Zeitungskiosken kaufen können. Die Filialen bieten auch einen Fax-Service an.
- **Landesvorwahl** Uruguay: 00 598.

Handys
Antel betreibt in Uruguay ein AMPS Mobilfunknetz.

Trinkgeld

Hotels und Restaurants berechnen 23 % Mwst. und einen Bedienungszuschlag, ein kleines Trinkgeld wird jedoch erwartet. Ansonsten sind 10 % des Betrages üblich.

Zeit

Der Unterschied zur MEZ ist minus vier, zur mitteleuropäischen Sommerzeit minus fünf Stunden.

Zeitungen

Täglich erscheinen die Blätter **El Día, El País** sowie die links orientierten Blätter **República** (mit gutem Film- und Theaterteil) und **La Hora Popular.** Den englischsprachigen **Buenos Aires Herald** erhält man in Montevideo ab dem späten Vormittag.

Notfälle

Sicherheit, Kriminalität

Uruguay ist im Allgemeinen ein sicheres Land. In den letzten Jahren gab es allerdings in Montevideo mehrere Raubüberfälle von Banden. Es ist daher ratsam, keine kostbaren Dinge öffentlich zu zeigen.

Notruf in Montevideo
- Polizei: 99 91 09
- Feuerwehr: 104
- Notarzt: 105

Diplomatische Vertretungen

Deutschland
- Botschaft: Montevideo, Calla La Cumparsita 1417/1435, Tel. (02) 9 00 49 58, Fax 9 02 34 22, www.deutschebotschaft-montevideo.into/de

Österreich
- Generalkonsulat, Montevideo, Misiones 1372, Postadresse: Casilla de Correo 1333, 11.000 Montevideo, Tel. (02) 916 01 52, 916 07 18, Fax 915 12 83.

Schweiz
- Botschaft, Ing. Federico Abadie 2936/40, Tel. (02) 710 43 15, Fax 711 50 31.

Medizinische Versorgung

Uruguayische Krankenhäuser zählen zu den besser ausgestatteten in Südamerika, die Behandlung ist generell teuer. Zu empfehlen:
- **Hospital Evangelico,** Battle y Ordonez 2759, Montevideo. Mehrsprachiger Arzt in Montevideo: Dr. André Bled, Tel. (02) 69 65 03.

Botschaften bzw. Konsulate, die Fluggesellschaften und das Hotelpersonal können Ihnen weitere deutschsprachige Ärzte empfehlen.

Gesundheitliche Probleme

Milch und Leitungswasser können in ganz Uruguay problemlos getrunken werden.
Beim Baden sollte man die starke Brandung des Atlantik östlich von Punta del Este nicht unterschätzen.

Literaturtipps

- **Einundzwanzig Erzähler vom Rio de la Plata.** Eine Anthologie argentinischer und uruguayischer Autoren. Volk und Welt: Berlin, 1993.
- Galeano, Eduardo: **Das Buch der Umarmungen.** Hammer Verlag: Wuppertal, 1991. **Erinnerungen an das Feuer,** Bände 1 bis 3. Hammer Verlag: Wuppertal, 1989. **Die offenen Adern Lateinamerikas.** Hammer Verlag: Wuppertal, 1992.
- Gonzales, Bermejo, Ernesto: **Hände im Feuer. Ein Tupamaro blickt zurück.** Focus Verlag: Gießen, 1986.
- Hernández, Felisberto: **Die Hortensien. Erzählungen.** Suhrkamp: Frankfurt/a.M, 1985.
- Kroch, Ernesto: **Uruguay zwischen Diktatur und Demokratie.** Dipa-Verlag: Frankfurt/M., 1991.
- Onetti, Juan Carlos: **Das kurze Leben.** Suhrkamp: Frankfurt/M. 1981. **Leichensammler,** Suhrkamp: Frankfurt/M. 1989.
- Rosencof, Mauricio: **Hundeleben. Literarische Einmischungen.** Libertäre Assoziation: Hamburg, 1990. **Das Lied im Kieselstein.** Libertäre Assoziation: Hamburg, 1991.

Landeskunde

Pflanzen- und Tierwelt

Ein Land mit einer derart mannigfaltigen Geographie wie Venezuela besitzt auch eine große Vielfalt an Pflanzen und Tieren. Jeder Naturraum wird von seiner eigenen Tierwelt bewohnt. Es gibt in Venezuela weit über 1000 Vogelarten, darunter Aras, Papageien, Tukane, Pelikane, Flamingos, Kondore und Kolibris. Auch die Säugetiere sind mit über 250 Arten recht gut vertreten. Unter anderem trifft man auf Ameisenbären, Tapire, Pumas, Ozelots, Pekaris, Gürteltiere und natürlich »el tigre«, den etwas selteneren Jaguar. Für Reptilienfreunde ist Venezuela ein Paradies. Von den 142 registrierten Schlangenarten sind allein 40 in Venezuela beheimatet, darunter die Anakonda, eine bis zu 11 m lange Wasserschlange.
In den Flüssen leben Tiere wie der Piranha, der Mohrenkaiman und

Steckbrief Geographie und Bevölkerung
- **Fläche:** 912 050 km^2
- **Hauptstadt:** Caracas
- **Nachbarn:** Kolumbien im Westen, Brasilien im Süden und Guyana im Osten
- **Küste:** Karibik im Norden
- **Großlandschaften:** die Cordillera de la Costa, die Llanos, das Amazonasbecken, das Hochland von Guyana, die Sierra de Mérida (Pico Bolívar: 5007 m), der Lago Maracaibo
- **größte Insel:** Isla de Margarita
- **Einwohnerzahl:** rund 26 Mio.
- **Landessprache:** Spanisch, regional indianische Sprachen
- **Religion:** über 90 % Katholiken

der Zitteraal, der seine Opfer mit elektrischen Schlägen betäubt.

Der immergrüne tropische Regenwald wartet mit einem Gewirr von Pflanzen auf. Über dem spärlichen Unterholz erheben sich 30–60 m hohe Bäume, auf denen Epiphyten gedeihen.

Am ungewöhnlichsten ist die Flora auf den Hochflächen der Tafelberge, der Tepuis. Isoliert von den bis zu 3000 m tiefer liegenden Savannen, hat sich dort in Millionen Jahren eine eigene Pflanzenwelt entwickelt, die man sonst im ganzen Land nicht antrifft.

Nationalparks

Venezuela hat insgesamt 35 Nationalparks und 15 kleinere Naturdenkmäler. Der **Henri-Pittier-Nationalpark** nördlich von Maracay ist das älteste unter Schutz stehende Gebiet des Landes (seit 1937) und wegen der mehr als 500 verschiedenen Vogelarten vor allem bei Ornithologen beliebt. Die Nationalparks **Los Roques, Mochima** und **Morrocoy** entsprechen dem Bild eines karibischen Traumstrandes mit kristallklarem Wasser, weißem Sand und bunten Fischen.

Die Natur ist jedoch durch Industrie und Wirtschaft sowie durch die wenig umweltbewusste Bevölkerung und Touristen auf der Suche nach Luxusabenteuern gefährdet.

Steckbrief Politik, Wirtschaft und Verwaltung (siehe auch S. 109–111)
- **Staatsform:** seit 1961 eine Präsidiale Bundesrepublik
- **Staatsorgane:** Präsident, Ministerrat, Nationalversammlung
- **Verwaltungseinheiten:** 23 Bundesstaaten (Estados), Bundesdistrikt der Hauptstadt (Distrito Federal), 72 Dependencias Federales (72 Inseln)
- **Wichtigste Exportgüter:** Erdöl und Erdgas

Reiseplanung

Botschaften & Konsulate

- **In Deutschland:** Botschaft der Bolivarischen Republik Venezuela, Schillstr. 9–10, 10785 Berlin, Tel. (0 30) 83 22 40 0, Fax 83 22 40 20, www.botschaft-venezuela.de; Konsularabteilung ist zuständig für Berlin und die neuen Bundesländer. Generalkonsulat, Bönnerstr. 17, 60313 Frankfurt/M , Tel. (0 69) 28 72 84, Fax 29 23 70; zuständig für Süddeutschland und Nordrhein-Westfalen. Generalkonsulat Hamburg, Rothenbaumchaussee 30, 20148 Hamburg, Tel. (0 40) 41 01 241, Fax 410 81 03, E-Mail: consulvene. hamburgo@t-online.de, zuständig für Norddeutschland.
- **In Österreich:** Botschaft von Venezuela, Marokkanergasse 22, 1030 Wien, Tel. (01) 71 22 63 80, Fax 7 15 32 19.
- **In der Schweiz:** Botschaft von Venezuela, Morillonstr. 9, 3007 Bern, Tel. (0 31) 3 71 32 82, Visa-Abteilung, Tel 3 71 48 08, Fax 3 71 04 24.

Reisedokumente

Reisende aus der EU und der Schweiz benötigen kein Visum, wenn sie nicht länger als 60 Tage im Lande bleiben möchten. Für die Einreise mit dem Flugzeug genügt ein gültiger Reisepass An Bord werden Touristenkarten (»Tarjeta de Ingreso«) ausgegeben, die ausgefüllt und bei der Ausreise wieder abgegeben werden müssen. Ferner sind ein Rückflugticket sowie für den Aufenthalt ausreichende Geldmittel vorzuweisen.

Eine Aufenthaltsverlängerung ist möglich, liegt jedoch im Ermessen der Ausländerstelle des Außenministeriums DIEX (Dirección de Extranjeros), Av. Baralt in El Silencio, Caracas. Da die Beamten meist nicht sehr kooperativ sind, kann es

günstiger sein, sich einen Billigflug zu einer Karibikinsel zu leisten, um dann erneut einzureisen.

Visa gelten normalerweise bis zu einem Jahr, müssen jedoch bei einem venezolanischen Konsulat außerhalb Venezuelas beantragt werden.

Reisepass und die Einreisekarte muss man immer bei sich tragen.

Es kann sich als äußerst nützlich erweisen, vorsichtshalber Fotokopien der Ausweise und anderer wichtiger Dokumente anzufertigen und diese im Safe des Hotels oder in Ihrer Privatunterkunft zu deponieren. Wenn die Originale verloren gehen oder gestohlen werden sollten, bekommen Sie von Ihrer Botschaft schneller Ersatzpapiere.

Impfungen

Obwohl in manchen Urwaldgebieten Fälle von Malaria aufgetreten sind, hat Venezuela kaum mit schwerwiegenden Gesundheitsproblemen zu kämpfen.

Impfungen sind für die Einreise nicht erforderlich, es empfehlen sich jedoch Impfungen gegen Hepatitis A und B. Wer entlegene Urwaldgebiete aufsuchen möchte, sollte sich bei seinem Arzt über Impfungen gegen Gelbfieber und Malariatabletten informieren.

Gesundheit

Sonnencreme mit hohem Schutzfaktor ist in Venezuela nicht leicht zu bekommen, sorgen Sie vor.

An manchen Stränden und in den Llanos können die Moskitos zur Plage werden, darum sollten Sie Insektenschutzmittel mitbringen.

Baden Sie in den Llanos keinesfalls in den Flüssen, da sich dort Stachelrochen, Zitteraale und Kaimane aufhalten.

Achten Sie beim Durchstreifen von hohem Gras oder Weiden auf Zecken, die zwar lästig, aber meist harmlos sind.

Das Schwimmen im Territorio Amazonas oder im Gebiet der Gran Sabana ist i. Allg. unbedenklich.
Im Andenstaat Mérida kann Ihnen die Höhenkrankheit (»soroche«) zu schaffen machen.

Geld

Die **Währung** Venezuelas ist der Bolivar. Der Wechselkurs beträgt ca. 2730 Bs für 1 Euro (Mai 2006). Am besten tauscht man in den Wechselstuben, da die Banken oft keine Reiseschecks annehmen bzw. sehr bürokratisch arbeiten.
Reisenden wird empfohlen, **Kreditkarten** wie Visa und Mastercard zu verwenden.
Bitte beherzigen Sie folgenden Hinweis: Zeigen Sie niemals Ihr gesamtes Geld, wenn Sie etwas bezahlen müssen. Es ist vorteilhaft, eine kleinere Menge, die für das Nötigste reicht, in der Hosentasche zu haben; in einer anderen Hosentasche könnte sich noch ein Reservebetrag befinden.

Reisezeit, Kleidung

Obwohl die Zeit von Dezember bis März als Hochsaison für ausländische Besucher in Venezuela gilt, kann das Land das ganze Jahr über bereist werden. Die Strände bieten ganzjährig viel Sonne und warmes Wasser, sogar Mérida ist im Winter reizvoll, und für den Urwald gibt es ohnehin keine genau definierte »Saison«.
Trotz der oft hohen Temperaturen werden Sie in Caracas kaum jemanden in kurzen Hosen antreffen, da es die Städter als nicht angemessen empfinden. Abends herrscht in einigen Restaurants und Nachtklubs sogar Krawattenzwang. Ansonsten genügen lockere Kleidung und bequeme Schuhe.
Vergessen Sie keinesfalls einen ausreichenden Regenschutz einzupacken, falls Sie während der Regenzeit nach Venezuela reisen.

Am Strand brauchen Sie lediglich Badezeug, Handtuch und Schuhe (zum Schutz gegen den heißen Sand).
Die Venezolanerinnen sind zwar für spärliche Strandkleidung bekannt, doch Nacktbaden und »oben ohne« sind verboten.
Abends wird es in Caracas recht kühl, sodass man einen leichten Pulli o. Ä. benötigt.
Die Temperaturen in den Anden variieren je nach Höhenlage und Jahreszeit. In Mérida ist es am schönsten von November bis Mai. Eine warme Jacke oder ein dicker Pulli sind hier abends jedoch unentbehrlich. Beim Wandern leisten ein Umhang oder eine wasserabweisende Windjacke gute Dienste.
In den Llanos schützen lange Baumwollhosen und Hemden vor der sengenden Sonne und lästigen Insekten.

Reisegepäck

Kaufen Sie am besten ausreichend Filmmaterial bereits vor der Reise, denn in Venezuela sind diese Artikel teurer als in Europa. Diafilme sind kaum erhältlich.

Zoll

Reisende dürfen 25 Zigarren, 200 Zigaretten, 2 Liter alkoholische Getränke und 4 kleine Parfümflaschen zollfrei einführen.

Klima

Venezuela ist von tropischem und subtropischem Klima geprägt. In Caracas ist es das ganze Jahr über mild mit Tagestemperaturen um die 25 °C und etwas kühleren Abenden. An der karibischen Küste liegen die Temperaturen tagsüber bei durchschnittlich 28 °C im Schatten. In der so genannten Regenzeit, etwa von Mai bis Oktober, kann es noch etwas wärmer werden. Zu dieser Zeit kommt es täglich zu kurzen, sintflutartigen Regengüssen.
Die heißeste Gegend befindet sich im Bereich des Lago de Maracaibo. In den Anden bei Mérida weisen die Temperaturen besonders starke Unterschiede auf, von tagsüber 20 bis 30 °C kann das Quecksilber nachts bis auf den Gefrierpunkt sinken.

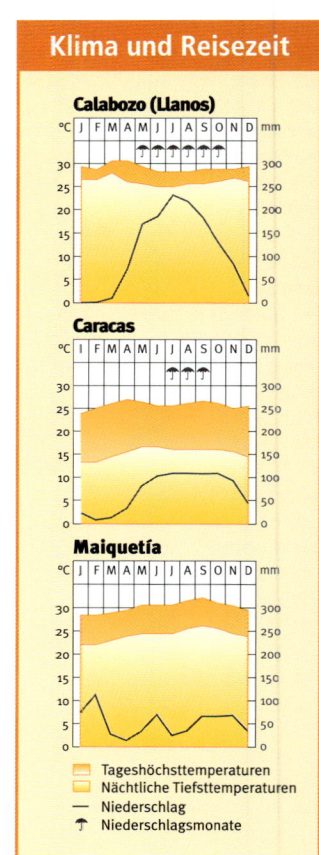

Klima und Reisezeit

Calabozo (Llanos)

Caracas

Maiquetía

- Tageshöchsttemperaturen
- Nächtliche Tiefsttemperaturen
- Niederschlag
- Niederschlagsmonate

Infoadressen

Vor der Reise

■ **Fremdenverkehrsamt,**
c/o Centro de Informacion
Latinoamericano, Am Burghof 11,
66625 Nohfelden, Tel. (0 68 52)
90 05 99, Fax 90 05 55.

Im Land

■ **CORPOTURISMO** (Corporación
de Turismo de Venezuela),
Unatur, Torre Oeste, 37. St.,
Parque Central, Avenida Lecuna
(Metrostation: Bellas Artes),
Tel. (02) 5 74 19 68,
Fax 5 74 84 89, E-Mail:
corpoturismo@platino.gov.ve.
Die staatliche Touristenbehörde
ist verantwortlich für alle Ange-
legenheiten, die den Tourismus
betreffen. Weitere Informationsstellen finden sich am Flughafen
Simón Bolívar und an den nationalen Flughäfen.
■ **Touring y Automobil Club de
Venezuela,** Torre Phelps, 15. St.,
Büros A+C, Plaza Venezuela
(an der gleichnamigen Metrostation), Tel. 7 81 74 81. Hier erhält
man gute Landkarten und hilfrei-
che Informationen, wenn man mit
eigenem Auto oder Leihwagen unterwegs ist.

Guayana
■ **Oficina de Turismo,**
Av. Táchira, zwischen
Av. M. Briceño und Av. Maracay.

Im Internet

■ www.venezuela-embassy.de
■ www.ve.net/travel
■ www.botschaft-venezuela.de

Anreise

Flugzeug, Transport vom Flughafen

Flüge von Europa nach Caracas
werden u. a. von Air France, KLM,
Iberia, Sabena, Swissair und British
Airways angeboten.
Die Lufthansa fliegt sechsmal die
Woche Nonstop die Strecke Frank-
furt–Caracas.
Charterflüge nach Porlamar (Isla de
Margarita) und Barcelona bieten
LTU (ab Düsseldorf, Frankfurt und
München), Condor (ab Frankfurt)
sowie Martinair (ab Amsterdam)
und Lauda Air.
Von Südamerika und der Karibik
fliegen die venezolanischen Gesell-
schaften Aerotuy und AVENSA so-
wie Avianca, Varig, Lloyd Aero Boli-
viano, Aerolineas Argentinas, Lan
Chile und ALM Caracas an. Ab USA
u. a. Delta, United und American
Airlines.
Venezuela verfügt über sechs internat. Flughäfen: Caracas, Maracaibo,
Barcelona, Porlamar/Isla de Margarita, Barquisimeto und Valencia.
Außerdem ist bei der Ausreise zu
beachten, dass man eine **Fluggast-
gebühr** von ca. 50 US-$ in bar in
Bolivares zum Tageskurs zu bezahlen hat.

Caracas

Reisebüros

Stadtrundfahrten durch Caracas
werden u. a. durchgeführt von:
■ **Lost World Adventures,**
Edificio 3-H (entre Banco Metro-
politano y Pasaje Concordia),
6. Stock, Büro 62, Av. Abraham
Lincoln, Caracas 1050, Tel.
7 61 11 08, Fax 7 61 75 38,
E-Mail: lwaccs@cartv.net
■ **Orinoco Tours,** Edificio Galerías
Bolívar, Bolivar, 7. St., Büro 73-A,
Av. Abraham Lincoln, Caracas
1050-A, Metrostation: Sabana
Grande, Tel. (02) 7 61 77 12,
Fax 7 61 68 01.

Verkehrshinweise

■ **Flugverkehr:** Vom Flughafen
Simón Bolívar starten internationale Flüge, der angrenzende Flughafen **Maiquetía** ist der wichtigste
Flughafen für Inlandflüge. Beide
befinden sich an der Küste, 28 km
vom Zentrum entfernt. Die Fahrt ist
landschaftlich reizvoll, allerdings
kommt es oft zu Staus – tagsüber
muss man oft mit einer Fahrtzeit
von 2 Stunden rechnen. Ein Taxi
kostet in der Regel 15 $, häufig
wird jedoch mehr berechnet. Die
Taxiline am Flughafen berechnet
etwa das Doppelte vom Normal-
preis, als Alternative kann man ein
Taxi unter folgender Nummer
rufen: (02) 753 91 22, 753 41 55. –
Der Flughafen-Shuttlebus fährt
außerhalb des Maiquetía Terminals
ab und kostet 3,5 US-$.
Fluggesellschaften: Aerotuy, Bou-
levard de Sabana Grande, Edificio
Grand Sabana, No. 174, Piso 2, Tel.
(02) 7 63 80 43, Fax 7 62 52 54;
AVENSA, Av. Universidad/
Ecke El Chorro,
Edificio El Chorro, Piso 12–13,
Tel. (02) 561 33 66, 562 30 22;
Lufthansa, Torre Centro Coinasa,
1. St., Büro 16, La Castellana,
Tel. 2 63 21 08, Fax 2 63 35 36,
E-Mail: ccsgpmail@dlh.de;
Iberia, Centro Altamira, 4. St.,
Av. San Juan Bosco, Tel. 2 67 86 66;
Varig, Centro Empresa Los Ruices,
3. St., of. 316–317, Av. Principal de
Los Ruices, Tel. 238 21 11.
■ **Bus:** Der Busbahnhof Nuevo
Circo befindet sich in Caracas
neben der Metrostation La Hoyada.
Von hier aus werden Ziele im Osten
und Westen des Landes angefah-
ren. Minibusse befördern ihre
Passagiere an die Strände von
El Litoral oder nach Colonia Tovar.
Schneller geht es, wenn Sie ein
Por Puesto nehmen. Die Minibusse
oder großen Pkws verkehren in
Caracas innerhalb und außerhalb
der Stadt. Sie fahren, sobald sie voll
sind, und halten nur, um zu tanken.
■ **Metro:** Caracas verfügt über
diverse öffentliche Verkehrsmittel,
einschließlich der modernsten

Metro in ganz Südamerika. Der Besucher spart Zeit und Nerven, wenn er dem chaotischen Straßenverkehr in den Untergrund ausweicht. Die Metro verkehrt täglich von 5.30 bis 23 Uhr. Sie ist klimatisiert, sauber, sicher und schnell und wahrscheinlich die beste Möglichkeit, durch die Stadt zu fahren. Drei Linien verlaufen von Osten nach Westen und von Norden nach Süden. Ein Einzelfahrschein kostet etwa 0,25 US-$, ein Sammelticket für 10 Fahrten (»multi abono«) 2 US-$, inkl. Metrobus 3,60 US-$. Metrobusse fahren ab jeder U-Bahnhaltestelle zu den südlichen Vororten.

Unterwegs in Venezuela

Allgemein

In **Caracas,** das den meisten Reisenden als Ausgangspunkt dient, findet man sich mit einem Stadtplan, auf dem das Metrosystem eingezeichnet ist, mühelos zurecht.
Kompliziert in Caracas ist die unorthodoxe Art, mit der Adressen angegeben werden. Hausnummern finden dabei kaum Verwendung, Straßennamen liefern nur einen vagen Anhaltspunkt. Statt dessen werden zur Orientierung sehr häufig Straßenecken und Kreuzungen genannt. Außerdem haben Hochhäuser und Privathäuser eigene Namen.
Eine typische Adresse könnte folgendermaßen lauten: Residencia Las Palmas (Name des Appartementhauses) in der Avenida Las Palmas, Nähe Avenida Andrés Bello (die Straßenkreuzung), in La Florida (Name des Viertels).
Von Caracas aus kann man bequem per Bus, Gemeinschaftstaxi (»por puesto«) oder auch per Flugzeug das Land bereisen. Die besten Autobahnen führen zu den Stränden, ins Hochland, an der Ostküste oder Goldküste entlang und hinüber zur westlichen Karibikküste.

Mit einem Reiseveranstalter

■ **Viatur Travel Service,** Avenida Principal de La Castellana, Torre Multinvest, Tel. (02) 263 28 22, Fax 32 20 34. Für Touren im ganzen Land.
■ Wenn Sie sich einige Umstände ersparen möchten, können Sie sich an das Team von **OrinocoTours** (www.orinocotours.com) wenden, die Inlandsreisen und Abenteuerfahrten im ganzen Land organisieren und deutsch sprechen.

Auf eigene Faust

Flugzeug
Obwohl die Flugpreise in letzter Zeit stark gestiegen sind, sind Flüge noch immer verhältnismäßig billig. Avensa, Servivensa und Aeeropostal fliegen die meisten größeren Städte an. Auch Aereotuy und Aserca bedienen mehrere Strecken.
Avensa/Servivensa bieten einen **Venezuela-Airpass** an, der außerhalb Lateinamerikas und der Karibik gekauft werden muss und 45 Tage gültig ist. Es müssen mindestens vier Flugcoupons erworben werden.
Lassen Sie sich alle gebuchten Flüge mindestens 72 Stunden vor Abflug bestätigen (und 24 Stunden vorher noch einmal). Sie sollten sich unbedingt mindestens zwei Stunden vor Abflug einfinden, da Ihr Sitzplatz sonst anderweitig vergeben werden kann. Flüge sind während der Ferienzeit häufig ausgebucht.

Schiff
Fischerboote kann man in jedem Ort am Strand mieten. Die Absprachen sind meist formlos, sodass man sich vorher über den Preis einigen sollte. Falls Sie eine Rundfahrt planen, bei der Sie an irgendeinem Strand abgesetzt und später wieder abgeholt werden wollen, zahlen Sie erst, sobald Sie sicher an Ihren Ausgangspunkt zurückgekehrt sind. Die

in der Regel einfachen Holzboote haben oft keine Schwimmwesten an Bord. (Erkundigen Sie sich am besten vorher!)
Jachten mit Kapitän für einen längeren Zeitraum kann man in der Caraballada Marina in der Nähe des Macuto Sheraton Hotels am Litoral mieten oder über die Kleinanzeigen im Daily Journal finden.
Von Cumaná und Puerto La Cruz aus wird ein Fährdienst zu Isla de Margarita angeboten. Überprüfen Sie an Bord, wo sich der nächste offene Notausgang befindet. Zwar müssen alle Fähren über Schwimmwesten und Sicherheitsausrüstung verfügen, doch manche haben einige ihrer Notausgänge versperrt.

Bus
Lange Strecken über Land legt man am besten in Bussen (»autobuses«) oder Gemeinschaftstaxis (»por puestos« oder »colectivos«) zurück. Busse sind verhältnismäßig preiswert, die Qualität der Überlandbusse ist jedoch sehr unterschiedlich. Zwischen den großen Städten bestehen zahlreiche Busverbindungen. Jede Stadt hat einen Busbahnhof (»terminal terrestre«), an dem die Busunternehmen ihre Dienste anbieten. Manchmal werden die Fahrkarten im Voraus verkauft, meistens gilt jedoch »wer zuerst kommt, mahlt zuerst«. Bezahlt wird dann erst im Bus. Im Übrigen wird oft an Parkplätzen gehalten.
In der Stadt sind die städtischen Busse die billigste, aber auch langsamste Art der Fortbewegung. Weitaus schneller geht es mit den städtischen Por Puestos oder Minibussen, die an jeder gewünschten Stelle halten. Das jeweilige Fahrziel ist in den Fenstern der Busse und Por Puestos angezeigt. Busse haben eigene Haltestellen, Por Puestos können Sie durch einfaches Winken zum Anhalten bewegen.
Ob Por Puestos bequemer sind als Busse, ist eine Frage der Einstellung. Eine lange Strecke mit fünf oder sechs Passagieren in einem Auto zurückzulegen, ist sicher nicht

bequemer als eine Busfahrt, in jedem Fall jedoch schneller. Bei kurzen Fahrten an den Strand außerhalb von Caracas (oder auf Überlandstrecken in andere Landesteile) sind die Minibusse oft überfüllt.

Auto

In Venezuela kann man problemlos einen Wagen mieten, wenn man mindestens 18 Jahre alt ist und einen gültigen nationalen Führerschein, Reisepass und Kreditkarte vorlegt. Einige Firmen wie National verfügen über Mietstationen in den meisten Städten und Flughäfen.

Mit Ausnahme der vierspurigen Autobahnen sind die Straßen Venezuelas relativ schlecht.

An den Hauptverkehrsstraßen gibt es in regelmäßigen Abständen **Tankstellen.** Die meisten haben Mo–Sa 5–21 Uhr geöffnet, jene an den Autobahnen auch länger.

Vor Banken gilt das absolute Halteverbot. Fahren Sie stets defensiv und halten Sie sich von unberechenbaren Motorradfahrern fern. In Venezuela gibt es keine Gurtpflicht.

Taxi

Taxis gibt es in fast jeder venezolanischen Stadt en masse. Die Taxifahrer neigen allerdings dazu, Touristen zu übervorteilen, doch selbst dann ist der Fahrpreis recht niedrig. Falls kein Taxameter vorhanden oder es angeblich außer Betrieb ist, sollten Sie vorher den Preis aushandeln. Je nach Tageszeit können die Fahrpreise drastischen Schwankungen unterliegen (Fr, Sa abends zahlt man nach 22 Uhr Uhr oft das Doppelte oder Dreifache). Bei Regen oder zur Stoßzeit kann eine Fahrt von normalerweise 15 Minuten bis zu einer Stunde dauern – und die Fahrer wissen das ganz genau.

Infos von A–Z

Banken

Die Schalterstunden sind von Mo bis Fr 8.30–11.30 Uhr und von 14 bis 16.30 Uhr.

Bitte beachten Sie, dass die Banken an vielen Tagen generell geschlossen sind!

Feiertage

■ 1. Januar: **Neujahr** (»Año Nuevo«)
■ 6. Januar: **Dreikönigstag** (»Los Reyes Magos«)
■ 19. April: **Unterzeichnung der Unabhängigkeitserklärung**
■ 1. Mai: **Tag der Arbeit** (»Día del Trabajo«)
■ 24. Juni: **Jahrestag der Schlacht von Carabobo** (»Batalla de Carabobo«)
■ 5. Juli: **Unterzeichnung der Unabhängigkeitsakte**
■ 24. Juli: **Geburtstag Bolívars**
■ 12. Oktober: **Kolumbustag** (»Día de la Raza«)
■ 25. Dezember: **Weihnachten** (»Navidad«).

Maßeinheiten

Elektrizität: Wechselstrom mit 110 Volt und 60 Hertz.
In Venezuela benutzt man das metrische System.

Öffnungszeiten

Geschäfte in Caracas: Mo–Fr 9–12, 14–18 Uhr, Sa 9–12 Uhr.
Ämter: wochentags meist 8–12 Uhr, 13.30–17 Uhr.
Außerhalb der Hauptstadt wird die Tradition der Siesta immer noch intensiver gepflegt: Die Geschäfte sind dort von 12–14 Uhr, oft sogar bis 15 oder 16 Uhr geschlossen. Sonntags sind in den Städten alle Läden zu.

Post

Die Post in Venezuela gilt als langsam und wenig zuverlässig. Luftpost nach Europa ist bis zu zwei Wochen unterwegs – wenn sie überhaupt ans Ziel gelangt.

Auch bei Paketen kann man nie sicher sein, dass sie ihren Bestimmungsort erreichen, es sei denn, man schickt sie »certificado« (per Einschreiben). Größte Sorgfalt ist auch bei der Paketverpackung geboten: Man muss jederzeit in der Lage sein, den Beamten auf Verlangen den Paketinhalt zu zeigen. Lassen Sie also lieber ein Ende offen, bis Sie grünes Licht bekommen! Außerdem muss das Paket in weißen Baumwollstoff gehüllt und zugenäht sein. Vor dem Postamt bieten Straßenhändler entsprechende Dienste an. Bei wichtigem oder eiligem Versandgut können Sie sich auch an einen der zahlreichen Zustelldienste wie Federal Express oder DHL wenden.

Da die Briefpost nicht sehr zuverlässig funktioniert, haben inzwischen die meisten Büros und Hotels eigene Telefaxgeräte.

Das Hauptpostamt in Caracas befindet sich an der Avenida Urdaneta/Norte 4, nahe der Plaza Bolívar. Auch Hotels übernehmen zum Teil Postdienste.

Rundfunk – Fernsehen

1946 wurde die staatliche Rundfunkgesellschaft Radio Nacional gegründet, die ihr Monopol jedoch längst verloren hat. Heute gibt es knapp 200 Radiosender, die sich durch Werbung finanzieren.

Das TV-Programm bestreiten zwei staatliche Fernsehprogramme, Canal 5 und 8, etliche private Kanäle und ein kirchlicher Sender.

Souvenirs

In Venezuela können Sie die neueste karibische Mode, gute Lederschuhe zu vernünftigen Preisen und hübsches Kunsthandwerk erstehen. Dazu gehören Flechtkörbe aus den Urwaldregionen des Landes, handgeknüpfte Hängematten, naive Malerei und Keramikwaren.

Als inoffizielles Hauptquartier der südamerikanischen Musikindustrie ist das Land ideal für den Erwerb von Kassetten, Platten und CDs, wobei Sie die Scheiben meist vorher anhören können. Die Palette reicht von Salsa, Merengue, Latin Jazz und Rock'n'Roll bis hin zu Popmusik.

Parfums und alkoholische Getränke sind im zollfreien Einkaufsparadies Margarita besonders günstig. Und niemand sollte das Land ohne eine Flasche einheimischen Rum in der Tasche verlassen. Einkaufszentren findet man in ganz Caracas und den meisten größeren Städten.

Telefonieren, Fax

Alle Ferngespräche werden von der privatisierten Telefongesellschaft CANTV abgefertigt. Von Hotels oder von CANTV-Büros aus telefoniert man besser als von Telefonzellen.

Die meisten öffentlichen Fernsprecher funktionieren inzwischen mit **Magnetkarten**, die einen Wert von 1000 oder 2000 Bs haben und im CANTV-Büro oder in zahlreichen kleinen Läden mit dem CANTV-Logo erhältlich sind.

Etwas teurer, wenngleich bequemer ist es natürlich, die Telefon- oder Telefaxgeräte in den großen Hotels oder im Flughafen zu benutzen. Für eine Telefax-Seite nach Deutschland wird umgerechnet zwischen 3 und 5 Euro berechnet.

■ **Landesvorwahl** für Venezuela: 00 58.

Handys

In Venezuele wird das Nezt GSM 900 verwendet. Der Empfangsbereich beschränkt sich auf Caracas und Umgebung.

Trinkgeld

Taxifahrer erhalten nur dann ein Trinkgeld, wenn das Taxi über einen Taxometer verfügt – nicht wenn der Preis im Voraus ausgehandelt wurde. Gepäckträger, Kellner, Tankwarte, Taxifahrer, Zimmermädchen etc. erwarten stets ein Trinkgeld in bar. In Restaurants ist ein Trinkgeld von 5–10 % des Rechnungspreises üblich.

Zeit

Die Zeit in Venezuela entspricht der Atlantic Standard Time. Gegenüber Mitteleuropa muss man minus fünf Stunden, gegenüber der Sommerzeit minus sechs Stunden rechnen.

Zeitungen

Der **Daily Journal,** der von sich selbst behauptet, Südamerikas beste englischsprachige Zeitung zu sein, ist täglich an jedem Zeitungskiosk des Landes erhältlich – auch sonntags.

Die führenden Morgenzeitungen des Landes sind die elegante Bildzeitung **El Diario** sowie die seriöseren **El Universal** und **El Nacional.** Nachmittags erscheinen die Sensationsblätter **Ultimas Noticias, El Mundo** und **2001.**

■ In der **Librería Alemana,** Centro El Bosque, nahe der Metrostation Chacaíto, in Caracas sind deutschsprachige Zeitungen und Zeitschriften mit etwa drei Tagen Verzögerung erhältlich.

Notfälle

Sicherheit, Kriminalität

Die Straßenkriminalität war schon immer ein Problem in Caracas. Nehmen Sie sich vor allem vor den zahlreichen »motorizados« in Acht, die sich auf Mopeds durch den dichten Stadtverkehr schlängeln, den Passanten im Vorbeifahren Handtaschen, Geldbörsen und Halsketten entreißen und auf Nimmerwiedersehen davonbrausen. Da die Motorizados im Allgemeinen rote Ampeln und Stoppschilder ignorieren, kann es auch passieren, dass sie Fußgänger beim Überqueren der Straße achtlos niederreißen und verletzen.

Nicht motorisierte, immer häufiger bewaffnete Taschendiebe sind ebenfalls gefährlich. Schmuck und Goldketten sollten Sie daher am besten zu Hause lassen. Meiden Sie abends verlassene Straßen, und nehmen Sie am besten immer Ihre Papiere mit, da die Polizei jederzeit von Ihnen verlangen kann, sich auszuweisen.

Bei Taxis sollten Sie auf den Zulassungsaufkleber an der Windschutzscheibe achten. Sieht das Taxi eher wie ein Privatauto mit Taxizeichen aus, sollten Sie lieber nicht einsteigen. Die meisten dieser nicht zugelassenen »piratas« sind zwar in Ordnung, aber gelegentlich gehen damit auch Diebe auf Beute- bzw. Touristenfang. Falls Sie Schwierigkeiten mit einem Taxifahrer haben, können Sie die Zulassungsnummer bei der Polizei oder dem Fremdenverkehrsamt Corpoturismo (siehe unter Infoadressen) melden.

In den Großstädten sollte man sich daran halten, Elendsviertel grundsätzlich zu meiden und nachts alle Ziele direkt mit dem Taxi ansteuern. In den touristischen Zentren an der Küste häufen sich an unbelebten Stränden Überfälle auf Badeurlauber. Keinesfalls dürfen Wertgegenstände im Mietwagen gelassen werden!

Notrufnummern

- Notruf in Caracas:
Radio Patrulla (eine Art Polizei-
notruf): (02) 811 12 22.
- Feuerwehr Bomberos Caracas:
166.
- Notruf (Polizei, Feuerwehr,
Notarzt): 171

Diplomatische Vertretungen

Deutschland

- Botschaft: Caracas 1060,
Edificio Seguros Panamerican,
Piso 2, Avenida San Juan Bosco,
Esquina 3A Transversal, Altamira,
Tel. (02) 261 01 81, 261 12 05
und 261 22 29, Fax 261 06 41.
Postadresse: Apartado 2078,
Caracas 1010 A.
- Honorarkonsulate in Ciudad
Guayana, Maracaibo, Porlamar/Isla
de Maragarita.

Österreich

- Botschaft: Caracas 1060,
Avenida La Estancia, Edificio Torre
las Mercedes, Piso 4, Chuao,
Tel. (02) 991 38 63, 991 39 79,
92 29 56, Fax 993 27 53.
Postadresse: Apartado 61381.

Schweiz

- Botschaft, Centro Letonia,
Torre ING-Bank, 15. St.,
La Castellana,
Tel. (02) 2 67 95 85,
Fax 2 67 77 45.
Postadresse: Apartado 62555,
Chacao, Caracas 1060 A.

Medizinische Versorgung

In besseren Hotels stehen Ärzte auf
Abruf zur Verfügung. In jeder Stadt
gibt es Apotheken, die 24 Stunden
geöffnet haben. Diese sind mit dem
Schild »turno« versehen.
Im Notfall erhalten sie Hilfe unter
der Nummer 171 oder bei folgen-
den Krankenhäuser in Caracas:
- Hospital Universitario (UCV),
Tel. 6 06 71 11.
- Clínica de Emergencia Infantil
(für Kinder), Tel. 51 61 11.
- Eine Klinik mit englischs-
prachigen Ärzten: Clínica
Instituto Médico La Floresta,
Tel. (02) 285 21 11.

Ihre Botschaft bzw. Konsulate, die
Fluggesellschaften und das Hotelpersonal können Ihnen deutschsprachige Ärzte empfehlen.

Literaturtipps

- **Polyglott APA Guide Venezue-
la.** Polyglott: München, 2000.
- **Polyglott on tour Venezuela.**
Polyglott, München 2001.
(108 Seiten)
- Gallegos, Rómulo: **Canaima.**
Suhrkamp, Frankfurt, 1989.
- George, Uwe: **Inseln der Zeit.
Venezuela. Expeditionen zu den
letzten weißen Flecken der
Erde.** Gruner und Jahr: Hamburg,
1993.
- O'Hanlon, Redmond:
**Redmonds Dschungelbuch.
Vom Rio Negro bis zu den
Yanomani.** Byblos-Verlag: Berlin,
1992.
- Otero Silva, Miguel: **Lope de
Aguirre. Fürst der Freiheit.**
Roman. Aufbau TB: Berlin, 1993.
Der Tod des Honorio. Roman.
Aufbau TB: Berlin, 1993.
- Policastro, Cristina. **Das Haus
der Tugenden.** Roman. Hammer
Verlag: Wuppertal, 1992.
- Velásquez, Lucia: **Der Baum
von Tschernobyl.** Lyrik.
R.G. Fischer: Frankfurt/M., 1991.

Allgemeiner Hinweis

Deutschsprachige Literatur über La-
teinamerika und Übersetzungen
südamerikanischer Werke erhält
man mittlerweile in vielen guten
Buchhandlungen. Einschlägige Lite-
raturkataloge geben folgende Stel-
len heraus:
- **Gesellschaft zur Förderung
der Literatur aus Afrika,
Asien und Lateinamerika e.V.,**
Reineckstr. 3, 60313 Frankfurt/M.,
Tel. (0 69) 2 10 22 47 (Belletristik).
- **Informationsstelle Latein-
amerika,** Oscar-Romero-Haus,
Heerstraße 205, 53111 Bonn,
Tel. (02 28) 65 86 13 (Sachbücher).
- **Der andere Buchladen,**
Zülpicher Straße 197, 50937 Köln,
Tel. (02 21) 41 63 25.

Mini-Dolmetscher Spanisch

Allgemeines

Guten Tag.	Buenos días. [buenos dias]
Hallo!	¡Hola! [ola]
Wie geht's?	¿Qué tal? [ke tal]
Danke, gut	Bien, gracias [bjen grasjas]
Ich heiße	Me llamo ... [me ljamo]
Auf Wiedersehen.	Adiós [adjos]
Morgen	mañana [manjana]
Nachmittag	tarde [tarde]
Abend	tarde [tarde]
Nacht	noche [notsche]
morgen	mañana [manjana]
heute	hoy [oi]
gestern	ayer [ajer]
Sprechen Sie Deutsch / Englisch?	¿Habla usted alemán / inglés? [abla usted aleman / ingles]
Wie bitte?	¿Cómo? [komo]
Ich verstehe nicht.	No he entendido. [no e entendido]
Wiederholen Sie bitte.	Por favor, repítalo. [por fawor repitalo]
..., bitte.	..., por favor. [por fawor]
Danke	Gracias [grasjas]
Keine Ursache.	De nada. [de nada]
was / wer / welcher	qué / quién / cuál [ke / kjen / kual]
wo / wohin	dónde / adónde [donde / adonde]
wie / wie viel wann / wie lange	cómo / cuánto cuándo / cuánto tiempo [komo / kuanto / kuando / kuanto tjempo]
Warum?	¿Por qué? [por ke]

Wie heißt das?	¿Cómo se llama esto? [komo se ljama esto]
Wo ist ...?	¿Dónde está ...? [donde esta ...]
Können Sie mir helfen?	¿Podría usted ayudarme? [podria usted ajudarme]
ja	sí [si]
nein	no [no]
Entschuldigen Sie.	Perdón. [perdon]
Das macht nichts.	No pasa nada. [no pasa nada]

Sightseeing

Gibt es hier eine Touristeninformation?	¿Hay por aquí cerca una oficina de turismo? [ai por aki serka una ofißina de turismo]
Ich möchte einen Stadtplan / ein Hotelverzeichnis.	¿Tiene un plano de la ciudad / una lista de hoteles? [tjene um plano de la siudad / una lista de oteles]
Wann ist das Museum / die Kirche / die Ausstellung geöffnet?	¿Cuándo está abierto el museo / abierta la iglesia / abierta la exposición? [kuando esta abjerto el museo / abjerta la iglesja / abjerta la esposisjon]
geschlossen	cerrado [serrado]

Shopping

Wo gibt es ...?	¿Dónde hay ...? [donde ai]
Wie viel kostet das?	¿Cuánto cuesta? [kuanto kuesta]
Das ist zu teuer.	Es demasiado caro. [es demasjado karo]
Das gefällt mir (nicht).	(No) me gusta. [(no) me gusta]
Gibt es das in einer anderen Farbe / Größe?	¿Tienen este modelo en otro color / otra talla? [tjenen este modelo en otro color / otra talja]
Ich nehme es.	Me lo llevo. [me lo ljevo]
Wo ist eine Bank?	¿Dónde hay un banco? [donde ai um banko]
Ich suche einen Geldautomaten.	Busco un cajero automático. [busko un kachero automatiko]
Geben Sie mir 100 g Käse / zwei Kilo Pfirsiche.	Por favor, déme cien gramos de queso / dos kilos de duraznos. [por fawor deme sjen gramos de keso / dos kilos de durasnos]
Haben Sie deutsche Zeitungen?	¿Tienen periódicos alemanes? [tjenen perjodikos alemanes]
Wo kann ich telefonieren / eine Telefonkarte kaufen?	¿Dónde puedo llamar por teléfono / comprar una tarjeta telefónica? [donde puedo ljamar por telefono / komprar una tarcheta telefonika]

Essen und Trinken

Die Speisekarte, bitte.	La carta, por favor. [la **kar**ta, por fa**wor**]
Brot	pan [pan]
Kaffee	café [ka**fe**]
Tee	té [te]
mit Milch / Zucker	con leche / azúcar [kon **le**tsche / a**su**kar]
Orangensaft	jugo de naranja [**chu**go de na**ran**cha]
Mehr Kaffee, bitte	Más café, por favor. [mas **ka**fe por fa**wor**]
Suppe	sopa [**so**pa]
Fisch / Meeresfrüchte	pescado / mariscos [pes**ka**do / ma**ris**kos]
Fleisch / Geflügel	carne / aves [**kar**ne / **a**wes]
Reis	arroz [**a**ros]
vegetarische Gerichte	comida vegetariana [ko**mi**da vechetar**ja**na]
Eier	huevos [**ue**wos]
Salat	ensalada [ensa**la**da]
Dessert	postre [**pos**tre]
Obst	fruta [**fru**ta]
Eis	helado [e**la**do]
Wein	vino [**bi**no]
weiß / rot / rosé	blanco / tinto / rosado [**blan**ko / **tin**to / ro**sa**do]
Bier	cerveza [ser**we**sa]
Aperitif	aperitivo [aperi**ti**wo]
Wasser	agua [**a**gua]
Mineralwasser	agua mineral [**a**gua mine**ral**]
mit / ohne Kohlensäure	con / sin gas [kon / sin gas]
Limonade	refresco [re**fres**co]
Frühstück	desayuno [desa**ju**no]
Mittagessen	comida [ko**mi**da]
Abendessen	cena [**se**na]
eine Kleinigkeit	algo para picar [**al**go **pa**ra pi**car**]
Ich möchte bezahlen.	La cuenta, por favor. [la **kuen**ta por fa**wor**]
Es war sehr gut / nicht so gut.	Estaba muy bueno / no tan bueno. [es**ta**ba mui **bue**no / no tan **bue**no]

Im Hotel

Ich suche ein gutes Hotel / ein nicht zu teures Hotel.	Busco un buen hotel / un hotel económico. [**bus**ko um buen o**tel** / un o**tel** ekono**mi**ko]
Ich habe ein Zimmer reserviert.	Tengo una habitación reservada. [**ten**go una abita**sjon** reser**wa**da]
Ich suche ein Zimmer für ... Personen.	Busco una habitación para ... personas. [**bus**ko una abita**sjon** para ... per**so**nas]
Mit Dusche und Toilette.	Con regadera y baño. [kon rega**de**ra i **ban**jo]
Mit Balkon / Blick aufs Meer.	Con balcón / vista al mar. [kon bal**kon** / **bis**ta al mar]
Wie viel kostet das Zimmer pro Nacht?	¿Cuánto cuesta la habitación por noche? [**kuan**to **kues**ta la abita**sjon** por **not**sche]
Mit Frühstück?	¿Con desayuno? [kon desa**ju**no]
Kann ich das Zimmer sehen?	¿Puedo ver la habitación? [**pue**do wer la abita**sjon**]

Haben Sie ein anderes Zimmer?	¿Tienen otra habitación? [**tje**nen **o**tra abita**sjon**]
Es gefällt mir (nicht).	(No) me gusta. [(no) me **gus**ta]
Kann ich mit Kreditkarte zahlen?	¿Puedo pagar con tarjeta de crédito? [**pue**do pa**gar** kon tar**che**ta de **kre**dito]
Wo kann ich parken?	¿Dónde puedo dejar el carro? [**don**de puedo de**char** el **ka**rro]
Können Sie das Gepäck in mein Zimmer bringen?	¿Puede llevarme el equipaje a la habitación? [**pue**de lje**war**me el eki**pa**che a la abita**sjon**]
Haben Sie einen Platz für ein Zelt?	¿Les queda algún sitio libre para una carpa? [les **ke**da al**gun** **sit**jo **li**bre **pa**ra una **kar**pa]
Wir brauchen Strom / Wasser.	Necesitamos corriente / agua. [nesesi**ta**mos ko**rrjen**te / agua]
Ich reise / Wir reisen heute ab.	Parto / Partimos hoy. [**par**to / **par**timos oj]

Notfälle

Ich brauche einen Arzt / Zahnarzt.	Necesito un médico / un dentista. [nesesito um **me**diko / un den**tis**ta]
Rufen Sie bitte einen Kranken- wagen / die Polizei.	Por favor, llame a una ambulancia / a la policía. [por fa**wor** lj**a**me a **u**na ambu**lan**sja / a la po**li**sia]
Wir hatten einen Unfall.	Hemos tenido un accidente. [**e**mos te**ni**do un agsi**den**te]
Wo ist das nächste Polizeirevier?	¿Dónde está el puesto de policía más cercano? [**don**de es**ta** el **pue**sto de po**li**sia mas ser**ka**no]
Ich bin bestohlen worden.	Me han robado. [me an ro**ba**do]
Mein Auto ist aufgebrochen worden.	Me han abierto el carro. [me an a**bjer**to el **ka**rro]

Zahlen

0	zero [**se**ro]	
1	uno [**u**no]	
2	dos [dos]	
3	tres [tres]	
4	cuatro [**kua**tro]	
5	cinco [**sin**ko]	
6	seis [säis]	
7	siete [**sje**te]	
8	ocho [**o**tscho]	
9	nueve [**nue**we]	
10	diez [djes]	
11	once [**on**se]	
12	doce [**do**se]	
13	trece [**tre**se]	
14	catorce [ka**tor**se]	
15	quince [**kin**se]	
16	dieciséis [djesi**säis**]	
17	diecisiete [djesi**sje**te]	
18	dieciocho [djesi**o**tscho]	
19	diecinueve [djesi**nue**we]	
20	veinte [**bäin**te]	
21	veintiuno [**bäin**ti**u**no]	
22	veintidós [**bäin**ti**dos**]	
30	treinta [**träin**ta]	
40	cuarenta [kua**ren**ta]	
50	cincuenta [sin**kuen**ta]	
60	sesenta [se**ßen**ta]	
70	setenta [se**ten**ta]	
80	ochenta [o**tschen**ta]	
90	noventa [no**wen**ta]	
100	cien [sjen]	
101	ciento uno [**sjen**to⌣**u**no]	
110	ciento diez [**sjen**to djes]	
200	doscientos/-as [dos**jen**tos/-as]	
300	trescientos/-as [tres**jen**tos/-as]	
400	cuatrocientos/-as [kuatros**jen**tos/-as]	
500	quinientos/-as [kin**jen**tos/-as]	

600	seiscientos/-as [säiss**jen**tos/-as]
700	setecientos/-as [setes**jen**tos/-as]
800	ochocientos/-as [otschos**jen**tos/-as]
900	novecientos/-as [noweos**jen**tos/-as]
1000	mil [mil]
2000	dos mil [dos mil]
3000	tres mil [tres mil]
10 000	diez mil [djes mil]
100 000	cien mil [sjen mil]
1 000 000	un millón [un mi**ljon**]
1.	primero/-a [pri**me**ro/-a]
2.	segundo/-a [se**gun**do/-a]
3.	tercero/-a [ter**se**ro/-a]
4.	cuarto/-a [**kuar**to/-a]
5.	quinto/-a [**kuin**to/-a]
1/2	medio [**me**dio]
1/3	un tercio [un **ter**sio]
1/4	un cuarto [un **kuar**to]
1/5	un quinto [un **kin**to]
1,5	uno coma cinco [**u**no **ko**ma **sin**ko]
10 %	diez por ciento [djes por **sjen**to]

Mini-Dolmetscher Portugiesisch

Allgemeines

Guten Tag.	Bom dia. [bõ **dia**]
Hallo!	Olá! [o**la**]
Wie geht's?	Como está? [komu‿**ischta**]
Danke, gut.	Tudo bem, obrigado (m.) / obrigada (w.). [**tu**du bẽj ubri**ga**du / ubri**ga**da]
Ich heiße ...	Chamo-me ... [**scha**mu‿me]
Auf Wiedersehen.	Até logo / Adeus. [a**te lo**gu / a**de**·usch]
Morgen	manhã [ma**njã**]
Nachmittag / Abend	tarde [**tar**də]
Nacht	noite [**noj**tə]
morgen	amanhã [ama**njã**]
heute	hoje [**osch**ə]
gestern	ontem [**õn**tẽj]
Sprechen Sie Deutsch / Englisch?	Fala alemão / inglês? [**fa**la‿alə**mãu** / in**glesch**]
Wie bitte?	Como, desculpe? [**ko**mu di**schkul**pə]
Ich verstehe nicht.	Não entendo. [nãu ĩn**tẽn**du]
Sagen Sie es bitte nochmals.	Se faz favor, repita. [sə **fasch fa**wor re**pi**ta]
Bitte, ...	Se faz favor, ... [sə **fasch fa**wor]
danke	obrigado (m.) / obrigada (w.) [ubri**ga**du / ubri**ga**da]
Keine Ursache.	De nada. [də **na**da]
was / wer / welcher	o que / quem / qual [u ke / kẽj / kwal]
wo / wohin	onde / para onde [**õn**də / **pa**ra **õn**də]
wie / wie viel	como / quanto [**ko**mu / **kwãn**tu]
wann / wie lange	quando / quanto tempo [**kwãn**du / **kwãn**tu **tẽm**pu]
warum	porquê [pur**ke**]
Wie heißt das?	Como se diz? [**ko**mu sə **disch**]

Wo ist ...?	Onde está ...? Onde fica ...? [**õn**də‿i**schta** / **õn**də‿**fi**ka]
Können Sie mir helfen?	Podia-me ajudar? [pu**dia**‿mə a**schu**dar]
ja	sim [sĩ]
nein	não [nãu]
Entschuldigen Sie.	Desculpe. [di**schkul**pə]
Das macht nichts.	Não faz nada. [nãu **fasch na**da]

Sightseeing

Gibt es hier eine Touristeninformation?	Há por aqui uma informação turística? [a pur‿a**ki** uma ĩnfur**ma**ßãu tu**risch**tika]
Haben Sie einen Stadtplan / ein Hotelverzeichnis?	Tem um mapa ca cidace / uma lista dos hotéis? [tẽj ũ**ma**pa da **ßi**dadə / uma **lisch**ta dus‿o**teisch**]
Wann ist das Museum geöffnet / geschlossen?	A que horas o museu está aberto / fechado? [a ki‿**o**rasch u **mu**seu i**schta**‿a**ber**tu / fe**scha**du]
Wann ist die Kirche / die Ausstellung geöffnet / geschlossen?	A que horas a igreja / a exposição está aberta / fechada? [a ki‿**o**rasch a i**gresch**a / a ischpusi**ßãu** i**schta** a**ber**ta / fe**scha**da]

Shopping

Wo gibt es ...?	Onde há ...? [**õn**də a]
Wie viel kostet das?	Quanto custa isto? [**kwãn**tu **kusch**ta **isch**tu]
Das ist zu teuer.	É caro demais. [e **ka**ru də**maisch**]
Das gefällt mir (nicht).	Eu (não) gosto disso. [eu (nãu) **gosch**tu **dis**su]
Gibt es das in einer anderen Farbe / Größe?	Existe esse modelo noutra cor / noutro tamanho? [e**sisch**tə **es**sə mo**de**lu **no**tra **kor** / **no**tru ta**ma**nju]
Ich nehme es.	Levo isto. [**le**wu **isch**tu]
Wo ist hier eine Bank?	Onde há um banco? [**õn**də a ũ‿**bãn**ku]
Ich suche einen Geldautomaten.	Onde posso encontrar uma caixa automática? [**õn**də **pos**su ĩn**kõn**trar uma **kai**scha‿autu**ma**tika]
Ich möchte 100 g Käse / zwei Kilo Orangen.	Queria cem gramas de queijo / dois kilos de laranjas. [**ke**ria sẽj **gra**masch də **kej**schu / dojsch **ki**lusch də la**rãn**schasch]
Haben Sie deutsche Zeitungen?	Tem jornais alemães? [tẽj **schu**rnajsch alə**mãjsch**]
Wo kann ich telefonieren / eine Telefonkarte kaufen?	Onde posso telefonar / comprar um cartão de telefone? [**õn**də **pos**su telefu**nar** / kõm**prar**‿ũ kar**tãu** də telefonə]

Notfälle

Ich brauche einen Arzt / Zahnarzt.	Preciso de um médico / um dentista. [preßisu də ũ‿mediku / ũ‿dẽntischta]
Rufen Sie bitte einen Kranken-wagen / die Polizei.	Chame, se faz favor, uma ambulância / a polícia. [schamə sə faseh fawor uma ãmbulãßia / a polißia]
Wir hatten einen Unfall.	Tivemos um acidente. [tiwemusch ũ aßidentə]
Wo ist das nächste Polizeirevier.	Onde fica o posto de polícia mais próximo? [õndə fika u poschtu də polißia maisch proßimu]
Ich bin bestohlen worden.	Fui roubado. [fui robadu]
Mein Auto ist aufgebrochen worden	Assaltaram-me o carro. [asaltarãu‿mə u karu]

Essen und Trinken

Die Speise-karte bitte.	A ementa, se faz favor. [a emẽnta sə faseh fawor]
Brot	pão [pãu]
Kaffee	café [kafe]
Tee	chá [scha]
mit Milch / Zucker	com leite / açúcar [kõ leitə / aßukar]
Orangensaft	sumo de laranja [ßumu də larãnseha]
Suppe	sopa [ßopa]
Fisch / Meeresfrüchte	peixe / mariscos [peischə / marischkusch]
Fleisch / Geflügel	carne / aves [karnə / awasch]
vegetarisches Gericht	prato vegetariano [prato wəsehətarjanu]
Eier	ovos [owusch]
Salat	salada [salada]
Dessert	sobremesa [sobrəmesa]
Obst	fruta [fruta]

Eis	gelado [seheladu]
Wein	vinho [winju]
weiß / rot / rosé	branco / tinto / rosé [brãnku / tĩntu / rose]
Bier	cerveja [serweseha]
Aperitif	aperitivo [aperitiwu]
Wasser	água [agwa]
Mineralwasser	água mineral [agwa mineral]
mit / ohne Kohlensäure	com gas / sem gas [kõ gas / ßẽj gas]
Limonade	limonada [limonada]
Frühstück	pequeno almoço [pəkenu almoßu]
Mittagessen	almoço [almoßu]
Abendessen	jantar [sehãntar]
eine Kleinig-keit	uma coisa pequena [uma kojsa pəkena]
Ich möchte bezahlen.	A conta, se faz favor. [a kõnta, sə faseh fawor]
Das Essen war sehr gut / nicht so gut.	Gostei muito da comida. / Não, não gostei muito da comida. [goschtej mũjtu da komida / nãu nãu goschtej mũjtu da komida]

Im Hotel

Ich suche ein gutes / nicht zu teures Hotel.	Estou procurando um bom hotel / um hotel econômico. [ischtou prokurãndu ũ bõ otel / ũ otel ekonomiku]
Ich habe ein Zimmer reserviert.	Eu reservei um quarto. [eu reserwei ũ kwartu]
Ich suche ein Zimmer für ... Personen.	Eu estou procurando um quarto para ... pessoas. [eu ischtou prokurãn-du ũ kwartu para ... pessoəsch]

Mit Dusche und Toilette.	Com chuveiro e toalete. [kõ schuwejru i twaletə]
Mit Balkon und Blick aufs Meer.	Com varanda / vista para o mar. [kõ warãnda / wischta para u mar]
Wie viel kostet es pro Nacht?	Quanto é a diária? [kwãntu e a diaria]
Mit Früh-stück?	Com pequeno almoço? [kõ pəkenu almoßu]
Kann ich das Zimmer sehen?	Posso ver o quarto? [possu wer u kwartu]
Haben Sie ein anderes Zimmer?	Não têm outro quarto? [nãu tẽj otru kwartu]
Das Zimmer gefällt mir (nicht).	Eu (não) gosto deste quarto. [eu (nãu) goschtu destə kwartu]
Kann ich mit Kreditkarte bezahlen?	Posso pagar com cartão de crédito? [possu pagar kõ kartãu də kreditu]
Wo kann ich parken?	Onde posso estacionar? [õndə possu ischtasionar]
Können Sie das Gepäck in mein Zimmer bringen?	Podem levar a bagagem para o meu quarto? [podẽj lewar a bagaschẽj para u meu kwartu]
Haben Sie - einen Platz für ein Wohn-mobil?	Têm lugar para um carro camping? [tẽj lugar para ũ karu kamping]
Wir brauchen Strom / Wasser.	Precisamos de corrente eléctrica / água [preßisamus də korẽntə iletrika / agwa]

Zahlen

0	zero [säru]	
1	um [ũ]	
2	dois [doisch]	
3	três [tresch]	
4	quatro [kwatru]	
5	cinco [ßĩnku]	
6	seis [ßäisch]	
7	sete [ßätə]	
8	oito [oitu]	
9	nove [nowə]	
10	dez [däsch]	
11	onze [õnsə]	
12	doze [dosə]	
13	treze [tresə]	
14	quatorze [katorsə]	
15	quinze [kĩnsə]	
16	dezasseis [dəsaßäisch]	
17	dezassete [dəsaßätе]	
18	dezoito [dəsoitu]	
19	dezanove [dəsanowə]	
20	vinte [wĩntə]	
21	vinte e um [wĩnt_i ũ]	
22	vinte e dois	
	[wĩnt_i doisch]	
30	trinta [trĩnta]	
40	quarenta [kwarẽnta]	
50	cinquenta	
	[ßĩnkwẽnta]	
60	sessenta [ßəßẽnta]	
70	sestenta [ßətẽnta]	
80	oitenta [oitẽnta]	
90	noventa [nuwẽnta]	
100	cem [ßẽi]	
101	cento e um	
	[ßẽntu i ũ]	
110	cento dez	
	[ßẽntu däsch]	
200	duzentos	
	[dusẽntusch]	
300	trezentos	
	[trəsẽntusch]	
400	quatrocentos	
	[kwatrußẽntusch]	
500	quinnhentos	
	[kĩnjẽntusch]	

600	seiscentos	
	[ßäischßẽntusch]	
700	setecentos	
	[ßätəßẽntusch]	
800	outocentos	
	[oitußẽntusch]	
900	ovecentos	
	[nowəßẽntusch]	
1000	mil [mil]	
2000	dois mil [doisch mil]	
3000	três mil [tresch mil]	
10 000	dez mil [däsch mil]	
100 000	cem mil [ßẽi mil]	
1 000 000	um milão [ũ miljãu]	

1.	primeiro/-a	
	[primäiru/-a]	
2.	segundo/-a	
	[ßəgũndu/-a]	
3.	terceiro/-a	
	[tərßäiru/-a]	
4.	quarto/-a [kwartu/-a]	
5.	quinto/-a [kĩntu/-a]	

$\frac{1}{2}$	um meio [ũ mäiu]	
$\frac{1}{3}$	um terço [ũ terßu]	
$\frac{1}{4}$	um cuarto [ũ kwartu]	
$\frac{1}{5}$	um cuinto [ũ kĩntu]	
1,5	um є meio [ũ i mäiu]	
10 %	dez por cento	
	[däsch pur ßẽnʦu]	

Bildnachweis

Register

Orts- und Sachregister

POLYGLOTT mobile guide

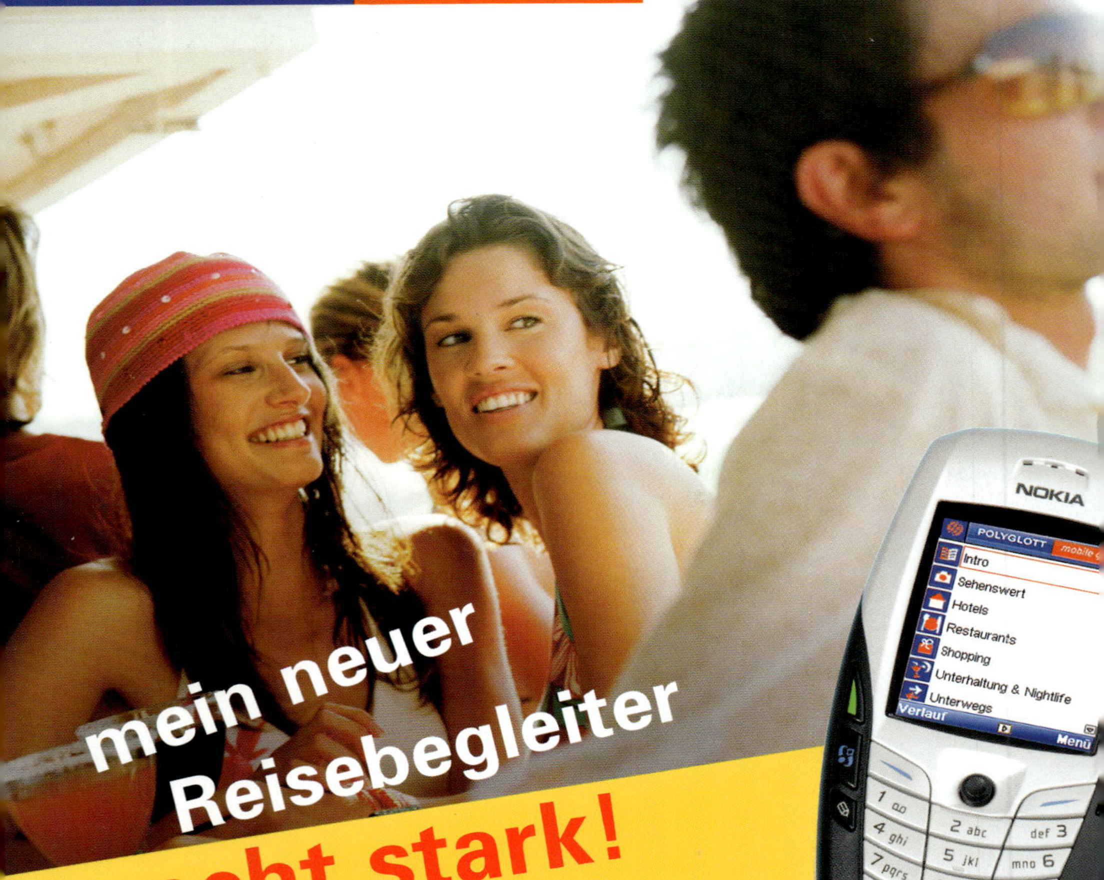

echt stark!

der POLYGLOTT mobile guide

Polyglott begleitet Sie zu über 50 Urlaubszielen weltweit ohne Extra-Gepäck, ganz einfach auf Ihrem Handy!

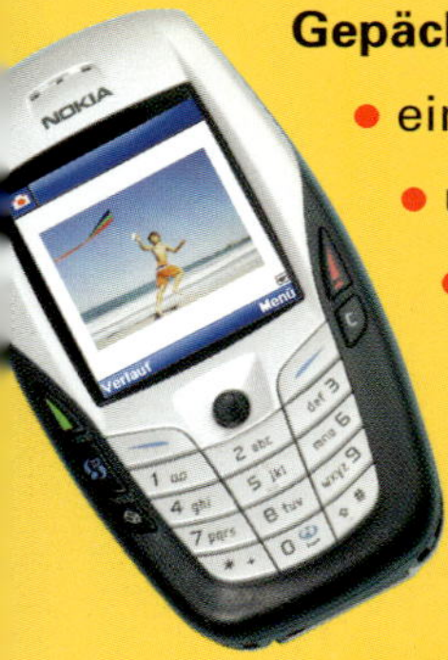

- einfach und schnell herunterladen – am besten vor dem Urlaub
- unbegrenzte Nutzung ohne Zusatzkosten überall und jederzeit
- einfache Bedienung
- top-aktuell mit den besten Tipps zu Sightseeing, Shopping, Nightlife, Hotels und Restaurants
- **Extra:** Langenscheidt Sprachführer
- infos & mehr unter: **www.polyglott.de/mobile**

T-Mobile · vodafone · O_2 · A1 · one · Partner of: swisscom mobile · Jamba!

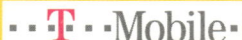

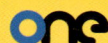

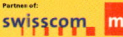

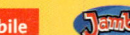